《西安城市史》编委会

主 任

李炳武

副主任

甘　晖　党怀兴　侯甬坚

编　委

（以姓氏笔画为序）

王子今	王双怀	王社教	王学理	尹夏清
尹盛平	田　野	史红帅	吕卓民	朱士光
朱永杰	任云英	刘庆柱	刘淑虎	安介生
孙家洲	李　浩	李令福	李健超	李裕民
李毓芳	杨恒显	肖爱玲	邹　贺	张晓虹
周宏伟	赵世超	荣新江	胡　戟	侯海英
耿占军	徐卫民	郭雪妮	黄留珠	萧正洪
梁克敏	韩光辉			

主　编

侯甬坚

陕西师范大学西北历史环境与经济社会发展研究院、

陕西师范大学中国史一流学科建设基金资助出版

"十三五"国家重点图书出版规划项目

国家出版基金项目
NATIONAL PUBLICATION FOUNDATION

陕西出版资金资助项目

主编 侯甬坚

西安城市史

明清西安城卷

史红帅 著

陕西师范大学出版总社

图书代号：SK21N1495

图书在版编目（CIP）数据

西安城市史. 明清西安城卷 / 史红帅著；侯甬坚主编. ——
西安：陕西师范大学出版总社有限公司，2022.12
"十三五"国家重点图书出版规划项目　国家出版基金项目
ISBN 978-7-5695-2517-5

Ⅰ. ①西…　Ⅱ. ①史… ②侯…　Ⅲ. ①城市史—西安—明清时代
Ⅳ. ①K294.11

中国版本图书馆CIP数据核字（2021）第197259号

西安城市史·明清西安城卷

Xi'an Chengshi Shi · Ming-Qing Xi'an Cheng Juan

史红帅　著

出 版 人 /	刘东风	
选题策划 /	侯海英	
责任编辑 /	谢勇蝶　杜莎莎　赵荣芳	
责任校对 /	张　姣	
出版发行 /	陕西师范大学出版总社	
	（西安市长安南路199号　邮编 710062）	
网　　　址 /	http://www.snupg.com	
电　　　话 /	（029）85307864	
印　　　刷 /	中煤地西安地图制印有限公司	
开　　　本 /	787 mm×1092 mm　1/16	
印　　　张 /	38.5	
插　　　页 /	2	
字　　　数 /	700千	
版　　　次 /	2022年12月第1版	
印　　　次 /	2022年12月第1次印刷	
书　　　号 /	ISBN 978-7-5695-2517-5	
审 图 号 /	GS（2020）2955号	
定　　　价 /	290.00元	

目录

Contents

Chapter 4
The Changes of Mancheng and Nancheng in Xi'an in the Qing Dynasty /153

Chapter 5
Urban Zoning, Residence Community, Streets and Alleys of Xi'an in the Ming and Qing Dynasties /185

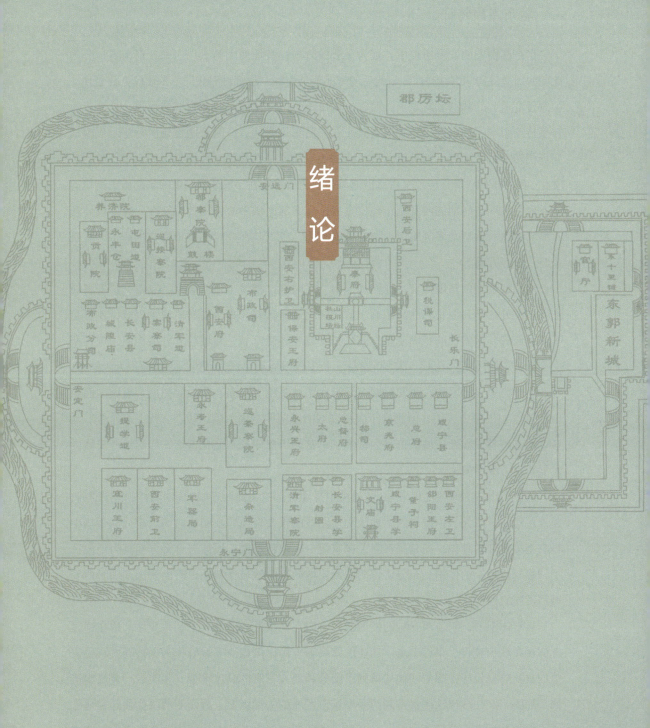

绪 论

一、城市发展特征

在古都西安的发展历程中，最为显著的阶段性特征即大体上以唐末迁都为界，分为此前的周秦汉唐"都城时代"与此后的宋元明清民国"后都城时代"。在政权更替变化、国家经济重心转移的大背景下，西安的城市地位由一统国都降低为区域重镇，这一重大转型持续影响了城市的千年发展之路。在"后都城时代"，明清两代是从封建时代晚期向近代转型的承上启下的关键阶段，明清西安城既是西北乃至西部地区的军事、政治、文化、经济重镇，又是传承汉唐盛世流风余韵的故都所在，承载着厚重的华夏历史记忆。就此而言，明清时期的西安城市地位具有远超普通区域中心城市的特殊性，这不仅体现在城高池深、人口众多等城市形态与规模方面，也反映在朝廷相关策略与举措、时人观念与认识等方面。

从城址变迁的角度而言，在西周、秦、汉时期，都城丰京、镐京、咸阳、长安各城址并非位处一地，而是在沣河东西、渭河南北迭有转移，直至隋初肇建大兴城，才奠定了此后西安传承发展的稳固基址。隋唐长安城主体由宫城、皇城与外郭城构成，规模阔大，约87平方公里；五代、宋、元之际，长安仅以原唐皇城为城区，占地面积大为缩小，约5平方公里；至明初，西安城墙在元奉元路城基础上向东、北大幅拓展，主城区面积增加至约11.5平方公里，但仍处于唐长安城旧址范围之内。隋、唐、五代、宋、金、元各朝兴衰罔替，在西安城区范围内留下了丰富的历史印痕与文化遗产，为明清西安城的发展积累了深厚根脉。

从更为广阔的地域视角来看，位处关中平原中部的明清西安城，南眺秦岭，北望渭河，是连接西北、华北、中原与西南地区交通路线的重要枢纽，在明清时期国家战略格局中具有至关重要的地位，尤其是在有关国家统一、边疆稳固、民族融合等方面有力地发挥了"控制西陲"的作用。充分认识明清西安城的这一地域性特征，有助于深刻理解西安城市发展的独特性。

从整体上看，明清西安城的发展既具有内在连续性，亦具有王朝差异性。内在连续性体现在城市建设、渠道引水、功能区发展等方面，例如西安城墙作为保护阖城官民安全的重要防御设施，明清两代均得到了朝廷和地方官府的高度重视，多次进行大规模维修、加固。又如城市饮用水是制约西安城市发展的关键因素，因而明清两代朝廷和地方官府在疏浚城东龙首渠的同时，又开凿了城西通济渠，其后多次维修两条渠道，以解决居民用水问题。在城市功能区发展方面，西安城内西北城区回族聚居区的巩固、扩大，以及东南城区围绕文庙形成的文教区的集中建设，是明清两代持续发展的成果，王朝的更迭和政权的转换并没有中断这些功能区逐步形成的进程。王朝差异性则体现在在受明清两代不同的朝廷军政策略影响、城市职能发生显著改变的情形下，西安城市空间格局、居民构成、民族交融等存在明显差别。例如明代西安作为秦王"封藩建府"之地，秦王府城成为城区的城中之城，与大城构成重城格局，到了清代，西安八旗驻防城——满城和南城成为城中之城，居住八旗军队及其眷属，秦王府城则被利用、改建为八旗教场。相较而言，秦王府城对西安城区格局和功能区发展的影响（或者是扰动）显著小于满城和南城。在城市居民构成方面，明代西安城中虽然驻扎有一定数量的军队，但营地、教场等相对分散，而清代西安不仅在汉城区域驻扎部分绿营军队，而且在满城中驻扎大量满蒙八旗、汉军八旗军兵及其眷属，使得城区常住人口中由朝廷供养的比例较明代大幅增加，从商品消费的角度而言，有利于城市商贸的发展。明代西安城市人口的主体是汉族和回族，进入清代，随着满城的设立，满蒙八旗军队及其眷属大量进驻，城区人口的民族多样性更为鲜明。尽管满城从形态上呈现出"隔离性"，但实际上并没有阻绝汉族、回族与满族、蒙古族以及少量藏族等相互之间的交流、交往与交融。

就城市层级及其统辖区域而言，明清时期的西安城"身兼数职"，具有多重属性，既是在军事上"控制西陲"的西部重镇，又是管辖陕北、关中、陕南三大片区的陕西省"会城"，同时还是"关中首郡"的西安府城，以及"全陕首邑"咸宁县城和"西京旧治"长安县城的所在。作为西部地区城池规模最大的治所城市，西安毫无疑问在咸宁县、长安县、西安府、陕西省等不同行政辖域内均属首位之城，驻扎知县、知府、巡抚、总督等各行政级别主官以及众多府级、省级专辖事务官员，同时驻有大量军队，加之各省商贾云集，这就奠定了其无论是在关中地区，还是在陕西全省，乃至于西北地区城市体系中的核心地位。对于不同区域范围内的官绅士民来说，西安城的地位、功能、影响等各有不同。例如咸宁、长安两县在城外的辖域属于西安城郊区，农民除围绕郊区市镇开展各类物资贸易活动外，也往往前往西安城内的县衙处理诉讼事宜，赴县仓交粮，或去市场和商业区开展贸易活动。对于郊区农民而言，西安城在本质上与各县县城并没有根本区别。而对于距离西安较远的关中各县，以及陕北高原、陕南山地的民众而言，省城西安并非大多数人能常往之地，对他们日常生产、生活的影响微乎其微，省城就只能是一个相对遥远而模糊的印象。

从人口、民族与文化的层面来看，明清西安城延续了汉唐国都长安城的多元性与包容性，与城市层级和功能的多重属性相互呼应。明清西安城庞大的占地规模为城市持续发展提供了充裕空间，也为城市居民数量的增长提供了便利条件，加之明清时期西北地区特殊的政治、军事、文化、经济等驱动因素的综合作用，官、绅、商、民（含客民、流民）、军兵、教谕、士子、僧道、域外传教士和教习等不同类型的人士源源不断地汇聚西安，在共同推动西安城市社会发展的同时，进一步增强了西安城市文化的多元性。在城市的包容性方面，明清时期，汉族、回族、满族、蒙古族以及藏族等多民族人口长期共同居住在西安城这一围合区域之内，即便不同民族有分区聚族而居的状况，也并没有严重阻滞各民族之间的交流与交往。就此而论，西安城区就如同"民族熔炉"一样，推动了不同民族之间文化的交融，从而合力锻造出了西安海纳百川的城市气质。同时，佛教、道教、伊斯兰教、天主教、基督教等不同类型的宗教信仰在明清西安城内共生共存，彼此之间并没有发生过剧烈冲突，僧、道、阿訇、神父、牧师等宗教人士及信徒在城区各自信仰场所开展祭拜、慈善、赈济、文教等各类活动，也都在一定程度上丰富了城市的文化样貌，推动了城市的持续发展，从侧面反映出了明清西安城有容乃大的城市品格。

明清时期，西安城的发展处于从封建时代晚期的传统城市向近代城市转型的关键阶段，尤其是清代后期，西安城在开启近代化历程之后，逐渐加快了发展的步伐。随着19世纪西方列强用坚船利炮打开清朝国门，不仅沿海、沿江和边疆等众多城市逐步被汇入东西方世界交流的大格局之中，就是深处西北内陆的西安城也受到了这一浪潮的冲击。一方面，有大量来自西方各国的传教士、探险家、军人、教习、记者、商人等往来、驻留西安，带来西方世界的宗教、科学与观念，对城市人口和社会带来或明显或隐性的影响；另一方面，清朝廷逐步推行新政，在文化教育、参政议政、机构改革等方面多有举措。例如废科举，立新学，西安城也是中西学并举，开设了师范、法政、农林、陆军、实业等各类各级新式学堂，延聘日本教习，设置实业课程，西安文化教育领域的面貌焕然一新，大量融合中西风格的学堂建筑也在一定程度上更新了城市的景观面貌；同时设立咨议局、军装局、劝工陈列所等新型机构，其设施、建筑和管理等均呈现出一派崭新气象。

二、史料状况与研究基础

（一）主要史料类型

明清时期，记载西安城市发展变迁的史料不仅在类型上较汉唐宋元时期更为多样化，在信息的丰富性、细致性方面也超越了以往相关史料，这为探究明清时期西安城市发展历程奠定了坚实基础。核实而论，自西周以至于宋元时期西安城市史的研究，主要依据的是考古资料（含出土文献、文物等）和传世文献（包括竹木简、纸本、碑刻、壁画、舆图等），需要进行大量的对勘、考证和解读，但由于史料记载的诸多缺漏，在复原和分析城市形态、空间、功能以及城市社会等方面，仍有较多限制。作为从传统时代向近代转型的重要阶段，明清时期史料类型进一步多元化，记述视角更趋微观化，有助于城市史研究者开展崭新领域的探索，堪称城市史研究的"黄金阶段"。

本书在资料利用上，既重视传统文献资料的搜集与整理，也注重对海内外"新史料"的挖掘和利用，即以方志、实录、文集、碑刻、舆图等传统史料为基础，充分挖掘清代档案、报刊和西文史料，兼及考古资料、文史资料、研究论著等，力求在认识源头——史料基础方面较此前相关研究更为扎实和丰富，唯此方能在认识上有较大提升。

明清时期是我国传统方志纂修的鼎盛阶段，古都西安同时作为陕西省会、西安府城、咸宁与长安二县县城，城市发展的各方面情况均受到地方志纂修者的重视，得以较为详细地记录在省志、府志、县志等地方志书之中。当然，受制于地方志本身的体例特点，西安城虽然是方志记载的重要内容之一，但方志并非以其为核心来收录史料，而是对省域、府域和县域相关的星野、建置、人物、事件、交通、水利、胜迹、文献等分门别类加以记述，这就需要从方志中搜检、提炼与西安城市发展紧密相关的内容，以免陷入面面俱到的烦冗论述之中，特别是避免写成"城市志"的误区。具体来说，明代嘉靖和万历年间纂修的两版《陕西通志》对于研究明代西安城市变迁价值最大，尤其是在记述秦王府城与宗室府宅、西安城市形态与规模、城市设施与建筑等方面，提供的信息量大而可靠。此外，陕西提学副使何景明编纂的《雍大记》、李应祥编纂的《雍胜略》等虽然未以"志"为名，但依然具有陕西地方志之实，在探究明代西安城市面貌方面，能够与嘉靖、万历两版《陕西通志》相互补充。

明清时期的历朝实录虽然是以记载皇帝处理的朝政大事为主要内容，但其中涉及的全国各地、各城市的相关史实、人物等极其丰富，能为研究西安城市史提供重要线索。由于明清实录的篇幅很大，有关西安城市发展变迁的内容散见于不同年份，记载的详略程度不一，因而需要花大量时间仔细爬梳、前后对照，正因如此，笔者也能更好地将西安与同一时期其他区域中心城市加以对比，在一定程度上促进了比较研究。同时，笔者在整理书后的明清西安城市变迁"大事记"时，就将明清实录与方志等文献进行了对勘，以期考订清楚事件发生的时间、地点和官员职衔等内容。此外，明清两朝有关的"会要""会典"等综合类政书，则为研究明清西安城市管理等提供了背景资料。

在明清时期长达 544 年间，曾有大量官员经行或任职于西安城，亦有无数文人雅士造访汉唐故都，在此游历或求学，他们由此撰写的文集、奏疏、行纪、游记、日记、诗歌等多有刊行，是研究明清西安城的第一手材料，以"时人记时事"的特色而具有极高参考价值。10 余年前，笔者在探讨明代西安城市人居环境和宗室府宅格局等问题时，曾充分利用了明代秦简王朱诚泳的《小鸣稿》；在研究清代后期西安城市生活时，则挖掘整理了清人伍铨萃的《北游日记》。这些史料具有视角微观、记载翔实、信息丰富的特点，对推动城市史研究的细节化、具体化来说是难得的参考文献。基于此，笔者在撰写本书时，按照"以人找书"的思路，统计了上千位曾在西安任职或游历过的官员、文人，逐一查核其所撰书目，尽可能地翻检阅读，以搜集有关明清西安城的点滴记录。尽管这一方法笨拙繁累、耗时费力，但确实发现了以前被忽略的不少重要史料，足以弥补地方志、实录等记载之缺漏。

在上述纸质文献之外，西安地区留存至今或近年出土的明清石刻（尤其是纪事碑和墓志）数量颇多，除碑林博物馆集中收存外，还有大量碑刻散见于寺宇、学校、村落、乡野之间。笔者 20 年前曾在西安城乡各地系统搜集、整理过散见碑刻资料，有力促进了"后都城时代"西安历史城市地理的研究。10 余年来，随着西安城区的不断延拓，城市建设活动的大规模开展，相继出土了大量明清人士墓志，涉及众多明代秦王宗室以及明清西安城中上层群体的履历、事迹、活动范围、葬地等信息，为深入了解西安宗室群体、社会习俗、居民生活以及紧密的城乡联系提供了重要通路。一般而言，碑刻内容具有较高的可靠性，这大大增加了其史料价值。即便如此，本书在整理、利用碑刻所载信息时，仍然注重基本的考订和对勘工作，尽量结合方志、文集、奏疏等纸质文献，细致提取碑刻包含的时间、地点、人物、事件等诸多信息，也从碑刻学的角度关注其格式、字体、石质、体量、刻工等要素。

在系统整理和拓展利用上述传统史料的基础上，笔者注重持续性地挖掘清代档案和西文史料，以深化和细化明清西安城市史的研究。

以奏折、题本、电报档等为核心的原始档案是研究清史的第一手材料，主要保存在中国第一历史档案馆、台北故宫博物院及"中研院"史语所等机构。有关清代西安的奏折、题本、电报档主要是由陕甘总督、陕西巡抚等省级官员向皇帝或朝廷各部的各方面情况汇报，既涉及省域内的重大工程、重要事件（含命案）、人员任免，也涵盖灾害赈济、文化教育、社会治理、地方规约等内容，特别值得关注的是有关城市建设的奏折、题本往往记述详细，能提供方志等文献并未记载的大量数据，对复原城市面貌和景观的动态变迁具有重要参考价值。自 2004 年以来，笔者充分利用各类访学、合作研究的机会，对与清代西安城市发展紧密相关的档案文献进行了系统搜检和整理，编汇了多个专题的档案资料辑注。这一史料整理工作极大促进了对清代西安城市各个领域发展历程的探讨，例如有关清代西安城垣修筑、八旗驻防兴废、灞桥重修、陕西洋务总局的设立及其职能等。

　　清代后期，往来、驻留西安的域外人士逐渐增多，包括传教士、探险家、记者、军人、教师、学生、商人等不同群体，他们中的很多人将在西安的所见、所闻、所感撰写成了行纪、游记、日记、书信、著作等，在西方世界广为传播。对于研究清代后期西安城的转型发展来说，这些基于域外视角的稀见西文史料能够提供与中文文献不同的观察角度和关注重点，有益于我们全面认识清代西安的城市面貌、客观评价西安的城市地位。自 2006 年以来，笔者先后利用在美国中央华盛顿大学、日本学习院大学、英国剑桥大学、德国汉堡大学等国外大学进行访问研究、参加学术会议等机会，系统搜集了自明代后期至民国时期域外人士撰写的有关西安的历史文献，为利用多元史料开展西安城市史研究探索了新的路径。在本书撰述中，有关域外人士对清代后期西安城市规模和景观的认知、域外人士在西安的灾害赈济与文物搜购等对外交流事件的内容，均利用了英文、日文、法文、德文等史料。

（二）前人研究状况

　　自中华人民共和国成立以来，有关西安城市历史的研究成果颇为丰硕。就研究视角而言，主要包括地方史、城市史、历史地理等学科角度；就研究时段而言，既有通论性著述，也有涉及明清时段的丛书分卷。

　　20 世纪 70 年代后期，在我国文化事业和学术研究重回正轨的背景下，马正林所撰《丰镐—长安—西安》（陕西人民出版社，1978 年）、武伯纶编著《西安历史述略》（陕西人民出版社，1979 年）先后出版，均属于兼具地方史与城市史的通论性著作，从长时段角度梳理了西安的变迁脉络，在整体上展现了西安城的兴衰历程，对不同领域学者了解西安的历史地位发挥了重要作用。但限于通论性体裁，加之撰著者重点关注周秦汉唐等都城时代，这两部著作对明清时期西安城的论述十分简略。进入 90 年代，随着古都西安旅游事业的兴盛，为宣传西安厚重的历史文化，响应社会大众的知识需求，陕西旅游出版社组成了以史念海、李之勤等历史地理学家为顾问，以武伯纶为主任的《长安史话》编委会，编辑出版了《长安史话》（6 册），其中张铭洽主编的《宋元明清分册》（陕西旅游出版社，1991 年）对明清西安的重要建筑、人物、事件等以通俗易懂的文笔进行了介绍。作为面向大众的普及类读物，《长安史话·宋元明清分册》采取了条目式的撰述方式，简明扼要，但各部分内容缺乏内在联系，并没有从城市史角度对明清西安城的变迁进行系统论述，且篇幅较小，内容亦显单薄。

古都西安素来是历史地理学、古都学、长安学等领域的重要研究对象，学界前辈的相关成果蔚为丰硕，进入 21 世纪后更是新著迭出。如朱士光主编的《西安的历史变迁与发展》（西安出版社，2003 年）作为"古都西安"丛书之一，系统总结了西安 3000 多年的变迁历程及其原因，是研习古都西安历史的必备参考书。吴宏岐所著《西安历史地理研究》（西安地图出版社，2006 年）视野开阔，内容丰富，涉及城市更新模式、关中历史气候、西安地区水环境、秦直道、汉唐长安城、隋唐两京行宫、元明清西安城形态与结构、民国西安经济社会发展及规划方案等，属于研究古都西安及其周边地区历史地理诸问题的代表性著述，其中有关明清西安城市形态等论述兼具历史城市地理和城市史视角，该书中有关汉唐长安城社会生活的研究对于笔者研究明清西安城不同群体的生计具有启发意义。

近年来，从地方史、古都学、长安学等视角编纂出版的通论性著述主要有西安市地方志办公室组织编写、黄留珠主编的四卷本《西安通史》和萧正洪主编的六卷本《史说长安》。张明、路中康所编《西安通史》第四卷（陕西人民出版社，2016 年）专列一编"宋元明清时期的西安"，简要叙述了西安城的建设、经济状况、史事纪要、历史人物、历史遗存、文化成就等，大体上仍采取条目式撰写方式，在综合性、系统性方面有所欠缺，未能充分反映明清时期西安城市建设与发展的历程。大致同一时期，萧正洪主编了六卷本《史说长安》，其中专门分列《明清卷》（王浩远著，西安出版社，2018 年），显示了编著者对明清时期西安城研究的重视，但该书在原始史料的挖掘、整理方面并无明显突破，加之在吸收最新研究成果方面多有不足，因而所获认识基本上仍承袭前人旧说，往往陈陈相因，未能基于新史料获取新认识，在研究深度和广度上鲜有超迈前人之处。

整体来看，研治地方史、城市史、历史地理学或断代史的学者在西安城市史撰述方面已有相对系统的研究基础，部分成果颇有开创之功，但受制于学科背景，论述内容往往各有侧重，而带有普遍性的一大特征则在于无论是就篇幅的长短厚重，还是研究内容的丰富程度而论，撰述者往往大书特书周秦汉唐都城时代，对宋元明清重镇时代（或称"后都城时代"）着墨不多。实际上，从城市史的角度而言，这一研究倾向和撰述惯性呈现出了"言必汉唐"的弊端，在很大程度上忽略了城市发展的整体性、连贯性和系统性。古都西安作为中国城市史上的代表性城市，在历史长河中，其演变自有巅峰与低谷，这既体现了一座城市的兴衰历程，也是区域、王朝和国家曲折发展的缩影，因而从城市史研究的角度来看，宜避免出现"厚此薄彼"的情况。只有对西安城市发展的各个阶段均进行深入细致的探究，才能更好地理解这座城市传承、演变的脉络。

（三）个人前期研究

自 1997 年进入陕西师范大学历史地理研究所攻读硕士学位以来，笔者在西安历史地理、城市史研究领域已耕垦 24 年之久，其间的关注重点、研究视角、史料运用等随着"学术之旅"的延伸而多有更新，为撰写《西安城市史·明清西安城卷》打下了较为扎实的基础。

攻读硕士学位期间，笔者曾遵照业师吴宏岐教授的指点，开展了有关长安（西安）生活史、宗教史的探究，撰写了有关汉唐长安饮食、佛寺等的札记，这一工作有益于笔者从不同层面贯通了解长安（西安）城市的历史变迁。此后，笔者逐渐将研究重点聚焦于前人探讨较少的明清西安城市发展诸问题，注重从历史地理角度探讨城市形态与格局、明秦王府城与宗室府宅、清西安满城与南城、街巷坊里、城市水利、人口与民族等，撰写了硕士学位论文《明清时期西安城市历史地理若干问题研究》。2000—2003 年，笔者在北京大学历史地理研究中心攻读博士学位期间，承蒙业师于希贤教授支持和指导，进一步拓展和深化对明清西安城的研究，在搜集方志、实录、碑刻、文集等史料的基础上，撰写完成博士学位论文《明清时期西安城市地理研究》。

2003 年 7 月，笔者进入陕西师范大学西北历史环境与经济社会发展研究中心工作后，即决心以"后都城时代"的西安城为长期研究对象，在持续开展史料挖掘和整理的基础上，进一步拓展研究领域，以推进 10—20 世纪（尤其是明清民国时期）西安城市历史地理、城市史的研究。2006—2007 年，笔者赴美国中央华盛顿大学历史系进行为期 1 年的访问研究，搜集、整理了一大批清代后期往来西安乃至西北地区的西方人撰述的西文史料，这为推进西安城市史研究开辟了新的天地。2007 年，笔者与吴宏岐教授合作撰写的《西北重镇西安》作为"古都西安"丛书之一，由西安出版社付梓印行。该书对宋元明清民国时期的西安城市变迁历程进行了梳理，尤其加强了对明清西安城的探察。2008 年，笔者结合新整理的西文史料及相关中文文献，对博士学位论文《明清时期西安城市地理研究》进行了修订，由中国社会科学出版社出版。回顾这一研究阶段，笔者着重从历史地理尤其是历史城市地理的视角复原、分析明清西安城市形态、格局以及不同领域的演变，厘清了明清西安城市骨架形成与发展过程中的主要问题，但在从微观角度探察城市空间的动态变迁过程，以及揭示城市社会群体生活空间等方面，仍存在较大的提升空间。

2009 年之后，笔者尝试在历史城市地理研究的基础上，力图融合城市史、中西交流史、社会史等视角，以期深化、细化对明清西安城的研究。有鉴于以往学界甚少利用西文史料研究西安城市变迁的局限，一方面，笔者相继翻译出版了记述晚清至民国初年西安城市面貌的西文史地著述，包括《穿越神秘的陕西》（三秦出版社，2009年）、《穿越陕甘》（上海科学技术文献出版社，2010年）、《我为景教碑在中国的历险》（上海科学技术文献出版社，2011年）、《领事官在中国西北的旅行》（上海科学技术文献出版社，2013年）等，通过这一译介工作加强对西文史料的理解和利用；另一方面，结合中文史料，笔者从历史地理、城市史与中西交流史等融合的视角出发，对晚清至民国西安城相关的多个专题进行了探讨，并获得了教育部人文社科基金、陕西师范大学中央高校基本科研业务费专项资金等的支持，先后出版了《西方人眼中的辛亥革命》（三秦出版社，2012年）、《近代西方人视野中的西安城乡景观研究（1840—1949）》（科学出版社，2014年）、《近代西方人在西安的活动及其影响研究（1840—1949）》（科学出版社，2017年）等。经由这一阶段的研究，笔者对处于转型期的清代后期西安城市的地位、功能与特定群体的认识较此前大为加深。

在尝试融合历史地理、中西交流史、社会史等视角开展西安城市史研究的同时，笔者也注重通过大量清代档案、文集等史料的挖掘、整理和分析，经由微观视角"回归"城市史领域本身，即从早期重点探讨静态城市平面格局和骨架，转向动态揭示城市空间与景观的形成，尤其是明清西安城乡建设工程与城市发展之间的相互关系，进而探索西安城市中的个体、群体与社会，由此不仅将明清西安城置于地方史、历史地理、城市史等领域中考察，而且逐步向中西交流史、社会史、建设史、生活史等领域拓展。近3年来，笔者所著《明清西安城》（西安出版社，2018年）、《明清民国时期西安城墙修筑工程研究》（中国社会科学出版社，2020年）相继出版，相较于此前同类研究成果，最大特点即在于充分利用了西文史料和清代奏折档案，显著加强了对明清西安的对外交流、城市建设等内容的细节化探讨，更进一步论证了西安作为明清时期西北重镇的城市特质。

三、章节结构

（一）撰述思路

为深入论述、分析明清时期西安作为汉唐故都与西北重镇的城市特征，阐明明清西安在军事、政治、经济、文化、宗教、对外交流等多个领域的重要地位，揭示明清西安城市发展变迁的动因，本书在撰述时以复原城市形态和空间格局为基础，力图展现城市面貌和景观的动态变迁过程，分类论述城市各功能区、聚居区的形成与发展，注重剖析城市在不同圈层范围内与郊区、区域之间的联系，强调从微观视角认识城市空间中个体与群体的活动，以期使读者既对明清时期西安城市发展阶段、特征和城市面貌有整体了解，也能对城垣建筑、水利、交通、教育、宗教和人口等的变迁形成系统认识。

（二）章节安排

依据上述思路，笔者将全书分为十四章。

前四章分明、清两代对城市整体发展过程中的空间形态、格局进行了讨论。第一、二章论述了明代西安城墙的拓展与修筑、秦王府城的变迁。第三、四章分别阐述清代西安城墙的修筑及其对城市形态的影响、满城与南城的长时段变迁。第五章至第十四章，则从"明清"纵向时段的整体角度，讨论城市发展变迁不同方面的内容。其中第五章在接续前四章的基础上，强化分析了城市空间和坊里街巷，主要是考虑到城市空间分区是读者理解后续各章内容的基础，例如文化教育、商业贸易等功能区的划分与城市分区紧密相关，人口分布与民族聚居和街巷方面的变迁有关。

有鉴于自隋唐以来长安（西安）城的兴衰与水利建设紧密相关，第六章重点探讨了明清时期的城市水利兴废，将明清西安井渠同济的过程予以贯通讨论。

第七章主要是从西安作为省城、府城、县城治所城市的角度，对城区内的政治区——各类官署及其衙署设施、环境等加以讨论，同时注重衙署内官员等群体的生活，以加强对城市特定功能区与居住人口的认识。其中专门论述了北院、南院两大代表性官署区的变迁，力求将宏观探讨与微观个案研究结合起来。

第八章旨在从文化教育的角度分析西安作为西北文教重镇的城市地位，既涉及各类学校和考场等整体发展状况的分析，也包括重点书院的个案研究，还涉及清末新学的发展，以及具有一定文教功能的乡试会馆等。

第九章论述了明清西安城宗教信仰的发展，在分类论述各类宗教信仰空间的类型、分布、规模、格局、环境的基础上，重点对佛教、道教、伊斯兰教、天主教、基督教以及民间信仰场所的社会功能进行了分析，指出明清西安城作为各类宗教信仰包容共生之地的城市特征。

商业贸易是城市发展的活力之源，也是无数商民赖以谋生的手段。第十章从商贸地理的视角出发，探讨了商贸市场、商品来源、运输路线等，以期将西安置入区域城市体系和商贸网络中加以讨论。同时，为强化对城市商业格局、设施和商人群体等的探讨，重点论述了明清时期西安城内商人会馆的发展。

作为连接城市与乡村的大型聚落，咸宁、长安两县境内的约 20 座市镇是明清西安郊区社会治理、商业贸易、交通运输的重要节点，在形态、功能等方面具有"亦城亦乡"的特点。第十一章基于"城乡一体"的认识，探讨了西安城郊市镇的数量、分布、规模、形态等问题，有助于从城镇体系的视角和广阔区域的视野审视中心城市与周边区域的相互关系，而不仅仅是探讨城墙以内"城区"的问题。

人口既是城市发展的核心因素，也是城市社会的主体，更是丰富多彩的城市生活的创造者、参与者。城市人口的数量在很大程度上反映了城市规模和发展水平，而城区中多民族人口的分区聚居则体现出了城市的强大包容性。第十二章着重探讨了明清西安城市人口规模和民族构成，纠正了以往相关研究中的错谬之处，分析了汉城、回城与满城等民族聚居区的形成、发展历程，归纳了城市流动人口的类型及其特点，从人口移徙的角度揭示了西安城市地位的重要性与特殊性。

交通运输网络是支撑城市自身发展和区际联系的重要纽带，对城乡之间、区域之间人员、物资的流动具有至关重要的影响。第十三章从区域视野出发，在梳理明清时期西安地区水陆交通状况的基础上，重点考证、论述了清代灞桥历次重建工程的史实，从个案角度分析了西安城郊桥梁的兴衰，借以探察西安城市对外交通运输的变迁。

汉唐时期，都城长安通过使节、商人、留学生等群体与域外保持着密切联系，彰显了汉唐长安国际化都市的重要特征。明清时期，西安虽然地处西北内陆，但在东西方世界交流格局发生大变动的背景下，与域外的交流也得以持续推进。第十四章着重从中西交流史的视角出发，论述了明清时期往来西安的域外人士的类型、活动路线、寓所等，探讨了域外人士在西安城乡地区的各类活动及其影响，并对陕西洋务总局作为外事主管机关的职能及管理措施进行了分析。

基于以上各章的论述和分析，笔者在结语中从综合的角度，对城市时空发展阶段、城市功能区的发展、城乡工程建设的影响、城市群体的生活与生计、中西交流视野中的西安、明清西安城市史研究的展望等六个方面的内容进行了总结。

第一章　明代西安城垣建修与格局变迁

明清时期是西安城市发展史上"后都城时代"的重要阶段之一。这一时期，西安延续了宋元以来西北军事、政治、文化、商贸重镇的地位，并逐渐发展成为西北地区最重要的区域中心城市。深入探讨明清西安城市空间格局的演变及其影响，有助于系统认识西安从国都到重镇的城市空间发展脉络，也能为这一时期西北乃至北方地区中心城市空间格局变迁研究提供参照。概括而言，明清西安城市空间格局先后经历了六次极其显著的变化，分别是明初城池的扩展和秦王府城的兴建、万历十年（公元1582年）钟楼的移建、明末四关城格局的确立、清初满城的兴建、康熙二十二年（公元1683年）南城的兴建和乾隆四十五年（公元1780年）南城的拆除。

　　上述明代三次城市空间格局的巨大变动影响极为深远：明初城池的扩展和秦王府城的兴建在形成"城中之城"格局的同时，奠定了西安城市空间格局的大骨架；钟楼从西北城区移建至四条大街交会处，强化了城市四隅格局；明末增建西、南、北三座关城，使西安城由此前仅有东关城变为拥有四座关城，形成"一城八区"的实体空间格局。

第一节
明初城垣扩建与城周规模

一、汉唐宋元长安城格局的主要特征

在我国城市发展的早期，约自夏商至春秋战国之际，"内城外郭"的格局已开始出现。《吴越春秋》载："鲧筑城以卫君，造郭以居人，此城郭之始也。"[1]《管子·度地》亦载："内为之城，城外为之郭"[2]。"内城外郭"构成了早期城市格局中引人注目的重城形制。纵观汉唐以迄宋元长安城，无论是作为一统华夏的皇皇都城，还是积弱王朝的军事重镇，其主要特征之一即"内城外郭"的重城格局。就此而言，长安城堪称我国城市发展史上重城类型中颇具代表性的城市之一。

西汉长安城借鉴了春秋战国以来都城规划中重城形制的传统，以宫殿区（宫城）为主体的布局着重突出了都城的政治功能。城内既有皇帝所居未央宫，又有太后居住的长乐宫、太子居住的桂宫以及北宫、明光宫等。除明光宫之外，其余四宫都进行过不同程度的勘探和发掘，其中长乐宫面积约6平方公里，未央宫面积约5平方公里，两宫合计约占全城面积的1/3。四宫皆为多座宫殿建筑组成的宫殿群，筑有高大坚实的宫墙，形成堪谓"城中之城"的宫城。宫城以外的城区设有武库、太仓、东市、西市、京师官署以及普通百姓居住的闾里等。[3]

在汉唐之间战乱频仍、纷繁动荡的十六国和南北朝时期，长安城虽失去了一统国家

---

① 〔宋〕李昉：《太平御览》卷一九三《居处部二十一》引，四部丛刊三编景宋本。

② 〔春秋〕管仲：《管子》卷一八《度地第五十七》，四部丛刊景宋本。

③ 史念海：《汉代长安城的营建规模——谨以此文恭贺白寿彝教授九十大寿》，载《中国历史地理论丛》1998年第2辑，第1—40页；王社教：《论汉长安城形制布局中的几个问题》，载《中国历史地理论丛》1999年第2辑，第131—143页。

都城的地位，但各割据霸主在长安城内依恃汉代宫城兴筑小城、子城和皇城，[①]与外郭城仍构成重城形态。前秦苻健、北魏乐安王范先后所筑的长安小城，西魏初年赵青雀据以为乱的长安子城和北周时期的皇城均兴筑于未央宫旧址之上。小城、子城和皇城在增强城市军事防御力之外，兼具城市政治中心区功能。

隋唐长安城由宫城、皇城和外郭城形成三重城结构。宫城居中靠北，为皇家居住之地；皇城位于宫城之南，为中央官署所在；外郭城布设市场、坊里。全城以宫城正门承天门、皇城正门朱雀门和外郭城正门明德门一线为中轴线，左右均衡对称。唐长安的重城结构既适应了都城严格划分功能区的要求，又通过自内而外的城垣结构体现了森严的等级秩序和宫城居中的传统都城规划思想。

唐天祐元年（公元904年），昭宗迁都洛阳。为适应城市地位下降、人口减少的状况和军事防御的需要，佑国军节度使兼京兆尹韩建对长安城进行了改筑，是谓"韩建新城"。新城为"内外二重"之制，即拆除唐长安外郭城，将皇城改筑为外郭城，并在其中新筑子城（衙城），作为衙署治所。韩建新城的面积仅为唐长安城的1/16。[②]子城形态为南北长、东西窄的长方形，与东西向长方形的外郭城并不一致。唐末五代是我国历史上割据纷争的时代，统治者在城中构筑衙城形成重城格局，以强化衙署的安全、增强城市整体的军事防御性。韩建新城就是大城与衙城内外呼应，通过衙城强化城市政治中心区功能的典型一例。

在韩建新城的格局基础上，宋金时期的京兆府城、元代的奉元路城沿袭发展，在大城的东西两侧各建有小城，分别为咸宁和长安两县的县治所在地，从整体上构成了军事防御功能颇强的"子母互卫"城形制。元代奉元路城东北部更建有周长2282米的安西王府城[③]，从而形成了由一大三小四座城池构成的各自独立但又紧密联系的城市空间格局。（见图1-1）

① 史念海、史先智：《论十六国和南北朝时期长安城中的小城、子城和皇城》，载《中国历史地理论丛》1997年第1辑，第1—13页。

② 吴宏岐：《论唐末五代长安城的形制和布局特点》，载《中国历史地理论丛》1999年第2辑，第145—159页。

③ 马得志：《西安元代安西王府勘查记》，载《考古》1960年第5期，第20—23页。

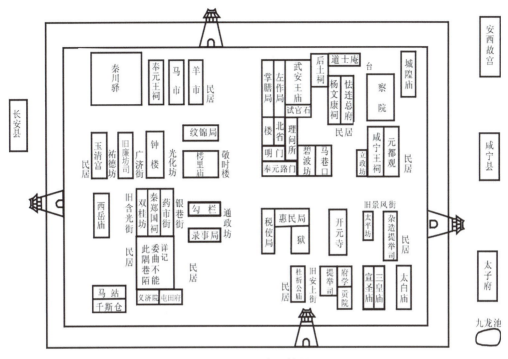

图 1-1 元奉元城图

二、明初西安城垣扩建

明初，陕西官府在宋京兆府城和元奉元路城的基础上扩筑拓展西安大城，与此同时，在城内兴建规模宏大、城高池深的秦王府城。王城与大城构成了内外双重城，这是明清西安城市空间格局的第一次重大变化。

（一）扩建缘起

明洪武二年（公元1369年）三月，大将徐达率军攻占元奉元路，奉元城遂改称西安城。这一时期，蒙古贵族虽被迫退出华北、中原，但从大都退至应昌（今内蒙古赤峰市克什克腾旗达里诺尔湖西侧）的元顺帝作为蒙古贵族统治集团的政治盟主，仍具备强悍的军事实力，有"引弓之士，不下百万众也，归附之部落，不下数千里也，资装铠仗，尚赖而用也，驼马牛羊，尚全而有也"①的说法。屯兵甘肃、盘踞西北的扩廓帖木儿亦拥众数十万，曾反攻原州、陇州、兰州、凤翔等地；其他数支小股元军也不断骚扰西北各地。西安作为西北最重要的区域中心城市和军事重镇，是明朝军队向西北出击、荡平

① 〔清〕谷应泰：《明史纪事本末》卷一〇《故元遗兵》，清文渊阁四库全书本。

元残余势力的后方基地。而宋元旧城城区狭小，难以容纳大量驻军和相应增加的人口，已然与西北乃至西部最重要城市的地位不相适应，城池扩展势在必行。

明初西安城重要的政治地位也在一定程度上促进了城区规模的扩大。洪武二年（公元1369年）九月，朱元璋置临濠（今安徽凤阳）为中都时，曾以西安为国都选址之一。[①]明末清初著名学者屈大均于康熙四年（公元1665年）冬从南京前往陕西考察，次年五月抵达西安，在盛赞古都形胜时即言："雍州沃野金城，千里相接，城悬北斗，渭象天汉，自是帝王奥室，……高皇帝尝有意焉。四望郊原，佳气盘回，时于素朝晴日见之"[②]。后虽因西安地处西北，漕运供给不便，未能定为大明首善之地，却也凸显了西安在明代国家战略格局中的重要地位。

洪武年间，朱元璋为巩固全国统治并加强北部边防，"修武事以备外侮"[③]，封诸子至各军政重镇为藩王。朱元璋封次子朱樉为秦王，驻守西安。作为藩王之首，秦王"富甲天下，拥赀千万"[④]，与北京的燕王、大同的代王等同为边境藩王而手握重兵，有"天下第一藩封"之称，因而所驻府城占地规模庞大。但元奉元路城空间相对局促狭小，秦王府城的选址与兴建便对西安大城的拓展提出了迫切要求。

（二）扩建时间

明初在宋元旧城东北隅兴建秦王府城时，基于朱元璋"秦用陕西台治"[⑤]的营建要求，即依元奉元城东北隅陕西诸道行御史台署旧址兴建，以减少营建工程量。秦王府城的选址从根本上决定了西安城的拓展方向，即向东、北拓展大城以便将秦王府城环护其中。而如何将秦王府城置于城市近似中心的考虑则在一定程度上决定了大城向东、北拓展的具体规模。（见图1-2）

《明太祖实录》洪武六年（公元1373年）秋七月条内详记长兴侯耿炳文、陕西行省参政杨思义、都指挥使濮英等为拓修西安城垣一事呈递朱元璋的奏表："陕西城池已役军士开拓东大城五百三十二丈，南接旧城四百三十六丈。今欲再拓北大城一千一百五十七丈七尺，而军力不足。西安之民耕获已毕，乞令助筑为便。中书省以闻，上命俟来年农隙兴筑，仍命中书考形势，规制为图以示之，使按图增筑，无令过

---

① 《明太祖实录》卷一〇六，洪武九年五月戊子，中国国家图书馆藏红格抄本。
② 〔清〕屈大均：《翁山文外》卷一《宗周游记》，上海图书馆藏清康熙刻本。
③ 《明太祖实录》卷一〇三，洪武九年正月甲子，中国国家图书馆藏红格抄本。
④ 〔清〕谷应泰：《明史纪事本末》卷七八《李自成之乱》，清文渊阁四库全书本。
⑤ 《明太祖实录》卷五四，洪武三年七月辛卯，中国国家图书馆藏红格抄本。

制，以劳人力。"①由此可知，至明洪武六年，西安东大城拓筑工程已经开始。从现有资料分析，拓展大城与修建秦王府城大致同时进行，即明洪武四年（公元1371年）开始兴建秦王府城之际，也正是大城拓建之时，由此至洪武六年才会出现"已役军士开拓东大城五百三十二丈，南接旧城四百三十六丈"的情况。从上述记载不难看出，明初西安城的大规模拓展工程是由中央机构——中书省制定详细规划，由陕西省地方官府与军队联合动员大量军兵与民夫参与施工，以确保城工顺利完竣，同时在征调民夫时充分考虑到了利用农闲时节，不至于加重百姓负担。

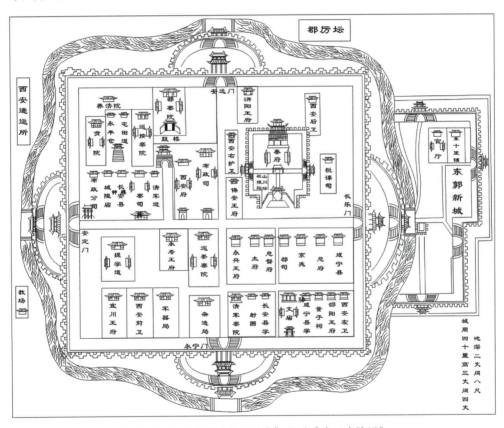

图1-2　明代嘉靖《陕西通志》所附《陕西省城图》

由于从洪武四年起开始兴建秦王府城，城区同时向东拓展，必先拆除宋元旧城的东、北两面城墙，这些建筑材料极可能用于新城墙的建设，因而旧城墙的拆除已可视作大城拓展工程的开始。至洪武十一年（公元1378年），秦王朱樉就藩西安时，西安大城拓展工程应已大体完工。

---

① 《明太祖实录》卷八三，洪武六年七月丙寅，中国国家图书馆藏红格抄本。

从嘉靖《陕西通志》所附《陕西省城图》可以推测，东关城的兴建也当属明初西安城拓展工程的一部分。东关城的修筑就是为了将城东的部分高地包括进来，其不规则形状实际上也是遵循地形的走向。从东关与西、南、北三关城形制、规模的巨大差异也可推测并非同一次工程的结果，西、南、北三关城不仅规模远小于东关城，且形状均为近似长方形，而东关城城墙走向并不规则，呈弧状。

三、扩建后的城周规模

城墙是封建时期城市建设最重要的内容之一，它已经不仅仅是一种以形态承载功能的城防设施，更成为统治力量的象征。明初城垣扩展后，西安城城墙长度成为反映城市规模的主要指征之一，城墙长度的盈缩也直接关系到城市形制和空间格局的变迁。西安作为我国封建社会晚期最大的区域中心城市之一，其城周数据及其形成来源的考订对这一时期城市规模的研究具有重要意义。

（一）城周规模

对于明初增筑后的西安城垣规模，明清史志与清末西方文献中有"周四十里""周二十五里""周二十里""10英里"等多种记述。这些说法之所以不尽一致，主要是因为记述者对西安城形制的认识有较大差异。

现存最早记述明西安城周数据的嘉靖《陕西通志》在《陕西省城图》中注"城周四十里"。陕西右副都御史项忠作于明成化元年（公元1465年）的《新开通济渠记》亦载："西安府即宋之永兴军，其城围阔殆四十里许，军民杂处，日饱菽粟者亡虑亿万计"[①]。康熙《陕西通志》卷五《城池》载："明洪武初，都督濮英增修。城周四十里，高三丈，池深二丈，阔八尺。"民国《陕西交通挈要》沿用明清方志说法，亦称"西安城周围约四十里"[②]。然而，早在清代，对于西安城周规模就已有种种不同记载，如顾炎武《肇域志》载西安府"城周四十里。《府志》……自黄巢寇长安，焚毁其宫室。韩建仍弃旧城，改筑京兆府城，是为今城。张祉记云：城周二十三里"[③]。嘉庆十五年（公元1810年）陶澍《蜀輶日记》载西安城"周围仅二十里"[④]。同治元年（公

①　〔明〕项忠：《新开通济渠记》，碑存西安碑林。
②　刘安国：《陕西交通挈要》第六章"重要都会"，中华书局，1928年，第30页。
③　〔清〕顾炎武：《肇域志》卷三四，清抄本。
④　〔清〕陶澍：《蜀輶日记》，见〔清〕王锡祺辑：《小方壶斋舆地丛钞》第七帙，清光绪上海著易堂排印本。

元1862年）官员奏折称，"惟（陕西）省城阔大，周围二十七里许，防守兵丁仅二千名，兵力甚觉单薄"①。可见，无论是"二十三里""二十里"，还是"二十七里"，都与前述"四十里"的城周规模相去甚远。

明清西安城墙周长数据不仅在中文史志中记载不一，在西文史料中也众说纷纭。清代后期，来我国游历的西方人对西安城墙之雄伟坚固、宏大规模多有记述，所记城周数据来源于文献或对时人的访谈调查，多有差异。

清代西安城高池深，占地广大，西方游历者看到雄壮宏伟的西安城，莫不感到震撼，往往将之与都城北京相提并论。如19世纪后期到访西安的美国外交官柔克义（William Woodville Rockhill）在所著《喇嘛之乡》中载称："西安城墙的长度、高度和坚固程度仅次于北京"②。除对清代西安城墙、城门、箭楼、敌楼、马面等景观加以实录外，西方游历者对西安城墙周长也格外留意，不同记述如下表所示：

表1-1　西方人所记清代西安城周数据一览表

西安城周数据	资料来源	考察或出版年份
30里	《华北、满洲和东蒙旅行记》①	1870年
8~10英里（约25~32里）	《从北京到喀什噶尔》②	1887年
24英里（约77里）	《亚洲》③	1896年
12英里（约39里）	《我为景教碑在中国的历险》④	1907年
24英里（约77里）	《革命的中国》⑤	1913年

注：

① Alexander Williamson, *Journeys in North China, Manchuria, and Eastern Mongolia: With Some Account of Corea*, London: Smith, Elder & Co., 1870, p.379.

② Mark S. Bell, "From Peking to Kashgar", *Journal of the American Geographical Society of New York*, Vol. 22, 1890, pp.95-99.

③ A. H. Keane, *Asia*, Vol. 1, *Northern and Eastern Asia*, London: Edward Stanford, 1896, p.406.

④ Frits Holm, *My Nestorian Adventure in China: A Popular Account of the Holm-Nestorian Expedition to Sianfu and Its Results*, New York, Chicago [etc.] : Fleming H. Revell Co., 1923, p.129.

⑤ John Stuart Thomson, *China Revolutionized*, Indianapolis: The Bobbs-Merrill Company, 1913, p.433.

上表所记西安城周数据大致可分为两类，一是25~39里，一是77里。前者为作者亲抵西安城的考察数据，后者则由于文献作者误以为西安城为正方形，遂有西安城"方形城区每边长达6英里"③的记述，由此推算的城周数据就远大于实际长度。

① 佚名：《奏为西安城防吃紧可否将山东济宁营中西安马队撤令归伍等事》，同治元年，中国第一历史档案馆藏朱批奏折（以下简称"朱批"），档号04-01-03-0059-015。

② William Woodville Rockhill, *The Land of the Lamas*, London: Longmans, Green, and Co.,1891, p.22.

③ John Stuart Thomson, *China Revolutionized*, Indianapolis: The Bobbs-Merrill Company, 1913, p.433.

西方人所记清代西安城周数据主要来源于地方文献、对时人的访谈以及个人的踏勘估测，相互并不一致。应当指出，这些城周数据仅指西安大城周长，而未包括四关城。英国学者威廉姆森在1870年版《华北、满洲和东蒙旅行记》中称"西安城墙高大厚实，坚固无比"，"城墙据说有10里长、5里宽"。[①]在1890年版《从北京到喀什噶尔》中，英国旅行家贝尔对西安城周的记述浮动余地较大："作为中国都城长达2000年的西安城，是一座宏伟的城市。周长约8或10英里，城墙高大，城门厚重，四关城有城墙环护"[②]。1896年版《亚洲》记载："曾作为帝国都城长达2000年（公元前1122年到公元1127年）的西安城，目前仍是中国最大的城市之一"，"巨大的四方形城墙依罗盘方位而建，每边均长达6英里多"。[③]1913年出版的《革命的中国》亦载："城墙以内的方形区域每边长达6英里"。[④]显然，西方人对西安城周的感知和认识差异明显。相较而言，约30里的记述与明清史志所载较近，而77里的记述不无夸大之嫌。

据考古实测，明初拓展后的西安大城东城墙长2886米，南城墙长4256米，西城墙长2708米，北城墙长4262米，周长14112米，即现存可见的西安城墙周长为28里余。那么，明清方志中所载并广为流传、沿袭的西安"城周四十里"之说是怎样形成的？其中又有何曲折？

（二）"城周四十里"考释

清乾隆时陕西官府曾对西安城垣长度进行实测，乾隆《西安府志》载："按西安省城，《通志》云周四十里，高三丈。以今尺度之，周遭计长四千三百二丈，实二十三里九分。"[⑤]虽然明尺与清尺仅有微小差异，但明代所载"城周四十里"与清代及近年实测结果仍相差较大，且自清代以来不断有研究者试图给予合理解释，然众说纷纭，莫衷一是。

民国《咸宁长安两县续志》引光绪十九年（公元1893年）《陕西舆图馆测绘图说》之实测数据"城周四千三百九十丈，为二十四里三分零。……又满城周一千六百三十

① Alexander Williamson, *Journeys in North China, Manchuria, and Eastern Mongolia: With Some Account of Corea*, London: Smith, Elder & Co., 1870, p.379.

② Mark S. Bell, "From Peking to Kashgar", *Journal of the American Geographical Society of New York*, Vol. 22, 1890, pp.95-99.

③ A. H. Keane, *Asia*, Vol. 1, *Northern and Eastern Asia*, London: Edward Stanford, 1896, p.406.

④ John Stuart Thomson, *China Revolutionized*, Indianapolis: The Bobbs-Merrill Company, 1913, p.433.

⑤ 乾隆《西安府志》卷九《建置志上·城池》，清乾隆刊本。

丈，为十四里六分零"，并据此解释："按城制周四十里，各纪载皆同，舆图馆所谓实测为二十四里三分零者，盖就两县辖境而言，加以所测满城十四里六分零，则仍与四十里之说相差无几，言四十者举大数也。"①这种解释虽然在数字上与"四十里"略合，却未察满城（即八旗驻防城）乃清初所筑，以此解释明代已出现之"城周四十里"说，无异于缘木求鱼，不堪一驳。

当前有研究者在解释"城周四十里"说时认为，"明初扩建西安城，先筑秦王府的王城，接着修拱卫王城的大城圈，王城（今称新城）与今所指的西安城墙是一个整体。周长40里说，是指二者周长之和。然二者之和亦不足40里，盖超过30里即称40里"②。实际上，秦王府城与西安城的扩筑基本上是同时进行的，并无明显的先后之分。虽然二者构成了城中之城的防御体系，具有一体性，但二者功能大有区别。王城环护秦王府城，同时隔开城区其他部分，使秦王府城自成一体，而西安大城则起到保卫阖城官民（包括秦王府城）的作用。相对于西安大城来说，秦王府城仅是城内一处重要建筑群落，并不能同大城一起发挥保卫全城人口的作用，因此"城周四十里"不应是二者周长的简单相加。可见，这一说法之误仍同前揭民国《咸宁长安两县续志》之误，即数字虽然略合，但结合历史实际考虑，显然缺乏内在合理性。

"城周四十里"说的形成原因，必须从明人记述中寻找。

首先，从前述清乾隆、光绪年间的两次实测数据分析，可以肯定"四十里"不是西安大城之周长。其实明人早对扩筑后的西安大城周长进行过实测，曾任陕西布政使的曹金记隆庆二年（公元1568年）以砖甃城事云："（西安城）周二十三里，崇三丈四尺"③。可以看出，虽然这一数据与乾隆及光绪年间的实测数据有所出入，但大体反映了西安大城之周长。曹金更进一步记述了隆庆二年对西安大城东南隅（即南门至东门之间的城墙）以外部分的测量结果："周环咨度，丈凡三千六百八十有奇"④，约合20.4里。又据嘉庆《咸宁县志》载清乾隆三十九年（公元1774年）陕西巡抚毕沅修城事云"南门至（城）东南角七百三十四丈五尺，……东南角至东门二百五十丈"⑤，则南门至东门的城墙长约

①　民国《咸宁长安两县续志》卷四《地理考上》，民国二十五年铅印本。
②　吴永江：《关于西安城墙某些数据的考释》，载《文博》1986年第6期，第88—89页，下转第33页。
③　康熙《咸宁县志》卷二《建置》，清康熙刊本。
④　康熙《咸宁县志》卷二《建置》，清康熙刊本。
⑤　嘉庆《咸宁县志》卷一〇《地理志》，清嘉庆二十四年修，民国二十五年重印本。

984丈。虽然明尺略小于清尺[1]，但相差细微，因此可视此984丈即为明代之980余丈，与3680丈相加，可得4660丈。按清制以180丈为1里，由此可以推得明代所测西安大城周长约25里，与曹金所记23里大体接近。

其次，所谓城周当然应指圈围城区的城墙总长度。咸宁、长安两县辖境的城区部分在明代嘉靖年间已经包括大城城墙和东关城墙，二者是完整的一体，虽然在城墙形制上会有所区别，但所圈围的地区均属城区，因此明人在测算城周时毫无疑问是将大城城墙和东关城墙的长度合并计算的。

从嘉靖、万历《陕西通志》两幅省城图及相关记载看，东关城的形成可追溯到明洪武年间拓展大城之际。当时不仅修建了大城和秦王府城城墙，也修建了东关城，这从增修工程完毕的次年开浚龙首渠的记载中可觅得线索。东关城的兴建使位于城区东半部新城区秦王府城的防卫更为巩固。龙首渠自城东引浐水入城，除可利用宋元旧渠故道的便利之外，也是为了兼顾东关城的用水。

嘉靖、万历《陕西通志》所附《陕西省城图》均以东关（记作"东郭新城"）为西安城垣的重要组成部分。明人王用宾记嘉靖五年（公元1526年）修城事云："明太祖肇基洪武，疆理天下，命都督濮英增修之，广袤四十里。"[2]项忠《新开通济渠记》亦载西安"城围阔殆四十里许"。这两处的"四十里"应该是将东关城包括在内。从性质、功用上分析，东关城与西安大城属于真正意义上的防御整体，二者互相依恃，共同防御外来侵扰，因而将东关城之周长计入西安周长中符合情理。

另据1936年陕西省测量局实测《陕西省城图》（一万分之一尺）量算，可知东关城墙长约8里。若与明人曹金所记西安大城周长23里相加，约31里；若与后世实测大城周长约28里相加，则为36里。两者均超过30里，后者更是接近40里之数，这当是明清方志称西安"城周四十里"的来由。

明清西安"城周四十里"的庞大规模，在这一时期我国区域中心城市中罕有其比，为城市内部功能区的发展提供了充裕的空间，也为西北重镇城市地位的确立奠定了坚实的空间基础。

---

① 中国历史大辞典编纂委员会编纂《中国历史大辞典》（上海辞书出版社，2000年）及沈起炜主编《中学教学全书·历史卷》（上海教育出版社，1996年）载明营造尺为31.8厘米，明里为572.4米，清尺为32厘米，清里为576米。由此推算明清1里约为180丈。

② 〔明〕王用宾：《重建城楼记》，见康熙《咸宁县志》卷八《艺文》，清康熙刊本。

第二节
明代中期的城垣维修工程

　　城垣、城壕不仅是城市防御体系中最重要的组成部分，也是城市景观中十分引人注目的构景要素。城垣在建成之后，由于长期风雨侵凌、地震灾害和战火毁坏等自然与人为因素，会出现墙土剥蚀、城砖跌落、城楼卡房等倾圮毁损现象，因而需要进行日常维护、修缮乃至于特定年份的大规模重建，借以维系城高池深、金城汤池的城市景观，保持和增强城市的整体防御能力。从这一角度来看，城垣维修活动在西安城的延续发展过程中起到了重要作用，是城市生命力得以长久延续的重要保障。同时，城垣维修工程（即"城工"）作为西安乡建设中最重要的一种工程类型，与城乡社会各个阶层之间形成紧密联系，也反映出不同历史阶段西安城乡社会经济的发展状况。

　　西安城垣自明代初年奠定基本规模和面貌之后，在明清时期经历了多次维修，其中不乏耗资巨大、持续数年的重大工程。就明代而言，洪武年间都督濮英主持城垣扩展工程，在城墙上"设麗楼九十八所，环堵崇墉之制始肃"[①]之后，陕西地方官府在正统五年（公元1440年）、嘉靖五年（公元1526年）、隆庆二年（公元1568年）相继对城垣进行过修缮。虽然清人赵希璜对明代西安城垣维修工程的规模和内容用"稍稍补缀"来形容，但实际上历次城工均耗费了大量人力、物力和财力，尤其是嘉靖五年陕西巡抚王荩重修城楼、隆庆二年陕西巡抚张祉为城墙外侧"甃砖"两次城工特别值得关注。有赖于少保王用宾和陕西布政使曹金的记述，我们能够对嘉靖、隆庆年间的两次城工有更多的认识。

---

① 〔清〕赵希璜：《研樨斋文集》卷一《重修西安府城记》，清嘉庆四年安阳县署刻本。

一、嘉靖五年城工

（一）城工缘起

嘉靖五年（公元1526年），陕西官府之所以开展大规模的西安城垣维修工程，主要是因为在明洪武年间都督濮英增修之后的170余年间，"风雨震凌，鸟鼠巢穴"，导致城墙"木斯隳焉，石斯圮焉"，景观面貌与防御能力大不如前。从明人王用宾所撰《重建城楼记》的表述分析可知，明代前中期造成西安城墙主体与附属建筑体系破损颓毁的主要因素是自然原因，长期的风吹雨淋、频繁且严重的地震灾害导致城墙、城楼、卡房等多处墙土剥落、梁柱坍塌、砖瓦破损，而大量鸟类、鼠类在屋檐、墙缝、墙体、马面等处筑窝、打洞，也在一定程度上影响了城墙建筑的稳固和观瞻。

具体而言，风吹雨淋作为气候因素，对庞大的城墙建筑体系虽然在短期内影响细微，但经年累月之下，其负面影响便日益明显。尤其是明初至嘉靖五年维修之际，西安城墙本体一直是用夯土筑就，素有"土城"①之称。夯土城墙虽然也堪称坚固，但耐久性远逊砖城，土墙难以抵御长期的风吹雨淋，墙体剥落、坍陷等问题逐渐出现，并随岁月流转而日益严重，久而久之，逐渐引发墙顶崩陷、墙体大段坍塌。

除风雨等气候因素之外，鸟类、鼠蚁乃至虫菌等生物因素也是引起夯土城墙、城楼、卡房等建筑破损、外观黯然的重要因素。已有学者指出，鸟类经常栖息会造成斗拱的损毁。古建筑檐下斗拱处是麻雀、沙燕、鸽子等鸟类经常栖息、筑巢的地方，鸟食、鸟粪自然少不了"滋润"平板枋和斗拱构件，长时间便会滋生大量细菌，从而破坏木材结构，影响木材强度，最终导致斗拱等木构件腐朽、损毁。②城墙的裂缝以及城楼的飞宇、翘角、斗拱等都是鸟类等喜于栖身筑窝的地方，鸟类的长期栖息会对木构建筑形成腐蚀。而城身、城根、护城河岸等处平日人迹稀少，鼠类多择其地掘洞栖藏，对夯土城墙、城壕的稳固性构成潜在威胁。鸟类、鼠蚁、虫菌等相对于庞大的城墙防御体系而言，虽看似微不足道，但其数量极多，在长期的活动过程中不可避免地对城池安全、景观产生负面影响。一旦气候因素和生物因素结合起来，其破坏力就更为巨大。例如雨水会顺着墙面、墙根的鼠洞灌入墙身，引发墙体坍卸。

自然原因造成的上述问题严重影响城墙的坚固程度，进而使城市防御体系的严密性

---

① 康熙《咸宁县志》卷二《建置》，清康熙刊本。
② 张志伟：《浅析古建筑中斗拱损毁的原因与维修》，载《古建园林技术》2010年第2期，第17—18页。

和安全性大为降低，"守国保民，防御弗称"①；同时，由于风雨剥蚀、鸟鼠侵凌以及地震灾害等的影响，作为明代西安最重要的城市景观，城墙颓毁、破损严重，极不美观，其雄伟壮阔的形象也大打折扣。

嘉靖三年（公元1524年）冬，王荩出任陕西巡抚之初，即有下级官员向其禀报西安城墙圮坏、长期失修的情况。由于才出任新职不久，王荩对陕西、西安的各方面情况尚未了然于胸，因而决定将维修西安城墙的"板筑之役"延后进行。他首先采取了严肃政纪、整顿吏治的改革措施，对官场、军队的陋习与腐败进行整治，并且察核西安等地民间疾苦，兴利除弊，所谓"乃皇皇然立政陈纪，正诸吏习，儆诸军实，酌诸民之利病而兴革焉"即言此。明确制度、整顿吏治、兴利除弊等革新做法，一方面在很大程度上改变了官场、军队的弊病，有益于吏治清明，另一方面又凝聚了城乡民心，赢得社会大众的广泛拥戴，这些举措为此后顺利开展大规模的城墙维修工程奠定了良好基础。

嘉靖四年（公元1525年），在此前"铺垫性"的整顿吏治、严明军纪、为民兴利等举措之下，西安城乡社会秩序井然，官民心意相通，"百度咸秩，众志用熙"，开展大规模城工的各项条件已基本具备。王荩随后下令陕西、西安各级官府与驻地卫所军队相互协同，"周视慎度，聿兴厥工"。在王荩的领导下，参与前期筹划城墙维修工程的官员众多，涉及陕西御史、布政使、按察使、都指挥使、西安知府等军、地两大系统官员，包括时任陕西巡按御史郭登庸、王鼎，陕西布政司布政使宋冕、孙慎，参政杨叔通，参议孟洋，按察司按察使唐泽、副使张宏与江玠，佥事姚文清、王钧、刘雍，都指挥周伦、张镐、赖铭，西安府知府赵伸等。②各级官员中不乏具备丰富城乡建设经验者，众人集思广益，能更为周全地考虑城工的大小事项。

虽然从已有史料中难以洞察工程的具体规模，但从这份督工官员名单就可看出，陕西地方官府对此次城工极为重视，主要由省一级官员协调统筹，西安知府很有可能是基于"地利之便"而负责督理整个工程。可以进一步推测的是，咸宁、长安两县作为管辖城区的最低一级行政区，其知县无疑负责更为具体的维修监督和指导事务。

作为省级建设工程，嘉靖五年西安城墙维修过程中，既有各级地方官府参与，也有驻军协同，这与明代西安护城河等大型工程建设中军民协作分工的情况一致。动用驻军参加城墙维修、疏浚城壕，有助于减少招募、雇用民夫，"于民为弗病"，减小城工对

---

① 〔明〕王用宾：《重建城楼记》，见康熙《咸宁县志》卷八《艺文》，清康熙刊本。
② 〔明〕王用宾：《重建城楼记》，见康熙《咸宁县志》卷八《艺文》，清康熙刊本。

民众日常生活与生产的影响。

（二）施工过程

在近6个月的施工过程中，督工者和建设者始终以"缘旧增新，仍坚易腐"[1]为基本原则，前者是指砖、石建筑而言，后者则主要针对木构建筑和部件。一方面依据城垣及其砖、石、木质附属建筑破损的实际状况采取补修的方式，从而大幅节约经费开支；另一方面能够更好地保持和承袭城墙原本的建筑工艺和原有风貌，而不是大拆大建，以至于在重修过程中破坏了原本的建筑格局。这一原则在后来的西安城墙维修工程中均被加以采用，由此较好地保存了城墙本体与附属建筑的风貌，使之得以一脉相承。

在此次城墙维修工程中，官府与民众的协作关系主要体现在"财出于官，力用于民"[2]的统筹安排方面，即维修所需的大额经费由官府划拨，负责具体施工的大量工匠与民夫则从民间招募、雇用。从资金的流动角度分析，维修工程经费主要用于购买工具与物料、支付运输脚价、采买工粮、支付工匠与民夫的劳酬。就此而言，官府的大量修城资金会在此过程中支付给间接参与修城的制售建筑工具、提供建筑物料及工粮的匠人、商贩、运输业者、农民，以及直接参与建设活动的工匠与民夫，实际上完成了一次"官府公帑"向"个人劳酬"的转移，由此使得大量经费进入区域城乡社会流通领域，在一定程度上促进了手工业、商业、农业等的发展，也增加了民众收入。大型工程建设特别是在灾荒年份开展的"以工代赈"建设工程，对区域社会经济的促进、刺激作用由此得以凸显。

在施工过程中，巡抚王荩与各级官员分工合作、各司其职，在督工监理、划分工程量等方面采取了"分阅其功，均在其劳"[3]的做法，即不仅明确相应官员的职责，由其分别办理、相互协作，监理工程质量，而且为参加施工的建设者（包括民众和驻军）划分相应的工段，使其工程量较为均等，不致畸轻畸重。这一做法合理利用了人力资源，在一定程度上减轻了督工官员、维修匠夫的压力，有助于在较短时间内高效地完成维修任务。

此次城工始于嘉靖五年（公元1526年）正月二十日，至六月十五日竣工，[4]前后历时近6个月。从维修工程的时段来看，兴工时间选择在初春回暖、大地解冻之际，也是农历年后的农闲时节，既有利于砌筑土石工程，又不耽误工匠民夫的农活。至夏初竣

---

① 〔明〕王用宾：《重建城楼记》，见康熙《咸宁县志》卷八《艺文》，清康熙刊本。
② 〔明〕王用宾：《重建城楼记》，见康熙《咸宁县志》卷八《艺文》，清康熙刊本。
③ 〔明〕王用宾：《重建城楼记》，见康熙《咸宁县志》卷八《艺文》，清康熙刊本。
④ 〔明〕王用宾：《重建城楼记》，见康熙《咸宁县志》卷八《艺文》，清康熙刊本。

工，对参与维修工程的农民返乡夏收和秋种的影响也降到最低程度。由此不难看出，工期起始时间的选择与工期的长短，也均在陕西巡抚王荩及各级官员的统筹考虑之中。

（三）工程特点

此次城工结束后，时任官员王用宾撰《重建城楼记》载其过程，以资后世存览。王用宾指出，各地的城建工程与施政者的勤惰大有关联，分成鲜明的两类："夫天下之政，锐者喜作，喜作则烦，故有新作南门、雉门者矣；怠者裕蛊，裕蛊则废，故有世室居坏，视而弗葺者矣。"他认为无论是"锐者"还是"怠者"，都有其弊端，"二者皆非也"。相较之下，嘉靖五年城工与这两类官员主持开展的建设活动迥然不同。

首先，此次城工在动用人力方面，以"择可劳焉，与众相宜"为标准，招募、雇用工匠与民夫均尽量避免扰及民众的正常生活与生产，以获得广泛的支持；同时，为维修工程制定的相关规章、要求等简洁明了，"规程省约"，在实施时容易操作。此次维修工程不仅采取了补修的做法，也对可能出现的潜在问题予以解决，"及时举坠，先事防虞"[①]，由此可以避免城墙较长段落的坍卸等严重问题发生。维修规章和要求不烦琐，对当时存在的问题以及隐患及时进行处理和消除，也就能在较长一段时间内使城墙面貌和景观保持良好。

其次，虽然此次工程量较大，但能够在短短近6个月内顺利竣工，正是由于前期筹划周密细致，经费开支精打细算，以"省约"为度，动用工匠、民夫数量众多且效率较高，有"绩宏而令密，工繁而用俭，力众而效速"之称。正是由于这些综合因素，城工得以节省经费，也获得了民众的支持，堪称一次"于财为弗伤，于民为弗病"[②]的典范城建工程。

从嘉靖五年的城垣维修工程过程来看，大规模的城工是一项需要地方官府、驻军、城乡民众共同参与的建设活动，既需要具有远见卓识的主政官员动议，也需要其与各级官员分工合作、协调建设过程，还需要充裕的经费、物料和人力支撑。在人力方面，由于城垣工程复杂，既需要从事搬运物料、协助建筑的普通民夫，也需要掌握较为繁杂工艺、技术的工匠。只有决策者、筹划者、督工者、建设者紧密配合、相互协作，辅之以物料采买、运输以及施工过程中工匠精益求精，监工者与验收者一丝不苟，方能顺利完成庞大而复杂的城工。

---

① 〔明〕王用宾：《重建城楼记》，见康熙《咸宁县志》卷八《艺文》，清康熙刊本。
② 〔明〕王用宾：《重建城楼记》，见康熙《咸宁县志》卷八《艺文》，清康熙刊本。

二、隆庆二年城工

在嘉靖五年（公元1526年）维修城工之后，时隔42年，西安城又于隆庆二年（公元1568年）迎来了一次里程碑式的修筑工程。嘉靖五年城工由于原始文献记载简略，难以一窥城工细节，对具体建设过程无从得见其详，只能依据地方志收录的《重建城楼记》总结其概要过程和特征。相较而言，隆庆二年城工状况收载于康熙《咸宁县志》，记述较为详细，留下了诸多"数据化"信息。

就维修工程的具体内容和涉及面来看，嘉靖五年城工的建设重点是重修城楼，而隆庆二年城工则是一次涉及城墙与护城河的系统性维修工程，无论是在动用人力，还是在耗费物力与财力，以及提升城墙防御体系坚固程度等方面，均超过了嘉靖五年城工。

（一）城工缘起

有关隆庆二年西安城池的大规模维修缘起，康熙《咸宁县志》载："隆庆间都御史张祉以土城年远颓圮，甃砌以砖，浚其壕。"由此可知，这是一次综合性的城池整修工程，不仅为城墙外侧和城顶砌砖包护，而且疏浚了城壕，对于城防体系的强化起到了至关重要的作用。

此次城工缘起与嘉靖五年维修工程大致相同，主要是由于"周二十三里，崇三丈四尺"的西安城墙作为"土城"无法避免风雨、鸟鼠等自然因素的破坏，以至于出现"历年滋久，摧剥渐极"的破败状况，加之"频岁地震，楼宇台隍，颓欹殆尽"，较为频繁的地震更加剧了城墙、城河的破损，这种情形不能不引起肩负"保治之责"[1]的地方主政官员们的高度关注。

在嘉靖五年重建城楼之后，西安城墙虽然一如往昔地受到风吹雨淋、鸟鼠侵扰等自然因素的负面影响，但影响更为显著的则是关中及其周边地区频发的地震灾害。相较而言，风雨、鸟鼠等属于长期性、渐进性的影响力量，虽然一时一地看上去力度不大，但久而久之负面影响会日益凸显；地震则属于短时性、突发性的影响因素，平时无事时对城墙并无影响，一旦发生，则破坏力巨大，会造成城垣坍卸、城楼塌毁等严重后果。

清人有"自古地震，关中居多"[2]的说法。嘉靖五年城工完竣后，仅隔29年，关中地区即于嘉靖三十四年（公元1555年）农历十二月十二日夜发生大地震，被称为"盖近

---

① 康熙《咸宁县志》卷二《建置》，清康熙刊本。
② 康熙《咸宁县志》卷八《艺文》，清康熙刊本。

古以来书传所记未有之变也"。咸宁县人秦可大在《地震记》中以细腻笔触载及此次震情："是夜，予自梦中摇撼惊醒，身反覆不能贴褥，闻近榻器具若人推堕，屋瓦暴响，有万马奔腾之状。……比明，见地裂横竖如画，人家房屋大半倾坏。其墙壁有直立者，亦十中之一二耳。人往来哭泣，慌忙奔走，如失穴之蜂蚁然。"①足见这次地震对建筑的破坏之大，给民众造成的恐慌之深。

此次地震震中位于潼关、华州一带，"自潼关、蒲坂奋暴突撞，如波浪愤沸，四面溃散，故各以方向漫缓而故受祸亦差异焉"。关中各府州县在地震中死亡人数众多，"受祸大数，潼蒲之死者什七，同华之死者什六，渭南之死者什五，临潼之死者什四，省城之死者什三。而其他州县，则以地之所剥，别近远，分浅深矣"②。从省城西安的死难者人数比例就可以看出，这场地震对西安城乡地区的负面影响巨大。毫无疑问，地震发生于深夜，伤亡大多是由墙倒屋塌造成的，这种烈度的地震势必对环绕省城的城墙及其附属建筑造成极大破坏。

（二）工程进展

关于此次城工的兴工与竣工时间，康熙《咸宁县志》记载为"隆庆间"，而未明言隆庆二年，是由于记载此次工程经过的原始文献，即陕西布政使曹金的"记文"是在工程进行期间撰述的，尚无法预知确切的竣工时间。不过，从曹金的记述来看，此次工程大体分为三个阶段：第一阶段为东南隅样板工程；第二阶段为东北隅工程；第三阶段为西北、西南隅工程。曹金记述的正是第一、第二阶段工程。这份殊为珍贵的记述包含的城工信息十分丰富，值得深入分析。

隆庆元年（公元1567年），逢新皇登基，对中央朝廷和地方官府而言均堪谓"图治之始"，是开创国家与社会新局面的大好契机，"尤宜急补蔽救漏"。朝廷"为思患豫防"，决定大力维修各省会、州县城池，"缮修城堑"成为"天下诸省会郡邑"的重要任务之一。在陕西布政使曹金看来，西安作为陕西省会，战略地位十分重要，所谓"东接晋壤，西北塞垣"，处于山西与西北长城之间，而且所处关中地区自然环境优越，有"沃野千里"之称。曹金由此评价西安的重要区位称："所谓要害，孰有急于此哉？"认为西安城墙维修确实应尽快开展。但是由于工程"工费繁巨"，加之正处于"灾沴靡敝之余"，因而主管城工的官员"计无所措"，只能暂时搁置。

---

① 康熙《咸宁县志》卷八《艺文》，清康熙刊本。
② 康熙《咸宁县志》卷八《艺文》，清康熙刊本。

隆庆元年冬，张祉奉旨出任陕西巡抚。与嘉靖五年城工之前陕西巡抚王荩相似，张祉在开展大规模城工之前，采取了"饬纲维，厘奸诡，肃武备，罢远戍，均田粮，修水利，平剧盗，疏泉渠，议赈贷，缩财用"等一系列重要举措，在政治、军事、经济、治安等多个领域进行改革。第一，城乡社会的正常运作有赖于各项制度、规章的确立以及严格实施，因而张祉重新申饬各项政令纲纪，严令官民遵守；第二，在社会治安方面，惩处城乡地区作奸犯科者，铲除恶名远扬的盗匪；第三，在军事领域，加强军队建设，提高其战斗力，停止向边远地区派遣驻军；第四，在农业领域，不仅推进田赋改革，而且修治水利基础设施，疏浚泉水、引水渠等水系，改善水环境景观；第五，在财政、商贸方面，商讨开展赈济与借贷，节约各方面开支。在上述革新过程中，陕西巡抚张祉"约己率下"，带头垂范，"殚厥心力"，因而能够获得官民的普遍支持，为大规模城工的开展奠定了良好的人力、民心与舆论基础。

从整体上看，隆庆二年城工分为如下三大阶段：

1. 第一阶段

在各项革新措施相继开展并完成之际，城池维修工程也进入了第一阶段。在张祉的指导下，"其楼宇台隍之倾者树，欹者正，塞者浚，植柳种荷，亦既改观矣"。即先是对坍卸、倒塌、歪斜的城墙、城楼等进行针对性修缮；同时，对护城河中阻塞、淤积之处进行疏浚、淘挖，在城壕边栽种柳树，在城河中种植莲花。经过初步修缮、疏浚，城墙、城楼、城河面貌焕然一新，尤其是护城河的景致变化最大。在城壕两岸栽种柳树，又在城河中种植莲花，形成"岸上柳"与"水中莲"交相辉映、相得益彰的美丽景象，此后护城河就成为"垂柳"与"浮莲"共同构成的城市绿带。一方面，城墙、城楼由修缮之前坍卸、歪斜的面貌一变而成为宏伟、严整的金城汤池景象，西安城墙的防御功能得到恢复和提升；另一方面，护城河在疏浚基础上，又由官府植柳种莲，予以环境建设和美化，既彰显了西安护城河雄浑之外秀美的一面，也反映出护城河不仅是城防体系的组成部分，而且成为西安城市水环境景观的重要构件。

值得指出的是，早在成化初年开凿通济渠引水入城以及灌汴护城河时，即已实施过在城壕两岸栽种柳树，在护城河中种莲养鱼等环境治理、美化措施，而且弘治年间在西安的城中之城——秦王府城两重城垣之间的护城河也进行过大规模种植莲花、美化环境的建设活动。可以推测，成化、弘治时期的护城河环境建设史实，对隆庆二年城工第一阶段有一定的影响。

虽然前述原始文献记述仅寥寥数语，但维修城墙、城楼及疏浚护城河、栽柳种莲等建设活动，在实际开展时需要动用大量人力、财力和物力，包括土建工程与绿化工程两大部分。修缮城墙、城楼和疏浚城壕等需要大量工匠和民夫，而种植柳树、栽种莲花则需要具有绿化特长的人员来指导和实施。

从明代前中期西安开渠引水、疏浚城壕等工程事件来看，护城河在一定程度上已成为城乡水系的组成部分，其沿岸栽植柳树的做法，与通济渠城外渠道两岸栽种柳树的做法一致，对加固城壕土岸、减少壕岸坡地水土流失和坍卸具有积极作用。同时，种植莲花除美化景观之外，还有助于增加护城河水活力，减少污臭气味。

2. 第二阶段

在完成第一阶段对西安城墙本体、城楼、护城河的维修与环境建设之后，此次西安城工即进入第二阶段，重点在于将原本的"土城"重修为"砖城"。由于西安大城长约28里，因而工程较第一阶段更为浩大。

陕西巡抚张祉认为，西安城墙本体为"土垣"，难以抵御风雨、鸟鼠、地震等诸多负面因素的影响，故决议为城墙砌砖，将之改为"外砖内土"的"砖城"，增强防护能力，使之能持续久远。在此指导思想下，张祉下令砍伐大量"早河柳"作为燃料，由陕西按察司拨付给烧造砖瓦等建材的官员与工匠，以便烧制此次甃砌城墙所需的大量城砖。须要指出的是，陕西布政使曹金在其记文中所载的"早河柳"，遍检史籍，难详其意。而揆诸西安周边河流植被状况，此处应当是指"皂河柳"，即皂河两岸种植的大量柳树。"早"与"皂"同音，且字形有相近之处，曹金原意当指"皂河柳"，之所以致误，当属刊刻者之偏差。

皂河位于西安城西，离城较近，采伐其两岸柳树作为烧砖燃料，能够大幅度节约交通运输等开支。就当时的实际情况而言，西安城四郊之地基本上都已垦作农田，难得一见大面积的林木，而皂河河身较长，沿岸河柳数量庞大，若进行适度"间伐"，或者采伐树枝而非主干，不进行"根株净尽"式的滥伐，不仅能够为烧砖提供大量燃料，也不会对皂河沿岸植被和绿化景观造成根本性的破坏。早在成化初年西安城西通济渠开凿引水之初，地方官府就在陕西巡抚项忠、西安知府余子俊等指导下，在通济渠（包括护城河）沿岸种植了大量柳树，而通济渠是引潏河、皂河水入城的，因而皂河两岸种植柳树也符合当时在河渠沿岸种树固岸的一贯做法。若从成化初年在皂河两岸栽种柳树起计算，至隆庆二年时，这些柳树已经生长逾百年之久，堪称枝繁叶茂的大树，即便是采伐大量树枝，不伤及主干，也足可为烧砖提供大量燃料。

曹金作为时任陕西按察使，从陕西巡抚张祉处领命之后，便指示咸宁县主簿李中节、长安县主簿董宜强等官员"监造"烧砖，先后新烧城砖逾48万块。与此同时，又对西安城中龙首渠、通济渠的废旧渠道进行疏浚，获得"废渠砖"10万块。总计为此次城工备砖超过58万块。在前期砖料准备妥当之后，"方图肇工"，可见砖料是此次改"土城"为"砖城"的核心工料。从乾隆后期陕西巡抚毕沅指导的维修工程所需砖块数量来看，58万块砖很有可能只是此次城工所需城砖的一部分。曹金的记文并未提及城工后期的情况，因而实际所用城砖数量更大。

曹金在记文中并未提及城砖尺寸，但新烧造的城砖无疑为此后明清西安城墙所用城砖奠定了基本规制。一般城工中所用城砖尺寸应当统一，否则不利于砌筑。从此次城工大量使用"废渠砖"的情况似可推测，新烧城砖尺寸与原来砌造引水渠道的城砖尺寸一致。当然，新烧城砖与"废渠砖"尺寸不一也有可能，即用于不同城段的砌筑，但一般不会在同一城段混用。就在新烧城砖和"废渠砖"备妥开工之际，陕西巡抚张祉奉朝廷之命将调任"南都"——南京。对大型城建工程而言，动议、主修官员在工程期间的异地调动有时会对工程进度造成极大影响。为了避免此一问题，张祉专门邀集主管民政与军事的首要官员，包括陕西左布政使栗永禄①，陕西按察使曹金，参知陈宗岩，副都御史曾以三、张天光、李君佐，以及军队将领娄允昌、丁子忠等人，向其阐明此次维修城工的重要意义。

张祉指出，他虽然希望接任官员"不宜喜功动众"，但由于城池维修工程已经兴工，不可就此中辍。只是在城工的开展策略上应当采取稳步推进、分段施工的方式，而不是全面铺开。张祉引用"筑舍道旁，三年不成"的典故来说明城工应尽快付诸实施，而不应在纷纭讨论中耽误进度。这则典故说的是一个人要在路边盖房子，他每天都向路过的人征求意见，结果三年过去了，房子也没有盖起来。陕西左布政使等军政官员均对张祉的意见表示赞同，认为"万夫之喋喋，不如一弩之矫矫，谓空言弗若行事也尚矣。况四序成于寸晷，千仞始于一篑"，期盼张祉在离开西安前尽快筹划。即便得到了最高层级行政与军事官员们的支持，张祉仍认为应与更多中下级地方官员进行沟通、协商，以便工程顺利开

---

① 〔明〕杨博：《本兵疏议》卷二三《覆巡抚陕西侍郎张瀚修城开堰叙功行勘疏》，明万历十四年刻本。

展。他随后又与"治行超卓"①的西安府知府邵畯，"职任贤能"②的西安府同知苏璜、宋之韩，通判谢锐，节推刘世赏，咸宁县知县贾待问，长安县知县薛纶，以及诸卫使、千夫长、百夫长等军队将领商议修城之事，众人"莫不跃然，咸对如诸司言"，均表示支持。从后来陕西巡抚张瀚题奏报请奖叙的名单来看，这些人皆赫然在列，表明他们均在此次城工中发挥了重要的督工作用。

张祉之所以要自上而下地与省级、府级和县级地方官员以及驻军将领进行协调，争取获得军、地两方面的支持，是由于西安城既是省会、府城，又是两县县城，而城墙、护城河的修筑，不仅关系到城池景观是否壮阔雄伟，更为重要的是，城工亦属于军事防御体系的建设，与军队的关系密不可分。获得了地方官府的支持，城工在财力、物料等方面就能较为充裕，在运输及与区域社会的协调方面能更为顺畅；而与军队将领通力协作，则有助于调动军队参与到城墙与护城河的维修中来，在人力方面能较少扰动普通民众。

在与各级军政官员取得共识后，陕西巡抚张祉进一步明确官员职责，指定由西安府同知宋之韩"倅总其事"，全面负责城工事宜，指挥陈图、田羽负"分理"之责，而协助配合、"赞襄提调"者为西安府知府邵畯。从这一任命可以看出，西安府官员作为介于省、县之间的桥梁，在城工过程中能够起到承领省级官员命令、督察县级官员具体监工等事宜的作用。同时，由军队系统的卫所指挥协助办理，也能更好地发挥军队的人力优势。

就在陕西官府筹划大规模开展甃砌城墙等工程期间，有"边戍逋者"，即本应前往边疆戍边却逃散四处的军卒1400人，按照大明律法应全数抓捕惩处。张祉遂移咨陕西巡按御史、督府大司马河东鉴川王君赏，提议调用1400名军卒参加城工。王君赏一向敬重张祉，又考虑到甃砌土城的工程堪称"大防"，于是"忻然"同意，并且指出调用这些军卒参加城工，与征募民夫在本质上并无区别，同时采取"筑以代摄"的方式，招募逃散军卒赶赴西安城工处所参加劳动，从而免于抓捕、惩处，堪称一举两得的"正法"。

在招募逃散军卒参加城工的告示发布后，散在各地的"逋卒欢声响应，不召而咸集"。这反映出该决策确实明智，既免于耗费大量人力四处抓捕逃跑军卒，又能够减少社会治安中的不稳定因素；对于军卒来说，也可借此城工机会免除惩处。而最重要的

① 〔明〕高拱：《高文襄公集》卷一四《掌铨题稿·参巡按御史王君赏举劾违例疏》，明万历刻本。
② 〔明〕高拱：《高文襄公集》卷一四《掌铨题稿·参巡按御史王君赏举劾违例疏》，明万历刻本。

是，采取此项措施，不用搅扰区域城乡民众，就能在较短时间内聚集1400名青壮年劳动力，为后续城工的开展奠定了坚实的人力基础。

由于参加城工人员数量众多，每日饮食需要消耗大量工粮，一应消耗均从省、府、县各级官仓划拨。

督工官员、城砖、劳力、工粮等一一到位之后，唯独甃砌城墙所需的建材——石灰尚无着落。陕西左布政使栗士学与时任府尹曹金就此向张祉汇报，建议由州县"自营输工所"，向西安城墙工地自行运输石灰，"事竣乃止"。这一建议得到张祉的首肯。

在劳力、工粮、工料等准备就绪后，张祉等依照城工惯例，"卜日告土神，率作兴事"。选择良辰吉日开工兴建是一种源远流长的建筑文化传统，督工者、承建者都希冀神灵能够保佑工程的顺利进行和施工者的安全，以此获得心理上的慰藉和鼓舞。

在首先针对咸宁县所辖东南城墙的甃砌工程中，为增强防御能力，曹金建议将原有的女墙形制加以改进，"令外方内阔，中辟一窦，斜直下阚"。经过改筑后的女墙"金以为利御"。至此，东南隅城墙的甃砖、改筑女墙工程完成。

作为第一阶段的样板工程，东南城墙的维修始于六月二日，经过闰六月，至七月二日告成，前后历时62天。经过甃砌砖石，这一段土墙变为"外砖内土"的砖墙，"东南一隅屹然金汤矣"，坚固程度大为提升。

东南隅城工竣工之后，陕西巡抚张祉"巡行其下，喜动颜色"，遂与同行的副都御史张天光商议全面开展甃砌城墙事宜，并再次下令由西安府同知宋之韩负责"总理"。东北、西北、西南三段城墙总长共计3680余丈，以长度和工程量划分为120"功"，每"功"需要100名劳力完成，共需12000名劳力。当时参加城工的卫卒总数为6000名，按此计算，每名卫卒仅需调用两次，即可完成全部工程。在城工中调用卫卒，无须像征募民间匠夫那样支付大量工钱，只需提供工粮，能大幅节省开支。

西安府同知宋之韩在初步查勘、估计上述三段城工的工程量之后，统计购买所需城砖、石灰和工粮的费用，总计银25800余两。陕西巡抚张祉认为这一开支数额相对而言较为合理，倘若因为开支巨大知难而退，继任者可能也会继续怀有畏难情绪，城工就会搁置。张祉深知若自己继续留任陕西，城工则可继续，可惜自己即将调任南京，不得不在离任前安排好后续城工事宜。

张祉将后续城工所需经费及城工进展情况告知"督府暨监察侍御淄川四山王公、襄阳楚山潘公、普安明谷李公"等官员，这些官员皆要求下属官员积极协助城工事宜。此时正值"督府"奉朝廷旨意，饬令相关官员重视"城堞"的建设和维护，而张祉的修城之举"适有符焉"，恰好与当时的朝廷政令紧密呼应。督府的官员将省城西安的城墙与边地长城联系起来看待，认为西安城工也关系到边疆地区的稳固，所谓"塞垣譬则门户也，省会譬则堂奥也，堂奥巩固则内顾亡虑矣！"这里所说的"塞垣"即指长城（边墙），认为长城犹如大门，而西安如同厅堂，西安城墙修缮兼顾，则腹地安稳，自然有利于长城边塞的稳固和防守。都督府官员将"内地民出钱助边"①建设及维修长城的大量拖欠、逃避款项征收后，供给西安城工使用。这种做法反映出西安城墙维修与长城（边墙）建设同属军事防御体系的性质，因而得到都督府的大力支持。而长城（边墙）维修工程有专门的经费来源，以"逋金"（即被拖欠的应征款项）作为西安城工经费，既促进了长城维修经费的征收，也为西安城墙维修提供了充裕的经费来源。

在都督、侍御等主政官员的"轸念"、"协心"和鼎力支持之下，城工的后续工程得以继续推进。陕西巡抚张祉为了彰显前述官员的"美意"，遂以告示的形式张榜各地，"关中父老靡不踊跃欢欣"，纷纷赞扬主导和支持西安城工的军政官员："自督府公之莅我疆圉也，吾西土无烽火之惊焉；自侍御公之联辔八水也，吾秦氓无狐鼠之扰焉；自中丞公之抚我邦家也，吾灾余孑遗人人自以为更生焉，庆莫大矣！乃今一德同猷，固我缭垣，吾秦何幸？其永有赖乎！"充分反映了地方民众对于有德政的官员的拥戴，以及省级军政官员在城池建修上通力协作的精神。"吾西土""吾秦氓""抚我邦家""固我缭垣"等的表述，反映出西安城工对凝聚民众的家园意识与强化其乡土情怀具有推动作用。

在劳力、工粮、工料、经费等落实到位之后，工地自东南隅转移至东北隅，即从东门（长乐门）至北门（安远门）。这是西安城墙四隅中最长的一段。"东南隅迤西"即西北、西南隅两段的数百丈修筑工程，西安知府邵畯建议在东北隅完工之后再陆续推进。

陕西布政使曹金指出，此次城工之所以堪称一次里程碑式的工程，是由于"此陕城者，缘唐而来，历五季宋元，入我国家，垂七百年间，未有营以砖者"。明代西安城是在唐代皇城的基址上扩建而成的，具有悠久的历史。从这一角度来看，曹金的评述可谓一语中的。在此之前，文献中均未见记载西安城墙为砖城。自张祉甃砌之后，则土城变

<hr />

① ［明］陈懿典：《陈学士先生初集》卷一六《资政大夫吏部尚书五台陆公行状》，明万历刻本。

为砖城，无论是城墙外在的景观面貌，还是内在的防御能力，都大为提升。

同时，曹金认为，正是由于砖城的营建较土城需要耗费更多的人力、物力、财力，因而在长达700余年间，从唐长安的皇城，到五代改建的长安城，以及宋金元、明前期的西安城墙，均为土城。至隆庆二年，陕西巡抚张祉敢于启动前人未曾实施过的甃砌工程，先以东南隅城墙为前期样板工程，"非心切乎民而有是耶？"曹金固然是以此褒扬张祉，但也可视为是赞扬以其为首的众多军政官员。正是这些官员群体"心切乎民"，才会维修、加固能够保障阖城官民安全、维护区域稳定的重要基础性防御工程。

在曹金看来，张祉在奉命调离之际，还能始终关注城工进展，多方联系，积极解决经费等问题，安排好其调离后的建设事宜，以确保甃砌工程不因主政官员调任而中辍。曹金在记文中引用《周易》卷三《蛊卦》之语，赞扬张祉在离任之前坚持安排好修城之举堪称"孜孜干国之蛊"，就此而言，"岂可与世之愤然穷日者同年而论哉？"此处引用《孟子·公孙丑下》中的典故，盛赞张祉远非某些好大喜功却只有一时热情的人可比。

依照工程进度和工程量大小推算，东北、西北、西南三隅的甃砌城砖工程很有可能延续至隆庆二年年底，乃至于隆庆三年（公元1569年）。

第三节
钟楼移建及其影响

明初西安城池的大规模拓展引起西安城市格局的第一次重大变化，初步奠定了西安城市内部空间四隅格局。万历年间钟楼的移建则引起了西安城市格局的第二次重大变化，形成了我们今日所看到的以钟楼为中心四隅格局的空间结构。固若金汤的大城城墙和矗立在城市中心的钟楼作为两次变化的实体反映，堪称明清西安城市空间发展过程中的里程碑。

一、移建原因

钟楼原在西大街以北广济街口迎祥观内，建于洪武十七年（公元1384年），与鼓楼东西对峙。万历十年（公元1582年），陕西巡抚龚懋贤与咸宁、长安二县县令共同组织移建钟楼于现址，①从而形成以钟楼为中心绾系四条大街的城区四隅格局。龚懋贤在《钟楼碑记》中称之为"章木德兮奠四隅"，这一城区格局延续至今。从明初西安向东、北扩展城垣起，到万历十年移建钟楼，其间历时近200年。缘何此时才移建钟楼，使得城市四隅空间格局大为加强？

钟楼的移建绝非偶然为之，应同万历年间城市发展过程中普遍出现的社会矛盾联系起来进行考察。明中后期，各地城市商业、手工业有了很大发展，朝廷的横征暴敛也日益加剧，民间贫富分化与社会危机随之积累起来，引起城市中的反抗因素不断积聚。万历年间，"矿监税使"的沉重经济压迫在全国许多城市激起了一波又一波的抗争，钟楼的移建正是在这个动荡不稳的社会环境中发生的。虽然史志中没有明确记载钟楼的移建缘由，但通过上述分析仍可看出，将位于城区西半部的钟楼移建于四门大街交会处，使

---

① 民国《咸宁长安两县续志》卷五《地理考下》引龚懋贤《钟楼碑记》，民国二十五年铅印本。

之"岿然临于四衢之上"①，应是出于防范城市内部"民变"的考虑。从"瑰伟雄杰"的钟楼上可瞭望全城，观察市民动向，若有变故，官府便于迅速击钟鸣警做出反应。钟楼设有四门，成为绾系四门大街、沟通四座城门的枢纽，有力地控制着四条主干道的交通，有助于及时扑灭城内发生的反抗活动。②钟楼在清代、民国都曾驻扎军队或警察，发挥了重要的军事防御与社会治安功能，由此也可推知明代钟楼移于城中心主要是出于城市治安防范的需要。

二、形制变化

钟楼在万历十年自西而东的移建过程中是否有形制的变化？龚懋贤《钟楼碑记》载："西安钟楼故在城西隅，徙而东，自予始。楼惟筑基外，一无改创"。这一说法影响深远，但其实移建前后钟楼形制变化甚大。以嘉靖《陕西通志》所附《陕西省城图》观之，是时广济街口迎祥观钟楼尚未移至四条大街的交会点，其形制约与鼓楼相近，为二重檐式歇山顶楼阁，基座无南北向门洞，可能开有东西向门洞或仅一个门洞以供上下。1906—1910年任教于陕西高等学堂的日本教习足立喜六在《长安史迹研究》中附有清末迎祥观钟楼照片③，由此可以推知，万历十年钟楼移建之后，迎祥观中重建了一座二重檐歇山顶式钟楼。一般而言，这一新建钟楼应与原先钟楼形制相同，由此可判断四街中心钟楼和迎祥观钟楼之间的形制差异处。

归纳起来，钟楼移建前后的形制变化主要表现在三方面：一是钟楼基座由无门洞或仅有东西向门洞改为开设东、南、西、北四门洞，以适应"在四街中衢"的交通需要；二是钟楼顶部由类似鼓楼歇山顶式改为现在可见的攒顶式，以从视觉上增加其高度；三是原为二重檐式，移建后外观为三重檐式楼阁，但内为二层可登临。龚懋贤在钟楼移建工程完成之前已调离西安，"不及观其成"④，因而并未亲见钟楼形制在最后封顶工程阶段的改变，其所称的"楼惟筑基外，一无改创"也就不可全信。

移建后的钟楼除具有报时功能外，还以处于四隅中心的位置在城市防卫中兼具指挥

---

① 民国《咸宁长安两县续志》卷五《地理考下》引乾隆五年（公元1740年）陕西巡抚张楷《重修钟楼记》，民国二十五年铅印本。

② 田四：《从钟楼谈起》，见中国人民政治协商会议西安市碑林区委员会文史资料委员会编：《碑林文史资料》第7辑，1992年，第114—117页。

③ ［日］足立喜六：《长安史迹研究》，王双怀、淡懿诚、贾云译，三秦出版社，2003年，第194页。

④ 民国《咸宁长安两县续志》卷五《地理考下》引龚懋贤《钟楼碑记》，民国二十五年铅印本。

中枢的功能。值得一提的是，明清之际西安钟楼兼有城市风水意象方面的用途。乾隆五年（公元1740年）陕西巡抚张楷在《重修钟楼记》中云："楼既虚，昔人以祀文昌，盖即《周礼》之司命，其典秩自古为隆。"①在钟楼上祭祀文昌神始于万历年间，据康熙《咸宁县志》载，"明万历间布政朱改建钟楼不利，巡抚赵可怀移钟旧楼像文昌于上"②。由此钟楼又成为拜祭专司"主持文运，诩赞武功"③的文昌神之所，官民能够在此祝祷西安城"文运蒸起，抑且风化美仁"。钟楼自此又有"文昌阁"之别名，康熙《陕西通志》所附《会城图》、康熙《咸宁县志》之《会城图》均以"文昌阁"之名明确标示钟楼。康熙《长安县志》直接载称："文昌阁，在县治东，省城正中。"④钟楼作为文昌阁的用途大大加强了城内东南隅文教区以多座高耸的塔、阁为天际线和空间标志物的文教、祠祀功能及氛围。

三、移建影响

钟楼的移建产生了深远的影响。首先，自明代初年形成的四条以城门命名的大街，即东门、西门、南门、北门大街一改而为以钟楼为方位中心点的东、西、南、北大街，即钟楼东大街、钟楼西大街、钟楼南大街、钟楼北大街。位于四条干道交会处的位置与四门大街命名上的转变逐渐强化了钟楼在西安城居民主观感知中的城市中心地位，这种空间观念一直影响到今天。

其次，钟楼设有四门洞，与四座城门相望。原来的四门大街不再是从南门到北门、从东门到西门贯通无阻的大道。无论从东门到西门，还是从南门到北门，走干道就必须穿过钟楼。这就大大加强了城市四隅的空间格局，使得城市空间的区域划分特征更为突出。以钟楼为中心的四条大街所分隔的四区更具整体性，且彼此相对独立。清初在修建满城时将钟楼作为角楼，占用东大街与北大街的一部分兴建城墙就是对这种空间隔离性的利用。四区相对独立性的增强，有利于在城市规划建设时突出四区各自的特征，从而在一定程度上促进城市内部功能分区的发展。

---

① 民国《咸宁长安两县续志》卷五《地理考下》引乾隆五年（公元1740年）陕西巡抚张楷《重修钟楼记》，民国二十五年铅印本。

② 康熙《咸宁县志》卷二《建置》，清康熙刊本。

③ 民国《续修陕西通志稿》卷二一〇《文征十》引嘉庆年间张鹏飞《重修文昌阁记》，民国二十三年铅印本。

④ 康熙《长安县志》卷二《祠祀》，清康熙刊本。

第四节
四关城的兴建、规模与格局

明代西安四座关城的兴建反映了城市空间的渐次扩大。四座关城虽然建设时间上有先后之分，格局和规模大小也有区别，但从根本上来说都是基于军事防御目的而兴建的。四座关城构成了城市外围防御体系，与大城共同发挥着保卫官民的作用。明末西安关城体系的完善使城市空间进一步得到扩展，这是继移建钟楼之后西安城市空间格局的第三次重大变化。

一、关城建修

作为明代西安城的重要组成部分，四座关城并非同时兴建而成。康熙《咸宁县志》载四关城起建时间云"历崇祯末，巡抚孙传庭筑四郭城"[1]，民国《咸宁长安两县续志》亦沿称"明末始筑四关城"[2]，实则从现有嘉靖、万历《陕西通志》所附《陕西省城图》来看，东关城在明前期已然存在，且被称作"东郭新城"（见图1-2），并非晚自明末方始兴建。

前文对明代西安"城周四十里"说进行辨析时已指出，东关城应是明初扩城工程的一部分，其长度被计入城墙总长"四十里"之中。在明初西北军事形势仍相对紧张的情形之下，虽然秦王府城与西安大城已经构成了双重城的防御格局，但对于"天下第一藩封"秦王来说，保障其安危仍显得不够，因此又修筑了东关城。从嘉靖、万历《陕西通志》所附《陕西省城图》可以看出，东关城的南北长度占到整个东城墙的一半多，这就

---

① 康熙《咸宁县志》卷二《建置》，清康熙刊本。
② 民国《咸宁长安两县续志》卷四《地理考上》，民国二十五年铅印本。

构成了对新扩的东城区更有力的外围防护。以秦王府城为中心来看，防护体系就有府城内城（砖城）、府城护城河、府城外城（萧墙）、大城、大城护城河、东关城等多圈层防护网，从而能使秦王及其眷属居于全城最安全的核心地区。因而前述康熙《咸宁县志》所载应是指明末新建了西、南、北三关城，同时开展了东关城的维修工程。

四座关城皆为夯土筑成，自明至清未有改变。清光绪二十七年（公元1901年）粤籍官员伍铨萃在西安驻留期间，曾记述关城状况云："（正月）十五壬午望，……出南门，城三重，土周外重"[①]。此处所谓"土周"即指夯土筑就的关城城墙。明崇祯年间新建西、南、北三关城之后，西安城由此前"四区一关"的空间格局转变为"四区四关"的空间格局。这一变化对此后城市发展，尤其是商业贸易的发展产生了深远的影响。

二、关城规模

四座关城的城墙长度与占地规模差别较大，以东关城规模最大。表1-2中数据系依据1936年陕西省测量局绘制的《陕西省城图》（一万分之一尺）测算所得。西、南、北三关城并非规整长方形，长度取两面相对城墙的平均值；东关城在测算时已充分考虑到形制的不规整。虽然东关城在清代后期曾有扩建，但工程规模较小，对明清西安四关城的相对比例关系影响微弱。

表 1-2　明清西安城八区占地规模一览表

区域	东西向（公里）	南北向（公里）	面积（平方公里）	区域	东西向（公里）	南北向（公里）	面积（平方公里）
东北	2.20	1.91	4.20	东关	1.02	1.65	1.68
西北	2.09	1.91	3.99	西关	1.23	0.46	0.57
东南	2.20	0.80	1.76	北关	0.31	0.70	0.22
西南	2.09	0.80	1.67	南关	0.36	0.56	0.20

八区面积合计为14.29平方公里，考虑到量算的误差，明清西安城占地面积约15平方公里。各区所占比例分别为：东北城区29.39%，西北城区27.92%，东南城区12.31%，西

---

① 〔清〕伍铨萃：《北游日记》，台湾学生书局，1966年，第124—125页。

南城区11.69%，东关11.76%，西关3.99%，北关1.54%，南关1.4%。从关城所占面积来看，南关最小，这一点在光绪《陕西省城图》上反映得并不明显，但按照实测数据计算的结果应较地图绘制更能准确反映关城的占地大小。大城面积约为11.62平方公里，东关城约当其1/7，这与地图反映的比例关系基本吻合。

三、关城格局与景观

（一）内部格局

四座关城内部格局的共同特征在于均有一条与大城城门相对、与四门大街相贯通的主干道，将四座关城分成基本对称的两部分。关城主干道可视为城内四门大街向外的延伸段，使关城与大城紧密联系起来。关城内的其他街巷均布设于四条干道两侧。基于关城自身军事防御需要，除东关城以外，其他三关城中的街巷和居民区相对较少。

东关城为西安府城东面的门户和进出必经之地，至清代后期，东关城划分为12坊，有11街4堡24巷，以东关社统之，隶属咸宁县。东关城内有罔极寺、圆通寺、兴庆寺、八仙庵、北极宫、圣母宫等寺院道观，又有官厅、厘税总局、鲁斋书院、山西会馆等官府机构、文教与商贸设施。清同治八年（公元1869年），东关城曾有小规模的空间扩展。民国《咸宁长安两县续志》载："郭城自嘉庆宁陕兵变，当道筹防，营缮一新。同治八年拓筑东郭，橄邑绅杨彝珍董其役，辟新郭门，谓之新稍门，以小庄、永宁庄并入郭内；寻辟郭东北门，以便关民耕作，从士绅商民之请也。"[①]可见东关城拓建工程是由咸宁县绅士杨彝珍奉命主持开展的，且将原本位于关城外的两座村落——小庄和永宁庄圈入东关城内，东关城垣长度因此有所增加，关城内的人口也随之增多。东关的新郭门和东北郭门均为同治八年新开，此前东关仅有3门，同南关郭门的数量相同。（见图1-3）

西关城为长安县管辖，平面形制为横长方形。关城西墙中部开西郭门，南墙中部偏西开南郭门，北墙中部偏东开小门，关城东段南北两侧开南火门、北火门，共设5门。关城中部有东西大街，从西郭门直通护城壕吊桥，为从西面进出府城的必经通道和城门防御工程。（见图1-4）

---

① 民国《咸宁长安两县续志》卷四《地理考上》，民国二十五年铅印本。

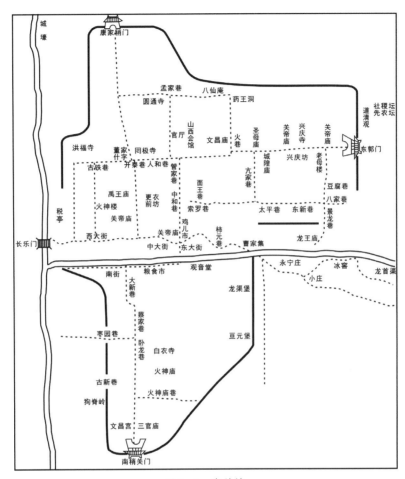

图 1-3　东关城

（底图来源：嘉庆《咸宁县志》卷一《疆域山川经纬道里城郭坊社图·东郭图》）

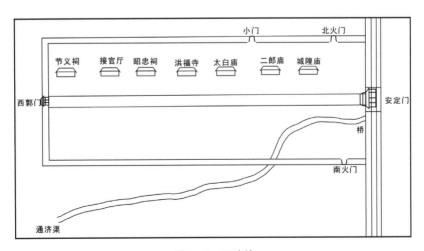

图 1-4　西关城

（底图来源：嘉庆《长安县志》卷三《城郭图·外郭图》）

北关城南抵东、西火巷,平面形制为纵长方形。关城北墙中部开有北郭门。关城中部有南北大街贯通郭门至北门护城壕前。咸宁、长安两县以北关城中央南北大街为界东西分治。(见图1-5)

南关城属咸宁县管辖,平面形制为纵长方形。关城南墙中部开有南郭门,东、西墙北部开有东、西两郭门。关城中部南北大街为南关中轴线。(见图1-6)

图 1-5 北关城

(底图来源:嘉庆《咸宁县志》卷一
《疆域山川经纬道里城郭坊社图·北郭图》)

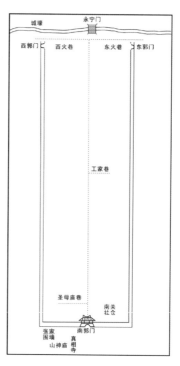

图 1-6 南关城

(底图来源:嘉庆《咸宁县志》卷一
《疆域山川经纬道里城郭坊社图·南郭图》)

(二)景观特征

明清西安四关城位于城乡接合的城市边缘区,同时又位处出入城市的交通孔道,人员往来、物资运输俱经于此,在军事意义之外,商业贸易、宗教信仰、迎来送往等活动较为活跃,由此关城(尤其是东关)中分布有众多的市场、店铺、厘税局、接官厅以及寺宇。就城市景观而言,四关城最显著的特征在于"亦城亦乡",尤以东关城为代表。

明代东关城中的居民有不少是在扩城时圈入城区的农民,他们耕种的土地大多在东关之外。清同治八年(公元1869年)开辟东北郭门,就是为了便于"关民"外出耕种。而东关城内依然有片片农田，长乐坊原尊德中学（今西安市第三中学）所在地，迄至民国十四年（公元1925年）时还是一片麦地。[①]民国尚且如此，明清东关城内农田的数量当更多，从而形成"城市农业"这一传统城市中特有的景观。东关城中还分布有多处园林、花圃。1896年在英国伦敦出版的《亚洲》第1卷《北亚和东亚》即载西安"关城里分布有众多园林、田地"[②]，反映了域外游历者对古都西安关城的深刻印象。光绪二十七年（公元1901年）四月初七日粤籍官员伍铨萃游览东关城，其在《北游日记》中载："路游花园四五处，经龙渠堡、景龙池，村落园花少，多茂树小池，紫碧错杂。牡丹、芍药均已罢放，惟榴花、梅桂、夹竹桃尚盛，余购兰二盆、金英菊一盆归。"[③]伍铨萃仍将龙渠堡称为"村落"，表明东关城中保留了传统农村聚落景观。与农业生产方式相适应，东关城内村落的聚居形态、命名方式也与大城内街巷坊里有较大差异，这在农田景观之外又以乡村聚落的形式增添了东关城的乡土气息。

---

① 黄云兴：《八仙庵〈忙笼会〉》，见中国人民政治协商会议西安市碑林区委员会文史资料研究委员会编：《碑林文史资料》第3辑，1988年，第126页。

② A. H. Keane, *Asia*, Vol. 1, *Northern and Eastern Asia*, London: Edward Stanford, 1896, p.406 .

③〔清〕伍铨萃：《北游日记》，台湾学生书局，1966年，第211页。

第五节
明代西安城区格局的主要特征

一、"城中之城"的重城格局

明代以秦王府城和西安大城组成的"回"字形重城格局阔大严整，一改宋元长安城布局相对杂乱、功能分区不明晰的状况。西安城内部空间结构上的显著变化还在于与重城结构相适应的四条大街连接四门，城区自然划分为四隅，并未受到西安府城附郭咸宁、长安二县在城区行政分界线的影响，这为城内各功能区的逐渐形成与发展奠定了良好基础。

明代西安重城格局在以秦王府城突出政治中心功能的同时也兼顾了军事功能。对身处砖城内的秦王而言，就有了砖城、萧墙、大城三重城，两道护城河，以及关城的防护。秦王府城位于城市空间的近似中心，既与其政治中心的地位相适应，在钟楼移建之前也同时构成了西安城的意象空间中心。

二、"一城八区"格局的影响

作为城市生活开展的基础，明代西安重城空间格局对城市交通与水利、城内各功能区的形成和分布及东关城的兴建扩展等都产生了重大影响。

（一）对城市交通的影响

对封建时期的城市来说，城门的位置在很大程度上决定了城市内部交通和基本空间格局。随着明初西安城的扩展，元代奉元路城四门不对称以及由此导致的城市主干道不明显的状况也发生了根本变化。明西安城四门对称，并形成四门大街，即东门大街、西门大街、南门大街、北门大街，城市由此被划分为四隅。值得注意的是，西安城四隅大小并不相同，这种状况的形成是由秦王府城位置引发的。四隅若要大小相同，东门大街与西门大街这一东西主干道势必要从秦王府城南部穿过，这在当时显然是不能实现的。与成都蜀王府、长沙吉王府、大同代王府在各自城市中的位置相比，明西安城东西主干道南移以避免穿越秦王府城，正是兼顾了实现规整的十字城市格局与使秦王府城成为城市中心的双重目的。这一规划既保障了城市交通的顺畅，又在城市格局与市民心理上将秦王府城置于城市中心，这正是较成都、长沙、大同各藩王府布局高明之处。秦王府城的各门直接决定了城市东北隅交通系统的框架，这些道路向其他城区的延伸也均成为明代西安城道路体系的重要组成部分。

（二）对城市水利的影响

在西安大城拓展和秦王府城兴建完成之际，西安城便开始自城东引龙首渠水入城，供全城官民汲引。自洪武十二年（公元1379年）十二月开凿龙首渠[1]，至成化元年（公元1465年）通济渠开通，龙首渠一直是西安城市发展的命脉所系。龙首渠的开凿除与西安城地下水苦咸紧密相关之外，很大程度上受到了秦王府城位于城东区的影响。陕西右副都御史项忠在开凿通济渠时称："龙首渠引水七十里，修筑不易，且利止及城东。"可以认为是秦王府城的位置最终决定了自城东引龙首渠水入城。明初扩城前后总体上城西部人口要多于东部，但并没有选择自城西开渠引水就很能说明问题。龙首渠供水网络主要集中在城市东部，向城西也只延伸到西北的莲花池。虽然这从根本上是受其引水量的限制，但供水重心集中在城东区的特点却很明显。

（三）对城市功能区的影响

明代前中期城市内部功能区已经开始朝着有序化的方向发展，东西、南北主干道连接城市四门的格局对街巷、官署、寺庙、学校、府邸等的布局产生了直接影响，元代市容混杂的状况得以改变，城市功能分区随之逐渐形成。明代西安城内以东南隅关中书院为中心的文教区、以西北隅化觉巷清真寺为核心的回族聚居区、以西大街东段北侧布政使署为核心的官署区等都形成了一定的规模。（见图1-7）这些功能区均受到西安自明初以来形成的重城结构的影响，并最终成为重城空间格局的组成部分。

① 〔清〕张廷玉：《明史》卷八八《河渠志六》，清乾隆武英殿刻本。

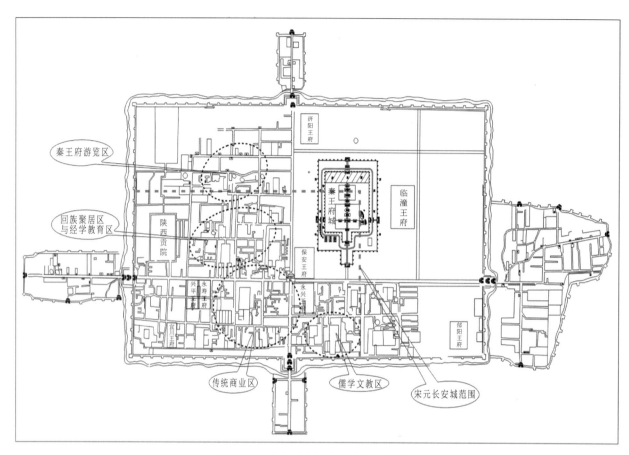

图 1-7　明代西安城功能分区示意图

第
二
章

明代西安
秦王府城与宗室府邸

明代西安秦王府城与大城内外呼应，共同形成两道城河、三重城墙的典型重城结构，这是西安城作为明代西北军事、政治重镇的重要景观特征之一。秦王府城作为明洪武十一年（公元1378年）至崇祯十六年（公元1643年）十四世秦王所居之地，内部布局肃穆严整，建筑庄严华美，园林景致如画。除秦王外，明代西安城内尚居住、生活着郡王、郡主、镇国将军、辅国将军等大量宗室人口。宗室府邸成为西安城市人居景观中的重要组成部分，同时又是社会上层人士交往活动的集中之地，对城市风习具有引领作用。

第一节
秦王府城的建修、格局与环境

明洪武三年（公元1370年），太祖朱元璋封次子朱樉为秦王。洪武十一年（公元1378年），朱樉入驻西安的城中之城——秦王府城。此后，秦王世系历经秦隐王（朱尚炳）、秦僖王（朱志堩）、秦怀王（朱志均）、秦康王（朱志𡒍）、秦惠王（朱公锡）、秦简王（朱诚泳）、秦昭王（朱秉欆）、秦定王（朱惟焯）、秦宣王（朱怀埢）、秦靖王（朱敬镕）、秦敬王（朱谊澏）、秦王（朱谊漶）、秦王（世子朱存枢）。崇祯十六年（公元1643年），李自成起义军攻入西安后，朱存枢投降被俘，秦王世系传承终结，宗室人口流散于各地。

一、选址与兴建

秦王府城的选址遵循了明太祖的要求，并直接决定了大城的扩展方向和规模。《明太祖实录》载云："（洪武三年秋七月辛卯）诏建诸王府。工部尚书张允言：'诸王宫城宜各因其国择地，请秦用陕西台治，晋用太原新城，燕用元旧内殿，……'上可其奏，命以明年次第营之。"[①]可见秦王府城与其他藩王府在选址时均借用了原有城市大型建筑基址。所谓"国初亲王府基，……要之必取郡地之最广与风气最适中者用之"[②]，秦王府城遂在元代陕西诸道行御史台署旧址的基础上进行建设。这在当时天下初定、民力尚未恢复的情况下可减少军民役作。在明初曾屡获战功的长兴侯耿炳文于洪武二年（公元1369年）跟随徐达大军进入西安，旋即驻守于此，并在秦王受封后被拜为秦府左相都督金事。他在主持秦王府建造工程之外，同时身为西安大城扩建工程的负责

① 《明太祖实录》卷五四，洪武三年七月辛卯，中国国家图书馆藏红格抄本。
② 〔明〕朱国祯：《涌幢小品》卷五《王府》，明天启二年刻本。

人之一，从这一点而言，秦王府城的兴建与西安大城向东、北的扩建当有统一并行的施工规划，又几乎是同时开工建造，同时竣工完成。秦王府城自洪武四年（公元1371年）开始兴建，至洪武九年（公元1376年）基本竣工，在洪武十一年（公元1378年）秦王就藩西安时已完全竣工。

从明初各藩王府邸选址看，藩王府城基本都处于城市核心区，在各城市大多形成了"城中之城"的格局，尤其以西安、成都、太原、大同、北京、济南、武汉、长沙、桂林、南阳等城市为代表。藩王府城在很大程度上影响甚至决定了这些城市内部格局和功能区的形成与发展。明初部分区域中心城市的拓展主旨就在于容纳规模庞大的藩王府城。藩王府城成为城市布局的核心，直接影响到城乡其他功能区的布设。藩王府及其郡王府在清代一般均由重要官署和军事机构承继，对清代官署和军政机构的分布影响深远。如八旗驻防城一般多依藩王府城旧址兴建，西安秦王府之外，太原晋王府、成都蜀王府等在清代均先后成为满城所在或八旗军队驻地。

二、形态与规模

（一）重城形态

明代秦王府城在与西安大城构成重城形态之外，本身也是内外重城结构。按照明代亲藩府邸的统一规定，藩王府城池均为重城结构，内城为王府城的宫城，其外皆有周垣。从嘉靖《陕西通志》、康熙《陕西通志》和雍正《陕西通志》的城图中可以明显看出，秦王府城的城廓形态是有内外二重城垣，呈东西窄、南北长，并且南面稍向外突出的倒"凸"字形。（见图2-1）这一形态当是仿照南京皇城和宫城（见图2-2）而建造的。

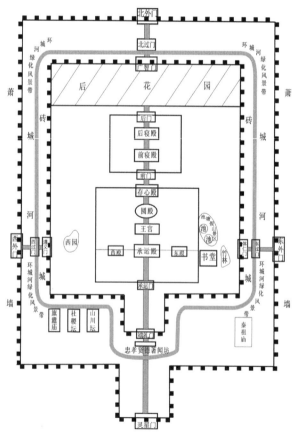

图 2-1　明代西安秦王府城内部布局及园林绿化示意图

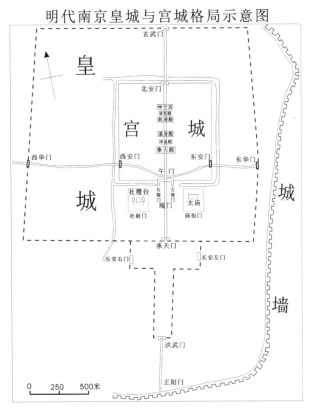

图 2-2 明代南京皇城与宫城格局示意图

　　嘉靖《陕西通志》对秦王府重城形制有明确记载，其内为砖城，外有萧墙。"萧墙周九里三分。砖城在灵星门内正北，周五里。城下有濠，引龙首渠水入。"[1]明西安城号称"周四十里"，实际上大城（不含东关城墙）周长约14公里，由两者城周长度相比可见秦王府规模之大。秦王府城不仅是西安城内最大的府邸建筑群，也令其他城市诸藩王府城难以望其项背。

（二）府城规模

　　明弘治八年（公元1495年），兵部尚书马文升指出秦王府城规模居各藩王府之首，"洪武年间封建诸王，惟秦、晋等十府规模宏壮，将以慑服人心，藉固藩篱"[2]。秦王府城规模之大，主要反映在占地广大、城墙高厚、城河深广与宫室繁多等方面。

　　1.秦王府内城——砖城的占地面积

　　西安大城城区（不含关城）面积约11.62平方公里，现以此为比照对象考察近年来明

① 嘉靖《陕西通志》卷五《土地五·封建·皇明藩封》，明嘉靖二十一年刻本。
② 〔清〕龙文彬：《明会要》卷七二《方域二·亲王府》，清光绪十三年永怀堂刻本。

代秦王府内城——砖城的实测数据，以估算其占地面积。列表如次：

表2-1　明代西安秦王府内城实测数据一览表

数据来源	形制	长、宽	周长/面积
《明秦王府建置考暨现状调查》①	长方形	东、西墙长731米，南、北墙长427米	2316米/0.31平方公里
《明秦王府北门勘查记》②	长方形	长671米，宽408米	2158米/0.27平方公里
《中国文物地图集·陕西分册》③	长方形	南北长约700米，东西宽约430米	2260米/0.30平方公里
《陕西省西安市地名志》④	长方形	南北长671米，东西宽408米	2158米/0.27平方公里

注：
① 卢晓明、景慧川：《明秦王府建置考暨现状调查》，1989年油印本。
② 陕西省考古研究所北门考古队：《明秦王府北门勘查记》，载《考古与文物》2000年第2期，第17—21页。
③ 国家文物局主编：《中国文物地图集·陕西分册》下，西安地图出版社，1998年，第11页。
④ 西安市地名委员会、西安市民政局编：《陕西省西安市地名志》（内部资料），1986，第318页。

暂以砖城为规整长方形依上述数据计算，则面积约为0.3平方公里有奇。按照明1里长度为572.4米，砖城"周五里"应为2862米，比最大实测数据2316米尚多500余米。这正可说明砖城并非规整长方形，历次实测数据均未包括砖城向南突出部分，从而出现误差较大的情况。表中历次所测长度当均小于砖城的实际长度，因而其面积应不小于0.3平方公里，即约为西安大城面积的1/38。秦王府外城萧墙因废毁已久，尚未有实测数据，但其占地规模无疑更大。

明初分封于北京的燕王与秦王同为"塞王"，手握重兵，而其府城占地规模远小于秦王府城。《春明梦余录》载明洪武年间起建的燕王府基址规模云："明洪武元年八月，大将军徐达遣指挥张焕计度元皇城，周围一千二十六丈，将宫殿拆毁。至二十二年封太宗为燕王，命工部于元皇城旧基建府。"按明清时期约以180丈为1里计算，则燕王府周长约5.7里，明显小于秦王府萧墙"周九里三分"，仅比秦王府内城稍大。与明代其他藩王府城相较，秦王府占地规模也罕有其比。如开封周王府萧墙"九里十三步，高二丈许"，"紫禁城，高五丈"。①银川庆王府萧墙"高一丈三尺，周二里"②。成都蜀王府"砖城周五里，高三丈五尺"③，外罗萧墙。这些区域中心城市藩王府城的占地规模

① 孔宪易校注：《如梦录》卷三《周藩纪》，中州古籍出版社，1984年，第6、7页。
② 嘉靖《宁夏新志》卷一《王府》，明嘉靖刻本。
③ 嘉靖《四川总志》卷一《蜀府》，明嘉靖刻本。

都小于秦王府城。

万历重修《大明会典》载藩王府城的标准规模为"定亲王宫城周围三里三百九步五寸，东西一百五十丈二尺五分，南北一百九十七丈二寸五分"①，而秦王府内城远大于这一规定。清人在考察秦王府城基址后，也将其占地规模与都城南京的宫城相提并论，指出："明代（西安）紫禁城尚在，完整如新，且其地址宽于南京。明祖本志在都秦，……太子卒于涂，此举遂辍。"②此处的"紫禁城"即指秦王府城。

2. 秦王府城的城池与宫室规模

《明太祖实录》载藩王王城"高二丈九尺五寸，下阔六丈，上阔二丈，女墙高五尺五寸，城河阔十五丈，深三丈"③。曾官至首辅的明人朱国祯在《涌幢小品·王府》中载，亲王府制"城河阔十五丈，深三丈"④。《大明会典》卷一八一《工部一·王府·亲王府制》亦载城河"阔十五丈"。当时西安大城城河阔仅8丈，城市中心区秦王府的城河不大可能超越这一数字，故以5丈为准，但也不能排除护城河宽达15丈的可能。从名称差异分析，萧墙当为夯土墙，砖城则以砖石包砌土墙。砖城实际高度为11.5米左右，比藩王府城的统一规定高出2米余。实测砖城上宽6.5米左右，下宽11.5米左右。上阔与规制基本相符，下阔则窄于规制宽度。砖城墙体的这种结构，较统一形制更加高耸，且墙壁略呈梯形，坚实厚重，大大增强了城墙的防御能力。⑤

明秦王府城的宫室规模史志中未有明确记载，《大明会典》载藩王府殿宇等级的统一规定云："正殿基高六尺九寸，月台高五尺九寸，正门台高四尺九寸五分，廊房地高二尺五寸，王宫门地高三尺二寸五分，后宫地高三尺二寸五分。"⑥明人朱国祯在《涌幢小品》中载藩王府制云："正殿基高六尺五寸，月台五尺九寸，各有定数，而殿之尺寸不著。秦府殿高至九丈九尺，韩府止五丈五尺，大相悬绝。岂秦、晋、燕、周四府乃高皇后亲生，故优之，诸子不得与并耶？"⑦表明秦王府殿宇规模在诸王府中居于首位，宫室数目也应在其他藩王府之上。⑧又《明史·舆服志四》载洪武十二年（公元

①《大明会典》卷一八一《工部一·王府·亲王府制》，明万历内府刻本。

②〔清〕唐晏纂，刘承干校：《庚子西行记事》，见《中国野史集成》编委会、四川大学图书馆编：《中国野史集成》第47册，巴蜀书社，1993年，第667页。

③《明太祖实录》卷六〇，洪武四年正月戊子，中国国家图书馆藏红格抄本。

④〔明〕朱国祯：《涌幢小品》卷五《王府》，明天启二年刻本。

⑤张永禄主编：《明清西安词典》，陕西人民出版社，1999年，第63页。

⑥《大明会典》卷一八一《工部一·王府·亲王府制》，明万历内府刻本。

⑦〔明〕朱国祯：《涌幢小品》卷五《王府》，明天启二年刻本。

⑧王璞子：《燕王府与紫禁城》，载《故宫博物院院刊》1979年第1期，第70—77页。

1379年）诸王府告成，"（其制）凡为宫殿室屋八百间有奇"，因此秦王府城宫室数目亦当在"八百"之上。

《大明会典》载有弘治八年（公元1495年）藩王府内部殿宇规模和房屋间数，列表如次：

表 2-2　明代藩王府城内部格局及相关建筑物规模一览表

建筑物名称	规模	建筑物名称	规模
前门	5 间	山川坛 1 所	正房 3 间，厢房 6 间
门房	10 间	社稷坛 1 所	正房 3 间，厢房 6 间
廊房	18 间	宰牲亭 1 座	宰牲房 5 间
端礼门	5 间	仪仗库	正房 3 间，厢房 6 间
门房	6 间	退殿	门 3 间，正房 5 间，后房 5 间，厢房 12 间，茶房 2 间，净房 1 间
承运门	5 间	世子府 1 所	正房 3 间，后房 5 间，厢房 16 间
前殿	7 间	典膳所	正房 5 间，穿堂 3 间，后房 5 间，厢房 24 间
周围廊房	82 间	库房	3 连共 15 间
穿堂	5 间	马房	32 间
后殿	7 间	盝顶房	3 间
家庙 1 所	正房 5 间，厢房 6 间，门 3 间	后房	5 间
书堂 1 所	正房 5 间，厢房 6 间，门 3 间，左、右盝顶房 6 间	厢房	6 间
宫门	3 间	养马房	18 间
厢房	10 间	承奉司	正房 3 间，厢房 6 间
前寝宫	5 间	承奉歇房 2 所	每所正房 3 间，厨房 3 间，厢房 6 间
穿堂	7 间	六局	共房 102 间，每局正房 3 间，后房 5 间，厢房 6 间，厨房 3 间
后寝宫	5 间	内使歇房 2 处	每处正房 3 间，厨房 6 间，歇房 24 间
周围廊房	60 间	禄米仓	3 连共 29 间
宫后门	3 间	收粮厅	正房 3 间，厢房 6 间
盝顶房	1 间	东西北 3 门	每门 2 间，门房 6 间
东西各 3 所	每所正房 3 间，后房 5 间，厢房 6 间，多人房 6 连共 42 间	大小门楼	46 座

续表

建筑物名称	规模	建筑物名称	规模
浆糊房	6间	墙门	78处
净房	6间	井	16口
库	10间	宫室合计	805间

资料来源：《大明会典》卷一八一《工部一·王府》，明万历内府刻本。

除大小门楼、墙门、井之外，藩王宫室的标准规模为805间。虽然秦王府城规模整体上大于定制，但基本格局和宫室的间数当不会与此相差太远。

明洪武九年（公元1376年），朝廷"定亲王宫殿门庑及城门楼皆覆以青色琉璃瓦"[1]。秦王府城宫殿建筑在兴建之初和此后重修中便按照规定大量使用青色琉璃瓦，这些琉璃瓦均来自渭北同官县秦王封地。[2]烧造琉璃瓦的琉璃厂位于同官故城东南40里（今铜川市立地坡盆景峪）。在正统、景泰、天顺、成化年间，此处琉璃厂大量烧造琉璃瓦，供秦王府建设、维修之用。嘉靖二年（公元1523年）、十四年（公元1535年）秦王重修宫室以及承运殿等殿宇，有"琉璃之费无穷"[3]的说法，表明同官的琉璃厂为之烧造、运送了数量巨大的琉璃瓦。这也从一个侧面反映出秦王府城宫室间数之多、规模之大。

三、内部格局与功能分区

秦王府城内区域依其职能可分为四大区，由中轴线自南而北可分别视为祭祀区（砖城西南部、萧墙灵星门西北）、宫殿区（砖城内大部区域）与园林区（主要在砖城内东部、后花园，以及护城河），在砖城与萧墙之间的外围地区，还布设有秦王府下辖的众多官署和部分王府军队，为官署、护卫及服务人员生活区。（见图2-1）

（一）各门命名及位置

秦王府城主要宫殿与砖城四门名称，均按照朱元璋在洪武七年（公元1374年）的统一谕令而命名，即："定亲王国中所居，前殿曰承运，中曰圆殿，后曰存心。四城门，南曰端礼，北曰广智，东曰体仁，西曰遵义。上曰：'使诸王能睹名思义，斯足以藩屏

---

① 《大明会典》卷一八一《工部一·王府·亲王府制》，明万历内府刻本。
② 秦凤岗：《立地坡琉璃厂》，见《铜川城区文史》第2辑（内部资料），1989年，第45页。
③ 〔明〕苏民：《重修立地坡琉璃厂敕赐崇仁寺下院宝山禅林碑记》，见乾隆《同官县志》卷九《艺文志》，清乾隆三十年抄本。

帝室，永膺多福矣。'"①四门显然是按照"仁、义、礼、智"的古训而命名的，目的就在于使诸藩王身居各地府城之中而能"睹名思义"，不忘"藩屏帝室"的重任。由于对秦王府重城形制和内部格局缺乏深入了解，前人对秦王府城门的认识与记述多有不确之处。如《西安市莲湖区地名录》称秦王府四门为"东称东华门，南称端履门，……西称西华门，北称后宰门"②，就将明清两代地名相互混淆了。东华门和西华门的名称就目前所见资料来看，最早出现在康熙《咸宁县志》和《长安县志》城郭图的标注中。西华门因为是满城的西三门之一而见于记述，但东华门尚未见有文献记载。不过从上述二城郭图的标注可以看出，东华门并非满城中的地名，而是作为"废秦王府"的门名加以标注。从武汉楚王府、太原晋王府的城门设置情况来看，东华门、西华门在明代就已经出现了，由此推测东华门、西华门也应是秦王府的东、西二门。从晋王宫城有东华门、西华门、南华门推断，西安的东华门和西华门实际上就是体仁门和遵义门，只是到清代修建了满城之后，秦王府萧墙被拆毁，砖城也改为八旗教场，东华门可能仍用来称呼砖城东门，而西华门则用以称呼满城西面中间一门了。

秦王府城王宫前殿名为"承运"，其正南设承运门。"承运"之名与明初都城南京宫城中之"奉天殿"的命名相互呼应，以"奉天承运"之意昭喻朱明天下的长治久安。承运殿后的"圆殿""存心殿"得名也均与南京宫城中的"华盖殿""谨身殿"有极为紧密的联系。华盖形制为圆形，故秦王府城中亦有"圆殿"之名。前有"奉天承运"取意于天，后有"谨身存心"昭告于人，都将深厚的礼制含义融注于殿宇名称之中。帝王所居之皇宫三大殿与秦王府城三大殿一一对应，也可见秦王府是明代都城南京皇宫在西安城内的缩影。

王城与萧墙之间的城河上因建有桥梁而设有"过门"，皆以所处方位命名，有"东过门，在体仁门前左右廊东"，"西过门，在遵义门前左右廊西"，"北过门，在广智门前左右廊北"。南过门虽未见记载，但存在无疑。护城河上所建桥梁与大城护城河上的吊桥有很大差异。吊桥为活动桥，军事防御特色十分突出，而秦王府城河上的则是极具景观观赏价值的固定廊桥。桥上建廊，既可遮风挡雨，又与桥下护城河园林绿化带结为一体，成为西安城市园林中绝无仅有的廊桥景观。

据嘉靖《陕西通志》记载，秦王府外城萧墙与内城砖城4门相对，也设有4门，除南

① 《明太祖实录》卷八七，洪武七年正月乙亥，中国国家图书馆藏红格抄本。
② 西安市莲湖区地名办公室编：《西安市莲湖区地名录》（内部资料），1984年，第56页。

门灵星门外，其余3门按其方位分别称为东、西、北外门。秦王府城从内到外共有3层12门，四方位各门相对。万历重修《大明会典》载藩王府城共有大小门楼46座，而秦王府城仅12座门，因而萧墙上可能还有其他门楼。砖城限于内城地位，四周还有护城河，四门之外当未开设其他门。

由灵星门、端礼门、承运门、圆殿、存心殿、广智门、北过门、北外门所构成的南北轴线，及由东外门、东过门、体仁门、承运殿、遵义门、西过门、西外门所构成的东西轴线均十分明显。承运门与砖城南门端礼门之间（今西安市新城广场址）、端礼门与萧墙灵星门之间、灵星门与西安城东大街之间各有一个广场。3个广场纵向次第排列，强化了南北中轴线的作用。[1]

（二）祭祀区与宫殿区

秦王府城南北中轴线的南端两侧分布有多座礼祀建筑，堪称祭祀区。嘉靖《陕西通志》记载的礼祀建筑包括：端礼门前的忠孝贤德著闻坊，砖城外西南隅的山川坛、社稷坛，端礼门外西南的旗纛庙，灵星门内东北的秦祖庙，后宫左侧的宗庙。除宗庙在砖城内北部之外，其余均在萧墙与砖城之间的南部。用以祷祝国泰民安、皇权永固的山川坛、社稷坛东西比邻，位于砖城之右，用以祭祀朱氏先祖的秦祖庙位于砖城之左，这种格局无疑受到中国古代都城规划思想中"左祖右社"原则的影响，同时也与南京宫城的规划布局相应。

祭祀区以"左祖右社"为布局原则，宫殿区则按"前朝后寝"的传统布设。砖城之内为秦王府城的主体——宫殿区，由政务区和寝宫区组成，自南而北在中轴线上依次布设处理政务的承运殿、王宫、圆殿、存心殿和供秦王日常休息所用的前寝殿、后寝殿。嘉靖《陕西通志》载云："承运殿在承运门正北，南向，九间，高九丈九尺九寸。"承运殿作为秦王府城中正殿，面南背北，高阔皆依据最高等级的宗室宫殿尺寸营建，可称当时西安城中最庄严宏伟的建筑。秦府王宫居中、王妃西宫居右、世子承庆宫居左的宫室格局，则与隋唐长安宫城以及明代南京、北京宫城格局略相吻合。

（三）官署区与护卫区

萧墙与砖城之间的区域也较为广阔，弘治八年（公元1495年）马文升奏"乞敕工部转行湖广、江西诸省修盖各王府官员，如系地狭人密之处，周围墙垣不必比照北方府

---

① 吴宏岐、党安荣：《关于明代西安秦王府城的若干问题》，载《中国历史地理论丛》1999年第3辑，第149—164页。

规式，徒使府内空地太多"①，正表明了这一点。砖城外围区域布设着秦王府下设的典簿厅、纪善所、良医所、典膳所、审理所、奉祠所、典宝所、工正所和典仪所等众多官署机构，以随时听候秦王差遣，为其日常生活服务。官署根据各自的服务职能和相关建筑的位置而有不同选址。如典膳所就靠近砖城西门，便于进出砖城供应秦王膳馐，同时也有利于出萧墙外到西大街一带市场采购货物。奉祠所位于山川坛、社稷坛、旗纛庙祭祀区附近，②以便为年节祭祀活动服务。在官署之外，相应部门辖属人员一般也居住在这一区域，因而这一区域既是官署政务区，也是服务人员的生活区。

秦王府直辖1000余护军，这些军队当有一部分驻扎在萧墙和砖城之间，使秦王府城在政治中心区之外，还兼有军事中心区的功能，正所谓"城郭宫室亚于天子之都，优之以甲兵卫士之盛"③。官署区和护卫区的布设使秦王府城从功能上形成了一个相对独立的小区域，"城中之城"的特点非常突出。

四、园林建设与景观生态

（一）园林建设

明宗室以其政治上的显赫地位和经济上享有的诸项特权，多在府邸内营建规模较大的园林，各城市中藩王府均有园林化建设举措。④明代西安更以宗室园林为城市园林的主要组成部分。其中尤以号称"天下第一藩封"、"拥赀数百万"⑤、"今天下诸藩无如秦富"⑥的秦王府园林规模最大、布局构景最具匠心、景观层次最为丰富。

秦简王朱诚泳在所撰《宾竹轩记》中记载了秦王府竹林的形成及"宾竹轩"的得名："予书堂之西轩，旧有丛竹，岁久枝叶殄瘁，几无留良焉。乃命侍人悉芟除之，别植数百本。不三二岁，翁然成林，萧然有洞庭九疑之趣，予甚乐之。……遂颜其轩曰'宾竹'。"⑦"翁然成林"的竹林规模，在这一时期西安城市园林中并不多见。

秦王府城园林营建规模之大，也体现在其中动植物及建筑材料的来源之广上。不仅

① 〔清〕龙文彬：《明会要》卷七二《方域二·亲王府》，清光绪十三年永怀堂刻本。
② 王长启：《明秦王府遗址出土典膳所遗物》，载《考古与文物》1985年第4期，第25—27页。
③ 〔清〕龙文彬：《明会要》卷四《帝系四·诸王杂录》，清光绪十三年永怀堂刻本。
④ 孔宪易校注：《如梦录》卷三《周藩纪》，中州古籍出版社，1984年，第12页。
⑤ 〔清〕彭孙贻：《流寇志》卷八，浙江人民出版社，1983年，第127页。
⑥ 〔明〕倪元璐：《倪文贞奏疏》卷一〇《救秦急策疏》，清文渊阁四库全书本。
⑦ 〔明〕朱诚泳：《小鸣稿》卷九《宾竹轩记》，清文渊阁四库全书本。

孔雀、仙鹤等珍禽来自南方，园中花草也是"钱刀不惜走天涯，殷勤远致江南花"①而来。累叠假山之石源出"泰华"，千竿翠竹移自"渭川"。秦王还着力于园林花卉的栽培，明人徐应秋在《玉芝堂谈荟》中载："王敬美先生在关中时，秦藩有黄牡丹盛开宴客。敬美甚诧，以重价购二本携归。至来年开花，则仍白色耳，始知秦藩亦以黄栀水浇其根而为之耳。"②这样耗费重金、精心培植形成的园林面貌，自然较城内其他园林更为丰富多彩。

（二）景观生态

秦王府城从整体上看宛如一座生机盎然的大花园，秦简王朱诚泳在《小鸣稿》中即描绘说"府城外内，水陆草木之花甚多"③。秦王府园林主要由三部分组成：砖城内东部书堂附近为秦王及其子弟读书之所，园林意境高雅清幽；后花园规模较大，花草树木种类繁多，充分体现了王府园林包罗丰富的风格；护城河园林则以广阔水面和莲花为主要特色。

1. 多种构景要素组合

明嘉靖年间，陕西左布政使张瀚在《松窗梦语》中载秦王府砖城内东部"台池鱼鸟之盛"云："书堂后引渠水为二池，一栽白莲。池中畜金鲫，人从池上击梆，鱼皆跃出，投饵食之，争食有声。池后叠土垒石为山，约亭台十余座，中设几席，陈图史及珍奇玩好，烂然夺目。石砌遍插奇花异木，方春海棠舒红，梨花吐白，嫩蕊芳菲。老桧青翠，最者千条柏，一本千枝，团栾丛郁，尤为可爱。"④可见秦王府园林中池塘的构景之功颇为突出。池中鱼莲动静相映，池畔假山亭阁倒映水中，四周花树团簇，品类奇异。成化年间，秦简王朱诚泳有诗赞云："朱明守夏薰风凉，花开正作黄金妆。红者惟红白者白，宫城十里飘清香。金鱼无数长过尺，出水荷翻尾摇赤。"⑤朱诚泳又记池旁假山云："好山四面画屏开，百斛青螺净如洗。……假山虽假有真趣，云影倒蘸涵天光。"⑥秦王府虽假亦真的山水风光尽得自然之趣。书堂周围广植竹林，取意清幽，充分体现了园主的个人情趣与爱好。

① 〔明〕朱诚泳：《小鸣稿》卷三《后园写景》，清文渊阁四库全书本。
② 〔明〕徐应秋：《玉芝堂谈荟》卷三六《牡丹谱》，清文渊阁四库全书本。
③ 〔明〕朱诚泳：《小鸣稿》卷九《瑞莲亭记》，清文渊阁四库全书本。
④ 〔明〕张瀚：《松窗梦语》卷二《西游纪》，清抄本。康熙《长安县志》卷三《物产》（清康熙刊本）载："千枝柏：一本千枝，郁茂如盖。"
⑤ 〔明〕朱诚泳：《小鸣稿》卷三《临池》，清文渊阁四库全书本。
⑥ 〔明〕朱诚泳：《小鸣稿》卷三《玩假山池亭》，清文渊阁四库全书本。

作为秦王府园林的主体，后花园规模远较书堂周围园林为大，且畜养孔雀、仙鹤等珍禽。其内"植牡丹数亩，红紫粉白，国色相间，天香袭人。中畜孔雀数十，飞走呼鸣其间，投以黍食，咸自牡丹中飞起竞逐，尤为佳丽"[①]。后花园中各色牡丹竞吐嫩蕊，广达数亩，其间孔雀时翔时栖，鸣叫不已。宾客进奉的数只仙鹤也为秦王府园林增色不少，"放之庭下自舒逸，有时飞上苍松巅。落地蹁跹如寄傲，风动霜翎舞还蹈"[②]，正是对仙鹤绰约神姿的生动描绘。这样声色兼备的园林俨然已具帝王苑囿的气象。

秦王府后花园的美景其实远不止此，成化年间秦简王朱诚泳有诗咏云：

城中寸金营寸土，我爱斯园带花坞。依稀风景小蓬莱，始信神仙有宫府。钱刀不惜走天涯，殷勤远致江南花。沿阶异草多葱蒨，参天老木何槎牙。谁移泰华终南石，巧作山峰叠青壁。山下池中几种莲，赤白红黄更青碧。金鲤银鲂玳瑁鱼，往来自适恒如如。一点尘埃飞不到，水晶宫殿涵清虚。花时最爱花王好，魏紫姚黄开更早。玉盘斜莹寿安红，却为迷离被花恼。两行槐幄夹高柳，时送清风到窗牖。绿阴啼鸟共幽人，爽气自能消宿酒。黄花采采开深秋，满林红叶霜初收。几度醉游明月夜，天香万斛沾轻裘。山头一夜风吹雪，万木萧条寒栗烈。索笑闲寻绿萼梅，三种还分蜡红白。松柏苍苍桧竹青，相看同结岁寒盟。满前好景道不得，四时诗兴还相萦。[③]

虽然文学化的描述难免夸张，但从中依然可看出秦王府园林在四季轮替中的景观变迁。春天的万紫千红、夏天的绿荫覆地、秋天的红叶黄菊、冬天的红梅傲雪，使秦王府园林四季风景均有引人入胜之处。

2. 以水域为构景主体

秦王府城双重城墙之间开掘有护城河环绕，有明一代，其军事意义相对较弱，而成为秦王着力营造的大规模园林化区域。成化年间，秦简王营造尤多，引龙首渠、通济渠水入城河中，形成深3丈、宽5丈、周长超过5里的水面。[④]城河中种植莲花，建造亭台阁榭，实为西安酷暑之季消暑纳凉的佳地。秦简王称其景色可与西湖相媲美：

予府第子城外，旧环以堑，引龙首渠水注焉。岁久渠防弗治，水来益微，

---

① 〔明〕张瀚：《松窗梦语》卷二《西游纪》，清抄本。
② 〔明〕朱诚泳：《小鸣稿》卷三《悼鹤》，清文渊阁四库全书本。
③ 〔明〕朱诚泳：《小鸣稿》卷三《后园写景》，清文渊阁四库全书本。
④ 〔明〕王世贞：《弇山堂别集》卷二六《史乘考误七》（清文渊阁四库全书本），载许襄毅任陕西巡抚时"与镇守内臣同游秦王内苑，厮打坠水，遗国人之笑"，表明秦王府城园林水面相当大。

暂遂涸矣。弘治壬子春，监司修举水利，渠防再饬，暂水乃通，盖一二十年，平陆复为澄波也。予喜甚，遂命吏植莲其中。复即体仁门外为亭，水中以寓目。亭之北则有长廊十余间，牖皆南向，与亭相对而连属焉。是岁夏季，莲乃盛开，……花香袭人，端可与西湖较胜负。[①]

秦王府护城河园林化的一大特色在于以莲花和水景取胜。朱诚泳在《瑞莲亭记》中即云："予府城外内，水陆草木之花甚多，而莲品为尤甚。一日偶至体仁门之南廊，俯瞰清泠芳敷，掩映朱华，绿蒂缘沟覆池，乃饰左右廊其室为亭，将与知音者赏之。亭成，有嘉莲产池中，两岐同干，并蒂交辉，光彩夺目，臣民观者为之色动。"[②]明弘治七年（公元1494年），永寿王朱秉欓在《瑞莲诗图附清门帖》中直接将护城河部分区域称为"莲塘"："秦藩体仁门外莲塘数亩，时花盛开，众中一茎并蒂两花，香清可爱，诚世之罕见者也。"表明当时护城河的防御功能已有所减弱，而园林美化成为主要功能。永寿王更赋诗称赞："雕槛朱阍瞰碧涟，绕亭云锦净芳妍。鹦鹦燕燕肩肩并，小小真真步步联。匀粉润沼荷上露，吹香晴散镜中天。分明瑞应宜男飞，麟跳螽斯不浪传。"[③]

（三）秦王的离园

秦王不仅在其府城中建有内苑，在城乡多处还拥有朝廷分封的离园，[④]包括西安城西北隅的莲花池、最乐园以及城东九龙池（又称景龙池）一带[⑤]，供秦王及宗室人员优游休憩。

莲花池在宋元文献中未见记载，当是明代扩城后引龙首渠水入城，将城西北低洼坑地就其地势加以疏凿而成。至明成化元年（公元1465年）之后，又有通济渠水灌注。清康熙初年陕西巡抚贾汉复曾撰文述其景致："方其盛时，绿茨方塘，碧波数顷，缘舟映带，鸥鹭随行，乃游观之盛区也。"[⑥]莲花池水面广阔，水草浮萍随波逐流，红白各色莲花在水中摇曳摆动，竞吐芳馨；水面上鸥鹭一类水鸟时而飞入高空，时而低飞击水，水中鱼、蛙与之相映成趣，泛舟于此，宛如置身江南水乡。池岸四周丛林掩映之中还

---

① 〔明〕朱诚泳：《小鸣稿》卷九《瑞莲诗序》，清文渊阁四库全书本。
② 〔明〕朱诚泳：《小鸣稿》卷九《瑞莲亭记》，清文渊阁四库全书本。
③ 〔明〕朱秉欓：《瑞莲诗图碑》，碑存西安碑林。
④ 孔宪易校注：《如梦录》卷三《周藩纪》，中州古籍出版社，1984年，第12页。
⑤ 民国《咸宁长安两县续志》卷七《祠祀考》"老母楼"条，载明天启四年（公元1624年）顾其仁碑记云"东郭景龙池街为秦府之地"，表明秦藩在明代西安城区亦有较多封地，离园即属于其府城外田产的一种。
⑥ 〔清〕贾汉复：《放生池碑记》，见民国《续修陕西通志稿》卷一三一《古迹一》，民国二十三年铅印本。

有秦王府香火院之一的莲池寺①等精巧建筑。莲花池不仅以其美景引人观赏，而且在当时还有利于排泄龙首、通济二渠的余水，不至渠水过多为患城市。另外，广达数顷的水面也对改善城市湿度、温度等小气候发挥着重要作用。最乐园位于莲花池西南，规模虽小，但仍具台池之盛，为"明秦藩游宴之所，中有台池花榭"②。除宗室人口外，明代西安城内的"贵客骚人"③也可赴最乐园游赏，使之成为当时社会上层人士交往的重要空间。

城东九龙池一带属唐长安南内兴庆宫遗址区，素以水色湖光著称。池东西约915米，南北约214米，呈椭圆形，面积约18万平方米。园内景致颇富古意，唐时池南的花萼相辉楼与勤政务本楼等楼亭基址更易使观览者发思古之幽情，忆大唐之雄风。明初即被朱元璋赐给秦愍王朱樉作为游赏之所。嘉靖初年何景明《雍大记》载云："我愍祖之国之初，圣祖赐给（九龙池）以为游赏之所。其间古藤老木，修竹流泉，四时花木甚盛，而牡丹尤多奇品。沉香亭故址犹存，而开元时花盎犹有在者。花萼楼余址尚岿然可观，以未陈请，未敢擅起台榭，姑存其迹而已。"④有明一代虽甚少大规模营建举措，但九龙池作为古迹园林却更有韵味，是当时西安城内宗室与官僚游赏饮宴的佳地。⑤嘉靖三十八年（公元1559年），陕西左布政使张瀚在游览景龙池时，对其中格局与遗物记载颇详："东门景龙池，即唐大内台基，磉砧犹存，前为花萼楼，又前为勤政楼，偏西为沈香台、梳妆楼，皆唐遗址，老桧婆娑，古柏虬藤，犹唐故物也。"⑥秦简王《兴庆池》诗咏其景致云："绿波流尽草离离，画舫笙歌载昔时。海变桑田龙去远，云迷华表鹤归迟。歌台落寞俱陈迹，小殿荒凉有断碑。最恨沿堤杨柳树，临风依旧舞腰肢。"⑦实际上，此园景色古雅且具宫苑气象，并非如此荒废。明人李苏《游景龙池》诗亦以生动笔触描绘了其中风景："和风动高树，烟光满南山。携彼同心友，濯缨绿水湾。"⑧九龙池正处于龙首渠入城必经之地，因此在西安诸园林中也以水景著称，"曲水引龙渠，旧苑分花萼"即言此。⑨

① 现今莲湖公园内仍矗立着一通《重修莲池寺记》，可惜碑文斑驳，难以辨识碑记时间。
② 康熙《长安县志》卷八《杂记》，清康熙刊本。
③ 雍正《陕西通志》卷七三《古迹第二·园林》，清文渊阁四库全书本。
④ 〔明〕何景明：《雍大记》卷三四《志贡》，明嘉靖刻本。
⑤ 〔明〕袁宏道：《袁中郎全集》卷一一《场屋后记》，明崇祯二年武林佩兰居刻本。
⑥ 〔明〕张瀚：《松窗梦语》卷二《西游纪》，清抄本。
⑦ 〔明〕朱诚泳：《小鸣稿》卷五《兴庆池》，清文渊阁四库全书本。
⑧ 康熙《咸宁县志》卷八《艺文》，清康熙刊本。
⑨ 〔明〕张瀚：《奚囊蠹余》卷三《上巳景隆池宴集》，明隆庆六年刻本。

第二节
宗室府邸的格局、规模与环境

自太祖朱元璋于洪武三年（公元1370年）封次子朱樉为秦王，洪武十一年（公元1378年）朱樉进驻城中之城——秦王府城起，明宗室郡王府及镇国、辅国等将军府遍布西安城。至嘉靖年间，西安城内已有9座郡王府及32座镇国、辅国将军府，[①]宗室人口不断增加，至万历年间王族后裔已多达1200余人，[②]西安因此几可称"宗室之城"。明代西安宗室府邸的分布变迁、内部布局及环境建设对西安城市生活和景观影响颇深。

一、兴建缘起

明洪武三年四月初七日朱元璋诏封诸子为各地藩王，洪武九年（公元1376年）起分遣他们各赴藩国。朱元璋次子朱樉即于洪武十一年"就藩西安"[③]，入主秦王府城。依照明代藩封制度，秦王朱樉除长子继承藩王封号外，其余各子均受封为郡王，郡王封号由嫡长子世袭继承。居住在西安城中的各郡王家族分别以永兴、保安、兴平、永寿、安定、宜川、临潼、郃阳、镇安、汧阳、崇信等为名，在城内兴建众多郡王府邸，构成了明代西安城作为西北政治重镇的又一显著特征。

郡王府邸在西安城内的集中兴建始于秦隐王朱尚炳时。嘉靖《陕西通志》载云："永兴王讳尚烈，愍王之次子。……永乐元年二月十八日，册封为永兴王，赐校尉五百人，特命忠诚伯茹瑺等送之国于巩昌府。及至陕西，秦隐王奏请于朝，与保安王俱留西安城中，以敦同气。"同书又载："保安王讳尚煜，愍王之三子。……至永乐元年，

---

① 嘉靖《陕西通志》卷五《土地五·封建·皇明藩封》，明嘉靖二十一年刻本。
② 祁恒文：《秦王·秦王府·新城》，见陕西省文史研究馆编：《三秦文史》第3期，1990年，第146页。
③ 〔清〕张廷玉：《明史》卷一一六《诸王传一》，清乾隆武英殿刻本。

册封为保安王。是年九月，钦差太监张泰送之国陕西之临洮府。比抵陕西，秦隐王奏留居西安城内，以敦同气。"①另有《明太宗实录》载："（永乐元年五月）戊寅，赐书谕秦王尚炳：'日前以诸郡王年长，欲令出居外郡，为讲读练习之计。今四方来奏，水旱蝗螟，道殣相望，因念诸郡王所至，修葺供亿之费，不免重劳军民。敕至，如永兴王未行，且令在国候一二年，岁谷丰登，然后遣行，其所修治居室即日停罢……'"②综合上述记载可知，永兴王及保安王作为秦愍王朱樉的次子和三子本应远赴各自封地，且明廷在当地已提前开始为其建造王府宫室，但在秦隐王朱尚炳"以敦同气"名义的奏请下，二郡王得以长久留居西安。深入分析，可知"以敦同气"仅是原因之一，更重要的原因还在于，明初西北蒙古贵族残余势力甚盛，巩昌府及临洮府的地理位置均接近边地，易受侵袭。唯西安城经过明初扩建，城高池深，军事力量强大，永兴、保安二郡王府安设于西安城内，多是出于安全因素的考虑。这也从一个侧面反映了西安城军事地位的重要。

明代郡王子孙分封亦有定制："郡王嫡长子袭封郡王，……次嫡庶子俱授镇国将军，镇国将军之子授辅国将军，辅国将军之子授奉国将军，奉国将军之子授镇国中尉，镇国中尉之子授辅国中尉，辅国中尉以下俱授奉国中尉。"除郡王、镇国将军等男性封号外，尚有郡主、县主等女性宗室封号。③秦王子孙支系，有明一代均居于西安城内。

嘉靖《陕西通志》卷五《土地五·封建·皇明藩封》中载有"秦府郡主"9位，分别以蒲城、长安、洛南、韩城、华阴、延川、澄城、石泉、宝鸡为封号。秦藩支系下各郡王府县主、郡君共23位，分别是：永兴郡王支系之三原县主、新丰县主、鳌屋郡君、华原郡君、安乐郡君、华山郡君、广乐郡君，计7位；保安郡王支系之醴泉县主、同官县主、蓝田县主、洛川县主，计4位；兴平郡王支系之渭源县主、宜寿县主2位；永寿郡王支系之延长县主、庄浪县主、略阳县主、彰德郡君、德顺郡君、开城郡君，计6位；宜川郡王支系之城固县主、镇原县主2位；临潼郡王支系之池阳县主、夏阳县主2位。④

① 嘉靖《陕西通志》卷五《土地五·封建·皇明藩封》，明嘉靖二十一年刻本。
② 《明太宗实录》卷二〇上，永乐元年五月戊寅，中国国家图书馆藏红格抄本。
③ 《大明会典》卷五五《礼部十三·王国礼一·封爵》，明万历内府刻本。
④ 嘉靖《陕西通志》卷五《土地五·封建·皇明藩封》，明嘉靖二十一年刻本。

这些秦府宗室支系封号涉及的地域广及今陕西、甘肃省境，甚至突破了秦王的传统辖域。上述封号中不仅包括今陕西境内多个地名，且涉及今甘肃省渭源县、庄浪县、镇原县等地名。而在西安碑林保存的嘉靖六年（公元1527年）《大明宗室辅国将军公铎夫人雷氏合葬圹志》中还出现有"遂溪县君""淄川县君""醴陵乡君"等封号，[①]遂溪为广东地名，淄川为山东地名，醴陵为湖南地名。可见到明代中后期，宗室封号所用的地域名称已远远超出宗祖封地范围，但并无实际统辖权力。

二、空间分布

明代西安城内郡王府数量与同一时期其他藩王府相比，并不算多，但因系秦藩支系，因而府邸规模、环境等均较突出。以下据《士商类要》列表反映秦王府所属郡王府数量和其他宗藩郡王府数量的大致情况：

表2-3　明代主要城市郡王府数量比较表

地区	城市	藩王府	郡王府数量	地区	城市	藩王府	郡王府数量
陕西	西安	秦王	11[①]	山西	太原	晋王	31
	宁夏	庆王	13		大同	代王	14
	平凉	韩王	24	山东	兖州	鲁王	14
	兰州	肃王	7		德州	德王	8
河南	开封	周王	54	湖广	武昌	楚王	13
	南阳	唐王	11	四川	成都	蜀王	10
				江西	南昌	宁王	8

资料来源：杨正泰：《明代驿站考》附《士商类要》卷三《各省王府》，上海古籍出版社，1994年。

注：

① 含镇安、富平、渭南3座郡王府。

依据嘉靖《陕西通志》所载，可将明代西安城内8座郡王府及32座镇国、辅国将军府的分布情况列表如次：

---

① 《大明宗室辅国将军公铎夫人雷氏合葬圹志》，明嘉靖六年碑存西安碑林。

表 2-4　明代西安城内郡王府的分布及其古今位置对照表

府名	明代位置①	清代位置②	当今范围
永兴郡王府	秦府城西南一里③	提督中军教场	南至东木头市，北临东大街，东至骡马市大街，西临南大街
保安郡王府	秦府城外之西④	会府	南临东大街，北临西一路，东临案板街，西临北大街
兴平郡王府	秦府西南二里⑤	通政二坊（总督署）⑥	正学街之西，风雷巷以北，南广济街以东，西大街以南
永寿郡王府	秦府西南二里⑦	通政一坊（内院署）⑧	正学街之西，风雷巷以北，南广济街以东，西大街以南
宜川郡王府	秦府西南三里水池坊⑨	镇标南教场	五星街以北，四府街以西，红光街以东
临潼郡王府	秦府东城之外⑩	满城镶红、镶白旗驻地⑪	解放路以西，东新街以北，人民大厦以东，西四路以南
邰阳郡王府	秦府东南三里⑫	汉提督府	金家巷以南，先锋巷、和平巷以西，建国路以东，建国五巷以北
汧阳郡王府	秦府西北半里	满提督府	北新街以西，西七路以南，西安市第八十九中学以东，后宰门街以北

注：

① 嘉靖《陕西通志》卷五《土地五·封建·皇明藩封》，明嘉靖二十一年刻本。

② 康熙《陕西通志》卷二七《古迹》，清康熙刊本。

③ 明陈循等《寰宇通志》卷九二《西安府上·府第》（明景泰间内府刊初印本）作"在秦府西南二里"，误。

④ 明陈循等《寰宇通志》卷九二《西安府上·府第》（明景泰间内府刊初印本）作"在秦府西半里"，误。

⑤ 明陈循等《寰宇通志》卷九二《西安府上·府第》（明景泰间内府刊初印本）作"在秦府东北二里"，误。

⑥ 康熙《长安县志》及《咸宁县志》城图，清康熙刊本。

⑦ 明陈循等《寰宇通志》卷九二《西安府上·府第》（明景泰间内府刊初印本）作"在秦府东北二里"，误。

⑧ 康熙《长安县志》及《咸宁县志》城图，清康熙刊本。

⑨ 清毕沅《关中胜迹图志》卷六《古迹》（清文渊阁四库全书本）误引明何景明《雍大记》作"小池坊"，原文为"水池坊"，当据以改正。

⑩ 明陈循等《寰宇通志》卷九二《西安府上·府第》（明景泰间内府刊初印本）作"在秦府东北二里"，误。清毕沅《关中胜迹图志》卷六《古迹》（清文渊阁四库全书本）误引明何景明《雍大记》作"在东城之外"，原文为"在秦府国东城之外"，当据以改正。

⑪ 康熙《长安县志》及《咸宁县志》城图，清康熙刊本。

⑫ 明陈循等《寰宇通志》卷九二《西安府上·府第》（明景泰间内府刊初印本）作"在秦府东北二里"，误。

表 2-5 明代西安城内镇国、辅国将军府分布一览表

支属	府主	位置	当今范围
永兴郡王	镇国二将军	秦府东南二里	建国路以西，东大街以南，和平路以东，东八道巷以北
	镇国三将军		
	辅国将军		
保安郡王	镇国二将军	距保安郡王府一里，方位缺载	不详
	镇国将军诚洈	长安县水池坊，距保安郡王府二里	约当今冰窖巷北，五星街南，甜水井街东，四府街西[①]
永寿郡王	镇国二将军	咸宁县归义坊	约当今南院门南，大保吉巷东，南大街以西，湘子庙街北
	镇国三将军	长安县水池坊，距保安郡王府二里	约当今冰窖巷北，五星街南，甜水井街东，四府街西
	镇国四将军	长安县铁炉坊	约当今莲湖路南，劳武巷以西，洒金桥以东[②]
	镇国五将军		
	镇国六将军	咸宁县得辛坊	城东北隅
	镇国七将军		
	镇国八将军		
	镇国九将军	长安县京兆坊	约当今化觉巷清真寺以北，大皮院以南，北广济街东，北院门西
	辅国二将军	长安县水池坊	约当今冰窖巷北，五星街南，甜水井街东，四府街西
	辅国三将军		
	辅国四将军		
	辅国五将军		
	辅国六将军	咸宁县归义坊	约当今南院门南，大保吉巷东，南大街以西，湘子庙街北
宜川郡王	镇国二将军	长安县铁炉坊	约当今莲湖路南，劳武巷以西，洒金桥以东
	镇国三将军		
	镇国四将军		
	镇国五将军		
	镇国六将军		
	镇国七将军		
	镇国八将军		

续表

支属	府主	位置	当今范围
临潼郡王	镇国二将军	秦府东北二里	解放路以西，东新街以北，人民大厦以东，西四路以南
	镇国三将军		
	镇国四将军	临潼郡王府南半里	解放路以西，东新街以北，人民大厦以东，西二路以南
	镇国五将军		
	镇国六将军		
郃阳郡王	镇国将军	不详	不详
	辅国将军		

资料来源：嘉靖《陕西通志》卷五《土地五·封建·皇明藩封》，明嘉靖二十一年刻本。

注：

① 嘉庆《咸宁县志》卷一《县治东路图》及清光绪十九年《陕西省城图》。

② 嘉庆《咸宁县志》卷一《县治东路图》及清光绪十九年《陕西省城图》。

以南北大街为界，西安东、西城区分别建有5座和3座郡王府。若加上东北城区的秦王府，则共有6座王府分布在城东半部，即多数王府都规划在明初扩筑后的东城区里。这主要是因为西城区面积本就有限，加之原有官署、市场、仓库、寺观等旧建筑较多，且居民颇稠，而众多王府占地较广，在东城区中规划建造王府则可解决王府用地较广的问题，由此在西安城内形成东多西少的郡王府总体分布格局。以东、西大街及南、北大街为界，西安城内四区即东北、东南、西南、西北王府数（含秦王府）分别为4、2、3、0。城西北部未规划郡王府，而东北部王府最多，这与城东北部在城四区中面积最大有密切关系。

32座镇国、辅国将军府中3座位置不详，其余29座镇国、辅国将军府之分布按东、西城区划分，数目比为11：18；按南、北城区划分，则为11：18；以城内四区划分，东北、东南、西南、西北之比为8：3：8：10。可以看出，形成鲜明对照的是，城东北王府分布最多，西北无分布，而镇国、辅国将军府东南分布最少，西北最多。这主要与镇国、辅国将军府占地面积远小于王府有关，其分布多呈密集状态，往往在一坊之内有数座府邸，而不像秦王府及郡王府，其间均有里许甚或数里的距离。

王府及镇国、辅国将军府可知位置者共38座，东、西城区分布数之比为17：21，城东北、东南、西南、西北分布数之比为12：5：11：10。西城区府邸稍多，城东南区最少，城东北区最多。即从总体上说，明初扩筑前的旧城区内所建的王府及将军府数多于东部的扩展城区。

三、格局与规模

明代西安城内郡王府的建造始自永乐元年（公元1403年）永兴、保安二郡王先后受封之际。由于秦隐王奏请留居永兴、保安郡王于西安城内是临时决定，因此二郡王府并非如秦王府城一样在郡王到达西安之前先期建造完成。前已述及，二郡王在巩昌、临洮封地确有先期建造之府邸，但因二人均未抵达封地，其府邸均未建成。①

从万历《陕西通志》所附《陕西省城图》分析可知，永兴、保安二郡王府位于四条大街交会处东侧，隔东大街南北而陈，均与秦王府相去未远，这样3座王府紧邻的布局的确给人一种"以敦同气"的印象。根据秦王府城规模大于明初所定亲王府制的情况推测，在明朝廷制定统一的郡王府制之前，永兴郡王府、保安郡王府的规模亦当较大。嘉靖《陕西通志》即载："（临潼郡王）府在秦府东城之外，洪武中为蒲城郡主府邸，周垣四里有余"。蒲城郡主为秦愍王朱樉之女，其府邸周垣与秦王府砖城周垣相近，规模颇为可观。永兴、保安郡王亦为愍王之子，作为郡王，其府邸规模当不逊于蒲城郡主府邸。兴平、永寿、富平、郃阳、汧阳郡王府之规模虽可能相对缩小，但不会与"周垣四里"的规模相差太远，因而在西安城内仍是占地较大的府邸。

鉴于全国各地亲王支属日繁，封为郡王者也随之不断增多，因此郡王府规制也须制定统一的标准，明王朝遂于天顺四年（公元1460年）规定："郡王每位盖府屋共四十六间。"②这一规模不但不能与秦王府城中宫殿室屋多达800余间相比，也不能与洪武年间建造的"周垣四里"的蒲城郡主府（即后来的临潼郡王府）相提并论。实际上，明廷的这一规定只是针对房屋数目，若将郡王府中的园林等考虑在内，则占地规模仍甚可观。

除规定房屋总数之外，明廷更对郡王府内部建筑物规格做出具体规定："前门楼三间五架，中门楼一间五架，前厅房五间七架，厢房十间五架，后厅房五间七架，厢房十间五架，厨房三间五架，库房三间五架，米仓三间五架，马房三间五架。"③由这一规定可以看出天顺四年之后西安城内郡王府一般规制及其内部的基本建筑格局。

---

① 《明太宗实录》卷二〇上，永乐元年五月戊寅，中国国家图书馆藏红格抄本。
② 《大明会典》卷一八一《工部一·王府·郡王府制》，明万历内府刻本。
③ 《大明会典》卷一八一《工部一·王府·郡王府制》，明万历内府刻本。

　　成化十四年（公元1478年），明廷进一步对天顺四年之规定加以修订，一改此前由地方官府主持营造郡王府之惯例，而由官府出资，郡王府自行主持建造。《明宪宗实录》载："（成化十四）三月己卯，定陕西秦、庆、肃、韩四府郡王以下府第工价则例。工部言陕西镇守、巡抚等官议奏四府先年皆以有护卫，凡郡王以下出阁，营造府第，未尝役军民。后因支庶日繁，奏请有司营造，迁延勒逼，民甚苦之。"①可见最初西安城内各郡王府之修造多由王府所辖官兵承担，并不役使百姓，但由于郡王及镇国、辅国将军等分封日多，府邸建设更依赖地方百姓为之，造成了"民甚苦之"的局面。有鉴于此，明廷规定："今后宜令有司备料价夫匠与王府自造。凡郡王府第，合造前门、中门各三间五架，前殿、后殿各七间七架，前后东西厢房各五间五架，典膳所、书堂各三间五架。"②与天顺四年规定相较，中门由一间五架扩大到三间五架，前、后殿（即前、后厅房）均由五间七架扩大为七间七架。同时规定郡主府规模小于郡王府规模："前门三间五架，前后房各五间七架，左右厢房各三间五架。"③

　　从《大明会典》《明宪宗实录》及相关史志记载综合来看，郡王府形制普遍采取传统四合院样式，并通过中门楼又分为前、后两个四合院，前院中建有前殿及左右厢房，后院格局同前院一致，建有后殿及左右厢房，前、后院房间间架数相同，形成了十分规整的整体格局。整座府邸有明显的南北向中轴线，前、后殿及前、中门楼均布设于这条中轴线上。前、后院也以中门楼为东西向中轴线而对称。典膳所、库房、米仓、马房等配套生活设施均设于后院。

　　同秦王府相似，各郡王府还有书堂、家庙等用于读书、祭祀的重要场所。如嘉靖《陕西通志》载汧阳王朱诚洌"自父葬后，重服不去身，日夜书堂斋居读礼"。又弘治十年（公元1497年）冬，"奉端懿神主入家庙"。④朱诚洌之父的书堂以"勤有斋"命名，其中藏书极丰，秦简王朱诚泳有诗咏云："六经充栋填华屋，插架更余三万轴。黄金散尽宝食空，犹自逢人叩书目。汧阳老伯吾藩尊，积书还欲贻儿孙。……鸡鸣起坐更终日，隐几吾伊忘饮食。……无限好书皆烂熟，磊落争夸载其腹。"⑤可见书堂及家庙

① 《明宪宗实录》卷一七六，成化十四年三月己卯，中国国家图书馆藏红格抄本。
② 《明宪宗实录》卷一七六，成化十四年三月己卯，中国国家图书馆藏红格抄本。
③ 《明宪宗实录》卷一七六，成化十四年三月己卯，中国国家图书馆藏红格抄本。
④ 嘉靖《陕西通志》卷五《土地五·封建·皇明藩封》，明嘉靖二十一年刻本。
⑤ 〔明〕朱诚泳：《小鸣稿》卷三《勤有斋》，清文渊阁四库全书本。

在郡王府生活中占有相当重要的地位。考其位置，书堂可能依各郡王的喜好不同而有不同的所在，但家庙作为祭祀之区，位置似均应同秦王府宗庙一样建在"宫城之左"，即院落东侧，内奉祖先神主，以时祭祀。

各王府还以不同类型的建筑物塑造出不同府邸的鲜明特征。如历世永寿郡王喜好诗词、书法，文学造诣颇高，府邸中有皇帝敕建、御赐匾额的高大藏书楼，名曰"处善楼"[①]，收藏着大量珍贵图籍，堪称西安城中规模最大的私邸图书馆之一。从明代秦王及其他郡王府邸的情况综合分析，这类藏书楼不仅收藏大量敕赐或搜购的图书古籍、历代画卷，而且会定期举行文化雅集，召集城内官员、文人雅士研读古籍，吟诗作赋，相互交流。永寿郡王府兴建的藏书楼给西安城西南隅，尤其是今南院一带带来了浓郁的文化气息，使得这一带在繁荣的商业贸易之外，又不乏丰富的文化活动。到了民国时期，今南院一带兴建了陕西省图书馆，应当说延续了明代永寿郡王府藏书楼的文脉和风韵。虽然两者之间并没有直接的传承关系，但在南院这一地带前后相隔数百年，都能兴建规模庞大的藏书设施，且不论其公私性质，单就此类文化设施（藏书楼与图书馆）对整座城市的影响来说，都堪称意义重大。核实而论，永寿郡王府藏书楼属于皇帝敕建的宗室图书馆，等级较高，藏书量较大，已经具有私家藏书楼的特征。限于资料匮乏，无从深究永寿郡王府藏书楼的藏书数量、类型与管理等细节，但横向比较而言，作为敕建之地，永寿郡王府藏书楼的规模大约不会逊色于由退隐的明朝兵部右侍郎范钦创建的浙江天一阁等私人藏书设施。可惜的是，永寿郡王府藏书楼没能传承下来，很可能在明末清初的战乱动荡中就已毁坏。

从建筑的角度看，永寿郡王府的藏书楼是当时西安城内最高的木质建筑，其高度甚至超过了城墙、钟楼、鼓楼等代表性景观。秦简王朱诚泳《处善楼为永寿王东轩题》一诗写道："百尺危楼喜落成，九重赐额一时荣。圣经浩浩乾坤大，祖训谆谆日月明。莫向绮罗丛里醉，直须韦布境中行。传来天语南山重，好学间平享令名。"[②]朱诚泳在《祭永寿庄僖王并妃彭氏文》中也专门提及了永寿郡王府的藏书楼，称其"楼高百尺，势接穹苍，池深数仞，派引汪洋，而王之乐亦已极矣"[③]。从这些描述可知，名为"处

① 〔明〕朱诚泳：《小鸣稿》卷五《处善楼为永寿王东轩题》，清文渊阁四库全书本。
② 〔明〕朱诚泳：《小鸣稿》卷五《处善楼为永寿王东轩题》，清文渊阁四库全书本。
③ 〔明〕朱诚泳：《小鸣稿》卷九《祭永寿庄僖王并妃彭氏文》，清文渊阁四库全书本。

善楼"的永寿郡王府藏书楼是由明孝宗朱祐樘敕赐兴建，因此体量十分高大。虽然"百尺""九重"属于文学用词，未必精准，但仍为我们推测该楼阁规模提供了一定依据，"百尺"约33米，"九重"即9层楼阁，这一高度和层数均超越了明代洪武年间兴建的钟楼、鼓楼，乃至于城楼（永宁门正楼高约32米）。该藏书楼上有御赐匾额，很有可能即为"处善楼"三字。秦简王朱诚泳提到的"圣经""祖训""好学"等，均与该藏书楼的功用有紧密关系。

兴建多层的藏书楼，一方面是借助其庞大体量来储存更多图书典籍，且楼阁高耸也有助于通风祛湿，有利于图书典籍的保存；另一方面，藏书楼足以成为永寿郡王府乃至于西安城西南隅最重要的观景之地，登高凭栏四眺，古城景致便尽收眼底。作为西安城中的楼阁式建筑，永寿郡王府藏书楼既有储存图书的实用性，又具有增添府邸景致的美观性，能够与涵碧池、涌金桥等共同构成优美雅致的园林景观。

此外，临潼郡王府中建有"阑干曲曲"的览秀楼，其他郡王府中也布设有形制多样的轩、亭、阁等，这些建筑在各王府中均成为府邸园林化的重要组成部分。

在宗室府邸的建造料价、时限方面，明朝廷有明确规定：郡王府"在陕西以内者，料价银五百两"，"俱与夫千名，匠五十名，限一年有半成之"，郡主府"银二百两，夫三百名，匠三十名，一年成之"，"每夫一名，与银一两，匠亦如之，庶免劳扰军民"。[1] 由此计算可知地方官府为兴建郡王府出银1550两，郡主府530两。[2]《大明会典》载镇国将军及其以下封君之府邸造价云："（陕西）镇国将军一百七十五两，县主、郡君、县君、乡君俱自行起盖。"[3]镇国将军府之造价仅及郡王府1/10，规模甚小。明廷所规定的低廉造价直接限制了宗室府邸占地面积及室屋数目，建造时限也使镇国将军及其以下府邸的规模得到有效控制，这正是西安城中一坊之地内往往分布多达八九座镇国将军府的主要原因。

关于西安城内宗室府邸的规模及其所反映的地位，可从其造价与其他城市宗室府邸造价的对比中略见梗概，据《大明会典》列表如次：

① 《明宪宗实录》卷一七六，成化十四年三月己卯，中国国家图书馆藏红格抄本。

② 《大明会典》卷一八一《工部一·王府·郡王府制》（明万历内府刻本），载"（陕西）秦、韩、庆、肃府郡王在城一千五百两"，"郡主五百三十两"，与此基本一致。

③ 《大明会典》卷一八一《工部一·王府·郡王府制》，明万历内府刻本。

表 2-6 秦藩宗室府邸造价与其他藩王支系比较列表（单位：两）

宗室支系		郡王	镇国将军	辅国将军	奉国将军	镇国中尉	辅国中尉	奉国中尉	郡主	县主	郡君	县君	乡君	庶人
陕西：秦、韩、庆、肃府		1500 900（宁夏、平凉）	175						530	俱自行起盖				
山西：晋、代、沈府		1000	600	500	400	400	400	300	500	400	400	400	300	100
湖广：辽、岷、楚、荆、吉、襄府		1000	700	660	620	500	500	500	500	460	400	360	340	
河南：唐、郑、赵、伊、周、徽、崇府		1010（官拨地基）												
山东：德、鲁府		1000	600	500	450	400	400	400	500	350	250	200	150	
江西：淮、宁府	有地基	1200	600	550	450			400	450	370	370	350	350	
	无地基	1500	750	700	600			500	600	470	470	450	430	
四川：蜀府			240	200	120	100	80	60	200	200	160	120	80	
广西：靖江府					160			80						40

资料来源：《大明会典》卷一八一《工部一·王府·郡王府制》，明万历内府刻本。

据表可知，秦府郡王、郡主府邸造价在各藩王府中最高，而镇国将军及其以下府邸造价则远低于其他藩王所属同级别宗室，这就决定了明代西安城内郡王府规模较大而镇国将军及其以下府邸规模较小的空间特点。

四、园林景观

明代西安城内郡王府在营建过程中多于府邸内精心构建小型园林，美化居住环境。王府园林成为明代西安城市园林和城市景观的重要组成部分。

以永寿郡王府园林为例，永寿郡王虽然在地位、财力等方面逊色于秦王，但仍具有比西安城内绝大多数官员、绅商更高的社会地位与更雄厚的财力，因此，能够着力美化府邸的居住环境。历世永寿郡王在其府邸中用心营造了规模庞大、景致优美的园林，使得永寿郡王府园林化环境特征十分鲜明，成为西安城西南隅环境最优美的居住区域。永寿郡王府以涵碧池和涌金桥为构景中心，建成了一处以水面风景为主的园林。秦简王朱诚泳《涵碧池引》载："予弟永寿王于所居西偏引水为池，种莲养鱼其中，以供游观之乐，士夫有过之者名曰涵碧。""所谓涵碧者，每淑气初回，冰澌略尽，则远山近树倒蘸于青铜镜中，此一涵碧也；又或秋雨既霁，水波澄澈，则天光云影，静沉于玻璃盘底，此又一涵碧矣。"①秦简王《涵碧池》诗描绘池之美景云："分得瑶池一镜开，翠光澄彻净无埃。雕阑昼永眠春柳，文石秋深锈雨苔。菡萏多情红间白，鸳鸯有意去还来。无边风景供游乐，细数行吟日几回。"②

在明代西安城内，除秦王府城由于有内外双重城、两道护城河，因而兴建有桥梁之外，府邸中兴建有桥梁的就仅有永寿郡王府了。永寿郡王将潏河水经由通济渠引入王府西侧的涵碧池，种莲养鱼，植柳立石，又在池上兴建如同"彩虹高卧"的涌金桥。拱桥与清池相映成趣，形成波光潋滟的水域景观，被秦简王朱诚泳称赞为"最是无边风景好，丁宁莫向醉中看"③。拱式涌金桥远观若"彩虹高卧"，从而使远山近树、天光云影尽收眼底。涌金桥得名于"羲驭方升，水光受日，则金铦夺目，不敢俯视，是宜名曰涌金"，"碧空夜静，水月交辉，则金精融液，荡漾不停，是亦宜名涌金"。④

永寿郡王府还构筑了可供憩息饮酒的东轩，秦简王《东轩为永寿王作》描绘了东轩与园林其他部分的有机融合："构得华轩府第东，搏桑朝影上梧桐。雨香砌草先交翠，气淑林花早放红。照眼帘栊迎旭日，满堂宾客坐春风。主人吟罢连枝句，流水心期万折同。"⑤园中轩阁不仅能在花草池树中起到画龙点睛的作用，而且与桥梁、水池高下相应，使园中天际线生动起伏、不显单调。秦简王在《挹秀为宗弟永寿王东轩赋》诗中对永寿郡王府园林整体之美有生动描绘："叠石为山列画屏，方塘如鉴对幽亭。水涵云影连天碧，峰送岚光入座青。爽气逼人诗屡就，清风扑面酒微醒。等闲自有濂溪趣，芳草长留翠满庭。"⑥可见涵碧池和涌金桥为永寿郡王府园林构景的灵魂所在。园中景观层次分明，虽然是人工雕凿、修砌而成，但水池、虹桥、红莲、游鱼、鸳鸯、亭榭、文石、长松、垂柳、修竹等各构景要素巧妙地结合在一起，虽由人作，宛若天成。就园林景观的角度而言，涵碧池与涌金桥通过水面与桥梁构成了一个整体，具有独到的体系之

---

① 〔明〕朱诚泳：《小鸣稿》卷九《涵碧池引》，清文渊阁四库全书本。
② 〔明〕朱诚泳：《小鸣稿》卷五《涵碧池》，清文渊阁四库全书本。
③ 〔明〕朱诚泳：《小鸣稿》卷七《元夜宴永寿府》，清文渊阁四库全书本。
④ 〔明〕朱诚泳：《小鸣稿》卷九《涌金桥引》，清文渊阁四库全书本。
⑤ 〔明〕朱诚泳：《小鸣稿》卷五《东轩为永寿王作》，清文渊阁四库全书本。
⑥ 〔明〕朱诚泳：《小鸣稿》卷五《挹秀为宗弟永寿王东轩赋》，清文渊阁四库全书本。

美，而涵碧池作为府邸中的"洼下"之地，配以"高峙"的藏书楼，在视觉上能够达到曲折变化和补充平衡的效果。在永寿郡王府邸园林中，藏书楼的景观地位约略与佛寺园林中的高塔相近，十分引人瞩目。楼与池高下相依，桥与楼曲直相望，均凸显出明代西安建筑师和工匠的独特审美眼光。

临潼郡王府中则有敕建园林，嘉靖《陕西通志》载云："（临潼王府）殿后有假山水池，旧奉敕修。"①临潼郡王府原为洪武年间蒲城郡主府邸，其中"假山水池"既由天子敕修，因而规模及园林环境之胜可能还在永寿郡王府园林之上，绝非"假山水池"四字可简单描绘。临潼郡王于其府邸中兴建有览秀楼、养性斋等楼阁。从览秀楼之名分析，当是能登临其上以观园中美景。秦简王《览秀楼为宗兄临潼王养性斋题》即云："杰构凭虚接上台，阑干曲曲障风埃。窗涵渭水玻璃滑，帘卷终南紫翠开。歌舞不知谁共醉，登临应许我重来。无边光景无穷趣，莫惜新诗为品裁。"②

保安郡王府园林亦以水景为主体，秦简王以诗赞云："构得幽亭瞰小池，四时风景总相宜。"③池边之亭名为"一览"。保安郡王府中池塘面积不大，亭阁以形制小巧见长，二者相互映衬，营造出一种别致的风韵，即所谓"路入名园景最幽，小亭如画枕寒流"，"眼前便是仙家境，跨鹤宁须阆苑游"。④

在秦王及各郡王竞相修造府邸园林的情形下，镇国将军中也不乏于府中引水作池、植竹造轩者。成化年间（公元1465—1487年）镇国三将军的府邸园林就甚具规模，假山、池塘、亭阁、幽斋构成了"满钩帘卷青山晓，半亩塘开绿水春"⑤的美妙画卷。园中因植竹颇多而以清幽取胜，"一点红尘浑不到，万竿苍玉自森如"⑥正是对镇国三将军府园林景色的生动描绘。

明时龙首、通济二渠被引入城中，各郡王府均有引入。结合雍正《陕西通志》卷三九《水利一》及其《西安府龙首通济两渠图》和明人王恕《修龙首通济二渠碑记》⑦综合分析，龙首渠被引入临潼、邠阳、永兴、汧阳郡王府，通济渠则被引入宜川、兴平、永寿、保安、永兴郡王府。引入之水除饮用等生活用途外，更多用于修建池塘、美化园宅，因而各郡王府就成为当时的用水大户。这可从明成化元年通济渠开凿后陕西巡

---

① 嘉靖《陕西通志》卷五《土地五·封建·皇明藩封》，明嘉靖二十一年刻本。
② 〔明〕朱诚泳：《小鸣稿》卷五《览秀楼为宗兄临潼王养性斋题》，清文渊阁四库全书本。
③ 〔明〕朱诚泳：《小鸣稿》卷四《一览亭为保安王肃斋题》，清文渊阁四库全书本。
④ 〔明〕朱诚泳：《小鸣稿》卷五《宴保安府池亭席上偶成》，清文渊阁四库全书本。
⑤ 〔明〕朱诚泳：《小鸣稿》卷五《次三镇国慎独斋陪游后园池亭之作》，清文渊阁四库全书本。
⑥ 〔明〕朱诚泳：《小鸣稿》卷五《次三镇国慎独斋竹轩之作》，清文渊阁四库全书本。
⑦ 康熙《陕西通志》卷三二《艺文·碑》，清康熙刊本。

抚、右副都御史项忠及西安知府余子俊等制定的渠道管理制度得到明证："各府分水入内校尉人等，不系统属分水去处。井口各置锁钥，令当地看管人户收掌，量宜将闸，以时启闭，不宜听伊专利。"①宗室府邸均有专人负责汲水、引水，有一定的用水特权，地方政府"不宜听伊专利"的规定也是为了保证西安城区用水的均衡。

限于各郡王府园林的相关记载十分缺乏，详细的园林面貌已很难恢复，实际上的园林美景当比上述描绘更为引人入胜。整体来看，郡王府的园林化建设有成法而无定式，虽由人作，宛自天开。将山光水色、四时物象荟萃一园，使人"不出城郭而获山林之怡，身居闹市而得林泉之趣"，能够领略"清风明月本无价，近水远山皆有情"的景致神韵。就自然环境而言，西安城地处黄土高原南缘，城内地形平坦，缺乏自然湖泊、山岭等，景观单调。若要在城内营建园林，唯有引水为池，形成或大或小的水面，围绕水体构筑园林，丰富景观层次，在北方园林的雄浑之外凸显灵动，方能给人以耳目一新的感觉。上述郡王府园林在规划营建过程中无疑都贯彻了这一思想。

明代西安诸郡王之所以要营建优美的府邸环境，除他们具备政治上的显赫地位和经济上的雄厚财力外，更深层次的原因在于，明太祖朱元璋曾对子弟营建"离宫别殿"进行严厉约束，以防滋生腐败，误国殃民。朱元璋在《皇明祖训》中规定："凡诸王宫室，并不许有离宫别殿及台榭游玩去处。虽是朝廷嗣君掌管天下事务者，其离宫别殿、台榭游玩去处，更不许造。"②据秦简王朱诚泳的记述，在当时连秦王本人出府城之外游玩几日也须上奏朝廷，得到天子许可后方能成行。③在这一严厉约束下，各郡王自然不敢违规营建府邸之外的行宫园林、别墅离馆之类，但着力美化自己的府邸环境以充分享受身处美景之乐，却并不违背上述禁令。因而在某种程度上可以认为，明太祖关于禁止自造府邸以外离宫别墅的禁令是诸郡王着力建造府邸内部园林的驱动力之一。加之秦王与各郡王同处一城，相互间在府邸营造上势必争胜效仿，山水园林便成为各王府的基本组成部分，引水造池是其共同特征，但在具体的构画布局上又各异其趣，互不雷同。

---

① 〔明〕项忠：《新开通济渠记》，碑存西安碑林。
② 〔明〕朱元璋：《皇明祖训》，《四库全书存目丛书》，史部，264—165。
③ 〔明〕朱诚泳：《小鸣稿》卷一〇《恩赐胜览录》，清文渊阁四库全书本。

第三节
西安城郊的王陵、王庄与军屯

一、城郊范围

明清西安城四郊的判定相对较易，主要是有明显的自然地理界线作为咸宁、长安两县的行政辖区边界。民国时期为建陪都西京所划定的西京市范围，"东至灞桥，南至终南山，西至沣水，北至渭水"[①]，亦可视为明清西安城的郊区四至。民国二十六年（公元1937年）的《西京市分区计划说明》更对这一区域界线描述云："查西京市区域南以终南为屏障，北有渭河之濒绕，西有沣皂之襟带，东有浐灞之雄抱，集崇山峻岭、高原平川于一地，而为历代首都者达一千七百余年，气象雄深，殆非其他都会所能及。"[②]这也说明了西安城郊区界线实际上有着悠久的传承，自隋唐长安城以来日渐明确。

明清西安城郊区界线可从自然、行政和行为习惯等方面加以确定。西安城东有灞河、浐河，西有潏水、沣河，北有渭河，南有秦岭，这一由自然地理界线圈围的闭合区域实际上也是咸宁、长安两县的基本行政区域。从自然地理条件和行政区界线综合衡量，上述区域即可视为西安城的郊区范围。

渭河横贯关中平原中部，从建汉长安城以来就是城北的自然界线，也是隋唐长安、万年两县以及明清咸宁、长安两县的北部行政区界；灞河是城东远郊的自然地理分隔线，位于其上的灞桥是自隋唐以来长安城市民迎来送往之地，至明清时期依然如此；秦岭是城南的依托和屏障，虽然长安、咸宁两县行政区界曾一度远至秦岭中部山地，但对西安城居民而言，一般步履所及，仅至于秦岭北麓，因而也自然构成了城南远郊的界线；西部潏水和

---

① 西安市档案局、西安市档案馆编：《筹建西京陪都档案史料选辑》，西北大学出版社，1994年，第93页。

② 西安市档案局、西安市档案馆编：《筹建西京陪都档案史料选辑》，西北大学出版社，1994年，第93—94页。

沣河则分别为西安城西近郊和远郊的自然地理界线，沣河是长安县与咸阳、鄠县等的行政
分界线，其上的沣河桥也是明清西安城居民送人西行的传统告别地。（见图2-3）明清西
安城四郊之地以南郊最为广阔，因而寺宇、村落以及商贸市镇的分布均比其他三郊更多。

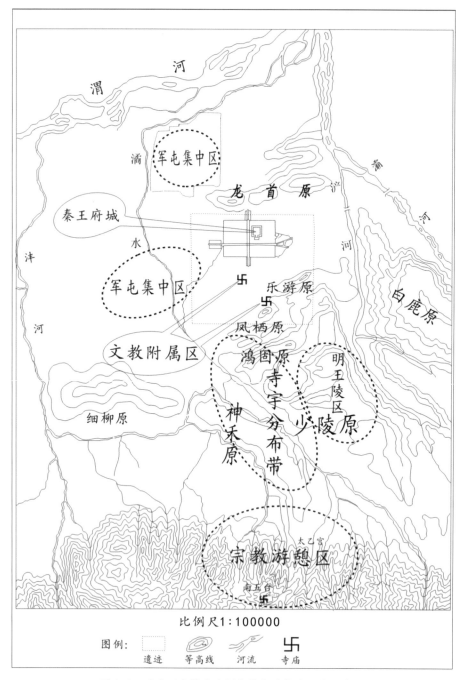

图 2-3　明代西安城乡空间格局与功能分区总示意图

明清西安城郊地势总体上东南高、西北低，城南、东分布众多台原，城北较为低平。《西京规划》中即称"西京区域内多原，而原之大部均分布东、南两郊"[①]。台原地区风景优美，河流环绕，泉水沿台原出露地表，竹林茂盛，多有树林，因而寺观、王陵等多选址于这一地区。明清西安城周边地区台原列表如次：

表 2-7 明清西安城周边主要台原位置及其相互关系一览表

名称	位置	相关描述
龙首原	环绕城区南北	蜿蜒二十余里，首临于渭，尾达樊川，高达二十丈，尾渐下，高五六丈
杜陵原	在城南约四十里	亦名少陵原，南接终南，北至浐水，屈曲分布达六十里
乐游原	在城东南八里	龙首、杜陵两原之横岗
鸿固原	在杜陵原北	为龙首原之横岗
凤栖原	在鸿固原北	为龙首原之横岗
神禾原	在鸿固原西南	自太乙山北行，滈水出其西，潏水出其东，为二川之界
毕原	在神禾原西	本神禾原余支
细柳原	在城南三十五里	—

资料来源：西安市档案局、西安市档案馆编：《筹建西京陪都档案史料选辑》，西北大学出版社，1994年，第103页。

二、王陵

明代西安城东南郊杜陵原、鸿固原、高望原和凤栖原等为秦藩及其宗室陵园区所在。从洪武二十八年（公元1395年）埋葬第一代秦王朱樉起，至埋葬敬王止，先后有13位秦藩王和世子朱敬珍，以及30多位郡王，埋葬于此，形成了一个庞大的陵墓区。据初步统计，城东南台原明宗室陵园区内共有藩王、王妃、郡王、郡妃、世子墓68座，其中藩王墓14座，王妃墓16座，郡王墓38座（不含郡王陪葬墓）。

明秦藩宗室陵园区选址于城东南台原地区，与西安城作为都城时期帝王陵绝大多数选址渭北原上迥然不同。渭北帝王陵或平地起冢，或因山为陵，规模宏大，但整体上周边景观稍显单调。明王陵区选址台原之上，南望秦岭，下瞰樊川，兼顾高爽地势与秀丽风景。明王陵区选址城南，可能还出于安全考虑。明前期北方边界未稳，王陵区若置于

[①] 西安市档案局、西安市档案馆编：《筹建西京陪都档案史料选辑》，西北大学出版社，1994年，第103页。

渭北原上，易受侵扰。城内东北隅秦王府城与城东南郊明王陵区遥相呼应，成为秦王及其宗室生养与死葬的两大空间。

明代秦王及其宗室陵墓主要集中分布在杜陵原、乐游原、凤栖原等台原之上，44座可考宗室陵墓位置如下表所示：

表 2-8　明代秦藩王陵分布一览表

王号	姓名	世系	卒年	墓址
愍王	朱樉	明太祖次子	洪武二十八年（1395）三月	杜陵原，今长安县杜陵乡大府井村东北
隐王	朱尚炳	愍王长子	永乐十年（1412）三月	愍王墓东北约 0.5 公里，东伍村北
僖王	朱志堩	隐王长子	永乐二十二年（1424）	愍王墓东南 4 座墓冢之一
怀王	朱志均	僖王庶兄，由渭南王进封	宣德元年（1426）	愍王墓东南 4 座墓冢之一
康王	朱志𡎴	怀王弟，宣德二年（1427）三月由富平王进封	景泰六年（1455）	今长安县大兆乡西康王井村东北约 50 米处
惠王	朱公锡	康王嫡子	成化二十二年（1486）	今康王墓东南庞留井村东北两座墓冢之一，另一墓为惠王妃王氏墓
简王	朱诚泳	惠王之子，弘治元年（1488）九月由镇安王进封	弘治十一年（1498）	今简王井村西北
昭王	朱秉欆	简王从弟，临潼王朱诚澯之子	弘治十四年（1501）	愍王墓之左
定王	朱惟焞	昭王之子，正德四年（1509）袭封	嘉靖二十三年（1544）	康熙《咸宁县志》载"祔葬简王墓"
宣王	朱怀埢	定王再从子，由中尉进封	嘉靖四十五年（1566）	今长安县杜陵乡三府井村东
靖王	朱敬镕	宣王庶子，初封隆德王，隆庆三年（1569）袭封	万历四年（1576）	墓在高望原，可能是今三府井村宣王墓旁残留的墓冢之一
敬王	朱谊漶	靖王嫡子，万历三年（1575）封世子，九年（1581）袭封	万历十四年（1586）	墓在高望原，可能是今三府井村宣王墓旁残留的墓冢之一

续表

王号	姓名	世系	卒年	墓址
敬王	朱谊㴐	靖王嫡三子，敬王之弟，万历十三年（1585）袭封奉国中尉，十四年加封紫阳王，十五年继秦王位	卒年明史无载，无谥号，死后由子朱存枢袭封	朱存枢墓在今长安县杜陵乡三府井村宣王墓旁
世子	朱敬珍			今长安县杜陵乡世子井村东北

资料来源：王翰章：《明秦藩王墓群调查记》，见《陕西历史博物馆馆刊》第2辑，三秦出版社，1995年，第188—192页。

表2-9 明代西安郡王陵墓分布一览表

王号	姓名	世系	卒年	墓址
永兴懿简王	朱尚烈	愍二子	永乐十五年（1417）	高望原
恭宪王	朱志𤎧	懿简庶子	景泰五年（1454）	
昭僖王	朱公鉐	恭宪庶子	弘治元年（1488）	乐游原
荣惠王	朱诚澜	昭僖子	正德二年（1507）	
庄定王	朱秉欅	荣惠侄	嘉靖十二年（1533）	
恭定王	朱惟燨	庄定庶子	万历二年（1574）	
保安怀僖王	朱尚煜	愍三子	永乐七年（1409）	凤栖原（四府井）
悼顺王	朱志垌	怀僖庶子	正统元年（1436）	
庄简王	朱公铼	悼顺子	成化十一年（1475）	高望原
荣穆王	朱诚潢	庄简子	弘治八年（1495）	
昭和王	朱诚渌	庄简庶子	弘治十四年（1501）	
靖和王	朱诚㴐	庄简庶二子	正德十四年（1519）	
兴平恭靖王	朱尚炌	愍庶四子	正统十四年（1449）	凤栖原四府井北
庄惠王	朱志塓	恭靖子	天顺元年（1457）	

王号	姓名	世系	卒年	墓址
永寿怀简王	朱尚灴	愍庶五子	永乐十八年（1420）	洪固原五府井北
安惠王	朱志埑	怀简子	成化六年（1470）	
康定王	朱公鋋	安惠子	成化九年（1473）	
庄僖王	朱诚淋	康定庶子	弘治八年（1495）	
恭和王	朱秉楘	庄僖庶子	嘉靖十七年（1538）	
荣靖王	朱怀墦	怀顺庶子	嘉靖二十九年（1550）	
—	朱敬镛	荣靖子	不详	
宜川庄靖王	朱志埮	隐庶三子	正统十三年（1448）	三兆里
荣顺王	朱公鋺	庄靖庶子	成化二十年（1484）	
康僖王	朱诚灌	荣顺庶子	弘治九年（1496）	
思裕王	朱秉橘	康僖嫡子	嘉靖元年（1522）	
临潼惠简王	朱公铭	康庶三子	成化十年（1474）	北里王村
和僖王	朱诚㵝	惠简子	弘治五年（1492）	
郃阳惠恭王	朱公铿	康庶四子	成化七年（1471）	三爻村北
汧阳端懿王	朱公鏳	康庶五子	弘治八年（1495）	珍珠原
安裕王	朱诚洌	端懿子	弘治十五年（1502）	洪固原二府井东北

资料来源：王翰章：《明秦藩王墓群调查记》，见《陕西历史博物馆馆刊》第2辑，三秦出版社，1995年，第192—193页。位置不详者未列入表。

西安城东南台原明宗室陵园区的景观特点在于高大的墓冢、数量众多的石像生以及陵园内享堂等附属建筑，形成"秦土葬地松柏森蔚，华表、翁仲，数十里相望"[1]的陵园景观。宗室陵墓均坐北面南，神道两旁分布着从明初至明末树立的大批石刻，有华表、石麒麟、石虎、石狮、石羊、石马、石辟邪、石人、神道碑、御祭碑等，每墓少则

---

① 〔明〕赵崡：《石墨镌华》卷七《访古游记·游城南》，清知不足斋丛书本。

10多件，多则20多件，总数约100件，[1]堪称"明代石刻艺术博物馆"。与明秦王府城一样，明秦王墓的规格也有许多超越礼制之处。如明制规定诸藩王"茔地周围九十步，坟高一丈八尺"。而愍王、隐王、简王诸墓，虽经风雨侵蚀，尚高20多米。明制规定藩王陵墓设"石人二，文武各一，虎、羊、马、望柱各二"[2]。现存诸秦王墓石刻，除上述礼制规定者外，大都有麒麟、石狮、石马，部分超过1对，有的甚至有3对，这一现象无疑与秦王居于藩王之首的地位相关。在王陵区内还有供祭祀用的享堂、附属建筑群以及守陵人员的居所，《明史·礼志六》载其规制称："永乐八年建秦愍王享堂，命视晋恭王制，加高一尺。因定享堂七间，广十丈九尺五寸，高二丈九尺，深四丈三尺五寸。"[3]秦愍王享堂较晋恭王享堂更为高大，反映出其地位之尊崇。

明代西安城南因宗室陵园的存在而出现较多以"井"为名的村落，如明人文翔凤在《视地至杜陵记》中载："廿日寒露，蚤自寺过曲江，至椿林南，……又东至秦王井。"[4]秦王井即秦王陵之俗称。对当地人而言，王陵高大如鼎，在方言中，"鼎"即为"井"，因而邻近王陵的村落多以"井"为名。这些村落最早可能是由守陵者聚居逐渐形成的。当然对西安城而言，城南大多数村落的起源可以追溯到隋唐乃至更早，因此也有可能先有村落，兴筑王陵之后随之改名。

三、王庄与别墅

除王陵外，秦王及其宗室在西安城郊还拥有大量庄田和别墅园林，这对于加强西安城乡之间的联系有促进作用。

明代西安秦王及其支系的庄田附近多有以"庄"为名的村落，这为确定宗室庄田的位置提供了基本依据。据《陕西省西安市地名志》所载城郊村落名称，基本可判断为宗室田庄的有今碑林区皇甫庄（明《雍大记》载此村为明鄠阳王朱公铛庄田）、莲湖区二府庄、未央区二府庄（秦王朱樉次子庄园）、未央区二府营（秦王朱樉次子屯兵养马

①　王翰章：《明秦藩王墓群调查记》，见《陕西历史博物馆馆刊》第2辑，三秦出版社，1995年，第188页。
②　〔清〕张廷玉：《明史》卷六〇《礼志十四·碑碣》，清乾隆武英殿刻本。
③　〔清〕张廷玉：《明史》卷五二《礼志六·王国宗庙》，清乾隆武英殿刻本。
④　〔明〕文翔凤：《视地至杜陵记》，见《关中两朝文钞》卷一二，清道光十二年刊本。

地）、雁塔区二府庄等。^①从这些田庄的位置来看，宗室庄田在城四乡均有分布。由于资料所限，无法确知更多的宗室庄田位置，但实际的田庄数量应该更多。

明代中后期王府及其宗室逐渐在远离城市的郊区兴建别业园林，明初对王府在城外兴建园林的严厉约束已渐渐减弱。明时宗室亭馆离宅在西安南郊多有兴建。明人赵崡《访古游记·游城南》载："（由华严寺）循原西行数里，有宗尉怀斛庄亭馆，参差出半山，林木掩映，水泉稻畦，极幽僻之致。"^②城南园林别馆的兴起与这一带独特的地形地貌及沿坡崖处泉水出露较多有密切关系，"南崖神禾，北崖杜陵，沿崖出泉最多。野馆亭榭与村烟相间，潏水中流，两岸皆稻畦蔬町、蹊桃堤柳、渔歌樵唱、雁阵鸥行，入晚尤佳，为城南第一名胜"^③。这些园林一般都没有宏敞、华丽的建筑，宅居多简易朴素，园圃也多以自然田园风光为主，从而能够巧妙地与当地农业景观融为一体，可谓取境悠远，宛若世外桃源。

综合分析明代西安宗室园林的特点，可以发现：城市园林虽也同样具有"虽由人作，宛自天开"的特点，但人工建筑物相对较多，规划、构景方面也多具匠心；郊区园林取景开阔，多依山傍坡，处河之侧，建筑物较为简易、质朴，与自然环境的融合颇佳，规模一般也较小。郊区园林在西安城四乡均有分布，南郊以其近郊地形高下有致、河川交错，远郊旷野平畴、黛山如屏的优点分布较多，这也与千余年来长安郊区园林的分布大势相一致。

四、军屯

明代西安作为西北军事重镇，在秦王府下辖军队外，另驻有前、后、左、右、中5卫。以《明史·兵志二》"大率五千六百人为卫"计算，军兵数目约28000人。除城区有部分军队驻守外，城郊还有大量的军寨，或屯田或驻守，对西安城的军事防御具有重要意义。从留存至今的地名可约略看出当时的军寨分布情况，《陕西省西安市地名志》即载今碑林区有韩森寨，莲湖区有马军寨，灞桥区、未央区、雁塔区分别有12、23、23座以"寨"为名的村庄，均为明代屯兵处。列表如次：

---

① 西安市地名委员会、西安市民政局编：《陕西省西安市地名志》（内部资料），1986年。
② 〔明〕赵崡：《石墨镌华》卷七《访古游记·游城南》，清知不足斋丛书本。
③ 康熙《咸宁县志》卷一《星舆》，清康熙刊本。

表 2-10　明代西安城郊主要军屯、军寨分布表

地名	得名原因
上双寨	位于新筑镇西南 1.7 公里，处于蝶状方形高地上，每边长 500 米，高出平地 10 米，称龟背梅花紫金城。明代为屯兵寨，并依地势分上、下二寨，得名上方寨和下方寨
后围寨	明洪武二十六年（1393）西安外围设左、后二卫，此处为西安府西去要道，故而设后卫寨
魏家湾	明万历年间有村，当时因屯兵称魏家寨，后因低洼积水，改为魏家湾
西叶寨	为明代汉城内 24 个屯兵寨之一
马家寨	大白杨西 5 公里，明成化年间在此屯兵并以姓氏得名，为明代汉城内 24 个屯兵寨之一
后所寨	因在唐感业寺后，亦名寺背后，明洪武二十六年（1393）在寺背后设百户所得名
南徐寨	古称徐寨，为明代汉城内 24 个屯兵寨之一
汉城乡	境内村庄多分布在汉长安城墙和古宫殿遗址附近。明代这一带屯兵设寨，人称"杨甲城内二十四个屯兵寨"，现大都保留原名
东扬善寨	明代在村南屯兵，人称杨甲寨，清初以"隐恶扬善"之意改名
鱼化寨（片村）	据当地《梅景宗家谱》记载，明洪武年间祖籍江苏雨化寨梅姓人领兵在此屯田，在村南筑寨，以家乡村名命名
贺家寨	明初为屯兵寨
雷家寨	明代在村南驻军
东漳浒寨	原为唐定昆池北部，明初驻军屯田，筑屯田寨
王家寨	明洪武年间，一部分人由燕家庄迁来，以姓氏得名王家巷，后为烟（老鸦寨）、刘（刘家寨）八大屯军寨之一，改称王家寨
双旗寨	明代卫所兵制，百户所下设二总旗，二总旗所驻村落称双旗寨
岳旗寨	明百户所下设的旗，冠以姓氏得名

续表

地名	得名原因
闵旗寨	明代依据卫所驻兵制度，曾在此设旗
英发寨	明洪武年间，殷姓人在此带兵屯田得名殷家寨，1956年改今名
西八里	明万历年间有村，原为军马厂，以在西安府城南八里得名八里屯寨
北寨子	明初为屯兵寨，以在清凉寺后坡得名后坡寨
齐王村	明代屯兵设旗，并以姓氏得名旗王村，民国年间改现名
蒋家寨	明代为屯兵寨
甘家寨	明洪武三十一年（1398）屯兵寨
响堂	原为明代屯田寨
袁旗寨	明代屯兵设旗得名
木塔寨	明洪武年间屯兵设寨，与隋木塔寺相近得名
白杨寨	明代为屯兵寨

资料来源：西安市地名委员会、西安市民政局编：《陕西省西安市地名志》（内部资料），1986年。

可见，明代西安城在四乡之地均有军屯和军寨之设，以拱卫西安城。其中尤以西安城西北汉长安城遗址的24军寨和城西南以鱼化寨为中心的军寨分布区为西安城军事防御体系的重要组成部分，从西北和西南两个方向形成防御态势。

明代屯兵营寨之所以遍布于汉长安城墙和宫殿遗址附近，以至"杨甲城内有二十四个屯兵寨"[①]的说法流传至今，重要原因就在于汉长安城遗址在明清时期具有重要的军事利用价值，高大城墙至今尚可见到，因而在明代被利用为军事屯戍区，在清代同治年间，城郊最为坚固的六村堡即依汉长安城一角而建，成为大量百姓的战时避难地。鱼化寨位于西安城西南潏水西侧，这一地区军屯密集分布的原因在于西南郊多为平地，便于屯田耕作，同时也正因为西南郊没有东郊和东南郊的台地等险要地形（见

---

① 田克恭、白浪：《四十里长街——西安街巷话古今（一）》，三秦出版社，1989年，第123页。

图2-3），因而需要部署更多的军队驻扎防守。对东郊和东南郊而言，台原地区易守难攻，驻扎少量军队即可达到防御目的，同时台原地区耕作的便利程度也显然不如西南平地，因此从总量上看军屯较少。

第四节
宗室与明代西安城雅集活动

在明代的城市生活当中，社会中上层经常举办文化雅集活动，皇亲贵胄、官宦贤达、文人雅士等是主要的参与群体。西安作为周秦汉唐故都所在地，文化底蕴积淀深厚，素有古雅遗风，精英群集，人才辈出，因而文化雅集成为西安社会中上层人士相互结识、交流的重要途径。

一、明代西安的雅集

明代西安雅集举办之地，涉及城乡寺宇、书院学校、郊区别墅、王府宅邸等多种空间类型。明赐进士出身奉政大夫张国绅曾为永寿郡王支系镇国中尉朱惟炡撰写墓志铭，其中记载了宗室与文人在开福寺雅集的情形："予遁迹青门，群修白业时，则有崔饷卿、陶武部、李板郎、王贰师、宗侯孝廉文学辈，皆时闻人，月集开福大士阁，问谁挥麈，乃菊亭公也。"[①]"挥麈"意指清谈。从这一记载可以看出，永寿郡王支系的宗室朱惟炡与西安城内擅长"文学"的知名学者每月一次在开福寺聚会清谈，颇有魏晋古风。

相较于寺宇、学校、别墅等场地，在秦王府城、各郡王府以及其他宗室府邸举行的文化雅集活动往往规模更大、礼仪更为细致。永寿郡王支系辅国将军朱诚泄就经常在其豪华府邸中举行饮宴雅集。时人记述辅国将军府雅集的盛况称："宫殿之崇，榱题之美，栋宇之隆，皆画彩雕刻，巍峨壮丽。每燕尝宴会，少长序集，举止雍容，礼体严肃。观者起敬，有王者度焉。若夫淑景令节，花辰月夜，必置酒邀客，陈叙情款。诸

---

① 中国文物研究所、陕西省古籍整理办公室编：《新中国出土墓志·陕西〔贰〕》下册，文物出版社，2003年，第377页。

子称觞，众孙歌咏，每至夜分，乐而后已。"①可见王府与宗室府邸建筑华美、场地阔大，有邀客饮宴、文化雅集的财力。雅集时，出席者"举止雍容"，讲究尊卑礼仪，主人与来宾的言行均彬彬有礼。宗室、官员、学者们在观赏美景、品尝美食、畅饮美酒的同时，或吟诗作赋，相互唱酬，或举杯清谈，砥砺学问，确实属于城市生活中的文化盛事。显而易见的是，在永寿郡王府等处举行的雅集活动，不仅仅有益于宗室、官员、文人学者之间相互结识、交流、往来，也促进了华夏传统礼仪、礼制的展示与教化，这正是明代西安城市文化和风习的重要特征之一。

二、永寿郡王府的雅集

位处今南院门一带的永寿郡王府内既兴建有高大耸立的藏书楼，又构筑有环境优美的古雅园林，无论是在读书赏画，还是在吟诗作赋等方面均能提供便利条件，遂成为明代西安城内重要的雅集场所之一。永寿郡王通过饮宴、雅集等活动，与秦王及其他郡王、文人雅士相互题诗唱酬，在很大程度上引领着西安的社会风习与文化风尚。

在永寿郡王府举办的雅集上，秦王作为宗亲时常受邀参加，成为此类文化活动的主角。秦简王朱诚泳与永寿郡王关系十分密切，有兄弟之谊。朱诚泳经常出入永寿郡王府邸，多次为永寿郡王题诗唱酬。他在《会乐图为宗弟永寿王题》中记述了永寿郡王府中一次雅集的场景："四海承平庶事康，百年雅会重藩方。琴樽适兴排鸳序，礼乐提身肃雁行。更喜阿咸从阮籍，且无成义狎宁王。天伦至乐时时有，不似兰亭一咏觞。"②朱诚泳将明代西安长期以来举办的雅集称作"百年雅会"，在永寿郡王府举办的雅集上，群贤毕至，既有古琴奏乐，又有传统礼仪展示，而命题式的吟诗作赋则是重头戏。秦简王朱诚泳曾撰有《东轩为永寿王作》一诗："构得华轩府第东，搏桑朝影上梧桐。雨香砌草先交翠，气淑林花早放红。照眼帘栊迎旭日，满堂宾客坐春风。主人吟罢连枝句，流水心期万折同。"③可以看出，永寿郡王府雅集的室内场所就是"东轩"，与室外的园林美景相得益彰。东轩位于王府内东侧，"满堂宾客坐春风"无疑是文人雅士云集清谈的真实写照。饮宴雅集的时间，多为节日等特殊日期。朱诚泳撰有《元夜宴永寿

---

① 故宫博物院、陕西省古籍整理办公室编：《新中国出土墓志·陕西〔叁〕》下册，文物出版社，2015年，第204—205页。
② 〔明〕朱诚泳：《小鸣稿》卷五《会乐图为宗弟永寿王题》，清文渊阁四库全书本。
③ 〔明〕朱诚泳：《小鸣稿》卷五《东轩为永寿王作》，清文渊阁四库全书本。

府》^①一诗，描绘的正是农历正月十五日（又称上元节、灯节）晚上在永寿郡王府举行的饮宴活动。

在永寿郡王府的雅集活动中，参与者不仅欣赏古籍书画、吟诗作赋等，也当场挥毫泼墨，撰写书法作品或将所撰诗文题写下来。现存永寿郡王题写的碑石拓片较多，内容涉及忠孝、慈善、教育等内容。从多位永寿郡王题写的碑石拓片来看，其书法造诣很高。永寿郡王通过为王府自身建筑以及西安城内其他府邸、学校等题写相关内容的匾额，一方面提升了建筑景观的文化内涵、宣扬了主流道德观念，另一方面加强了永寿郡王与西安城文人雅士群体的联系和交流，促进了城内西南隅东部作为西安城文化雅集重点区域特征的形成和巩固。

① 〔明〕朱诚泳：《小鸣稿》卷七《元夜宴永寿府》，清文渊阁四库全书本。

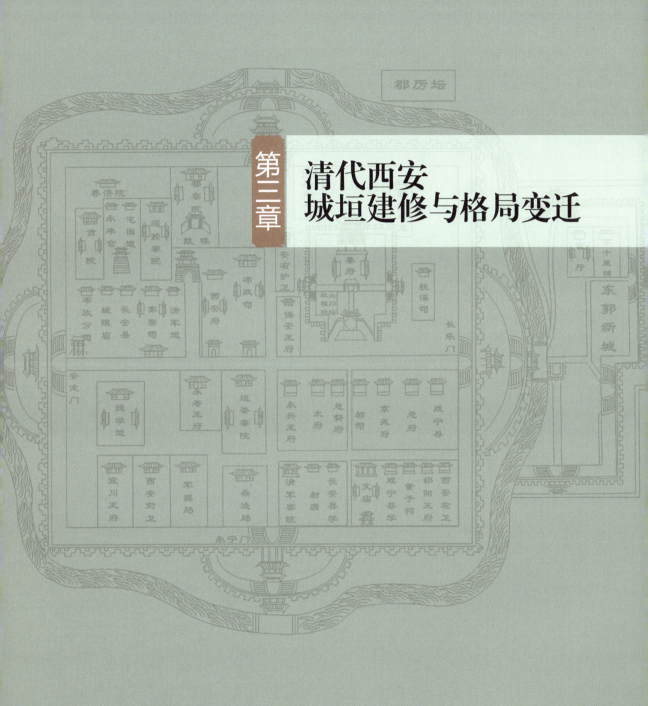

第二章　清代西安城垣建修与格局变迁

有清一代，西安城墙先后进行过多次重要维修，[①]尤以乾隆四十六至五十一年（公元1781—1786年）的维修工程规模最大，耗费人力、物力、财力最多，由此奠定了西安城在清中后期直至近代的多次战争中未曾失守的城防基础。

---

　　① 西安市地方志编纂委员会编《西安市志》第6卷《科教文卫》（西安出版社，2002年，第428页）、张永禄编著《西安古城墙》（西安出版社，2007年，第55—56页）等均称清代曾12次维修西安城墙。综合清代陕西地方志相关记述可知，这12次维修的时间是：顺治十三年（公元1656年）、康熙元年（公元1662年）、乾隆二年（公元1737年）、乾隆二十八年（公元1763年）、乾隆四十六年（公元1781年）、咸丰七年（公元1857年）、同治元年（公元1862年）、同治二年（公元1863年）、同治四年（公元1865年）、光绪二十二年（公元1896年）、光绪二十四年（公元1898年）、光绪二十九年（公元1903年）。但实际维修次数远远超过12次，经笔者对中国第一历史档案馆所藏与清代西安城墙维修有关的奏折档案进行初步爬梳统计，至少还有8次维修工程未见清代以来陕西地方史志和当今论著，时间分别是：嘉庆十五年（公元1810年）、嘉庆二十年（公元1815年）、道光元年（公元1821年）、道光七至八年（公元1827—1828年）、道光十五年（公元1835年）、咸丰三年（公元1853年）、同治六年（公元1867年）、光绪三十三年（公元1907年）。

第一节
清前期城垣建修工程

　　进入清代后，西安城墙的维修频次增多，建修和保护的类型更为多样化，尤其是在清朝国力最为强盛的乾隆年间。

　　在清前期的顺治、康熙年间，西安城墙也有较大规模的维修，可惜由于史料记载极其简略，无法详考其中细节。明末李自成起义军进攻西安城时，并未进行激烈的攻防交战，但是自隆庆二年（公元1568年）西安城墙大规模整修之后，至清代初年，已经过去了近80年之久，风雨、地震、鸟鼠这些自然因素对西安城墙的负面影响又达到了十分严重的程度。尤其是顺治十一年六月初八日（公元1654年7月21日）西安、延安、平凉、庆阳、巩昌、汉中一带发生大地震，"倾倒城垣、楼垛、堤坝、庐舍，压死兵民三万一千余人及牛马牲畜无算"[1]。从《清世祖实录》的记载可以看出，这次地震不仅给包括西安在内的关中、陕北、陕南、甘肃东部地区造成了严重的人员和财产损失，而且严重破坏了这些地区城墙、堤坝、房屋等基础设施和建筑。

　　毋庸置疑，西安城墙在此次地震中受损严重。残破的城墙与西安作为清王朝西北重镇的地位难相适应。西安城是清王朝控制西陲、拓展边疆的桥头堡，其城墙失修，不仅关乎陕甘军事大势，而且在一定程度上影响到清王朝对整个西部地区的有效统治和疆土拓展。大地震过后两年，即顺治十三年（公元1656年），陕西巡抚陈极新便开展了西安城墙维修工程。雍正《陕西通志》卷一四《城池·西安府》对此仅载称："顺治十三年，巡抚陈极新修茸如制。"[2]细致分析可知，这次工程作为入清之后西安城墙的首次大规模维修，应当是作为陕西省一级城建工程开展的，由陕西巡抚陈极新主导，势必

---

① 《清世祖实录》卷八四，顺治十一年六月丙寅，清内府抄本，中华书局影印，2008年。
② 雍正《陕西通志》卷一四《城池·西安府》，清文渊阁四库全书本。

会牵涉到陕西布政司、陕西按察司、西安府、咸宁县、长安县等地方官府，以及西安驻军。顺治初年，八旗军队进驻西安后，在城内东北隅形成了八旗驻防城，八旗马甲人数额定为5000人。（见图3-1）西安城的驻防军力大增，与之相应的军事防御设施——城墙的大规模整修维护也理所应当。

"修葺如制"是陈极新主导的城墙维修工程的基本原则，也是施工目标之一。这一原则反映出当时的维修工程确实是为了恢复遭到地震损毁的城墙原貌。所谓的"制"有多层含义：一方面是指城墙在地震之前的形制、形态，包括女墙、垛口、城楼、卡房、角楼、官厅等防御设施；另一方面，还指城墙建设的"规制"，即要按照朝廷（工部）等有关城墙维修的规定和工程做法来进行"修葺"，如应秉承"帑不虚縻，工归实用"等维修理念。在这些基本原则和理念的指导下，维修竣工的西安城墙以"如制"的面貌重新出现在世人面前，并未大拆大建，也未改变自明代以来的基本形制和风貌，这对西安城墙格局、形态、规制等的保护和继承起到了积极作用，成为后世维修者沿用的工程传统之一。

顺治十三年（公元1656年）陕西巡抚陈极新维修西安城墙后仅6年，康熙元年（公元1662年）大雨灌注导致城墙塌陷，[①]陕西总督白如梅、陕西巡抚贾汉复、咸宁知县黄家鼎等人再度主持维修西安城池。在这次城工中，"军地协同"与"分段修城"成为亮点。康熙《咸宁县志》卷二《建置》载云："咸宁分修约七百五十丈，而城垣完固如初，巍然千里金汤焉。"[②]这次维修的工程质量显然较高，直至康熙三十八年（公元1699年）才又有"复修"[③]之役。有关康熙三十八年的维修工程，雍正《陕西通志》、乾隆《西安府志》、嘉庆《咸宁县志》、嘉庆《长安县志》以及民国时期的地方志，均一笔带过，甚至未曾提及，可能与工程规模较小有关。

① 雍正《陕西通志》卷一四《城池·西安府》，清文渊阁四库全书本。
② 康熙《咸宁县志》卷二《建置》，清康熙刊本。
③ 雍正《陕西通志》卷一四《城池·西安府》，清文渊阁四库全书本。

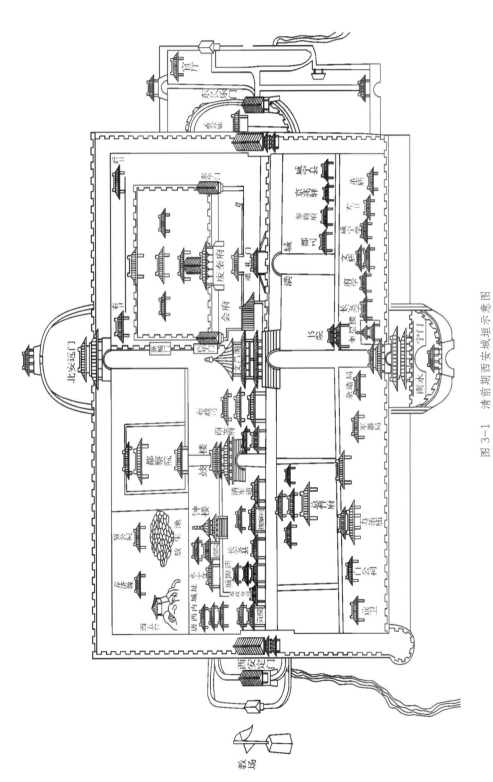

图 3-1　清前期西安城垣示意图
（底图来源：康熙《长安县志》）

第二节
清乾隆四至五年西安城墙维修工程

一、城工背景与缘起

　　进入乾隆时期后，在全国各地普遍开展城工的大背景下，西安城池维修的频次得以加强，力度也逐渐加大，这与顺治、康熙年间西安城工规模较小形成了鲜明对比。究其根源，这种状况既与乾隆朝国力越发强盛，中央和地方管理政策、制度等日益完善有关，也与乾隆皇帝重视各地城垣建设，贤明的地方官员一般能够遵循和贯彻朝廷建设与维修城池的规定有着紧密联系。

　　关于乾隆初年的这次西安城工，《清高宗实录》仅寥寥数语载称：乾隆四年（公元1739年）七月己巳，"陕西巡抚张楷奏西安省城城垣及四城门楼必须修葺。下部议行"①。由此分析可知，乾隆四年七月二十五日（公元1739年8月28日），时任陕西巡抚张楷关于维修西安城墙的奏折由乾隆皇帝批示交由工部"议行"，表明此次城工的动议最晚是在当年七月就已经由陕西巡抚张楷及其下属官员商议形成了。从《清高宗实录》所载可知，这次城工维修的重点是"城垣及四城门楼"，可见工程量较大；而从张楷"必须修葺"的用词来看，显然城墙、城楼的维修事宜已经到了亟待进行的地步。西安城墙从康熙三十八年（公元1699年）维修过后，至乾隆四年，已历经40年之久。在长期风吹雨淋之下，城墙的坍卸和城楼的损毁在所难免，因而维修工程的开展也当属应时而动。

　　虽然《清高宗实录》中的寥寥数语透露了十分重要的城工信息，但是关于此次城工的维修目标、督工官员、兴工时间、竣工日期等，均无从得知。笔者经过对大量奏折档案进行爬梳、分析，有幸在中国第一历史档案馆发现了陕西巡抚张楷于乾隆五年十二月

---

① 《清高宗实录》卷九七，乾隆四年七月己巳，清内府抄本，中华书局影印，2008年。

初一日（公元1741年1月17日）上奏的奏折，其中记载的珍贵信息对复原乾隆四至五年西安城工的部分细节大有裨益。

陕西巡抚张楷在题为《奏报修筑西安城垣完竣日期事》①的奏折中，再次扼要陈述了维修西安城垣的必要性和维修目标。他指出，西安城垣作为"省会要区"而"年久坍塌"，这种城垣状况和面貌"无以崇保障而壮观瞻"，在城池防御和城市景观两方面都处于极为尴尬的境地。作为城池防御体系的基础，城墙只有有效发挥"崇保障"之功能，才能保护阖城官民的安全；而作为城乡景观和市容市貌的重要组成部分，雄伟壮阔、完好无缺的城墙才能"壮观瞻"，起到美化城市人居环境的作用。正是从城墙的这两大功能出发，陕西巡抚张楷与川陕总督查郎阿在乾隆四年七月二十五日正式提出了"动帑兴修"的建议，并且以"崇保障""壮观瞻"为维修城墙的目标。结合《清高宗实录》所载可知，这份城工提议在由工部审核之后，最终获得了乾隆皇帝的批准，得以动用"公帑"进行维修。

二、督工官员的遴选

作为一项规模较大的城建工程，其督工官员的遴选和分工尤为重要。张楷委派陕西督粮道纳敏、驿盐道武忱"总理监督"，担负统筹全局、全面督工之责；同时委派西安府理事同知常德、署清军同知王又朴、大荔县知县沈应俞"办料鸠工"，负责具体的购买工料、监理施工等任务。在遴选干练的官员督修城工之外，张楷也未置身事外，"仍不时亲身查看督饬"。②难能可贵的是，奏折中所载的"署清军同知"王又朴在其所撰《介山自定年谱》中述及此次城工督工官员云："庚申（公元1740年），六十岁，到陕，署西安府丞，奉委督修省城。余惩先任盐池之役，受创巨，力辞不可。复命理事丞常君德、同州府大荔县令沈君曰俞副之。"③由此可知，在王又朴、常德和沈应俞三人中，王又朴是起主导作用的人物，常德和沈应俞属于协助者的角色。

从负责督工的官员职衔及其原本负责的管理事务能够看出，这次城工级别很高，是由陕西巡抚张楷牵头，由督粮道、驿盐道两位省级高官"总理"，又有西安府理事

---

① 〔清〕陕西巡抚张楷：《奏报修筑西安城垣完竣日期事》，乾隆五年十二月初一日，朱批，档号04-01-37-0006-017。

② 〔清〕陕西巡抚张楷：《奏报修筑西安城垣完竣日期事》，乾隆五年十二月初一日，朱批，档号04-01-37-0006-017。

③ 〔清〕王又朴：《介山自定年谱》，民国刻屏庐丛刻本。

同知、清军同知、大荔县知县等府、县级官员负责具体事务。督粮道、驿盐道平常主要负责粮食、税收、交通等重要事务，而这些均与城墙建修工程紧密相关，诸如工粮的购买、工料的运输、工具的调配等，两位"专署"官员介入城工，无疑对从整体上协调城工进展具有很大作用。同时，西安府理事同知、清军同知作为管理地方、军队的官员，在城工中能够协调军队与地方的分工，在调动军队参与城工方面较为便利。这也反映了西安城墙维修既是一项军事防御工程，也是一项地方城市建设工程。

三、维修重点与工期

在乾隆四年七月二十五日陕西巡抚张楷上奏之后，又经过工部的审核、乾隆皇帝的朱批，以及前期的筹备工作，西安城墙维修工程终于在乾隆四年十一月初十日（公元1739年12月10日）"兴工"。

这次维修工程的对象包括周围四面大墙、女墙、城楼、角楼、铺楼、炮台等倾圮、陈朽的部分，显然涉及土工、木工、石工等多个类型，覆盖西安大城城墙的全部段落。就具体工程做法而言，针对"倾圮""陈朽"两大类问题，采取了"俱行拆卸更新"的举措，因而可以视之为一次极为"彻底"的大规模维修工程，使得西安城墙、城楼等面貌焕然一新。

经过长逾一年的彻底修缮，西安城工于乾隆五年十一月初六日（公元1740年12月24日）"全完工竣"。① 虽然王又朴在《介山自定年谱》中忆及"辛酉（公元1741年），城工竣，督抚题补汉中府，倅留委协理关中书院事"②，但考虑到奏折的可靠性远较回忆性的年谱为高，因而王又朴所言西安城工于1741年竣工不可凭信。

在竣工之后，陕西巡抚张楷还进行了严格的验收工作，经过"逐处查勘无异"，才允准将开支的工费、粮食等由督工官员造册，报工部、户部等朝廷主管机构"题销"。③ 至此，此次西安城工才画上了圆满的句号。需要指出的是，虽然此次城工的动议是由时任陕西巡抚张楷与川陕总督查郎阿联名上奏的，但是竣工的奏报却是由张楷与继任川陕总督尹继善"据实奏闻"。不过由于川陕总督常驻成都，主要负责西南地区事

---

① 〔清〕陕西巡抚张楷：《奏报修筑西安城垣完竣日期事》，乾隆五年十二月初一日，朱批，档号04-01-37-0006-017。
② 〔清〕王又朴：《介山自定年谱》，民国刻屏庐丛刻本。
③ 〔清〕陕西巡抚张楷：《奏报修筑西安城垣完竣日期事》，乾隆五年十二月初一日，朱批，档号04-01-37-0006-017。

务，因而其任职者的变动对西安城工并没有实质性的影响。

    陕西巡抚张楷在任期间，除开展维修西安城墙等大型城建工程外，也注重维修郊区道路等乡村基础设施。如与西安城墙维修工程大致同一时期，张楷还主持督修了榆林北城城墙①、咸宁县库峪一带的道路②等。虽然这些工程之间的联系还有待发掘更多资料进行分析，但至少表明城墙维修工程是当时西安乃至陕西城乡地区诸多建设工程之一，而这些工程的开展，与时任巡抚张楷的贤良称职紧密相关。

---

① 〔清〕川陕总督鄂弥达、陕西巡抚张楷：《奏请修筑榆林北城城墙事》，乾隆四年九月十六日，朱批，档号04-01-37-0005-020。

② 〔清〕陕西巡抚张楷：《题为奏销陕西咸宁县修库峪道路并塘房等用银请旨事》，乾隆五年五月二十四日，中国第一历史档案馆藏户科题本（以下简称"户科题本"），档号02-01-04-13290-007。

第三节
清乾隆四十六至五十一年西安城墙大修工程

一、工程缘起

有关乾隆四十六至五十一年（公元1781—1786年）西安城墙维修的缘起，长期以来流传颇广的说法出自民国《续修陕西通志稿》卷二〇〇《拾遗》，认为此次西安城工"其实亦因甘回田五之乱，兰垣修城出于特旨，故毕公亦遂援例陈请"。即由于甘肃田五起义的原因，乾隆皇帝下旨维修兰州城池，陕西巡抚毕沅"援例陈请"后，西安城墙才得以维修。后世论著对这一观点不加查考，径沿其说。①这种将西安城墙维修原因归结为甘肃田五起义和兰州城维修的看法，不仅与史实相去甚远，而且忽略了当时的历史大背景，未能揭示西安城墙维修的真实缘起。

（一）西安城墙维修发生于清前中期陕西乃至全国城池维修的大背景之下

乾隆四十六至五十一年西安城墙维修并非一次孤立的城建事件，而是与当时陕西乃至全国城池维修热潮紧密联系在一起。清前中期朝廷对各地城池维修十分重视，顺治、康熙、雍正皇帝多次发布谕旨，要求地方督抚官员及时修补倒坏城垣，并将城垣维修纳入官员考核奖惩体系之中，而各省督抚于每年年底奏报本省城墙坍损、维修状况也渐成定例。②西安是西部最大的区域中心城市和绾系西北安危的军政重镇，陕西官府曾先后在顺治、康熙年间对城墙进行过维修。③

乾隆初期，陕西乃至全国的城池维修活动更趋频繁。乾隆元年（公元1736年）十二月，朝廷下令"各处城垣偶有些小坍塌，令地方官于农隙及时修补。其原坍塌已多、需

---

① 向德、李洪澜、魏效祖主编：《西安文物揽胜（续编）》，陕西科学技术出版社，1997年，第157—158页。
② 〔清〕乾隆敕撰：《钦定大清会典事例》卷八六七《工部·城垣·直省城垣修葺移建一》，清光绪二十五年石印本。
③ 民国《续修陕西通志稿》卷二〇〇《拾遗》，民国二十三年铅印本。

费浩繁者，该督抚分别缓急，查明报部"①。接此要求，乾隆三年（公元1738年）八月，陕西巡抚张楷以"西安城垣系省会要区，年久坍塌，无以崇保障而壮观瞻"②为由，奏请维修西安城墙和满城界墙。该工程于乾隆四年（公元1739年）十一月初十日兴工，次年（公元1740年）十一月初六日竣工。乾隆八年（公元1743年），陕西巡抚塞楞额又将西安城墙与陕西其他29处州县城墙同时列入"必应急修"的城垣名单。③此后，陕西各州县城池兴修依据缓急次序相继展开。④截至乾隆十年（公元1745年），西安、潼关、华州、临潼4处城墙先后修理完竣。⑤乾隆二十七年（公元1762年）九月再次对西安城墙加以维修。这次西安城墙与钟、鼓楼维修工程，以及肤施、乾州、邠州、甘泉、郃阳、泾阳、耀州、宝鸡、郿县、蒲城、三水、淳化等12处城工，估算共需银110000余两⑥。乾隆二十八年（公元1763年），西安城墙维修工程完工，实际耗银18094两。⑦乾隆二十七至二十八年西安城工的一大显著特征是采取"以工代赈"的措施，招募大量灾民参与城工，使得"歉收地方贫民得藉佣工就食"⑧，反映出包括城墙维修在内的大规模城市建设在稳定城乡社会、救荒赈灾等方面也具有重要的调控作用。

从乾隆三十一至四十一年（公元1766—1776年），历任陕西巡抚、布政使等亦逐年上报陕西各地城垣损坏及维修状况，其中西安城均居于"完固城垣"⑨之列。但城墙因风吹雨淋等自然原因而出现的毁损状况却逐渐加剧，由此也引发了陕西巡抚毕沅的奏修之议。

---

① 〔清〕陕西巡抚塞楞额：《奏为估修陕省各州县城垣用银次第办理事》，乾隆八年闰四月十二日，朱批，档号04-01-37-0007-008。
② 〔清〕陕西巡抚张楷：《奏报修筑西安城垣完竣日期事》，乾隆五年十二月初一日，朱批，档号04-01-37-0006-017。
③ 〔清〕陕西巡抚塞楞额：《奏为估修陕省各州县城垣用银次第办理事》，乾隆八年闰四月十二日，朱批，档号04-01-37-0007-008。
④ 〔清〕川陕总督庆复、户部左侍郎三和：《奏为遵旨商议分别缓急修理陕省城垣事》，乾隆十年六月初十日，朱批，档号04-01-37-0009-028。
⑤ 〔清〕陕西巡抚陈弘谋：《奏为遵旨酌筹办理陕省城垣事》，乾隆十六年正月二十三日，朱批，档号04-01-37-0015-002。
⑥ 〔清〕陕西巡抚鄂弼：《奏为办理陕省城垣情形事》，乾隆二十七年八月二十八日，朱批，档号04-01-37-0020-015。
⑦ 乾隆《西安府志》卷九《建置志上·城池》，清乾隆刊本。
⑧ 〔清〕陕西巡抚鄂弼：《奏为办理陕省城垣情形事》，乾隆二十七年八月二十八日，朱批，档号04-01-37-0020-015。
⑨ 〔清〕陕西巡抚毕沅：《汇奏道省城垣完固情形事》，乾隆三十八年十一月二十一日，中国第一历史档案馆藏录副奏折（以下简称"录副"），档号03-1128-043。

（二）西安城墙维修的主要原因与有利条件

乾隆四十二年（公元1777年）十一月，陕西巡抚毕沅奏报西安城墙倾圮状况称，"现今城楼、堞楼等项风雨飘摇，木植渐多朽腐，砖瓦亦多碱酥。其城身则外砖内土，雨水浸渗，渐多膙裂，亦有碱卸剥落之处"，担心"若不早为修补，恐历时愈久，需费愈多"，计划在次年春季对城墙状况进行细致勘察后，再奏请加以维修。①但这一奏议并未得到明确回应，乾隆四十三年（公元1778年）也没有按计划启动勘估程序。不过，核实而论，这一奏议却可视为乾隆四十六至五十一年西安城墙大修工程的缘起。

就城市防御角度而言，乾隆四十二年毕沅上奏时，距乾隆二十八年维修工程已过去了14年之久，西安城墙城身、城楼、卡房、官厅等倾圮、损毁严重，不仅无法满足城市防御需要，而且若不及早维修，日后一旦倒塌，维修代价势必更大。②因而，倾圮损毁的严重状况是城墙亟待维修的主要原因。

就城市地位而言，清前中期的西安城以"遥控陇蜀，近联豫晋，四塞河山"的重要地理位置，被誉为"西陲重镇，新疆孔道，蜀省通衢"③，但城墙"倾卸迨半"④，这种破落的城市景象自然难以与汉唐故都和西北重镇的地位相匹配，因而从乾隆皇帝到陕西地方官员都逐渐形成了西安城墙"非大加兴作，不足以外壮观瞻，内资守御"⑤的共识，也就加快了西安城墙大修的进程。

就社会经济状况而言，这一时期关中城乡社会安定、农业生产连年丰收、百姓民力可用，正是适合开展城墙维修工程的有利时机。毕沅在奏折中即明确指出："目下关中一带地方安堵，诸事平宁；且连年岁序殷丰，人民无事，正可乘时兴作。"⑥可见，关中区域社会经济的良好发展状况为西安城墙大修的顺利开展提供了有利条件。

（三）西安城墙维修与甘肃田五起义以及兰州城墙维修并无因果关系

从时间上分析，乾隆四十二年毕沅即已提出维修西安城墙的建议，实际开工时间为

---

① 〔清〕陕西巡抚毕沅：《汇奏通省城垣保固情形事》，乾隆四十二年十一月十六日，录副，档号03-1132-048。
② 〔清〕陕西巡抚毕沅：《奏请修葺城垣事》，乾隆四十六年十一月初三日，录副，档号03-1133-016。
③ 〔清〕陕甘总督福康安、陕西巡抚永保：《奏为西安省会城垣工竣请旨简员验收事》，乾隆五十一年九月二十二日，朱批，档号04-01-37-0043-018。
④ 〔清〕工部左侍郎德成：《奏为察看西安城垣应修大概情形事》，乾隆四十六年十二月二十日，录副，档号03-1133-042。
⑤ 〔清〕陕西巡抚毕沅：《奏明酌筹城工动用银两缘由事》，乾隆四十七年三月初六日，录副，档号03-1134-009。
⑥ 〔清〕陕西巡抚毕沅：《奏请修葺城垣事》，乾隆四十六年十一月初三日，录副，档号03-1133-016。

乾隆四十八年（公元1783年）六月十八日，而甘肃田五起义发生于乾隆四十九年（公元1784年）四月至七月间[1]，且仅局限在甘肃境内，并未波及陕西。明确无误的是，西安城墙筹议和动工维修在前，甘肃田五起义在后，何来田五起义引发西安城墙维修之事？可见，民国《续修陕西通志稿》说法有误，后世学者未加细察，以致谬说流传。

另一方面，兰州城墙维修奏议的提出是在乾隆四十六年（公元1781年）[2]，晚于乾隆四十二年毕沅奏修西安城墙之议，加之乾隆四十五年（公元1780年）毕沅在苏州觐见乾隆皇帝时，已提出大规模维修西安城的建议，并获允准，同样早于兰州城墙维修之议，因而不存在毕沅因为兰州城墙维修才"援例陈请"维修西安城墙的情况。民国《续修陕西通志稿》有可能是因兰州城工正式勘估时间略早于西安，才会有此误判。

二、工程分期及做法

关于乾隆后期这次西安城墙大修工程的起讫时间，民国《续修陕西通志稿》笼统记为"乾隆年间"[3]，民国《咸宁长安两县续志》载为"乾隆四十九年巡抚毕沅奏明重修"[4]，而当今相关论著多记作"乾隆四十六年陕西巡抚毕沅重修"。这些说法显然是由于地方志编纂者和前辈研究者未曾深入查考与西安城墙维修相关的官员奏折，仅依据残缺不全的史料片段即骤下结论。如民国《续修陕西通志稿》的编纂者在"竣工之奏未能检得"的情况下，基于从西安城内一家旧书肆搜集到的3份邸钞奏折内容，就推测认为"奏办城工始于乾隆四十六年十一月"，"全工蒇事当在五十一、二年间，计前后约六七年之久"[5]。虽然这一推论大致接近实际情况，但由于没有可靠的史料支撑，终属推测，究难确信，而且也没有提及具体的工程分期与做法。

实际上，依据现存奏折档案能够准确断定此次西安城墙维修工程的起讫时间。如前所述，陕西巡抚毕沅在乾隆四十二年十一月十六日题奏的《汇奏通省城垣保固情形事》中已提及西安城墙的破损状况，计划于四十三年（公元1778年）春季开始勘估。[6]

①　〔清〕陕西巡抚毕沅：《奏为勘明乾隆四十九年分陕省各属城垣情形事》，乾隆四十九年十一月二十三日，朱批，档号04-01-37-0040-028。

②　〔清〕陕甘总督勒保：《奏为验收甘省皋兰县城工事》，乾隆五十五年六月十七日，朱批，档号04-01-37-0045-017。

③　民国《续修陕西通志稿》卷二○○《拾遗》，民国二十三年铅印本。

④　民国《咸宁长安两县续志》卷四《地理考上》，民国二十五年铅印本。

⑤　民国《续修陕西通志稿》卷二○○《拾遗》，民国二十三年铅印本。

⑥　〔清〕陕西巡抚毕沅：《汇奏通省城垣保固情形事》，乾隆四十二年十一月十六日，录副，档号03-1132-048。

但四十三年夏秋之际雨水连绵，并未按计划进行详细勘估。四十四年（公元1779年），毕沅会同陕甘总督勒尔谨再次进行"细勘"。四十五年（公元1780年）三月，毕沅前往苏州觐见乾隆皇帝，将"城垣应须修葺情形，详悉陈奏"，蒙准维修。毕沅计划四十六年（公元1781年）春季"具奏兴工"，①但由于甘肃爆发了战事，朝廷派各地大军"会剿"，其中包括当年春季从西安征调1600名满洲兵前往作战。②这一军事行动实际上延缓了西安城墙维修工程的开始，而非如前引民国《续修陕西通志稿》所言甘肃战事"催生"了西安城工。

乾隆四十六年十一月，毕沅首次直接以《奏请修葺城垣事》为题具奏乾隆皇帝，详细禀明了西安城墙亟待维修的状况，正式请求修葺西安城墙，③由此开启了城墙大修的序幕。从乾隆四十六年年底开始，西安城工进入实质性的查勘估算、工料筹备、工匠招募阶段。乾隆四十八年（公元1783年）六月十八日择吉开工④，至五十一年（公元1786年）九月二十二日陕西巡抚上奏请求验收城工，标志着西安城墙维修工程正式竣工。考虑到维修工程的连续性，此次西安城工以乾隆四十六年十一月至五十一年九月为起讫时间，符合工程的实际进展情况。

按照工程进度，乾隆四十六至五十一年的维修工期可分为勘估、筹备、试筑样板工程、全面施工、竣工验收五大阶段。

（一）勘估阶段

毕沅等人在乾隆四十六年之前虽已对城墙破损状况进行过初步勘察，发现"城楼、堞楼等项风雨飘摇，木植渐多朽腐，砖瓦亦多碱酥"⑤等问题，但这仅属于对城墙现状的描述，并未提出工程解决方案与经费预算，尚不能称为真正意义上的"勘估"。乾隆四十五年，布政使尚安代理陕西巡抚期间进行的勘察同样也较为简单。⑥乾隆四十六

---

① 〔清〕陕西巡抚毕沅：《奏请修葺城垣事》，乾隆四十六年十一月初三日，录副，档号03-1133-016。

② 〔清〕陕西巡抚毕沅：《奏为续调西安满兵赴甘会剿事》，乾隆四十六年三月二十八日，朱批，档号04-01-01-0385-046。

③ 〔清〕陕西巡抚毕沅：《奏请修葺城垣事》，乾隆四十六年十一月初三日，录副，档号03-1133-016；陕西巡抚毕沅：《汇奏城垣保固情形事》，乾隆四十六年十一月二十日，录副，档号03-1133-026。

④ 〔清〕陕西巡抚毕沅：《奏为西安城工成数并现交冬季暂停工作事》，乾隆四十九年十月二十八日，朱批，档号04-01-37-0040-018。

⑤ 〔清〕陕西巡抚毕沅：《汇奏通省城垣保固情形事》，乾隆四十二年十一月十六日，录副，档号03-1132-048。

⑥ 〔清〕陕西巡抚尚安：《奏为勘明乾隆四十五年分陕省各属城垣情形事》，乾隆四十五年十一月十八日，朱批，档号04-01-37-0038-021。

年，毕沅重回陕西巡抚任上，基于"修理城工，估勘最关紧要""估勘既为先务，而董率尤在得人"的认识，奏请朝廷派遣工部官员从专业角度勘估西安城工，以杜绝"选料不能坚好，鸠工或至迟延，以及藉工滋扰等弊"。[①]时值颇负盛名的"熟谙工程大臣"[②]工部侍郎德成正在勘估兰州城垣，乾隆皇帝命其从兰州返京时，留驻西安勘估城工。[③]德成长期任职工部，先后在北京、兰州、成都、沈阳、潼关等城池建修中发挥过重要作用，城建经验丰富。

德成于乾隆四十六年十一月二十七日自兰州启程[④]，十二月初六日抵达西安后，会同巡抚毕沅、布政使尚安、按察使永庆等逐段查勘城墙，发现五大类问题：①四门正楼、箭楼、炮楼都出现柱木歪斜沉陷，椽望糟朽脱落，大木多有损坏，墙垣臌闪、头停坍塌的情况；原本素土筑打的楼座地脚已变得松软不堪；木植也因历年久远已经沉陷走闪。②重檐构造的98座卡楼、4座角楼亦出现木植歪闪颓损、头停倾圮、墙垣大半坍倒的窘状。③外侧城身大量段落原砌砖块臌裂、沉陷，内侧城身夯土遭受雨水冲刷严重，坍陷厚度自二三尺至一丈一二尺不等。④城顶原来铺墁城砖，但由于长期雨水浸淋、冲刷造成浪窝，"直透根底"的地方就多达100余处。⑤其余城台墙身内外也多有臌闪、沉陷之处。[⑤]针对以上问题，德成建议西安城墙维修必须"全行拆卸，大加修理"[⑥]。乾隆皇帝在批复中强调了两点：①西安城是汉唐故都所在，城垣维修"不得存惜费之见"，"即费数十万帑金亦不为过"；②西安城墙各项建筑规模、位置等"务从其旧，不可收小"。[⑦]此后，资金"不惜费"、规模"从其旧"便成为西安城墙维修的两大基本原则，确保了西安大城城墙能够延续明初扩建以来城周约28里、占地约11.62平方公里的庞大规模。[⑧]

① 〔清〕陕西巡抚汤聘：《奏为遵旨筹办陕西通省城工事》，乾隆三十一年正月十二日，朱批，档号04-01-37-0021-004。

② 〔清〕陕甘总督李侍尧：《奏报会同工部侍郎德成勘估城工事》，乾隆四十六年十一月二十六日，录副，档号03-1133-023。

③ 〔清〕陕西巡抚毕沅：《奏请修茸城垣事》，乾隆四十六年十一月初三日，录副，档号03-1133-016。

④ 〔清〕陕甘总督李侍尧：《奏报会同工部侍郎德成勘估城工事》，乾隆四十六年十一月二十六日，录副，档号03-1133-023。

⑤ 〔清〕工部左侍郎德成：《奏为察看西安城垣应修大概情形事》，乾隆四十六年十二月二十日，录副，档号03-1133-042。

⑥ 〔清〕工部左侍郎德成：《奏为察看西安城垣应修大概情形事》，乾隆四十六年十二月二十日，录副，档号03-1133-042。

⑦ 《清高宗实录》卷一一四七，乾隆四十六年十二月乙未，清内府抄本，中华书局影印，2008年。

⑧ 史红帅：《明清时期西安城市地理研究》，中国社会科学出版社，2008年，第23、236页。

德成、毕沅与工部员外郎蓬琳、布政使尚安、按察使永庆、督粮道图萨布等对物料、工价、运脚银等进行审慎核算后，估计全部工程需银1566125.195两，其中物料银1474891.657两，匠夫工价、运脚等项银91233.538两。[①]具体工费开支及其占总额的比例如下表所示：

表3-1　乾隆四十七年（1782）西安城工经费估算表

序号	类别			工费（两）	工费比例（%）
1	四门	正楼	4座	138436.711	8.84
		箭楼	4座		
2	城上	卡房	98座	81373.188	5.19
		官厅	4座		
3	四门	正楼城台	4座	138430.892	8.84
		箭楼城台	4座		
		炮楼城台	4座		
4	城身	外皮墙身	4492.8丈	774680.89	49.46
5		里皮墙身	4097.8丈	190754.573	12.18
6	月城和马道	四门里外月城	628.3丈	151215.403	9.66
		四门马道	12座		
		中心台马道	6座	236丈	
		马道门楼	24座		
7	匠夫工价			91233.538	5.83
8	合计			1566125.195	100

可以看出，为城身外侧和顶部重新砌砖的开支占到了工费总额的近50%，而为城身内侧重新筑打墙身的开支也占到了12.18%，表明此次工程重点就在于加固内外墙身，提高城墙防御能力。

德成等人在勘估西安城工后，又奉旨前往踏勘灞桥。[②]由于维修灞桥同样需费浩

---

　　① 〔清〕工部左侍郎德成、陕西巡抚毕沅：《奏为遵旨会勘城垣估计钱粮事》，乾隆四十七年三月初六日，录副，档号03−1134−008。
　　② 〔清〕工部左侍郎德成、陕西巡抚毕沅：《奏报勘估灞桥工程情形事》，乾隆四十七年三月初六日，录副，档号03−1018−033。

繁，若与西安城工同时并举，在采购物料、招募工匠等方面势必难以兼顾，因而德成、毕沅建议省城维修告竣后再维修灞桥，也获乾隆皇帝允准。西安城工筹备活动随即大规模展开。

（二）筹备阶段

乾隆四十七年（公元1782年）三月后，西安城工进入筹备阶段，其间开展了包括拣选督工官员、成立城工总局、招募工匠、储备粮食、购买工料等一系列重要活动，这一过程一直持续至乾隆四十九年（公元1784年）初。在筹备事项中，拣选督工官员和招募工匠最为重要。以往史志和论著提及此项城工时均称"毕沅重修"，核实而论，毕沅主持西安城墙前、中期维修工程固然功不可没，但这种"功归一人"的说法掩盖了多位继任巡抚和各级官员勤勉督工的史实，而具体施工更是依赖于数以万计外省的能工巧匠和本地的车马夫工。

1. 拣选督工官员

乾隆四十七年三月，陕西巡抚永保对参与城工的机构和官员进行了初步分工，由陕西布政司"总司其事"，按察司、督粮道、盐法道"协同稽察"，西安府知府"派令总催"。五月，毕沅重回巡抚任上，他基于"要工之妥办，全赖经理之得人"①的认识，进一步明确由陕西布政使图萨布全面负责，西安知府和明与清军同知欧焕舒负"总理"之责。由陕西省和西安府主要官员主持城工，不仅有益于省、府各类事项的协调，也使西安城墙维修成为当时西安府和陕西省的头号建设工程。

西安大城城墙长逾28里，"工程浩大，经理不易"，必须分段进行维修。具体的分段方法是：以4门为界，将城墙分为东、西、南、北4段，每段拣选2名知县承办，掌管经费开支、购置工料等一应相关事务。②毕沅从关中各县遴选出8名知县赴西安督工，分别是咸宁县知县郭履恒、长安县知县高珺、渭南县知县（奏升华州知州）汪以诚、盩厔县知县徐大文、郿县知县李带双、兴平县知县王垂纪、旬邑县知县庄炘、永寿县知县许光基。8名督工知县选择城墙段落的具体依据在奏折中未见记载，但在同一时期由德成勘估的成都城墙维修工程中，城墙同样分作8段，由8名府县官员采取"阄定段落"③的

---

① 〔清〕陕西巡抚毕沅：《奏为委派办理城工人员事》，乾隆四十七年五月二十日，录副，档号03-1134-024。

② 〔清〕陕西巡抚何裕城：《奏请将王垂纪仍留陕省城工事》，乾隆五十年六月二十二日，朱批，档号04-01-12-0212-022。

③ 〔清〕四川总督福康安：《奏为修筑省工费繁重酌定章程事》，乾隆四十七年十二月十六日，录副，档号03-1135-001。

方式分段承修。以此推测，承修西安城墙的8名知县也可能采用了最为传统的分工形式——抓阄来确定各自工段，以示公平。督工知县不仅要在城工进行时认真督查，城工验收时也必须"亲身在工备查"，以切实负起"如有差误，自行赔付"的责任，明确的责权关系使督工官员在维修过程中不敢有丝毫疏忽。[①]乾隆皇帝曾担心督工知县会因城工耽误本职事务，就此毕沅解释称8名知县来自"近省州县"，一旦任内有事，可轮流回县衙办理，由此可使城工和本职事务两不冲突。[②]督工知县在维修工程中确实发挥了重要作用，得到了较高评价，如：徐大文"老成干练，在陕年久，熟于风土民情"[③]，"承办西安城工，不辞劳苦，甚为得力"[④]；庄炘"才具优长，办事勤练，前经奏明派修西安城垣，自办料兴工以来，业经两载，诸事认真，甚为得力"[⑤]。值得一提的是，虽然"向来各省办理城工，并无议叙之例"[⑥]，但此次城工进行期间以及完竣之后，上述督工知县多被擢拔为知府、同知，或调往重要县担任知县。[⑦]就这一方面而言，大规模城市建设也成为检验地方官员能力、提拔官员品级的重要途径。

在拣选督工官员的同时，毕沅还抽调人员成立了城建管理机构——城工总局，负责采购工料、支放银两、管理账目、处理公文，[⑧]以及保存钱粮册籍等工程档案，[⑨]以免因头绪繁多而出现混乱。城工总局由时任咸宁县知县顾声雷、富平县知县张星文负责。作为协调城工各类事项的专门机构，城工总局在很大程度上提高了城墙维修的效率，成为近现代陕西和西安城市建设厅、局的滥觞。从后来的工程实践可以看出，督工官员的任用和城工总局的成立有效地保证了工程质量，经费使用也未出现挪用和贪污的情况，因

---

① 〔清〕陕西巡抚毕沅：《奏为西安城工成数并现交冬季暂停工作事》，乾隆四十九年十月二十八日，朱批，档号04-01-37-0040-018。

② 〔清〕陕西巡抚毕沅：《复奏委派正印州县八员分段承修西安城垣工程事》，乾隆四十七年七月十二日，录副，档号03-1134-029。

③ 〔清〕陕西巡抚何裕城：《奏为委任徐大文署理同州府知府事》，乾隆五十年七月三十日，朱批，档号04-01-12-0213-068。

④ 〔清〕陕西巡抚永保：《奏为前请升署兴安府知府徐大文如准其升署前抚臣毕沅保奏送部引见无庸再办事》，乾隆五十一年四月二十八日，朱批，档号04-01-12-0218-068。

⑤ 〔清〕陕西巡抚毕沅：《奏请以庄炘补授咸宁县知县事》，乾隆五十年二月初二日，朱批，档号04-01-12-0209-060。

⑥ 《清高宗实录》卷一二七四，乾隆五十二年二月癸卯，清内府抄本，中华书局影印，2008年。

⑦ 〔清〕兴安府知府徐大文：《奏为奉旨升署陕西兴安府知府谢恩事》，乾隆五十一年五月二十二日，朱批，档号04-01-13-0077-034；陕西巡抚毕沅：《奏请以庄炘补授咸宁县知县事》，乾隆五十年二月初二日，朱批，档号04-01-12-0209-060。

⑧ 〔清〕陕西巡抚永保：《奏为查明西安省会城垣续有增修工程事》，乾隆五十一年九月二十二日，朱批，档号04-01-37-0043-019。

⑨ 〔清〕陕西巡抚何裕城：《奏为查勘西安会城工事》，乾隆五十年四月二十九日，朱批，档号04-01-37-0041-011。

而此次西安城工在很大程度上堪谓清代省会城市大规模维修的一次典范工程。

2. 招募工匠，储备工粮

由于这次西安城工规模远超此前历次维修，因而需要招募大量经验丰富的工匠，但陕西本地工匠并未完全掌握城墙维修的一系列复杂技术，巡抚毕沅即认为"各项工匠，本省之人迟笨，并未办过要工，不堪适用"。有鉴于此，毕沅奏请从直隶、山西等省大量招雇熟练工匠，命其陆续赶赴西安，以满足西安城墙、城楼、卡房、官厅、马道等维修中对精细工艺的要求。其他车夫、马夫和杂工则从关中地区以公平价格雇用，"丝毫不许扰累里民，致干重戾"①，这一做法也使西安城工得到本地百姓的广泛支持。目前虽尚未发现有关工匠人数的记载，但从明隆庆年间西安城墙维修工程先后动用了约7600名军兵②推测，此次西安城工先后招募的工匠、车夫、马夫、杂工等很有可能突破了10000人。

从乾隆四十七年（公元1782年）开始，各地工匠陆续聚集西安，需要的口粮也越来越多。毕沅考虑到在此后三四年的工期中，倘若遇到市场上粮食较少或者青黄不接的年份，粮价无疑会大涨，而一旦工匠口粮不够食用，就会影响工程进度，于是决定储备一定数量的工粮。当时正值西安、同州、凤翔、乾州等地粮食连年丰收，市粮充足，粮价较低，宜于大宗采买。西安和咸阳作为关中地区两大粮食交易中心，往年的粮食多通过渭河水道运出省外销售。但乾隆四十七年冬季，由于渭河结冰，外销粮食运输困难，而年底正是百姓需要用钱之际，"民间率载骡驮，上市售卖者甚众"，这为就近在西安采买工粮提供了便利条件。毕沅建议动用部分城工银两，在附近市集购买小麦二三万石，运贮西安。一旦出现市粮稀少、青黄不接、粮价大涨的情况，就可将储备粮食仍以较低价格支放给工匠。这一未雨绸缪的合理建议得到了乾隆皇帝的"嘉奖"。③毕沅储备工粮之举不仅稳定了关中地区的粮价，保护了农民的生产积极性，"于民用、仓储实属两有裨益"④，而且使得"市侩无从居奇，而原来工匠口食敷余"⑤，确保了不因可能发生的粮价上涨、粮食紧缺等问题而延缓工程进度。另外，以较低粮价大量收贮工粮，实际

---

① 〔清〕陕西巡抚毕沅：《奏明赴兰州日期并办理城工情形事》，乾隆四十八年二月二十八日，录副，档号03-0181-032。

② 康熙《咸宁县志》卷二《建置》，清康熙刊本。

③ 《清高宗实录》卷一一七一，乾隆四十七年十二月，清内府抄本，中华书局影印，2008年。

④ 〔清〕陕西巡抚毕沅：《奏明咸宁等州县缺额仓谷动款买补事》，乾隆四十七年七月十二日，录副，档号03-0761-040。

⑤ 〔清〕陕西巡抚毕沅：《奏为购买麦石预备支给修城工匠事》，乾隆四十七年十二月初六日，录副，档号03-1134-058。

上也节省了工费。

（三）样板工程阶段

乾隆四十八年（公元1783年）六月十八日，西安城墙维修正式"择吉"开工[1]，但当年并未开展大规模维修，而仍以采购工料和工粮、招募工匠为主。四十八年年底，由于北京修建辟雍，德成须及早返京主持该项工程。乾隆皇帝指示德成在西安"止须将工程做法砌筑一二段"[2]，即可交给毕沅参照办理。从乾隆四十九年（公元1784年）二月二十一日起，德成开始在东、西两面城墙各选一段试筑"样板工程"[3]，以检验先期制定的工程做法是否妥当，也为后续工程树立标尺。在此期间，巡抚毕沅、工部员外郎傅仑岱、主事恭安、布政使图萨布、按察使王昶、督粮道苏楞太、盐法道顾长绂与各承办官员亦亲临督修。

"样板工程"采取的技术做法主要是针对里外墙身和城顶排水等问题制定的，主要包括：①对城墙外侧地脚灰土、围屏石、墙身，以及原砌城砖背后的素土，均照工程做法夯筑坚实；②对城墙内侧素土逐层夯筑坚实，铲削拍平，安砌水沟；③对城顶海墁，均以"素土一步，灰土二步"为标准夯实、铺砖，其余垛口、女墙亦重新用砖砌筑。[4] 安砌水沟和筑砌海墁的做法使雨水不易下渗墙身，而由水沟顺流而下，不会在内侧墙身漫流冲刷，造成浪窝或引起坍塌。另外，为使从内侧墙身排水沟下泄的雨水不致在城根冲刷成坑，还专门在水沟底部配套安砌了205个"水簸箕"承接、散流雨水。四月初六日，东段26丈、西段30丈的样板工程完工，前后历时45天。[5] 由于西安城墙需要维修的部分长达4000余丈，工程做法一旦全面推广实施，自然不容有失，因而先行试筑两段样板工程就显得至关重要。样板工程不仅能试验各种施工技术，也能磨合不同工种之间的协作，由此可为全面施工阶段确立一系列具体原则和做法。

（四）全面施工阶段

乾隆四十九年四月后，西安城工进入全面施工阶段。由毕沅及继任巡抚何裕城、永

———————————

① 〔清〕陕甘总督福康安、陕西巡抚永保：《奏为西安省会城垣工竣请旨简员验收事》，乾隆五十一年九月二十二日，朱批，档号04-01-37-0043-018。

② 《清高宗实录》卷一二〇三，乾隆四十九年闰三月乙卯，清内府抄本，中华书局影印，2008年。

③ 〔清〕工部左侍郎德成、陕西巡抚毕沅：《奏报西安城垣东西二段城工修竣事》，乾隆四十九年四月初六日，录副，档号03-1135-011。

④ 〔清〕工部左侍郎德成、陕西巡抚毕沅：《奏报西安城垣东西二段城工修竣事》，乾隆四十九年四月初六日，录副，档号03-1135-011。

⑤ 〔清〕工部左侍郎德成、陕西巡抚毕沅：《奏报西安城垣东西二段城工修竣事》，乾隆四十九年四月初六日，录副，档号03-1135-011；民国《续修陕西通志稿》卷二〇〇《拾遗》，民国二十三年铅印本。

保等相继督工，依照德成奏定的工程做法继续施工。至十月入冬停工时，工程已有了很大进展，主要表现在：①东门与南门正楼2座城台、炮楼2座城台，其外侧墙身共长108.18丈，砌砖已经到顶；②西门正楼、箭楼2座城台，1座月城，其外侧墙身共长38.4丈，砖土已砌筑到顶；③东、西、南三面75段城身，连同炮台，外侧墙身共长3447.3丈，其中3034.9丈砖土已砌筑到顶。[①]

由于"西安一交冬令，天气渐寒，水土性凝，不宜工作"[②]，因而每年从十月初一日起，城工暂停。停工期间正是冬季农闲时节，车马、人夫较易雇觅，而且天气晴好，也便于物料运输。为满足开春之后大规模兴工对物料的需求，停工期间砖石、木料、石灰和其他工料的储备工作仍在加紧进行。乾隆五十年（公元1785年）正月二十七日再度开工后，继续砌筑东、西、南三面外侧墙身剩余段落，并开始夯筑内侧墙身，东、西、南三座城门上的正楼、箭楼和城顶炮楼、角楼、卡房等与北面城身也陆续开工。[③]乾隆五十年二月，陕西巡抚毕沅与河南巡抚何裕城奉旨对调。何裕城接任陕西巡抚后，于四月二十八日会同布政使图萨布等督工官员查勘城工，统计已维修完成的城身长3550余丈，待修城身940丈，其他月城、门楼、角楼、箭楼、炮楼、卡房、海墁、甬路仍在赶修。此时西安城工进度"已有十分之六"[④]，至八月，已"办至七分有余"[⑤]。随后接替何裕城担任陕西巡抚的永保在到任之前，曾赴热河听取乾隆皇帝有关西安城工的指示。十月十六日到任，二十日即会同督工官员详细履勘，查核"已做之工约计已有十之七八"[⑥]，东、西、南三面外侧墙身已砌砖到顶，内侧墙身补筑、铲削等项，城顶海墁、排垛、女墙，以及三面正楼、箭楼、炮楼、角楼、卡房等即将完工；乾隆五十年春季开工的北面墙身外侧已完成一部分，内侧墙身需要补筑、铲削之处已次第动修。至乾隆五十一年（公元1786年）二月，永保奏请乾隆皇帝御笔题写四门匾额，标志着西安城

---

① 〔清〕陕西巡抚毕沅：《奏为西安城工成数并现交冬季暂停工作事》，乾隆四十九年十月二十八日，朱批，档号04-01-37-0040-018。
② 〔清〕陕西巡抚毕沅：《奏为西安城工成数并现交冬季暂停工作事》，乾隆四十九年十月二十八日，朱批，档号04-01-37-0040-018。
③ 〔清〕陕西巡抚图萨布：《奏为督办西安城垣工程事》，乾隆五十年二月二十七日，朱批，档号04-01-37-0041-003。
④ 〔清〕陕西巡抚何裕城：《奏为查勘西安省会城工事》，乾隆五十年四月二十九日，朱批，档号04-01-37-0041-011。
⑤ 〔清〕陕西巡抚何裕城：《奏为刨验城工土牛核实办理事》，乾隆五十年八月二十六日，录副，档号03-1136-030。
⑥ 〔清〕陕西巡抚永保：《奏为查看西安城工情形事》，乾隆五十年十月二十四日，朱批，档号04-01-37-0041 024。

墙维修工程已进入收尾阶段。[①]

（五）竣工验收阶段

乾隆五十一年九月，四座城门上由乾隆皇帝题写的满、汉文门名匾额已安砌完好，标志着西安城工终告竣工，验收阶段也随之开始。为避免由城工承办人员自行查勘导致相互包庇等弊端，巡抚永保奏请由朝廷委派工部官员来陕验收。[②]十月二十五日，工部左侍郎德成抵达西安后，率工部员外郎恭安、工部主事沈濬，与陕西布政使秦承恩等人携带原始勘估册籍进行验收。统计维修完好的四面城身4490余丈[③]，原估和续估经费总额为1618000两白银。德成验收期间，陕甘总督福康安于十月二十九日由兰州行抵西安，三十日共同查验城工。十一月初五日，新任陕西巡抚巴延三抵达西安，也参与了城工验收。[④]

验收内容既包括城工尺寸是否与原来的方案相符，也包括经费使用是否有浪费的情况，主要有四方面：①逐一丈量内外城身、城顶、城门、券洞、楼座、官厅、卡房、城根围屏石等的尺寸，分段刨验城身、城顶砌砖的层数、进数与灰土步数，发现"所用灰浆均系灌足，土牛亦如法筑打坚实，俱与原估相符"。②四门箭楼、城座，东、西、北三面券洞，以及东南城墙上的魁星阁工程均属坚固，所用工料、银数与估算相符。③东门月城原有2条马道，因地势较窄，仅修砌了北侧马道，南边马道省修，省银214.755两；城墙内侧砖砌205道排水沟，由于城根地势高低不一，平均每道水沟可少砌7层城砖，共省19372块砖。两者合计节省砖灰、匠夫银592.608两。④原估内侧墙身"全行刨切另筑"段落长3907.8丈，估需工料银约32151两。但在实际施工中，并未全部刨切重筑，而是根据墙身状况分为三类进行维修。其中夯土坚实、仅需铲削拍平的墙身约1662丈；需加补筑、粘补浪窝的墙身约1674丈；需将夯土全部刨除、重新筑打的墙身约570丈。经过分类维修，实际耗银较原估数额节省410.28两。

由于毕沅从筹备阶段即强调"此项工程浩大，一铢一两胥项收关，必须慎重分明，

① 〔清〕陕西巡抚永保：《奏为重修西安城垣四门匾额字样应否照旧抑或更定并翻清兼写请旨事》，乾隆五十一年二月二十日，朱批，档号04-01-37-0043-007。

② 〔清〕陕甘总督福康安、陕西巡抚永保：《奏为西安省会城垣工竣请旨简员验收事》，乾隆五十一年九月二十二日，朱批，档号04-01-37-0043-018。

③ 乾隆《西安府志》卷九《建置志上·城池》载西安城墙长4302丈，与德成测量数据不同，当为测量方法、测量地点不同导致的差异。

④ 〔清〕工部左侍郎德成：《奏为遵旨查验西安城工事》，乾隆五十一年十一月二十四日，录副，档号03-1138-042。

丝毫皆有着落，将来按册稽查庶可指实"①，这一原则在验收中也得以严格贯彻。如夯筑内侧墙身实际用土17000余方，而刨切铲削下的旧土24000余方本应在抵除实际用土外，尚余6900余方。但时任巡抚何裕城未经详细筹划，反而购买7300余方新土，导致城工完竣后，大量旧土堆积，造成浪费。德成即建议由何裕城将购买7300余方新土的"土方银"9610.471两赔缴②，城工验收之严格由此可见一斑。十一月二十四日，德成向乾隆皇帝呈递验收奏报，历时5年的西安城墙大修工程至此落下帷幕。

三、城工经费的数量与来源

乾隆四十六至五十一年的西安城墙维修工程耗银数额巨大，经费来源多样，支出类别琐细。维修经费不仅是衡量城工规模的重要指标，而且巨额经费的投入在一定程度上对西安及其周边地区城乡社会经济发展也产生了重要影响。

（一）经费总额

有关乾隆四十六至五十一年西安城墙大修的经费总额，文献记载多有出入，如《清高宗实录》载"共估工料银一百五十六万六千余两"③，《钦定大清会典事例》载"用银一百六十一万八千余两"④，后世又有"一百六十万八千余两""一百六十一万八千余两""一百六十五万八千余两"等说法⑤，最多相差近十万两之巨。实际上，仔细分析工程奏折就能对城工经费总额及其变动有更为明晰的认识。

乾隆四十六年，毕沅与德成经过勘估，统计木、石、砖、瓦、灰斤、土方、匠夫工价以及其他各项杂费共需银约1566125两。在实际施工中，由于采用了新烧制的厚城砖替代原有旧砖，减少了城砖层数，节省砖、灰、匠夫工价银39000余两，但实际使用新砖超出原估经费约合银51920两；分类夯筑内侧城身省银41028余两。在综合计算以上原

　　① 〔清〕陕西巡抚毕沅：《奏明赴兰州日期并办理城工情形事》，乾隆四十八年二月二十八日，录副，档号03-0181-032。
　　② 〔清〕工部左侍郎德成：《奏为遵旨查验西安城工事》，乾隆五十一年十一月二十四日，录副，档号03-1138-042。
　　③ 《清高宗实录》卷一一五三，乾隆四十七年三月，清内府抄本，中华书局影印，2008年。
　　④ 〔清〕乾隆敕撰：《钦定大清会典事例》卷八六八《工部·城垣·直省城垣修葺移建二·城垣禁令》，清光绪二十五年石印本。
　　⑤ 民国《咸宁长安两县续志》卷五《地理考下》，民国二十五年铅印本；向德、李洪澜、魏效祖主编：《西安文物揽胜（续编）》，陕西科学技术出版社，1997年，第157—158页；张永禄主编：《明清西安词典》，陕西人民出版社，1999年，第41—42页；张永禄编著：《西安古城墙》，西安出版社，2007年，第56页。

估、增估、核抵、节省等类后，实际耗银1577017余两。①此外，由于四门箭楼、城台、券洞由原来的"剔凿粘补"改为"全拆改修"，连同"拆造见新"的魁星阁，共实用工料银18558余两。②因而这次城工实际耗银总数为1595575余两，与原估和续估经费银1618000余两③较为接近，反映出前期勘估颇为精确，总体经费也有所节省。

就经费总额而言，这次西安城工规模远大于入清之后的西安城墙历次维修工程，即使是同为西部重镇、均由德成勘估指导的兰州和成都维修工程也难以望其项背。三城维修规模如下表所示：

表3-2　乾隆后期西安、兰州、成都三城维修规模比较表

城市	勘估至竣工时间	城墙长度（丈）	原估、续估经费（两）	实用经费（两）
西安	四十六年十二月至五十一年九月	4492.8	1618000	1595575
兰州①	四十六年十一月至五十五年六月	2667.5	182890	182350
成都	四十七年一月至五十一年十月②	4127.6	688698③	612028④

注：
① 〔清〕陕甘总督勒保：《奏为验收甘省皋兰县城工事》，乾隆五十五年六月十七日，朱批，档号04-01-37-0045-017。
② 〔清〕四川总督保宁：《奏报省城城垣工程全竣事》，乾隆五十一年十月十二日，录副，档号03-1138-038。
③ 〔清〕四川总督福康安：《奏为修筑省城工费繁重酌定章程事》，乾隆四十七年十二月十六日，录副，档号03-1135-001。
④ 〔清〕四川总督保宁：《奏报省会城垣工程全竣事》，乾隆五十一年十月十二日，录副，档号03-1138-038。

由表可知，成都城墙约为西安城墙长度的91%，虽然也是一次大修，但耗资仅相当于西安城工经费的38%，因而乾隆皇帝发出了"陕西西安城工较川省更为浩繁"④的慨叹。兰州城墙约为西安城墙长度的59%，而维修经费仅为西安的11%。从城工经费的对比就能反映出西安城墙维修规模之大，也充分体现出其西部重镇地位确乎属于"重中之重"。

① 〔清〕陕甘总督福康安、陕西巡抚永保：《奏为西安省会城垣工竣请旨简员验收事》，乾隆五十一年九月二十二日，朱批，档号04-01-37-0043-018。
② 〔清〕陕西巡抚永保：《奏为查明西安省会城垣续有增修工程事》，乾隆五十一年九月二十二日，朱批，档号04-01-37-0043-019。
③ 〔清〕工部左侍郎德成：《奏为遵旨查验西安城工事》，乾隆五十一年十一月二十四日，录副，档号03-1138-042。
④ 《清高宗实录》卷一二七四，乾隆五十二年二月癸卯，清内府抄本，中华书局影印，2008年。

（二）经费来源

这次西安城工经费来源较为多样，而以陕西省地方财政收入为主，由此也可看出乾隆年间陕西尤其是关中区域经济发展在很大程度上促进了西安城市建设。乾隆四十七年（公元1782年）毕沅原估工料银为1566100余两①，有八项来源，如下表所示：

表 3-3　乾隆四十七年估算城工经费来源

序号	经费来源	数额（两）
1	截至四十六年十二月所收商畜杂税银	450700
2	陕西布政司库存留用银	100000
3	截至四十七年二月所收布政司生息银的利息银	110000
4	预计此后5年可收布政司生息银的利息银	150000
5	预计此后5年可收商畜杂税银	250000
6	朽木变价银	16080
7	查封甘肃省犯官张毓琳等家产银	14900
8	从布政司库内借支银	474420
9	合计	1566100

具体而言，这八项经费来源分别是：①陕西省所设商畜杂税银每年征收约44000两，专门用于维修城池，②至四十六年十二月，已积存450700余两；②陕西布政司库备用银400000两，其中100000两留用；③陕西布政司库备用银中的300000两交给商人经营，所得利息银用于维修历代陵墓、古迹，至四十七年二月，共收利息银150100余两，除修缮华山庙宇用银外，存银110000余两；④陕西布政司300000两发商生息银每年的利息银为30000两，毕沅估计此后5年工程进展期间可收利息银150000两；⑤商畜杂税银每年可收44000余两，毕沅估计此后5年约可收250000两；⑥从城楼、卡房、官厅等处拆卸下来的旧木料变卖所得银16080余两；⑦查封甘肃省犯官张毓琳等家产银14900余两；⑧以上经费来源之外，不足部分474420两从布政司库借支，由以后征收的商畜杂税银及生息银按年归还。③

---

① 〔清〕陕西巡抚毕沅：《奏请借款修理西安城垣事》，乾隆四十九年八月十二日，朱批，档号04-01-37-0040-005。

② 〔清〕陕西巡抚汤聘：《奏为遵旨筹办陕西通省城工事》，乾隆三十一年正月十二日，朱批，档号04-01-37-0021-004。

③ 〔清〕陕西巡抚毕沅：《奏明酌筹城工动用银两缘由事》，乾隆四十七年三月初六日，录副，档号03-1134-009。

乾隆四十九年（公元1784年）又新增一项经费来源，即宝陕局余存钱31500两。[1]值得一提的是，四十七年十二月乾隆皇帝批示甘肃省四十六年办理军需案部分剩余银两无须交回内务府，划归西安城工使用。[2]至四十九年八月，划入西安城工使用的甘肃省解交银多达116000两，[3]有力地促进了西安城工进展。因而，在估算经费总额不变，又增加了前述两项经费的情况下，四十七年原计划须从布政司库借支474420两，至四十九年实际借支数额为326920两，其余各项未变。

城工进行期间，由于布政司库存"城工项"下银两渐绌，无力借支，不足银两遂从布政司库"地丁银"借支，计划由将来所收商畜杂税银、生息银等归还。[4]陕西省地丁银收入较为稳定，每年数额较大，也成为城工经费的重要来源。另外，毕沅任陕甘总督期间，由于未能及时觉察甘肃折捐冒赈一案，被罚银80000两，奉旨归西安城工使用。毕沅从乾隆四十六年十一月至五十年七月交清了全部罚款，均充入城工经费。[5]虽然在西安城工勘估期间，乾隆皇帝已指出"不得存惜费之见"的基本原则，旨在避免因节省经费而缩小西安城墙的宏大规模，但同时也要求督工官员考虑"物料购估之如何可得便宜"[6]。在施工中，督工官员更进一步贯彻了"于节省之中仍归巩固"的经费使用原则，因而实际使用经费最终还略低于原本勘估经费。

四、主要工料的产地、数量与运输

由于西安城墙维修项目繁多，工序复杂，因而所需工料种类亦多，其烧造、采买、运输等都关系到城工进度和工程质量。从乾隆年间陕西各地城墙维修的工程案例可知，具体工料包括砖瓦、石料、灰斤、木植、绳斤、铁料、颜料、器具、荆筐、柳木丁、杂

---

① 〔清〕陕西巡抚毕沅：《奏请借款修理西安城垣事》，乾隆四十九年八月十二日，朱批，档号04-01-37-0040-005。

② 〔清〕陕甘总督李侍尧：《奏报解交毕沅等人罚银事》，乾隆四十七年十二月初六日，录副，档号03-1317-019。

③ 〔清〕陕西巡抚毕沅：《奏请借动银两修理城垣事》，乾隆四十九年八月十二日，录副，档号03-1135-017。

④ 〔清〕陕西巡抚毕沅：《奏请借动银两修理城垣事》，乾隆四十九年八月十二日，录副，档号03-1135-017。

⑤ 〔清〕陕西巡抚何裕城：《奏为收到前署陕甘总督毕沅罚银列入城工公项事》，乾隆五十年七月二十五日，朱批，档号04-01-30-0504-016。

⑥ 〔清〕陕西巡抚毕沅：《奏为委派办理城工人员事》，乾隆四十七年五月二十日，录副，档号03-1134-024。

料等，①而西安城工中最重要的当属城砖、石料和木料三大类。

（一）城砖

依照勘估中确定的方案，这次西安城墙大修的重点是给城身外侧和城顶城楼、卡房等处全部重新砌砖，以使墙身更为坚固。工部员外郎蓬琳在北京曾多次承办城砖事务，熟悉烧砖工序，随即被派往各砖窑察看砖坯，监督烧造。蓬琳参照旧城砖式样，规定新城砖"长一尺四寸，宽七寸，厚三寸"。这些数据与考古实测的清代西安城砖长45厘米、宽22.5厘米、高9.5~10厘米②正相一致。蓬琳在对煤炭、物料、匠夫拉运车价等进行统筹核算的基础上，将新城砖定价为每块需银0.022两。虽然档案中没有明确记载砖窑所在位置，但从明代西安城砖大量产自南郊东三爻一带的情况推测③，此次大修所需城砖可能也来自西安城郊尤其是南郊砖窑。

此次大修所需城砖数量亦可结合明代西安城工规模进行合理推测。明隆庆年间陕西都御史张祉主持为西安城墙外侧墙身砌砖时，仅东南隅约750丈城墙就使用了58万块砖④，由此推算西安城墙4492.8丈外侧墙身砌砖共需近350万块，加上城楼、箭楼、卡房、官厅、魁星阁等所用大量城砖，乾隆四十六至五十一年西安城工用砖有可能超过了400万块。以此估算，仅购买城砖即需用银88000两，约占总经费1595575两的5.5%。当然，这一估算数字尚需今后进一步搜检史料加以证实。

（二）石料

除城砖外，石料和石灰也属大宗工料。西安城墙维修工程须以大量石料作为围屏石、铺地石、水沟石等，同时需要大量石灰作为胶凝材料，这两类工料主要来自富平县。富平北山出产的青石与出自石川河沿岸的石灰均是上好的建材，但采运困难，历来有"匠工之艰，搬移之累，利病半焉"⑤的说法。由于富平距离西安城较远，石料和石灰采运不易，核定合理运价就成为保证工料充足且不致造成"民累"的关键。

当时西安府附郭县咸宁、长安二县通行的石料、石灰运价为每车装720斤，每100里空重往返，给银3两；富平县运价为每车装1300斤，每100里空重往返，给银0.9两。两地

---

① ［清］川陕总督庆复、户部左侍郎三和、陕西巡抚陈弘谋：《复奏查勘陕省城工缓急事》，乾隆十年六月（原奏折未注明日期），录副，档号03-1116-045。

② 西安市文物局、陕西省古建设计研究所联合考古调查组：《含光门段明城断面考古调查报告》，载《文博》2006年第3期，第79—84页。

③ 西安市地方志馆、西安市档案局：《西安通览》，陕西人民出版社，1993年，第869页。

④ 康熙《咸宁县志》卷二《建置》，清康熙刊本。

⑤ 光绪《富平县志稿》卷三《风土志·物产》，清光绪十七年刊本。

运价悬殊。德成等人即指出，咸宁、长安运价过高，会造成粮食、草料、人工等开支过大；而富平运价过低，无法满足草料和人工开支，会出现车户不愿承揽运输的问题。在统筹考虑市价、草料与工费基础上，德成等核定运价为每车装1500斤，每100里空重往返，给银2两。①若以运载1500斤空重往返100里计算，富平运价应为1.04两，咸宁、长安二县运价应为6.25两。因而核定运价虽较富平运价增加银0.96两，但却比咸宁、长安二县运价节省银4.25两。这一运价的高明之处就在于节省工费的同时，也使得当时的运输者能够赚取合理的利润，可保证工料供应充足。

（三）木料

由于西安城墙城楼、箭楼、卡房、官厅、魁星阁等建筑物的木柱、梁檩大多歪斜朽损，需要大量木材重新建盖，因而木料采伐、运输也是一大问题。西安城南的秦岭素有"材木之利取之不穷"②的说法，入清之后采伐规模仍然较大，尤以盩厔县境的深山区为最。乾隆十一年（公元1746年），陕西巡抚陈弘谋记盩厔采伐木料的景况称："西安府之盩厔县南山出产木植，每当三、四月间水发，木方出口。有黑峪、黄峪地方，木客人等在彼雇人运木，人烟凑集。"③嘉、道年间曾任汉中知府、陕西按察使的严如熤亦调查指出："盩厔之黄柏园、佛爷坪、太白河等处大木厂，所伐老林已深入二百余里"，而"开厂出货本商人，住西安、盩厔、汉中城"。④大木厂在秦岭山中的采伐为西安城墙维修使用木料提供了便利条件。

乾隆四十九年（公元1784年）四月，毕沅奏称："西安城工需用木料俱购自南山，必由盩厔之黑龙潭顺水运至省城。现在各厢木植均已办就，专候山水旺发时，陆续自山运出。"⑤城楼、卡房在乾隆五十年（公元1785年）春季开始施工，所有木料应在四十九年夏秋之前运到，晾干后才能使用。为此，毕沅于四十九年四月十二日从西安出发，奔赴盩厔查验木料，指导运输事宜。就运输路线来看，采伐的木料汇聚于黑龙潭后，经由盩厔第一大河黑河流入渭河，再漂流至关中木材集散市场咸阳，或西安北郊的草滩镇，集中收储后转运至西安。

如上所述，西安城工所需的城砖来自西安城郊地区，石料、石灰出自渭北富平县，

---

① 〔清〕工部左侍郎德成、陕西巡抚毕沅：《奏为估计城工并各项运价事》，乾隆四十七年二月十二日，录副，档号03-1134-003。
② 民国《重修盩厔县志》卷三《田赋》，民国十四年铅印本。
③ 〔清〕陕西巡抚陈弘谋：《奏为盩厔县伐木工人谷天亮等纠众殴差长安县生员郝溶借事煽惑分别提审责惩事》，乾隆十一年四月二十五日，朱批，档号04-01-01-0138-019。
④ 〔清〕贺长龄编：《皇朝经世文编》卷八二《兵政十三·山防》，清道光七年刊本。
⑤ 民国《续修陕西通志稿》卷二〇〇《拾遗》，民国二十三年铅印本。

而木料源于鳌屋的秦岭山中，工料来源之广不仅反映出西安城工规模之大，也显示出西安城市建设与关中区域社会的紧密联系。

五、城工的重要影响

乾隆四十六至五十一年的西安城工，以其工期之长、工匠之众、经费之巨、工料之多堪称明清西安城墙建修史上最大的维修工程，不仅与改善城市景观、提升城墙防御能力等直接相关，而且对区域社会经济发展和生态环境变迁等也有较大影响。

首先，城墙是明清西安最重要的城市景观，与城市整体风貌直接相关。经过全面整修的西安城"崇墉壮丽，百雉聿新"①，"崇宏巍焕，克壮观瞻"②，远非整修之前城楼倾颓、砖瓦剥圮的景象可比。这种城市景观的焕然一新，对西安城居民而言有着居住环境改善的实际意义，更重要的是与西安城"西陲重镇，新疆孔道，蜀省通衢"的地位相适应，可使东部以及西北、西南各地往来、途经西安的无数官绅贾民，包括前往北京朝觐、进贡的新疆、西藏、四川等地各少数民族首领③也能领略到西北重镇的雄姿，这对巩固西北、西南边防具有重要的心理暗示意义。从根本而言，西安城墙是军事防御工程，整修的最大目的是提升防御能力，通过对城墙外侧和顶部全行砌砖，重新筑打内侧墙身，以及对城楼、箭楼、卡房、官厅、魁星阁、券洞等重新维修，使得西安城墙更加厚实耐久，防御能力空前增强。加上乾隆三十九年（公元1774年）毕沅主持修浚加深了护城河，两者更相得益彰，不愧于"可资捍御而壮观瞻"④的美誉，由此奠定了西安城在清后期至民国年间多次攻城战中屡遭战火，却均未被攻破的重要城防基础。

其次，西安大城维修竣工后，陕西巡抚永保于乾隆五十二年（公元1787年）正月即奏请兴修钟楼和鼓楼。钟楼和鼓楼作为西安的重要标志性建筑物，原本"规制颇为壮丽"，兼具报时、警戒等功能。由于长期风吹雨淋，破损不堪，"若不一并兴修，观瞻实多未

---

① 〔清〕陕西巡抚永保：《奏为重修西安城垣四门匾额字样应否照旧抑或更定并翻清兼写请旨事》，乾隆五十一年二月二十日，朱批，档号04-01-37-0043-007。

② 〔清〕陕甘总督福康安、陕西巡抚永保：《奏为西安省会城垣工竣请旨简员验收事》，乾隆五十一年九月二十二日，朱批，档号04-01-37-0043-018。

③ 〔清〕陕西巡抚钟音：《奏闻凯旋将军大臣伯克到西安并宴请事》，乾隆二十五年二月初三日，录副，档号03-0344-004；〔清〕陕西巡抚鄂弼：《奏为遵旨备办接待爱乌汉军情形并阿嘉胡图克图带领达赖喇嘛差遣使臣进贡等过陕日期事》，乾隆二十七年十一月初二日，朱批，档号04-01-14-0034-042；〔清〕陕西巡抚毕沅：《奏为川省入觐土司等先后抵达西安并起程赴京事》，乾隆四十九年（原奏折日期不详），朱批，档号04-01-16-0078-025。

④ 〔清〕陕西巡抚永保：《奏为重修西安城垣四门匾额字样应否照旧抑或更定并翻清兼写请旨事》，乾隆五十一年二月二十日，朱批，档号04-01-37-0043-007。

肃"。①可见西安城墙维修工程"催生"了钟楼、鼓楼维修。毕竟，破烂不堪的钟楼、鼓楼对西安城景观而言仍属美中不足，这可能也是乾隆皇帝允准维修钟楼、鼓楼的原因之一。钟楼、鼓楼维修工程由德成于乾隆五十二年二月前后勘估，共需物料、匠夫、工价银84525.855两，②约至五十四年（公元1789年）工程完竣③。自此，钟楼、鼓楼与西安城墙相映生辉，城市景观面貌得以大为改善。

最后，乾隆四十六至五十一年的西安城墙维修，不应简单视为一次大规模的城建活动，相较于对改善城市景观和提升防御力的直接影响而言，此次城工对西安城乡以及关中区域社会经济和生态环境的影响虽然微妙，但却不容忽视。一方面，在城墙维修过程中，大量资金通过购买各类工料、支付工匠工费、储备粮食等途径进入关中各地民众生活、生产流通体系之中，不仅有益于增加百姓收入、稳定粮食等专门市场，也保护了农民、手工业者和其他行业从业者的生产积极性，从而对关中区域社会农业生产、手工业制造、商业贸易、物流运输等方面均产生不同程度的推动作用。另一方面，西安城墙维修工程耗用大量工料，尤其在盩厔境内秦岭山区采伐大量木材，加重了秦岭森林自汉唐以来由于人为大规模采伐导致的生态问题。盩厔木料长期"自黑水谷出，入渭浮河，经豫、晋，越山左，达淮、徐，供数省梁栋"，曾令陕人自豪，但至民国初年，时人却发出了"比年以来，老林空矣"④的慨叹。可以说，秦岭森林生态的变化，与以往汉唐长安城建设紧密相关，与清代西安城墙20余次维修工程亦有内在关联。

①〔清〕陕甘总督福康安：《奏请修陕西省城钟鼓楼座及潼关城垣事》，乾隆五十二年正月初四日，录副，档号03-1139-001。

②〔清〕工部左侍郎德成、陕甘总督福康安、陕西巡抚巴延三：《奏为会勘西安钟鼓楼座估计钱粮事》，乾隆五十二年三月初四日，录副，档号03-1139-007。

③〔清〕乾隆敕撰：《钦定大清会典事例》卷八六八《工部·城垣·直省城垣修葺移建二·城垣禁令》，清光绪二十五年石印本。

④〔清〕路德：《柽华馆文集》卷五《墓志铭一·周侣俊墓志铭》，清光绪七年解梁刻本。

第四节
清嘉庆、道光年间西安城墙的维修

嘉庆、道光年间，面临国内各地一浪高过一浪的农民斗争，以及咄咄逼人的海外列强的入侵，在内忧外患之下，清朝国运已显露出由乾隆时期的盛世逐渐转衰的趋势。西安虽然地处西北内陆地区，但是也受到国家整体发展态势的影响，在城池建修方面的力度和频次已难与乾隆时期相比。

从现存清代奏折档案来看，嘉庆、道光年间西安城墙建修活动共有5次，既有官府动用"公帑"维修的城工，也出现了利用民众捐款修缮城墙的情况。从修城资金的来源分析，这一时期利用民众捐款修城成为一大亮点，但是也正反映出在国力不济的大背景下，在朝廷和地方官府财政捉襟见肘的情况下，民间人士（尤其是士绅）成为建设、维修和保护西安城墙的重要群体。

一、嘉庆十五至十六年城墙维修工程

嘉庆十五至十六年（公元1810—1811年）城墙维修工程在地方史志中未见提及，有关工程缘起、建修项目、工费额度等更无从知晓。令人庆幸的是，笔者在北京的中国第一历史档案馆和台北的"中研院"史语所明清档案工作室搜检到了与此次城工相关的奏折和题本。虽然这些档案还不足以完全揭示此次城工的诸多细节，但通过认真分析和综合比较，仍可以约略一窥此次城工的来龙去脉。

在乾隆五十一年（公元1786年）西安城墙维修工程竣工后，从乾隆五十二年（公元1787年）至嘉庆十五年（公元1810年）又历时23年之久。当时城工中"新修房屋工程"

的保固期限（即质量保证时限）为10年，[①]此时已远远超过这一时限，城墙、城楼等均出现因风雨等自然原因导致的坍卸、倒塌、渗漏等情况，于是在嘉庆十五至十六年由陕西巡抚董教增主持进行了一次清后期较大规模的城墙维修。

陕西巡抚董教增在《奏为西安省会城垣坍损详请补修事》中述及，此次城工实际上最先是由西安府的两个附郭县知县，即咸宁县知县林延昌[②]、长安县知县张聪贤[③]将"西安省城楼座各房屋坍损"的情况向时任陕西布政使朱勋汇报，并希望加以"补修"。接报后，朱勋随即要求西安府知府周光裕对城墙、城楼等损毁情况进行实地查勘，以确定维修工程量的大小，并对工价、工料等进行估算。[④]

西安知府周光裕是在嘉庆十五年初由榆林知府调任，时年60岁。据奏折档案载，周光裕系直隶天津县举人，议叙知县，发陕西试用，先后担任定边、大荔等县知县，后调补三原县知县，乾隆五十八年（公元1793年）升任商州直隶州知州，嘉庆二年（公元1797年）升兴安府知府。作为长期在陕任职的官员，他被护理陕西巡抚朱勋评价为"资格最深，办事妥协。从前承办军需，屡著劳绩。现在署理西安府印务，办理亦觉裕如"[⑤]。因而周光裕被委任督理此次西安城工，既是其担任西安知府的分内之事，同时也与其"资格最深，办事妥协"的任职经历和政务经验紧密相关。周光裕经过仔细查勘，详细调查了城墙、城楼、魁星阁等的破损情况，为准确勘估工价，有针对性地制定后续维修方案奠定了坚实基础。以下列表反映西安知府周光裕调查的城墙、城楼损毁段落及其维修方案。

---

① 〔清〕陕西巡抚董教增：《奏为西安省会城垣坍损详请补修事》，嘉庆十五年十二月十一日，朱批，档号04-01-37-0061-038；陕西巡抚董教增：《奏为修理省会坍损城垣事》，嘉庆十五年十二月十一日，录副，档号03-2150-055。

② 〔清〕陕西巡抚成宁：《奏请准林延昌奎丰回咸宁渭南二县本任事》，嘉庆十四年十二月十二日，录副，档号03-1528-061。

③ 〔清〕陕西巡抚董教增：《奏请以张聪贤调补长安县知县事》，嘉庆十五年十二月十一日，朱批，档号04-01-12-0288-082。

④ 〔清〕陕西巡抚董教增：《奏为西安省会城垣坍损详请补修事》，嘉庆十五年十二月十一日，朱批，档号04-01-37-0061-038。

⑤ 〔清〕陕甘总督那彦成：《奏为西安府知府员缺请旨以周光裕王骏猷二人内简放事》，嘉庆十五年四月二十六日，朱批，档号04-01-12-0285-098。

表 3-4　嘉庆十五年西安城墙建筑物损毁情况一览表

序号	建筑物	损毁情况	维修方案
1	西门头重正楼北边中檐	全行倒塌，以致下檐坍损	添料修葺
2	东门正楼、箭楼、炮楼	渗漏	添料修葺
3	南门正楼、箭楼、炮楼	渗漏	添料修葺
4	北门正楼、箭楼、炮楼	渗漏	添料修葺
5	4 座角楼	瓦片脱落，房屋渗漏	添料修葺
6	4 座官厅	瓦片脱落，房屋渗漏	添料修葺
7	魁星阁	木植朽腐	拆卸头停，添换木植
8	98 座卡房	其中有头停渗漏、苇箔朽泡	添料修葺
9	4 城正楼、箭楼、角楼、官厅等房槅扇、窗门周围，上下檐，外面各柱木、枋梁	俱被风雨，飘摇朽损	添料修葺

资料来源：〔清〕陕西巡抚董教增：《奏为西安省会城垣坍损详请补修事》，嘉庆十五年十二月十一日，朱批，档号04-01-37-0061-038。

从上表分析可知，城楼、角楼、官厅、卡房等"楼座房屋"出现的问题主要是两大类，即倒塌和渗漏。倒塌和坍卸是木植腐朽造成的，而房屋渗漏则是屋顶覆盖的瓦片脱落、苇箔糟朽导致的。从这些描述可以看出，在乾隆四十六至五十一年城工中，城墙上的城楼、箭楼、官厅、卡房等综合采用了当时的施工建造技术，既有柱梁斗拱等木构主体，也有苇箔、瓦片等屋顶覆盖物。

针对城墙上各类建筑出现的两大类问题，咸宁、长安两县知县及西安知府周光裕等人在查勘过后，提出的维修方案包括：①"添料修葺"；②"拆卸头停，添换木植"。细致分析不难发现，这两种维修方案，既考虑到了将腐朽的木植全部进行拆卸更换，也注重充分利用"拆卸旧料拣用"，即在拆下的大量木构件中拣寻能够再次利用的物料，以节省工费，这一做法同时也能够较好地保持城墙建筑物原来的风貌。

西安知府周光裕基于查勘的城墙建筑物损毁情况，勘估维修需要的工料银、运费等为9800余两白银。相较于乾隆四十六至五十一年西安城墙大型维修工程耗资高达159万余两而言，此次城工维修主体为城墙上的房屋、楼座等建筑物，因而整体开支较小。据陕西布政使朱勋查核，当时布政司库存有历年兴办各项工程"扣存市平银"11000余两，"足敷动用，毋庸请动正项钱粮"①，这就从财政上解决了城墙维修资金来源的问题。

嘉庆十五年（公元1810年）十二月十一日，陕西巡抚董教增以《奏为西安省会城垣坍损详请补修事》上奏朝廷。十二月二十三日，嘉庆皇帝在这份奏折上朱批"工部议奏，钦此"②。至嘉庆十六年（公元1811年）年初，工部经过审核"议准"，进一步要求陕西省官府"将估需工料银两照例切实确核，造具册结，题报核办"③。这标志着此次西安城工的维修提议已获得朝廷允准，进入工程估算、筹备的环节。陕西布政使朱勋依据咸宁、长安两县上报的"册结"，对所估"工料银"9887.588两按照惯例"逐一细核"，发现该数据"与原奏银数相符，并无浮冒"，因而建议遵照原奏，在布政司库贮存的"暂寄工程平余银"内照数动支。

嘉庆十六年闰三月十八日，陕甘总督那彦成与陕西巡抚董教增联名上奏《题报西安省会补修城垣楼房估需银两》，建议此次维修西安城墙"楼座房屋"应"及时赶修"。④这一题本由嘉庆皇帝朱批"该部议奏"，再度进入工部核准程序。毫无疑问，此次工部审核的主要是西安城墙"楼座房屋"的具体维修方案以及经费开支。在上述题本中，董教增提出，在施工过程中应当贯彻"严饬承修之员妥为经理"的原则，以期达到"工坚料实，帑不虚糜"的目标。他还提及，在工程竣工之后，仍要进行委勘核实、造册请销等例行事宜。⑤

笔者虽然在中国第一历史档案馆和台北"中研院"史语所档案馆翻检了大量档案，但迄今尚未搜检到有关此次西安城墙"施工"和"竣工"的奏折。不过，在嘉庆十六年后，陕西巡抚董教增又向朝廷上奏了有关修理陕南一带城池的奏折。结合当时的实际状况分析，这次维修西安城墙"楼座房屋"的工程应当在嘉庆十六年，甚或延至嘉庆十七年（公元1812年）竣工，然后才会出现董教增继续修缮陕南城池之议。

① 〔清〕陕西巡抚董教增：《奏为西安省会城垣坍损详请补修事》，嘉庆十五年十二月十一日，朱批，档号04-01-37-0061-038。
② 户部：《事由：移会典籍厅奉上谕直隶霸昌道员缺着成宁补授又陕西巡抚董教增奏西安省会城垣楼座房屋坍损估需工料银九千八百余两详请补修》，嘉庆十五年十二月，移会，内阁档库，台湾"中央研究院"历史语言研究所明清档案工作室藏档案，档号173617-001。
③ 〔清〕陕甘总督那彦成、陕西巡抚董教增：《题报西安省会补修城垣楼房估需银两》，嘉庆十六年闰三月十八日，题本，台湾"中央研究院"历史语言研究所明清档案工作室藏档案，档号064287-001。
④ 〔清〕陕甘总督那彦成、陕西巡抚董教增：《题报西安省会补修城垣楼房估需银两》，嘉庆十六年闰三月十八日，题本，台湾"中央研究院"历史语言研究所明清档案工作室藏档案，档号064287-001。
⑤ 〔清〕陕甘总督那彦成、陕西巡抚董教增：《题报西安省会补修城垣楼房估需银两》，嘉庆十六年闰三月十八日，题本，台湾"中央研究院"历史语言研究所明清档案工作室藏档案，档号064287-001。

二、嘉庆十九年南门城楼失火及重修

在嘉庆十五年由陕西巡抚董教增动议对西安城墙"楼座房屋"等开展维修工程之后，至嘉庆十六年（也有可能延至嘉庆十七年）此项工程完竣。本来经过维修的西安城墙正楼、箭楼、卡房、官厅等建筑均焕然一新，但南门城楼却在嘉庆十九年（公元1814年）正月初二日遭遇了一次严重火灾，损毁严重，于是在嘉庆二十年（公元1815年）又开展了一次较大规模的城楼维修工程。

（一）南门城楼失火事件

嘉庆十九年正月，正值陕南一带民众反抗斗争风起云涌，陕西巡抚朱勋当时带兵驻扎秦岭峪口，"督剿匪徒"。西安八旗将军穆克登布负责驻守西安，"在省弹压"。[①]就在秦岭峪口战事紧张之际，正月初二日三更时分，南门城楼发生火灾，致使西安形势更显紧张。由于南门城楼存储有大量军械、火药等军用物资，对于征剿"教匪"的战事进展关系殊大，因而西安将军穆克登布在接到失火报告后，与当时身在西安的多位省级官员以及清军同知杨超鋆当即"星飞驰往"，督率兵役，冒险先将军火抢出。当夜风大，加之城楼高峻，火势更猛，致使"内层城楼"被烧毁。幸好由于官员督率士兵"极力扑救"，大火才未延烧到其他地方。

在扑灭南门城楼大火后，穆克登布对火灾原因进行了调查。当晚负责看守的更夫张玉在火灾中虽然身手均被烧伤，但对失火情形记忆犹新。当晚他奉派在城楼上看守军火，睡至三更时，忽然察觉城楼内有"烟气"，随即起身开门察看。未料到"风闪火燃"，灯花爆落在所铺的草席上，以致延烧城楼。由于担心张玉对火灾起因有所隐瞒，穆克登布对其"再四研诘，实无别情"。由此能够断定这显然是看守更夫张玉粗心大意导致失火，又未及时采取有效灭火措施，以至于酿成火灾。

西安将军穆克登布、陕西巡抚朱勋在《奏为正月初二日省城南城门延烧情形请将失察清军同知杨超鋆交部议处事》的奏折中指出，西安城楼向来存贮有军械、火药等，素由清军同知造办，派人看守。此次失火事件虽然是由看守更夫张玉不慎所致，但清军同知由于未能"随时稽查"，因而"实有应得之咎"，建议将清军同知杨超鋆"交部议处"，予以责罚；同时建议将当天在城墙上值班的章京阿木察布以"失于觉察，亦难辞咎"为由，"交部察议"；还建议对最终的监管官员，即西安将军穆克登布、陕西巡抚朱勋以"未能先事预防"为由，"交部议处"。[1]嘉庆皇帝朱批为"另有旨"。

从上述奏折中可以看出，西安城墙是军事防御体系的基础，城楼不仅发挥着"壮观瞻"的重要功用，而且在存贮军火、驻守士兵等方面发挥着"崇保障"的功能。西安城墙、城楼这一防御体系、建筑群的管理、维修和保护，是由军、地两大系统共同承担责任，尤以军队为重。就这一层面而言，看守军火的更夫张玉实际上对南门城楼的安危负有直接管护的责任，而其上级，如值班章京、西安将军等负有稽查、监督的责任。一旦出现保护不周的情况，直接责任人及其监管者都会受到追究。从西安将军穆克登布、陕西巡抚朱勋在奏折中提出的"自罚"建议来看，他们显然充分意识到了南门城楼失火的重大危害，同时也反映了这些省级官员能够承担个人责任，而不是寻找借口以便推诿、逃避处罚。

（二）南门城楼重修工程

西安城南门正楼于嘉庆十九年正月初二日因失火而遭焚毁后，至嘉庆二十年九月初九日，陕西巡抚朱勋正式向嘉庆皇帝提出重修南门城楼的请求。[2]

在南门城楼失火后，陕西巡抚朱勋基于城墙"资捍御而壮观瞻"的功用，迅即要求陕西布政司委派官员调查建筑被毁情况，对有待维修之处进行查勘确估，开展维修工程的前期准备工作。其中最为重要的一项活动即为"筹款捐办"，但此次"捐款"并非由官绅出资，而是从"通省公费银内摊捐办理"，即从用于地方办公的"公费银"中"摊捐"工费，实际上相当于压缩办公经费，将节省出来的资金用于维修城楼。

在陕西巡抚朱勋的主导下，陕西布政使陈观督饬西安府知府费濬，按照工程做法，对南门城楼应修部分逐加确估，统计总共需工料、运输等经费约银31259两。[3]当时陕西全省每年固定开支的"公费银"为30650两，系地方办公经费。朱勋、陈观、费濬等人

①〔清〕西安将军穆克登布、陕西巡抚朱勋：《奏为正月初二日省城南城门延烧情形请将失察清军同知杨起鋆交部议处事》，嘉庆十九年正月二十六日，朱批，档号04-01-02-0025-011。

②〔清〕陕西巡抚朱勋：《奏为借项修建西安省垣城楼事》，嘉庆二十年九月初九日，朱批，档号04-01-37-0069-003。

③〔清〕陕西巡抚朱勋：《奏为借项修建西安省垣城楼事》，嘉庆二十年九月初九日，朱批，档号04-01-37-0069-003。

协商认为，维修南门城楼所需的工程款项应从"通省公费银内摊捐办理"，但是由于各地办公尚需经费，不可能一次性划拨如此巨款，因而可以分作5年划拨，即每年"捐扣"出约6251.8两。不过，为了这项维修工程能够"及时修理完固"，遂从陕西布政司库存的"耗羡项"下先行借支31259两，由西安府知府费溶负责"赶紧兴修"。借支的款项按照前述计划从"公费银"内每年捐扣6251.8两，归还陕西布政司库，5年还清。虽然这一做法有"东挪西借"之嫌，但也是在特殊情况下为了开展亟待维修的城楼工程，同时又尽最大可能"于办公亦不致掣肘"，较好地兼顾了维修和办公两方面的需要。此次南门城楼维修需银高达31259两，远较嘉庆十六年维修"楼座房屋"耗费的9887.588两为多，足见此次工程量之大，也从一个侧面反映出失火事件对南门城楼造成的损毁程度之深。

陕西巡抚朱勋在奏折中建议"饬令地方官赶紧兴修"之语，反映了当时陕西地方官府对于南门城楼维修的迫切心情。嘉庆皇帝对此建议的朱批为"工部知道"[①]，而非通常的"工部议奏"，表明嘉庆皇帝认可朱勋的提议，有要求工部加快进度，配合陕西地方官府开展此次工程的隐含语意。需要指出的是，时任西安府知府费溶是在嘉庆十九年十二月由陕西巡抚朱勋奏请，从延安府知府调任西安府知府的。当时陕西布政司、陕西按察司从众多地方官员中进行遴选，最终延安府知府费溶以"在陕年久，老成干练"的特点而获得升迁。从费溶的履历中可以看出，他以江苏副榜出身，就职州判，乾隆五十六年来陕，任职县丞，嘉庆四年任长安县知县，七年升补葭州知州，十二年题补潼关同知，加捐知府，十六年四月赴部引见，奉旨发往陕西，以知府任用。陕西巡抚朱勋赞誉费溶"才优年富，办事勤能，于通省情形最为熟悉，以之调补西安府知府，实堪胜任"。[②]此次西安城工能够顺利开展，作为西安府知府的费溶无疑发挥了重要督工作用。

综合分析来看，此次工程可能在嘉庆二十年九、十月间开始兴工，有鉴于其较大额度的勘估经费，工程量无疑也会相应较大，可能延续至嘉庆二十一年竣工。依照朱勋在

① 〔清〕陕西巡抚朱勋：《奏为借项修建西安省垣城楼事》，嘉庆二十年九月初九日，朱批，档号04-01-37-0069-003。

② 〔清〕陕西巡抚朱勋：《奏请将延安府知府费溶调补西安府知府事》，嘉庆十九年十二月十八日，录副，档号03-1566-005。

奏折中的筹划，此次竣工后，仍然依照工程惯例"造册具题报销"，并且对工程质量予以"保固"。

三、道光元年北门城台与月城维修工程

经过嘉庆年间两次较大规模的整修活动，西安城墙景观面貌得以延续，防御能力也相应恢复。进入道光朝，西安城墙又经历了道光元年、道光七至八年两次较大规模的整修，其中包括一次极具代表性的"捐修"工程。相较于嘉庆二十年（公元1815年）开展的"捐扣"办公经费维修南门城楼的城工，道光七至八年的捐款维修才真正称得上是由官民尤其是士绅群体踊跃捐资完成的城工。

道光元年（公元1821年）九月二十二日，陕西巡抚朱勋在上奏道光皇帝的奏折中称，乾隆五十一年（公元1786年）城墙大规模维修之后，从乾隆五十二年（公元1787年）至道光元年，又过去了34年之久。虽然嘉庆年间西安城墙经历了两次维修，但其工程规模远逊于乾隆四十六至五十一年的庞大城工，因而城墙城身还是由于风吹雨淋等自然因素出现了较多问题，"城身里皮间有坍损"，尤为严重的是北门城台、月城等处被雨淋塌。由于这些部位与北门正楼相互连接，朱勋奏请"必须赶紧修理"。①在上奏之前，朱勋已经下令陕西布政司等机构进行查勘、确估。据有着"廉明公正，率属有方"②之誉的时任陕西布政使陈廷桂查知，对西安城墙负有管护之责的相关道府官员已调查明确，北门城台、月城及里口、宇墙等处，总计坍塌4段，连刨拆、接砌，共长59.5丈，同时需要维修这一段的城顶海墁，共估需工料银约3258两。陕西布政司在对主管道府移送的查勘报告按例核算后，确认工费并无浮冒，因而提请陕西巡抚从陕西布政司库存的"商筏畜税银"内照数动支，以便督工官员"赶修完固"。

朱勋在将陕西布政司提交的估算册等复核之后，便呈交工部查核，并于九月二十二日上奏道光皇帝。十月初五日，道光帝朱批"工部议奏"。此项工程即进入朝廷专业衙

---

① 〔清〕陕西巡抚朱勋：《奏为估修省会城垣丈尺工料需银请于司库银项动支事》，道光元年九月二十二日，录副，档号03-3622-022；户部：《移会稽察房陕西巡抚朱勋奏为陕西省会北门城台月城等处被雨淋塌须赶紧修理估需工料银应请存于司库商筏畜税银内照数动支》，道光元年十月，移会，内阁档库，台湾"中央研究院"历史语言研究所明清档案工作室藏档案，档号135595-001。

② 〔清〕陕西巡抚朱勋：《奏为藩司岳龄安梁疾请旨简放并陈廷桂署理藩司等事》，道光元年八月十八日，录副，档号03-2512-083。

门复核预算的阶段。就在工程前期筹备阶段中的九月，陕西布政使陈廷桂已接到调任江苏按察使的任命。[①]随后由唐仲冕暂时担任陕西布政使，[②]至十一月十八日，则由诚端接任陕西布政使。[③]从官员的变动来看，在实际施工中，应是诚端协助护理陕西巡抚卢坤完成了此次工程。

从朱勋的奏折中可以看出，虽然当时城墙内侧出现了土皮坍损的情况，但尚不算严重，而北门城台、月城等部位亟待维修，以免危及北门正楼、箭楼。因而总体衡量来看，工程主体是北门城台、月城，所需经费也相应较少。这次维修有可能在当年内即完工。不过，朱勋在此奏折中还针对当时"城身里皮间有坍损"的情况，称"现在查勘，另行办理"。可见，在维修了北门城台、月城之后，也当开展了对城身其他段落的维护。

四、道光七至八年维修工程

在道光元年针对北门城台、月城等进行维修之后，时隔仅六七年，陕西地方官府又于道光七至八年（公元1827—1828年）对西安城墙进行了一次重大维修，其规模仅次于乾隆四十六至五十一年的大型城工。而从经费来源看，乾隆四十六年开始议修的西安城工，经费来自公帑，而道光七至八年的城墙维修经费，则来自官民捐款。

（一）工程缘起

有关此次维修工程的起因，护理陕西巡抚徐炘在道光七年五月二十一日上奏的《奏为筹议捐修省会城垣事》中指出，西安城垣"外砖内土"的城身周长4900余丈，自从乾隆五十一年请动公帑进行大修之后，至道光七年已经过去41年之久，"早经保固限满"。虽然嘉庆年间、道光元年西安城墙经历过三次维修，但由于历时既久，积年雨水

---

① 〔清〕陕西布政使陈廷桂：《奏为调任江苏臬司谢恩并请陛见事》，道光元年九月初九日，录副，档号03-2513-096；〔清〕陕西巡抚朱勋：《奏请陈廷桂俟新任藩司到任后再交卸起程事》，道光元年九月初十日，录副，档号03-2513-097。

② 〔清〕陕西巡抚朱勋：《奏请陈廷桂俟新任藩司到任后再交卸起程事》，道光元年九月初十日，录副，档号03-2513-097。

③ 〔清〕护理陕西巡抚卢坤：《奏报诚端到陕接署藩司日期事》，道光元年十一月二十日，录副，档号03-2517-007。

浸渗、刷涤，致使城顶海墁"多有坍卸"，而城根地脚"渐次锉限"。①

嘉庆二十四年（公元1819年）至道光六年（公元1826年）的7年间，咸宁、长安两县向西安府、陕西省多次汇报有关城墙坍损的情况，主要包括：①城墙"里皮"坍卸的段落共长达2000余丈，宽二三尺至二丈余不等；②所有马道、卡房、角楼、垛口、女墙均出现"坍裂"的情形；③"外皮"城身砖块亦有间段剥落；④北门"头重大楼"接连城台券洞，于道光六年秋季淋雨坍塌12丈。②由此可见，坍损之处涉及城墙内外侧墙身、城顶、城根、马道、卡房、角楼、垛口、女墙、北门正楼接连城台券洞等，城墙及其附属建筑物给人以"千疮百孔"的印象，显然已经到了非修不可的地步。徐炘指出，西安作为省城，"为全秦保障"，城垣既然已经坍塌严重，就应当尽快兴修，以免由于拖延导致"坍卸愈多，工费益巨"。③

（二）捐款修城

在上述背景下，护理陕西巡抚徐炘遂与陕西布政使颜伯焘，带领西安府知府、咸宁县知县、长安县知县，亲历查勘，委员确估。由于当时清王朝正在"办理口外军务，需用浩繁"，因而户部要求耗资较大的建设工程，一律"停缓三年"，以免国家财政吃紧，影响军务开支。这一国家政策对西安城墙的维修也产生了重要影响，即无法从官府划拨公帑进行维修。有鉴于此，徐炘经过与陕西布政使颜伯焘、陕西按察使何承薰"再四熟筹"，又同陕甘总督多次协商，认为在当时"经费支绌"之际，不能向朝廷请动公帑，"冒昧请修"，但是面对西安城墙坍卸损坏的严重状况，又不能"因循不办"。而只有解决了资金来源问题，才能顺利推进西安城工的开展。

① 〔清〕护理陕西巡抚徐炘：《奏为筹议捐修省会城垣事》，道光七年五月二十一日，朱批，档号04-01-37-0088-005；护理陕西巡抚布政使徐炘：《奏报筹议捐修省会城垣》，道光七年五月二十一日，军机处档折件，数据识别：055802，台北故宫博物院图书文献处藏档案，朱批日期：道光七年闰五月初四日，朱批：奏到时再降谕旨。

② 〔清〕护理陕西巡抚徐炘：《奏为筹议捐修省会城垣事》，道光七年五月二十一日，朱批，档号04-01-37-0088-005；护理陕西巡抚布政使徐炘：《奏报筹议捐修省会城垣》，道光七年五月二十一日，军机处档折件，数据识别：055802，台北故宫博物院图书文献处藏档案，朱批日期：道光七年闰五月初四日，朱批：奏到时再降谕旨。

③ 〔清〕护理陕西巡抚徐炘：《奏为筹议捐修省会城垣事》，道光七年五月二十一日，朱批，档号04-01-37-0088-005；护理陕西巡抚布政使徐炘：《奏报筹议捐修省会城垣》，道光七年五月二十一日，军机处档折件，数据识别：055802，台北故宫博物院图书文献处藏档案，朱批日期：道光七年闰五月初四日，朱批：奏到时再降谕旨。

　　徐炘等人在商议后提出了建议，考虑到西安、同州、凤翔三府"土沃风淳"，绅民一向"慕义急公"，因而可以"俯察舆情，量加劝谕"，调动广大绅民捐款。通过民间捐款修城，而不动用公帑，自然不在户部规定的"停缓三年"之列。陕西布政司在对工程进行勘估之后，逐一核实估计，统计共需银12万余两。旋即按照这一数目摊派三府分捐，即西安府属捐银6万两，同州府属捐银4万两，凤翔府属捐银2万两。这一捐款比例无疑是参照了当时三府管辖地域的大小、人口的多少，以及富庶的程度等诸多因素而确定的。当然，作为陕西省城、西安府城，又是咸宁、长安两县县城，西安府下辖各州县捐款应当最多，而同州府、凤翔府与西安相距较远，规定的捐款数额也相应减少。

　　捐款修城之议经过西安府、同州府、凤翔府官员在各州县民众间进行传达之后，出现了"各州县陆续禀覆，该绅民等闻风踊跃，报效情殷"的捐款热潮。各州县中既有及时缴纳捐款的，也有先进行一定数额的"认捐"，待捐款达到一定数额时，随时解交陕西布政司库的。各地的修城捐款均作为专款存贮在陕西布政司库。徐炘等官员指出，若各地捐款"倘有不敷"，则会再采取其他方式筹款。

　　在此次西安城墙维修工程之前，三原县、三水县等城垣已经通过当地绅民捐资修葺，这为西安城墙捐款兴修提供了可资借鉴的样板，所谓"本有成案可循，自应仿照办理"。西安、同州、凤翔三府劝谕以"殷实绅士"和"富饶商民"为主体的民众，以"量力捐输"为原则，号召民众积极捐款。捐款以自愿为基础，"弗稍抑勒科派"，因而没有强制捐款。恰逢当年麦收"上稔"，广大绅民亦深知"捍卫梓桑之举"，因此"无不勉抒芹曝之诚"。[1]可见地方官府的"劝捐兴修"[2]之议是在夏季小麦丰收，民众有可能乐于捐资的情况下提出的。

　　兹将道光七至八年各州县官绅、民众为兴修西安城墙捐款情况，列表如次：

　　① 〔清〕护理陕西巡抚徐炘：《奏为筹议捐修省会城垣事》，道光七年五月二十一日，朱批，档号04-01-37-0088-005；护理陕西巡抚布政使徐炘：《奏报筹议捐修省会城垣》，道光七年五月二十一日，军机处档折件，数据识别：055802，台北故宫博物院图书文献处藏档案，朱批日期：道光七年闰五月初四日，朱批：奏到时再降谕旨。

　　② 〔清〕护理陕西巡抚徐炘：《奏为西安省会城垣如式捐修完竣请奖捐输各员事》，道光八年八月二十二日，朱批，档号04-01-37-0089-013；护理陕西巡抚布政使徐炘：《奏报西安省会城垣如式捐修完竣由》，道光八年八月二十二日，军机处档折件，数据识别：061401，台北故宫博物院图书文献处藏档案，朱批日期：道光八年九月初六日，朱批：吏部议奏。

表 3-5　道光七至八年捐修城工银数 300 两以上官绅姓名清单

序号	州县	职衔	姓名	捐银数量（两）
1	大荔县	候选通判	李汝橿	1700
2	渭南县	生员	严焯	1200
3	朝邑县	革生	谢温	1200
4	咸宁县	议叙州同职衔	晁凝福	1000
5	咸阳县	监生	程一夔	1000
6	临潼县	监生	宋春隆	1000
7	渭南县	从九品	贺汝祥	1000
8	富平县	州同职衔	刘玉琦	1000
9	华州	生员	吴启蒙	700
10	蒲城县	郎中职衔	张联捷	700
11	咸宁县	民人	贺万年	600
12	咸阳县	贡生	李维清	600
13	岐山县	贡生	宋象郊	600
14	咸宁县	监生	于文灿	500
15	长安县	民人	李含馥	500
16	长安县	民人	高景淳	500
17	三原县	候选教谕	刘映苣	500
18	渭南县	监生	赵郁炤	500
19	渭南县	民人	严铎	500
20	朝邑县	生员	张星浩	500
21	朝邑县	民人	薛迎瑞	500
22	朝邑县	民人	王协恭	500
23	朝邑县	民人	刘照清	500
24	郃阳县	捐职守御所千总	党双世	500
25	韩城县	童生	牛琨	500
26	华州	童生	姬庆笃	500
27	蒲城县	州判职衔	杨殿辉	500
28	凤翔县	童生	白源长	500
29	郃阳县	游击职衔	王景清	480
30	岐山县	同知职衔	郭命嘉	450

续表

序号	州县	职衔	姓名	捐银数量（两）
31	咸阳县	附生	刘调元	400
32	临潼县	县丞职衔	段文灿	400
33	临潼县	民人	丁长隆	400
34	三原县	候补中书	李锡龄	400
35	三原县	同知职衔	胡锡爵	400
36	三原县	生员	郭景仪	400
37	三原县	童生	武煃	400
38	渭南县	民人	杜映梅	400
39	大荔县	捐封三品	张凤仪	400
40	大荔县	游击职衔	李怀瑾	400
41	大荔县	同知职衔	杜佩桩	400
42	大荔县	理问职衔	张星耀	400
43	大荔县	理问职衔	赵有玉	400
44	朝邑县	民人	李庆祥	400
45	朝邑县	民人	雷酉金	400
46	澄城县	候选员外郎	东荣震	400
47	澄城县	民人	高瑞麟	400
48	韩城县	童生	苏勇祥	400
49	华阴县	同知职衔	郗世隆	400
50	华阴县	武生	刘澄清	400
51	蒲城县	光禄寺署正职衔	王绂	400
52	蒲城县	监生	惠官瀍	400
53	岐山县	州同职衔	曹嘉珍	400
54	凤翔县	童生	郑士丰	360
55	咸宁县	童生	李福德	350
56	扶风县	童生	刘兆吉	320
57	咸宁县	贡生	王振声	300
58	咸宁县	监生	贺万镒	300
59	临潼县	监生	余大成	300
60	临潼县	武生	周万成	300

序号	州县	职衔	姓名	捐银数量（两）
61	临潼县	民人	蒲忠孝	300
62	三原县	议叙从九品职衔	张连瑞	300
63	三原县	议叙从九品职衔	张楹	300
64	三原县	童生	刘映菁	300
65	渭南县	前任河南州判	刘乙丙	300
66	渭南县	贡生	刘全锐	300
67	渭南县	武生	田增蔚	300
68	富平县	生员	井长清	300
69	醴泉县	游击职衔	吕大武	300
70	醴泉县	同知职衔	张屏藩	300
71	潼关厅	商民	陈彝鼎	300
72	潼关厅	商民	常灼	300
73	朝邑县	工部主事	谢正原	300
74	朝邑县	武生	李遇龙	300
75	郃阳县	贡生	安日昌	300
76	郃阳县	武生	谭连登	300
77	郃阳县	民人	党廷纪	300
78	澄城县	民人	同逢清	300
79	华州	贡生	赵顺兴	300
80	华阴县	布政司理问职衔	员行西	300
81	华阴县	布政司经历职衔	郤颖振	300
82	蒲城县	捐封二品	惠继常	300
83	岐山县	廪生	杨建寅	300
84	扶风县	知县	袁汝嵩	1000（倡捐）
85	沔县	知县（署岐山县事）	徐通久	400（倡捐）
86	麟游县	知县	秦绍成	360（倡捐）
87	郿县	知县	褚裕仁	300（倡捐）

资料来源：〔清〕徐炘：《吟香书室奏疏》卷六，清刻本，第1543—1553页。

这次捐款兴修西安城墙的活动，三府官民前后共捐银多达约124597两。经护理陕西巡抚徐炘与督工官员"撙节估用"，工程用银约116562两，余剩银约8034两。余剩的8034两交给当商等"生息"，留作城墙"岁修"开支支用。[①]从修城资金的数额来看，这是清代西安城墙维修的第二大工程，仅次于乾隆四十六至五十一年维修工程耗银159万余两。这也从一个侧面显示出道光初年关中民间绅商财力的雄厚，以及广大民众对西安城墙维修的鼎力支持。

对照捐款总额和维修活动实际需银数量，即可发现，前期勘估工作十分细致，估算需费数量甚为精准，因而能够按照估算经费向西安、同州、凤翔三府进行合理"摊捐"。维修工程未用完的捐款，通过存贮在票号、当铺等商业机构生取利息，作为城墙日常修缮、维护之用，称得上是一种考虑长远的城墙经费管理和利用方式。随着捐款数额的增加，基本工费逐步到位，因而能够进入购料兴工的阶段。徐炘当即责成主管城墙维修的粮道尹佩珩督同西安府、咸宁县、长安县官员，抓紧利用当时天气晴和，尚未进入雨季的一段时间，先将城墙坍卸各段鸠工清理，同时购集料物，次第兴办。[②]

需要说明的是，道光七年（公元1827年）五月初一日，道光皇帝降旨命颜伯焘补授甘肃布政使，林则徐补授陕西按察使。[③]闰五月二十五日，颜伯焘已就任甘肃布政使，并向朝廷提交了《奏报途经陕甘等地察看沿途麦豆情形事》一折，其中报告称：

> 再臣自陕西起程，沿途询察农事，本年春夏以来，雨水调匀，所经陕省之长安、咸阳、醴泉、乾州、永寿、邠州、长武等州县二麦菜豆俱已收割，极为丰稔。甘省之泾州、平凉、固原、隆德、静宁、会宁、安定、金县、皋兰等州县，节候较迟，麦豆有已经登场者，有将次收割者，亦有正在升浆结实者，收成约在七八分以上，咸称为近年所罕见。地方安静，民气绥如。[④]

由此可见，此次城墙维修工程具备了良好的农业收成背景，因而关中三府绅民能够响应官府"劝捐"的号召，踊跃捐款。最晚至道光七年七月，林则徐已到陕任职。道光

　　① 〔清〕护理陕西巡抚徐炘：《奏为西安省会城垣如式捐修完竣请奖捐输各员事》，道光八年八月二十二日，朱批，档号04-01-37-0089-013。
　　② 〔清〕护理陕西巡抚徐炘：《奏为筹议捐修省会城垣事》，道光七年五月二十一日，朱批，档号04-01-37-0088-005；护理陕西巡抚布政使徐炘：《奏报筹议捐修省会城垣》，道光七年五月二十一日，军机处档折件，数据识别：055802，台北故宫博物院图书文献处藏档案，朱批日期：道光七年闰五月初四日，朱批：奏到时再降谕旨。
　　③ 〔清〕署理陕甘总督陕西巡抚鄂山：《奏为遵旨奏复拟俟颜伯焘到甘即令升司杨健交代查照后进京陛见事》，道光七年五月十六日，朱批，档号04-01-16-0129-066。
　　④ 〔清〕甘肃布政使颜伯焘：《奏报途经陕甘等地察看沿途麦豆情形事》，道光七年闰五月二十五日，朱批，档号04-01-22-0049-036。

七年五月初一日上谕命林则徐"补授陕西按察使，署理布政使事务"①，因而林则徐实际上身兼陕西布政使、按察使两项职衔。作为"练达精明，尽心公事"②的名臣，林则徐毫无疑问参与了这次捐修西安城墙的工程。

维修工程的具体内容包括两方面：一是对城墙坍塌段落2000余丈，包括马道、卡房、角楼、垛口、女墙，以及北门头重大楼接连城台券洞坍塌12丈，均按照原有样式修筑完整；二是对原来没有勘估的"续行增添之工"③，有损毁的墙身与建筑，亦皆一律修补坚固。经过这两方面的维修工作，城墙墙身与附属建筑物的面貌均大为改观，堪称一次颇为彻底的大规模整修。

道光八年（公元1828年）八月二十二日，护理陕西巡抚徐炘向道光皇帝上《奏为西安省会城垣如式捐修完竣请奖捐输各员事》一折，表明此次工程从道光七年五月二十一日上奏提议兴修后，历时约1年3个月，终于圆满竣工。在工程竣工后，与此前的历次维修一样，护理陕西巡抚徐炘亲自勘验工程质量，其具体做法是："拆视"城墙外皮砖灰层数，以及墙身内侧土胎包筑之处，以便验证维修做法是否遵照工程管理和规则。勘验结果表明此次维修均遵照工程做法，"毫无偷减"，因而能够实现"经久远而资捍卫"④的预期目标。

（三）竣工请奖

早在筹划解决修城资金、准备"劝捐兴修"之际，护理陕西巡抚徐炘就和时任陕西布政使颜伯焘、陕西按察使何承薰对竣工后的"请奖"有过考虑，并且会同陕甘总督鄂山联名上奏，提议在工程竣工后，按照西安、同州、凤翔三府绅民捐款的数目，划分等级，向朝廷请求按不同标准予以相应奖励。道光皇帝朱批"俟奏到时再降谕旨，钦

① 〔清〕陕西按察使林则徐：《奏为奉旨补授陕西按察使谢恩事》，道光七年五月初二日，朱批，档号04-01-30-0056-039。
② 〔清〕佚名：《奏为商令署藩司林则徐亲往确勘略阳县城修复或改迁事》，道光七年七月，朱批，档号04-01-37-0088-010。
③ 〔清〕护理陕西巡抚徐炘：《奏为西安省会城垣如式捐修完竣请奖捐输各员事》，道光八年八月二十二日，朱批，档号04-01-37-0089-013。
④ 〔清〕护理陕西巡抚徐炘：《奏为西安省会城垣如式捐修完竣请奖捐输各员事》，道光八年八月二十二日，朱批，档号04-01-37-0089-013。

此"①，对此建议予以认可。

在道光八年八月工程完竣之后，护理陕西巡抚徐炘会同陕甘总督杨遇春、陕西巡抚鄂山于二十二日向道光皇帝上《奏为西安省会城垣如式捐修完竣请奖捐输各员事》一折。在这份奏折中，徐炘查核了相关定例与成案，提议将捐款的"士民"分五类予以奖励。即：①10两以上者，赏给花红；②30两以上者，奖以匾额；③50两以上者，申报上司，递加奖励；④捐款额高达300—400两者，奏请给以八品顶戴，若已有顶戴，则给予"议叙"；⑤捐银1000两以上者，"酌给职衔优叙"。②这一奖励标准与当时的捐款等级一一对应，由此不难看出，当时捐款的大致层次包括五大类，既有高达1000两以上的，也有刚刚超过10两的。对于较低额度的捐款者，赏给花红和匾额，在很大程度上属于名誉性的奖励，是对其"量力捐资""急公慕义"的肯定和褒扬，能够显著提高捐款士绅的社会地位和乡里威望。而捐款额度在300两以上，乃至于超过1000两的捐款者，往往是城乡地区社会地位较高的士绅，一般拥有大规模商业、田产背景，或者是已有相应官职虚衔的士绅，资财实力雄厚。针对这些士绅的奖励措施更具诱惑力，即能够进入官员诠选序列，有选授实职的可能。

徐炘指出，无论捐款数额大小，参与捐修的绅民均属"急公慕义，量力捐资，各抒芹曝之微诚，勉效梓桑之善举"，因而应当"量加鼓励"。捐款数额在银300两以下者，由徐炘及相关衙门依照惯例和规章办理；捐银在300两以上的绅民，以及各地"捐廉首倡"的地方官，开列清单，"恭呈御览"，由道光皇帝批示恩准，由吏部付诸实施"议叙"、升迁等具体事宜。③与动用公帑进行维修的工程不同，此次城工系绅民捐修，因而无须向工部、户部造册报销。

① 〔清〕护理陕西巡抚徐炘：《奏为西安省会城垣如式捐修完竣请奖捐输各员事》，道光八年八月二十二日，朱批，档号04-01-37-0089-013；护理陕西巡抚布政使徐炘：《奏报西安省会城垣如式捐修完竣由》，道光八年八月二十二日，军机处档折件，数据识别：061401，台北故宫博物院图书文献处藏档案，朱批日期：道光八年九月初六日，朱批：吏部议奏。
② 〔清〕护理陕西巡抚徐炘：《奏为西安省会城垣如式捐修完竣请奖捐输各员事》，道光八年八月二十二日，朱批，档号04-01-37-0089-013；护理陕西巡抚布政使徐炘：《奏报西安省会城垣如式捐修完竣由》，道光八年八月二十二日，军机处档折件，数据识别：061401，台北故宫博物院图书文献处藏档案，朱批日期：道光八年九月初六日，朱批：吏部议奏。
③ 〔清〕护理陕西巡抚徐炘：《奏为西安省会城垣如式捐修完竣请奖捐输各员事》，道光八年八月二十二日，朱批，档号04-01-37-0089-013；护理陕西巡抚布政使徐炘：《奏报西安省会城垣如式捐修完竣由》，道光八年八月二十二日，军机处档折件，数据识别：061401，台北故宫博物院图书文献处藏档案，朱批日期：道光八年九月初六日，朱批：吏部议奏。

第五节
清咸丰、同治、光绪年间西安城墙的维修

咸丰、同治、光绪年间，清朝国力进一步衰弱，内忧外患日趋严重。朝廷处于风雨飘摇之中，国家进入多事之秋。作为西北重镇、陕西省会，西安在咸丰、同治、光绪年间面临的军政形势更为复杂多变，使西安城乡地区的社会经济、聚落、商贸、交通、文化等受到严重影响。在风云诡谲、战火屡起的这一时期，保卫阖城官民安全的西安城墙、城壕和四关城进行过多次维修、疏浚和拓展。这些维修活动大大提高了西安城墙防御体系的军事防御力，也延续了西安城墙景观的面貌。

一、咸丰三年捐修城工

在道光七至八年（公元1827—1828年）捐款兴修之后，至咸丰三年（公元1853年），西安城墙又度过了25个春秋。在长达25年的风吹雨淋之后，西安"外砖内土"的墙身又出现了臌裂的情况，城楼也间有损坏。与此同时，西安城又面临着严峻的攻防形势。咸丰二年（公元1852年）九月，太平天国起义军攻进湖北，"陕省东南境戒严"，陕西巡抚张祥河与陕甘总督舒兴阿"商榷布置，拨兵防御"。[①]在上述情况下，陕西巡抚张祥河再度主持开展了官民捐修城垣的工程，即所谓"捐修省垣，浚通城濠，以资捍卫"[②]。

从咸丰二年冬季起，陕西巡抚张祥河与陕西布政使、陕西按察使、督粮道等官员，率同西安府知府、咸宁县知县、长安县知县等，对城墙损坏和有待维修的情况进行细致查勘，获得了翔实的数据。与以往城墙倾圮、毁坏的主要原因相似，"积年雨水"对

---

① 〔清〕张茂辰：《先温和公年谱》，清同治刻本。
② 〔清〕张茂辰：《先温和公年谱》，清同治刻本。

城顶、城身"浸渗刷涤"，导致墙身内侧坍塌7段，计长2000余丈。外侧墙身由于包砌城砖，所以损坏程度较轻，主要是砖墙朘裂多处，共长70~80丈，宽2~3尺，乃至2丈不等。另外，城楼等附属建筑物亦有损毁。针对城墙、城楼等处的损坏情况，张祥河等人提出"俱照旧式修理坚固"的方案，估计了所需工料、工粮银和运费等开支数额。[①]由于朝廷和地方官府财政支绌，无法划拨修城经费，张祥河便借鉴了道光七至八年"劝捐修城"的经验，筹划通过官民捐款进行维修，而不动用公帑。

为了有效调动广大官民捐款修城的积极性，张祥河等省级官员以身作则，率先捐款，颇有垂范之功。在张祥河捐银1000两后，陕西布政使吴式芬、陕西按察使（后升任奉天府府尹）长臻、督粮道陈景亮也相继分别捐银1000两。四位省级官员共捐款4000两白银，自此拉开了"倡捐"的序幕。

从咸丰三年正月起，张祥河饬派僚属、绅士"购集料物，鸠工兴修"。可见这是一次由官员带头捐款，由官府组织，有绅士参与领导的维修城墙活动。相较于清前期和乾隆年间城墙维修工程而言，道光、咸丰年间民间力量在维修城墙等城乡建设活动中发挥了越来越大的作用。需要提及的是，这次倡捐和维修活动也是在关中地区风调雨顺、粮价中平的情况下开展的。咸丰三年三月十七日，陕西巡抚张祥河在《奏报陕西省二月下旬至三月上旬雨水田禾并二月粮价情形事》一折中即称："兹据西安、延安、凤翔、汉中、榆林、同州、商州、邠州、乾州、鄜州、绥德等府州属陆续具报，于二月二十三并二十八九及三月初一、二、三、五、六、七等日先后得雨一、二、三、四寸至深透不等。臣查关中年景，首重麦收，当芃苗秀发之时，叠逢甘雨滋培，于农田大有裨益，民情欢悦，粮价中平。"[②]咸丰三年三月二十七日，陕甘学政沈桂芬在所上《奏为途经凤翔等地察看得雨情形事》一折中亦载："三原已于本月初二、初六日等日连得甘霖，民情极为欢豫。"[③]可见，丰收年景是开展捐款修城非常重要的区域背景，省级官员之所以进行倡捐，也正是考虑到了广大绅民在风调雨顺、民情欢悦的情况下有能力"量力捐输"。

在施工过程中，陕西巡抚张祥河会同西安八旗将军、副都统"亲历查勘"，督察城

---

① 〔清〕陕西巡抚张祥河：《奏报官民捐修省会西安城垣等工完竣事》，咸丰三年三月二十七日，录副，档号03-4517-067。

② 〔清〕陕西巡抚张祥河：《奏报陕西省二月下旬至三月上旬雨水田禾并二月粮价情形事》，咸丰三年三月十七日，录副，档号03-4474-077。

③ 〔清〕陕甘学政沈桂芬：《奏为途经凤翔等地察看得雨情形事》，咸丰三年三月二十七日，录副，档号03-4467-012。

工进展。八旗将军、副都统作为西安八旗驻防军队的最高将领，主要负责军事事务，也有驻守、防护城墙之责，因而此次维修城墙工程与八旗驻防也有紧密联系，体现出了"军地协同"的工程建设传统。

此次维修活动，对坍塌的城墙内侧和臌裂的城墙外侧均依照"旧式"修理坚固，这一做法继承了历次城工对城墙、城楼面貌的保护，即进行维修、补修，而不轻易改动城墙与城楼的规制、面貌和格局。同时，这次维修工程还对城墙上的炮台等进行"补葺"，在强化城墙被动防御力的同时，也提升其主动攻击的能力。约至咸丰三年三月底四月初，此次捐修工程告竣。张祥河评判认为，整修过的西安城墙"洵足以经久远而资捍卫"[1]。作为一次综合性的城池维修工程，这次城工不仅补葺了城墙、城楼、炮台等，还对环护城墙的护城河进行了疏浚，并将通济渠水引入城壕，[2]此举显著提升了西安"金城汤池"的防御能力和景观面貌。与道光七至八年的城工相同，此次城工属于捐款完成，未曾动用公帑，无须向工部、户部等造册报销。

二、咸丰七年、同治四年城工

据民国《咸宁长安两县续志》卷四《地理考上》载，西安城墙在咸丰七年（公元1857年）、同治四年（公元1865年）分别进行过维修。这是两次完全以增强军事防御能力为目的的城工，"资保障"成为维修主旨，而"壮观瞻"基本上难以考虑在内。由于尚未搜集到有关这两次维修工程的奏折档案和其他细节化的资料，因此仅可依据《咸宁长安两县续志》的寥寥记载，结合当时的区域军事态势等进行概要分析。

为应对太平军、捻军的威胁，陕西巡抚曾望颜特别重视西安城防事宜。咸丰七年，他大力"缮治守具"[3]，积极修缮、购置大量用于城墙防守的器械、工具，同时，逐一修葺城楼、垛口、敌楼、角楼等防御设施，以便在城墙攻防战中占得先机。这些增强城防的举措，既是对驻城守军士气的鼓舞、对城内官民的心理安慰，也能对敌军形成有效的震慑，达到"不战而屈人之兵"的效果。

咸丰七年基于军事防御需要对城墙进行修葺之后，仅过了6年，西安将军穆腾阿于

---

① 〔清〕陕西巡抚张祥河：《奏报官民捐修省会西安城垣等工完竣事》，咸丰三年三月二十七日，录副，档号03-4517-067。

② 〔清〕陕西巡抚张祥河：《奏报官民捐修省会西安城垣等工完竣事》，咸丰三年三月二十七日，录副，档号03-4517-067。

③ 民国《咸宁长安两县续志》卷四《地理考上》，民国二十五年铅印本。

同治二年（公元1863年）上奏挖掘护城壕池。[①]显然，这一举措是随着同治初年的战火愈演愈烈，西安城防形势较咸丰年间更趋严峻而出现的。由于咸丰七年维修城墙、城楼、垛口、敌楼、角楼等时间未久，因而此次维修的重点区域是环绕城墙一周的护城河。从历次西安城池维修的过程来看，护城河的修缮主要可分为两种类型：一种是通过疏引潏河水、浐河水进入城壕，增加敌军攻城的难度，达到"金城汤池"的防御效果；另一种是在城外潏河、浐河水量较小，或者财政紧绌、无力疏引的情况下，对干涸的城壕进行挖深掘宽，也能够增强城壕的防御功能。当然，在乾隆中后期，毕沅担任陕西巡抚期间，对护城河的维修就包括了这两种类型。

两年之后，即同治四年（公元1865年），虽然此时陕西军事局势趋稳，社会秩序逐步恢复，但西安城的防御事宜在时任各级官员眼中，仍属头等大事，因而当年又由督办西征粮台学士袁保恒对大城墙进行了"补修"[②]。

在咸丰七年至同治四年的短短8年时间里，西安城池经历了三次维修。毋庸置疑，此类城工属于特定战时阶段增强防御能力的举措，与乾隆、道光年间承平之际动用官帑或者官民捐资修城在起因和背景上迥然有别。承平之际，维修城墙不仅注重"资保障"，也特别强调"壮观瞻"的功效；而在战乱年代，维修城墙和护城河则专注于提升城墙的御敌能力，"壮观瞻"几乎无暇顾及。同时，在数年战事期间，西安大城和四关城墙的部分段落遭遇过战火，激烈的攻防行动给城墙带来的损毁远较多年风雨造成的倾圮、损坏为大，因而战争期间对城墙的维修频次较高，也从一个侧面反映了战火的破坏之烈。

论及工程规模，可以推测的是，在同治初年战事期间，由于关中地区城乡经济遭受严重破坏，大量村落、市镇被烧毁，人口流徙，因而无论地方官府还是民间社会，都没有雄厚财力来对西安城墙、护城河等进行较大规模的维修，只能是在确保防御能力的情况下对城墙进行较低限度的修葺。

三、同治六年兴修城墙、卡房工程

在同治四年督办西征粮台学士袁保恒对大城墙进行"补修"后，仅经过2年，同治六年（公元1867年）西安将军库克吉泰又筹款对西安城墙、卡房等进行了维修。从这一城工过程可以看出，战争对城墙及其附属建筑物造成了较大破坏。

---

① 民国《咸宁长安两县续志》卷四《地理考上》，民国二十五年铅印本。
② 民国《咸宁长安两县续志》卷四《地理考上》，民国二十五年铅印本。

同治六年，陕西仍然处于清军与捻军交战状态，西安作为省会城市，承负的防御压力极大，而城墙作为军事防御的基础设施，由于自然和人为因素损毁严重，维修便成为亟待开展之事。同治六年九月初十日，陕西巡抚乔松年、西安将军库克吉泰、左翼副都统图明额联名上奏，陈明了西安城墙必须尽快修缮的两大原因。

首先，城周约28里的西安大城，城墙高厚，面铺大砖，"工料本极坚实"，因年久失修，间有塌裂，加上同治六年秋雨过大，浸渗刷削，致使城墙内侧和外侧倒塌段落较多，因而应"择要兴修"，以杜绝捻军"窥伺"的念头。其次，内外墙身倒塌较多，固然与年久失修、大雨灌注有关，但加速其倾圮的却是人为活动。陕西巡抚乔松年、西安将军库克吉泰等调查发现，自从战乱期间西安军民进入"守城"阶段以来，每次防御战均在城墙上"开放大炮"，导致"地基震动，陆续内塌已有十数处"。倒塌的城身段落"丈尺不同"，长短不一。令人庆幸的是，倒塌处均向内倾倒，而城顶较宽，仍无碍士兵行走。外侧砖墙"完全如旧，无碍城守"。[①]可见，当时长期且高频次使用火炮对夯土城身的结构影响显著。在这种情况下，连绵秋雨的灌注更使城身"雪上加霜"。

同治六年自八月初六日起，直至二十一日，"秋雨如注，连旦连宵"。天气放晴后，又下了两三场大雨，致使城面震松的段落向内侧倾圮20余处。其中最为关键的是，东北城台上炮台、垛口居然向外侧"坐塌"，宽达5丈，出现了"城砖斜坐，直至平地，有如阶段，循步可登"的危险情形。西安将军库克吉泰与陕西巡抚乔松年迅即添派官兵，在缺口处"筑立帐房，安设枪炮"，作为临时守御之策。但此举终属应急之策，向外倾圮的城墙必须"赶紧兴修"。而墙身向内侧倾圮之处，丈尺较宽的地方若不及时填补，无疑"愈塌愈宽"，此后兴修时不仅工程量更大，而且一经城顶开炮，势必又会震裂城墙，就有可能"贻误大局"。[②]

除城墙向内侧、外侧倾圮，以及东北城台上的炮台、垛口坐塌之外，受到风雨影响的还有城墙上的卡房。卡房是守城官兵栖身之所，但历年渗漏，至同治六年秋季止，受秋雨影响，又陆续坍塌多达40余处，不利于官兵在城上的驻守和防御。

西安将军库克吉泰与陕西巡抚乔松年经过通盘筹划，认为省城西安作为"根本重地"，城内西北隅又居住有大量回民，治安形势复杂，存在安全隐患。因而尤应设法

① 〔清〕西安将军库克吉泰等：《奏为筹款兴修西安城墙卡房等工事》，同治六年九月初十日，录副，档号03-4988-038。

② 〔清〕西安将军库克吉泰等：《奏为筹款兴修西安城墙卡房等工事》，同治六年九月初十日，录副，档号03-4988-038。

筹款兴工，以资捍卫。然而，这一时期陕西官府饷源枯竭，官兵每月的饷粮"尚忧匮乏"，根本无力划拨官帑对城墙进行补筑。一筹莫展的库克吉泰与乔松年"踌躇至再"，左右权衡，最终决定只能采取"择要补苴之计"，对待修之处分别缓急，先补筑紧要的城墙段落。[①]

在"择要维修"的大原则下，库克吉泰与乔松年命令西安八旗满城内驻防的协领、佐领等官员会同咸宁、长安两县地方官对城墙"逐段详细勘估，开具丈尺清册"，进行细致统计。针对损毁段落分类维修，即：①抓紧抢修向外倾圮的城墙段落，以防敌军由此攻入；②对于内塌的各段城墙，由库克吉泰与乔松年选择坍卸丈尺较长的段落和位置最关紧要的部分，先进行填补，其余向内倾圮的段落从缓再办；③城墙上的卡房，虽然也应予以维修，但是限于经费，只能留待有款可筹之时，再陆续修造。[②]"择要补筑""先急后缓"的维修策略是在当时防御情势严峻、经费支绌的情况下所能提出的最佳方案。

陕西巡抚乔松年、西安将军库克吉泰、左翼副都统图明额于九月初十日联名上奏的奏折，九月十八日由军机大臣奉旨"知道了，钦此"[③]。表明这一修城之议得到了同治皇帝的允准。尽管关于此次城工的施工过程、竣工时间、工费数额等目前尚无从查考，但结合当时的军事形势和经济状况分析，应当是一次耗资较小、工期急促的维修工程，可能在同治六年内即已竣工。

在陕西巡抚乔松年、西安将军库克吉泰等人筹划城工的大致同一时期，乔松年在奏折中记载了当时的秋雨和粮价变动情况，为深入认识此次城工提供了更多线索。

同治六年七月二十一日，乔松年在《奏报陕西各属六月份雨水苗情及省城粮价昂贵情形事》一折中载："陕省自种秋禾以来，雨泽频沾，禾苗长发畅茂，实于秋收大有裨益。现在西安粮价大米每仓石价银仍在六两七钱以上，小米新旧不接之际每仓石价银在二两六钱以上。"[④]八月二十三日，乔松年又在《奏报陕西各属七月份雨水苗情及省城粮价昂贵情形事》一折中说道："八月间，西安府附近一带自初六日起，阴雨旬余，甫

①〔清〕西安将军库克吉泰等：《奏为筹款兴修西安城墙卡房等工事》，同治六年九月初十日，录副，档号03-4988-038。

②〔清〕西安将军库克吉泰等：《奏为筹款兴修西安城墙卡房等工事》，同治六年九月初十日，录副，档号03-4988-038。

③〔清〕西安将军库克吉泰等：《奏为筹款兴修西安城墙卡房等工事》，同治六年九月初十日，录副，档号03-4988-038。

④〔清〕陕西巡抚乔松年：《奏报陕西各属六月份雨水苗情及省城粮价昂贵情形事》，同治六年七月二十一日，录副，档号03-4963-470。

行晴霁。秋禾将熟，经此久雨，不免减色。……至现在西安粮价，大米每仓石价银仍在六两七钱以上，小米每仓石价银仍在二两六钱以上。"①九月二十一日，乔松年在《奏报陕西各属八月份雨水田禾等情形事》中称："兹据西安、凤翔、汉中、同州、兴安、商州、邠州、乾州等府州属陆续具报，于八月初二、初六、七、八、九、十至十一、二、三、四、五、六、七、八、九及二十二、三、四、五等日，先后得雨甚多，秋禾正当成熟之时，经此久雨，稻谷穈黍收成不无减色。……西安粮价大米每仓石价银仍在六两七钱以上，小米每仓石价银仍在二两六钱以上。"②从这些奏折记载可知，当年七月、八月、九月下雨天数较多，不仅对城墙、卡房等的稳固造成负面影响，而且导致农作物收成"减色"，致使粮价始终保持在较高水平，这对于在经费支绌情况下开展城工大为不利。

四、光绪三十三年维修工程

经过同治年间战火的摧残，关中区域社会经济直至清末都未能恢复元气，此时的清王朝也已经进入垂暮之期，国力衰弱至极，加之列强肆意侵凌、掠夺，因而朝廷和地方官府均财力紧张。清末的西安城同其他区域中心城市一样，经历着从封建时代向近代的转型过程，在文化教育、商业贸易、警政改革等领域出现了某些亮色，但从根本上来看，官府已经无力再像乾隆朝、道光朝那样通过动用大量公帑或者号召民众捐款来维修城墙。不过，陕西官府与西安驻军仍开展了小规模的维修活动，保障了西安城墙的持续利用。

年久失修、秋雨灌注造成城墙塌陷仍然是此次城工的主要原因。光绪三十二年（公元1906年）闰四月二十六日，松湉抵达西安出任八旗将军，③之后即会同左翼副都统恩存、右翼副都统克蒙额巡查由八旗军队驻守的城墙各处，实际查勘发现"坍塌之处颇多"。同年秋季，由于秋雨连绵，经雨水灌注，城墙"续有塌陷"④。松湉随即与时任陕西巡抚曹鸿勋进行协商，派遣督工官员组织维修。松湉在前往西安接任途中，曾经看

---

① 〔清〕陕西巡抚乔松年：《奏报陕西各属七月份雨水苗情及省城粮价昂贵情形事》，同治六年八月二十三日，录副，档号03-4963-456。

② 〔清〕陕西巡抚乔松年：《奏报陕西各属八月份雨水田禾等情形事》，同治六年九月二十一日，录副，档号03-4963-509。

③ 〔清〕西安将军松湉：《奏报到任接印日期事》，光绪三十二年闰四月二十六日，朱批，档号04-01-16-0290-094。

④ 〔清〕西安将军松湉：《奏为陈明西安修复城工一律工竣事》，光绪三十三年正月二十日，朱批，档号04-01-37-0147-002。

到"陕西各属雨旸时若，农民安谧"①，从一个侧面反映出此次城工是在农作物收成较好的情况下开展的，有利于官府征募工匠、购买工料与工粮。

光绪三十三年（公元1907年）正月二十日，松湃在《奏为陈明西安修复城工一律工竣事》中称"现在一律工竣"，表明此项工程工期集中在光绪三十二年下半年。从施工期限较短的情况分析，工程规模当较小。该奏折行文简短，并未提及具体的施工过程、经费和督工官员等情况，也同以往竣工奏折详细陈述施工过程、缕陈官员政绩等有所区别，同样反映出此次城工规模不大。这次维修工程结束之后不到两个月，松湃于光绪三十三年三月初六日交卸西安将军印务，由新任将军恩存接任。②可见，光绪三十二年底至光绪三十三年初的西安城墙维修工程，是西安将军松湃在任不到一年时间内开展的一项重要建设工程。作为八旗将军，松湃在八旗军制改革等方面虽然难言有较多作为，但是对西安城墙的这次维修却成为明清近600年间的最后一次维修，支撑着西安城墙进入了又一个新时期。

---

① 〔清〕西安将军松湃：《奏报到任接印日期事》，光绪三十二年闰四月二十六日，朱批，档号04-01-16-0290-094。

② 〔清〕调补荆州将军松湃：《奏报交卸西安将军印务并起程日期事》，光绪三十三年三月初六日，朱批，档号04-01-30-0189-051。

第六节
清代西安城乡空间格局

一、重城格局的特征

有清一代，西安满城城墙既是军事驻防区域的分界线，也是满族、蒙古族聚居区与汉族、回族居住区的分界线。自明初城池扩建以来形成的四隅相对独立的城市格局到清代发展为城市东、西部有所分隔的状态。从明代城中之城的"回"字重城结构发展为清代"一城两区"的东西隔离空间格局，当属大城之中建造军事驻防城的直接结果。满城与南城的内部建设，如齐整的街巷、分区驻防等都呈现出与大城其他功能区域迥然不同的特点。因有八旗军兵家属居住其中，满城在作为军事区之外，还兼有满人生活社区的职能。除军事设施以外，满城众多的祠宇庙观可满足满族、蒙古族的信仰需要，还有学校、考场等用于子弟教育和人才选拔。

以钟楼为中心的东、西、南、北四条大街形成的十字格局随着满城的兴建而消失，钟楼成为满城的一座角楼。无论对于汉城还是满城来说，钟楼都已失去了城市空间中心的地位。同宁夏满城建于城外，与原有大城相对独立，或太原满城在大城内形成独立城堡不同的是，西安满城采取了折中方式。西安东北城区满城与大城其他区域在军事部署、生活习俗、宗教习惯等方面虽然相对独立，但又可在军事布防上通过大城城墙的联系，与大城形成统一整体。从军事驻防分区角度看，西安城可分为八旗驻防区与绿营兵防守区；从民族聚居区角度言，亦可分为"满城区"（满族、蒙古族为主）与"非满城区"（汉族、回族为主），总体上构成"一城两区"的空间态势。

二、相关影响

（一）对城市交通的影响

清代满城和南城兴建最直接的影响是一改明代以来的城市交通格局。与明代相比，城市四条大街仅余两条半（即南、西大街保留原貌，北大街的一半为满城西墙所占，东大街完全为满城南墙占据），内环城马道被满城和南城隔断。这种完全出于军事需要而甚少考虑城市其他功能区发展的城市建设，在很大程度上违背了城市通过自身商业贸易、坊里街巷、人口增加等逐渐发展，共同塑造城市面貌的规律，是一种畸形的城市发展过程。从长远来看，当极度强调城市的某一功能时，为强化这一功能所进行的城市建设，并不利于城市的全面发展。

（二）对城市主要功能区分布的影响

满城与南城作为具有隔离性的军事重地，在一定程度上打乱了明代较为合理的城市功能分区。由于满城和南城共占据了约45%的大城空间，因而在挤压清代西安城各功能区空间的同时，也促进了其集中化的趋势，功能区的分布和发展逐渐稳定下来，城市空间格局由失衡再次走向均衡。（见图3-2）

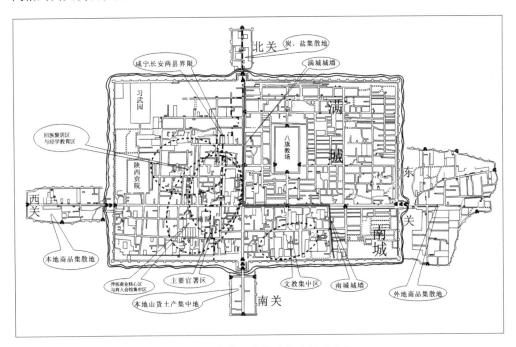

图 3-2　清代西安城功能分区示意图

满城和南城的兴建致使前明时官署分布较多的东大街南侧地区交通顿显不便，发展空间被强行压缩。有清一代，除咸宁县署等少数级别较低官署位于满城南墙南侧外，其他官署大多在城西择址。清代山陕总督（又有陕甘、川陕总督之名）府俗称"南院"，位于今南院门碑林区政府址；陕西巡抚署沿袭明代旧址，有"北院"之名，位于今北院门莲湖区政府址。清代众多官署以南、北院为中心布设，官署区的规模日渐扩大，形成了西安城内的政治核心区。1900年，慈禧太后与光绪皇帝避难西安时以北院为驻跸行宫，西安遂一度成为全国的临时政治中心。

清代大城商业区以南院门、北院门及其邻近地区为集中发展区，是基于靠近南门、交通便利的有利区位，同时这一地区的消费能力要高于其他地区。1900年北院成为行宫后，随同慈禧太后和光绪皇帝陆续自北京抵达西安的达官贵人、商贾富户纷纷聚居周边地区，全国各地进贡的银两、物品也汇聚于此，银铺、商号等如雨后春笋般开办起来，这一地区的商业呈现出前所未有的繁荣。

清代文教区向以关中书院和文庙为中心的东南城区集中，设立有西安府学、咸宁县学、长安县学、咸长考院、崇化书院等文教机构。这里虽然地处东南一隅，稍显偏僻，但对于读书习艺，安谧的环境尚属难得。

（三）对东关城的影响

满城的兴建对城市交通产生负面影响，却出乎意料地促进了东关城的迅速发展。

满城基于军事堡垒的形制和功用，内部规划并没有针对商业区的专门设计，可知的市场仅有南墙外的大、小菜市。虽然汉人进入满城相对不便，但这并不妨碍满人在汉城及东关城中的日常采购、娱乐等活动。长乐门作为满城东部唯一一门，直接将满城与东关城联系起来，满人的日常所需直接促进了东关商业贸易的发展。从满城内部格局来分析，可知其中军事重点区域在西部，而旗民居住区主要在东部，这也就是偏于满城东部的大、小菜市能迅速发展的原因之一。在清代，东关城的不断发展是与满城人口的巨大消费需求紧密联系的。由于满城与南城占据了咸宁县2/3以上的传统辖域，加之明代以来的商业中心区位处长安县境，咸宁县在城内仅余的东南部又为文教区，其商业重心便不得不向东关城转移。满城和南城作为军事区对城内空间的占据转化为城市边缘空间——关城不断扩大的推动力，从而为东关商业区的发展提供了空间条件。

第四章

清代西安
满城与南城的变迁

清代西安满城和南城的兴建有力强化了西安城西北军事重镇的地位，显著改变了城市内部空间格局，同时影响到诸多功能区的变迁。清初满城的兴建、康熙年间南城的兴建及乾隆年间南城的撤销这三次西安城市空间格局的重大变化，均以满城、南城为核心。

第一节
满城的兴建、规模与内部格局

一、选址与兴建

清代西安满城的兴建是明清西安城市空间发展过程中继明初城池扩展和秦王府城兴建、钟楼移建、建修四关城之后的第四次重大变化。这一变化既是城市实体空间的分割，也是明清西安城军政重镇地位进一步提升的表征。

（一）兴建背景

1644年清军挥师入关、定鼎北京之后，其精锐之旅八旗兵除集中屯戍京师外，另有大约半数相继被派驻于全国各大战略城市和水陆冲要。在"虑胜国顽民，或多反侧"的现实状况下，清廷"乃于各直省设驻防兵，意至深远"。[1] 为强化八旗驻防兵镇压汉族和其他民族反抗斗争的力量，维护清廷统治，各区域中心城市纷纷兴建供八旗军兵及其眷属屯驻的满城。新建满城或在原有城市之内划地分治，形成"城中之城"，如西安、太原等，或在原有城市之外另筑新城，形成"子母城"，如银川。这些满城虽规模各异，但均以军事堡垒的形式存在。在西起伊犁，东抵南京，南达广州，北至瑷珲的广袤土地上，满城作为一种特殊的城市形态普遍而广泛地存在着，由此构成清廷控制全国的军事驻防网络。

西安作为宋元以来维系西北安危的军政重镇，在此大背景下兴建了当时诸八旗驻防地中规模居于前列的庞大满城。顺治二年（公元1645年）正月，清军攻克西安城。清世祖福临充分认识到西安乃"会城根本之地，应留满洲重臣重兵镇守"[2]，在这一思想指导下，开始兴建西安满城。

---

① 刘锦藻：《清朝续文献通考》卷二〇八《兵考七》，商务印书馆影印十通本，1936年。
② 康熙《陕西通志》卷三二《艺文·制词》，清康熙刊本。

在北京之外各区域中心城市中，最早的两处八旗驻防城是江宁和西安。雍正之前全国八旗驻防地中设有将军一职的只有盛京、吉林、黑龙江、江宁、京口、杭州、福州、广州、荆州，连同西安共10处。由此反映出不仅在西北地区，就是整个中国西部也以西安的军事驻防地位最为重要。1883年美国学者卫三畏在《中国总论》中就指出，清代"西安城是中国西北地区之都，在规模、人口和重要性方面仅次于北京"①。有清一代，八旗驻防变动较大，其中西安、江宁、杭州三处驻防最为稳固。

（二）选址依据

有研究者认为，"清初八旗兵丁驻扎一地，并无明确的筑城规划，无非是为了安置驻兵而于城内划出一片地段，圈占一些民屋而已"，并指出杭州、西安所占都是城内最繁华的地段。②实际情形并非如此，西安满城的兴建正是因为考虑到可能对城市居民生活和生计产生负面影响，才选择东北城区民户稀疏之地。明代西安东北城区虽建有秦王府城，但并非最繁华的城区。各地满城选址兴建时，并非在旧城中盲目圈地，而是选择能够借助前明相关建筑加以拓展之地，这样对原住居民生活的影响就可减小到最低限度，以尽量舒缓居民的抵触情绪。

西安满城占据东北城区的原因在于：一方面，需要较大空间驻扎5000马甲及其眷属，雍正九年（公元1731年）时满城内人口接近40000；③另一方面，必须考虑尽可能少地驱逐、迁徙原住居民、商户。两方面综合而言，东北城区比其他三区更符合建立"城中城"的要求。东北城区作为自明代以来的新扩城区，面积约占西安城的1/3。明代主要为秦王府城、保安王府、临潼王府、汧阳王府以及秦王府下辖军兵营地占据，居民住宅、寺宇庙观、商贸市场等建筑物数量与其他三城区相比要少。由于东北新扩城区偏离传统商贸区和官署区，加之受制于渠道供水相对困难的状况，人口较少，发展较缓，空地较多。这种状况在嘉靖、万历《陕西通志》之《陕西省城图》，雍正《陕西通志》之《西安府龙首通济两渠图》中均有反映。

从顺治二年（公元1645年）开始，西安东北城区被划定为驻防城范围，至顺治六年（公元1649年）满城筑成。在此期间，原东北城区的汉、回等族居民、商户被迫迁往满城以外的区域，即所谓"汉城"。虽然尚未发现顺治初年修建西安满城时将汉、回族民

① S. Wells Williams, *The Middle Kingdom: A Survey of the Geography, Government, Literature, Social Life, Arts, and History of the Chinese Empire and Its Inhabitants*,London: W. H. Allen & Co., 1883, p.150.

② 定宜庄：《清代八旗驻防制度研究》，天津古籍出版社，1992年，第162—163页。

③ 《清世宗实录》卷一〇八，雍正九年七月癸亥，清内府抄本，中华书局影印，2008年。

户、商户大量迁出东北城区的确凿记载，但当时北京在内、外城实行了严格的满汉分隔政策，西安满城兴建过程中的人口迁移当大致与此相似。

满人入主北京之后，分别在顺治元年（公元1644年）和顺治五年（公元1648年）两次将汉人由内城迁往外城。尤其于1648年下移城令，命汉人迁出内城，到外城居住。清世祖福临指出："此实参居杂处之所致也。朕反复思之，迁移虽劳一时，然满汉各安，不相扰害，实为永便。除八旗投充汉人不令迁移外，凡汉官及商民人等尽徙南城居住"①。西安满城的兴建正当此期间，势必受到京师满汉分隔政策的影响，将东北城区汉族、回族人口驱往其他城区居住，在短时间内迅速形成一个满族、蒙古族的大规模聚居区。

（三）重要地位

作为清代军事格局的地缘中心之一，西安满城成为清代各地满城重要的兵源供应地和中转地，先后向西北伊犁、乌鲁木齐及湖北荆州等满城调拨兵力。

西安八旗军兵骁勇善战，参加了诸多战事。西安满城驻防军兵出征地域相当广阔，不仅在宁夏、甘肃、新疆等西北地区的战役中屡建奇功，而且在乾隆年间平定西南地区大、小金川叛乱之役中也发挥了重要作用。太平天国时期，西安八旗驻防军兵2000余人在南京沙曼州战役中全部战死，也从一个侧面反映了西安八旗军兵的勇猛。②

二、形态与规模

在大城之内构筑小城使整个城市构成重城形态以加强军事防御功能，是古都西安城市发展史上的一个显著特点。自西汉以迄明代，长安（西安）城均以重城为主要特征。清代西安府城亦属重城形态，外城为西安府大城，在大城之内，不仅因用明代秦王府城旧基在东北城区改筑满城以驻扎满蒙八旗，还在东南城区兴建南城以驻扎汉军八旗。

清代在西安大城内兴筑满城和南城，是满族统治者入主中原后为控制军事重镇而采取的重要举措。清代西安的重城形态虽与前代略有相仿，但大城内的小城在具体功用上与前代又有不同。前代长安（西安）城内的小城，有的是帝王或藩王宫城（如西

---

　　①　《清世祖实录》卷四〇，顺治五年八月辛亥，清内府抄本，中华书局影印，2008年。

　　②　定宜庄：《清代八旗驻防制度研究》，天津古籍出版社，1992年；朱仰超：《西安满族》，见中国人民政治协商会议西安市委员会文史资料委员会编：《西安文史资料》第18辑，1992年，第172页。

汉长安未央宫、长乐宫、北宫和明光宫诸座宫城，隋唐长安宫城以及明西安秦王府城），有的是官署所在的衙城（如隋唐长安皇城、唐末五代长安衙城、宋金京兆府衙城和元代奉元路衙城）。清代西安满城和南城既非帝王或藩王宫城，又非官署衙城，而是专门供八旗马甲和汉军驻扎修筑的驻防城。虽同为重城结构，但清代西安城内小城的性质已由以往政治中枢或行政中心转变为屯驻功能更为突出的军事堡垒。从全国的情况来看，当时具有重要军事地位的区域中心城市内部或附近大多筑有满城，但像西安城一样同时布设满蒙八旗驻防城和汉军八旗驻防城的情况并不多见，这充分体现了清代西安城的军事重镇地位。

（一）满城形态与占地规模

清代西安满城规模庞大，主要体现在占地面积、驻扎军兵人数以及各类建筑屋宇的间数等方面。

1. 满城形态

清初兴建西安满城时，在东北城区西、南两面"修筑界墙，驻扎官兵"[①]。西墙自安远门起，南至钟楼止；南墙自钟楼起，东至长乐门。从康熙《陕西通志》卷首《会城图》、雍正《陕西通志》卷六《疆域一》所附《会城图》、嘉庆《咸宁县志》卷一《疆域山川经纬道里城郭坊社图》所附《城图》、光绪十九年《清西安府图》、民国《咸宁长安两县续志》卷一《城关图》等分析可知，满城虽然有四面城墙，但其北墙和东墙借用了西安大城城垣，仅南墙和西墙为新筑。准确而言，南墙自钟楼东南角起，沿东大街南侧直抵长乐门南侧；西墙从钟楼东北角起，沿北大街东侧直抵安远门东侧。据雍正《陕西通志》卷六《疆域一》所附《会城图》分析，满城南墙和西墙厚度不及西安大城城墙，但城墙高度约略与之相当。[②]

满城南墙与西安大城东垣相接处，正是长乐门外月城南垣与西安大城东垣相接处。虽然大城东垣从中穿过，但满城南墙与长乐门外月城南垣已连成一线，这样可使东门外月城、瓮城与大城、满城构成一个完整的防御体系。一方面，满城的安全有赖于大城防御能力；另一方面，如敌军兵临东关城，月城、瓮城上的守军不但可以得到来自大城守军的支援，亦可得到满城守军的协防。由此，长乐门外月城、瓮城可视为满城向外延伸的部分。满城西墙通过大城北垣与安定门外瓮城东垣相通，并进而与瓮

① 〔清〕鄂尔泰：《八旗通志初集》卷一一七《营建志六》，清文渊阁四库全书本。
② 朱仰超：《西安满族》，见中国人民政治协商会议西安市委员会文史资料委员会编：《西安文史资料》第18辑，1992年，第169—182页。

城、月城形成互为掎角之势。清代西安满城在防御方面对大城东、北二门，尤其是东门的倚重可见一斑。（见图4-1）

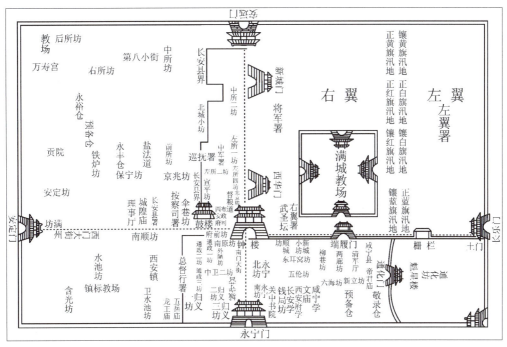

图 4-1 清前期西安满城及南城与大城相对关系示意图

（底图来源：嘉庆《咸宁县志》卷一《疆域山川经纬道里城郭坊社图·城图》）

2. 占地规模

雍正年间编修之《八旗通志初集·营建志六》载西安满城"南北长一千二十八步，东西长一千二百步"①。乾隆《西安府志》卷九《建置志上·城池》引明《一统志》记述西安府满城"周九里"，实际上误引了明秦王府萧墙规模。民国《咸宁长安两县续志》卷四《地理考上》引光绪十九年《陕西舆图馆测绘图说》称："又满城周一千六百三十丈，为十四里六分零。东西距七百四十丈，为四里二分零，南北距五百七十五丈，为三里一分零。"雍正、光绪年间两次实测数据之间有一定差异，这应是测量方法和起测点不同所导致的。据今人实测资料，满城周长为8767米，东西长2466米，南北宽1917米。②满城面积4.72平方公里，约占大城面积的40%。

在清代各八旗驻防城中，无论是地处江南、堪称江防要塞的杭州满城，还是地处

---

① 〔清〕鄂尔泰：《八旗通志初集》卷一一七《营建志六》，清文渊阁四库全书本。

② 朱仰超：《西安满族》，见中国人民政治协商会议西安市委员会文史资料委员会编：《西安文史资料》第18辑，1992年，第170页。

塞北、"倚贺兰山以为固"的银川满城，占地规模鲜有超过西安满城的。顺治二年（公元1645年）起建的杭州满城，占地"环九里有余"，"高一丈九尺"。①雍正元年（公元1723年）在银川城外东北部兴筑的满城，"周六里有奇"，后因地震于乾隆三年（公元1738年）塌毁，朝廷遂于乾隆四年（公元1739年）在城西约15公里处建"新满城"，"周七里有奇，门四，濠广六丈"。②按照清1里约等于576米计算，西安满城周长约清15里，远大于杭州和银川满城，在各区域中心城市满城中占地规模仅次于江宁满城，而驻防兵力排位居首。

据雍正《八旗通志初集》、乾隆《钦定八旗通志》所载，从占地规模、官兵人数等方面比较西安满城与其他满城的规模，列表如次：

表 4-1　清代西安满城与其他满城规模对比表

城市	设立时间	规模	官兵数
西安	顺治二年（1645）	满城"南北长一千二十八步，东西长一千二百步"；南城"南北长四百六十步，东西宽五百十三步"	官兵及工匠共6543名
杭州	顺治五年（1648）设	于杭州府城内建筑满城一座，围长七里零，高一丈五尺，计营内地一千一百四十五亩五分，城外四旗三百二十五亩五分，城脚基地六亩四分一厘三毫零，共地一千四百三十六亩四分一厘三毫零；界墙"环九里有余"	官兵及工匠共2200名
江宁	顺治六年（1649）起造	自府城内太平门东至通济门东，长九百三十丈，连女墙高二丈五尺五寸，周围三千四百十二丈五尺（约清19里）	官兵及工匠共4448名
荆州	康熙二十二年（1683）设	府城中分城以东为满城，其西为汉城，中立界墙，长三百三十丈，满城周围计一千二百五十八丈（约清7里）	官兵及工匠共5466名
太原	顺治六年（1649）设	分府城西南隅为满城，东北二方设立栅栏门，关门为界，计南北长二百六十丈，东西阔一百六十一丈七尺（以长方形计算约清4.7里）	官兵及工匠、水师营共553名
广州	康熙二十一年（1682）设	周围一千二百七十七丈五尺（约清7.1里）	官兵及工匠共4016名
开封	康熙五十八年（1719）造	周围六里，四面土墙高一丈	官兵及工匠共911名
成都	康熙五十八年（1719）造	计城垣周围八百一十一丈七尺三寸（约清4.5里），高一丈三尺八寸，底宽五尺，顶宽三尺，城门楼四座，共十二间	官兵及工匠共2570名

---

① 〔清〕张大昌：《杭州八旗驻防营志略》卷一五《经制志政》，光绪十九年刊本。
② 嘉庆《大清一统志》卷二六四《宁夏府·城池》，四部丛刊续编景旧抄本。

续表

城市	设立时间	规模	官兵数
归化	雍正元年（1723）八月	城垣四面共三百七十六丈，东、西、南三面设立关厢，周围共四百五十四丈五尺（约清 2.5 里）	
银川	雍正二年（1724）设	周围六里三分，大城楼二十间，瓮城楼十二间，角楼十二间，铺楼八间	官兵及工匠共 3527 名
潼关	雍正五年（1727）起建	周围四百九十二丈二尺，以一百八十丈为一里，合计二里七分三厘四毫零，城壕宽二丈，城墙高一丈八尺，基宽一丈六尺，顶宽八尺，垛墙高四尺	兵 1000 名①
青州	雍正七年（1729）设	周围长一千零四十九丈（约清 5.8 里）	官兵及工匠共 1928 名

　　资料来源：〔清〕鄂尔泰：《八旗通志初集》卷一一七《营建志六》、卷一一八《营建志七》，清文渊阁四库全书本；〔清〕福隆安等：《钦定八旗通志》卷三五《兵制志四·八旗驻防兵制》，清文渊阁四库全书本；〔清〕张大昌：《杭州八旗驻防营志略》卷一五《经制志政》，光绪十九年刊本。

　　注：
　　① 〔清〕吏部尚书协理户部事务讷亲、户部尚书海望：《题为遵议潼关撤回西安八旗乾隆三四两军需用兵马钱粮事》，乾隆四年七月二十九日，户科题本，档号02-01-04-13179-003。

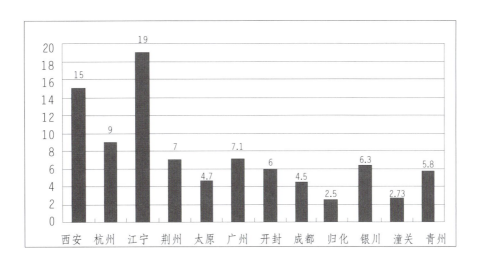

图 4-2　清代主要满城城周数据柱状图（单位：里）

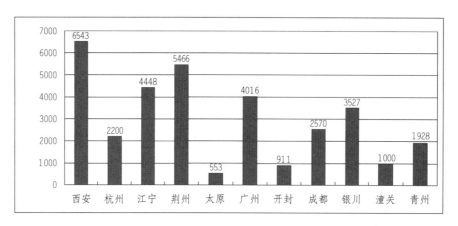

图4-3　清代主要满城驻防兵力数据柱状图（单位：人）

（二）八旗军兵数量与营房间数

1. 军兵数量与兵种类型

清代西安满城额设马甲5000人，[①]其中满族3586名，蒙古族1414名，[②]分别占兵丁总数的72％、28％。据雍正《八旗通志初集》载，康熙二十二年（公元1683年）设南城之后，满汉八旗官兵人数骤增。雍正年间多达8044名官兵，其中军兵数7946（见表4-2），尤以满洲蒙古汉军马兵占绝大多数，占比达75.51％。

西安满城设八旗将军1人（武职一品官），右翼都统、左翼都统各1人（武职二品官），均属奉命简派，三年一任；每旗设协领1人（武职三品官），共8名；每甲设佐领1人（武职四品官），共40人，佐领以下设防御1人（武职五品官），共40名，骁骑校1人（武职六品官），共40名，再以下有领催6人，共240名，每名管兵21人，各级官阶循序升补。（见图4-4）具体而言，"官之等约有九，曰协领，曰佐领，曰轻车都尉，曰云骑都尉，曰防御，曰骁骑校，曰恩骑尉，曰八九品笔帖式，以及荫生、休致并未及岁之都尉、骑尉；兵之别约有七，曰委前锋校，曰前锋，曰领催，曰马甲，曰步甲，曰养育兵，曰炮手"[③]。在8044名官兵中，除98名官员外，军兵数为7946。8个兵种所占军兵总数比例依次为：满洲蒙古汉军马兵75.51％，满洲蒙古鸟枪兵12.58％，满洲蒙古步兵8.81％，满洲蒙古炮手1.43％，左翼满洲蒙古铁匠0.7％，汉军炮手0.5％，左翼满洲蒙古弓匠0.35％，汉军弓匠0.1％。

---

① 〔清〕臧励龢编：《陕西乡土地理教科书》（初等小学堂第一学年用）第十八课《军政一》，陕西学务公所图书馆，清光绪三十四年。

② 《陕西省西安市满族社会历史调查报告》，见《民族问题五种丛书》辽宁省编辑委员会编：《满族社会历史调查》，辽宁人民出版社，1985年，第139页。

③ 〔清〕陕西清理财政局编：《陕西清理财政说明书》下编《岁出军政费说明书》，清宣统元年排印本。

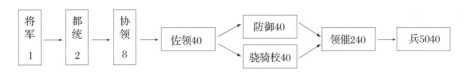

图4-4　清代西安满城八旗官兵体系图

西安八旗军兵不仅数量最多，战斗力、军容等在八旗驻防城中也居于前列。康熙四十二年（公元1703年），康熙皇帝在西安阅兵后盛赞曰："西安官兵皆娴礼节，重和睦，尚廉耻，且人才壮健，骑射精练。朕巡幸江南、浙江、盛京、乌喇等处阅兵，未有能及之者，深可嘉尚。"[1]前来西安朝见康熙的藩部官员也称西安八旗官兵"禁卒精练，天下无敌"[2]。

2. 衙署与营房间数

据雍正《八旗通志初集》统计，清代西安满城、南城内满汉八旗军兵匠役营房共计14428间，其中尚未包括眷属居住的房屋间数。（见表4-2）大量布设整齐的军兵营房和眷属居住区使得满城内街巷密集、社区规整。

表 4-2　清代西安满城（含南城）军兵数目、类型及营房间数一览表

建筑/兵种	建筑数（所）	营房间数	人数
将军衙署	1	25	—
副都统衙署	4	80	—
满洲汉军协领衙署	16	240	—
雍正二年增设蒙古协领	—	未建衙署	2
参领衙署	8	96	—
佐领衙署	56	672	—
防御衙署	96	768	—
左翼四旗满洲蒙古骁骑校、八旗汉军骁骑校	68	408	68
右翼满洲蒙古骁骑校	—	无额设衙署	28
笔帖式衙署	4	—	—
满洲蒙古汉军马甲	—	12000	6000
康熙三十年增满洲蒙古鸟枪兵	—	无额设营房	1000

---

① 赵尔巽：《清史稿》列传六三，民国十七年清史馆本。
② 赵尔巽：《清史稿》列传二〇九，民国十七年清史馆本。

续表

建筑/兵种	建筑数（所）	营房间数	人数
康熙三十年增满洲蒙古步兵	—	无额设营房	700
康熙三十年增满洲蒙古炮手	—	无额设营房	114
康熙三十年增汉军炮手	—	16	40
左翼满洲蒙古弓匠	—	28	28
汉军弓匠	—	8	8
右翼满洲蒙古弓匠	—	14	—
左翼满洲蒙古铁匠	—	56	56
右翼满洲蒙古铁匠	—	17	—
合计	253	14428	8044

资料来源：〔清〕鄂尔泰：《八旗通志初集》卷一一七《营建志六》，清文渊阁四库全书本。

三、内部格局与功能分区

（一）城门设置

清顺治二年（公元1645年）始筑满城时，共开有5个城门。乾隆《西安府志》载："东仍长乐，西南因钟楼，西北曰新城，南曰端礼，西曰西华。"[①]在满城5门中，东门借用大城东门长乐门，西南门借用钟楼东门洞，另外3门俱为新开之门。

清初满城3个新开城门的名称与秦王府城有紧密联系。西北门"新城门"位于明秦王府城萧墙北墙拆毁后形成的后宰门街西端出口，采用"新城"的名称是相对于明秦王府"旧城"而言；南门"端礼门"与明秦王府内城南门名称相同，但具体位置已大大南移，不仅在原端礼门之南，亦在秦王府萧墙南门灵星门之南，大致在今端履门街北口；西门"西华门"与秦王府城萧墙西过门处于一条线上，但具体位置已略微西移，大致在今西新街西口。

清前期满城又增设两个便门。据雍正《陕西通志》卷六《疆域一·会城图》、嘉庆《咸宁县志》卷一《城图》及《县治东路图》，满城南墙东段开有栅栏（大菜市）和土门。此二门分别位于今大差市（和平路北口）与大城东门西南侧（先锋巷北口一带），俱无门楼之设。当是康熙二十二年（公元1683年）修筑南城后，为方便南城与满城的联

系专门开置的便门。

西安满城共有7处城门，以开门方向论，西面自北而南分别为新城门、西华门和钟楼东门洞，南面自西而东分别为端礼门、栅栏（大菜市）和土门，东为长乐门，北无城门。西、南两面各有3门，便于加强满城与大城内其他区域的联系，东面沿用西安大城东门长乐门，北面未开城门。

（二）官署分布

清初西安满城"因明秦王府旧基改筑"而成，其中主要军事衙署多继承明代秦王、郡王府邸及附属机构的旧址，由此减少了清初满城营作的工程量。

表 4-3　清代西安满城、南城官署与明代相关建筑位置对照表

清代军事机构	明代基址	今址
八旗教场	秦王府	陕西省政府所在地
会府	保安郡王府	南临东大街，北临西一路，西临北大街，东临案板街
满提督府	汧阳郡王府	北新街以西，西七路以南，西安市第八十九中学东，后宰门街以北
八旗将军署	西安右护卫	后宰门街南侧一带
左翼副都统署	西安后卫	西安市人民体育场一带
右翼副都统署	秦王府西南	南新街西侧、南长巷北侧一带
左翼汉军副都统署	邻阳郡王府	金家巷以南，先锋巷、和平巷以西，建国路以东，建国五巷以北

资料来源：本表主要依据嘉靖《陕西通志》卷五《土地五·封建·皇明藩封》（明嘉靖二十一年刻本）、康熙《陕西通志》卷二七《古迹》（清康熙刊本）、《古今图书集成·方舆汇编·职方典》卷五一〇《西安府部汇考二十·西安府古迹考一》（清雍正铜活字本）、明陈循等《寰宇通志》卷九二《西安府上·府第》（明景泰间内府刊初印本）、康熙《长安县志》及《咸宁县志》城图（清康熙刊本）综合考订而成。

（三）驻防分区

清代满城八旗驻防区、兵营布设皆有固定方位，尤以北京内城布局最为严整。雍正《八旗通志初集》载八旗驻防方位的普遍原则云："太祖高皇帝创设八旗，分为两翼，左翼则镶黄、正白、镶白、正蓝，右翼则正黄、正红、镶红、镶蓝。其次序皆自北而南，以五行相胜为用。两黄旗位正北，取土胜水；两白旗位正东，取金胜木；两红旗

位正西，取火胜金；两蓝旗位正南，取水胜火。"①这一驻防原则以五行相生相克为特点，"各照方向，不许错乱"②。（见图4-5）

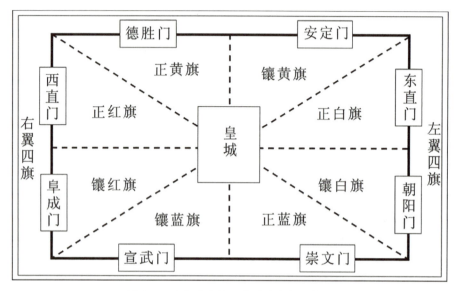

图 4-5　清代北京城八旗驻防方位示意图

　　西安满城八旗驻防格局亦参照上述规定，结合八旗组织特点将满城划分为8区40段，分区驻守。"城内分八区，区分五段，共四十段。第一区镶黄旗驻焉，第二区正黄旗驻焉，其驻于第三区者正白旗也，第四区者正红旗也，镶白旗则第五区，镶红旗则第六区，正蓝旗则第七区，镶蓝旗则第八区，为分驻之地。"③

　　满城内8区为每旗分防1区，每旗分为5甲，每甲分防1段，全满城划分为40段进行分防。每甲编制为125名马甲（骑兵），5甲为1旗，计马甲625名，八旗共马甲5000名。这种划区分防的方法既是军事区部署，也是城市治安区划的一种，并为清末警政在西安满城的推行奠定了良好基础。

　　从嘉庆《咸宁县志》卷一《城图》和光绪十九年陕西舆图馆所绘《陕西省城图》来看，西安满城八旗兵营布设基本遵循清廷规定：镶黄旗居东北，正黄旗居西北，东面自北而南分别是正白旗、镶白旗，西面由北而南分别是正红旗、镶红旗，正蓝旗居东南，镶蓝旗居西南。八旗驻防地大致位于八旗教场以东、今解放路以西的范围内，其中以一

① 〔清〕鄂尔泰：《八旗通志初集》卷三〇《旗分志三十》，清文渊阁四库全书本。
② 〔清〕《满洲实录》卷三，辛丑年，清天聪九年刊本。
③ 〔清〕陕西清理财政局编：《陕西清理财政说明书》下编《岁出军政费说明书》，清宣统元年排印本。

条南北向的街道（今尚德路）为界分成东、西两个部分，东部自北而南分别为镶黄旗、正白旗、镶白旗和正蓝旗，属左翼副都统管辖；西部自北而南分别为正黄旗、正红旗、镶红旗和镶蓝旗，属右翼副都统管辖。（见图4-6）

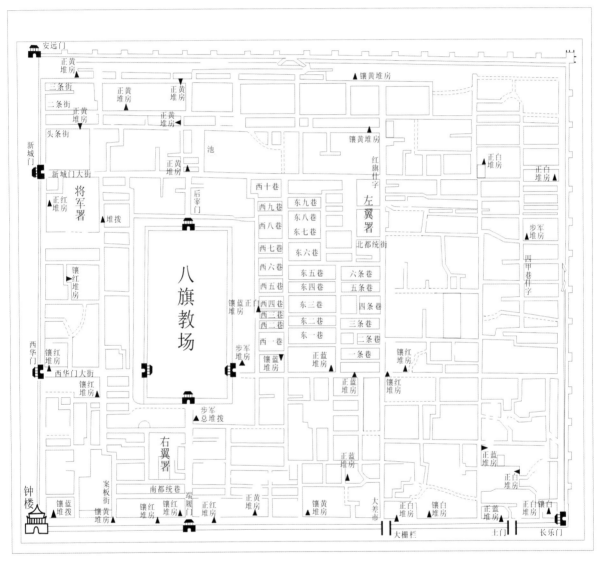

图 4-6　清代西安满城八旗驻防格局图

（四）堆房与教场

　　除八旗兵营之外，满城还布设有多达38座"堆房"（或称"堆拨"，见图4-6），作为分区驻防兵丁的哨所。堆房依其归属可分作四类：各旗所属堆房、两旗合用堆房、步军专用堆房、归属不详的堆房。清代西安满城堆房分布情况详见下表：

表4-4　清代西安满城堆房分布一览表

类别	堆房数量（座）	位置	类别	堆房数量（座）	位置
镶黄旗	7	善庆寺东	镶黄旗	4	狮子林西
		马价库西			未安宫南
		羊市什字西南			案板街南口
		玉皇阁西			庙巷东
		玉皇阁东北	正白旗	4	关帝庙西
		端履门西			撞倒墙什字东
		三步夹道口南			大差市东
正黄旗	7	如意巷东			文献巷南
		三官庙西	正红旗	2	将军署西
		桑柳巷什字东			端履门东
		极乐庵北	镶蓝旗	2	西一巷南
		极乐庵南			钟楼东北
		后宰门北	步军	2	华藏寺东南
		水道口西			双马圈巷西南
正蓝旗	5	东一巷南	镶白旗	1	庙巷东
		大石桥西	正白旗、镶蓝旗合用	1	西三巷西
		驿马巷北	正白旗、镶白旗合用	1	东岳庙南
		慈云庵东	步军总堆拨	1	龙虎巷北（教场南门外）
		辘轳把巷西	归属不详	1	二道巷南

满城内堆房多位于八旗兵营外围之城墙内侧和八旗教场四周，具体方位与各旗驻防地有较强相关性。堆房堪称近代警察岗亭的雏形，这在清末西安推行警政时表现鲜明。满城内各旗于"光绪二十八年改为西安驻防警察营。警察而外则有若马队，有若兵备处，有若新军，有若炮队，有若屯旗。营制既经更定，名称亦多改易。警察者即旗营旧有之堆房也"①。

① 〔清〕陕西清理财政局编：《陕西清理财政说明书》下编《岁出军政费说明书》，清宣统元年排印本。

从各种图籍资料来看，满城内最为醒目的军事设施当数八旗教场。为便于八旗军兵日常操练，乾隆二十二年（公元1757年），西安将军都赉会同陕甘总督黄廷桂奏明将秦王府砖城旧城改建为满营教场，[①]并于其中"建屋数十楹"[②]。英国传教士伟烈亚力曾游览满城教场，并在1856年出版的《西安府的景教碑》中留下珍贵记述："我们而后去参观位于西安城另一隅的满城。在这里，我们参观了唐代的宫殿旧址，已经了无遗迹。这处旧址场地广阔，长满了草——事实上，是非常好的草坪——周边有墙环绕，现在用于练习射箭。"[③]八旗教场系由秦王府砖城改筑而来，设有4门，各门上均建有双层高大门楼。雍正《八旗通志初集》载："教场在府城内迤北，东西长三百三十步，南北长三百十二步。"[④]由此可知，八旗教场东西528米，南北499米，约为0.26平方公里，占满城面积4.72平方公里的5.5%。八旗教场占地面积与秦府砖城0.3平方公里相比有所减小，与清初的改筑事实正相吻合。

（五）街巷与居住区

满城兴建主旨在于驻扎八旗军兵及其眷属，故而内部布局具有浓厚的军事化特色。

满城官员兵丁居住区集中在中部偏东，以"旗""甲"为单位，便于本旗官员管理。从这一点而言，西安满城居住区同北京内城八旗居住区的排列有相似之处。北京"都城之内，八旗居址，列于八方。自王公以下至官员兵丁，给以第宅房舍，并按八旗翼卫宸居"[⑤]。西安满城不仅八旗分布各有界址，在各旗地界之内，旗下各甲喇、佐领人户居住都有一定位置。

雍正年间，通常情况下，"一佐领下满洲，多不及二百人，少或七八十人，计户不过四五十家，世为同里"[⑥]。佐领是八旗的基层单位，每佐领一般辖管数十户，每户计壮丁数口至数十口。他们按本旗方位被集中安置在特定街区，便于军事调动。八旗是以旗统人、以旗统兵的军政合一制度，又是"出则备战，入则务农"的兵民合一的社会组织形式，原本具有行政管理、军事征战、组织生产三项职能。在这一制度下，居住

①　民国《续修陕西通志稿》卷六《建置一》，民国二十三年铅印本。
②　民国《续修陕西通志稿》卷一三一《古迹一》，民国二十三年铅印本。
③　Alexander Wylie，"On the Nestorian Tablet of Se-gan Foo"，*Journal of the American Oriental Society*，Vol. 5，1856，pp. 275-336.
④　〔清〕鄂尔泰：《八旗通志初集》卷一一七《营建志六》，清文渊阁四库全书本。
⑤　〔清〕李绂：《穆堂类稿·别稿》卷二七《八旗营建志序》，清道光十一年奉国堂刻本。
⑥　〔清〕允禄等奉敕编：《世宗宪皇帝上谕八旗》卷五，清文渊阁四库全书本。

区、坟茔区、军事驻防区都以旗为单位。各甲公所是各甲办理升迁、调补等工作的机构，原名"圈"，后改为"公所"，是满营的基本政权单位，分管银钱粮饷、户口名册等。西安满城内共有40个甲公所，每一行政管理区和军事分防区的管辖区域相一致。

八旗每个佐领下都设有官学，八旗共有40所学堂，每所学堂有学生20~30名，官学学生总数为800~1200名。至清末，西安满城另有私学30多所。①满城作为相对独立的城市区域，其中教育机构的设置要比西安城其他区域更成体系，公私学堂数量较多，分布也较合理。

满城内街巷密集而规整，光绪十九年陕西舆图馆测绘的《陕西省城图》文字注记称："满城则大街七，小巷九十四。"据图中所绘，7条大街中东西街共有6条，其中5条较长，自南而北分别是西华门大街（今西新街）、新城门大街（今后宰门街）、头条街（今后宰门街北）、二条街（今西七路）、三条街（今西八路），另有北都统街甚短，在左翼署正南（今五四巷）。南北向仅案板街。以上7街中，西华门大街、新城门大街和二条街都是东西横穿满城的大街，构成了满城的3条东西向主干道。其中西华门大街更以横穿八旗教场和八旗驻防地，并且西出西华门，可与今北院门一带官署区相联系而尤显重要。南北向案板街较短。案板街之东，有八旗教场南口至端履门的大街（即今南新街），北经八旗教场北门、后宰门可直抵城墙。再东又有红旗什字所在的南北向大街（今解放路）和另一条南北向大街（今尚勤路）。这3条大街分别以端履门、大差市和小差市为其南端出口，虽俱无大街之名而皆有其实，都是纵穿满城的南北向主干道。1911年，美国学者盖洛所撰《中国十八省会》记述了清末西安满城内部街巷以及八旗武备有所废弛的状况："顺利通过厘税局官吏的查验，旅行者就会发现自己置身于一条宽阔、笔直的大街。这条大街以花岗岩铺砌，却穿行在荒芜的城隅。这里就是为了统治汉人而修建的满城，已经存在了二百多年。在所有重要城市都有用城墙隔开的驻防区域。迄今，八旗军兵仍举行军事操演，投石、掷棒、骑射；但这一制度已经废弛，满城也渐渐荒芜了。"②

① 《陕西省西安市满族社会历史调查报告》，见《民族问题五种丛书》辽宁省编辑委员会编：《满族社会历史调查》，辽宁人民出版社，1985年，第142、143页。
② William Edgar Geil, *Eighteen Capitals of China*, Philadelphia & London: J.B. Lippincott Company, 1911, p.330.

满城内7条大街和94条小巷纵横交织，有效地将满城各区域及四面城墙连接起来，既增强了满城军事防御功能，又便利了满城与大城其他区域的交通。八旗兵营驻地相当规范，其间小巷虽然短小、密集，但排列严整有序，并且各小巷命名均参照了兵营方位和排列次序。如八旗教场东面，自北而南分别有西一巷至西十巷，再东有东一巷至东九巷，又东有一条巷至六条巷，军事化特色十分显著，至今这一区域的街道名称仍存有清代军事化路名的印痕。

（六）庙宇分布

由于满城的分隔性和八旗社会习俗传承的稳固性，满族、蒙古族在满城内按照关外的生活方式，保持传统祭祖、祭神的习俗。满人信仰庞杂，佛神、灶爷、天地、马王、财神等均在崇祀之列，满城内庵、观、寺、宫分布较多。在满城80多所寺庙中，供奉关羽的庙宇就占3/4，[1]充分体现了满族、蒙古族尚武善战的传统。满城内规模较大的庙宇较少，除东岳庙等少数庙宇外，大多数小型庙宇均兴建于清初八旗驻防稳固之后。如正红旗汛地的开福寺（大致位于今尚勤路西侧民乐园住宅区范围），系雍正年间由皇帝敕建，等级高，占地广，影响力大，其南侧巷道亦因其得名，称作开福寺巷。与此类似的是，满城古太子庙西侧的太子庙巷、三官庙南侧的三官庙巷、武庙南侧的武庙巷、三圣庙北侧的三圣庙巷等，均属巷循庙名的实例。可见满城内的庙宇在发挥宗教信仰功能之外，也承担了旗人社会正常运作的多样化功能。

四、附属功能区

清代西安城郊与城区关系最密切的附属功能区当数与满城相关的功能空间，主要包括八旗官员田产区、八旗军兵坟茔地和八旗马厂地。（见图4-7）随着西安八旗官兵的调派、移驻、汉军出旗以及军马数量变动，此类旗地的规模、范围、利用方式等多有变化。

---

[1] 朱仰超：《西安满族》，见中国人民政治协商会议西安市委员会文史资料委员会编：《西安文史资料》第18辑，1992年，第174页。

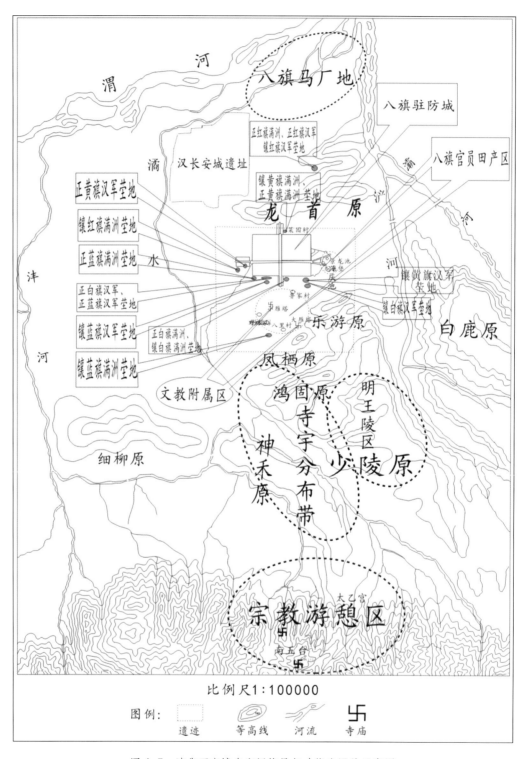

图4-7　清代西安城乡空间格局与功能分区总示意图

（一）八旗官员田产区

西安满城作为西部地区驻兵最多的八旗驻防城，八旗官员人数众多，在郊区占有大量田产，作为部分俸禄的来源。以下据雍正《八旗通志初集》列表反映西安满城八旗官员田产数量及其分布：

表 4-5　西安满城驻防官员占有土地数量及其分布一览表

官员类别	官员人数	土地（晌）	位置
西安将军	1	25	长安县罗家寨及西城内菜园子
左翼满洲副都统	1	20	咸宁县景龙池
右翼满洲副都统	1	20	咸宁县八里村
正黄旗满洲协领	1	15	咸宁县龙渠堡
正黄旗满洲佐领	5	30	咸宁县景龙池、龙渠堡
正红旗满洲协领	1	10	咸宁县小雁塔
正红旗满洲佐领	5	35	长安县野狐寨、咸宁县小雁塔等处
镶红旗满洲协领	1	10	咸宁县大雁塔
镶红旗满洲佐领	5	25	咸宁县大雁塔、水河村、鲁家村及长安县野狐寨等处
镶蓝旗满洲协领	1	20	咸宁县景龙池
镶蓝旗满洲佐领	5	25	咸宁县景龙池
正黄旗蒙古佐领	2	15	咸宁县景龙池
正红旗蒙古佐领	2	10	长安县野狐寨
镶红旗蒙古佐领	2	10	咸宁县大雁塔、八里村
镶蓝旗蒙古佐领	2	10	咸宁县景龙池
合计：15 类	35	280	

资料来源：〔清〕鄂尔泰：《八旗通志初集》卷七三《土田志十二》，清文渊阁四库全书本。

以上涉及清初最早驻防西安的右翼四旗，即正黄、正红、镶红、镶蓝旗协领、佐领，分别占地60、55、45、55晌，合计215晌。西安八旗将军占地25晌，左翼、右翼满洲副都统各占地20晌，合计65晌。官员品级越高，占地面积越大，由此获得的土地收益也就越多。

在15类八旗官员拥有的10处土地中，位于咸宁县辖域的有7处（景龙池、八里村、龙渠堡、小雁塔、大雁塔、水河村、鲁家村），长安县辖域内有3处（罗家寨、西城内菜园子、野狐冢）。这些田地主要集中在东关和南郊，以咸宁县景龙池、大小雁塔、八里村和长安县野狐冢4处为集中分布区域。八旗官员拥有的田产均处于"平畴沃野"之地，旱涝保收，距城较近，便于管理。

作为田亩计量单位，"晌"与"垧"相通，在不同地区指代的面积并不一致，可换算为15亩或5亩。西安满城驻防官员在西安城区及郊区共占有土地280晌，若按每晌15亩计算，共4200亩，若按5亩计算，共1400亩。这些土地作为八旗官员的重要经济收入来源，与满城社会生活之间的紧密联系显而易见。八旗官员占有土地的位置与八旗驻防方位之间没有直接联系，但这些土地与城市距离较近，便于经营管理和收取田租。

清代西安八旗官员占有郊区土地同明代秦王在郊区占有大量庄田之间有相似之处，均对城市特定区域的持续发展起着有力的支撑作用。八旗官员田产与乡村农民本身所拥有的土地在耕作形式、收益等方面虽无本质区别，但前者占有的土地与城市人口之间的联系更为紧密，这些土地可视为满城的附属功能区，是支撑旗人社会延续发展的重要经济来源之地。

（二）八旗军兵坟茔地

在以满城、南城为核心的日常生活和军事活动空间之外，西安城周边地区的八旗坟茔地则成为满族、蒙古族八旗军兵和汉军八旗军兵永久安息的地方。从乾隆年间起，除朝廷划拨公共坟茔地外，西安八旗官兵中有财力者也在城郊自行购买"数分至一亩不等"的坟地。[1]例如，西安驻防镶蓝旗人、曾任副都统的兴福，墓地在东关外乐居场东；西安驻防镶白旗人、光绪年间出任青州副都统的讷尔吉春，葬于东南郊铁炉庙村北；西安驻防镶白旗协领、记名副都统塔克什哈，葬于黄渠头村西南；西安驻防正蓝旗人舒灵阿官至闽浙总督，则葬于城南曲江池村西；西安驻防镶蓝旗人托恩东额曾出任荆州将军，其墓地位于东南郊等驾坡村南。此外如杭州都统赫富、广州将军

---

① 〔清〕西安将军都赉：《奏报西安驻防八旗兵丁购买坟地情形折》，乾隆二十一年三月初三日，军机处满文录副奏折，档号03-0176-1581—010。

八十六的墓地分别位于三兆村北、长延堡南。①总体来看，八旗军兵坟茔分布情况列表如次：

表 4-6 西安驻防八旗军兵茔地一览表

旗属	茔地（亩）	位置	旗属	茔地（亩）	位置
镶黄旗满洲地	12.6	咸宁县北关菜园	正红旗满洲地	12.6	长安县海家村
镶黄旗汉军地	8	咸宁县城东南	正红旗汉军地	8.6	长安县海家村
正黄旗满洲地	12.6	咸宁县城北菜园	镶红旗满洲地	12.6	长安县解家村
正黄旗汉军地	8	长安县南火巷	镶红旗汉军地	8.6	长安县海家村
正白旗满洲地	13.1	咸宁县仁头院	正蓝旗满洲地	13	长安县西南城壕边
正白旗汉军地	8.8	咸宁、长安两县南城壕边	正蓝旗汉军地	8	咸宁县南城壕边
镶白旗满洲地	13.1	咸宁县仁头院	镶蓝旗满洲地	12.6	长安县杨家村
镶白旗汉军地	8	咸宁县城南	镶蓝旗汉军地	8.8	长安县南城壕边

资料来源：〔清〕鄂尔泰：《八旗通志初集》卷七四《土田志十三》，清文渊阁四库全书本。

由于清廷规定满城八旗驻防兵丁死后必须安葬当地，所以八旗坟茔地就成为满城之外的八旗专属地区。八旗军兵坟茔地主要集中在南城壕边、长安县海家村、咸宁县仁头院3处，在南关、北关以及西安城边缘地带，如菜园等处也有分布。坟茔地的分布方位虽无严格规定，但与城内八旗驻防方位之间却有内在联系，遵循就近安葬原则。如两黄旗位于正北，坟茔地也都在北关及城北近郊；两白旗位于正东，其中两处坟茔地就位于城东的仁头院。八旗16处满汉军兵坟茔地共计169亩，满洲八旗占102.2亩，汉军八旗占66.8亩，分别约占总数的60％和40％。

满洲八旗的坟茔地亩数均大于同旗汉军兵丁的坟茔地亩数，这与两者之间的军事地位高下相关，也与驻军人数多寡有关。不仅满城内的八旗军兵生活和驻防区呈现出有序的区块集中排列，在城郊的坟茔地也以旗为单位，以满、汉军兵分别集中布设。城外八旗坟茔地也成为满城附属空间之一。

满城是一个功能相对完善的驻防城和社区空间，生活在其中的满族、蒙古族官兵从

① 民国《咸宁长安两县续志》卷一〇《陵墓考》，民国二十五年铅印本。

生到死，从军事活动到日常生活、精神生活以及经济活动，都依赖于满城内外的不同城乡功能区。清代西安满城六大空间要素（驻防、信仰、生活、教育、死葬、供养）之间的联系如下图所示：

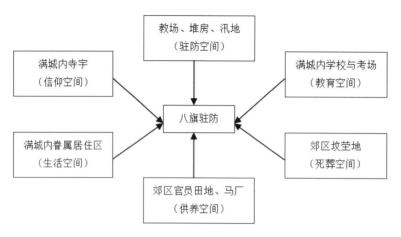

图 4-8　清代西安满城六大空间要素结构图

第二节
南城的兴建、规模与内部格局

清康熙二十二年（公元1683年），随着新一轮全国范围内兴建满城高潮的来临，西安又在满城南侧兴建了南城，可视为明清西安城市空间格局的第五次重大变化，标志着西安八旗驻防军事区的扩大和咸宁县辖域的缩小。至乾隆四十五年（公元1780年），南城西墙拆毁，八旗驻防区恢复为咸宁县行政辖区，这便是西安城市空间格局的第六次重大变化。

一、兴建缘起

清初满城的兴建进一步强化了西安城西北军事重镇的地位，但清政府为了平定不断涌起的反清浪潮和农民反抗斗争，又于康熙二十二年向西安增驻左翼八旗汉军，在满城之南修筑南城作为其驻防城，就更将西安城西北军事桥头堡的地位推向新的高度。类似西安这样一座大城内同时兼容两座军事驻防城的城市格局在有清一代区域中心城市中并不多见，也从一个侧面说明了西安的军事地位在西北乃至全国确为重中之重。

南城作为满城的一个扩展区，选址显然是经过了慎重考虑，因为南城未将西安城东南部全部占据，而是选择了"东南隅余地"作为新的扩展区。

二、形态与规模

南城与满城关系之紧密，不仅表现在因位于满城之南而得其名，更主要从选址、规模等方面都体现了其为满城之附属和补充驻防区域。朝廷和陕西官府在城东南隅划地兴筑南城，就是为了北、东、南三面依赖大城和满城城墙，仅新筑一道西城墙。"康熙二十二年增设驻防官兵，建造房屋，其地不敷，将城内东南隅余地修筑界墙。自南界墙中咸宁县东边起，至府城南墙止。南北长四百六十步，东西宽五百十三步。将南界旧址拆毁，合为满城一座。"①南城东西约820米，南北约736米，面积约0.6平方公里。清代西安南城约占大城面积的5%。满城与南城合计面积为5.32平方公里，约占大城的46%。

以嘉庆《咸宁县志》卷一《疆域山川经纬道里城郭坊社图》所附《城图》和《县治东路图》对照今西安城区地图分析，康熙二十二年始筑南城时，北墙借用了满城南墙东段（尚德路南口以东），东墙借用了西安城东门以南城墙，南墙借用了西安大城今和平门以东城墙，新筑的西城墙当今马厂子、东仓门一线，其城墙并非由北一直向南，而略有弯折。南城形状大致呈北长南短、东直西斜，且西南角内陷的不规则梯形。

康熙二十二年始筑南城时，陕西官府和八期驻军为加强与原有满城的沟通，拆除满城南墙东段，南城与满城实际上联结成一个防御整体，合为一座新的八旗驻防城。后在南城西墙开设通化门，嘉庆《咸宁县志》载："乾隆四年于新筑墙开门一，曰通化。"②这使新的驻防城拥有6座城门，分别为新城门、西华门、钟楼东门洞、端履门、通化门、长乐门。从嘉庆《咸宁县志》卷一《疆域山川经纬道里城郭坊社图》所附《城图》和《县治东路图》分析，乾隆四年（公元1739年）新开的通化门虽开于"新筑城垣适中处"，但并非位于南城西城墙正中间，而稍偏北，具体地点在今马厂子街南口一带。新的驻防城开设了通化门之后，土门和栅栏作为旧满城的两个小门，随驻防城内部的一体化而逐渐失去其本来的功能。

核实而论，南城其实属于满城的扩展部分。满城在康熙二十二年的扩张使其面积增大，形制也发生改变。在康熙二十二年至乾隆四十五年间，西安大城可视为被分割成东、西两部分：满城区与非满城区，这很像湖北荆州府城与其满城之间的关系。

西安满城的顺城巷因南墙东段的拆毁而不复存在，这样就使汉人从长乐门穿越满城进入大城西部的汉城区更趋困难，东关城反而因此得以有了快速发展。关于原有满城和新筑南城之间界墙被拆除的事实，还可从清末辛亥革命时新军攻克满城的战斗状况加以证实。1911年10月22日西安响应武昌首义，新军首先攻克的是位于大差市以东的一处民房后墙。若未知悉原来满城和南城之间界墙被拆除过的史实，就很难想象为何满城会用民房后墙作为城墙的一部分。可以推测的是，康熙年间原来满城和南城之间的界墙被拆除，两者之间相互贯通，没有墙垣阻隔，因而界墙旧址上就逐渐因人口

---

① 〔清〕鄂尔泰：《八旗通志初集》卷一一七《营建志六》，清文渊阁四库全书本。
② 嘉庆《咸宁县志》卷一〇《地理志》，清嘉庆二十四年修，民国二十五年重印本。

增加而兴建起了民房。当乾隆年间南城撤销，南城西墙被拆除后，旧满城又需要一个完整的南城墙。但重新补建顺城巷东口以东部分的城墙，工程势必浩大，所以可能就利用了已经存在的民房，并且以补建部分北向民房的方式来弥补这一段城墙的缺失。这样一来，既能以民房后墙形成满城界墙，同时又可增加满城房屋间数，为日趋增加的人口提供居住条件。这在当时确是一个较好的选择，但自此满城城墙就有了较大的缺陷，为辛亥革命时被攻陷埋下了伏笔。

三、内部格局

　　清代西安南城面积较小，内部街巷格局、建筑物布设就相应简单。（见图4-9）以嘉庆《咸宁县志》卷一《县治东路图》，结合光绪十九年《陕西省城图》分析，汉军八旗驻防营地主要集中在南城西北部，以大菜市（即大差市）向南的街道为中轴线，呈东西向整齐排列。街东自北往南依次有头道巷、二道巷、三道巷、四道巷、五道巷、六道巷、七道巷、八道巷和九道巷，街西自北往南依次有头道巷、二道巷、三道巷、半截巷、小庙巷、回回巷和观音寺巷。南城东北部为左翼汉军副都统署，袭用明部阳郡王府旧址，中有南北街，布局严整，规模较大。其地在乾隆四十五年（公元1780年）"汉军出旗"以后重归咸宁县管辖，但发展较慢，新中国成立初期为中共中央西北局驻地，后驻陕西省政协、省档案馆、省作家协会等单位。左翼汉军副都统署东西两侧各有一条南北向短街：西街约当今建国路北段，北口接头道巷，并隔墙与满城小差市相望；东街约在今先锋巷一带，北口亦与头道巷连接，并有土门可北通满城。南城北部还分散布设有集贤庵（在通化门内北侧）、旂坛林（在通化门内南侧）、万寿庵（在今和平路中段东侧）、五火庙（在今和平路中南段东侧）、火药库（在今建国路中南段东侧）、关帝庙（在今建国路中南段西侧）和真武庵（在左翼汉军副都统署正东，紧临南城东城墙）等宗教信仰场所、军事设施。

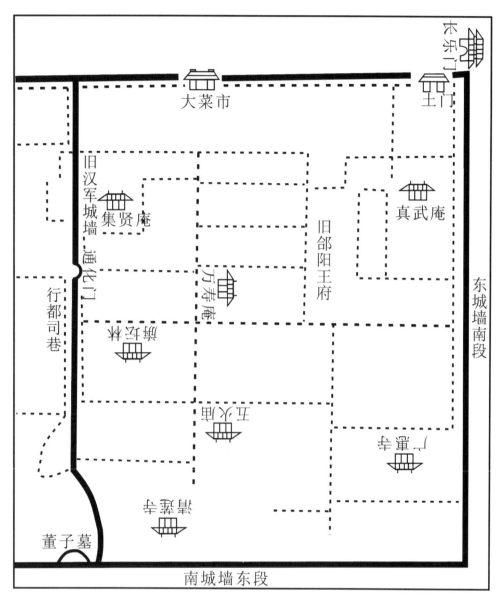

图 4-9　清代西安南城格局图

（底图来源：嘉庆《咸宁县志》卷一《疆域山川经纬道里城郭坊社图·县治东路图》）

第三节
辛亥革命中满城被毁

1911年10月22日，西安爆发辛亥革命，陕西新军攻打满城，掀开了推翻清朝在陕西统治的序幕。关于满城内的军兵及其眷属在辛亥革命过程中战死与自杀的总数，一直以来众说纷纭，不同渠道的统计数据相差很大，在华西方人信件、日记、著述和欧美主流媒体报道中出现了诸多不同的数据。

亲历陕西辛亥革命或革命后返回西安的英国浸礼会医务传教士们就记述了不同的西安八旗军兵及其眷属的伤亡数据。姜感思（Herbert Stanley Jenkins）大夫记述说："西安城东北隅，即城区三分之一的区域就是满城，用于旗兵和家属居住，人口约为20000"，"在几天当中，估计有10000~15000人死亡"。[①]荣安居（Andrew Young）大夫记述的死亡人数远少于前述数字，称称"8000名满人被杀"[②]。祈仰德（John Charles Keyte）记述称："被屠杀的人数从数以百计增长到数以千计，这是由居住在西安城的经历过革命的外国人估计的数字。他们认为不少于10000人，要么是被杀，要么是自杀以免遭更悲惨的命运。"[③]

西安革命爆发后，欧美媒体刊发了大量报道，但由于消息来源不一，在涉及满城内死亡人数时互有出入，有时甚至相差很大。1911年12月9日《旧金山召唤报》刊载了12月8日发自北京的报道，该报道援引11月26日甘肃省洮州基督教传教士盟会（Christian and Missionary Alliance）普利梅尔（V. J. Plymire）从西安寄达北京的信件

---

① Richard Glover, *Herbert Stanley Jenkins, M.D., F.R.C.S., Medical Missionary, Shensi, China : With Some Notices of the Work of the Baptist Missionary Society in That Country*, London: Carey Press, 1914, p.97.

② John Charles Keyte, *Andrew Young of Shensi, Adventure in Medical Missions*, London: The Carey Press, 1924, p.230.

③ John Charles Keyte, *The Passing of the Dragon: The Story of the Shensi Revolution and Relief Expedition*, London, New York, Toronto: Hodder and Stoughton, 1913, p.44.

称，"陕西省有8000名满人被杀"①。同一天，《纽约时报》大幅标题刊称"美国人在西安府骚乱中被杀害。未经核实的消息披露8名被杀者中有4名是美国人。8000名满人被屠杀"②；当天《洛杉矶时报》也引用了这一数字。1912年1月16日《华盛顿邮报》报道称陕西省会西安城有"8000名满人被杀"，整个陕西地区"有10000名满人被起义军屠杀的报告也得到了证实"。③1月16日，《纽约时报》称西安府"10000名满人被屠杀的消息得到了证实"④；1月18日，《纽约时报》在报道陕西救援远征队营救在陕西方侨民事迹时，亦称"西安府发生了骇人听闻的屠杀事件"，"城门被关闭了4天，其间暴徒们屠杀了10000名满人"。⑤

亲历西安革命的瑞挪会传教士白锦荣（E. R. Beckman）记述称："对城内满人的屠杀持续了5天时间，虽然有些人下跪请求饶恕，还是被杀死了。一些妇女和儿童被留了一条活路。倘若有人收留他们的话，就能幸存下来，而无家可归的妇孺最终都死于饥饿。如果官方统计数字可靠，而且不把那些跳井者和活埋在地下通道里的人计算在内的话，政府需要为掩埋21000具尸体开支埋葬经费。当然，这些人中有很多是汉人。即便按照最低估计，在5天当中至少有15000名满人丧生。"⑥

英国浸礼会传教士司慕德（Ernest Frank Borst-Smith）对满人死亡数字的估算要低得多，他认为："由于不可能知晓到底有多少人设法逃生了，也就无法得知被杀满人的确切数字。虽然一名《泰晤士报》驻华记者提出了高达20000人的遇难者数字，但最可靠的估计下限是10000人。在我听说的这一庞大数字中，有很多人是通过服食过量鸦片、投井、上吊的方式自杀，相较于落入敌人之手被杀死，他们宁愿选择自杀。另外还有一个因素帮助了攻击者，那就是很多满人在他们的房屋里储藏有炸药，因而当八旗驻防城被焚烧的时候，屋内的炸药发生了爆炸，致使无以计数的人被炸死。"⑦在满城攻防战开始

① "8000 Manchus in Province of Shensi Slain", *San Francisco Call*, Dec. 9, 1911.

② "American Slain in Sian-fu Riots", *The New York Times*, Dec. 9, 1911.

③ "Bomb Hurled at Yuan", *The Washington Post*, Jan. 16, 1912.

④ "Chinese Imperials Defeat Two Armies", *The New York Times*, Jan. 16, 1912.

⑤ "China's Palaces Losing Treasures", *The New York Times*, Jan. 18, 1912.

⑥ E. R. Beckman, *The Massacre at Sianfu and Other Experience in Connection with the Scandinavian Alliance Mission of North America*, Chicago: J.V. Martenson, 1913, pp.99-100.

⑦ Ernest Frank Borst-Smith, *Caught in the Chinese Revolution: A Record of Risks and Rescue*, London: T. Fisher Unwin, 1912, p.21.

之前，有一些满族基督徒前往东关浸礼会教堂从事礼拜活动，因而避免了被杀的噩运。[1]

关于陕西革命中的满人死亡人数，《纪念西安府的医务传教士罗德存大夫》的作者迈耶（Frederick Brotherton Meyer）在书中反驳一家上海知名报纸称1911—1912年发生的革命是完美的"不流血的革命"、全国总共仅有5000人丧生的说法时指出："仅陕西一省，在10月的最后一周可能就有多达15000名满人被杀。据估计，同样数量的汉人在随后爆发的双方激战中牺牲，这使得一省的死亡人数就达到了30000！"[2]

无论是8000、10000、15000还是20000名八旗军兵及其眷属的死亡数字，实际上均非确切的统计结果，而是根据各种情报和信息得出的估算数字。即便如此，大量丧生的八旗军兵及其眷属也并非全部都是被陕西新军所杀，其中包括大量自杀的八旗军兵及其眷属。

笔者依据《辛亥殉难记》所载《西安驻防殉难职官兵丁表》对有姓名可考的八旗驻防军兵及其眷属的死亡数字进行了统计，其中自八旗将军文瑞及以下死亡（包括自杀）旗官90名、旗兵1153名，合计共1243人。死亡方式主要是刃伤死、阵亡、投井、殉难、自缢、投河、自刎、中弹亡、中枪死、中炮死、巷战死；阵亡地点主要是北城、东城、西华门、大菜市（即大差市），以北城阵亡者最多，其次是东城。[3]眷属被杀或自杀的有姓名可以统计的人数为1005人。死亡方式主要是投井、遭炮击、刃伤、火焚、自缢、中枪，以及各类殉节、殉难等。[4]

按照《辛亥殉难记》的记述统计，西安八旗驻防军兵及其眷属共计2248人在革命期间战死、自杀。这一数字远远低于前述西方媒体刊载的估算数字，但却是迄今最为精确的西安满城满族和蒙古族人口在陕西革命期间死亡的数字。即便是2248名驻防军兵及其眷属战死、自杀，也排列在《辛亥殉难记》所载全国各大八旗驻防城"殉难"人数的第一位。这不仅反映出陕西辛亥革命的惨烈程度，也折射出西安八旗驻防军兵在战斗力削弱、武器落后的情况下仍然展现出了昔日"禁卒精练，天下无敌"的特质。

　　① Ernest Frank Borst-Smith, *Caught in the Chinese Revolution: A Record of Risks and Rescue*, London: T. Fisher Unwin, 1912, p.21.

　　② Frederick Brotherton Meyer, *Memorials of Cecil Robertson of Sianfu: Medical Missionary*, London: The Carey Press, 1913, p.65.

　　③〔清〕吴自修：《辛亥殉难记·西安驻防殉难职官兵丁表》，民国十二年重印本，第398—404页。

　　④〔清〕吴自修：《辛亥殉难记·西安驻防殉难职官兵丁表》，民国十二年重印本，第404—409页。

经过辛亥革命期间陕西新军与八旗军的激烈攻防之战，西安满城内的官署、兵房、教场、寺庙、学校、商铺等在战火中被摧毁殆尽，整个东北城区顿成瓦砾。顺治二年（公元1645年）起兴建的西安满城，在历经了266年风雨之后，至此完全丧失了满蒙八旗人口驻扎、居住的功能，直至民国20年代才成为西安大力开发的"新市区"。

第五章　明清西安城市分区与坊里街巷

坊里是明清西安城乡人口和社会管理的基层区域。城区中的"坊"是居民聚居的基层区域，类似于今天的社区；繁密的街巷则堪称西安城区的脉络，既是交通往来的大小道路，又具有居住、商贸等功能。自明至清，受城市人口逐步增加、城市功能日趋多样化、城市军政地位演变等影响，西安城区的坊与街巷数量显现出增加的趋势。迄至今日，西安城内居民社区与街巷在名称、范围等方面仍遗留有明清时期坊与街巷的痕迹。

第一节
明清西安城市分区

　　明清时期，西安城（含四关城）占地面积接近15平方公里。这虽与隋唐长安城不可同日而语，但在明代、清前中期除北京、南京以外各区域中心城市中，仍罕有其比。明清西安城市分区类型较多，包括行政、军事、民族、治安以及工程分区，这种城市分区体系及管理方式在封建社会晚期区域中心城市中颇具代表性和典型性。

一、行政分区

　　同一座城区为两县或更多行政区分治在我国古代城市中并不鲜见，最为著名的当数唐都长安城。万年、长安两县以长安城中轴线朱雀大街为界分辖东、西各54坊，各自辖域还包括基于城区中轴线的延长线而划分的城郊东、西各半。与两县同城分治相应的是城区东、西两市以及县署设置等均有空间对称性，这种都城时代的两县分治对于"后都城时代"明清西安城区划分及管理具有深远影响。1911年，美国学者盖洛在《中国十八省会》中就注意到西安城"一城两县"的状况，并将之与纽约城作比："当今两县同聚一城，一称长安，一称咸宁。西安城东、西两半各属一县。正如里士满区、布鲁克林区以及皇后区那样共同组成了纽约大都会。因此，长安县并非一座独立的城市，而是西安城的一部分，东半部的咸宁县亦复如此。"[1]

　　西安城自明初城区扩展、开设四门后，便形成了连接四门的四条大街，大城区由此自然划分为东北、西北、东南、西南四城区。虽然有论著称"西安在清时由南北二门之一线而等分之，西属长安，东属咸宁"[2]，但南北大街偏于城西侧，因而两县辖区的划

　　① William Edgar Geil, *Eighteen Capitals of China*, Philadelphia & London: J.B. Lippincott Company, 1911, pp. 332-333.
　　② 刘安国：《陕西交通挈要》第六章"重要都会"，中华书局，1928年，第31页。

分也就不能"等分"城区。两县界线位于南北大街以西，且较为曲折。（见图5-1）民国《咸宁长安两县续志》卷一《城关图》载清代两县城内分界线为："北自安远门东，循满城南行，过糖坊街、曹家巷、梁府街东口入，至宝陕局门止。复由梁府街东口起，南行过王家巷东口。又南行数十丈斜折，西南行至协标教场东。又南行至协标教场门中心，折而西南行。至八家巷内东栅南行，循箭道西墙出，折而至北院门中心。顺北大街中南行，过小花角巷、鼓楼巷东口内约数丈，从鼓楼门南出。至鼓楼什字折西，由街中心行至南院后墙正中止。又从南院前中心起正南行，过曲巷西偏后，南行数十丈，折而东，过五岳庙后，折而南，循大车家巷西、五岳庙东，正南至南城根止。迤东为咸宁界，迤西为长安界。"①

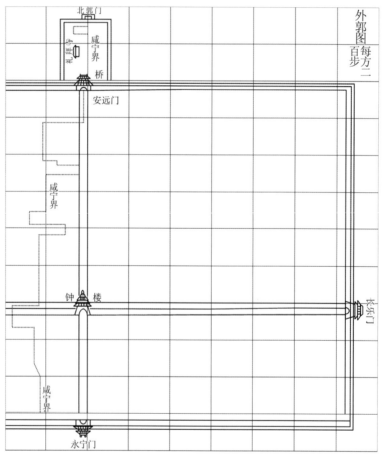

图 5-1 清代咸宁、长安两县分界线

（底图来源：嘉庆《长安县志》卷三《城郭图·外郭图》）

---

① 民国《咸宁长安两县续志》卷一《城关图》，民国二十五年铅印本。

清代满城、南城占据城东大片地区，造成咸宁县管辖范围缩小，为使两县辖区大小接近，两县分界线并未沿用南北大街，而是偏于城西长安县一侧。明代秦王府城在城东北虽也是独立区域，但占地远小于满城，因而明代两县城区分界线至少应在南北大街以东，才能实现两县在城辖区的基本平衡。

清代西安城行政分区主要有三个层次：咸宁、长安两县将全城八区按照南北大街以西的分界线划分为东、西两区，两县再按照方位将本县辖区划分为若干"路"，每"路"下又划分若干坊里。

二、治安分区

坊里既是城市行政分区，也是治安分区。隋唐长安城内坊有坊墙，坊门按时启闭，整个城区分成一个个围合区域，这种空间格局对于维护城区治安具有重要作用。明清西安城中不再有类似隋唐长安城中的高大坊墙，但至清代，各坊仍往往以栅栏相别，设有栅门。有些街巷出入口亦有大门和门楼，定时启闭，以加强城市治安和对市民的管理。民国《咸宁长安两县续志》即指出："隋制，坊有墉，墉有门。迪亡奸伪无所容足，吕氏大防叹为一代精制。近世保甲已成具文，而坊有栅门，击柝者以时启闭，犹沿古制也。"①可见栅栏、栅门既是坊里之间的界线标示物，也是城区治安的防范措施，可借以加强对城区居民的管理。

在政局平稳、社会安定的时期，城内各坊的栅栏、栅门往往仅具象征意味，并不会妨碍坊众的日常出行和小商小贩的交通往来，对城市社会的正常运作并无不利影响。但在政局动荡、社会不靖之际，地方官府和城市民众就十分重视充分利用栅栏、栅门的治安防范功能。相较而言，作为军事防御设施的宏伟城池能够发挥防护全城军民的作用，各坊的栅栏、栅门作为城区的小规模建筑实体，则有助于防范宵小、保护坊众。毫无疑问，在战乱等特殊时期，官府会在栅栏、栅门等处加派兵役巡守，强化保甲联防等措施，以确保城区的社会秩序。

西安府和咸宁、长安两县配合栅门设置，夜间在城区安排人役击鼓打更以便居民按时回归各坊，这一制度在光绪二十六年（公元1900年）两宫西巡西安时实行得更为严格。粤籍官员伍铨萃所撰《北游日记》中，就有多次夜间一闻鼓声，即返归大皮院住所

---

① 民国《咸宁长安两县续志》卷四《地理考上》，民国二十五年铅印本。

的记载。[1]即便高级官员听闻鼓声也必须按时返归寓所，可见栅门和击鼓报时在城市夜间治安的重要作用。

从光绪十九年《陕西省城图》可以看出，西北城区西华门外大街与八家巷交会口西北角有"北路保甲局"的设置。作为治安机构，保甲局是与当时城区分为路、坊相适应的。虽然此城图没有标示其他各路保甲局的位置，但可以推断，长安、咸宁两县城区治安应由各路保甲局划分地段负责。咸丰七年（公元1857年），陕西巡抚曾望颜在城内实行"保甲连坐"制度，以加强城市治安。保甲制当是光绪末年西安城实行"警区"治安之肇始。

同治年间陕西官府和驻军还采取了全城设立1个中心台、4个堆汛地的治安措施。"西安城守协巡警军左、右两营同抚标巡警军，一时就原有之防营而改编者也。先是同治九年军兴后，城防吃紧，驻防一处未免顾此失彼，故设中心台、四堆汛。每处派拨差官五员，勇丁四名驻守严防。"[2]城市防御区划和方式结合城市格局特点，采取中心点与4个节点互相呼应的方式，可解决"驻防一处未免顾此失彼"的缺陷。城市防御的中心台当设于钟楼，4处堆汛应是4个城角或4个城门，从而相互呼应，达到稳固城防的目的。

三、工程分区

工程分区是城市空间分区的又一种重要形式，明清西安城的工程分区主要反映在两方面：一是城市水利设施的修筑，一是城墙的修缮。从这两类工程的实施可看出西安城在工程地域和空间上的分区方法。

明成化元年（公元1465年）陕西右副都御史项忠《新开通济渠记》载护城河沿岸绿化事宜云："本院定行事宜，自西门吊桥南起转至东门吊桥南止，仰都司令西安左、前、后三卫栽种菱、藕、鸡头、茭笋、蒲笋并一应得利之物，听都司与各卫采取公用。自东门吊桥北起转至西门吊桥北止，仰布政司令西安府督令咸、长二县栽种，听西安府并布、按二司采取公用。"这一工程分区，并未按照两县行政分界线划分工程量和分配收益，而是由军队共同参与。从具体分区来看，西安府和两县官府承担的工程量较大，相应收益也就较多。龙首、通济二渠在此后的重修中也采取了分段、分片承包工程的做法。"区画停当"之后，"西安左、右、前、后四卫及仪卫司、咸长二县各照地方委官

---

① 〔清〕伍铨萃：《北游日记》，台湾学生书局，1966年。

② 〔清〕陕西清理财政局编：《陕西清理财政说明书》下编《岁出军政费说明书》，清宣统元年排印本。

监工", "修理龙首渠东关厢及城中三渠"。①

　　城墙整修是西安城各项工程中耗费人力、资金最巨者，多次整修都采用了分区施行的措施，以确保职责分明和工程质量。康熙元年（公元1662年）陕西总督白如梅、巡抚贾汉复、咸宁知县黄家鼎等主持整修西安城，其中"咸宁分修约七百五十丈，而城垣完固如初，巍然千里金汤焉"②。无疑，长安县和驻城军队也分别有各自的工程分区。在这一类分区中，通常咸宁、长安两县是按照行政辖区划分的。咸宁县辖东关、南关，并与长安县分辖北关，因此，工程分区多为咸宁县承担自南门经东门至北门段，而长安县则承担自南门经西门至北门段。咸宁县整修工程中有相当大的部分为满城东墙和北墙所在，因而当有八旗军兵参与其事。

---

　　① 〔明〕王恕：《修龙首通济二渠碑记》，见《关中两朝文钞》卷一，清道光十二年刊本。
　　② 康熙《咸宁县志》卷二《建置》，清康熙刊本。

第二节
明清西安城的坊里

一、明代西安城坊里

明清西安城以坊、里为城区基层管理单元和聚居空间。民国《咸宁长安两县续志》载西安城坊里制度传承过程云："按坊名始于汉汉宫阙名曰洛阳，故北宫有九子坊，隋唐为盛，隋初改里，唐仍为坊。"至清代，"今以两县合计，坊亦最伙，犹存古意焉。坊名非旧，而通政、兴庆、含光今仍不改。其泰半有卫所字样者，疑自明时已然"。[1]宋金元时期城区厢坊名称经历了较大变化，至明清时期，西安城坊里又采用了新的命名体系，大部分坊里名与隋唐长安城坊名迥然不同。《明史·食货志一·户口》中载城乡不同区域名称有"在城曰坊，近城曰厢，乡都曰里"的惯例，而明清西安城一般坊、里互称，两者之间实无差别。如指大学习巷清真寺位置，就有"长安新兴里清真寺"[2]和"长安新兴坊清真寺"[3]两种说法。

康熙《咸宁县志·疆域》载，明景泰年间（公元1450—1457年）咸宁县城区共辖32坊，"在城者以各坊序，凡三十二，曰九耀、北景、南薰、六海、宣义、宣平、归义、通政、安仁、无伸、常宁、永宁、光得、景贤、东苑、兴庆、金花、长乐、忠孝、得辛、永辛、通义、降得、清安、青楼、书院、马巷、文昌、崇德、南、北布"。[4]《明清西安词典》统计称"明咸宁县共领府城区忠孝、新城、九耀、通义、六海、马巷、北

① 民国《咸宁长安两县续志》卷五《地理考下》，民国二十五年铅印本。
② 〔明〕曹兰：《增修清真寺记》，明嘉靖二十四年，碑存大学习巷清真寺。
③ 〔明〕冯从吾：《敕赐清真寺碑记》，清咸丰七年，碑存大学习巷清真寺。
④ 康熙《咸宁县志》卷一《星舆》载咸宁县辖城区共有32坊，但实际仅列出了31坊坊名，1坊名称缺载。

京、南京、通政、书院、文昌、归义、南勋"①共13里。两者所记坊里数差距甚大。仔细分析，康熙《咸宁县志》所记"在城坊"包含了东关城坊里，如东苑、兴庆、金花、长乐等，而《明清西安词典》仅记述了咸宁县辖东南城区以及南北大街邻近地区的里名，未记载东北城区、东关城里名。《明清西安词典》的编纂者在记载明代咸宁县辖城区"里"数时，依照的却是清代咸宁县辖域范围，这就导致了咸宁县城区坊里数的说法不一。清代满城所在的东北城区不属咸宁县管辖，其中坊里街巷按照八旗制度进行了规划和命名，即明代东北城区的坊里名在清代早已废止，这也是咸宁县在城里数说法不一的一个原因。

二、清代西安城坊里

康熙《长安县志·建置》载清前期长安县"在城坊"共8里，分别为伞巷里、安定里、市北里、双桂里、水池里、含光里、广济里、京兆里。②由于明清两代西安城内西半部空间格局变动和缓，清代长安县城区坊里名称仍基本沿用明代坊里名。

到清代中后期，由于西安城商贸的发展、人口的增加以及加强管理的需要，城区坊里数大为增加，大坊多分为若干小坊，并设"路"级区划，统管各坊。据嘉庆《咸宁县志·地理志》和嘉庆《长安县志·土地志》可知，清中后期咸宁县辖城区由明代的32坊增至41坊，长安县辖城区亦由原8坊增至53小坊。（见表5-1）清代坊里数目的增加使得每坊管辖地域缩小，同时坊里命名按照一定数目进行排列，便于将较大坊里再细分为若干小坊。

清嘉庆年间两县"在城坊"数量共计94，几乎接近唐长安城108坊之数，但清代西安城坊的面积要远小于唐长安城坊。唐长安城每坊约为0.68平方公里，即68万平方米。明清西安城区（含四关城）约15平方公里，除去满城4.72平方公里，其余约10平方公里，分为94坊，每坊面积大致在0.11平方公里，即11万平方米，仅相当于唐长安城坊的1/6左右。

① 张永禄主编：《明清西安词典》，陕西人民出版社，1999年，第12页。
② 康熙《长安县志》卷二《建置》，清康熙刊本。

表 5-1　清代嘉庆年间西安城行政空间分区表

县域	路别	坊名
咸宁（41）	城内东路（9）	通化坊、新立坊、钱局坊、东耳窝坊、柳巷坊、顺城坊、六海坊、两廊坊、五伦坊
	城内西路（7）	府前坊、通政一坊、通政二坊、通政三坊、归义一坊、归义二坊、归义三坊
	城内南路（7）	马巷坊、南勋坊、外陌坊、中卫二坊、永宁北坊、永宁南坊、新城小坊
	城内北路（6）	北京坊、左所一坊、左所二坊、左所四坊、中所二坊、宣平坊
	东郭（12）	更衣前坊、更衣后坊、长乐东坊、长乐西坊、兴庆坊、长乐坊、柿园坊、董元康坊、罔极寺坊、古迹坊、冰窖小坊、吊桥坊
长安（53）	城内西路（11）	铁炉一坊、铁炉二坊、市北坊、伞巷一坊、伞巷二坊、伞巷三坊、广济一坊、南顺一坊、南顺二坊、安定二坊、贡院坊
	城内南路（10）	卫水池一坊、卫水池二坊、卫水池三坊、伞巷四坊、县水池一坊、县水池二坊、含光坊、枣茨坊、水池四坊、水池六坊
	城内东北路（10）	后卫右所一坊、右所二坊、右所三坊、右所四坊、中所一坊、王家巷坊、北城小坊、东西怜孤坊、水月寺坊、曹家巷坊
	城内西北路（9）	保定一坊、香米园坊、后所一坊、后卫二坊、后卫三坊、后所四坊、后所五坊、土城坊、教场东西坊
	城内中北路（13）	保定坊、新兴坊、广济二坊、广济三坊、前所一坊、前所二坊、前所三坊、京兆三坊、京兆四坊、铁炉三坊、铁炉四坊、第八小坊、南右所一坊

　　注：嘉庆《长安县志》卷三《城郭图》上载有20坊，即后所坊、中所坊、前所坊、右所坊、第八小坊、铁炉坊、安定坊、满坊、保宁坊、新兴坊、京兆坊、广济坊、伞巷坊、南顺坊、水池坊、含光坊、卫水池坊、王家巷坊、北城小坊、铁炉坊，可与表中所列坊名互证。

第三节
明清西安城的街巷

一、明代西安城街巷

自隋唐长安肇建，历五代宋金元，至明清时期，"方城正街"始终是西安城空间格局和交通架构的主要特征。

明初西安城在元奉元城基础上向东、北两个方向扩展，从而形成新、老城区。在以西南城区为主，兼及西北、东北、西南城区部分在内的老城区中，五代以来已形成较多街巷。《元奉元城图》上就标注称："此隅巷陌委曲，不能详记。"明代西南城区街巷在继承元代的基础上又不断增加，成为城区四隅中面积最小，但街巷、人口最为稠密的地区。东北、东南、西北三城区大部分属于新扩城区，主要街巷在明代即已形成，并构成清代街巷的基本骨架。四关城中的主要大街在明末也已初具雏形。

从整体上看，明代西安城由四条大街构成全城的骨干大道，"东西南北门相通者有四大街，其交点在钟楼下，其他街道均依此四街而列为羽状式"①。四隅和四关城中的大街均与四条大街相连，各区中又有本区的主干街连接本区巷道。大城城墙内侧的马道为内环城大道，主要用于军事调动，但亦发挥城区干道交通的作用。环形马道与"十"字形四条大街构成"田"字形全城交通骨架。

明代西安城区街巷继承了自隋唐长安城以来划分道路等级的传统，主要街巷可分为主干道（官街）、次干道（大城内东北、西北、东南、西南四隅及关城内干道）及小街巷三级道路系统。官街均较普通街巷长且宽，道路质量亦相应较佳。东、西、南、北四条大街及其在四关城中的延长部分无疑均为官街，与秦王府和重要官署相通的大街也为官街。永乐三年（公元1405年）所立《敕谕南京西安建寺碑》在记述化觉

---

① 刘安国：《陕西交通挈要》第六章"重要都会"，中华书局，1928年，第32页。

巷清真寺范围时即载："本寺四至，东至大门官街一十三丈；南至司墙五丈，阔三丈五尺；至司墙中间十丈，阔三丈五尺；北至官街一十七丈五尺"[1]，就明确视巡抚署前鼓楼大街为"官街"。

概括而言，官街包括东、南、西、北四条大街及其延长线（即关城内的主干道），内环城道路，通往秦王府和重要官署的大街，具有沟通全城和外部交通的重要作用，是西安城交通的大骨架；次干道构成城市内部四隅的道路框架，并且与官街相互连通，构成西安城的主体道路架构，将城内重点区域和建筑物连接在一起，是西安城空间连接的经脉，如南北广济街、鼓楼大街等；小巷则是西安城市社区内部的道路，与次干道相互连接，延伸到城区各个角落，是西安城空间连接的微小血管，如化觉巷、粉巷等。

二、清代西安城街巷

随着城市人口的增加和商贸活动的频繁，清代西安城街巷数量较明代大为增加。

（一）街巷数量

今据光绪十九年陕西舆图馆所绘《陕西省城图》、民国《咸宁长安两县续志》卷一《城关图》、《陕西省西安市地名志》等图志对清代西安城街巷进行列表统计，东北、西北、东南、西南四城区和四关城共计313条街巷，其具体分布和类型如下表所示：

表 5-2　清代西安城八区街巷数量、类型、密度统计表

城区＼类型	街	巷	什字	合计	分布密度（条/平方公里）	面积（平方公里）
东北	9	69	5	83	19.8	4.2
西北	21	35	3	59	14.8	3.99
东南	13	55	—	68	38.6	1.76
西南	16	38	4	58	34.7	1.67
东关	6	24	2	32	19	1.68

---

[1]　《敕谕南京西安建寺碑》，明永乐三年，碑存化觉巷清真寺。

续表

城区＼类型	街	巷	什字	合计	分布密度（条/平方公里）	面积（平方公里）
西关	1	5	—	6	10.5	0.57
南关	1	3	—	4	20	0.2
北关	1	2	—	3	13.6	0.22
合计	68	231	14	313	平均密度 21.38	14.29

就城区街巷分布状况来看，东北城区街巷数量最多，与其面积在八区中居首成正比关系，这也是因为满城作为八旗驻防城，其中八旗分防区域和军营驻地划分细致，街巷比几乎达到1∶8。东南城区街巷数量居第二位，反映了清代东南城区在作为居住区方面发展较快。西北城区面积小于东北城区而大于东南城区，但由于较多地区为新扩城区，街巷数量反不及东南城区多。西南城区占地面积大致相当于西北城区的一半，但街巷数量与西北城区非常接近，反映了西南城区作为老城区街巷较多、人烟稠密的特点。四关城中以东关街巷数量最多，亦与其面积在关城中最大相一致。

上表所列各区街巷分布密度可图示如下：

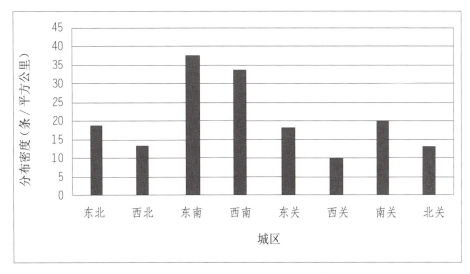

图5-2　清代西安城八区街巷分布密度柱状图

对清代西安城街巷（不含什字）进行朝向和形制的分类统计，可知西安城街巷的方位特征与城市整体形态相一致，即东西向街巷占55%，拐形街巷只占7%。（见表5-3、

图5-3）。这无疑受到西安城东西向长方形形态的影响，街巷排列相当规整，突出体现了明清西安城"方城正街"的空间格局特征。

表 5-3　清代西安城主要街巷朝向、形制统计表

城区＼类型	街（条）		巷（条）		
	东西向	南北向	东西向	南北向	拐形
东北	4	5	58	7	4
西北	11	10	11	19	5
东南	7	6	30	20	5
西南	10	6	6	26	6
东关	4	2	14	9	1
西关	1	—	3	2	—
南关	—	1	3	—	—
北关	—	1	2	—	—
合计	37	31	127	83	21

　　明清时期，西安城区街巷既是连接居住区、商业区、文教区等各类功能区的往来通道，又是城市空间的重要组成部分，具有明确的指向性特征。明洪武二十五年（1392年），明太祖朱元璋敕令在南京、西安二处建造礼拜寺，圣旨中即称"陕西承宣布政司西安府长安县子午巷一座"①，以街巷名指代寺宇选址。清光绪十六年（1890年），内阁中书曹季风在《创建渭南乡试新馆记》开头亦明言："吾邑旧有乡试会馆，在贡院门大街之东"。在庙宇、会馆等具有公共性的建筑之外，文人雅士在记其个人事迹及宅邸时，往往也明确载及所居街巷，如清后期曾任陕西按察使的樊增祥在《樊山续集》诗句中有"余居东柳巷"的备注，颇有自得之意。

　　西安城区众多街巷在长期利用过程中，离不开官府和民众的持续修护。西安知府徐大文专门撰《创治西安省城南门内石路碑记》，以彰显其义行。

---

① 《敕谕南京西安建寺碑》，明永乐三年，碑存化觉巷清真寺。

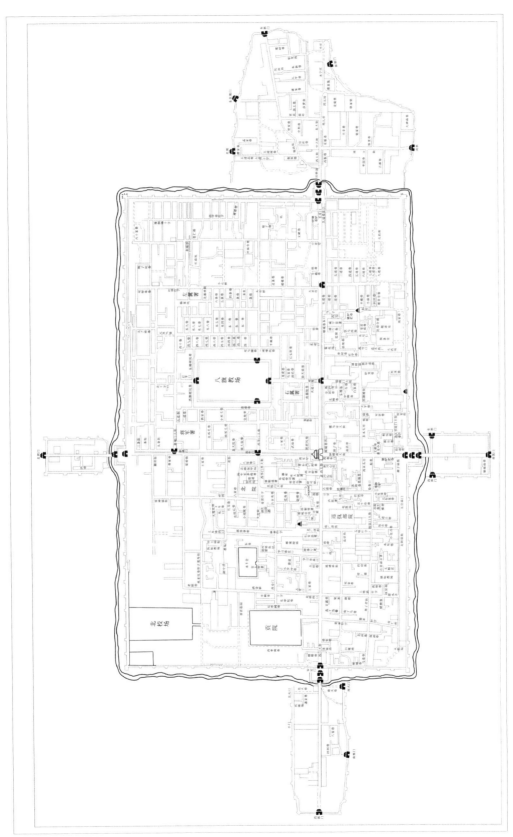

图5-3　清代西安城主要街巷分布图

（二）街巷特征

明清西安城官街和主要道路多用石铺砌，由官府或士绅出资兴修。清后期咸宁县人晁升因"南、北二关路，每秋霖泥泞，行人苦之"，"独出数千金用石铺砌"。①1887年，英国人贝尔从北京前往喀什，途经西安城，就提及所见街巷"大多都是铺砌过的"②。1902年美国人尼科尔斯所撰《穿越神秘的陕西》一书基于比较的视野，对西安城街巷之规整多有褒扬："中国许多城市共有的一个缺点是，街巷建设欠缺规划，不成体系。无论城区人口有多么巨大，在西方人看来，中国城市都很少具有都市的外观。街巷通常盲目地四散开来，没有规划，欠缺章法。但西安城是一个例外，它遵循规章。西安城的大街虽未专设人行道，但都很宽阔。大街穿越城区，从一面城墙直抵另一面城墙。这些街巷总能以合适的角度相互贯通，主要大街以石板铺就，在沿用了几百年后，已多有磨损。西安城街巷众多，均可得到定时维护。西安是一座远比北京更令人难以忘怀的城市。"③1870年英国人威廉姆森在《华北、满洲和东蒙旅行记》中也记述说："西安的主要大街都铺砌平整，店铺生意兴隆，鳞次栉比"④。1891年美国外交官柔克义在《喇嘛之乡》中也提到了西安城的石砌街巷："西安城内的生活和运作，铺有石板的街巷、殿宇以及华美的寺庙和官署建筑，都完全仿照都城北京"⑤。

一般而言，街的重要性居于巷之上，反映在街、巷的长短、宽度、功能等方面也有较明显的区别。大街多宽且长，通达性好。重要的军政官署、商业店铺、商人会馆、寺观庙宇、官宦豪宅等均沿街布设，都是出于街的公共通达性考虑。巷则短小、狭窄，深处坊里之内，为居民进出本居住区而开设。不少巷子在深入坊里居住区之后，仅有一个进出口。虽然小巷的通达性较差，但是从居住区的角度衡量，有利于维护居民生活的私密性，减少吵闹、喧嚣的市井之声对日常生活的影响。

西南城区的主要大街有东西向的南院门大街、榔子市街，这一线构成本区的东西向主干道，将西南城区分为南、北两部。南城墙下还有东西向的湘子庙街和太阳庙街等。南北向主要有南广济街、琉璃庙街、四府街、甜水井街等。另有以吉祥之意取名的包吉

① 嘉庆《咸宁县志》卷二二《义行传》，清嘉庆二十四年修，民国二十五年重印本。
② Mark S. Bell，"From Peking to Kashgar"，*Journal of the American Geographical Society of New York*，Vol. 22, 1890, pp.95-99.
③ Francis Henry Nichols, *Through Hidden Shensi*, New York:Charles Scribner's Sons, 1902, pp.167-168.
④ Alexander Williamson, *Journeys in North China, Manchuria, and Eastern Mongolia:With Some Account of Corea*, London: Smith, Elder & Co., 1870, p.379.
⑤ William Woodville Rockhill, *The Land of the Lamas*, London:Longmans, Green, and Co., 1891, p.22.

巷，以手工业、商业、加工业等命名的南北丁当巷、南北油巷、北牛市巷、盐店街，以所在机构命名的教场巷，以姓氏名人命名的卢进士巷、宋家巷，以及反映城市水环境的古涝巷、冰窖巷等。

西北城区南北向主要大街有3条，自东而西分别是北院门大街与雷神庙街一线、北广济街及其向北延伸部分、北桥梓口与洒金桥所在大街；东西向大街有4条，自南而北分别是城隍庙后街、西华门外大街、二府街与红埠街一线、梁府街与九府街一线。这一地区为官署和回民居住区的汇聚之地，短巷较多。另有一些巷形成于大型建筑物（群）的两侧，与居民区中的巷有所不同，如贡院两侧的东、西枣刺巷，永丰仓两侧的东、西巷等。西北城区主要有回民聚居的皮院巷、皮院后巷、花角巷、古京兆巷、学习巷等，此外还有因紧邻官署、贡院、鼓楼、莲花池等而得名的粮道巷、东举院巷、鼓楼巷以及大、小莲花池街等。

东南城区在南城之外，东西向大街主要是四牌楼街与东、西木头市一线，将东南城区分为南、北两部分。主要的南北向大街自东而西有端履门大街、骡马市大街，东西向的有书院门大街。巷有顺城巷、辘轳把巷、县坡巷、参府巷、社学巷、三台巷、油店巷以及东、南、西、北柳巷等。

尼科尔斯在《穿越神秘的陕西》中对清末西安西南城区沿街屋宇外观和内部陈设记述颇详："西安城内南部地区容纳了很多官绅宅邸，仅从房屋的外观无从得知屋内装饰之美。沿街低矮的围墙开有门，穿门而入就可看到庭院，院子的左、中、右侧均有房屋。富裕人家里的家具通常是檀香木或柚木制成。房间角落里是华丽的彩色丝绸帷帐，靠墙的柜子上摆放着珍贵的瓷器，其中很多在中国和在纽约一样贵重。大多数西安的富人以收藏带有'桃花'和'江西蓝'的瓷器为时尚。"[1]尼科尔斯来自美国纽约，见惯了那里的贫民窟，因而对清代西安城街巷众多，却没有穷人聚居区大为感慨。他记述道："这座巨大的古老城市，人口稠密，行业众多，却没有贫民窟。没有一条街道在任何一点上符合我们所称的'贫民居住区'的特点。"[2]"骑马穿过西安城区，看不到类似纽约东部街区拥挤、绝望、堕落的贫民窟的景象。"在他看来，西安城"最富和最穷的人之间，在教育、机遇和环境方面没有宛如鸿沟的差异，而这些差异在纽约第五街的

① Francis Henry Nichols, *Through Hidden Shensi*, New York: Charles Scribner's Sons, 1902, p.175.

② Francis Henry Nichols, *Through Hidden Shensi*, New York: Charles Scribner's Sons, 1902, p.179.

百万富翁和包厘街租房客之间却赫然存在"。[1]明清西安城虽同样存在贫富差别，但除依照民族差异形成聚居区外，并没有富人区和贫民区之分，往往贫富人家参差相错，在某种程度上对城市社会的融合与稳定具有积极意义。

（三）街巷规模

民国30年代，西京筹备委员会、西京市政建设委员会曾对西安城主要街巷进行实测、维修，为复原清代西安城街巷规模留下了弥足珍贵的数据。由于西安街巷在此次维修之前，与清代相比，并未有大的改观，因而长、宽等数据均可反映清代主要街巷的规模。列表如次：

表5-4 民国实测西安城主要街巷数据表

街名	长度（m）	宽度（m）	面积（m²）	街名	长度（m）	宽度（m）	面积（m²）
东大街	2150	17	36550	崇孝道	819	8	6552
南大街	807	8	6456	后宰门街	810	8	6480
西大街	1903.2	12	22838.4	府学街	258.6	3	775.8
北大街	1762	14	24668	崇礼路	240	5	1200
钟楼四周	199.6	11	2195.6	琉璃庙街	200	3	600
尚仁路	1878.75	18	33817.5	马厂子街	350	3	1050
东新街	1300	30	39000	果子市街	1278	3	3834
南北四府街	570.1	5.5	3135.55	柿园坊	400	3	1200
老关庙街	600	5	3000	东关南大街	900	16	14400
洒金桥街	330	5	1650	长乐坊	500	16	8000
大差市街	337.6	5.5	1856.8	雷神庙街	278	5	1390
北桥梓口	395.6	5	1978	许士庙街	320	16	5120
王家巷	395.1	3	1185.3	糖坊街	405.4	5	2027
柏树林街	428	5.5	2354	东道院	500	16	8000
西羊市街	428	5.5	2354	郭签士巷	430	16	6880
南广济街	424.2	5.5	2333.1	马神庙巷	332	5	1660
骡马市	394.7	6.5	2565.55	北教场	608	5	3040

---

[1] Francis Henry Nichols, *Through Hidden Shensi*, New York: Charles Scribner's Sons, 1902, pp.179-180.

街名	长度（m）	宽度（m）	面积（m²）	街名	长度（m）	宽度（m）	面积（m²）
土地庙街	327	5.5	1798.5	雷神庙	400	16	6400
马坊门街	127.6	5	638	曹家巷	353.6	3	1060.8
竹笆市街	417	6	2502	菜坑岸	240	5	1200
南院门街	371	6	2226	夏家什字南北街	200	5	1000
南院门南北段	200	5	1000	开通巷	346	3	1038
盐店街	272.6	5.5	1499.3	大车家巷	331	5	1655
梁家牌楼	214	5.5	1177	柴家什字	212	5	1060
西华门街	397.8	7	2784.6	双仁府	355	3	1065
北院门街	517.35	6	3104.1	太阳庙门	307	3	921
东县门街	369.8	5.5	2033.9	报恩寺街	326	3	978
东厅门街	330.9	5.5	1819.95	火药局巷	150	3	450
东木头市	633	6	3798	安居巷	378	3	1134
西木头市	335.8	6	2014.8	冰窖巷	228	3.6	820.8
五味什字	307.7	5.5	1692.35	东仓门北段	344	5	1720
南桥梓口	214	5.5	1177	夏家什字	188	5	940
西仓门街	589.2	5.5	3240.6	土地庙什字	200	5	1000
粉巷	334.5	5.5	1839.75	甜水井东西路	229	3	687
端履门	379.55	5.5	2087.525	北新街	478	5	2390
东关大街	265.1	5	1325.5	尚仆路南端	387	5	1935
南关大街	702	5.5	3861	尚平路	240	—	1200
西关大街	1334	10	13340	尚智路	574	5	2870
北关大街	815.3	10	8153	崇廉路	1420	5	7100
东羊市	206.3	5.5	1134.65	崇廉西路中段	780	5	3900
院门巷	144.6	5.5	795.3	长巷	315	4	1260

续表

街名	长度（m）	宽度（m）	面积（m²）	街名	长度（m）	宽度（m）	面积（m²）
麦苋街	272	5.5	1496	社学巷	120	2.3	276
梁府街	400.4	5.5	2202.2	卧龙寺	36	3	108
东九府街	520	5.5	2860	东柳巷	188	5	940
西九府街	348.6	5.5	1917.3	崇耻路	210	5	1050
大莲花池	429.5	5.5	2362.25	莲寿坊街	400	3	1200
二府街	369.9	5.5	2034.45	小莲湖巷	428	2	856
红埠街	378	5.5	2079	尚勤路	1556	10	15560
狮子庙街	403	5.5	2216.5	尚俭路	1554	10	15540
书院门	700	5.5	3850	尚德路	1512	12	18144
大湘子庙	199.4	5.5	1096.7	小差市	252	12	3024
北广济街	399	5	1995	香米园	440	5	2200
甜水井街	342	5.5	1881	东五道巷	220	5	1100
梆子市街	239.4	5.5	1316.7	大有巷	120	5	600
大油巷	407	5.5	2238.5	八卦楼巷	300	3	900
夏家什字东西街	339.7	5.5	1868.35	小学习巷	360	2	720
早慈巷	378.4	3	1135.2	北药王祠	560	5	2800
大学习巷	409.6	6	2457.6	药王洞西路	1000	6	6000
东举院巷	529	5.5	2909.5	东南一路	700	5	3500
小湘子庙	278.9	5.5	1533.95	东南二路	700	5	3500
德福巷	363.1	5.5	1997.05	东南三路	860	5	4300
五岳庙门	245.5	5.5	1350.25	西北一路	1000	10	10000
菊花园街	120	5.5	660	西北二路	1000	10	10000
举院门	152	5.5	836	西北四路	460	10	4600
西举院巷	399	5.5	2194.5	西北五路	240	10	2400
牌楼巷	180.5	5.5	992.75	西北六路	200	10	2000
参府巷	257.2	5.5	1414.6	西北七路	200	10	2000

续表

街名	长度（m）	宽度（m）	面积（m²）	街名	长度（m）	宽度（m）	面积（m²）
大保吉巷	351.9	5	1759.5	崇悌路	970	12	11640
大新巷	500	5	2500	崇忠路	970	12	11640
贡院巷	100	5	500	崇义路	1700	12	20400
新寺巷	126	5.5	693	东顺城路	2600	5	13000
陈家巷	164	5.5	902	西顺城路	2600	5	13000
东仓门	227.8	5	1139	南顺城路	4200	5	21000
炭市街	241	10	2410	北顺城路	4200	5	21000
正学街	143.5	3	430.5	白鹭湾	228	5	1140
东十道巷	265.1	5	1325.5	雷进士巷	340	5	1700
东土地庙什字	300	5	1500	龙渠湾	220.9	5	1104.5
太阳庙门	370	10	3700	龙渠北段	80	3	240
南关东瓮城	173.75	5.5	955.625	南新街	395.8	5.5	2176.9
观音寺巷	176	5	880	金家巷	115	5.5	632.5
三学街	283.3	5.5	1558.15	通济北坊	168	3	504
西新街	432	5.5	2376	通济中坊	216	4	864
武庙街	230	5.5	1265	通济南坊	174	3	522
案板街	243.7	8	1949.6	开元寺	324	2	648

　　资料来源：龚洪源拟《现有道路交通长宽等级表》，见西安市档案局、西安市档案馆编：《筹建西京陪都档案史料选辑》，西北大学出版社，1994年，第129—144页。

　　上表中所列168条街巷总面积为678243.15平方米，约0.68平方公里，约占全城面积15平方公里的4.5%。街巷平均长531米，宽6.3米。

（四）街巷名称

　　我国传统城市的街巷名称带有强烈的区域性和本土化特征，在一定程度上记录了城市历史发展过程。以下对清代西安城313条街巷名称进行归纳、分析，以期深入认识西安城市空间特征。虽然这是基于清代文献和地图进行的统计，但由于城市街巷地名具有相对稳定的承继性，因此也可借以推测明代西安城街巷地名的大致情况。明清西安城街巷地名大致可分为以下十种来源类型：

1. 以地理环境和典型景观命名

明清西安城区自然地理环境、人文景观和地标建筑等作为城市人居环境的重要组成部分，是城市景观中最为突出和醒目的标志物，易于辨识和记忆，因而在这一时期街巷地名中大量出现，如池、坑、岭、坡、陵、牌楼、鼓楼、钟楼等。

2. 以方位命名

明清西安城街巷的方位指向性明确，大量街巷以前、后、东、西、南、北等方位字命名。城区居民和外来初到者通过街巷名称就可辨识方向。如东一道巷、东二道巷一直到东九道巷，西一道巷、西二道巷一直到西九道巷，东号口、西号口、东羊市、西羊市等。以方位命名街巷与西安城的方正形态颇相适应。

3. 以街巷形制特点命名

街巷在形成过程中，由于种种原因会出现长、短、横、顺、拐等形态特征，以这些特征命名街巷也较为多见。如辘轳把巷、十三拐、长巷等名称，均来源于街巷自身形制特点。西安城绝大多数街巷均为横平竖直的规整形制，一旦有小巷呈现"拐"或不规则的形状，在这一时期的城市空间中就显得相对特殊，而用其特殊形态命名街巷也便于市民记忆。

4. 以行业命名

宋元以迄明清时期，西安城中多种行业、商业往往集聚发展，同一街巷常成为同一行业、商贸经营的集中分布地，市场、手工业作坊密集区以及货栈、行店等的集中地。长此以往，行业集聚地便以行业命名街巷，如骡马市、菜市、水车巷、印花园、油店巷等，由此也可一窥不同行业、商业逐渐集聚发展的状况。

5. 以数字命名

"数字化"名称是清代西安城街巷命名的一个显著特色，这主要与西安城军事堡垒的性质紧密相关。由于清代八旗驻防城和南城本身就是两个庞大的军营，内部格局十分规整，因而东北城区和东南城角街巷以"数字+方位"命名较为普遍，如头道巷、二道巷……九道巷、东一道巷、西一道巷等。满城和南城内"数字化"街巷的排列规律在于以东大街为轴心，向北、向南均以自小至大顺序排列；在东大街以北者自南而北为自小至大，在东大街以南者自北而南为自小至大。

6. 以邻近寺庙命名

明清西安城中寺庙众多，且多成为社区活动中心，因而邻近街巷便以寺庙命名，如湘子庙街、五岳庙门、三官庙巷、武庙巷、土地庙什字、圪塔寺巷等。寺庙名与街巷名相互指引，两者兴建顺序也并非一定寺庙在先，有的街巷形成在前，寺庙兴建在后，亦可因寺庙命名。

7. 以官署、仓库等职能建筑命名

官署、仓库、教场等作为城市职能建筑，以其权力空间的威严性和在城市中的高知名度多为街巷名称所借代，如北院门大街、县坡巷、粮道巷等。

8. 以"门"命名

"门"在封建城市中多以其通达性和权力象征而成为街巷名称用字。清代西安城中以"门"为名的街巷颇多，如西华门大街、新城门大街、端履门、后宰门、教场门等。以"门"命名的街巷，原先一般都有实体的大门、门楼存在，只是后来建筑消失，门随之湮灭，但在地名中得以留有痕迹。带"门"字的地名往往指代片状区域，而非单一街巷。

9. 以吉祥含义命名

就城市居民心理而言，一般均希望能以吉祥、喜庆的字词作为居住街巷的名称，如吉昌巷、德福巷、太平巷、永寿巷、慈福巷、包吉巷等。吉祥街巷名称在传统城市中较为多见，体现了民间文化习俗和民众居住心理。

10. 以住户数量、姓氏、等级、民族等状况命名

以住户数量、姓氏、等级、民族成分等反映市民自身特点的字词命名街巷，在清代西安城中较为常见。此类地名特点突出，指向性强，如八家巷、六十家巷、王家巷、曹家巷、四府街、二府园、回回巷等。这些地名可以反映街巷形成初期或发展中的居住民户规模与聚族而居的状况。

上述十种类型的地名，大致占到清代西安城313条街巷的90%以上。重镇时代的西安作为西北和北方的典型区域中心城市，街巷名称的命名和分类在同类型城市中也当具有普遍意义。

在清代西安城313条街巷中，较多街巷都符合两种甚或更多的命名原则，因而以下对街巷名称来源列表统计时，部分街巷会因同时归入两种类型而重复计算。在计算比例时，其基数仍设为313，因而各街巷所占比例总和会超过100%，但这一误差不会影响相关结论的准确性。

表5-5　清代西安城主要街巷名称来源统计表

来源 类别	环境景观	方位	形制	行业	数字	寺庙	职能建筑	门	吉祥	住户状况				其他
										姓氏	数量	民族	等级	
数量 （条）	39	89	22	45	42	32	30	25	11	22	7	5	8	24
比例 （%）	12.5	28.4	7	14.4	13.4	10.2	9.6	8	3.5	7	2.2	1.6	2.6	7.7

依据上表中数据，可制图直观反映街巷名称的分析结果。

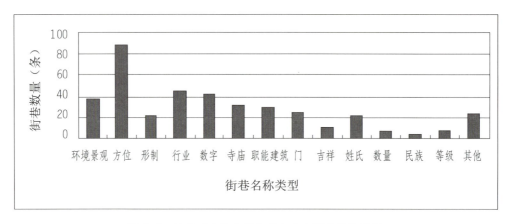

图5-4　清代西安城主要街巷名称来源分类柱状图

依据上述表、图分析，清代西安城街巷名称来源以方位、行业、数字、环境景观、寺庙为前五位，分别体现出西安城市形态方正、行业与商贸活动繁盛、军事功能突出以及宗教兴盛的特点。

清代西安城中还有较多的重名街巷，如油店巷（2条）、文献巷（2条）、水车巷（2条）、太平巷（2条）、八家巷（3条）、辘轳把巷（2条）、头道巷（2条）、二道巷（2条）、回回巷（2条）、楼楼巷（2条）、东巷（2条）、东火巷（2条）、西火巷（2条）。可以看出，这些重名街巷名称多与排列在前的命名因素相关，如行业、方位、数字等，这也从一个侧面验证了上述统计结果及判断当与实际情形吻合。

第六章　明清西安城市水利建设

水是城市发展的命脉。作为明清西北地区军政、文教、商贸重镇，西安城市水利建设多有成就，尤其是明代更掀起隋唐长安之后城市水利建设的又一高潮，"井渠同济"成为这一时期城市供水的主要特征。长期以来，学界多关注明清西安城引水渠道开凿时间、走向等问题，而甚少探讨城市水利的具体应用、水利系统的结构特征与变迁原因等问题。本章在充分利用史志文献与图籍资料的基础上，着重论述明清西安城市水利、水环境景观兴废的时空变迁过程，并分析其变迁原因。

第一节
明清西安城供、排水体系

一、历史时期长安城市水利发展概况

西安地区最早的城市水利建设，大致可上溯到西周丰、镐二京时期。二京隔沣河而望，丰京在西，镐京在东。虽然诸多城市水利细节已不可考，但从位处丰京皇家苑囿中灵沼的开挖与引水仍可约略窥见当时城市水利技术已有较大发展。

秦都咸阳横跨渭河两岸，宫殿毕集，阁道相属，城市范围空前广阔。若把渭河两岸均视作城区，秦代在渭水上为连接城市南北两区而架设的石柱桥则堪属早期城市水利建设的典范之作。《三辅黄图》载："渭水贯都，以象天汉。横桥南度，以法牵牛。南有长乐宫，北有咸阳宫，欲通二宫之间，故造此桥。广六丈，南北三百八十步，六十八间，七百五十柱，百二十二梁。桥之南北有堤，激立石柱。……桥之北首，垒石水中，故谓之石柱桥也。"这座约为秦昭王时修造的木石结构桥是文献记载中渭河上最早的桥。[1]在秦咸阳城故址及渭北宫殿区，考古工作者发现了多达70多眼用圆形陶制井圈一层层叠砌起来的水井和11处地面、地下排水管道，[2]可见凿井以汲取地下水供给城市所需在当时日益普遍，城区排水系统也渐成规模。秦代还在渭北兰池宫附近依傍渭河筑坝，拦河引水，形成人工湖泊兰池，并以之为基础构筑水景园林，这是当时城市水利和水环境景观建设的重要工程。

西汉长安城市水利建设成就斐然，恢宏者莫如环绕长安城外宽三丈、深两丈的护城河。[3]东汉班固《西都赋》赞云："建金城其万雉，呀周池而成渊"。长安城护城河不

---

[1] 武伯纶编著：《西安历史述略》，陕西人民出版社，1984年，第97页。
[2] 戴应新：《关中水利史话》，陕西人民出版社，1977年，第58页。
[3] 武伯纶编著：《西安历史述略》，陕西人民出版社，1984年，第117页。

仅有利于防守，且城区雨水和污水可由铺设在地下的陶管汇入护城河，再排入渭河。这一时期陶管的设计和制作，都较秦代有了很大进步。长安城的各项用水，多取源于城西南的人工水库昆明池。昆明池周匝40里，可容水军战船演习。昆明池水由3条渠道输供长安城，其中王渠引池水由长安城西面南边的章城门"飞渠入城"（即在护城河上架渡槽引水）。渠水除用于日常汲引、灌注城壕外，还大量用于园林建设。潏水、沣水等也在汉成帝时为城中王侯凿引入宅修建园池。

隋唐长安城作为当时世界上最大的都城之一，水利建设达到了前所未有的高度。在渠道引水方面，隋唐长安城开龙首渠、永安渠、清明渠、黄渠、漕渠，引浐水、交水、潏水等河流及秦岭北麓水源入城。引水渠道遍流外郭城坊里和皇城、宫城，用于城壕灌水、园林绿化、贮运木材、运输木炭等。[①]长安京兆府为此专设河渠署、都水监等机构掌管城市水利事宜。隋唐长安城排水系统由遍布全城的明沟与暗沟组成，其主体是街道两侧与街平行的水沟。沟岸栽植槐树，绿荫掩映，为长安城最鲜明的街景之一。水沟宽达2.5米，口宽底窄，两壁倾斜，便于排水。长安城各坊之间的巷道下开凿有砖砌的排水暗沟，均与大街两侧的明沟相通。全城的生活污水就由密如蛛网的沟渠排出城外。

自唐末天祐元年（公元904年）朱全忠迁昭宗于洛阳，毁长安宫室百司及百姓庐舍，长安遂墟，城市水利设施多遭废弃。至宋大中祥符七年（公元1014年），因城内井水咸涩不堪食用，经知永兴府陈尧咨建议，兴工恢复唐龙首西渠的故道，引水入城市坊里供居民日常生活所用，兼为城壕水源，自此城内方食甘水。宋金元时期皆仰赖龙首西渠之水，或饮用，或美化园林。

二、明清西安城供水体系的建设及变迁

（一）明初西安城开渠引水的缘起

明洪武四年（公元1371年），西安城垣开始向东、北扩展修筑，洪武十一年（公元1378年）扩建工程完毕。秦王朱樉当年就藩西安，驻军和其他类型人口随即大量增加，由此灌注城河、日常汲引、园林绿化等方面的用水量激增，而元代所修引水渠道早已湮废，仅靠凿引地下井水远远不能满足城市发展对水的需求。城市规模的扩大和人口的增加对开浚新引水渠道提出了迫切要求。陕西、西安地方官府在大城拓展完成后，于洪

① 戴应新：《关中水利史话》，陕西人民出版社，1977年，第56—64页。

武十二年（公元1379年）在朝廷支持下开渠引水。《明太祖实录》载："（洪武十二年十二月）开西安府甜水渠。初，西安城中皆磆卤水，不可饮。至是，曹国公李文忠以为言，乃命西安府官役工凿渠甃石，引龙首渠水入城中，萦绕民舍，民始得甘饮。"

西安城区地下水苦咸的问题由来已久。隋初放弃汉长安城基址，而于龙首原一带营建都城大兴城，就是因"汉营此城，经今将八百岁，水皆咸卤，不甚宜人"[①]之故。大约从唐天宝末年起，唐长安城地下水开始出现污染状况且延续下来。[②]宋大中祥符七年（公元1014年），陈尧咨开龙首渠引所谓"甜水"时也指出了"（永兴军）城井泉大半咸苦，居民不堪食"的地下水污染状况。长安城中甜水井数量较少，苦咸饮用水对市民生活影响颇大。宋代碑刻载云"长安寔汉唐之故都"，"然而舄卤之地，井泉惟咸，凡厥膳羞烹饪，皆失其味。求其甘者，略无一二焉"。[③]汉唐以来，长安城地下水污染主要是由于生活污水长期经渗井、渗坑、渗池下泄，被污染的地下水虽不含有毒物质，呈现透明、无色、无臭状态，但味苦、涩、咸，多为中性或碱性，[④]给居民生活用水造成很大不便，开浚新引水渠道以改善市民用水状况便成为当务之急。

明代西安城先后开凿有两条引水渠道，即洪武十二年（公元1379年）开凿的龙首渠和成化元年（公元1465年）开凿的通济渠。清乾隆间陕西巡抚毕沅《关中胜迹图志》载云：西安城"东有龙首，西有永济"。"永济"为通济渠的别名。龙首、通济二渠引水入城，对明清西安城发展起了至关重要的作用。两渠水网密布城内，不仅利于日常生活及军事防御之用，且使城市园林因水面的点缀而颇具灵气。（见图6-1）明清西安城供水系统建设是城市水利兴修的主要内容。按照供水系统的主体及其所发挥的作用不同，可将这一时期西安城市水利兴修划分为以龙首渠为主、通济渠为主和井水为主三大阶段。

（二）以龙首渠为主阶段

从明洪武十二年龙首渠开凿竣工至成化元年通济渠开通，可称为龙首渠阶段。这一时期以龙首渠为城市供水主体，井水为辅助。

明初西安大城扩展完工以及秦愍王抵达西安府城后，陕西官府遂于洪武十二年疏凿城东龙首渠。

① 《隋书》卷七八《庾季才传》，清乾隆武英殿刻本。
② 李健超：《汉唐长安城与明清西安城地下水的污染》，载《西北历史资料》1980年第1期，第78—86页。
③ 〔宋〕侯可：《京兆府长安善感禅院新井记》，宋熙宁七年，碑存西安碑林。
④ 李昭淑、徐象平、李继瓒：《西安水环境的历史变迁及治理对策》，载《中国历史地理论丛》2000年第3辑。

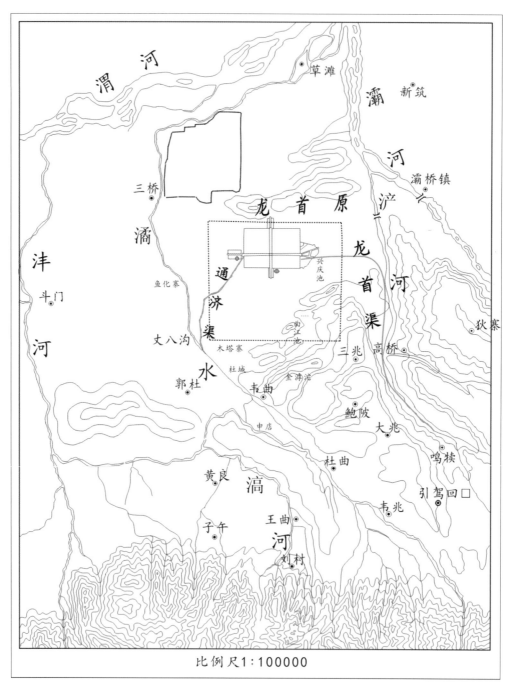

比例尺1:100000

图6-1　明清西安龙首、通济二渠流路示意图

龙首渠始凿于隋初，[①]为隋大兴城、唐长安城的重要引水渠道之一，先后在宋元时期得以重新疏浚并引水入城。明初借助前代工程基址重新疏凿，费时较短，工程量也较小，这对于扩筑城池后不久的西安官民而言极为重要。选择位于城东的龙首渠进行疏凿，也是出于方便为秦王府城供水的考虑。秦王府城河和大城城河均须引水灌注，才能充分发挥城池的防御功能。有理由相信，龙首渠的开浚是城池扩展工程的继续，可能在扩城规划中已有预先考虑。

龙首渠源于秦岭北麓大义峪，经城东入东关，再流入城内。陕西巡抚毕沅在《关中胜迹图志》中有明确记载："（龙首渠）发源于大义谷第一派之水，东过真武原至引驾回镇，又东北至鸣犊镇入浐河，复引水入渠口西北行，经留空村，至田家湾诸处，经流渐细。"[②]大义峪和浐河虽同发源于秦岭北麓，但具体峪口不同，因此龙首渠实际上有两个渠源，一为"大义谷第一派之水"，另一为"浐河"。因引大义峪水在前，引浐河水在后，故一般将大义峪口视为龙首渠的起始渠源。除《关中胜迹图志》以外，乾隆《西安府志》在记载龙首渠城外流路时亦是从大义峪水源地开始记述的[③]。

从大义峪口至鸣犊镇桥头入浐河的龙首渠引水渠道，在诸多方志相关图幅中均有标绘，基本可反映流路走向。《关中胜迹图志》卷三二《龙首永济二渠图》，雍正《陕西通志》卷三九《水利一》所附《灞浐渠图》《西安府龙首通济两渠图》，嘉庆《咸宁县志》卷一《疆域山川经纬道里城郭坊社图》之《戎店社图》《尹家卫社图》《鸣犊社图》《三兆社图》《黄渠社图》《元兴社图》《韩森社图》及《东郭图》等均标绘有龙首渠大致流路。龙首渠上半段从大义峪口引水至鸣犊镇桥头入浐河，下半段则从留空引浐河水至西安城东门入城。

明清西安城东龙首渠之所以分作上、下两段并有两处水源地，有其内在合理性。浐河虽说是西安城东南的一条大河，但至明清之际，由于秦岭水源区植被环境相对恶化，水量有所减少。修凿龙首渠时引大义峪水东北注入浐河，有助于增加浐河水量，这样再从浐河引水，西北注入西安城的龙首渠水量相应也就有了可靠保障。

龙首渠供水网主要集中在城市东部，供给对象是以秦王府城为重点的城东区宗室、官宦府邸。龙首渠在西安城内分作三脉，明人王恕《修龙首通济二渠碑记》载："一从元真观南流，转羊市，过咸宁县总府，西流转北过马巷口；一从真武庵北流；一从羊市

---

① 〔明〕王恕：《修龙首通济二渠碑记》，见《关中两朝文钞》卷一，清道光十二年刊本。
② 〔清〕毕沅：《关中胜迹图志》卷三《大川》，清文渊阁四库全书本。
③ 乾隆《西安府志》卷五《大川志》，清乾隆刊本。

分流，过书院坊，西入秦府"。雍正《陕西通志》亦载："分三派，一经流郃阳府前，至西分一渠，经流大菜市，往北入临潼府；一经流京兆驿，并永兴府至西转北，经马巷口入莲花池。"①此记载虽称入城渠道"分三派"，却仅记述了两脉。对照王恕《修龙首通济二渠碑记》不难发现，雍正《陕西通志》所云"经流郃阳府，至西分一渠"的渠道原本是分成二支的，除了主流"经流大菜市，往北入临潼府"，还另"分一渠"，分流点距离"郃阳府前"不远，而真武庵与郃阳王府东西相邻，所以应当就是王恕所记的"一从真武庵北流"的那条支渠。从雍正《陕西通志》中的《西安府龙首通济两渠图》来看，从真武庵北流的龙首渠支脉越过东大街，北流入杨大人宅。

从嘉靖、万历《陕西通志》所附《陕西省城图》及雍正《陕西通志》所附《西安府龙首通济两渠图》可以看出，龙首渠在城东部被引入秦王府城、临潼王府、沔阳王府、郃阳王府、保安王府、杨大人宅等府邸。尽管在明初扩城前后总体上城西部人口要多于东部，但并没有选择自城西开渠引水就充分表明龙首渠的供水重点是城东部，龙首渠向城西仅延伸至西北城区莲花池。一方面，新扩城区促进了龙首渠的开浚，另一方面，龙首渠的开浚也极大推动了新扩城区和东关城的发展。（见图6-2）

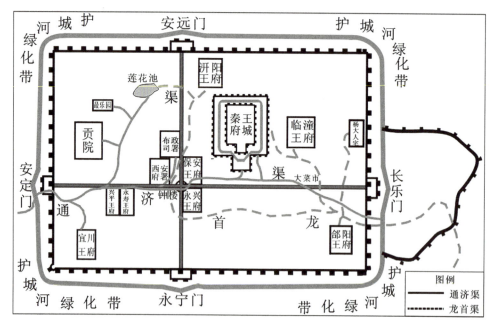

图6-2 明代西安城宗室府宅分布与龙首、通济二渠流路示意图

---

① 雍正《陕西通志》卷三九《水利一》，清文渊阁四库全书本。

明代朝廷和陕地方官府在开凿龙首渠之外，亦重视渠道系统的日常维护。洪武十二年（公元1379年）开凿龙首渠，洪武二十九年（公元1396年）即"诏修西安城中水渠"。由皇帝下令疏浚引水渠道在同一时期西北城市建设中并不多见。此次修治，一是疏浚城外经过黄土台原地区的引水渠道；二是为城内渠道"覆以石甃，以障尘秽。计十家作渠口一，以便汲水"。①由此在确保城外渠道畅通的基础上，保障了城内的渠水卫生。此时距明初开凿龙首渠仅17年，足以反映出明朝廷对西安城供水问题的重视。城内渠道以石甃砌，成暗沟形式，坚固耐用，亦可防渠水污染，饮水卫生的保障方式较之明初前进了一大步。

在通济渠开通后，龙首渠受引水量小及渠道易崩塌等因素影响，仅处于辅助供水的地位，但依然得到多次修浚。弘治五年（公元1492年），陕西官府就曾专事修治龙首渠。秦简王朱诚泳《瑞莲诗序》载秦王府城河引龙首渠水灌注事云："予府第子城外，旧环以堑，引龙首渠水注焉。岁久渠防弗治，水来益微，堑遂涸矣。弘治壬子春，监司修举水利，渠防再饬，堑水乃通。"②可见龙首渠兴废对于城内安全防御设施、风景园林等用水量较大的处所盛衰影响之大。

龙首渠流经黄土台原，时日稍久，便易引起渠道崩塌，这是其逐渐湮废并终为通济渠取代的重要原因。成化年间陕西巡抚项忠就曾指出，"迨今世远物迁，堤倚高原，日见削损"，"年久渠道崩塌，土崖随修随坏，致水或断或续，利用日少，缺用日多"。③自成化元年（公元1465年）通济渠开通后，西安城供水进入以通济渠为主的阶段。

（三）以通济渠为主阶段

龙首渠供水量有限，"利用日少，缺用日多"，"城中之用，不能周遍"，水利止及城东，城西居民甚少惠及。而其修治更需"引水七十里，修筑不易"，"计费亿万"，开凿新的引水渠道取而代之势在必行，加之汉唐以来均有引城西河水入城的先例。在此背景下，项忠等人经过实地踏勘选线，于成化元年开浚了水流顺畅、水质优良的通济渠。嘉靖《陕西通志》记述成化元年开浚通济渠工程云："都御史项公忠巡抚陕西，遂具疏上闻。允命既下，余公即躬督疏浚，不一载渠成。引交、潏二水，自城西南隅入城。城中官府、街市、坊巷，皆支分为渠。"④通济渠水入城后，与龙首渠供水网相互

---

① 《明太祖实录》卷二四四，洪武二十九年正月丙子，中国国家图书馆藏红格抄本。
② 〔明〕朱诚泳：《小鸣稿》卷九《瑞莲诗序》，清文渊阁四库全书本。
③ 〔明〕项忠：《新开通济渠记》，碑存西安碑林。
④ 嘉靖《陕西通志》卷二《土地二·山川上》，明嘉靖二十一年刻本。

贯通衔接，二水相济，东西城区居民可均享其利。

通济渠在城内的流路远较龙首渠长，自城西入，自城东出。其水网不仅覆盖城西大部地区，且是城东区和城壕用水的主要来源。通济渠分作三脉，雍正《陕西通志》记："一从长安县东流过广济街，又东过大菜市、真武庵，流出城，注于东城壕；一从广济街北流，过钟楼，折而西，过永丰仓前，入贡院；一从广济街直北过麻家十字街口，汇入莲花池。"①将龙首渠和通济渠在西安城内诸脉流路略事比较即可知，龙首、通济二渠各有一脉注入莲花池，这样不仅部分解决了二渠余水的排泄问题，又可保证莲花池有可靠的给水来源，从而变废为利，起到美化城市环境的作用。

从嘉靖、万历《陕西通志》所附《陕西省城图》及雍正《陕西通志》所附《西安府龙首通济两渠图》可以看出，通济渠被引入城西宜川郡王府、兴平郡王府、永寿郡王府、陕西贡院、西安府署、布政司署、莲花池、最乐园等处，城东秦王府城、东关景龙池等亦均有引入。"金城汤池兮百二独雄，挹蓝曳练兮声漱玲珑，烟火万家兮仰给无穷"，这正是通济渠开浚后为西安城供水充盈的最好写照。

由于通济渠主脉自西门入城，又从城东出城，而龙首渠在城内有三条大致呈南北向的分支渠道，因而二渠的"会通点"除莲花池之外，当还有三处，即马巷口（今钟楼东）、大菜市街口（今大差市）和真武庵（今东门南侧）附近。由此龙首、通济二渠就连接成一个复杂的供水网络，二渠之水互通有无，遍及全城各个角落，从而达到"居民尽利"②的目的。"两渠互济"供水系统的形成，也是明人开凿通济渠的初衷之一，即"兼以预为龙首渠他日不可修复之计"③。二渠之开凿虽有先后之分，但通过"会通点"，二渠渠系形成统一整体，城内供水不致因其中任何一渠的湮废而受到重大影响。通济渠开浚后，水量充沛，水质甘冽，不仅在城西渠网密布，且在渠水流往城东时，借助二渠"会通点"与龙首渠渠网相贯通，弥补后者水量的不足，并进而替代其向城东各处供水。从实际情况来看，在龙首渠失修无水的时期，城内原龙首、通济二渠的供水渠道均可视为通济渠的渠道网络。二渠渠网的一体性优势正是通过各"会通点"得以充分反映的。

以下列表比较龙首、通济二渠的长度、渠政管理、供水范围、供水时段等的相似与差异之处。

---

① 雍正《陕西通志》卷三九《水利一》，清文渊阁四库全书本。
② 〔清〕张廷玉：《明史》卷八八《河渠志六》，清乾隆武英殿刻本。
③ 〔明〕项忠：《新开通济渠记》，碑存西安碑林。

表 6-1　明清西安龙首、通济二渠相关情况比较表

渠名　　类别	龙首渠	通济渠
开凿时间	洪武十二年（1379）十二月	成化元年（1465）七、八月间
城外渠长	"水道依山，远至七十里"①	"自皂河上源按察使胡公堰起，至西城壕约长七十里"②
技术特色	"裁弯取直，架空飞渡"③	"度地之高者则据而成渠，地之卑者则筑而起堰"④
渠政管理	洪武二十九年（1396），龙首渠"覆以石甃，以障尘秽。计十家作渠口一，以便汲水"⑤	
	弘治十五年（1502），"以砖为井栏，以磁为井口，以板为盖，启闭以时，则尘垢不洁之物无隙而入，湛然通流无阻"⑥	同龙首渠
		"每长一里于沿河附近佥定人夫二名，通设老人四名分管，时常巡视，爱护修理"⑦
供水范围	以城东部为主，"水利止及城东"⑧；自城东入，止于城西北莲花池	兼顾城东、西两区；自城西入，遍流全城，出城东灌注城壕
供水时段	洪武十二年（1379）至道光五年（1825）	成化元年（1465）至光绪二十九年（1903）
主修人	弘治五年（1492）西安府；弘治十五年（1502）陕西都御史周季麟、西安知府马炳然；康熙三年（1664）陕西巡抚贾汉复；乾隆二年（1737）陕西巡抚崔纪；乾隆三十九年（1774）陕西巡抚毕沅；道光五年（1825）陕西巡抚卢坤	弘治十五年（1502）陕西都御史周季麟、西安知府马炳然；康熙六年（1667）陕西巡抚贾汉复；乾隆三十九年（1774）陕西巡抚毕沅；嘉庆九年（1804）陕西巡抚方维甸；道光年间西安知府叶世倬；光绪二十四年（1898）陕西巡抚魏光焘；光绪二十九年（1903）陕西巡抚升允

注：
① 《明宪宗实录》卷一二，天顺八年十二月甲午，中国国家图书馆藏红格抄本。
② 〔明〕项忠：《新开通济渠记》，碑存西安碑林。
③ 康熙《长安县志》卷一《地理》，清康熙刊本。
④ 〔明〕项忠：《新开通济渠记》，碑存西安碑林。
⑤ 《明太祖实录》卷二四四，洪武二十九年正月丙子，中国国家图书馆藏红格抄本。
⑥ 〔明〕王恕：《修龙首通济二渠碑记》，见《关中两朝文钞》卷一，清道光十二年刊本。
⑦ 〔明〕项忠：《新开通济渠记》，碑存西安碑林。
⑧ 〔明〕项忠：《新开通济渠记》，碑存西安碑林。

　　乾隆中叶出于军事防御之需，在维修西安城墙时堵塞了二渠入城的水门，这直接导致了"龙首、通济之入城者遂不可复"①。虽然后世修治二渠时又数次疏通水门、引水

① 嘉庆《咸宁县志》卷一○《地理志》，清嘉庆二十四年修，民国二十五年重印本。

入城，但自此开始，龙首、通济二渠再也未能恢复往日的引水盛况。光绪二十九年（公元1903年），陕西巡抚升允奏设水利军四旗，随后便将修浚通济渠作为当时全省重点水利工程之一。[1]通济渠水又一度流贯城区，但延续时间未久，渠道再遭废弃。

引水渠道长度是反映城市水利规模的主要指标，而史志中关于通济渠在西安城外的渠长，记载多有不一致处，有25里、30里等多种说法，值得辨析清楚。

从丈八沟设闸处至西门的通济渠长度，史料记载甚明。康熙《陕西通志》引明人王恕《修龙首通济二渠碑记》云："城外土渠亦疏浚修筑二十五里，视昔尤加深厚。"[2]明确记述城外通济渠渠长为25里。

通济渠入城后分为三脉，其总长则可由三脉长度之和求得。据雍正《陕西通志》卷三九《水利一》所附《西安府龙首通济两渠图》等相关地图资料，城内三脉的渠道长度可量算如次：从祠堂经长安县廨东流，过大菜市、真武庵出城一脉较西安南城墙稍长，为7里左右；从广济街北流，过钟楼转西，再过永丰仓流入贡院的一脉约为2.5里；从永丰仓东街口北流入注莲花池的一脉与其他分流支渠约在3.5里。由此，通济渠城内渠长大致在13里。另王恕《修龙首通济二渠碑记》曰："（通济渠）自西关厢入城，俱用砖甃砌一千四百五十丈，……（弘治十五年）又于通济渠余公甃砌未周处以砖甃砌七百二十丈。"以明180丈为今1里计算，则城内砖砌渠道至少约12里，与上述估算数据相近。合计通济渠自丈八沟设闸处至西门渠长与城内渠长，共为38里左右。龙首、通济渠系的开浚在明代西安城乡建设工程中的确堪称浩大。

（四）以井水为主阶段

井水是历史时期长安城供水体系的重要组成部分，与渠道引水共同促进了城市社会的发展。

汉唐长安城人口众多，园林星散，需水量大，因而在人工引水渠道外，还开凿有大量水井。宋元长安城水井数量虽不能与汉唐长安相比，但仍有"计其井不啻乎万"[3]的说法。只是大多水质苦咸，这种状况从唐中后期一直延续下来。[4]宋大中祥符七年（公元1014年），陈尧咨开龙首渠引"甜水"时就指出了"（永兴军）城井泉大半咸苦，居民不堪食"的地下水污染状况。宋长安城善感禅院为求甜水而凿新井就是由于当时城区

---

① 民国《续修陕西通志稿》卷五七《水利一》、卷五八《水利二》，民国二十三年铅印本。
② 康熙《陕西通志》卷三二《艺文·碑》，清康熙刊本。
③ 〔宋〕侯可：《京兆府长安善感禅院新井记》，宋熙宁七年，碑存西安碑林。
④ 李健超：《汉唐长安城与明清西安城地下水的污染》，载《西北历史资料》1980年第1期，第78—86页。

井水苦咸，弃旧井、开新井的典型事例。善感禅院"僧徒童行、官客仆从，日不减其数百人"。原有旧井11眼，井水供"浴室、厨爨、浣濯、马厩、秣饲之事，崇朝及暮，用汲无穷"。虽然供水尚足，但"厥味甚不甜美，久厌其食"。于是僧众请求主持智海法师"卜地以成井，以足大众茶药之用"。智海法师"集僧徒，行浮屠教之法事于大门内东垣下，后以杖卓其地，命匠者具畚锸兴工，二日而井成"。新井开好后，"其泉源沸涌，澄然而甘寒，宜其食也"。不仅能够满足寺宇僧众的日常需用，亦"傍及左右所居之民，往来汲取，养而不穷"。①由此可见，宋长安城区地下水质因区域不同而有甜、苦之分，但甜水井数量较少，绝大部分城区均为苦水区。

由于人工引水受制于河流上源水量变化、渠道兴废、干湿年份等因素，往往会出现供水不稳定的情况，而且渠道给水口的密度实际上并不能满足全城各处均衡用水的需求，因此在明代龙首渠、通济渠开浚后，井水仍然是重要的供水水源。

相较而言，井水水质逊于渠水，但有供水稳定的优点，不易受到各种因素的干扰，加之水井的开掘技术要求不高、花费较少，因而可在城内各居住区按照需要开掘，为居民提供基本生活用水。明秦王府城在同时引入龙首、通济渠水美化园林、灌注城壕外，亦开凿有十数口井作为池塘等处水源。清代满城作为城中之城，基于军事堡垒的功能，内部井水供给系统也建设得相当完备。从民国《续修陕西通志稿》所载1911年革命军攻入满城之际，旗兵抵抗无望，在各府邸、街巷投井自尽的众多事例来看，城内水井颇多，分布密度较大。至清乾隆中叶后，两渠供水减少乃至停顿，水井的增加更是势在必行。

清康熙初年西门瓮城甜水井的开掘标志着西安城供水主体逐渐由渠水向井水转变，乾隆中叶两渠入城水门被废之后就进入了以井水为主的阶段。

康熙六年（公元1667年），陕西巡抚贾汉复疏浚通济渠之际，"时又有善识井脉工匠建议开西瓮城井。水甘而旺，遇旱不涸，足资汲引"②。西门瓮城甜水井的开凿对两渠渐遭废弃起到了釜底抽薪的作用，成为井水代替渠水的前奏。后世修志者就认为此井一开，城内汲引"无藉渠水"③，以至有"此井开而通济遂废"④的认识。西门瓮城井更

① 〔宋〕侯可：《京兆府长安善感禅院新井记》，宋熙宁七年，碑存西安碑林。
② 民国《续修陕西通志稿》卷一三一《古迹一》，民国二十三年铅印本。
③ 嘉庆《长安县志》卷一三《山川志上》，清嘉庆二十年刊本。
④ 民国《续修陕西通志稿》卷一三一《古迹一》，民国二十三年铅印本。

被冠为"长安第一景,四个辘轳八个桶"[①],赞其水量畅旺,有益民生。

明清西安城区地下水质以东、西大街为界,有"南甜北咸"的概略说法,尤其城西南隅地下水质较其他城区为佳。从光绪十九年《陕西省城图》来看,大城西门内南北两侧就分别标注有井园、井的字样,这应是在西门瓮城井之后于同一"井脉"所开凿的两口深水井,以供水量大而标注于图。由西南城区"甜水井街""水车巷"等地名可以推测,随着西门瓮城及其周边地区甜水井的开凿,以特制水车贩卖井水在西安城已成为重要行业,井水买卖日趋兴盛。在其他城区也有少量甜水井分布,如1906—1910年任职于陕西高等学堂的日本教习足立喜六住在东南城区东柳巷,其宅第"庭中有深及五十尺清冽之井"[②]。

清代西安城日常用水状况虽然比明代二渠共同供水时要差,但在以西瓮城甜水井为龙头的甜水井供水网络逐渐建立的情况下,西安城居民用水需求也可基本满足。居住在"苦水"区域的市民,院落井水仅能供洗涤,饮用则需另购"甜水"。

三、明清西安城排水体系的建设及变迁

(一)池、坑、洼地的形成

西安城区池、坑、洼地的形成,一方面有其自然地理因素,城区所占面积较大,各处高低不一,从而自然形成一些低洼坑地;另一方面,长期以来的城市建设,如修筑城墙及建盖殿宇、官署、民房等,都需大量取土用于垒砌或压制土坯,有时就近取土。出于基建等人为因素形成的城区坑洼地颇多,多在居民区边缘及城区偏僻地带。

唐长安城中取土建房、压坯的情况一度相当普遍,以至唐玄宗于开元十九年(公元731年)六月下令"京洛两都,是惟帝宅,街衢坊市,固须修筑。城内不得穿掘为窑,烧造砖瓦,其有公私修造,不得于街巷穿坑取土"[③]。明清西安城内举凡打墙、垫房基多用土夯筑,在城区空旷偏僻地带长期挖土便逐渐形成低洼坑地,积水之后易形成涝池。至1949年10月25日,西安市人民政府公告中还明令禁止城区挖坑取土,规定"公有

① 西安市地方志编纂委员会编:《西安市志》第2卷《城市基础设施·公用事业》,西安出版社,2000年,第159页。

② [日]足立喜六:《长安史迹考·序》,杨炼译,见中国西北文献丛书编辑委员会编:《中国西北文献丛书》第3辑《西北史地文献》第113卷,兰州古籍书店,1990年。

③ [宋]王溥:《唐会要》卷八六《街巷》,中华书局,1955年,第1575页。

地皮及城壕禁止取土，私有坑地亦不得继续挖深取土及打土坯"[1]。由此可以想见，明清以来西安城区的众多坑洼地已经影响到城市整体环境，尤其是水环境。

城区低洼地在雨季有水成池，旱季无水为坑，这对城市建设有其不利的一面。在城市中，一般建筑物都要求占据高处或台地，就是为了避免低洼地的雨水之患。金京兆府城府学就曾出于方便排水的考虑由低洼地区迁往高爽之地。[2]而就积极的一面而言，这些水池、涝坑和洼地对于排水体系不甚健全的古代城市意义重大，可容纳雨水、污水乃至渠道引水的多余部分。数量众多的池、坑、洼地是这一时期城市排水体系的重要组成部分。

（二）池、坑、洼地的分布

作为排水体系的组成部分，池、坑、洼地等成为明清西安城独特的水域景观，并影响到城区街巷命名，如"水池坊""涝巷"等就是临近水域环境的反映。相较而言，池多由人工挖凿、引水而成，更多含有在自然地势基础上人为加工而成之意，往往平时也保持有一定的水面，只是在雨涝之时会因聚纳较大汇水区雨水从而水量大为增加。坑洼之地平时干涸无水，只在雨涝时发挥排泄雨水的功用。

明清西安城的众多池、坑虽并未如两渠渠网一样，形成有机联系的系统，池、坑之间也看似并无任何关联，但池、坑作为城区的组成部分与城市建设的产物，都可视为城市肌体的一部分。当我们在长时段、大范围内把城内散布的池、坑看作一个有机整体而不是点状个体的时候，它与城市的发展便产生了极其紧密的联系。如果没有池、坑用以排泄雨水、渠道余水，城市的各项职能显然会受到影响而难以正常运转。因此，从整体性上来说，数量众多的池、坑看上去是杂乱分布，但实际上已成为具有内在联系的排水系统。池坑体系在一定程度上相当于放大了的城市渗井群，所具有的排水、排污功能不可小觑。

明清西安城中之池多以"涝池"为名，表明其主要功用在于雨涝时可收蓄较多雨水，使之不致四处横流，冲溢房屋。涝池中的水经过一段时间的下渗，最终达到排水的目的。这在当时城市排水系统相对简单的情况下，确是一种简便易行、实用有效的方法。作为排水系统的一部分，西安城内相当数量的池、坑在较长时期内保持着一定的水量和面积。这也是可以视其为一种排水系统的重要因素。对照嘉庆《咸宁县志》及光绪十九年《陕西省

---

① 《西安市人民政府保持街巷整洁、维护道旁树木及下水道通畅的布告（一九四九年十月二十五日）》，见政协西安市委员会文史资料委员会、西安市档案馆编：《西安解放》（《西安文史资料》第15辑），陕西人民出版社，1989年，第319页。

② 《京兆府重修府学记》，金正隆二年，碑存西安碑林。

城图》"池"的标记，可清楚看到这一点。西北、西南隅池数较多，当与水量相对充沛的
通济渠流经、灌注有关。池、坑与引水渠道之间相互联系、沟通，渠水过多时，除排入城
壕，亦可由池、坑、洼地加以调节，而少数池、坑因处于水渠所经之地直接就成为水渠的
一部分，为渠道所用。

深入分析大城城壕和秦王府城壕功用可知，在军事防御之外，城壕实际上还发挥着
城市"大排水坑"或蓄水库的功能，尤其在西北半湿润、半干旱地区更是如此。《玉篇》
有关"坑，堑也，壑也"的阐释就道出了城壕作为大坑的本质所在。从河渠引水毕竟需要
耗费大量人力、物力、财力，如能有效利用西安城本身作为巨大汇水区的功能而使雨水排
入城壕，则既有利于城市良性发展，有效避免水患，亦可汇集城区雨水，减少灌注城壕所
需引水量。雨水之外，两渠余水有时也可排入城壕。按照工程设计的初衷，渠道引水量可
根据城市所需进行调节，但在雨涝年份，渠道引水量被动增加，城壕即可发挥排泄余水的
功能。通济渠开通之初便有此类情形出现，"（通济渠）穿城而过，尽勾居人之用，多余
者泄出城壕。年复一年，积滞过多，水面与城脚相等"①。由此可见城壕在排泄城市余水
中的巨大功用。（见图6-3）

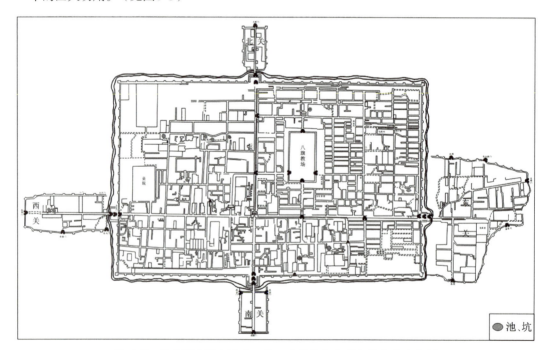

图 6-3   清代西安城主要池、坑、洼地及与水利相关街巷分布图

---

① 〔明〕余子俊：《余肃敏公文集·地方事》，见〔明〕陈子龙辑：《明经世文编》卷六一，明崇祯平露堂刻本。

四、明清西安城市水利体系的总体特征

明清西安城市水利体系主要由供水系统和排水系统构成，但两代情形又各有不同。

明代供水系统以龙首、通济二渠为主体，以井水为辅助。供水渠道在城东、西两侧各一，分布均衡，全城大部可受益，井水起补充作用。排水系统包括秦王府城壕、大城城壕以及城区数量众多的大小水池、低洼坑地。两大带状城壕主要收纳两渠余水、雨水，池、坑、洼地主要用于排泄生活污水、雨水（莲花池也用于排泄两渠余水）。容量巨大的城壕和容量较小但数量众多的池、坑共同发挥着排水功能，延续性和稳定性较好。（见图6-4）

至清代，供水系统以西门瓮城甜水井为重点，遍布全城各处的水井系统为主体，渠道为辅助。排水系统依旧由大城城壕和城内众多池、坑共同组成。原明秦王府护城河所在区域成为池坑低地体系的一环，依然有排泄雨水的作用。供水渠道清初时尚依赖城西通济渠，中后期则主要依靠井水，两渠功效衰微。（见图6-5）

相较而言，明代供、排水系统是以城外地面径流引水（渠水）供给、城壕（主要依靠大城城壕）排泄、下渗为主的开放型、进出型开敞系统，而清代则是以城内地下水（井泉）供给及城内池坑下渗、排泄为主的封闭系统。明代西安城市带状供水体系一变而为清代点状供水体系，居民用水由依赖渠水转为依赖井水，城市用水状况有所恶化；排水体系则由于池、坑的稳定性较渠道为强而基本未变。（见图6-6）

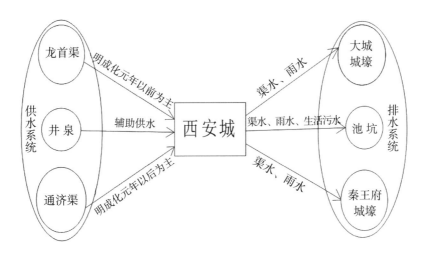

图6-4 明代西安城供、排水系统结构图

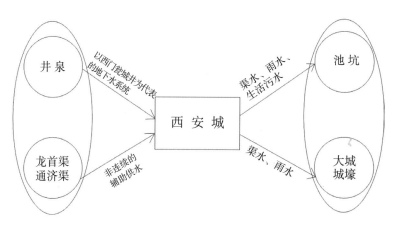

图 6-5　清代西安城供、排水系统结构图

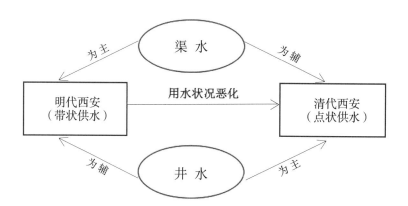

图 6-6　明清西安城供水体系与水环境关系图

第二节
明清西安城市用水

　　明清西安先后开浚的龙首、通济两渠以及城中大量水井，在供给市民日常用水、增强城池防御能力、构筑园林水景、防范火患、营造风水意象、绿化两渠渠系与农田灌溉等方面，均起过积极作用，对明清西安城的发展和西北重镇地位的巩固具有重要意义。

一、生活用水

　　龙首、通济两渠的开凿，主旨首先在于满足全城官民日常饮用之需。明人就已指出，"陕西城中水苦咸不可用，故昔人凿龙首、通济二渠引城外河水入城。由是城中王侯官寮以及军民百万余家，皆得甜水以造饮食，厥功懋哉"①。

　　洪武十二年（公元1379年）开凿龙首渠后，为更进一步便于城内居民汲引，洪武二十九年（公元1396年）复修时即逐渐完善饮水卫生设施，对城内渠道"覆以石甃，以障尘秽"，又"计十家作渠口一，以便汲水"。②成化元年（公元1465年）疏凿通济渠入城，亦沿龙首渠旧规，规定"每二十丈留一井口"③。以王恕所载通济渠长约2170丈计算，则约有108处"井口"。龙首渠虽在城西部流路较短，但流经东关城中部，而这又是通济渠所未流经的地区。粗略估算，两渠在城区长度相差不多，因而明代西安城内两渠沿线"井口"当在200处左右，受惠民户至少在2000户。以西安城约15平方公里计算，城区渠道"井口"密度约每平方公里13处，这在市民日常用水中的确能发挥重要作用。

---

　　① 〔明〕王恕：《修龙首通济二渠碑记》，见《关中两朝文钞》卷一，清道光十二年刊本。
　　② 《明太祖实录》卷二四四，洪武二十九年正月丙子，中国国家图书馆藏红格抄本。
　　③ 〔明〕项忠：《新开通济渠记》，碑存西安碑林。

成化元年后，沿渠井口"各置锁钥，令当地看管人户收掌，量宜将闸以时启闭"，这是明初龙首渠在管护方面尚未采取的措施。井口设置"锁钥"有利于维护饮水卫生，而水闸则可根据井口汲水量的多少调节井内水量，使之保持在一定的均衡状态，这就比单纯在渠道上设置渠口前进了一大步。毕竟城内地势有高下起伏，虽同为一渠之水，但各井亦会因位置的不同而出现水量的差异，井口水闸的设置可使渠水得到最大程度的有效利用，从而避免城内不同地区引水井口水量不均。作为西安城供水系统的一部分，龙首渠渠道无疑也相应采取了同样的措施。

弘治十五年（公元1502年），龙首、通济两渠均以砖甃，统一了建筑样式，"以砖为井栏，以磁为井口，以板为盖，启闭以时，则尘垢不洁之物无隙而入，湛然通流无阻"[①]，井口更为美观清洁。这次修砌既是一次城市地下供水网的建设，又是一次大规模的市容环境建设。分散在大街小巷200余处整洁美观、形制划一的井台、井口，成为明代西安城的一道亮丽街景。

清代，两渠引水日渐减少以至停顿，但一有疏浚，便又成为重要的生活用水来源。康熙初年陕西巡抚贾汉复疏浚二渠，引水入城，官民饮用赖之。至清末，入城水门一度重开，渠水重引入城，发挥过短期供水作用。光绪二十九年（公元1903年）陕西巡抚升允疏浚通济渠，"自城外碌碡堰以下三十余里，逐段开浚，导水自西门入，曲达街巷"[②]，便民汲引。

至民国30年代，在西京筹备委员会等倡议下，沿明清通济渠故道，从西安城西南丈八沟处引潏水入城，称"龙渠"或"西龙渠"。渠水入城后，灌注建国公园、莲湖公园等处水域，对改善城市水域景观起到了重要作用。

二、军事防御

与明初开凿龙首渠时以便民汲引为主旨相较，成化元年开凿通济渠时将护城河用水置于优先考虑的地位。项忠在《新开通济渠记》中云："城贵池深而水环，人贵饮甘而用便，斯二者亦政之首务也。若城池无水，则防御未周，水饮不甘，则人用失济"。在重视供给日常用水外，更强调利用渠水发挥城河的军事防御功能。通济渠水引注城壕

---

① 〔明〕王恕：《修龙首通济二渠碑记》，见《关中两朝文钞》卷一，清道光十二年刊本。
② 民国《咸宁长安两县续志》卷五《地理考下》，民国二十五年铅印本。

后，更有利于实现"金城汤池兮百二独雄"①的城建防御目标。

有明一代，以通济渠向城壕供水为主，龙首渠为补充，城壕用水可谓充沛。有时还因连降暴雨，城市雨水排入城壕，以至出现城河"水面与城脚相等"的危急情况，几乎有"浸倒城垣"之虞。在这种情况下，城壕发挥了排涝和水库的作用，城墙则起了堤防的作用，确保了西安城市居民在雨季不受雨涝之灾。从这个意义上讲，西安城墙和护城河又是相互配套、相对完善的城市水利设施。

入清之后，虽然由于渠水水量减少，城内日常用水渠道渐为湮废，但是城壕用水始终受到当政者的重视。两渠每有修治，无不以灌注城壕为先。即使是在清朝后期引水量大幅减少的情况下，也在兼顾城外沿渠民田灌溉的同时引水入壕。如道光年间西安知府叶世倬疏浚通济渠之后，"乃请每年夏秋截流灌田，冬春放水灌壕"②。光绪二十九年（公元1903年）陕西巡抚升允疏浚通济渠，同时使"城外近渠民田兼可灌溉，并浚城壕，引水环焉"③。两渠尤其是通济渠水在清代灌注城壕、巩固城防方面发挥了重要的作用。清代中后期数次战火屡屡对西安城构成较大威胁，但始终未能攻破城池，也从一个侧面证明了宽阔护城河的重要作用。

明代秦王府城作为雄伟壮观的城中之城，亦同西安大城一样拥有由高大坚实的城墙和深阔数丈的护城河所组成的城防体系。位于秦王府双重城墙——萧墙与砖城之间"阔十五丈，深三丈"④的秦王府城河在明代中后期虽然是府城内外环境美化的重点区域，但从根本上而言，护城河与萧墙、砖城一起构成了严密的军事防御体系，其本质上的军事防御性毕竟不能为红莲绿荷的美景所掩盖。秦王府城作为城中之城，安全系数本已较高，再环绕以深数丈、阔十几丈的护城河，足以称"固若金汤"。明洪武十二年（公元1379年）疏凿城东之龙首渠，引注秦王府城壕以利防御无疑是其"便民汲引"之外的又一宗旨。

虽然清代西安城内未再出现如秦王府城河一样规模的防御设施，但渠水仍被用作护城河性质的"隔离带"。慈禧太后与光绪皇帝于光绪二十六年（公元1900年）"西巡"西安时的行宫（即北院衙署）周围曾引通济渠水绕护。光绪二十九年巡抚升允

---

① 〔明〕项忠：《新开通济渠记》，碑存西安碑林。
② 民国《续修陕西通志稿》卷五七《水利一》，民国二十三年铅印本。
③ 民国《咸宁长安两县续志》卷五《地理考下》，民国二十五年铅印本。
④ 《明太祖实录》卷六〇，洪武四年正月戊子，中国国家图书馆藏红格抄本。

"奏设水利新军，疏浚通济渠，……导水自西门入，曲达街巷，绕护行宫"①。虽然此时慈禧太后等人已回到北京，但其驻跸过的行宫仍为护卫重地，因而引渠水环护其外，犹如城河一般。

三、园林美化

明清西安城市水利的重要内容之一即是供给园林绿化用水。这一时期城市园林包括以秦王府城园林为代表的王府园林、以莲花池为代表的公共园林、以关中书院为代表的文教园林，另外还有官署园林、寺观园林、私宅园林等。各类园林特色迥异，但园林中多兴修池沼，营造水景，更有以水域为主体的园林，如永寿郡王府中涵碧池等。

（一）公共园林

明代西安东南郊的曲江池、清代西安城内的莲花池等均可视为以水景为主体的公共园林。

莲花池是清代西安城内的公共游赏胜地，清康熙初年陕西巡抚贾汉复撰文赞云："方其盛时，绿茵方塘，碧波数顷，缘舟映带，鸥鹭随行，乃游观之盛区也。"②莲花池水面广阔，其上水鸟翔集，其中鱼莲辉映，泛舟于此，宛如置身江南水乡。莲花池不仅以其美景引人观赏，而且有利于排泄龙首、通济二渠的余水，广达数顷的水面对改善城市湿度、温度等亦起着积极作用。

莲花池"碧波数顷"，需水量极大，井泉根本不敷其用，供水只能依靠龙首、通济二渠，因而渠道的兴废直接关系到莲花池景色的盛衰。康熙《长安县志》即云："明末渠塞池涸，水利遂废。"城外水源断绝导致莲花池干涸，贾汉复《放生池碑记》对此有形象描绘："自渠阻淤，池久涸，瓦砾委焉。"这与明时渠水畅通时"缘舟映带，鸥鹭随行"的盛况形成鲜明对比。贾汉复于康熙六年疏浚通济渠之后，莲花池重又焕发出新的生机。《放生池碑记》载云："余既重浚三渠，资民汲引，因并凿斯池，易名放生"③。表明莲花池中放养有大量的鱼鳖，水面宽广，莲叶满覆池面，鸥鹭类水鸟无疑会翔集其上。莲花池宛如镶嵌在西安城内的一颗明珠，成为士民休憩游玩的好去处。但

---

① 民国《咸宁长安两县续志》卷五《地理考下》，民国二十五年铅印本。
② 〔清〕贾汉复：《放生池碑记》，见民国《续修陕西通志稿》卷一三一《古迹一》，民国二十三年铅印本。
③ 康熙《长安县志》卷八《古迹》，清康熙刊本。

这一美景很快就因入城水门在乾隆年间被堵塞而失去光彩。

此外，城东九龙池在明代虽为秦王专有，但亦属文人官宦时常聚会之所，在一定程度上具有公共园林的意味，其水源就来自龙首渠。

（二）官署园林

明清西安城内官署也多有园林化建设，渠水、井水在其中发挥了重要作用。明张瀚《松窗梦语》载："都察院近城西北，院有楼七间，遥望终南。而西有二池，水接终南龙首，城中灌汲，咸藉于此。"位于西门外的琉璃局，因与通济渠相通，其中景致因渠水流经而呈现秀美之态，"西门琉璃局，台榭迤逦，花木繁茂，而渠水曲折，来自终南，由局入城，长流不竭"。[①]张瀚亦有诗吟咏布政使署的风光："官舍枕高冈，南山对郁苍。地偏人习静，政简日余长。泉引天池液，花分王井香。醉来狂较甚，乌帽狎红妆。"[②]又有乾隆《西安府志》载："巡抚部院署（即今北院）在府治北，明宣德七年（公元1432年）建，嘉靖二十一年（公元1542年）巡抚赵廷瑞增修，复导通济渠由西垣入，东垣出。"[③]通济渠水被引入其中，用途之一即是造池作塘，植树种花，美化衙署办公与居住环境。

清代西安城内官署园林特色较为明显者当数北院衙署，后一度成为"庚子之变"时的"帝后行宫"。除行宫外围曾以通济渠水环护外，行宫内部的美化也充分利用了渠水和井水。

光绪二十六年（公元1900年）慈禧太后和光绪帝"西巡"西安，以北院为驻跸行宫。行宫有前殿、后宫、东院之分，建筑庄严华美。光绪帝所居终南仙馆便是一典型园林，其中引水作池，种植莲花。池上建有乾隆时陕西巡抚毕沅题额之"小方壶堂"，亦有可供远眺之楼阁。"行宫惟终南仙馆植花木，德宗寝宫在焉。东有楼，颜曰'悠然见南山'，巡抚毕沅笔也。视朝之暇，时往登眺。""终南仙馆池水久涸，德宗命汲井水灌之。新种芙蕖，以水性过暖，不能开花，惟翠叶翩翩而已。"[④]1901年到访西安的美国记者尼科尔斯在《穿越神秘的陕西》中记述说："行宫的后部是慈禧太后和光绪皇帝的居所，建筑大同小异。这里两侧是颇为轩敞的厢房，慈禧太后的寝宫位于居中入口的

①　〔明〕张瀚：《松窗梦语》卷二《西游纪》，清抄本。
②　〔明〕张瀚：《奚囊蠹余》卷六《自华山移莲花小池中花开对酒漫赋》，明隆庆六年刻本。
③　乾隆《西安府志》卷九《建置志上·城池》，清乾隆刊本。
④　〔清〕徐珂编撰：《清稗类钞·巡幸类》，中华书局，2010年，第347—348页。

左侧。"①行宫后部有大阿哥的住所，也建有池塘。尼科尔斯记述大阿哥所居院落、池塘景观云："西安行宫内最独特的地方是大阿哥的院落，几年前他已被宣布为中国皇位的继承者。大阿哥住在后花园里的一间大屋内，与朝堂有一段距离。他的屋子前面是一个人工池塘，养有金鱼。大阿哥屋子的一侧厢房是一个长厅，设计奇巧的前墙能像屏风一样挪动。在炎夏之际，这里是年轻皇子们最喜欢的游憩之地。在这里，他们躺在椅子上，一边闲聊，一边抽着水烟和少量的鸦片，观赏池中的金鱼。"②

（三）私宅园林

明清西安城内居住的社会上层官宦及士人在宅第中多建有小型园林，规模不大，但景色宜人。他们善于利用渠水、井水的构景功能，对造园手法的运用也相当成熟。明人张瀚《饮何中丞荷亭分得夏荷二字》描绘何中丞庭院园林云："雨后芳园润，庭荫上绿莎。槿篱低粉蝶，竹径冒清波。碧散牵风荇，红凝挹露荷。林喧求友鸟，池狎换书鹅。佳丽西都旧，人文甲第多。"③官员私宅园林虽小，但池塘、莲花、小径、矮篱、竹林、亭阁等无一不备，亦有独特韵味。1911年出版于伦敦和费城的《中国十八省会》中附有美国地理学家盖洛在清末前往西安考察时拍摄的城区园林照片，园中有优雅的拱形桥梁、飞檐翘角的凉亭，园中花树婆娑，倒映池塘之中。④由此可以推想明清西安城上层人士私宅园林之美景。

四、防范火患

明清西安城规模较大的建筑群多为木结构，主要有秦王府城、陕西贡院、城隍庙等王府、官署、祠祀建筑。遇到火灾时，若无就近水源，势必酿成大灾。明秦王府城就曾在嘉靖年间因火灾烧毁数百间殿屋，损失惨重。在消防系统尚不完善的情况下，这一时期较大规模的建筑群都积极利用渠水、井水等构筑池塘，在美化环境的同时，发挥其防范火患的功用。

以位于西门内北侧的陕西贡院为例，作为西北地区考生来源最广的科试之地，明

---

① Francis Henry Nichols,*Through Hidden Shensi*, New York: Charles Scribner's Sons, 1902, p.217.
② Francis Henry Nichols,*Through Hidden Shensi*, New York: Charles Scribner's Sons, 1902, p.218.
③ 〔明〕张瀚：《奚囊蠹余》卷三《饮何中丞荷亭分得夏荷二字》，明隆庆六年刻本。
④ William Edgar Geil, *Eighteen Capitals of China*, Philadelphia & London: J.B. Lippincott Company, 1911, pp. 332-333.

代时即已形成"崇垣千堵，缭外限内，短垣逾百，界内遮外"的规模。清同治年间最盛时号舍多达11000余间，成为西安城内最大的单一功能建筑群。明代《增修贡院碑》载"浚池引水入内五星堂下"的另一功用便是"兼备不虞"。①"不虞"即指火患。贡院引通济渠水入注中心建筑物五星堂前之池。每值科举考试之岁，士子云集于此，少者数千，多则万人，贡院内多达万间号舍又以木构为主，栉比相邻，火灾隐患严重，于其中心位置设一水池，作为防火之常备设施，可确保贡院内任何位置发生火灾时，都能得到最及时的扑救。

五、风水应用

"风水"作为我国传统的人居环境观念，对城市水利建设实践有着很大的影响。明清西安城文教设施中，陕西贡院，文庙，西安府学，长安、咸宁二县儒学及各书院多引水或凿井汲水作池，就是利用了风水理论中"气乘风则散，界水则止""吉地不可无水""风水之法，得水为上""水飞走则生气散，水融注则内气聚"②等相关认识。

明代《增修贡院碑》载嘉靖四年（公元1525年）陕西巡抚都御史王荩、巡按御史郑气增修贡院，"浚池引（通济渠）水入内五星堂下，俾开通风气"③。"风气"之谓，当是从风水角度加以考虑。"五星堂"后为"聚奎堂"，同样是从风水意象上命名建筑物，与水池互相呼应。

学校中的泮池是典型的城市风水意象建筑，实用价值较小，但在文庙及府县儒学的建筑布局中却占有相当重要的地位。泮池的布设源于更深一层的隐含意义，即《管子·水地》中所谓"水者，地之血气，如筋脉之通流者也。故曰：水，具材也。何以知其然也？曰：夫水，淖弱以清，而好洒人之恶，仁也。视之黑而白，精也。量之不可使概，至满而止，正也。唯无不流，至平而止，义也"④。各文教机构多借泮池这一建筑形式来宣扬仁义思想，希冀学校人才辈出。结合文教建筑群的整体规划来看，泮池前后均有高大牌坊，如文庙"春风化雨坊"、贡院"腾蛟起凤坊"，其隐含的寓意无不与"水"

① 康熙《陕西通志》卷三二《艺文·碑》，清康熙刊本。
② 一丁、雨露、洪涌：《中国古代风水与建筑选址》，河北科学技术出版社，1996年，第129、134页。
③ 康熙《陕西通志》卷三二《艺文·碑》，清康熙刊本。
④ 〔春秋〕管仲：《管子》卷一四《水地》，四部丛刊景宋本。

有着紧密的联系。

六、渠系绿化

明清西安龙首、通济二渠以及大城城壕、秦王府城壕作为城市水系的组成部分，具有联结各处水域景观的重要作用，发挥着水系"廊道"的功能。由于渠水多沿街巷延伸，而街巷两侧往往多植树木，于是"水体廊道"和"绿色廊道"相互依存，相得益彰。

明西安城外伴随城市水利建设形成的两条绿化带颇具规模，一是护城河沿岸，一是通济渠沿岸。两者均为成化元年（公元1465年）项忠、余子俊等当政者主持造植，属于城市水利建设的附属工程。

西安护城河沿岸的大规模绿化始自明成化年间，也是成化元年通济渠水利设施的辅助工程。之所以到成化元年才出现护城河的大规模绿化，是因为明前期西北地区仍有元残余势力不断骚扰，西安作为西北军事重镇所要承担的防御任务甚重，城墙与护城河外围必须保持视野开阔以利于军事防御，而绿化势必会削弱这一点。至明中后期，西北地区军政形势相对稳定，对护城河的防御性要求降低，加之改善城市环境的需要，使护城河的绿化有了可能。明隆庆间（公元1567—1572年）陕西都御史张祉以砖甃砌城墙外侧，布政使曹金记其事云："其楼宇台隍之倾者树，斜者正，塞者浚，植柳种荷"①。可见疏浚、绿化城壕及其周边地区也是此次修城工程的重要内容。

项忠在《新开通济渠记》中详载护城河沿岸绿化分工及其收益分配："本院定行事宜，自西门吊桥南起，转至东门吊桥南止，仰都司令西安左、前、后三卫栽种菱、藕、鸡头、茭笋、蒲笋并一应得利之物，听都司与各卫采取公用。自东门吊桥北起，转至西门吊桥北止，仰布政司令西安府督令咸、长二县栽种，听西安府并布、按二司采取公用。若是利多，都司并西安府变卖杂粮，在官各听公道支销。"从这一记载分析，绿化工程由西安驻军与地方官府共同承担，但在工程量上，咸、长二县承担的绿化长度约为三卫的两倍。地方官府成为这一绿化工程的主体，军队则起了辅助作用。此次通过"都司各卫"与西安府及咸、长二县，即军队与地方官府的明确分工，实现各自的绿化收益，充分调动了军、地双方绿化护城河及周边区域的积极性。

---

① 康熙《咸宁县志》卷二《建置》，清康熙刊本。

护城河绿化工程已经突破了单纯美化环境的目的，达到了从内到外整体绿化的效果。这一措施不仅美化了西安城周环境，形成一条环城绿带，而且有效利用城河大面积水域，种植各类水产品，供应西安市场，在收到生态环境效益的同时，也获取了相应的经济回报。

城郊通济渠沿岸以种植护岸保堤的柳树等树种为主，"自丈八头到城两岸栽树"①，绿化长度约25里。项忠《新开通济渠记》中规定："西安府呈行事宜，自皂河上源胡公堰起至西城壕长七十里，每长一里于沿河附近金定人夫二名，通设老人四名分管，时常巡视，爱护修理"。这一措施虽然主要是针对渠道工程，但沿岸树木绿化无疑也在"时常巡视，爱护修理"的管理体系之中。

---

① 〔明〕项忠：《新开通济渠记》，碑存西安碑林。

第三节
明清西安城市水利衰废原因与影响

一、衰废原因

首先，从长时段而言，西安城市地位的变化是城市水利建设趋于衰退的重要原因，并直接影响到城市水系及景观生态的变迁。自唐末都城东迁，长安从国都一降而为区域中心城市。此后宋金元各代，西安虽仍为西北军政重镇，但终究难与都城时代地位相比。自明清以迄民国，西安城市军政地位有所增强，如明代西安城内有号称"天下第一藩封"的秦王府，众多官署辖域也涵盖西北大部。入清后，西安内筑满城，屯驻八旗重兵，1900年"庚子之变"时更成为临时国都所在。水利体系与景观生态建设也一度甚有起色，但终究未能与作为汉唐国都时可投入大量人力、物力、财力进行建设相比。

其次，自秦汉以迄隋唐，都城建设对秦岭水源地森林破坏相当严重。[1]仅以唐都长安为例，有学者估计，仅长安薪柴用木，年耗就达40万吨左右，而这些薪材基本上来自秦岭。宫禁、寺观和私家园林中的殿阁、楼台、亭榭的建造需大量成材林木，也主要取之南山。[2]至清代中后期，随着赋税制度的变化、人口的迅速增加及山地垦殖的日益扩张，深入秦岭垦荒伐林者日见增多。除关中地区外，还有"远从楚黔蜀，来垦老林荒"[3]的人。加之木厂等大规模商业性采伐，"一处所多者数千人，少不下数百，皆衣食于供箱者。木簝山度涧，动赖人力，遇山水陡涨，木辄漂失。比年以来，老林空矣。采木者必丁岭南，道愈远费愈繁"[4]。秦岭北麓水源地森林遭到前所未有的大规模砍

---

① 马正林：《由历史上西安城的供水探讨今后解决水源的根本途径》，载《陕西师大学报》（哲学社会科学版）1981年第4期，第70—77页。

② 马驰：《唐长安城流水与园林》，载《寻根》2002年第2期，第96—101页。

③〔清〕严如熤：《三省边防备览》卷一四《艺文下·棚民叹》，日本早稻田大学图书馆藏道光十年重刊来鹿堂藏版。

④ 民国《续修陕西通志稿》卷三四《征榷一·商筏税》，民国二十三年铅印本。

伐，致使各河和水源地峪口水量变化幅度增大，泥沙含量骤增，洪涝灾害频发。渠道所引之水又渐不敷城市需用，且易受季节影响，城市水系及其景观建设也逐渐由盛转衰。

再次，龙首、通济二渠流经西安城南黄土台原地带，渠岸时常崩塌为患。成化年间陕西巡抚项忠即指出"堤倚高原，日见削损"，尤其夏季暴雨时节，渠水猛涨，流速迅急，多在拐弯处将渠道冲毁。陕西"南山老林弥望，乾嘉以还，深山穷谷，开凿靡遗。每逢暑雨，水挟沙石而下，漂没人畜田庐，平地俨成泽国"①。同时龙首、通济二渠均长达数十里，维护不易，"年久渠道崩塌，土崖随修随坏，致水或断或续，利用日少，缺用日多，难以纪极，况城中之用，不能周遍"②，最终使得西安城水域景观和水环境发生巨大变化。

二、深远影响

与明代较长时期内以渠水为主要生活水源不同，清代西安市民基本依赖井水。井水水质从整体上来说要逊于渠水，在汲引的便利性方面深井也远不及渠道水口。在清康熙年间西门瓮城甜水井启用之后，城市饮用水质有了很大改善，但供水量仍难以满足全城市民日常所需。

在不同历史时期，城市水系的兴废都会直接影响城区水域及其景观生态的盛衰。在渠水畅旺时期，渠系"四散于街市居民门前流过"，城区园林水域如兴庆池等则"隔花皆戏艇，满目尽游人"。由引水渠道、城壕等构成的水域"廊道"将散布城区的池沼陂塘等水域"斑块"连接起来，使得城区水域景观层次极为丰富，西北重镇也因此有了些许江南水乡的风韵，西安城得以充分融入"荡荡乎八川分流"的水环境之中。在渠水断绝之际，不仅居民难得饮用甜水，而且城区园林水域随之出现"池久涸，瓦砾委焉"③的衰颓景象。

作为水域"廊道"，引水渠系的断绝使得西安城与八水水系之间的联系相应减弱，小城区与大区域之间能量的交换和流动受到严重影响。城区水域"斑块"的消失也使西安城景观面貌变得单调而缺乏活力，人居环境有所恶化。

有鉴于历史时期的经验教训，今后西安城在利用灞河、浐河、沣河等构筑城市水系

① 民国《续修陕西通志稿》卷一九九《祥异》，民国二十三年铅印本。
② 〔明〕项忠：《新开通济渠记》，碑存西安碑林。
③ 〔清〕贾汉复：《放生池碑记》，见民国《续修陕西通志稿》卷一三一《古迹一》，民国二十三年铅印本。

景观时，一方面宜适度发展城区水系"廊道"和水域"斑块"，丰富城市水域景观面貌，改善人居环境，另一方面应充分注意秦岭北麓水源地植被的养护，从源头上确保"有水可引，引水足用"。

概括而言，明清西安城市水利开发时序和城内渠道流路是适应城区大空间格局发展与变动的结果，城区大空间格局的变动直接影响城市供、排水架构的变化。明清西安城龙首、通济二渠水系既是联结城乡的纽带，也使西安城区各部分连接为一个整体。龙首、通济二渠引水入城以及地下井水的开发，在明清西安城市生活用水、军事防御、园林美化、防范火患、风水应用等方面发挥了巨大作用，与以城区池、坑、洼地、大城城壕和秦王府城壕为主体的排水系统一起，有力地推动了西安城市社会的发展。

明清西安城市水利开发与兴废在很大程度上取决于城市军政地位及其变化，也受制于所处自然地理环境及其变迁。秦岭北麓水源地森林的大规模毁伐、黄土台原地带渠道的难以维护，以及出于城池防御之需堵塞渠道入城水门，是导致龙首、通济二渠废弃，城市水域景观黯然失色的主要原因。清代中后期西安城区甜水井的开发虽然在一定程度上解决了市民饮水问题，但整体供水的窘迫实际上又影响到了西安城的建设与发展。明清西安城市水利建设的经验教训对当前西安市的城市水利开发、环境建设仍具有重要的借鉴意义。

第七章　明清西安的官署

明清西安作为西北军事、政治与文化重镇，是上自总督、巡抚，下至知府、知县等省、府、县各级行政、军政及专业官员驻守之地，城内分布有各类官署，构成了城市权力空间，对辖域人口和区域社会的发展起着引导与管控的作用。各级官员及其僚属在官署内外的办公、居住、交往等活动也构成了西安城市政治与日常生活的重要组成部分，为古都西安的持续发展增添了动力与活力。

第一节
明清西安官署的分布变迁

　　明清西安城内的各级官署数量众多，选址兴建大多在明代前期已基本完成，其后发展具有较强的延续性。清代西安满城的兴建对城区原有衙署分布格局有所扰动，促使各级衙署进一步集中布设，逐步形成城内以南院、北院为核心的官署集中区域。为反映明清西安城官署的分布状况，以下据明嘉靖《陕西通志·陕西省城图》、清雍正《陕西通志·公署》、清嘉庆《咸宁县志·衙署志》、民国《咸宁长安两县续志·衙署考》、民国《续修陕西通志稿·建置·公署》等列表如次[①]：

表 7-1　明清西安城主要官署分布一览表

城区	官署	时代	位置
东北	西安右护卫署	明	约今西五路西段附近
	西安后卫署	明	约今解放路北段附近
	西安将军署	清	约今西五路西段路北
	左翼满洲副都统署	清	约今西四路与西五路东口之间
	右翼满洲副都统署	清	约今西新街
	右翼汉军副都统署	清	约今南新街北段路西
	税课司廨	明清	约今解放路南段
东南	明总督府署	明	约今端履门街西侧
	明都指挥使司署	明	约今东大街中段路南端履门街东侧
	明镇守太监署	明	约今骡马市附近

---

　　① 张永禄主编《明清西安词典》（陕西人民出版社，1999年）第109—135页对明清西安城官署的建修年代、职能、位置等均有列述，本表对其亦多有参考。

城区	官署	时代	位置
东南	陕西总兵署	明	约今东县门街西段路北
	清军察院署	明	约今南大街南段东侧东木头市西段以南
	西安左卫署	明	约今建国路附近
	左翼汉军副都统署	清	约今和平路东
	咸宁县署	明清	约今东县门街中段路北
西北	巡抚衙署	明清	约今北院门莲湖区政府大院
	明巡按察院署	明	约今庙后街东段路北
	布政司署	明清	约今北院门街路东，西华门大街路南至鼓楼以北
	按察司署	明清	约今西大街中段路北西安市公安局处
	西安府署	明清	约今鼓楼东侧路北
	督粮道署	明清	约今西华门大街路南
	清军同知署	明清	约今钟楼西北隅
	分守关内道署	明	约今西大街中段路北城隍庙西
	分巡关内道署	明	约今西安市公安局西
	屯田道署	明	约今庙后街东段路北
	清军道署	明	约今西安市公安局处
	驿传道署	明清	约今庙后街东段路北
	宝泉局署	明	今青年路东段
	长安县署	明清	约今西大街城隍庙东
	仓大使廨	明清	在城西北永丰仓前，约在今西仓南巷
	驿盐道署	清	约今庙后街东段路北
	盐法道署	清	约今庙后街东段路北
	理事同知署	清	约今西大街城隍庙西
	抚标中军参将署	清	约今八家巷口
	抚标中营守备署	清	约今青年路中段路北
	抚标左营游击署	清	约今大皮院中段路南
	抚标左营守备署	清	今红埠街
	协标都司署	清	约今二府街中段路北

续表

城区	官署	时代	位置
西北	西安城守营参将署	清	约今西北三路北段西侧
	清陕西厘金总局署①	清	约今青年路东段
	学务处	清末	约今北大街南段路西
	省城警务总局	清末	约今西华门大街
	提学使署	清末	在梁府街旧宝陕局，约今青年路东段路北
	省城警务总署	清末	约今西华门大街
	劝业道署	清末	约今北院门莲湖区政府大院之东
	陕西咨议局	清末	约今西大街西段以北儿童公园处
	西安地方审判厅	清末	约今二府街中段路北
	西安地方检察厅	清末	约今二府街中段路北
西南	清总督部院署	清	约今南院门碑林区政府大院
	巡抚部院新署	清	约今南院门碑林区政府大院
	西安前卫署	明	约今四府街附近
	巡茶察院署	明	约今南大街北段西侧西木头市以北
	杂造局署	明	约今湘子庙街与西木头市东段之间
	军器局署	明	约今西南城墙朱雀门内一带
	陕西提督署	清	约今红光街与四府街北段之间
	西安镇署	清	为陕西提督署改建，约今红光街与四府街北段之间
	提学道署	明	约今西大街西段路南
	西安城守协副将署	清	约今五味什字附近
	抚标右营游击署	清	约今四府街南段路东
	抚标右营守备署	清	约今东梆子市街
	协标右营守备署	清	约今西梆子市街东段
	陕西高等审判厅	清末	约今四府街西冰窖巷
	陕西高等检察厅	清末	约今四府街西冰窖巷
	西安邮政局署	清末	初在马坊门，光绪二十九年（1903）迁南院门
	西安电报局署	清末	初在梆子市街黄公祠，后移马坊门

注：
① 民国《续修陕西通志稿》卷三五《征榷二·厘金》，民国二十三年铅印本。

一、明代主要官署的分布特征

明代西安城市舆图绘制较为粗略，反映的官署信息较少，仅能从现存的嘉靖《陕西通志》和万历《陕西通志》所附城图以及相关记载来复原明代西安城内主要官署分布的整体格局。

城东北区　秦王是明代最高统治者和朝廷在西安的特殊代表，秦王府城在城内官署体系中居于最高地位，虽然在明代中后期藩王实际军事管辖权力衰弱，但其政治地位依然最高。秦王府城内有王府下辖官署集中布设区；西安后卫、右护卫围绕秦王府城而建，强化了城东北区的军事重要性。从总体上看，城东北区作为新扩展的城区，军政地位最为重要。城四卫中有两卫分布于此，同时明代前中期秦王本身也辖有数万军队。位于秦王府城外西南隅的西安城武庙（即关帝庙）就是城东北区军事重要性在信仰空间及其祠宇布设上的反映。

城东南区　太府、总府、总督府、都指挥使司等省级官署在城东南区紧临东大街而设，形成官署分布带。城东南区从权力空间上而言，地位仅次于城东北区，官署的主要管辖范围均针对整个陕西行省，武职特点明显。城东南角布设西安左卫，南门内侧为清军察院，同为军事管理机关，偏离东大街南侧官署密集区，与军事机关性质和强化城防需要有关。咸宁县署则位于东大街南侧官署分布带最东边，边缘化的位置与其地位最低相应。

城西北区　布政司、按察司、都察院、巡按察院等全省性财政、司法监察机关集中布设在鼓楼周边地区，清军道、屯田道等专管机构和西安府署等亦分布在本区。显然，城西北区的官署地位又次于城东南区，但从数量上来说，这一地区官署分布最多。总体而言，本区在城四区中军事性最弱，绝大多数文职官署分布于此，加之西安府署和长安县署均在本区，本区在整个权力体系中显然占据非常重要的地位。都城隍庙兴建在这一地区即与这种行政官署集中分布的状况相应。清代这一地区分布众多军事机关与回族聚居区有密切关系，与明代本区主要作为文职官署有很大区别，强化了城市的军事性，城东为满洲八旗驻防区，城西则为绿营兵防守区。

城西南区　巡茶察院、军器局、杂造局、提学道散布在这一区域，从官署管辖范围和职责来看，均专辖某一行业或部门，权力有限，地位不高。本区西南部设西安前卫，在城四卫中，仅此位于城西。

从整体上看，明代西安城权力空间格局为东武西文。以南北大街为界，新扩城区为军事机关和武职官署的集中布设区，等级高、权限大；城西则为文职官署分布区，尤以西北为主。与这一官署分布格局相应，城东北区代表尚武精神的武庙和城西北区象征地方政权统治力量的都城隍庙东西相应。从城四区官署的等级高低来看，则东北、东南、西北、西南依次降低。其对应关系如下图所示：

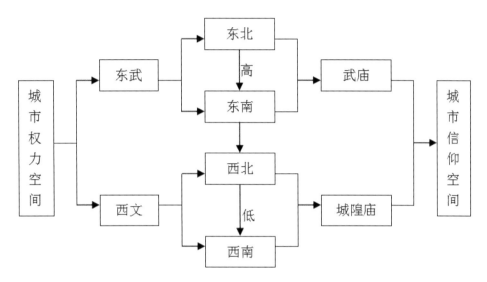

图 7-1　明代西安城权力空间格局及其与信仰空间关系图

二、清代主要官署的分布特征

一般而言，官署在城市中的分布较为稳定，延续性强。清代西安官署就在很大程度上继承了诸多明代官署的原址，因此清代和明代的官署分布有一定的共同特征。清代满城、南城的相继兴建，对城市官署分布格局产生了重大影响，在明代城市权力空间格局基础上形成新的架构，反映出城市主导功能的变化，即由明代的军政重镇演变为清代的军事堡垒。

城东北区　清代圈占城东北区为八旗驻防城，其中所设各级官署主要管理八旗军队和旗人事务，具有军政合一的特点。但相对其他城区官署分布而言，本区所有官署都首先基于军事驻防而存在，并无专门行政性官署，因而在明代的基础上又强化了本区官署分布"武"的特征。

城东南区　随着东大街被满城南墙占用，大城东门成为满城城门，明代沿东大街南侧布设的官署分布带在城市空间中由接近核心转变为完全处于非核心的地位，而且出入城区时交通往来多有不便，若官署再设立于此，已然不能适应城市管理的需要，因此

逐渐向西北和西南两区迁移发展，官署分布带随满城的兴建也自然消散。康熙二十二年
（公元1683年）时又圈占城东南区一部分建设南城，作为八旗汉军驻防所在。这是满城
八旗驻防空间的一次扩张。城东南部由此处于满城和南城两大军事驻防区的包围之中，
非军事空间已相当狭小，官署更不会在这一区域选址兴建。城东南部环境的偏僻性适应
文教区发展的需要，于是出现了官署区向西而文教区向东的两种集中布设趋向。

  城西北区 清代西北区仍是布政司、按察司、督粮道、理事厅、凤邠盐法道、西
安府等财政、司法、专管机构以及地方官府集中布设的地区。从数量上来说，官署分布
数量在四区中仍属最多，基本继承了明代官署分布的格局。清代整个城西部作为绿营驻
防地区，与八旗驻防城东西呼应。西北区随之也新设了如协标都司署、中营守备署等众
多军事机关和协标教场等绿营军队场所，一改明代本区基本为文职官署区的状况，成为
文、武官署均布设较多的地区，反映了城市军事性的进一步加强。

  城西南区 清代西南区先后作为川陕、陕甘总督行署和巡抚部院新署所在，与城西
北鼓楼附近的巡抚旧衙署分别称为南院、北院。与西北区相同，西南区也分布有较多绿营
军事机关及教场，并延续明代分布专业机关的特点，在清后期布设有新兴的电报局、邮政
局等。同时，西南区在清末还布设有陕西高等审判厅和陕西高等检察厅，官署分布呈现分
散化趋势。

  总体而言，一方面清代城市权力空间格局的形成、发展受到满城和南城的影响，未
能延续明代官署分布的基本架构；另一方面清代西安城的军事堡垒性质对其官署分布的
文武均衡化有显著影响，大量各级文、武官署在城西部散布，城市整体权力空间呈现
"武"的特征。反映在宗教信仰空间中，遍布全城的关帝庙便是这一特征的最好说明。
其间关系见下图：

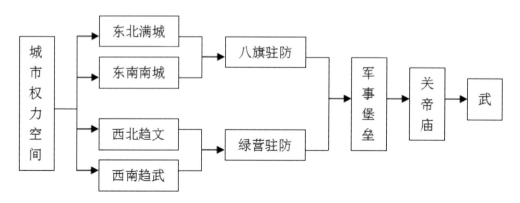

图 7-2 清代西安城权力空间格局与城市性质关系图

第二节
明清西安官署的格局与环境

官署作为各级官员办公、居住之地，是国家与地方权力的标志性建筑，因而我国传统城市中的官署建筑风貌不同于寺宇、学校等建筑，以对称性和肃穆严整为其格局与环境的基本特征。以下主要依据笔者搜集的官署建修碑文对明清西安城中的代表性官署加以分析。

明清陕西巡抚衙署 巡抚衙署为明清西安城内与总督衙署并称的省级官府，位于西华门大街西段路北，南与总督衙署（南院）相对而得名"北院"。陕西巡抚衙署建于明宣德七年（公元1432年），嘉靖二十一年（公元1542年）巡抚赵廷瑞扩建，在重修后堂的同时，将后轩扩建为北向，在署内五棵柏树之间兴建"思济亭"，又叫"五柏亭"；建"仰辰楼"七楹，两厢建屋十楹；修葺"节镇坊"；将通济渠水从西墙引入，从东墙流出；署内构筑有左、右亭，左亭中凿砌水井，右亭中矗立碑刻。清康熙二十四年（公元1685年），巡抚鄂恺重修巡抚衙署。四十二年（公元1703年），康熙皇帝西巡西安，赐巡抚鄂海"为政宽恕"匾，两侧对联为"三秦地阔荣开府，二华峰高比重臣"。这既是对鄂海本人的褒奖，也增添了巡抚衙署的文化气息。乾隆年间，陈弘谋、毕沅等先后在巡抚任内，曾对北院衙署进行过诸多建设，兴建有四来堂（后改为四喜堂）、终南仙馆、小方壶堂等建筑，用于文人雅集、畅饮作诗、抚琴畅谈、祭祀先贤，使得巡抚衙署也成为西安城内极具活力的文化活动佳地。

光绪二十六年（公元1900年），慈禧太后与光绪皇帝驻跸西安期间，选择北院衙署作为行宫，使其在为期近一年的时间内成为全国临时政权中心。行宫前后设三堂，按前朝后寝的宫殿格局布设。1901年，美国《基督教先驱报》记者尼科尔斯来陕赈灾期间，曾经进入北院行宫参观，看到"行宫的主要殿宇漆以朱红色，屋顶覆盖着褐色琉璃瓦"，"（朝堂）内天花板很高，以明黄色纸裱糊。地上铺着红布缝制而成的地毯。

与门相对，靠着后墙的是一张柚木方椅。椅背及其两侧雕刻精美，其上悬挂深红色遮篷"。行宫左侧厢房用于召见文武百官，行宫后部则是慈禧太后、光绪皇帝的寝宫。

辛亥革命后，北院一度是秦陇复汉军政府大都督张凤翙的驻地。1949年5月西安解放后，北院长期作为西安市政府驻地，现为莲湖区政府大院。自明历清，经民国至新中国成立以来，巡抚衙署所处区域作为省、市、区级政府驻地前后承建，权力空间的稳定性表现明显。

明西安府署　明清西安府署是延续时间最长、位置最为稳定的城区官署之一，其格局布设在官署建筑中具有典型性。同多数较高级别官署相同，西安府署内部又下辖若干二级衙署，从而形成较为复杂的官署建筑群落。

西安知府衙署基址位于今西大街东段鼓楼东侧路北。洪武二年（公元1369年），西安府署在元代奉元路署旧址上延续改建而成，成为正四品西安知府的办公之地。西安知府作为一府最高长官，负有"宣风化、平狱讼、均赋役，以教养百姓"的职责，管理事务包括籍帐、军匠、驿递、马牧、盗贼、仓库、河渠、沟防、道路等。知府下设同知、通判等下属官员。由于"西安为郡元首，关辅地冲政剧，甲于余郡"，西安府署在明清之际得到历任西安知府的多次维修，其中重要者如永乐年间，天顺四年（公元1460年）、八年（公元1464年），弘治十五年（公元1502年），嘉靖十三年（公元1534年）、二十四年（公元1545年）、二十六年（公元1547年），以及清乾隆八年（公元1743年）、三十二年（公元1767年）、四十至四十一年（公元1775—1776年）等的建修工程。

明嘉靖二十二年（公元1543年）西安府署建修碑记提及西安知府及府丞职责时称，"西安为郡元首，关辅地冲政剧，甲于余郡，故自太守而下设丞三人，……自丞而下，分主其政"，城市地位的重要性决定了官署的层级高低，进而在一定程度上影响到官署的格局与规模。西安知府与三位府丞"分主其政"的管理方式在府署内部格局上表现为"中制二区，缭垣分防，门经书轨"，形成两重院落。其中前堂后寝，官员、衙役各有居止之地，"堂以莅事，具瞻有肃。寝以退公，委蛇以舒。胥吏在舍，案牍皮居。徒隶即序，祗役虔若。丞御其东，卒处其西"①。由此形成的西安府署在功能和衙署氛围上适应办理公务和后勤服务的需要，内部格局所反映的尊卑高下、等级关系也非常明显。西安府署的格局布设在官署建筑中具有典型性，属于复杂而规整的官署建筑群落。

---

①〔明〕许宗鲁：《西安府今建公署记》，明嘉靖二十四年，碑存化觉巷清真寺。

　　嘉靖二十四年，西安知府吴立政动用公帑，购买良材，雇用工匠，对府署进行了较大规模的重修。经过这次建修工程，西安府署进一步强化了"前堂后寝"的格局特征。府署整体呈南北向，府门向南，门额悬挂"关中首郡"匾额，中门之内为正堂，左右两厢为厢房，系僚佐廨舍、册库、常济库等。后半部为后堂和吏舍。官员、胥吏、杂役各有居止之地，建筑分工更为明晰合理，提高了衙署办事效率。

　　明屯田道署　明代陕西作为与蒙古鞑靼等部作战的前沿地区，军屯密集，因而设于西安城内的屯田道署负有经营与管理职责。明代《陕西按察司新建屯田道署记》在论述该道管辖范围与职责内容时称："景泰（公元1450—1457年）开始，命宪臣一员专理其事，惟陕西八府三边，地方万余里，计所属卫所五十有九，故屯田之政视他省为最剧"。屯田关涉军队保障与边地安危，屯田道署因此成为省级的专业管理衙署。

　　明弘治十六年（公元1503年），陕西始建屯田道，嘉靖三年（公元1524年）改建于城西北区永丰仓东。在前揭碑记中记其格局为"乃相地于仪门之东偏，有马厩约五十余丈，其西偏隙地半之。遂撤马厩，于西偏之隙地即马厩之旧基建正堂五楹，左、右翼室如数，中门以通出入，左、右夹以小门，以便谒者；又扁总门曰'屯田道'，示有别也"。可见屯田道署为单一四合院式建筑，正堂与左右厢房间数相同，开左、中、右三门，与普通民宅建筑有明显区别。由此形成的屯田道署"地位阳明，规制严整，凡隶屯田之政者，始改观易听，而宪度亦用彰矣"。①

　　明清咸宁县署　咸宁县署为明清时期西安城附郭县之一——咸宁县知县的办公衙署，与长安县署均属于城区基层地方管理机构，旧址在今西安市东县门街中段路北。

　　明初西安城墙向东、北拓展之后，咸宁县署移置于城内东南隅。明清时期，屡经历任知县维修。其中重要的包括嘉靖二十三年（公元1544年）知县马佩，万历十二年（公元1584年）知县李生芳、三十四年（公元1606年）知县满朝荐，崇祯五年（公元1632年）知县阎思学，康熙三年（公元1664年）知县黄家鼎，乾隆二十八年（公元1763年）知县龚元珠、三十六年（公元1771年）知县杨嗣衍等主持的建修工程。

　　嘉靖二十三年，知县马佩有鉴于衙署内的监狱与养济院相邻，不便于守卫经管，因而对监狱进行了改建。万历十二年，知县李生芳重修；三十四年知县满朝荐重修时，在县署内栽植松柏，通过绿化方式营造县署公正廉明的氛围与形象，并将堂阶、神祠、廨屋、门亭、库狱的布设状况镌刻在石碑上，以资后世备览。崇祯年间，知县宋屺将原本

---

　　①　《陕西按察司新建屯田道署记》，明正德元年，碑存化觉巷清真寺。

位于县署仪门外宾馆左侧的土地祠移置到仪门右侧，是县署附属祭祀设施的一次大变动。崇祯五年，由于位于县署后堂西隅的知县官邸规模狭小，知县阎思学遂向秦王宗室购买了一块邻近土地，招募工匠建成楼宇五楹，并取"大生之源日开，则生生之化日新"之意命名为"大生楼"，在楼左右建厢房各三楹，楼前兴建"退食轩"，作为其和家人的居所。而旧官邸则改为"幕馆"，供幕僚居住。咸宁县署大堂右侧设县丞署，县丞署南侧设典史署。另外，县署仪门西设男监，捕衙西设女监。

康熙三年，知县黄家鼎在县署监狱东南空地上兴建了一处"仓"，关押轻犯，而与关押重犯的监狱区别开来。此后，乾隆二十八年知县龚元珠、三十六年知县杨嗣衍等分别进行过多次修葺。清前期，咸宁县署南门前兴建牌坊，额曰"全陕首邑"，左右分立"节用爱人"与"咸宁上游"二坊。仪门内有前后厅堂，堂后有"大生楼"五楹。格局沿袭未变。（见图7-3）

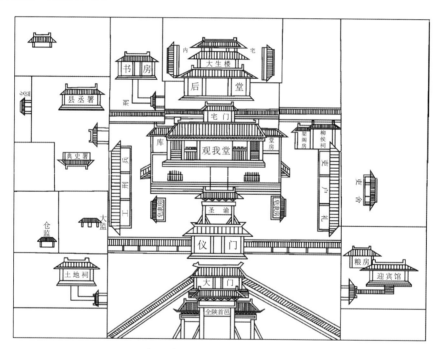

图7-3　康熙《咸宁县志》卷首所绘咸宁县署图

明清长安县署　长安县署为明清时期西安城附郭县之一——长安县知县的办公衙署，与咸宁县署均属于城区基层地方管理机构，旧址在今西安市西大街城隍庙东。

明洪武年间西安城池扩展后，长安县署于洪武四年（公元1371年）移置于陕西布政司西侧，直至清末相沿未改。先后经清康熙元年（公元1662年）知县梁禹甸，乾隆

二十六年（公元1761年）知县张介禧、三十一年（公元1766年）知县潘时选、四十三年
（公元1778年）知县丁尹志、五十二年（公元1787年）知县张位台、五十八年（公元
1793年）知县赵宜嘉，嘉庆十年（公元1805年）知县何承薰、十六年（公元1811年）知
县张聪贤，光绪七年（公元1881年）知县陈尔茀等多次增建修葺。

　　康熙元年（公元1662年）夏，梁禹甸就任长安知县后，先对湿陋的衙舍、倾圮的垣
墙进行了修缮。之后出于"堂署乃出治之所，必使端严正直，如砥如矢，令人对之肃
然生敬畏心"的认识，于康熙四年（公元1665年）春，个人捐款购买工料，在农闲时节
招募工匠大力重修县署，将大门、仪门、宅门、前轩三楹等整修一新，达到了"轩朗
洞达，豁然心目"的景观效果。自此之后，长安县署格局为坐北向南，署前建牌楼一
座，额曰"西京旧治"，左右有申明、旌善二亭，北入为大门四椽房三间，仪门三椽房
三间，科房三椽房二十二间，大堂六椽房十一间，二堂三椽房三间，三堂四椽房五间，
东、西书房各六间，住房四椽房十一间。库在堂西，狱在西南。（见图7-4）

　　概略而言，作为西安城区的基层地方事务管理机关，长安县署分管城区西半部，而咸
宁县署分管城区东半部。两县知县掌管的行政事务包括决讼断案、劝农赈贫、惩犯除奸、
兴养立教等，下属官员包括县丞一人、主簿一人，分管粮马、征税、户簿、巡捕等事。

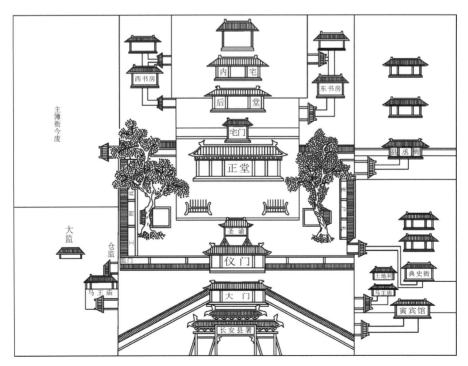

图7-4　康熙《长安县志》卷首所绘长安县署图

第三节
清代的南院：从总督衙署到巡抚衙署

清朝建立后，"文武官制胥沿明旧，以关陕地处上游，据百二之雄，建川陕甘总督，控制雍梁"。乾隆中叶，朝廷派大军平定西陲，出征金川等地，"转饷征兵，率以西安为根本地，于是总督则或曰川陕，或曰陕西，或曰陕甘"。①总督衙署作为清代西安城内等级最高、地位最重要的衙署，位于明代正学书院旧址（今西大街东段路南）一带，因与陕西巡抚衙署（北院）隔西大街南北相对而称为"南院"，其周边地区称为"南院门"。

一、清前中期的川陕总督衙署

（一）总督署的选址与拓建

明末崇祯年间，陕西各地先后经历明军与农民起义军之间的攻伐交战，战火对陕西地区的大量村镇造成严重破坏，战争引发的官府运作停滞、社会处于无政府状态、地方政权更迭等动荡、混乱时局对城市内部众多的王府、衙署、学校、寺观等发展带来明显的负面效应。

自明崇祯十六年（公元1643年）李自成起义军进入西安，随后创立大顺朝起，分封在西安长达270余年的秦王宗室家族就难以为继，无法在省会西安立足，宗室人口大量逃散，其中一部分迁往商南，改姓为周。随着秦王宗室人走屋空，不仅位于西安城东北隅的秦王府城（今陕西省政府大院）被李自成占据，其他郡王府、镇国将军府、辅国将军府等宗室府邸也难以逃脱被起义军或随后进驻西安的清朝统治力量剥夺、占据或瓜分的命运。前朝的王府、官署等功能建筑被后起王朝的相关机构延续利用，这种情况在西

① 民国《续修陕西通志稿》卷一〇《职官一》，民国二十三年铅印本。

安城市发展史上屡见不鲜，可视为城市功能建筑与功能区（如官署区）的继承与更新，是城市发展变迁中为保持活力而无法回避的"阵痛"，对于城市特定区域特征、脉络的接续具有重要作用。

在明清鼎革之际，位于今南院范围内的永寿郡王府已失去了作为显赫宗室府邸的社会大环境，随着其人口的逃散、迁移，这座曾经"王气清淑"的府邸被改建成川陕总督衙署。应当说，明代西安城内众多宗室府邸，在清初被改建成公署、军事机构驻地、学校或其他可资发挥重要社会功能的设施，是这类建筑最好的归宿。毕竟，随着一个王朝统治的终结，铭刻有该王朝烙印的建筑在后续利用的功能上势必会有更新，而实体建筑则有重复利用的巨大价值。

经过明末清初的战乱、政权更迭，清朝廷和陕西地方官府面临着在西安城内重新设置官署体系、兴复管理机构的重大问题。诚如康熙《陕西通志》卷六《公署》所言，"设官分职，爰有公署，所以崇纲纪，示民极也。或敷文德，或章武功，各于斯在"[①]。官府衙署不仅是各级官员代表王朝政权办理各项公务的办公场所，是管理庞大军队、区域社会的权力枢纽，也是展现国家纲纪、体现官府权威的建筑和景观实体，例如在省、府级官署前一般立有牌坊或牌楼，上书题额，具有"敷文德""章武功"等宣传、展示功能。

顺治元年（公元1644年）置陕西总督，兼辖四川，初驻固原，主要管理陕西、四川等省军事要务。顺治三年（公元1646年）二月，清肃亲王豪格镇守西安，迁调顺德、潞安、平阳、蒲州等地满洲骑兵5000人，携带家眷共约2万人驻防西安。此后，随着陕西局势的逐步平定，陕西三边总督孟乔芳遂以西安城内的永寿郡王府为基址，对宗室府邸建筑群落进行改建，以适应总督主管四川、陕西、甘肃等地军政要务之用。[②]顺治十四年（公元1657年），总督部院署移驻汉中。在顺治年间，由于陕西社会尚处于明末战乱之后休养生息的阶段，限于维修经费艰窘等因素，包括总督衙署在内的各级官署，其堂阶廨舍"虽时有增缮，率仍明旧"，大多仅是在明代建筑体系基础上略加改建，并无大规模的建设，因而位于今南院的总督衙署"匪云侈巨丽也"，在建筑规模、景观营建等方面均呈现出相对质朴、内敛的特点。

至顺治末年，随着陕西总督管理的军政事务日益繁多，职责益重，加之陕西区

① 康熙《陕西通志》卷六《公署》，清康熙刊本。
② 康熙《长安县志》卷二《建置》，清康熙刊本。

域社会日渐稳定，总督衙署的办公区域和建筑设施已不能满足需用。康熙元年（公元
1662年），陕西总督白如梅有鉴于督署"门堂隘浅"①，堂宇建筑既不敷办公之需，又
难以体现总督权威，因此下令"廓其基"②，利用相邻的正学书院部分基址，进行大规
模扩建。③建设工程涉及加宽增高总督办公的堂宇，树立展示军功战绩的牌坊，在督署
院落中建造可以鸣警的鼓台、护卫军兵驻守的亭庐房舍等。在竣工之后，总督白如梅
还亲自撰文加以记述。经过此次拓建工程，陕西总督衙署的办公区域得以扩大，各类
屋宇数量增加较多，以至于距离此次工程时间较近的康熙《长安县志》编纂者盛赞总
督衙署"葺治宏敞"④。这一时期的总督衙署，在"总督部院"名称之外，又有"总督
察院"之称。⑤

　　康熙三年（公元1664年）更名山陕总督，兼辖山西，移驻西安。此后又有川陕总
督、川陕甘总督、陕甘总督等名，常驻之地包括西安、成都、兰州。嘉庆《长安县志》
之《今城图》，已明确标注"南院门""北院门"，表明最晚至清代乾嘉时期就已经出现
了南院、北院的称呼。（见图7-5）

图 7-5　清末南院的陕西巡抚衙署
（"控制西陲"的门额清晰可辨）

---

① 雍正《陕西通志》卷一五《公署》，清文渊阁四库全书本。
② 康熙《咸宁县志》卷二《建置·行署·杂署附》，清康熙刊本。
③ 康熙《陕西通志》卷六《公署》，清康熙刊本。
④ 康熙《长安县志》卷二《建置》，清康熙刊本。
⑤ 康熙《咸宁县志》卷二《建置·行署·杂署附》，清康熙刊本。

　　清代前期，南院为川陕总督的常驻衙署之一。川陕总督的名称多有变化，管辖区域也时有变迁，但概略而言，川陕总督握有西北及西南（今西北五省区及四川等）地区的军事征调大权，因而有"控制西陲"的门额高悬在大门之上。作为封疆大吏，川陕总督常驻南院，也因战事需要而在西北、西南各地巡察指挥，对于维护清代前期西北、西南地区的安定起到了核心作用。

　　从乾隆二十九年（公元1764年，一说十九年，公元1754年）起，陕甘总督常驻兰州，[①]西安城内的南院衙署遂成为总督行台，供其路过西安或在陕办理军务时办公、居住。这种情况一直延续至光绪四年（公元1878年）。

　　以下列表说明清前期入驻南院的川陕（陕甘）总督情况及事迹。

表 7-2　顺治至雍正年间驻南院的川陕（陕甘）总督一览表

序号	姓名	籍贯	到任时间	任前职衔
1	孟乔芳	镶红旗满洲	顺治二年	以兵部侍郎任
2	金砺	镶红旗汉军	顺治十一年	以兵部侍郎任
3	马之先	镶蓝旗满洲	顺治十二年	以兵部侍郎任
4	李国英	正红旗满洲	顺治十四年	以兵部侍郎任
5	白如梅	镶白旗满洲	康熙元年	以兵部尚书任
6	卢崇峻	镶黄旗汉军	康熙六年	以兵部侍郎任
7	莫洛	正红旗满洲	康熙六年	以右副都御史任
8	罗多	满洲	康熙十年	以河道总督任
9	鄂善	镶黄旗满洲	康熙十一年	以巡抚升任
10	哈占	正蓝旗满洲	康熙十二年	以工部右侍郎任
11	希福	正蓝旗满洲	康熙二十二年	以山西巡抚任
12	葛思泰	镶黄旗满洲	—	—
13	佛伦	正白旗满洲	康熙三十三年	以礼部尚书任
14	吴赫	镶蓝旗满洲	—	—
15	席尔达	镶红旗满洲	康熙三十八年	以兵部尚书署理
16	华显	正红旗满洲	康熙四十年	—

---

　　① 《清高宗实录》卷七〇三，乾隆二十九年正月己卯，清内府抄本，中华书局影印，2008年；乾隆《西安府志》卷九《建置志上·公署》，清乾隆刊本；道光《兰州府志》卷三《建置志·公署》，清道光十三年刊本。

序号	姓名	籍贯	到任时间	任前职衔
17	博济	镶白旗满洲	康熙四十三年	以将军任
18	齐世武	正白旗满洲	康熙四十七年	—
19	殷泰	镶蓝旗满洲	康熙四十八年	—
20	鄂海	镶白旗满洲	康熙四十九年	以巡抚升任
21	年羹尧	镶白旗汉军	康熙六十年	以兵部尚书任
22	岳钟琪	陕西临洮人，四川籍	雍正三年	以兵部尚书任
23	查郎阿	镶白旗满洲	雍正七年	以吏部尚书署理
24	刘於义	江南武进人	雍正十年	以吏部尚书署理

资料来源：雍正《陕西通志》卷二三《职官四》，清文渊阁四库全书本。

表 7-3　雍正末年至乾隆中叶入驻南院的川陕（陕甘）总督及其事迹

序号	姓名	事迹
1	查郎阿	满洲镶白旗人，雍正十三年七月辛酉以大学士兵部尚书管陕西总督，十二月丁卯复设川陕总督，仍旧管理。乾隆二年七月丁卯，以奉旨入阁办事去任
2	刘於义	江苏武进人，乾隆元年七月署任
3	鄂弥达	满洲正白旗人，乾隆二年七月丁卯由两广总督调任，五年三月庚戌以奉召来京去任
4	尹继善	满洲镶黄旗人，进士，乾隆五年三月庚戌由刑部尚书任，七年九月丁丑以丁忧去任
5	马尔泰	满洲正黄旗人，乾隆七年九月丁丑由正黄旗汉军都统署任，八年闰四月戊申以调两广总督去任
6	庆复	满洲镶黄旗人，乾隆八年闰四月戊申由两广总督调任，十二年三月辛丑以回京办理阁务去任
7	张广泗	汉军镶红旗人，乾隆十二年三月辛丑由贵州总督调任，十三年九月辛酉以奉召来京去任
8	傅尔丹	满洲镶黄旗人，乾隆十三年九月辛酉由内大臣暂护川陕总督，旋因傅恒管总督印务去任

续表

序号	姓名	事迹
9	傅恒	满洲镶黄旗人，乾隆十三年九月戊寅以协办大学士暂管川陕总督印务
10	策楞①	满洲镶黄旗人，乾隆十三年十一月癸酉由两江总督调任，是月庚辰以改四川总督去任
11	尹继善	乾隆十三年十一月庚辰，川陕分设总督，由户部尚书命为陕西总督，旋授陕甘总督，十六年闰五月戊寅以调两江总督去任
12	瑚宝	满洲镶白旗人，十四年正月丁巳由兵部尚书署陕甘总督，二月庚子以调湖广总督去任
13	鄂昌	满洲镶蓝旗人，十五年十一月丁巳由陕西巡抚护理陕甘总督
14	黄廷桂	汉军镶红旗人，监生，乾隆十六年闰五月戊寅由两江总督调任，十八年九月壬申以调四川总督去任
15	永常	旗人，乾隆十八年九月壬申由湖广总督调任，二十年六月癸丑以降补吏部侍郎去任
16	刘统勋	山东诸城人，进士，乾隆十九年闰四月戊戌由刑部尚书协办总督事，二十年六月癸丑以奉召来京去任
17	黄廷桂	乾隆二十年六月癸丑由四川总督调任，二十四年正月己亥卒于任所，谥文襄
18	吴达善	满洲正红旗人，乾隆二十四年正月己亥由甘肃巡抚升任，四月丁巳以总督衔管甘肃巡抚事

资料来源：民国《续修陕西通志稿》卷一一《职官二·文职》，民国二十三年铅印本。
注：
① 以上皆为川陕总督。

（二）总督署的空间格局与人居环境

1.空间格局

从康熙《陕西通志》《长安县志》所附西安城图可以看出，川陕（陕甘）总督衙门正院居中，东、西各有偏院，正院中轴线上有大门、二门和厅堂等建筑，正院大门向南，约有前后三进院落。南院总督衙署分为正院、东偏院、西偏院的主体格局，一直延续至清代后期。咸丰四年（公元1854年）五月二十六日，杨炳堃在参观南院时，就称其

"规模极大，平时闲空"，东偏院、西偏院均存有守城军械。①

康熙末年至雍正初年，川陕总督年羹尧驻南院衙署期间，命令满汉侍卫"每日在总督衙门二堂轮班上夜"②，表明南院总督署至少有大堂、二堂之分。当时西安八旗将军、陕西巡抚等高级军事、行政官员每月初一、十五及逢五、逢十等日，都要前往南院总督衙门拜会年羹尧，且"自大门外下马，从前箭道门步行禀见，未见开仪门迎送"③，则反映出南院总督衙署出入通道至少分为大门、箭道门、仪门等。其中仪门的设计初衷就是接待来访客人出入，但年羹尧居功自傲，并未对西安将军、陕西巡抚等高官以礼相待。

南院作为主掌西北、西南多省区军务主官的驻地，衙署院内设置有专门的"内箭亭"，又称"箭道"④，以供督标五营军队演练箭法。康熙末年至雍正初年，年羹尧任川陕总督期间，就曾在内箭亭"选拔人员"，依据箭法优劣挑选和提拔优秀军人。⑤从功能决定形态的基本原则分析，南院总督衙署中的内箭亭应即康熙四十二年（公元1703年）康熙皇帝驻跸南院期间使用过的"箭道"（位于南院西侧），其形态为狭长的院落，有墙垣与西偏院相隔，以防箭枝射偏有伤人之虞。内箭亭的设置在一定程度上增加了南院总督衙署"尚武"的建筑群落特质，这与北院陕西巡抚衙署"重文"的特色相映成趣。

总督衙署大门又有"辕门"之称，这应是"院门"谐音的来源。杨炳堃在参观完南院后，即"步至辕门外梁炳南命馆，遇见河南人罗姓，年七十余"⑥，表明"辕门"这一称谓在当时相当寻常，盖指总督署院落大门。

南院总督衙署除了开设居中的大门，亦开有两侧角门。对于总督衙署这类占地规模庞大的建筑群落而言，一大二小三座院门的布设适合不同等级的群体进出总督衙署。川陕总督年羹尧常驻西安期间，在接见同城驻守的西安将军、陕西巡抚等高级官员时，曾

　　① 〔清〕杨炳堃：《中议公自订年谱》卷七，清光绪刻本。
　　② 正黄旗三等侍卫周仪：《奏为据实奏闻带往陕西并非请托并目击年羹尧所行事迹事》，雍正三年五月二十八日，朱批，档号04-01-30-0018-021。
　　③ 正黄旗三等侍卫周仪：《奏为据实奏闻带往陕西并非请托并目击年羹尧所行事迹事》，雍正三年五月二十八日，朱批，档号04-01-30-0018-021。
　　④ 正黄旗三等侍卫周仪：《奏为据实奏闻带往陕西并非请托并目击年羹尧所行事迹事》，雍正三年五月二十八日，朱批，档号04-01-30-0018-021。
　　⑤ 正白旗三等侍卫杨垣：《奏为遵旨声明来陕情由并无请托事》，雍正三年五月二十八日，朱批，档号04-01-30-0018-019。
　　⑥ 〔清〕杨炳堃：《中议公自订年谱》卷七，清光绪刻本。

要求他们从两侧角门出入，而不能从居中大门行走。这一傲慢规定后来也被列入年羹尧的罪状之中，成为证明其张扬跋扈、"自恃己功，目视无人"、"施威作势，好大喜功"①的佐证。

雍正十至十三年（公元1732—1735年），川陕总督刘於义在任期间，于南院衙署前修建了一座高大牌坊，②更增添了总督衙署的威严气象，成为这一时期南院修建的代表性工程。此后，总督衙署空间格局得以奠定，直至清末并未有大的变更。

2. 人居环境

作为总督驻留办公之地，南院在历任总督的着力营建下具备了园林化的面貌。先后担任过川陕总督、陕西总督的尹继善就是营建者之一。尹继善，字元长，号望山，章佳氏，满洲镶黄旗人。雍正元年（公元1723年）进士，官至文渊阁大学士，谥文端，有《文端公集》行世。③

乾隆前期，他在南院川陕总督行台内着力营造园林化人居环境，邀约官员等社会上层人士入内游赏。尹继善命人在行台中"叠石成山，东西耸峙，仿佛太华、终南，逼临槛外"，高大的假山俨然有太华、终南的气势。官署内植树种草，搭配得宜。值"海棠盛放，红杏碧桃，映带左右"之际，在处理政务之余的闲暇时间，尹继善时常写信邀约友人游赏，其中有"不及时来游，则芳菲零落，无计留春"等语。尹继善与友人"俯仰两山上下，更趁斜阳，登危阁，绕廊而返"，可见两座假山规模之大，足以容多人登临上下。游赏的同时，尹继善又与友人俞树堂等作诗纪游，俨然雅集，留下了"窗临怪石层层见，砌绕清池面面新"等诗句。俞树堂作纪游诗四首，尹继善亦"依韵答和，以纪其事"。不妨移录如下，以见陕甘总督行署中园林景致之一斑：

和风细拂一园春，景象何从问假真。嫩柳垂时方旖旎，苍松老去志精神。

窗临怪石层层见，砌绕清池面面新。独有名花移太早，包含生意未全伸。

拟肖终南未足奇，势分高下自逶迤。韶光日暖欣同赏，积累功难颇自知。

草带幽香余旧种，树沾好雨发新枝。危栏屈曲前溪香，似转山村路又岐。

劳心无日不乾乾，几得闲行小院边。是处冈峦都北向，数椽亭榭却西偏。

杏林隐约花千朵，仙掌分明石一拳。笑看营巢双燕子，衔泥来去影联翩。

① 镶黄旗蓝翎侍卫六十五：《奏为遵旨声明将臣带来陕西并无请托情节及年羹尧所行事迹事》，雍正三年五月二十八日，朱批，档号04-01-30-0018-017。
② 〔清〕李祖陶辑：《国朝文录·紫竹山房文集》卷三，清道光十九年瑞州府凤仪书院刻本。
③ 〔清〕王昶辑：《湖海诗传》卷二，清嘉庆刻本。

登临缓步趁斜晖，处处相携对郁菲。为扫残红移坐榻，还邀素月卷书帏。

新诗句满游人口，绿酒痕添客子衣。异地风光堪玩赏，漫教魂梦向南飞。[1]

尹继善将其在总督行台内的书房命名为"一房山斋"，这里也成为他邀约友人饮宴雅集之地。他在《端阳后一日宴同事诸公于一房山斋即席赋赠仍用前韵》中写道：

忆昔江南时，西望相思久。长安亦三至，遭逢洵非偶。故人感离合，新知欢握手。醉我光风里，不复记石斗。归还扫我斋，佳气当户牖。树影荫莓苔，苍竹出培塿。开筵邀共赏，岂为报琼玖。感此饥馑余，欣将书大有。我闻去年秋，旱魃虐鹑首。官吏日焦心，黔黎艰糊口。仰荷施济恩，熙熙歌解阜。我来拥节麾，自问惭衰朽。抚字乏长才，将伯呼僚友。雨旸幸时若，滋培土膏厚。昨日巡郊田，路绕曲江走。麦浪已翻风，相顾而乐不。此乐谁能喻，花间一樽酒。醉能同其乐，斯言未可负。宾主俱陶然，席散天晴后。人影乱夕阳，黄鹂啭深柳。[2]

可见一房山斋附近也是树影、莓苔、苍竹、花草环绕，环境十分雅致，体现出总督衙署后园颇具中国传统园林特色。当然，宾主、僚友在饮宴赋诗之时，也并未忘怀遭逢旱灾的百姓生计，即便身处官署之中，也有"日焦心"的忧思。

二、总督群体及其日常活动

从功能上而言，总督衙署一方面是川陕（陕甘）总督办公之地，具有权力空间所惯有的威严感、仪式感，以及与市井的距离感，但另一方面，总督衙署又是历任总督及其眷属长期居住的府邸，具有城市生活常有的琐细、悲欢等世俗特征，总督与家人、亲友的日常活动（如家庭生活、饮宴交往等）也都在南院这座庞大建筑群中展开。

从城市生活、社会阶层等角度去考察总督群体在督署中的活动，对于深刻认识南院的特征、功能及其变迁大有裨益，也是了解清代西安城社会上层在特定功能区中相关活动的一把钥匙。

（一）总督群体

顺治二年（公元1645年）至乾隆二十九年（公元1764年）的119年间，共有43任陕西（川陕、陕甘）总督更迭，其中从顺治三年（公元1646年）陕西三边总督孟乔芳兴建南院总督衙署起，至乾隆二十九年陕甘总督杨应琚移驻兰州总督署止，先后共有42任总

---

① 〔清〕尹继善：《尹文端公诗集》卷三《咏一房山》，清乾隆刻本。
② 〔清〕尹继善：《尹文端公诗集》卷四，清乾隆刻本。

督在南院总督署驻留过，涉及35名官员。在南院总督署办公、居住过的42任总督，包括川陕总督21任、陕西总督7任、陕甘总督6任、陕西三边总督5任、山陕总督3任。

就数量而言，南院作为川陕总督驻地显然较陕西总督、陕甘总督、陕西三边总督以及山陕总督驻地更为稳定，因而将南院称为清代川陕总督衙署或简称为川陕总督署更符合这一建筑群落的时代特征。同时，依据上述数据也可以看出，南院总督署在清代前中期，实际上长期是总揽四川、陕西两省区军务的权力中枢，其管辖的军务区域兼跨西南、西北两地，是清朝廷十分倚重的西陲要枢。

总督名称的变更直观反映了其所辖区域的变化，大体上可以分为：①顺治年间，以陕西北部及长城沿线军事活动为管理重点；②康熙前期，负责陕西、山西等地军务；③康熙中后期至乾隆前期，负责陕西、四川等地军务；④乾隆中期，负责陕西、甘肃等地军务。在上述各阶段中，又有零散任命为陕西总督、川陕总督等特例夹杂其间，这与特定时期单一或多省区重大军事活动的指挥事宜有关。

42位总督的事迹、功勋与南院督署紧密联系在一起，他们的文韬武略给西安城中的这座衙署打上了鲜明的历史印记。如在年羹尧之后，于雍正三年五月至七年四月受命担任川陕总督的大将军岳钟琪，字东美，号容斋。曾任四川永宁协副将，跟随大将军允禵出征西藏有功，晋升为左都督，后擢任四川提督；又跟随大将军年羹尧出征青海，带领5000军兵冒险深入，往返两月，大获全胜，获封三等公；此后出征庄浪，“悉平诸番，玺书褒美”；又赴云南、贵州等地征剿乌蒙，推进“改土归流”，此役之后，获封宁远大将军，出征新疆准噶尔、四川金川等地，立下了赫赫战功，“赐号威信，谥襄勤”。后人称赞曰：“襄勤人杰，拓地西边，藏卫既平，遂定金川，强藩骄帅，并蹈尤愆，善处功名，惟公独全”。[1]由此可以看出，岳钟琪先后在西南、西北各地边疆地区率大军浴血征战，为巩固西部边陲安全做出了卓越贡献。其中他出征云南、贵州以及新疆准噶尔等大规模军事活动，均是在任职川陕总督期间实施的。毫无疑问，与这些军事行动紧密相关的诸多军政计划应是在南院督署谋划，并得以推进实施的。就此而言，南院总督署在平定西南、西北边陲，巩固国防安全方面发挥了重要作用，这是西安城内其他军政衙署难以望其项背的重要特点。

雍正二年（公元1724年）四月初四日，清世宗胤禛专为岳钟琪撰写了一首诗，对他大加称赞：“岷峨称重镇，专阃赖干城。旧著宁边略，新闻奏凯声。风霆严步伐，云日

---

① 高毓浵正书：《岳钟琪传赞碑》，1941年12月，存北京市西城区果子市。

耀麾旌。三捷成功速，欢腾细柳营。一扫搀枪净，师旋蜀道中。锦城休战马，玉塞集飞鸿。智勇原无敌，忠诚实可风。丹书褒伟绩，还与锡彤弓。"这首诗被升任川陕总督的岳钟琪以《赐岳钟琪诗刻》为题刊刻上石。①可以推测的是，这一御赐石碑很有可能树立于南院总督衙署之中，以彰显"奋威将军"岳钟琪的功绩和皇帝的褒扬。

又如雍正十年七月至十三年十二月担任陕西总督的刘於义，字喻旃，号蔚冈，江苏武进人。由翰林起家，前后受康熙、雍正、乾隆三朝天子眷遇，累官至吏部尚书、协办大学士，诰封光禄大夫加太子少保，去世后获谥号"文恪"。他在担任陕西总督期间，不仅修建总督衙署高大牌坊等建筑实体，而且与前任川陕总督查郎阿等人共同监修了雍正《陕西通志》100卷，堪称陕西文化史上的一件大事。雍正《陕西通志》是陕西地方志发展过程中的里程碑式志书。在该书之前，陕西留存下来的仅有3部省级通志，即明代嘉靖《陕西通志》、万历《陕西通志》和清代康熙《陕西通志》，而在雍正之后的清代中后期，并未能接续编纂一部新的《陕西通志》，直至20世纪30年代中期的民国之际，才又有一部《续修陕西通志稿》问世。也就是说，刘於义主持监修的雍正《陕西通志》是封建时代晚期陕西的最后一部省级通志，记载的陕西行政区划、名胜古迹、水陆交通、风土人情、农业物产等均具有重要参考价值。此外，刘於义在陕西总督任上，在军务相关的屯田、筑堡、运送军需物资等方面均做出了重要贡献，清人评价称："所至能宣上德意，以仁恕为心，而性沉密，习劳苦，能办大事。……及后任总督，部署西师，往返凡四年，一切屯田、筑堡、安集流移、输送军粮战马，心力俱殚，故公之在西劳最多"②。

（二）日常活动

从根本上而言，历任总督及其眷属、服务人员在南院驻留期间，也属于西安城市居民，自然而然地参与到了城市生活当中，因此总督衙署中的日常生活也呈现出丰富多彩的一面。

西安城西郊5里有一座大崇仁寺，最初是由隋高祖的儿子秦孝王施宅改建为佛寺，唐贞观二十三年（公元649年）改为灵宝寺，唐太宗的嫔妃被安置其中为尼，因而该佛寺具有皇家寺院的特质。明天顺八年（公元1464年），分封西安的秦王重修该寺，发掘出了古白玉佛像、钟磬、碑刻等古物。成化十二年（公元1476年）重修工程竣工，十三年（公元1477年）给该寺题额曰"大崇仁寺"。西安民众从城市风水的角度出发，将该

---

① 该碑现存西安碑林。
② 〔清〕李祖陶辑：《国朝文录·紫竹山房文集》卷三，清道光十九年瑞州府凤仪书院刻本。

寺称为金胜寺，"以寺后之金胜铺、金胜亭同为补长安之金气，故名"。在明代，大崇仁寺属于"秦邸香火院"，系秦王府供奉、祭拜的佛寺之一，寺内建有药师殿，供奉有药师佛玉像。嘉靖甲子（公元1564年），秦王府为该寺"筑台作殿"。经过秦王的大力整修，该寺号称"缔构丹碧，长安城诸寺不及也"。寺内亦有唐大德檀法师塔铭、石幢《尊胜神咒》等。尤其值得一提的是，明天启年间在该寺基址范围内出土了唐代记载基督教在华传播盛况的大秦景教流行中国碑。

康熙五十三年（公元1714年），川陕总督鄂海将西安城西郊大崇仁寺的药师佛像接入南院供养，"饰以金彩，庙貌庄严"。鄂海亲笔记录了这一"迎佛供奉"的过程。[1]虽然有关这一礼佛活动的细节尚待查考，但依据明清时代"接引佛像"供奉的其他案例分析，鄂海命人从城西5里的崇仁寺将药师佛像迎接进入南院总督署，无疑是当时能够引起市井轰动的重大文化、宗教、民俗事件。由于迎接药师佛像需要进行一系列的佛教和世俗礼仪，同时会有大量官员、僧侣、信众参与其中，普通百姓也会在崇仁寺至总督衙署的沿路观礼，因而这一礼佛活动能够形成极大的社会影响。

一般而言，总督衙署作为办公之地，是具有威严感的权力空间，其与香火缭绕、磕头礼拜的佛教寺宇似乎难以建立起密切联系。而总督鄂海将药师佛像接入衙署供养，无疑要在总督署内举行相应的焚香祝祷等佛法活动，这就给供养药师佛期间的南院总督衙署蒙上了一层宗教色彩，使其在威严感之外，又增添了一丝神秘感。

细究之下可以发现，明清时人向药师佛祝祷主要是祈求消灾延寿，总督鄂海将药师佛像迎接进南院供养，其目的也无非在此。此举既有可能是他为自己及眷属祝祷平安长寿，也可能是为川陕广大地区的民众、军兵祈福。但无论如何，作为地方大员的鄂海将药师佛像接入衙署内供养一事，即便在当时，也属于较为特殊的情况，否则不会被雍正《陕西通志·祠祀一》特别加以记载。

在南院总督衙署的发展变迁历程中，雍正初年的川陕总督年羹尧是不能不加以言及的代表性人物。他作为康熙后期至雍正初年的封疆大吏，权倾一时，在南院督署的日常活动中注重加强威严感和仪式化，给当时西安城中的官员、民众留下了"作威作福""不可一世"的印象，为其后来被朝廷从重处置埋下了伏笔。

毋庸置疑的是，年羹尧在川陕总督任内军功卓著，对地方建设也有相应贡献，如

---

[1] 雍正《陕西通志》卷二八《祠祀一》，清文渊阁四库全书本。

雍正元年（公元1723年），年羹尧扩充重建了被火烧毁的西大街都城隍庙，[1]但其久居高位，举止行事过于张扬骄横，难免给人留下口实，成为参奏皇帝的"罪状"。雍正三年（公元1725年），正黄旗蓝翎侍卫陈光祖向雍正皇帝奏报年羹尧在总督署的活动情况称，年羹尧平日"出则洒扫静街，居则侍卫侍立"[2]。其高调出行，不仅调动人力打扫街道卫生，而且仪仗通过时随意驱散市井百姓，严重影响城市生活和商业贸易的正常运作，有"扰民"之嫌；其在总督署坐堂办公，亦需要侍卫严密护卫，实属"官威"十足，大讲排场。很显然，西安城内并非临敌前线，总督官署无须如此严密的安全防卫，年羹尧出入行止的高调做法招致城内诸多官员不满。尤其令各级官员侧目的是，年羹尧在与西安八旗将军、副都统、陕西巡抚、总兵等军政官员会面协商事务时，要求他们出入总督署时均由"脚门"（即两侧角门）通过，不许从居中大门经行；在面谈时，这些官员只能"侧坐问话，单腿跪听"，而副将等官在年羹尧出入时须"跪接跪送"。这种对省级军政官员及下属军官的无礼接待方式，令正黄旗蓝翎侍卫陈光祖颇感"骇然"，称从未见过督臣有如此行径，他因此在呈递雍正皇帝的奏折中写道："年羹尧举止乖张，行事骄纵，难逃皇上睿鉴"。[3]对于年羹尧"自恃己功，目视无人"的骄纵举止，镶黄旗蓝翎侍卫六十五在雍正三年五月二十八日的朱批奏折中密奏称："将军、抚院相会，年羹尧独坐居中，将军、抚院俱令侍坐于下"。这一情形与前述陈光祖所奏情况大体一致。对年羹尧在南院总督衙署中的骄纵行为，侍卫六十五认为其"名为护印，实为己威；施威作势，好大喜功"。[4]在同一天的朱批奏折中，正黄旗二等侍卫毕暎也反映年羹尧"夜则用一人，上宿出门则用二人，摆对坐堂则用四人侍立"，而"侍卫乃御前之侍卫，非总督之侍卫也"，因此年羹尧有"僭妄"之罪。[5]年羹尧对陕西各级军政官员倨傲无礼，对其衙署中的仆役也有滥施淫威之举。据曾经受聘于南院总督署担任教师的顾孝廉亲见，由于一位"馆童"未能及时递送"盥具"，年羹尧当即杀之。顾孝廉看到这

① 西安市地方志编纂委员会编：《西安市志》第1卷《总类·大事记》，西安出版社，1996年，第66页。

② 正黄旗蓝翎侍卫陈光祖：《奏为遵旨声明臣等被年羹尧带往陕西情由并其所行事迹事》，雍正三年五月二十八日，朱批，档号04-01-30-0018-016。

③ 正黄旗蓝翎侍卫陈光祖：《奏为遵旨声明臣等被年羹尧带往陕西情由并其所行事迹事》，雍正三年五月二十八日，朱批，档号04-01-30-0018-016。

④ 镶黄旗蓝翎侍卫六十五：《奏为遵旨声明将臣带来陕西并无请托情节及年羹尧所行事迹事》，雍正三年五月二十八日，朱批，档号04-01-30-0018-017。

⑤ 正黄旗二等侍卫毕暎：《奏为来陕并无请托情节事》，雍正三年五月二十八日，朱批，档号04-01-30-0018-020。

一幕后，预料到年羹尧难以善终，遂借口辞职，离开了西安。他一出陕西地界，就向年羹尧寄去了一封书信，以数千言，"责其跋扈，无人臣礼"。①这一事件的可信性虽有进一步考证的空间，但年羹尧在总督署中的肆意妄为无疑已引起西安官民的普遍不满。

川陕总督年羹尧在南院的日常生活以注重形式、排场和"官威"的"好大喜功"为特征，他还大肆搜罗财富，其中相当一部分隐匿在南院总督署之中。雍正三年（公元1725年），镇守西安等处右翼副都统伊礼布密奏，年羹尧在川陕地区担任主官前后长达十五六年，"财货之多，富至无比"，在省会西安附郭咸宁、长安两县"俱有存贮之物"，包括在西安知府赵世朗处寄放了大量银两财物，仅象牙就有一百几十根。②据署理川陕总督岳钟琪、署理陕西巡抚图理琛在雍正三年七月初七日奏折中的统计数据，年羹尧通过西安知府赵世朗藏匿了大量财物，"编号大小皮箱、皮匣、棕箱、毡包、竹篓、板箱，捆缚包裹象牙物件等项，分礼、树、射、岳等字号，共二百五十二号又二百三十一捆件"③，由此可以推测其在南院总督署的日常活动中少不了贪赃营私等行径。

当然，从整体上看，"陕西吏治，有清一代，凤推整饬"④。历任川陕总督、陕甘总督等在南院总督署办公期间，除处理涉及西南、西北地区的军事要务之外，也积极参与到兴复学校与寺宇等众多地方建设活动当中，对西安区域社会发展起到了推动作用。在顺治十八年（公元1661年）九月至康熙五年（公元1666年）十月间担任陕西总督的白如梅，不仅维修过因雨倾圮的西安城墙，对巩固西安城防、改善城垣景观起到了积极作用，而且主导了长安县西关太白庙等寺宇的维修工程，对西安城乡地区宗教信仰的发展大有裨益。⑤康熙十二年（公元1673年），陕西总督鄂善修复关中书院，邀大儒李颙为诸生讲明正学。⑥康熙三十八年（公元1699年）六月至四十年（公元1701年）十月担任川陕总督的席尔达在任内主导灞桥重修工程，撰有《重修灞桥记》载其颠末。康熙五十七年（公元

---

①　〔清〕平步青：《霞外攈屑》卷九《小栖霞说稗》，民国六年刻香雪崦丛书本。

②　镇守西安等处右翼副都统伊礼布：《奏为首获年羹尧暗留于陕魏之耀等处寄存皮箱银两事》，雍正三年六月二十四日，朱批，档号04-01-30-0019-019。

③　署理川陕总督岳钟琪、署理陕西巡抚图理琛：《呈首出年羹尧寄贮箱匣仓捆物件清单》，雍正三年七月初七日，朱批，档号04-01-30-0020-007。

④　民国《续修陕西通志稿》卷六四《名宦一》，民国二十三年铅印本。

⑤　雍正《陕西通志》卷二八《祠祀一》，清文渊阁四库全书本。

⑥　雍正《陕西通志》卷六三《人物九》，清文渊阁四库全书本。

1718年），川陕总督鄂海捐俸重修西五台云居寺，并亲自撰写了记文。[①]

乾隆年间，川陕（陕甘）总督在出征作战等方面的军务压力大为减轻，因而能够将更多精力投入到指导地方社会事业的发展和建设中来。乾隆五年（公元1740年）三月至七年（公元1742年）九月任川陕总督、乾隆十三年十一月至十六年（公元1751年）闰五月先后任陕西总督和陕甘总督、乾隆十八年（公元1753年）正月至九月任陕甘总督的尹继善就是典型一例。

尹继善，雍正元年（公元1723年）进士，历任署江苏巡抚、署河道总督、署两江总督、云贵广西总督、贵州总督、云南总督、刑部尚书，继而任署川陕总督、四川总督，之后又出任陕甘总督。乾隆十五年（公元1750年）二月，陕甘总督尹继善向乾隆皇帝上奏，呈请维修陕西文、武、成、康、周公、太公陵墓及其享殿等建筑。之后调任两江总督，并再度署陕甘总督，又调江南河道总督，实授两江总督。在频繁的调任迁转中，尹继善先后四次入驻南院，执掌军政大权，不仅在南院总督署中兴建有"一房山斋"，美化了督署环境，为饮宴雅集等文化盛事创造了便利条件，而且与同一时期的历任陕西巡抚共同为陕西、四川、甘肃等省区的社会经济发展做出了贡献。[②]

三、总督署内的其他群体

清代前中期，常驻川陕（陕甘）总督衙署的除主官——总督之外，还有众多眷属、僚属和吏役，呈现出官署区特有的人口类型和特征，且与西安城内其他居民区、文教区、商贸区等形成鲜明对照。

依据乾隆二十七年（公元1762年）陕西巡抚鄂弼的调查数据，清代前中期川陕（陕甘）总督衙门额设家口40名口，马20匹；亲随披甲2名，家口10名口，马6匹；笔帖式2员，家口20名口，马8匹；八旗披甲40名，家口400名口，马120匹。[③]从这一统计数据可以看出，位于南院的总督衙门之中居住人口较多，至少包括总督眷属、笔帖式、卫队等，而40名八旗披甲及其400名眷属有可能在南院附近或满城中居住。

雍正三年（公元1725年）八月二十七日，川陕总督岳钟琪"未习清文"，因而督署"所有衙门清字档案，必得实心任事之员经管翻译，方无贻误"。阿炳安系举人出身，

---

① 雍正《陕西通志》卷二八《祠祀一》，清文渊阁四库全书本。
② 民国《续修陕西通志稿》卷六四《名官一》，民国二十三年铅印本。
③ 陕西巡抚鄂弼：《奏请裁汰督抚藩臬各衙额设家口随丁粮饷等以节浮费事》，乾隆二十七年六月十一日，朱批，档号04-01-01-0253-028。

通晓汉文，尤其擅长满汉翻译，因此岳钟琪奏请将阿炳安任命为总督衙门笔帖式，"俾收指臂之效，则凡清字文移，可无舛错之患矣"。[①]雍正皇帝随后批准了这一请求，由此足见笔帖式作为督署幕僚地位之重要。其职责在于协助总督起草、翻译各类满汉公文，既是秘书，又属顾问，责任重大。

在上述眷属、笔帖式和卫队之外，总督衙门中还有吏役群体，包括书吏、吹手。这两类群体均为督署的固定服务人员，书吏负责起草、翻译满汉公文、奏章等文案事宜，吹手则为总督出入仪仗服务，都属于总督办公和日常活动不可或缺的人员。正因为如此，他们的饭食银、工食银均由官府作为正额开销。总督衙门每年开支的经费均从陕西布政司库地丁银内动支，家口、马匹粮料从粮道仓贮额征本色内供支。[②]

在乾隆九年（公元1744年）之前，总督"或因用兵，招留亲丁食粮，以资护卫"。川陕（陕甘）总督衙门内亲兵、员役数量众多。如席尔达任川陕总督期间，督署衙门设有亲随家丁100名；至康熙六十年（公元1721年），年羹尧任内有家丁88名；刘於义任内则有亲丁62名。与此同时，总督衙门设有军牢、夜役、把栅、吹手、执事等员役，合计126名。乾隆九年，川陕总督庆复奏请对总督衙门人役进行裁减，"以肃边方体统"。[③]乾隆十年（公元1745年），庆复在获得朝廷允准之后，核减了总督衙门的人役，保留下来的服务人员依照陕西省规章，每名每年发给6两工食银。南院的人役类型、数量与支银数额如下表所示：

表7-4　乾隆十年川陕总督衙门服务人员类型、数量与支银数额一览表

序号	类别	数量（名）	支银（两）
1	吹手	16	96
2	夜役	36	216
3	军牢	20	120
4	把栅夜役	30	180

①　川陕总督岳钟琪：《奏请以阿炳安补授总督衙门笔帖式事》，雍正三年八月二十七日，朱批，档号04-01-30-0021-028。

②　陕西巡抚鄂弼：《奏请裁汰督抚藩臬各衙额设家口随丁粮饷等以节浮费事》，乾隆二十七年六月十一日，朱批，档号04-01-01-0253-028。

③　川陕总督庆复：《题为动支库项支给西安总督衙门军牢夜役吹手等工食银两事》，乾隆九年九月十五日，户科题本，档号02-01-04-13749-003。

序号	类别	数量（名）	支银（两）
5	门吏	12	72
合计		114	684

资料来源：川陕总督庆复：《题为总督衙门役工食银请在司库按年动支事》，乾隆十年三月十五日，户科题本，档号02-01-04-13890-015。

从上表可知，川陕总督衙门中的人役至少包括5类，即负责礼仪、仪仗的吹手，负责巡夜的夜役，负责看守总督衙门中监狱的军牢，负责总督衙门安全、有"守栅巡查之责"的把栅夜役，以及管理门庭出入的门吏。总督衙门之所以安设这些类型的人员，原因就在于总督"节制三省"，这些设立已久的人役能够"昭体制而供驱役，且不时巡边换班，供役差使亦繁"，若差遣人员过少，总督衙门的诸多事宜就难以顺利推进。[1]

从数量上看，在总计114名人役中，夜役和把栅夜役合计多达66人，占比约58%，可见总督衙门的安全防卫力量很强，表明总督极其重视南院建筑群落整体的保卫事宜。军牢20名，占比约18%，反映出川陕总督作为主管四川、陕西等省区军务的主官，衙门内设有类似当今的军事监狱，关押军队或军事征战中有待惩处的军犯，因此需要保留20名负责看守和管理的监狱监管人员。由此不难推知，南院中除了总督办公、住宿的堂宇、府邸、花园，以及过路官员临时居住的驿馆性质的屋宇，还建有关押军犯的监狱。这种情况在封建时代后期的官署建筑格局中颇为寻常，一般县衙中均设有关押地方人犯的监狱。也就是说，从根本上而言，总督、知县等官员群体往往与犯人共处于同一个建筑群落当中。吹手16名，占比约14%，说明总督出行或官场交往频繁，仪仗队伍较为庞大。可以想见的是，每次总督骑马或乘轿出入南院督署衙门时，前有吹手引导，侍卫前呼后拥，大讲排场，但会给西安街巷的交通往来、商业贸易等带来负面影响。

上述总督衙门的人役酬劳系由陕西布政司库公帑开支，每年合计支出684两白银，遇到闰年时，每名多给闰银5钱，总计增加57两白银，即闰年开支为741两。[2]

---

[1] 川陕总督庆复：《题为总督衙门役工食银请在司库按年动支事》，乾隆十年三月十五日，户科题本，档号02-01-04-13890-015。

[2] 川陕总督庆复：《题为总督衙门役工食银请在司库按年动支事》，乾隆十年三月十五日，户科题本，档号02-01-04-13890-015。

四、清后期的总督行台、西征粮台与巡抚新署

在清前中期，南院作为历任叱咤风云的川陕（陕西、山陕、陕甘）总督驻地，是诸多军政大事件的决策之地，属于名副其实的西部军政枢纽。而康熙四十二年（公元1703年）康熙皇帝西巡西安，驻跸南院总督署，以之为行宫，这一重大事件更为南院的发展变迁增添光彩，也使其文化积淀更趋深厚。

自乾隆二十九年（公元1764年，一说十九年，公元1754年）起，陕甘总督常驻兰州，西安的南院总督衙署遂逐渐演变为总督行台，供总督或其他高级官员行经西安或在陕办理事宜时办公、居住。这种情况一直延续至清后期，直至光绪四年（公元1878年）改为巡抚部院新署。也就是说，从顺治三年（公元1646年）至乾隆二十九年的118年间，南院一直是川陕（陕甘）总督衙署，其间在康熙四十二年做过皇帝行宫，这是其沿用过程中大放光彩的时期；在乾隆二十九年至光绪四年的114年间，南院降格为总督行台，不复往昔军政枢纽的核心地位，在西安城权力空间体系中的地位有所下降；而从光绪四年至宣统三年（公元1911年）辛亥革命爆发的33年间，南院重新恢复了其省级衙门的地位，改为陕西巡抚的新衙署，基本承担了原来北院的功能。

（一）乾隆二十九年至光绪四年的总督行台

据乾隆《西安府志》记载，乾隆二十九年三月初六日上谕，命陕甘总督移驻兰州巡抚衙门。此后，西安城的原陕甘总督衙署仍然经常加以修理、维护，改为"制军行台"，[1]即陕甘总督行台，供其路过或临时办公、居住之用。嘉庆《咸宁县志》卷一三《衙署志》亦明载："总督部院行署，在归义一坊"[2]。同时该志卷三《今城图》上明确标注有"南院门""总督行署"等字样。道光二十九年（公元1849年）十一月初十日，户部主事董醇（又名恂，字韫卿）前往甘肃，途经西安时，从长乐门入城，过鼓楼，入长安县界，当晚就在南院留宿。据董醇记载，"院为制军行署"[3]。所谓"制军"，即明清时期总督的别称。这一记载表明道光年间的南院仍系陕甘总督行台，供总督短暂驻留西安期间办公、居住之用。董醇作为户部主事，属于朝廷钦派官员，因

① 乾隆《西安府志》卷九《建置志上·公署》，清乾隆刊本。
② 嘉庆《咸宁县志》卷一三《衙署志》，清嘉庆二十四年修，民国二十五年重印本。
③ 〔清〕董恂：《度陇记》，见〔清〕王锡祺辑：《小方壶斋舆地丛钞》第六帙，清光绪上海著易堂排印本。

而有资格入住空闲的南院。就此而言，南院在一定程度上发挥了"官厅"或迎宾馆的作用。

咸丰年间（公元1851—1861年），南院总督行台大多时候空闲，但由于占地广大，平时驻有军兵，一度成为军营所在。这对于南院内部建筑群落和碑刻等人文胜迹的保护产生了负面影响。如咸丰四年（公元1854年）五月二十六日，曾任密县知县、汉阳知府、湖南布政使的"一代廉吏"杨炳堃在进入南院参观后就称："平时闲空，为兵丁栖止之所，颇形损坏"。南院不仅驻有军队，而且东、西两座偏院中储存有军械，其中西偏院贮有千斤炮位，东偏院存有滚木，"皆为守城而设"。[1]虽然此时南院有驻军，但杨炳堃仍能以官员身份入内参观，可见南院作为总督行台的功能已经减弱，门禁守卫较为松弛。可以推测的是，随着总督常驻兰州总督衙门，西安南院的总督行台利用率很低，这种状况反而对南院门及其周边一带发展商业贸易有促进作用，毕竟没有了浩浩荡荡的总督出行仪仗滋扰，更有利于南院附近的行商坐贾、摊贩走卒开展各类生意。

（二）同治年间的西征粮台

同治元年（公元1862年）八月，关中地区局势吃紧之际，钦差大臣胜保（又作"宫保"）奉旨抵达西安，指挥了多次重大战事。其在来陕之初，西安官民称之为"胜帅"，指望他能拯救百姓于水火，"士女跪迎以为救难观世音也"。未料到胜保所率军队在作战中，"屡战不胜，所从战士侵暴淫污，无所不至，人始失望"。[2]其军队战斗力羸弱，军纪涣散，对西安及其周边地区社会秩序造成严重冲击，与地方百姓的期望相去甚远。作为指挥官，胜保对军队作战连番失败以及军队恶行负有直接责任，但其在上奏朝廷时却大加伪饰，捏造战果，将败仗反吹嘘为大胜。"自八月至陕，凡临潼及咸宁长安咸阳大小数十战皆败，而宫保俱以大捷闻。"[3]

胜保在西安驻守期间，以南院的总督行台为指挥部，在一定程度上强化了南院的军事衙署特征。本来胜保应不负朝廷重托，吸取战败教训，重振清军威势，但他却在城外

① 〔清〕杨炳堃：《中议公自订年谱》卷七，清光绪刻本。
② 马霄石：《西北回族革命简史》附《秦难见闻记》，东方书社，1951年，第112页。
③ 马霄石：《西北回族革命简史》附《秦难见闻记》，东方书社，1951年，第112页。

两军交战正酣之际，在南院"日以淫乐为事"①，成为南院沿用过程中继川陕总督年羹尧之后的又一大污名人物。

胜保劣迹斑斑，但西安阖城百姓却慑于其淫威而敢怒不敢言。他不仅要求长相清秀的"梨园子弟""日侍左右"，满足个人特殊癖好，且命属下搜求民间美女，"任其奸淫"，每晚都会有数名至数十名不等的美女被从南院后门送入。西安本地的"冒利无耻之徒，多方拣送以资应之。小人慕势，又皆以妇女之得御宫保为祖宗荣"。因此民间闺女、少妇"有姿色者，多为所污"，但均为东南各省籍贯的女子。胜保在离开西安时，将"其所最爱者携之，不悦者还其家"。由于胜保驻守西安期间，大小数十战皆败，加之向士绅商民苛派捐税，事皆悖谬，陕西社会各个阶层人士对之无不"恨入骨髓"，因此在其离陕后便联名呈请朝廷严加追究、处置。②同治元年（公元1862年）十二月，上谕将胜保"锁拿进京"，"阖城回汉庶士闻之莫不称快"。③

如上所述，同治中后期，陕西、甘肃战事频繁，西北地区军政形势骤然紧张，官府和民众都陷入这一巨大旋涡式的危机之中。在此期间，位于南院的总督行台（即"制府行台"）临时改设为驻陕军需局，负责向清军提供军饷、粮草、军械等，属于起到了关键作用的军队后勤部门总部，对朝廷最终平定西北局势发挥了至关重要的作用。

南院总督行台在同治年间改作驻陕军需局，是在战争这一特殊时期用途与功能上的转变，与陕甘总督主要负责陕西、甘肃两地军事活动紧密相关。陕甘总督将军需局置于其在西安的行台之中，一方面便于上下联络指挥，另一方面能够在西安及其周边地区就近采购或接运大量粮草和军用物资，运赴陕甘各地交战区，以确保清军能够在补给充足的基础上取得战事胜利。毋庸置疑，驻陕军需局在南院的设立，有益于其中建筑群落的延续利用和维护，远较荒废闲置为佳。

同治八年（公元1869年）五月初一日，朝廷官员吴大廷抵达西安，在"南院制府行台"内的"驻陕军需局"办公之初，就向西安八旗和督标、抚标等绿营各军队、陕西各局以及地方官员行文知会，以便于后续协作。④这充分说明南院的驻陕军需局虽然仅以

---

① 马霄石：《西北回族革命简史》附《秦难见闻记》，东方书社，1951年，第112页。
② 马霄石：《西北回族革命简史》附《秦难见闻记》，东方书社，1951年，第112页。
③ 马霄石：《西北回族革命简史》附《秦难见闻记》，东方书社，1951年，第116页。
④ 〔清〕吴大廷：《小酉腴山馆主人自著年谱》卷二，清光绪小酉腴山馆集本。

"局"为名，属于临时组建的军务部门，但是其管理事务庞杂，须在军队与地方之间建立起密切联系，确保军需品供应充裕通畅。同治十三年（公元1874年），南院的驻陕军需局又被称作"西征粮台"，表明随着清军逐渐向甘肃、新疆等地进军，南院内所设机构承担的后勤补给地域范围进一步扩大，且主要负责粮草、军饷等供应。这一时期南院中驻有粮台差官、小队勇丁等军队官兵，他们在军营生活之外，也与普通百姓一样有多样化的交往，例如经济往来和纠纷等。同治十三年，在南院牌楼前发生长安县勇丁徐恒江戳伤西征粮台差官游击熊祥麟身死一案，就系由经济纠纷引起，"系吏卒殴毙三品大员，情罪重大"，而凶手最终被判"斩监候，秋后处决"。①

（三）光绪四年至宣统三年的巡抚新署

从光绪初年至宣统三年（公元1911年），南院成为诸多陕西新政，包括宪政、警政、法政、学政等推行的源头，在这里酝酿了大量新的政策和制度，促进了陕西的近代化进程。

光绪四年（公元1878年）冬，时任陕西巡抚谭钟麟有鉴于北院的巡抚衙署"岁久失修"，建筑败落，不宜居住和办公，因而"移居南院"。②巡抚衙署移设一事表明，在清中期大多时候空闲的南院建筑状况整体比北院为佳，因而谭钟麟才会有移居之举。从文献记载看，谭钟麟此次移居南院，驻留时间较长，对后来历任巡抚迁居南院颇有影响。在谭钟麟之后继任的陕西巡抚冯誉骥，以维修北院衙署建筑为由，向朝廷奏请移驻南院办公。他在对北院建筑"略加修葺"之后，重新由南院迁回北院办公。

光绪十年（公元1884年）初，边宝泉接任陕西巡抚之初，细致察看了北院衙署房屋建筑，发现此前历任巡抚维修过的房屋"均属完整"，但未及修葺的建筑"渗漏残敝之处，所在多有"，仍需要筹集较多工程款项进行补修。因而他参照前任巡抚做法，仍旧移居南院居住、办公。由于当时维修北院衙署建筑的款项一时未能筹措到位，边宝泉在奏折中称，"俟筹有款项，将本署修竣，再行复旧"，③但他实际上已经将南院作为常

① 陕西巡抚谭钟麟：《题为审理长安县勇丁徐恒江因索欠起衅伤毙粮台差官熊祥麟案依律拟斩监候请旨事》，光绪元年五月二十八日，刑科题本，档号02-01-07-12868-028；刑部尚书崇实、署理刑部尚书灵桂：《题为会审陕西长安县勇丁徐恒江因索欠起衅戳伤游击熊祥麟身死案依律拟斩监候请旨事》，光绪元年十二月十四日，刑科题本，档号02-01-07-12855-016。

② 〔清〕陕西巡抚边宝泉：《奏报补修衙署移居南院情形》，光绪十年四月二十六日，军机处档折件，台北故宫博物院图书文献处，文献编号：126904。

③ 〔清〕陕西巡抚边宝泉：《奏报补修衙署移居南院情形》，光绪十年四月二十六日，军机处档折件，台北故宫博物院图书文献处，文献编号：126904。

驻的新衙署了。

光绪十二年（公元1886年），陕西巡抚在奏报中亦提及维修北院衙署期间，移居南院之事。光绪十四年（公元1888年），陕西巡抚叶伯英再度扩建总督行台，移入其中办公。南院自此被称为"巡抚部院新署"，又称为"节署"。民国《咸宁长安两县续志》卷八《衙署考》中就记载称："巡抚部院新署，在归义一坊，即前总督行署。巡抚叶伯英重修，谓之南院"。巡抚部院新署（南院）西侧有一处狭长空地，周围建有墙垣，中间建官厅五楹，此即"校阅武弁"的箭道，与作为总督署时期相比并未有大的变化。①巡抚叶伯英将其在秦岭和北山一带巡视的行程撰成诗文，刊刻成《北山南山巡阅恭记并诗篇》碑，"勒石告成"后，树立在南院之中，为这一建筑群落再添文化色彩。

值得注意的是，光绪十九年（公元1893年）《陕西省城图》上已经明确标注南院为"巡抚部院"，不再标注"总督行台"。表明最晚至当年，南院原本作为总督行台的功能已完全丧失，而成为陕西巡抚的常驻之地。由于该图是陕西地方官府主持测绘、编印，其内容具有官方权威性，清晰反映出至光绪中后期，南院已正式成为陕西省最高行政长官——巡抚的新衙署，官府通过城市地图的方式向陕西民众、其他省区的官员或旅行者确认了南院的新功能。②

《陕西省城图》虽然标注出了"巡抚部院"，但难以借此了解其具体格局和建筑形态。幸赖前述光绪元年刑科题本、民国《咸宁长安两县续志》等记载，可知南院总督署（巡抚新署）之前兴建有四座高大牌坊，均有坊额，居中两座分别题额"全秦保障""控制西陲"，左右两座牌坊分别题额"奋武揆文""柔远能迩"。从这些牌坊所题文字内容分析，"全秦保障""控制西陲"体现了川陕（陕甘）总督以及陕西巡抚驻留南院时在西北和西部地区军政事务管理中的重要地位，呈现的是总督（巡抚）衙署管控的地域范围；"奋武揆文""柔远能迩"则意在褒扬总督（巡抚）群体的卓越能力。四座高大牌坊堪称督署（巡抚部院新署）以及南院地区的标志性建筑景观，而高度凝练的牌坊题额为南院增添了颇为雄浑的文化气息。可以推想的是，无论是西安本地官民，还是外省官商、游人至此，在看到这四座牌坊及其题额时，无疑会在赞叹之余，引发深思和联想。（见图7-6）

---

① 民国《咸宁长安两县续志》卷八《衙署考》，民国二十五年铅印本。
② 民国《咸宁长安两县续志》卷八《衙署考》，民国二十五年铅印本。

图 7-6　1907 年法国汉学家沙畹拍摄的南院巡抚衙署大门、甬道与高大旗杆

　　相较于清代西安城内其他重要官署大门前的牌坊及其题额，位于南院的陕西巡抚新
署牌坊题额反映出其在城区衙署体系中的最高地位实至名归。如位于西安满城内的八旗
将军署仅建有一座牌坊，上题"威震全秦"。其气势就略逊于南院牌坊所题的"全秦保
障""控制西陲"。陕西布政司衙署作为主管全省经济、财政等事务的机构，署前树立
有两座牌坊，分别题额"百二雄藩""岐丰重镇"；陕西粮道署门前牌坊题"观察风
俗"；西安知府衙门前牌坊题"表率关中"。①这些牌坊题额主要是从衙署功能出发总
结而成，一方面能够让主管官员每日进出皆能明确职责，产生自豪感和责任感，另一方
面也是在向民众昭示各衙门的重要地位和主要功能。

　　当然，西安城内主要衙署之前的牌坊并非清后期才兴建，而是从清前中期就已建
设、题额，诚如民国《咸宁长安两县续志》所言，"皆旧制也"②。众多官署前的牌坊
及其题额在清代西安城内构成了一道引人瞩目的建筑与文化风景线。

---

　　① 民国《咸宁长安两县续志》卷八《衙署考》，民国二十五年铅印本。
　　② 民国《咸宁长安两县续志》卷八《衙署考》，民国二十五年铅印本。

（四）清后期南院与北院的关系

自从清前期巡抚驻北院、总督驻南院的格局形成之后，北院与南院遥相呼应，分别主管陕西、川陕（陕甘）行政、军政的功能区分工就确定下来，成为清代西安城市空间格局中十分显著的特点。但是随着乾隆二十九年（公元1764年）陕甘总督移驻兰州，南院改为总督行台，以及从光绪初年起，陕西巡抚从北院移驻南院，原来的总督行台变成了陕西巡抚部院新署，而北院的巡抚旧署逐渐被放弃，尤其是在光绪二十六年（公元1900年）之后，由于北院被选择修复作为慈禧太后与光绪皇帝的行宫，南院就正式成为巡抚衙署，北院在1901年以后一直保留着行宫原貌，空闲下来。

正是由于经历了一系列官署地位变化、功能演替、衙署迁移等过程，后世对南院与北院的关系多有错谬理解，不能不为之一辩。张永禄先生在所编《明清西安词典》中，对南院和北院的关系总结如下："乾隆十九年（1754年），总督移驻肃州、兰州，然西安督署仍时加修葺，为总督行台。署址在今西安城西大街东段路南南院门中共西安市委大院。光绪十四年（1888年），巡抚叶仁英移驻督署，'南院'遂成为巡抚署，而总督行署迁驻'北院'。署址在今西安城西大街东段路北北院门西安市政府大院。"[1]

应当说，这些关于南院与北院的认识不符合基本史实。第一，光绪十四年移驻南院总督行台的是叶伯英，而非"叶仁英"。第二，叶伯英维修南院后，迁入其中居住、办公，但并没有将总督行署迁驻北院，北院在名义上仍是"巡抚旧署"。应当明确的是，这一时期在兰州办公的陕甘总督主要管控甘肃、新疆等地军政，无须保留西安的总督行台，且从咸丰、同治年间开始，南院就做过驻陕军需局、西征粮台，表明总督行台已是名存实亡，何来在光绪十四年后将总督行台移驻北院的道理？笔者也从未在地方志或清代档案中发现总督行台移至北院的任何蛛丝马迹。第三，光绪十九年《陕西省城图》明确标出了南院的"巡抚部院"，而没有在北院标注"总督行台"或"总督行署"，仅仅标注"北院"，可见当时熟悉西安城市官署迁移的绘图者并没有给北院定性，表明这里只是巡抚旧署，并没有设置新的官署机构（如总督行台）。

五、清后期南院的陕西巡抚群体

前已述及，从光绪四年（公元1878年）陕西巡抚谭钟麟起，后任巡抚常有"移居"南院原总督行台之举；从光绪十四年（公元1888年）陕西巡抚叶伯英起，直接将南院总督行台改为巡抚部院新署，在很大程度上替代了北院的政务功能；特别是在光绪二十六

---

[1] 张永禄主编：《明清西安词典》，陕西人民出版社，1999年，第110页。

年（公元1900年）慈禧太后与光绪皇帝驻跸北院之后，南院作为陕西巡抚衙署的地位就完全巩固下来。

据笔者统计，光绪四年至宣统三年（公元1911年）的33年间，共计有29任23位巡抚在南院居住、办公。与清前中期总督群体及相关人口在南院生活一样，23位陕西巡抚均有眷属、幕僚（又称"宾幕"[①]）、卫兵和服务人员，也先后在南院建筑群落中生活。清后期入驻南院的23位陕西巡抚姓名、任期如下表所列：

表 7-5　光绪四年至宣统三年入驻南院的陕西巡抚一览表

序号	姓名	任期
1	谭钟麟	光绪元年二月由陕西布政使升任，五年五月己丑入觐，八月庚午以调浙江巡抚去任
2	王思沂	光绪五年五月己丑由陕西布政使护理，六年二月甲辰以冯誉骥到，仍回本任
3	冯誉骥	广东高要人，进士，光绪五年八月庚午由刑部左侍郎任，九年十月癸丑以任用匪人、粉饰废弛，交部严议解任
4	边宝泉	汉军镶红旗人，进士，光绪九年十月癸丑由江西布政使升任，十一年二月丙申以调河南巡抚去任
5	叶伯英	安徽怀宁人，光绪九年十月丙子由陕西布政使署任，十年四月壬子以边宝泉到，仍回本任
6	鹿传霖	直隶定兴人，进士，光绪十一年二月丙申由河南巡抚调任，十二年七月庚子以予告去任
7	叶伯英	光绪十二年二月辛丑由陕西布政使升任，十四年九月甲寅（注：此日期与前有异）卒于任所
8	陶模	浙江秀水人，进士，光绪十四年十月丙申由陕西布政使护理，十一月庚戌以张煦到，仍回本任
9	张煦	甘肃灵州人，进士，光绪十四年九月甲寅由山西布政使升任，十五年十二月乙酉以调湖南巡抚去任
10	鹿传霖	光绪十五年十二月乙酉由予告前陕西巡抚复任，二十一年三月癸巳以升四川总督去任
11	陶模	光绪十六年正月己酉由陕西布政使护理，闰二月癸丑以鹿传霖到，仍回本任
12	奎俊	满洲正白旗人，光绪二十一年三月乙未由江苏巡抚调任，是年八月甲申以丁忧解职，未经到任

① 〔清〕叶伯英：《耕经堂年谱》，清光绪抄本。

续表

序号	姓名	任期
13	张汝梅	河南密县人，光绪二十一年四月乙卯由陕西布政使护理，二十二年六月壬寅以魏光焘到，仍回本任
14	胡聘之	湖北天门人，进士，光绪二十一年七月壬戌由浙江布政使升任，是年八月甲申以调山西巡抚，未经到任
15	魏光焘	湖南邵阳人，光绪二十一年八月甲申由云南巡抚调任，二十五年十月甲辰以署陕甘总督去任
16	李有棻	江西萍乡人，拔贡生，光绪二十五年八月乙未由陕西布政使护理，九月丁未以丁忧去任
17	端方	满洲正白旗人，举人，光绪二十五年九月丁未由陕西布政使护理，二十六年闰八月丙寅以岑春煊到，仍回本任
18	岑春煊	广西西林人，举人，光绪二十六年八月壬申由甘肃布政使随扈升任，二十七年正月戊子以调山西巡抚去任
19	端方	光绪二十七年正月戊子由陕西布政使护理，是年三月辛巳以升湖北巡抚去任
20	升允	蒙古镶黄旗人，举人，光绪二十七年三月辛巳由陕西布政使护理，四月壬戌实授，八月癸丑以护理北上卸任
21	李绍芬	湖北安陆人，进士，光绪二十七年八月癸丑由陕西布政使护理，二十八年正月庚辰以升允回陕卸任
22	升允	光绪二十八年正月庚午扈跸差竣，仍回陕西巡抚本任，三十年十一月辛巳以调江西巡抚，旋迁察哈尔都统去任
23	夏旹	湖南桂阳人，举人，光绪三十年十一月辛巳由陕西布政使升任，三十一年正月甲午以缘事解任
24	曹鸿勋	山东潍县人，进士，光绪三十一年正月甲午由湖南布政使升任，三十三年八月丁亥以奉召来京去任
25	恩寿	满洲镶白旗人，进士，光绪三十三年八月丁亥由山西巡抚调任，宣统三年闰六月庚子以予告去任
26	余诚格	安徽望江人，进士，宣统三年闰六月庚子由湖北布政使升任未赴，是月庚戌以调湖南巡抚去任
27	陆元鼎	云南蒙自人，宣统三年闰六月庚戌由湖南巡抚调任，寻遭政变，未经履任
28	钱能训	浙江嘉善人，进士，宣统三年闰六月庚子由陕西布政使护理，九月甲寅以省垣陆军发难，被执，解任
29	升允	宣统三年九月庚辰由前任陕甘总督署任，并督办陕西军务，寻以共和告成，去任

资料来源：民国《续修陕西通志稿》卷一一《职官二·文职》，民国二十三年铅印本。

作为一省最高品级的行政长官，上述29任23位陕西巡抚在清代后期陕西区域社会发展过程中扮演着重要角色，由此也决定了南院在省城西安乃至陕西全省衙署体系中的重要地位和重大影响。

从上表可以看出，入驻南院的陕西巡抚群体虽有汉人、旗民、满洲等出身之别，但绝大多数是由举人、进士身份进入仕途，在担任巡抚要职之前，已经历过较长时间的宦海磨砺，出任过一省的布政使之职，因而具有丰富的行政管理经验。如被列入《续修陕西通志稿》"名宦"的巡抚边宝泉，字润民，汉军镶红旗人，同治癸亥进士，光绪三年（公元1877年）授陕西督粮道，擢陕西按察使，署布政使，九年（公元1883年）十月升授陕西巡抚，在任期间清理了陕西省多年的徭役积弊。①又如巡抚鹿传霖，字润万，一字滋轩，直隶定兴人，任陕西巡抚期间主持多项重大建设工程，包括修筑朝邑县黄河大坝36处，对预防黄河洪水、保障地方安全起到了积极作用。②

同样被列入"名宦"的端方，字午桥，号陶斋，满洲正白旗人，在任陕西按察使期间，亲自制定《清厘狱讼章程》，"条理周密，颁行各属，考核公严，属吏畏之"，是清代陕西法政发展史中的标志性事件。光绪二十五年（公元1899年），端方升任护理陕西巡抚，适逢义和团运动风起云涌，山西、河南等省义和团民"皆以兴清灭洋相号召"。对此，端方保持了冷静头脑，在陕西全境发布文告，反复向百姓宣传、开导，"用是士民无惑，境内宴然"，保障了陕西社会秩序的稳定，也没有伤及西方传教士等外侨团体。光绪二十六年（公元1900年），慈禧太后与光绪皇帝西巡陕西，驻跸西安北院陕西巡抚旧衙署，以之为行宫将近一年时间。在此国难危急时刻，巡抚端方"处变不惊"，确保了朝廷在西安的正常运转。这一时期由于列强进逼，"外交急迫"，北京的全权大臣和东南各地的封疆大吏频有电报发至西安，均经南院的陕西巡抚衙署转达慈禧太后和光绪皇帝。包括"惩办祸首、商订和约"等奏章均由全权大臣发电报给端方，再由端方"缮封"呈递两宫。由此足见陕西巡抚端方在当时国家内政外交体系中的重要地位，号称"以一人而兼外台内省之寄，风节峨峨，天下属耳目焉"。正是由于端方在处理政事、供应两宫方面表现优异，慈禧太后与光绪皇帝从西安起程返回北京之际，将其召入北院行宫"奖勉"，"时逾六刻之久"，又在临行前"复赉宸翰殊珍，以宠异之"，将若干奇珍异宝赐赠端方以示表彰。③

---

① 民国《续修陕西通志稿》卷六五《名宦二·巡抚》，民国二十三年铅印本。
② 民国《续修陕西通志稿》卷六五《名宦二·巡抚》，民国二十三年铅印本。
③ 民国《续修陕西通志稿》卷六五《名宦二·巡抚》，民国二十三年铅印本。

　　慈禧太后和光绪皇帝驻跸西安期间，陕西遭逢连年亢旱，灾荒深重，百姓大量饿毙或逃徙，此即"庚子大旱灾"。作为陕西巡抚，端方多方筹划赈济灾民，"劝捐散赈"，设立潼关车马局，以利转输，充分利用朝廷、地方官府和民间施赈力量，救济了大量灾民。端方后升任署湖广总督，又相继调江苏巡抚、署两江总督、湖南巡抚等，有"锐意新政、宾礼耆硕、调和新旧"的美誉，是清末考察东西洋政治五大臣之一，参与编撰《列国政要》132卷，被称为"中国议立宪政体之始"。[1]端方性格豪迈，不拘小节，酷爱收藏金石书画，在陕西巡抚任内，大量搜集周秦以来的各类古物。[2]毫无疑问，这些珍贵文物曾经保存在南院衙署之中，成为端方向来访官员展示和介绍的重点。就此而言，南院中应有专门收藏、展示端方私人藏品的建筑，这与后来南院兴建"亮宝楼"（劝工陈列所）展示其他省区的工业制造品有相通之处。

---

① 民国《续修陕西通志稿》卷六五《名宦二·巡抚》，民国二十三年铅印本。
② 民国《续修陕西通志稿》卷六五《名宦二·巡抚》，民国二十三年铅印本。

第四节
清代的北院：从巡抚衙署到帝后行宫

　　清代西安曾两度作为皇帝行宫所在地，但前后背景迥然不同。一为康熙四十二年（公元1703年），康熙帝西巡西安，"塞外诸国"①若干使节前往西安拜谒。一为光绪二十六年（公元1900年）"庚子之变"后慈禧太后和光绪皇帝"西狩"西安，以北院为其行宫，西安遂在为期约一年的时间内成为全国临时政权中心。

　　光绪二十六年，在北方多省发生义和团运动的背景下，八国联军经天津侵入北京，慈禧太后与光绪皇帝仓促西巡西安，以北院原巡抚衙署为行宫，驻跸了将近一年时间。虽然两宫并未在南院住过，但在慈禧太后与光绪皇帝西巡之初，南院与北院均曾作为备选行宫进行过较大规模的重修。

一、清后期西安兴建行宫之议

　　西安作为汉唐故都，处于关中四塞之地，易守难攻，对于王朝和国家的稳固具有非同寻常的重要意义。自康熙四十二年康熙皇帝西巡西安，驻跸南院之后，雍正、乾隆、嘉庆、道光、咸丰、同治等皇帝再未来过陕西，西安也就没有行宫的设置。

　　光绪二十年（公元1894年），中日甲午海战爆发。二十一年（公元1895年），北洋水师惨败，清朝廷和各地官民为之震惊。就在当年，河南布政使额勒精额向光绪皇帝上奏，建议重修山西、陕西等地行宫，以备皇帝巡幸驻跸之用。额勒精额在奏折中指出，"康熙、乾隆年间，圣祖、高宗寿宇宏开，省方问俗，銮舆所经，几遍天下"，认为皇帝巡幸天下，能够了解民间疾苦，有利于明智决策，因而建议光绪皇帝"继述为怀"，以便在"民安物阜"的成熟时机，延续盛典，巡行各省。据额勒精

---

　　① 〔清〕卢化：《圣驾西巡恭赋》，碑存西安碑林。

额报告，河南省城开封旧有行宫一所，经光绪二十年修葺后，"殿宇辉煌，颇壮观瞻"。于是他奏请皇帝敕令山西、陕西巡抚在太原、西安等地修理行宫，"以备将来皇上巡幸行庆施惠之举"。①虽然目前尚无法考定甲午海战的战败与额勒精额建言维修西安等地行宫之间的内在联系，但可以推测的是，自从道光二十年（公元1840年）鸦片战争之后，列强步步进犯，通过各种不平等条约打开我国大门，割占大片土地，强开商埠和租界，无疑会使部分官员为国运危难时刻皇帝的撤离做未雨绸缪的考量。额勒精额重修华北、西北内陆地区行宫的建议应当就是在这一大背景下提出的，重现往昔帝王盛典其实只是一种借口罢了。

额勒精额未曾料想到的是，他原本提议作为光绪皇帝"行庆施惠之举"的巡行很快就"实现"了，只是远非"盛典"，而是面对强敌入侵不得已而为之的仓促、落魄之举。这就是光绪二十六年慈禧太后和光绪皇帝西巡（亦称"西狩"）西安的大事件。

二、慈禧太后和光绪皇帝的西安行宫

1900年，八国联军入侵北京，慈禧太后与光绪皇帝仓皇逃离京师，先是驻跸太原，而后"西狩"西安。南院成为当时慈禧太后与光绪皇帝在西安的行宫备选之地。

虽然自唐代之后，西安从一统国都降格为区域重镇，但宋、明朝廷在选定国都时，均曾将西安列入国都备选之地，充分印证了西安作为西部军政重镇的地位。清代后期，列强在东部沿江、沿海割地开埠，滋扰频频；各地农民起义此起彼伏，社会动荡。在此背景下，西安将军荣禄、陕西巡抚魏光焘等曾经有过未雨绸缪的举措，计划在西安满城为皇帝兴建行宫，以备危急时刻太后与皇帝移驾驻跸。由于"庚子之变"的遽然发生，光绪皇帝和慈禧太后在"西狩"途中才决意驻跸西安，谕令陕西巡抚端方筹备行宫。由于事出仓促，端方并没有能够完成满城内的行宫建设，而是对南院和北院新旧两处陕西巡抚衙署进行了较大规模的修缮，准备作为两宫抵达西安后的驻跸之地。民国《续修陕西通志稿》记载此事称："二十六年七月，洋兵薄京师，两宫仓卒幸太原，复以长安为自古帝王州，山川四塞，雄踞上游，命端方审度形势，于西安省城酌备驻跸之所。所经地方预为筹备一切，概从省约，毋许稍涉奢靡。于是端方奏曰：'本年五月团教纷争，大学士荣禄知外衅已开，而兵凶战危，宜为不虞之备。密遣幕僚来陕，令臣未雨绸缪。

---

① 额勒精额：《奏为敕下山西陕西巡抚随时修理行宫以备将来皇上巡幸行庆施惠之举事》，清光绪二十一年，录副，档号03-5725-006。

查省城新旧巡抚衙门南北两处，尚堪备暂时驻跸，其余公所地方，亦可备随扈臣工栖止。'"①

关于慈禧太后与光绪皇帝在西安的驻跸行宫，文献中有迥然相异的两类记述，给后世判断南院和北院是否曾做过行宫，以及南院与北院关系带来了诸多困扰，需要审慎辨析。

第一类文献载称，慈禧太后与光绪皇帝抵达西安后，首先在南院驻跸，随后才移驻北院。如清人所撰《西巡回銮始末记》卷三《两宫驻跸西安记》言之凿凿地记载云：

> 行宫先驻南院，后移北院。南院是总督行台，北院是抚台衙门。先驻南院者，因署外广阔；后移北院者，因署内轩敞。本来预备南北行宫，听两宫旨意。两处墙垣皆是一色全红。南院自经慈圣驻跸后，正门遂封闭不开，奉旨作为抚署，而由便门甬道出入。北院一切装饰亦全红色，"东辕门""西辕门"字亦红漆涂盖，辕门不开，周围以十字叉拦之，如京城大清门式。正门上竖立直匾，写"行宫"二字。中门、左门皆不开，由右门出入。入门有侍卫及一切仪仗，旁有军机处朝房、六部九卿朝房、抚藩臬各员朝房、侍卫处种种名目，则贴红纸条而已。②

据此记述，为了迎接慈禧太后和光绪皇帝，陕西地方官员"本来预备南北行宫，听两宫旨意"，将南院和北院均加以大规模修缮，作为备选行宫。两宫抵达西安后，先因"署外广阔"选择了南院（巡抚新署），后以"署内轩敞"移至北院（巡抚旧署）。可见行宫选择标准主要是依据建筑群落的占地大小和周边环境。南院之所以"署外广阔"，是因为原总督衙署（巡抚部院新署）门前有一大片广场，是西安城区中最重要的城市公共空间；北院"署内轩敞"反映了其长期作为陕西巡抚衙署，建筑群落布局更为合理。基于上述史料记载，倘若慈禧太后与光绪皇帝从南院行宫移驻北院行宫属实的话，那么南院和北院就均曾做过慈禧太后与光绪皇帝的西巡行宫，且南院在先，北院在后，两者之间有一个先后相承转换的关系，但北院作为行宫的时间更长。可以看出，《两宫驻跸西安记》的作者对北院行宫的墙垣、大门、匾额等均能从亲历者的视角进行细致观察和记述，不大可能是随意杜撰，反映出作者很可能是一位高级官员，才有资格进入行宫，目睹内部设施和安排。但是其所载两宫"先驻南院，后移北院"这一论断却未必可信，有可能这位官员并未跟随慈禧太后和光绪皇帝銮舆一同抵达西安，对两宫进入西安后驻跸的行宫情况并不了解，于

---

① 民国《续修陕西通志稿》卷六五《名宦二·巡抚》，民国二十三年铅印本。
② 吉田良太郎、八咏楼主人编：《西巡回銮始末记》卷三《两宫驻跸西安记》，台湾学生书局，1973年，第124—125页。

是依据南院和北院均属备选行宫的情况进行了推测记述。

两宫"先驻南院，后移北院"的说法，在曾任军机处汉官领班章京的王彦威所撰《西巡大事记》中亦有大致相同的记述，影响极广。王彦威当时曾随扈两宫抵达西安，且有"按日笔记，藉以备忘"的习惯。其返回北京后回忆道："南院自驻跸后，正门不开，奉旨作为抚署，而由便门出入。"[1]由于王彦威是随扈西安的亲历者，且官阶较高，又有日记记录，按说其记载应最为可信，似乎应是两宫"先驻南院，后移北院"之说的最有力证据。但是他认为南院在慈禧太后与光绪皇帝驻跸之后，"奉旨作为抚署"的说法显然不确，因为从光绪十四年（公元1888年）起，最晚在光绪十九年（公元1893年），南院就已经明确为陕西巡抚部院新署了，这一变化是在陕西巡抚上奏朝廷、获得光绪皇帝允准之后才出现的情况，自然不会等到光绪二十六年（公元1900年）才"奉旨作为抚署"。

给这一问题平添疑惑的是，民国时期由官方编纂的具有一定权威性的《清史稿》本纪二十四《德宗本纪二》记述慈禧太后与光绪皇帝抵达西安的行程时称："甲寅诏改陕西巡抚署为行宫。……九月己巳朔，次渭南。壬申至西安府，御巡抚署为行宫。"[2]如果将此处的"陕西巡抚署"理解为南院的巡抚部院新署，就可佐证王彦威等人记述的两宫确实有先驻南院之事。但实际上，此处所指的"陕西巡抚署"系指北院的巡抚旧署，两宫在抵达西安后，入驻的也是北院。

第二类史料明确记载了慈禧太后与光绪皇帝于光绪二十六年九月初四日抵达西安，由长乐门直抵北院行宫入住，并未在南院驻跸。《西巡回銮始末记》卷三《两宫西狩记》同样以亲历者视角记述了两宫抵达西安之初的盛况，细节更趋具体、翔实、生动：

> 迨（光绪二十六年）九月初四日未初，圣驾至西安，由长乐门大路直抵北院行宫。御道甚长，皆用黄土铺垫。各商铺皆悬灯结彩，居民等更跪迎道左，均欲仰瞻圣容。皇上命扈从人等毋许驱逐。皇太后更赏赐耆民银牌甚多。御驾抵北院后，办事大臣亦各纷纷随至。并经派定侍卫二百五十人，日夜轮班，在大门、二门站防值宿。自是圣心为之稍安。复以陕省哀鸿遍地，民不聊生，正宵衣旰食之时，所有御用衣服概以大布为之。诸王大臣等仰体俭德，不敢稍涉奢侈，遂亦一律穿用布袍。[3]

又有《补述西安迎銮记》载：

> 皇上、皇太后于九月初四日午后，銮舆入西安东门，护驾者为岑中丞，董、

---

① 〔清〕王彦威辑：《西巡大事记》卷首，民国清季外交史料附刊本。
② 赵尔巽：《清史稿》本纪二四，民国十七年清史馆本。
③ 吉田良太郎、八咏楼主人编：《西巡回銮始末记》卷三《两宫西狩记》，台湾学生书局，1973年，第124页。

邓两军门。陛路甚长，另有引道官警陛而入。一时城乡绅耆百姓咸纷纷来观，跪于路侧。上命扈从人毋许驱逐，皇太后更赏赐银牌甚多，乘舆径赴北院驻宿。办事大臣纷纷随至。①

据上述两则史料可知，慈禧太后与光绪皇帝抵达西安后，经东门——长乐门入城，沿东大街穿越满城，经钟楼东门洞、西大街、鼓楼门洞，銮舆"直抵北院行宫"，并未去过南院，何来"先驻"南院，"后移"北院？由此可以判断，北院始终是两宫驻跸西安期间的行宫，南院属于备选行宫，慈禧太后与光绪皇帝并未踏足过南院。在两宫驻跸北院期间，南院仍为陕西巡抚部院署，是陕西省最高等级的行政机关。

在慈禧太后与光绪皇帝驻跸西安期间，西安知府胡延奉命担任"行在"内廷支应局督办，每天均有机会入宫面见慈禧。他在所撰《西安行宫》中记载道："光绪庚子八月，两宫在太原下诏巡幸西安。护抚臣端方奏明设局，恭备供奉事宜，饰南北两院为行宫。北院巡抚所居，南院则总督行馆也。圣驾莅止，居于北院，取其屋舍较多，然草草修葺，仅蔽风雨而已。"②应当说，西安知府胡延对南院、北院的维修工程、行宫选择等事宜最为熟悉，所述当与史实最为接近。从其记载可知，陕西护理巡抚端方为迎接两宫来陕，专门设立支应局负责接待事宜，并且维修南院、北院建筑，以备慈禧太后与光绪皇帝选择作为行宫。"圣驾"抵达后，"居于北院"。如果两宫曾经驻过南院，胡延不会隐匿不记，而仅记"居于北院"，足见两宫未曾入住过南院确凿无疑。

正是由于诸多史料记述互异，以及后人理解上的差异，致使《西安市志》《莲湖区志》等现今编纂的地方志中出现了相互矛盾的说法。如西安市莲湖区地方志编纂委员会所编《莲湖区志》力主第一种说法：光绪二十六年（公元1900年）九月初四日，"慈禧太后和光绪帝一行到达西安，先住南院（总督署），后移驻北院（巡抚署，今市政府址）为行宫"③。《西安市志》则持第二种说法：光绪二十六年九月初四日，"慈禧太后和光绪帝一行到达西安，以陕西巡抚部院（北院）为行宫"④。限于地方志的体裁，编纂者均未加以考订，并未说明其判断依据。

经过上述考订和综合判断，笔者认为第二类记载更为可信，即光绪二十六至二十七年（公元1900—1901年），慈禧太后与光绪皇帝驻跸在北院行宫，南院曾作为备选行宫维修过，但两宫未曾驻跸过，南院仍是陕西巡抚衙署。

① 《补述西安迎銮记》，载《知新报》1901年第132期《各省新闻》，第19页。
② 〔清〕胡延：《西安行宫》，见刘潞选注：《清宫词选》，紫禁城出版社，1985年，第177页。
③ 西安市莲湖区地方志编纂委员会编：《莲湖区志》，三秦出版社，2001年，第16—17页。
④ 西安市地方志编纂委员会编：《西安市志》第1卷《总类·大事记》，西安出版社，1996年，第70页。

第八章　明清西安的文化教育

明清西安城作为西北重镇的城市特质不仅体现在城高池深、驻军众多，文化教育的次第兴办与繁荣也使之成为西北的文教中心，深厚的人文渊源与悠远的文化传统得以在这一时期再度焕发出新的光彩。"文修武备"成为明清西安城文教地位及文教空间的重要特征。文教区及其附属功能区是城市整体空间的重要组成部分，文教空间的发展变迁能够反映出城市区域文化地位的高低。本章在分析明清西安城文教空间基本类型的基础上，对书院、学校、考场、乡试会馆、郊区附属功能区等的空间分布、内部格局、环境景观及发展变迁进行系统论述。

按照学校类型和教学内容的不同，明清西安城文教机构的发展可分为旧学与新学两个阶段。旧学阶段即明代与清代前中期（光绪新政之前）传统儒学教育和清真寺经堂教育繁荣发展的时期，新学阶段为清末实行新政后到民国初年，西安城内兴建起大量新型学校。与传统教育相比，新型学校无论是课程设置、教学方法还是学校内部格局、建筑物样式等，都与旧学迥然不同，学校分布渐趋均衡，学生人数大为增加。新学与旧学既有量的差异，也有质的区别。旧学注重应试，而新学讲求应用。清末西安兴建的众多高等专业学校更进一步加强了西安城作为西北乃至西部文教中心的地位。

第一节
明清西安文教机构的类型与特征

　　明清西安城乡文教机构依其主要功能的不同，大体可分为教学、考试两大类（见图8-1），此外清末兴起了为普及大众教育而建立的图书馆、劝工陈列所等具有文教性质的场所。

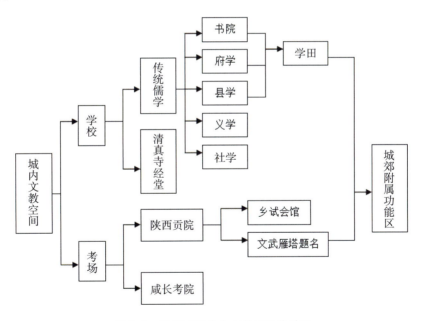

图 8-1　明清西安城乡文教空间体系图

一、学校

　　依据教学内容侧重点的不同，学校教育可分为传统儒学教育和清真寺经堂教育。

　　传统儒学　从学级高低、生徒多少、影响地域等方面考察，传统儒学教育机构包括书院、府学、县学、义学、社学等。

明清西安城内书院的开设大多受到名儒的影响，且由官方倡建。书院在日常教学过程中与官府的联系相对松散，多由书院主事者延请名士主讲，因而足以吸引大量外地学生前往就学，在生源的地域性上远较府、县学广。明清西安城书院不仅对陕西本地学子具有强烈吸引力，也成为西北乃至西南等地学子的求学之地。书院教学内容多为主讲教习本人推崇之学术主张，师生之间学术承继性较强。虽然书院和府、县儒学教学目的一致，即以力求使学子高中功名为主，但学术思想较府、县儒学更为活跃。

作为地方官府举办的学校，府学等级高于县学。限于官办性质和地域性，学生来源仅限于本府和两县各自辖区，生源地空间范围狭小。明清两代西安府和咸宁、长安两县辖区均有不同程度的缩小，尤其明代西安府辖31县，清代则仅辖15县，由此也直接影响到生源地的空间。

明清西安城内书院易受政治、经济因素波动的影响而时有兴衰，教学活动也常有中断，而由官府正式开办的府、县儒学则较书院稳定。这种强烈的反差在明清西安城内表现得相当鲜明。官方举办的学舍、义学、社学等级又比县学低，在城乡多有分布，学生来源范围仅限于周边若干坊里、街巷、村落。

经堂教育　在明嘉靖之前，回族教育由清真寺阿訇主持，以宗教内容为主。明嘉靖年间，陕西咸阳渭城人胡登洲客居北京学习伊斯兰教经典，后返回故里，倡导经堂教育。清真寺设学之风由此渐兴，拉开了中国伊斯兰经堂教育的序幕。

经堂教育注重"经汉两通"，在宗教内容之外，也对回坊子弟进行伊斯兰文化和传统汉文化教育，如学习阿拉伯文等。经堂教育还强调学问的"精而专"，重视伊斯兰教先哲的思想理论研习。明代陕西的清真寺曾被誉为"念经人的教场"，至明末清初，经堂教育已遍及全国各省清真寺。[1]西安城内清真寺在明清时期也积极发展经堂教育。如道光至光绪年间，洒金桥清真寺主讲刘老阿衡"悟彻性成，是主专为教授后学而生也"，回坊前后"延聘三次，主讲十数余年"，"不惟亲炙者咸被春风，即私淑者莫不均沾化雨"。[2]经堂教育对西安城回族民众文化教育的普及和发展起到了重要作用。至辛亥革命前后，西安回族经堂教育仍相沿不废。[3]

① 马士年：《西安地区的回族》，见中国人民政治协商会议西安市委员会文史资料研究委员会编：《西安文史资料》第12辑，1987年，第30页。

② 清光绪三十二年无名碑，存洒金桥清真寺。

③ 哈雒岐：《陕西回族教育管述》，见中国人民政治协商会议西安市莲湖区委员会文史资料研究委员会编：《莲湖文史资料》第8辑，1995年，第155—156页。

二、考场

对封建教育而言，学校属于学习过程的承载空间，这一过程的结束需要在不同层级的科举考场中实现。考场作为官方选拔人才的重要文教空间，是明清西安城中与学校同样重要的功能区域。

明清陕西贡院作为考试之所，性质虽与府、县儒学及各书院不同，但同样"隐系一省文风之盛衰"，因而亦受到当政者的高度重视。陕西贡院建筑规模日益扩大，规划设计思想亦融入风水观念，在西安城众多建筑物中以号舍众多、占地广大独领风骚。陕西贡院系"景泰间左布政使许资奏建"①，位于西门内北侧今儿童公园址。元代奉元路城贡院位于东南城区，明代改设此处，是考虑到西门内北侧居民不稠，可适时扩大贡院基址，以适应考生日益增多的趋势。加之这里与城市中心官署区、商贸区较远，相对僻静，宜于做好考试时的保密、防范工作。明清西安城将考试区与学校聚集区有意分设相距较远的两地，也是出于防止舞弊、确保考试顺利进行的目的。

明清西安城考场以陕西贡院和咸长考院最为常用。陕西贡院为乡试考场，考生来自西北各地，通常年份赶赴西安者常多达五六千人，而中榜者仅五六十人。②咸长考院为咸宁、长安两县县学考场，考生来源于两县。明清时期较长一段时间内，由于"甘省有督无抚，有镇无提，乡、会试附于陕西，并无专额"③，因而自今甘肃、宁夏等地来西安参加乡试、会试的学子人数众多，地域来源广泛。清人路德所撰《道光壬午科陕甘乡试题名碑记》载：道光二年（公元1822年），"壬午陕甘乡试登秋榜者七十有七人"，这77名中榜者是"于六千余人中摸索而得之也"。该题名碑详细列举了考生的籍贯，在陕南、陕北和关中各县之外，还有今甘肃境内的兰州府、巩昌府、张掖县、武威县、陇西县、凉州府、狄道州等，以及今宁夏境内的宁夏府、中卫县等地，这尚且仅是少数考中者的来源地。从考生地域来源之广可知，西安城西北文教中心的地位在明清两代始终未曾动摇。在其他明清题名碑中，亦载有来自今甘肃、宁夏、青海等地众多县份的考生，甚至还有远从迪化（今新疆乌鲁木齐）来者。就考试职能来说，西安城是当之无愧的西北地区中心城市。

---

① 雍正《陕西通志》卷一五《公署》，清文渊阁四库全书本。
② 〔清〕路德：《道光壬午科陕甘乡试题名碑记》，见陈景富主编：《大慈恩寺志》，三秦出版社，2000年，第358页。
③ 〔清〕佚名：《兰州风土记》，见〔清〕王锡祺辑：《小方壶斋舆地丛钞》第六帙，清光绪上海著易堂排印本。

　　光绪二十六年（公元1900年）两宫西巡西安，陕西贡院以占地广大、房宇众多成为当时朝廷六部的所在地，六部官员也多以此为居地。《庚子西行记事》即载："六部堂官至者多住贡院，遂以贡院为六部公所"[1]。光绪三十一年八月初四日（公元1905年9月2日），清朝廷下令自丙午（公元1906年）科开始废止所有科举考试。陕西贡院遂失去了存在的价值，终成历史的陈迹。今天的贡院门即是因正对贡院南大门而得名；东、西举院巷是因在贡院东、西两侧而得名；早慈巷拓于明景泰元年（公元1450年），因紧邻贡院考试之区，为防止越墙舞弊，在墙头插满枣刺，日久得名枣刺巷，1917年雅化为早慈巷。[2] 从这些留存下来的地名，我们依稀能够想见当年贡院宏大的规模。贡院所占区域比照今天地名，则在东、西举院巷之间，较儿童公园大。

　　与陕西贡院相去不远，在城西北角的习武园坐落着武举乡试考场——西教场。民国《咸宁长安两县续志》载："习武园即演武场，巡抚循例大阅之所，……历科武闱乡试校士亦在此。科举停，遂专为校阅地。"清代满城内铁旗杆庙则为八旗西安将军考选满汉翻译人才的考场。

　　明清西安城文科考试之区，除陕西贡院外，又有咸长考院，位于今东厅门街北。作为咸宁、长安两县学子的考试机构，咸长考院的规模、等级均逊于陕西贡院。咸长考院选择三学所在地附近基址，主要是为了方便两县儒生就近考试。

三、文教附属区

　　封建时期官办学校一般均有学田作为日常开支的经费来源，明清西安书院、府学、县学、义学等学校也在郊外有规模不等的田地，以所得田租维持学校日常开支和发展。郊区学田实际上可视为城市文教空间的扩展区域，发挥文教附属区的功能。城区学校及其郊区田产是城乡联系紧密、供给与被供给关系的明证之一。

　　明清西安城文教空间在郊区的延伸还表现在慈恩寺和荐福寺成为文、武科举中试者的题名地。在陕西贡院举行三年一次的乡试之后，考官、地方官员与文科、武举中榜者均要分别前往城南慈恩寺大雁塔、荐福寺小雁塔前刻碑题名，形成"文题大雁塔，武题小雁塔"的传统。从关联紧密性而言，慈恩寺和荐福寺同样可视为城市考试机构在郊区的文教附属区。

　　① 〔清〕唐晏纂，刘承干校：《庚子西行记事》，见《中国野史集成》编委会、四川大学图书馆编：《中国野史集成》第47册，巴蜀书社，1993年，第666页。
　　② 西安市地名委员会、西安市民政局编：《陕西省西安市地名志》（内部资料），1986年。

第二节
明清西安文教机构的建修与兴废

一、府学和县学

西安府学和咸宁、长安二县学是官方科举教育的主要场所。现存金代《京兆府重修府学记》载："京兆旧学在府城之坤维"，"乃范湖州规制，经营建立。庙学之成，总五百楹，宏模廓度，冠伟一时。水润木阴，清泠葱郁。儒衣冠而入者，日不啻千人，弦诵之声，洞彻霄汉"。①由此可见，宋金时期京兆府学建筑规模庞大，生员人数众多，就读环境优越。

明清西安府学、咸宁县学、长安县学以封建统治人才培养基地的性质受到官方的更多重视和一贯支持，因而变迁较书院缓和。明清西安府学仍承宋元府学旧址，②历两代未有更易，位于今碑林西侧。咸宁、长安二县学的移徙是明代西安城内学校分布与变迁中的一件大事，可视为明清历任官府集中建设书院门一带文教区之始。

明代前期，咸宁、长安二县学并没有分列西安府学东、西两侧，而与之相去甚远。《古今图书集成·职方典·西安府学校考》载云："长安县儒学，旧在县治西，即今分守道署"。清代分守关内道署在"布政司西"③，因而可知长安县学原本约在今西大街北侧中段（当今城隍庙西侧）。（见图8-2）另据万历《陕西通志》载两县县学移徙时间云："长安县儒学，旧在县治西，成化九年（公元1473年）巡抚马文升议徙府学西"；"咸宁县儒学，旧在县治西，成化七年（公元1471年）提学副使伍福奏徙府学东"。④可知咸宁县学旧址当在今菊花园东侧一带。（见图8-3）

---

① 《京兆府重修府学记》，金正隆二年，碑存西安碑林。
② 《古今图书集成·方舆汇编·职方典》卷五〇〇《西安府部汇考十·西安府学校考》，清雍正铜活字本。
③ 《古今图书集成·方舆汇编·职方典》卷四九九《西安府部汇考九·西安府公署考》，清雍正铜活字本。
④ 万历《陕西通志》卷一五《学校》，明万历三十九年刻本。

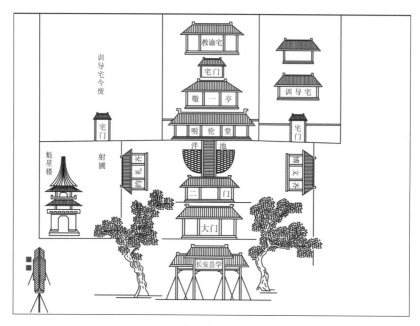

图 8-2 清前期长安县儒学图

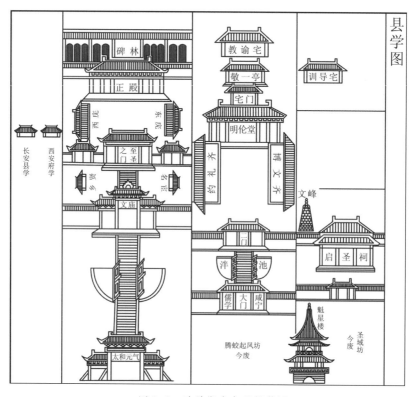

图 8-3 清前期咸宁县儒学图

成化初年，陕西官府移徙两县学于府学两侧之缘由，明大学士商辂《重修西安府学文庙记》载："先是，君以附郭长安、咸宁二学僻从县治，去（文）庙远甚，师生朔望艰于行礼。乃命所司徙长安学于庙之东，咸宁学于庙之北，而府学旧在庙西，是庙岿然居中。"①为方便两县县学师生就近在府学文庙参拜孔子，才有移徙县学之役，此举其实也是出于集中建设文庙附近文教区的目的。明人周宇《修学记》盛赞这种三学一庙比邻布局之妙："吾西安居省会，郡一邑二故学三，而庙一。庙当城南门之东，宅巽离中，郡学掖而右。咸宁邑治在东，故学亦东；长安邑治西，学亦在西"。文庙和三所学校相邻布设，显著增强了西安东南城区的文教区性质。《修学记》就指出集中学校、规模办学的优势："一庙三学，翼比朋翔。乔木联荫，清泮通流，宏规壮观。盖凡为学宫者，或鲜其俪"。②三学汇聚一处，便于学子之间相互交流探讨，东南城区学风得以昌盛。文庙南侧之街亦以三学所在得名"三学街"，至今仍沿用其名。

文庙在明清时期均为西安府学的一个重要组成部分。时人认为"孔子万世师，凡建学育才，必严庙祀，所以感人心，敦化本，诚治道所当先者"③，故文庙的修治可视为府学的修治。关于西安府学、文庙与咸宁、长安二县学在明清时期的修治情况列表如次：

表 8-1　明清西安府学与咸宁、长安二县学修治一览表

修治时间	机构	倡修者
正统年间（1436—1449）	文庙	陕西巡抚陈镒、王文
成化初年	府学	西安知府余子俊
成化九年（1473）	文庙	陕西巡抚马文升
嘉靖九年（1530）	文庙、府学	陕西巡抚刘天和、西安知府李文极
嘉靖十二年（1533）	文庙、府县三学	陕西巡抚王尧封、左布政使黄臣
万历十三年（1585）	咸宁县学	咸宁知县李生芳
万历二十年（1592）	文庙坊、亭	永寿郡王府辅国中尉朱惟炪
万历二十二年（1594）	文庙、府县三学	陕西巡抚刘光国、咸宁知县李得中
万历四十六至四十七年（1618—1619）	文庙、府县三学	西安知府梁鼎贤
崇祯九年（1636）	文庙	巡按陕西监察御史钱守廉

---

① 民国《续修陕西通志稿》卷一六三《金石二十九·重修西安府学文庙记》，民国二十三年铅印本。
② 康熙《咸宁县志》卷八《艺文》，清康熙刊本。
③ 民国《续修陕西通志稿》卷一六三《金石二十九·重修西安府学文庙记》，民国二十三年铅印本。

续表

修治时间	机构	倡修者
顺治三年（1646）	文庙、府县三学	陕西巡抚雷兴
顺治六年（1649）	文庙	陕西巡抚黄尔性
顺治八年（1651）	长安县学	长安知县樊鸿选、樊宏
顺治十年（1653）	西安府学	陕西提学使田厥茂
顺治十二年（1655）	咸宁县学	咸宁知县余国柱
顺治十七年（1660）	文庙	陕西巡抚张琯
康熙三年（1664）	咸宁县学	咸宁知县黄家鼎
康熙十年（1671）	文庙	陕西巡抚鄂善
康熙五十三年（1714）	咸宁县学	不详
乾隆三至四年 （1738—1739）	文庙、府学	陕西巡抚崔纪、布政使帅念祖
乾隆六年（1741）	长安县学	长安知县杨毓芳

　　资料来源：路远：《西安碑林史》，西安出版社，1998年；路远：《清代西安碑林、文庙和府学三学整修概述》，见西安碑林博物馆编：《碑林集刊（四）》，陕西人民美术出版社，1996年；路远：《西安孔庙历史溯源》，见西安碑林博物馆编：《碑林集刊（十）》，陕西人民美术出版社，2004年。

二、社学和义学

　　作为官立学校的重要组成部分，义学、社学是府县学、书院教育的基础和补充（见表8-2）。除咸宁、长安两县设立义学和社学之外，明清西安城驻防军队也多设营立义学，教授营伍子弟和地方贫困学生。

表 8-2　明清西安城 20 所义学、社学分布表

城区	学校类型	位置	建立时间
西北城区（5）	社学	长安县治西北金天尼寺	明万历十一年（1583）建
	抚标中营义学	万寿宫侧老关庙，约在今莲湖路北与西北三路交会处	清
	协标右营义学	九府街文昌庙，约在今青年路中段	清

续表

城区	学校类型	位置	建立时间
西北城区（5）	抚标左营义学	红埠街西口狮子庙，约在今北广济街北段	清
	义学	城内糖坊街	不详
东南城区（6）	社学	新开道巷	明崇祯元年（1628）建
	社学	京兆驿西巷	明万历间重修
	社学	四牌楼西	明崇祯元年（1628）建
	社学	四牌楼南街	清康熙五年（1666）建
	义学	书院门香城寺	不详
	义学	南城五火庙	不详
西南城区（2）	抚标右营义学	今四府街中段之西冰窖巷	清
	协标左营义学	约在今椰子市街中段	清
东关（2）	社学	东关兴庆寺西	明崇祯元年（1628）建
	义学	东关北社文昌庙	清光绪间建
南关（2）	义学	南关娘娘庙	清道光间建
	义学	南郭门内文昌宫	清道光间建
北关（2）	义学	北关马公祠	不详
	义学	北关娘娘庙	不详
西关（1）	义学	西关留养局，今西关正街省林业厅附近	不详

　　资料来源：西安市教委教育志编纂办公室编：《西安市教育志》，陕西人民出版社，1995年，第38页；张永禄主编：《明清西安词典》，陕西人民出版社，1999年，第424、426页。

　　义学多选址于居民区中央或相关机构的附近，对庙宇基址的利用较为常见。一方面可利用庙宇建筑、场地，不用重新择址建设；另一方面，庙宇在营建之初均考虑到了便利周边居民前往祭祀膜拜，所以选址也都在社区中心、街巷易于通达之地。基于便于信众、学生前往的考虑，庙宇和学校在选址原则方面有相似之处，因而庙宇被学校利用是其最主要的归宿。就义学而言，四关城均有分布，体现了学校分布在城区的均衡性。

三、经学

明清西安城经堂教育中心区集中在城西北隅。宏观而言，西北与东南两城区形成以钟楼为对角分布的有较大区别的两类文教区。经堂教育依托各清真寺展开，因此经学学校与明清西安城清真寺的分布相一致，即主要集中在西北城区，以化觉巷清真寺和大学习巷清真寺最为重要。

经堂（学社、学舍）是清真寺建筑中不可或缺的一部分，如明代大皮院清真寺"修礼拜寺大殿、南北厅、头二门、沐浴所、学社、师徒住房共三十二间"①。大学习巷清真寺中亦有"寺内省心阁、大门、两庑、南北学舍、碑楼及寺外照壁"②。穆斯林学生也有参加县学学习者，所以经堂教育一般多针对年龄较小的生童以及本清真寺辖区内的成年坊众，较高级别学生则入县学学习。在小皮院清真寺所存的万历四十二年（公元1614年）《重修真教寺记》中就载有咸宁、长安两县县学回族庠生10人的姓名。

清后期，义塾、家塾等均曾作为回民儿童的读书之所，与经堂教育相互补充。同治、光绪年间，左宗棠"令提款给回民设立义塾，（则）令儿童读书"。"自义塾开办以后，而家塾相继并起，颇极一时之盛。嗣后教育改变方针，而新式学校接踵成立。今已有学校十余处，或官立、或私立，多附设于清真寺内。"洒金桥街清真西寺内经学学堂于"清光绪三十二年改为回教国民小学校，教育儿童，历有年所"，对回族启蒙教育发挥了重要作用。③

① 《大皮院清真寺始建石碑图》，明永乐九年，拓片存大皮院清真寺。
② 〔清〕乌日章：《重修长安县新兴坊清真寺内省心阁等处碑记》，清光绪十六年，碑存大学习巷清真寺。
③ 马光启遗著，冯增烈校正：《陕西回教概况》，见马长寿主编：《同治年间陕西回民起义历史调查记录》（《陕西文史资料》第26辑），陕西人民出版社，1993年，第213—223页。

第三节
明清西安书院的建修、格局与环境

一、正学书院

明代弘治至万历年间，在西安西南城区的今南院范围内，除永寿郡王府之外，与其相邻还形成了一处以文化教育为特色的功能区，即由正学书院、正学祠和提学分司组成的文教建筑群落。这一区域在明代西安乃至陕西全省的人才培养、文脉传承、教育管理等方面发挥着极其重要的作用。

（一）建修沿革

自北宋大儒张载创立关学以来，长安（西安）就是关学传承的重镇。北宋时，关中理学大师张载曾在长安讲学，倡导正学，以礼为教，主张"学贵有用"，注重实际，不尚空谈。蓝田三吕（大忠、大钧、大临）均为其门下弟子，关学彰显一时。至元代，名儒许衡（号鲁斋）来西安讲学，教育成效显著。后来，陕西官府在此基础上开办鲁斋书院，合祀张载、许衡、杨元甫等名儒，朝廷亦赐给图书和学田，以鼓励书院培养更多学生。

明代，在永寿郡王府东侧（今南院一带）兴建的正学书院作为关学教育的重要机构，是西安城中影响最大的书院之一。明代大儒冯从吾就认为该书院足以与白鹿、岳麓、嵩阳、睢阳等著名书院"并重宇内"。正学书院在今南院的选址复建与秦简王、永寿郡王等人的大力支持有着紧密关系。

明人李东阳《重建正学书院记》载云："正学书院为道学而作也。院在陕之西安，盖宋横渠张子倡道之地，门人吕大钧辈皆得其传。元鲁斋许公来主学事，亦多造就。后省臣建议为书院，合祀横渠、鲁斋及其乡贤杨元甫，而聚徒讲学其间，朝廷赐以经籍，给之学田"①。由此可知，正学书院的前身鲁斋书院在元末已废毁，这种状况一直持续

---

① 万历《陕西通志》卷三二《艺文》，明万历三十九年刻本。

到明前期，"入国朝百余年，遗址为兵民所据"，唯"坊名尚存"。①其基址既为兵民占据，这便对后来的兴复必须重新择址提出了迫切要求。

正学书院在明代重建的曲折历程，充分显现出秦王宗室、地方官府对文化教育的高度重视。明成化年间，陕西提学副使戴珊、娄谦"欲复弗果"。弘治九年（公元1496年），提学副使杨一清再次倡建，②巡抚都御史张敷华、巡按御史李翰考虑到正学书院原址多居兵民，"业久不可夺"，遂命参政汪奎、副使马龙"督府卫别度吉壤"，以风水卜地之法"得诸城之正申，为秦府隙地，秦简王闻而捐之"③。

秦王府位于城东北隅，内有砖城，外有萧墙，两重城墙之间又有一宽阔护城河，为一封闭区域，正学书院当然不会兴建于秦府之中。秦简王朱诚泳记此事云："（兵民）恒业卒难动迁，度省城隙地一区，弘敞明丽，可建书院"。"西安守华容严君永濬具启于予，以兹事为斯文盛举，遂命长使司拨以给之地。"④可见"秦府隙地"实是秦王府城外的一处地产。秦简王朱诚泳喜好诗赋，文采斐然，在"明代亲藩中以文学著名者，要必以诚泳为称首焉"，且"好士礼贤"，⑤有此捐地兴教之举也在情理之中。此次选定的正学书院基址，位于咸宁县归义坊（今正学街一带）。⑥秦简王朱诚泳捐出地产是正学书院得以重建的关键一环。

弘治十年（公元1497年），左布政使汪进、巡按御史张黻等人"议以克合"，着手重建正学书院，"遂檄所司鸠工聚材，诹日将事，命西安府经历许谨、西安府前卫知事朱范董其役，而杨公暨严君则往来督察之"。与此同时，"镇守太监建宁刘公琅、都督同知金台陈公瑛以祠前地不展，谋诸御史张公，图市民居为开拓计"，⑦筹划"贸地为南门"⑧，以扩展书院南门及其前空地。时逢"永寿王府奉国将军诚滕以所居敝陋，方欲他徙，而患莫售，遂命侍人以其情通有司，请于上官出重价市之"，从而使南门的扩展成为可能。正学书院自弘治九年杨一清倡建，弘治十年九月兴工起建，至弘治十一年

① 万历《陕西通志》卷三二《艺文》，明万历三十九年刻本。
② 〔明〕王恕：《王端毅公文集》卷二《赠陕西提学宪副杨公升太常少卿序》，明嘉靖三十一年乔世宁刻本。
③ 万历《陕西通志》卷三二《艺文》，明万历三十九年刻本。
④ 〔明〕朱诚泳：《小鸣稿》卷九《瑞莲亭记》，清文渊阁四库全书本。
⑤ 《四库全书》1260—169，集部6，别集类5《小鸣稿·提要》。
⑥ 乾隆《西安府志》卷一九《学校志》，清乾隆刊本。
⑦ 〔明〕朱诚泳：《小鸣稿》卷九《瑞莲亭记》，清文渊阁四库全书本。
⑧ 〔明〕何景明：《雍大记》卷三四《志贡》，明嘉靖刻本。

（公元1498年）四月落成。①在官府的支持和筹划下，正学书院才得以有此兴复之役，且与祭祀先贤的正学祠及主管学政的提学分司并列一处。弘治十八年（公元1505年），提学副使王云凤在正学书院增建藏书楼四楹，广收书籍，以资诸生诵览。②嘉靖年间，督学唐龙复新书院，选士肄习。这一时期堪称正学书院发展的黄金时期。

明代秦简王朱诚泳在正学书院建设中发挥了重要作用。据嘉靖十三年（公元1534年）正月自号"秦藩鉴抑道人"的秦定王朱惟焯所撰序文记载，秦简王朱诚泳"以力学终其身"，不仅勤于学习，"孝友恭谨"，"尝铭冠服以自警"，而且重视加强西安的社会与军队子弟教育。③因他的倡议谋划和慨然捐地，正学书院得以在今南院范围内建立，这对推进明代陕甘地区的传统儒学教育发展具有积极意义。

在明代前期，西安城宗室护卫军人的子弟难以进入学校接受正规教育，基于这一情况，秦简王下令在正学书院毗邻之地建立了一所"小学"④，从宗室护卫军人子弟中挑选了一批"秀慧"的少年，专门延请学有所长的儒生担任教师。秦简王在建立该小学之后，还亲自主持、监督学校举办的各项"课试"⑤，以督促儒生提升教育质量，勉励学生强化学业，"由是科不乏人"⑥，为人才培养可谓不遗余力。毋庸置疑，军队子弟学校的建设对于稳定明代秦藩与各郡王下辖护卫军队官兵人心、强化军队战斗力具有促进作用。同时，军队子弟学校与正学书院毗邻，不仅两校师生方便交流，而且两所学校的选址、建设也从整体上促进了今南院地区的文化教育功能，使得以今南院为核心的西南城区足以与以府学、文庙和县学为核心的东南文教区相映生辉、遥相呼应。

正学书院的大力发展离不开历任提学使等学政官员的鼎力支持，从建筑修缮到设置学田，以及延揽高士、搜集图书，无不与官员、官府的多方支持紧密相关。一批杰出官员（如杨一清⑦、唐龙⑧等）、教育家和文教从业者为西安城教育发展、人才培养做出了重要贡献。

---

① 〔明〕朱诚泳：《小鸣稿》卷九《瑞莲亭记》，清文渊阁四库全书本。
② 〔明〕何景明：《雍大记》卷一二《考迹》，明嘉靖刻本。
③ 〔清〕钱泰吉：《甘泉乡人稿》卷六《跋秦藩本史记》，清同治十一年刻光绪十一年增修本。
④ 明郑晓《秦王传》载该小学位于秦王府西侧，待考。见〔明〕焦竑辑：《国朝献征录》卷一，明万历四十四年徐象橒曼山馆刻本。
⑤ 〔清〕钱泰吉：《甘泉乡人稿》卷六《跋秦藩本史记》，清同治十一年刻光绪十一年增修本。
⑥ 〔明〕郑晓：《秦王传》，见〔明〕焦竑辑：《国朝献征录》卷一，明万历四十四年徐象橒曼山馆刻本。
⑦ 〔明〕王恕：《王端毅公文集》卷二《赠陕西提学宪副杨公升太常少卿序》，明嘉靖三十一年乔世宁刻本。
⑧ 〔明〕唐龙：《渔石集》卷一《正学书院续记》，明嘉靖刻本。

正德年间，明代"文坛四杰"之一、陕西提学副使何景明（公元1483—1521年）尤为重视正学书院的教学活动。作为一省最高学政长官，他不仅在正学书院"亲自督教"，而且时常捐出部分俸禄，补贴该校的穷苦学子。在主管官员的高度关注和亲自督导下，正学书院的教学水准大为提升，"关中得人于时为盛"①。嘉靖初年，唐龙在掌管陕西学政之初，就有关正学书院的发展向学子和故老进行了广泛征询，一度出现"诸生趋而相告，故老举以为言"的盛况。加之当时御史大夫王珝及行部侍御史喻茂坚、杨秦等人均重视儒家教育，"广励儒术，茂宣功令"，因此唐龙向这些官员上书陈请，使正学书院的发展进入了新的阶段，"由是物情畅悦，文教蔚兴"，前来正学书院求教就读的学子逐渐增加。唐龙强调学子在德行、人品等方面要以"正"为原则，指出"其惟审夫取舍则正，博学强记则正，修明孝悌敦尚廉耻则正，执德信道力行不倦则正"，②这些观念、认识对于正学书院人才培养具有重要的指导意义。

值得注意的是，嘉靖、万历年间先后两次由官府和书院合作编写印行了《正学书院志》。嘉靖年间的《正学书院志》系学政唐龙主持编纂，万历年间的《正学书院志序》系大儒冯从吾撰写。在明代西安的发展进程中，一座书院能够先后两次编印出版志书，正学书院是绝无仅有的一例，这充分表明正学书院的发展受到地方官府的高度重视和支持。究其原因，在于正学书院的教学成果显著，培养了大批优秀人才，为社会做出了重要贡献。核实而论，修志并出版不仅需要充裕的经费，更需要书院的历史和发展有足够丰富的内容值得记述，包括书院培养出了一批影响力巨大的人才等。很显然，正学书院既有充裕经费的支撑，而且一脉相承了宋元以来的关学道统，值得在志书中大书特书，予以宣扬。

在嘉靖年间唐龙编纂《正学书院志》后，历经80余年，至万历年间，曾求学正学书院的关中书院创办者、大儒冯从吾一度计划由其个人编纂一部新的《正学书院志》，但限于经费等诸多原因，未能付诸实施。冯从吾遂与陕西提学使段猷商议，希望获得官府支持，续纂《正学书院志》。在段猷的大力支持下，冯从吾"慨然任之"，仅用时一个多月，就完成了新的《正学书院志》。该志"纲举目张，星列棋布"，较旧志在内容上更为丰富、精确。③

清康熙初年，陕西巡抚贾汉复为振兴陕西教育，重修明末以来毁败的正学书院。康

---

① 〔明〕何景明：《大复集》附录，明嘉靖刻本。
② 〔明〕唐龙：《渔石集》卷一《正学书院续记》，明嘉靖刻本。
③ 〔明〕冯从吾：《少墟集》卷一三《正学书院志序》，清文渊阁四库全书本。

熙六十一年（公元1722年），南院总督衙署扩建，需要占用正学书院基址，官方遂把已显衰颓之势的正学书院并入蒸蒸日上的关中书院。[①]这一兼并合校是清代集中建设书院门一带文教区的重要举措。

（二）内部格局

正学书院格局较为规整，基址范围内的建筑群分为三大部分，祠堂居中，左侧为提学分司衙署，右侧为正学书院。祠堂建筑包括正堂、厨房、仓库；提学分司作为主管陕西全省学政官员的衙署，建筑则有前堂、后堂、左庑、右庑，呈四合院式格局；书院建筑与提学分司衙署相似，有前堂、后堂，左、右两厢分布学生上课学习的肄业室，后堂之后为书院厨房与师生饮食之所，书院前、后设有两重门，四周筑有围墙，以做区隔。[②]

从功能上来看，正学书院建筑群的三大部分既相互分工配合，在空间上又有相对独立性，属于三个围合空间构成的一个整体建筑群。祠堂祭祀先贤，便于学子参拜；提学使在衙署办公，又能就近监督正学书院的教学活动。正是得益于"近水楼台先得月"的地利之便，在提学分司衙署办公的提学使格外关注正学书院的教学活动，这有力地促进了正学书院的发展。陕西提学使对正学书院教学活动的检查、督促十分频繁，"或日一至焉，或月一至焉，督课诸生时义，于考德问业无当也"[③]，既关注学生学业，也关心学子道德品质的培养。

（三）园林化环境

作为西安城内最重要的教育场所之一，正学书院不仅占地规模较大，内部格局规整，建筑设施齐备，而且具有鲜明的园林化环境特征，为培养人才、开展文化交流活动创造了便利条件。

正学书院优美静谧的园林化环境既有益于学子潜心学问，也为明代西安城内官员、文人阶层游赏饮宴提供了佳地。提学副使王云凤在所撰《正学书院同寒泉雨中邀平台酒半平台扪鼻起遂出走笔作歌》一诗中就生动描绘了官员们在书院中饮宴作诗的场景：

> 十日奔走一日闲，他日尘霾今日雨。龙公似悯宦游人，故遣佳兴助宾主。
> 雨中院景奇复奇，翠倚袅盖竹连枝。歌声不遣聒吾耳，烛花似欲催君诗。诗狂
> 酒么曾有戒，不饮不吟两无赖。挥吾满壁君莫辞，酌君大斗吾始快。促膝重欲

① 乾隆《西安府志》卷一九《学校志》，清乾隆刊本。
② 〔明〕何景明：《雍大记》卷三四《志贤》，明嘉靖刻本。
③ 〔明〕李维桢：《大泌山房集》卷五三《记·关中书院置田记》，明万历三十九年刻本。

理山殽，掉头忽听门者号。寒泉老子拥髯笑，平台先生扪鼻逃。归来秉烛自叹息，窗草阶花含雨色。寒泉一榻枕书眠，闭户听更夜岑寂。①

从相关诗作可以看出，正学书院中植树种草、有竹有花，且驯养有鹤，能引导"礼宾"，"院中双鹤整步前行，左右相对，若导引者，自书院二门至分司堂上而止次"②。很显然，正学书院中的两只仙鹤经人工饲养，训练有素，能够引导来正学祠拜祭的官员、文人等前行，颇有"灵性"，这也成为正学书院园林化环境的亮点之一。杨一清在拜谒正学祠时，就由两只仙鹤在前引导，神秘与庄严的气氛自然而生。王云凤撰写了《双鹤前导》一诗，描述当时情景：

填巷衣冠断往还，仙禽亦有意相关。下堂共引墀中道，入座分趋屋两山。

整步似严今日礼，回头应认旧时颜。招呼欲问翻成叹，飞上松巢不可攀。③

除此之外，明代西安城内仅秦王府城花园驯养有孔雀、仙鹤等珍禽，而正学书院能将仙鹤驯养到如此程度，又似乎是秦王府城花园难以企及的。值得一提的是，民国时期在正学书院旧址范围内创设的陕西省立民众教育馆也附设有动物园，畜养熊、狼等猛兽，供民众参观。就此而言，虽然时隔数百年，时局已发生了天翻地覆的变化，但在同一空间上，功能截然不同的两个机构在畜养鸟兽上却隐隐一脉相承，两者冥冥之中具有的关联性不禁令人慨叹。

正是在花草环簇、树竹林立的正学书院内，提学副使王云凤与兵部郎中李源、陕西按察司佥事胡淖等人在处理公务之暇，相邀饮酒作诗，使正学书院俨然成为文化雅集之地。这一特点不经意间与相邻的同处今南院范围内的永寿郡王府文化雅集活动相映成趣，共同增添了西南城区的文化气息。

嘉靖元年（公元1522年），适值乡试之年，巡按监察御史姚一元担任监考官，经时任提学副使提议，随即大规模维修正学书院颓坏的校舍，以使学子能够"乐群敬业"④；又下令由官府动用公帑购买民田400余亩，作为学田，由西安府管仓同知负责收取田租等经营事宜。当年发生严重灾荒，学子们身体孱弱，面多菜色，因而姚一元要求西安府管仓同知将田租收入尽量用于扶助贫苦学子，对于学子的婚丧等事，以及书院刊刻书籍、维修墙垣和屋宇等建设事项，应大力扶持。学田的设置和田租的收取，对正学

---

① 〔明〕王云凤：《博趣斋稿》卷五《古诗》，明刻本。
② 〔明〕王云凤：《博趣斋稿》卷一〇《近体》，明刻本。
③ 〔明〕王云凤：《博趣斋稿》卷一〇《近体》，明刻本。
④ 〔明〕孔天胤：《孔文谷集》卷九《记》，明隆庆五年刻本。

书院学子生活的维持、文化事业的发展和书院的延续利用起到了十分关键的作用。学田的设置不仅从经济上促进了正学书院教学活动的发展，而且由于位处郊区，从而加强了城郊特定村落、农民与正学书院所在的西安城西南城区的内在联系。

（四）人才培养

弘治前期，提学使杨一清在重建正学书院之后，"以道设科，分经建局"，按照儒家经典和道统体系设立教学科目，"于是乎，彬彬弟子员复知有鲁斋之学矣，上之知有横渠与二程之学矣，又上之知有孔氏、孟氏之学矣"。①学生由此得以系统研习儒家的传统经典，并且特别关注宋元以来的关学正统源流。

嘉靖、万历年间撰成的《正学书院志》表明，该书院充分继承了宋元以来的关学道统，在承继、发展关学学说方面贡献巨大，其建设与发展受到地方官员的高度重视，教学成果显著，培养了大批人才。值得一提的是，名儒康海、冯从吾等均曾在此求学。康海是明代陕西屈指可数的状元之一②，而冯从吾后来亦主持创办了声名显赫的关中书院。冯从吾在《正学书院志序》中评价正学书院"当与白鹿、岳麓、嵩阳、睢阳四大书院并重宇内矣"③，这一认识是基于他在正学书院求学以及在关中书院任教的亲身经历总结而来，并非过誉之辞。

弘治十一年（公元1498年）创建的正学书院，"教士之有志于远且大者，时来学者甚众"，学生整体素质较高，有"士之颖拔者皆萃焉"的美誉。④在此后短短10年间取得累累硕果，三次科举高中举人81人、进士10人。时任提学副使王云凤为彰显这一空前盛况，遂将举人、进士姓名镌刻在题名碑上，一方面作为对此前高中功名学子的褒奖，另一方面也是对后来学子的激励。他指出"故题名于石者，不若题名于天下也。题名于天下，则百世犹今日也"，希冀得中功名的正学书院学子能够继续为国家和社会做出更大贡献，"故今予之题名于石，不若名之题于石者之自题其名于天下也"。⑤王云凤在《正学书院进士举人题名记》中深刻阐释了"题名于石"与"题名于天下"的关系，"题名于石"的做法对后世士人、学子具有鼓舞、激励作用，不仅能借此铭记此前所出的人才，也是为了吸引和培养更多的人才。

---

① 〔明〕唐龙：《渔石集》卷二《正学书院志序》，明嘉靖刻本。
② 〔明〕康海：《对山集》卷四一《墓志》，明万历十年潘允哲刻本。
③ 〔明〕冯从吾：《少墟集》卷一三《正学书院志序》，清文渊阁四库全书本。
④ 〔明〕王云凤：《博趣斋稿》卷一四《记》，明刻本。
⑤ 〔明〕王云凤：《博趣斋稿》卷一四《记》，明刻本。

足资比较的是，明清时期，位于今西安市儿童公园的陕西贡院作为乡试科考之地，在此考中功名的举人一般会由官府将其姓名镌刻在题名碑上，树立于慈恩寺大雁塔下，成为关中的文教胜迹。慈恩寺中题名碑所镌刻的举人来源于西北各地，受教的学校也各不相同，而正学书院中树立的进士、举人题名碑镌刻的则均是该书院培养的学生，对于增强书院学生自豪感、归属感等具有重要意义，堪称西南城区重要的文化胜迹。

就学生籍贯而言，正学书院学生中约有90%来自西安府，仅有约10%来自陕北、汉中等其他地区。^①生源地过于集中，在一定程度上影响了正学书院规模的扩大和持续发展，这也是万历年间该书院被关中书院合并取代的重要原因之一。

（五）祭祀活动

正学书院建筑群落居中设有祭祀先贤的祠宇——正学祠，供奉有宋、元、明三代的名臣、大儒，可视为传承关学正脉的标志性建筑。从正学祠在正学书院建筑群落中所处的核心地位可以看出，祭祀儒家先贤在正学书院以至西安的文化教育中都是十分重要的礼仪活动。按照明代城市祠宇等级、规模的一般规律，祭祀神祇或先贤的数量越多，其等级越高，规模越大，前往拜祭的官员、文人越多。正学祠以学养深厚、道德高尚的先贤、大儒为拜祭对象，对后世学子具有强大的感召力，能起到鼓舞、激励的积极作用。

作为正学书院建筑群落的重要组成部分，其祠堂建筑可以细分为正学祠和历代名臣祠，仅正学祠就祭祀宋代大儒、乡贤程颢、程颐、张载、许衡、杨元甫等合计35人。在明人李东阳看来，正学祠的作用在于"崇祀先贤，表章正道，以风励学者"^②，这也是正学书院名称来源的考虑因素之一。

正学祠中供奉的先贤大儒数量并非固定，而是逐渐有所增加。弘治后期，提学副使王云凤就将西安府咸宁县人李锦（字在中，号介庵，曾任西安府同知）列入正学祠祭祀先贤之中。李锦在传承"圣贤之学"方面，能够"履行纯固，始终一节"，无论是人品还是学识，均堪称一时之选，因而王云凤将其增祀，也是期望书院学子"知择于为己为人之间，而决义利取舍"。^③作为增祀的程序之一，也是为了阐明增祀李锦的合理性，王云凤专门撰有《正学祠增祀李介庵先生告文》，在形式上也有向正学祠中已经供奉的先贤大儒敬告之意。

---

① 〔明〕李维桢：《大泌山房集》卷五三《记·关中书院置田记》，明万历三十九年刻本。
② 〔明〕何景明：《雍大记》卷三四《志贤》，明嘉靖刻本。
③ 〔明〕王云凤：《博趣斋稿》卷一八《祭文》，明刻本。

正学祠的正式祭祀活动分为春、秋两祭，均按照传统儒家礼制进行。[1]截至弘治后期，正学祠中祭祀的18位代表性儒家学者中，宋代学者12位，元代学者5位，明代学者1位，其姓名、籍贯、职衔、封号等分列如下：

表8-3　明代弘治后期西安正学祠祭祀先贤、大儒一览表

序号	时代	姓名	籍贯	职衔/封号
1	宋	程颢	湖北黄陂	豫国公
2	宋	程颐	湖北黄陂	洛国公
3	宋	张载	陕西眉县	郿伯
4	宋	朱先生	河南偃师	学士
5	宋	刘先生	常山	博士
6	宋	李吁	河南缑氏	校书郎
7	宋	吕大钧	陕西蓝田	宣义郎
8	宋	吕大临	陕西蓝田	秘书省正字
9	宋	苏先生	陕西武功	博士
10	宋	谢良佐	河南上蔡	学士
11	宋	尹先生	河南洛阳	侍讲
12	宋	范先生	奉天	御史
13	元	许衡	怀州河内（今河南沁阳）	魏国公
14	元	杨先生	紫阳	廉访使
15	元	杨先生	奉元（今西安）	学士
16	元	萧先生	奉元	祭酒
17	元	同先生	奉元	学士
18	明	李锦	陕西咸宁（今西安）	同知

资料来源：〔明〕王云凤：《博趣斋稿》卷一八《祭文》，明刻本。

正学祠中祭祀的大儒、先贤，起初均有塑像，以便供奉崇拜。至弘治年间，王云凤任职提学副使期间，将这些塑像用木主（即牌位）替代，这是正学祠祭祀活动和景观变迁中的一大变革。即从原先向生动形象的塑像施礼祭拜，改为向标有姓名的木牌位行礼

---

① 〔明〕王云凤：《博趣斋稿》卷一八《祭文》，明刻本。

崇奉。关于这一重大变革的深层次原因，王云凤在《撤正学祠像设告文》中解释道：我国"自古事神之道，自天地社稷以至五祀"，均供以"木主"。自从佛教传入我国，祭拜诸佛菩萨才开始设立神像，而这不符合中国传统的礼制。明代朝廷亦一度严禁各郡县祭祀土神时供奉塑像。正学祠在建设竣工之时，督工官员就如何崇奉先贤大儒征询工匠建议，工匠们依照民间习惯为祠中供奉的先贤树立了塑像。王云凤认为起初塑像的做法不合礼制，即便是诸位先贤有知，"亦必不安于此"，因而挑选良辰吉日，将塑像逐一拆毁，更换为木主。[①]

正学书院的创立对于增强南院一带的文化氛围发挥了重要作用，使得这一地区不仅具有政治、军事和商贸的重要性，也成为明代至清前期西安城中重要的文教区域之一。直至清代前期被并入东南城区的关中书院（今书院门西安文理学院），正学书院才从西安的文教体系中完全退出。

（六）图书典藏

早在元代，朝廷就曾向正学书院的前身鲁斋书院赐以大量经史子集等图书文献，支持其文化教育活动。[②]弘治十三年（公元1500年）前后，提学副使杨一清（后升任总制三边军务左副都御史）在重建正学书院后，四处搜求书籍，包括《仪礼》《陈氏礼乐书真》《西山读书记》《通鉴记事本末》等，[③]供学子学习、研读。杨一清卸任后，王云凤继任陕西提学副使一职。弘治十八年（公元1505年），他在正学书院增建藏书楼四楹，广收书籍，购置了《石刻五经》等书[④]，以资诸生诵览。[⑤]至正德三年（公元1508年），书院收藏的书籍仍待扩充，"蓄犹未广，士用固陋"[⑥]，在很大程度上影响了教学活动，限制了学生的学术视野。

当时正逢荒歉年景，正学书院便将储存的粮食出售，用所获资金购置了一批图书。随着书院藏书数量的增加，图书的储存、借阅便需要完善的管理制度和设施加以保障，以避免出现"岁久其逸"等图书丢失的情况。为此，正学书院向时任陕西巡抚右副都御史张泰提议兴建一座较大规模的藏书楼，作为书院的"图书馆"。

竣工后的正学书院藏书楼广达四楹，楼内设有书柜、书架等设施，均安装有柜门、

①　〔明〕王云凤：《博趣斋稿》卷一八《祭文》，明刻本。
②　〔明〕李东阳：《怀麓堂集》卷六五《文后稿五》，清文渊阁四库全书本。
③　〔明〕王云凤：《博趣斋稿》卷一四《记》，明刻本。
④　〔明〕王云凤：《博趣斋稿》卷一四《记》，明刻本。
⑤　〔明〕何景明：《雍大记》卷一二《考迹》，明嘉靖刻本。
⑥　〔明〕王云凤：《博趣斋稿》卷一四《记》，明刻本。

锁具，由德高望重的乡耆掌管钥匙。若图书丢失，则由乡耆赔偿，以预防宵小盗窃书籍或有读者借阅图书后隐匿不还。这一规定着重强调了藏书楼管理者的责任，力求从源头上杜绝图书丢失。在读者借阅方面，若有学子想要阅读某本书，首先要告知其书院的老师，由老师将该书藏书信息告知学子，而后学子由一人陪同一起进入藏书楼，打开书柜（书架），将图书借出阅览。在阅读结束后，由老师验明原书，送入藏书楼原书架归还。对于在藏书楼内部进行阅读，不将图书带出的读者，并不需要办理上述手续。从正学书院藏书楼选拔、雇聘乡耆担任管理员，以及允许读者将图书带出书院阅读等规定来看，正学书院藏书楼并非仅仅只向书院师生开放，而是面向西安城乡的众多文人读者，否则书院无须雇聘熟悉地方情形的乡耆担任管理者。

作为文化教育机构，正学书院基于授业解惑、培养学生等实际需要，通过征集和采办等多种途径收藏有大量图书，主要包括师生抄录而成的抄本、藏家捐赠的文献，以及书院刊刻的书籍等，因而正学书院在一定程度上又具有明代西安城公共图书馆的性质。西安知府马炳然命人为正学书院抄录《册府元龟》《文苑英华》等丛书，收存在藏书楼中。曾在正学书院受教过的御史李锦（泾阳人）及参议赵鉴、孙绶等人，均将家藏书籍捐献给正学书院藏书楼，"于是天下之书，其大者略具矣"。正学书院的藏书目录和数量曾被镌刻在石碑之上，令人惋惜的是，这通石碑已难寻踪迹，无从得窥该书院藏书之富。①

二、关中书院

关中书院是明清两代在全国范围内都享有盛名的书院，"有明盛时，各省俱有书院"，"其著名者如江西之仁文书院、陕西之关中书院及无锡之东林书院"。②关中书院在西安诸书院、学校中影响最大、历时最久，院址也最为稳定，位于今书院门西安文理学院校址。

关中书院作为明代中后期西部最为著名的书院之一，以名儒冯从吾于此主讲而在国内影响颇大。冯从吾为陕西长安人，官至工部尚书，后遭朝中政敌排挤，返抵家乡，"绝径杜门，研精耽道"。万历三十六年（公元1608年）起，冯从吾讲学于西安城内宝

---

① 〔明〕王云凤：《博趣斋稿》卷一四《记》，明刻本。
② 〔清〕孙承泽：《书院考跋》，见〔清〕李卫修：《畿辅通志》卷一一二《艺文》，清文渊阁四库全书本。

庆寺。因慕名就教者日广，"一时缙绅学士执经问难，即农工商贾亦环视窃听，宝庆寺至不能容"。①冯从吾的讲授内容吸引了社会各阶层人士前往宝庆寺听课，足见其学养之深厚、个人魅力之大。万历三十七年（公元1609年），在布政使汪可受，按察使李天麟，参政杜应占、闵洪学，以及副使陈宁、段猷显等大力支持下，②在宝庆寺及其以东"小悉园"址创建关中书院。"当事为辟关中书院，扁其堂曰'允执'"。自此之后，关中书院就成为冯从吾开坛授课的教学场所。冯从吾"居林下二十年，读书讲学外无他务也"。③天启五年（公元1625年），由于"诏毁天下书院"，"东林、关中、江右、徽州各书院俱行拆毁"。④关中书院在明末清初之际，教坛冷落，这对西安文教的发展是一次很大的冲击，亦可见书院兴衰易受政治风云影响，发展不如府、县儒学稳定。

清康熙三年（公元1664年），关中书院在陕西巡抚贾汉复的倡建下得以恢复，同时作为督学使署所在地，用以管理全省教育事业近60年。至康熙六十一年（公元1722年）督学使署移驻三原，正学书院并入关中书院，二院合一，院事复又渐次振兴。⑤雍正十一年（公元1733年），关中书院获得清廷赐帑银1000两以增加师生膏火。⑥乾隆二十一年（公元1756年）得御赐"秦川浴德"匾额，关中书院声势重新高涨起来。

关中书院不但规模宏大、环境优美、设施完善，且能吸引延聘省内外名士前来讲学。清代关中著名学者李二曲、刘古愚、牛兆濂等先后于此设坛讲学。甘、川、豫、鄂等邻省负笈前来就学之士络绎不绝，"环而听者，常过千人，坛台之盛，旷绝千古"⑦。

乾隆三十六年（公元1771年）毕沅任陕西巡抚伊始，"即念移风易俗，教化为先因，重事修建"⑧。毕沅在延请江宁进士戴祖启讲学期间，又于全省学子中选择潜心向学者入内，"旬有试，日有课，不数载，关中乡会中式膺馆选者大半皆书院之士，一时称盛事"⑨，对关中教育事业的兴盛发展贡献颇巨。此后，"越嘉道，历事增修，咸同军兴，教育停顿"⑩。咸丰、同治年间关中的战乱使关中书院的发展受到很大影响。光

①〔清〕沈佳：《明儒言行录》卷一〇《冯从吾　少墟先生恭定公》，清文渊阁四库全书本。
②民国《续修陕西通志稿》卷三六《学校志》，民国二十三年铅印本。
③〔清〕沈佳：《明儒言行录》卷一〇《冯从吾　少墟先生恭定公》，清文渊阁四库全书本。
④〔清〕龙文彬：《明会要》卷二六《学校下》，清光绪十三年永怀堂刻本。
⑤乾隆《西安府志》卷一九《学校志》，清乾隆刊本。
⑥民国《续修陕西通志稿》卷三六《学校志》，民国二十三年铅印本。
⑦向德、李洪澜、魏效祖主编：《西安文物揽胜（续编）》，陕西科学技术出版社，1997年，第178页。
⑧乾隆《西安府志》卷一九《学校志》，清乾隆刊本。
⑨乾隆《西安府志》卷一九《学校志》，清乾隆刊本。
⑩民国《续修陕西通志稿》卷三六《学校志》，民国二十三年铅印本。

绪年间，书院时有修葺。光绪三十二年（公元1906年），陕西巡抚恩寿、布政使樊增祥改关中书院为两级师范（设有优级选科和初级完全科），是为陕西创办师范学校之始。民国元年（公元1912年），易名为陕西第一师范学校，学校房屋总计370余间，总面积约130.39亩。①

从正学、关中两大书院的发展变迁来看，由官府倡建、名儒主办的书院常受各种主客观因素影响，尤其是政令、战乱等极易造成书院发展的跌宕起伏。

三、鲁斋书院

鲁斋书院是元明清时期西安城延续历史最久的书院之一，院址位于今西安东关长乐坊路北，东接八仙庵。元延祐二年（公元1315年），为发展陕西教育事业、纪念著名学者许衡，御史中丞赵世延倡议在奉元路城兴建鲁斋书院，本地人士王庭瑞积极响应，以其住宅改建而成。书院中设有夫子燕居殿、讲堂，格物、致知、正心、诚意四斋，以及祭祀许衡的祠堂。元代奉元人同恕执教书院期间，"先后来学者千数"，以孔孟儒学、程朱理学为教学核心。

明代中期以后，书院发展停滞，故址被兵民占据。清嘉庆八年（公元1803年），咸宁县人王纯敬捐资，在东关长乐坊原址设立义学一所。光绪三年（公元1877年），复建书院，建正殿三楹、文昌庙一座，惜因经费不足中辍。光绪十一年（公元1885年），署盐法道黄嗣东捐廉集资，与咸宁知县樊增祥在西安东关城春明学舍旧址续建鲁斋书院，延聘清末著名教育家贺瑞麟主讲，阐扬关学，听讲者100余人。光绪十八年（公元1892年），咸宁知县焦云龙在任期间也筹助鲁斋书院经费，延聘"道德之士"主讲朱熹《小学》等书，"以端士本"。光绪二十六年（公元1900年）八国联军侵犯北京，慈禧太后与光绪皇帝"西巡"西安，进东郭门，咸宁、长安两县官员、缙绅商民以及书院师生曾于院门外跪迎。

清末朝廷施行学政改革期间，鲁斋书院于光绪二十九年（公元1903年）改为咸宁县立两等小学堂，光绪三十年（公元1904年）改为高等小学堂。民国建立后，原高等小学堂停办，东关民众一度集资在原鲁斋书院旧址设立私塾，蓝田大儒牛兆濂先生曾来此主讲。其后随着城内公私立学校不断出现，私塾遂停办。原鲁斋书院屋舍逐渐被住户、店铺占据，再也难寻旧迹。

---

① 向德、李洪澜、魏效祖主编：《西安文物揽胜（续编）》，陕西科学技术出版社，1997年，第178页。

四、养正书院

养正书院是清代西安城重要书院之一，院址位于今西安开通巷北段西侧。乾隆三十八年（公元1773年），咸宁、长安两县分别在东关城、西关城兴建春明、青门学舍，作为培养两县生童之所。每年各由官府划拨当商生息银60两，用于维修校舍等开支。后两学舍由于经费不敷而逐渐停废。嘉庆七年（公元1802年），清军同知叶世倬在卧龙寺巷购买房屋，将两所学舍合并，开办了养正书院，成为当时与关中书院并列的重要教育机构。道光年间，养正书院更名为崇化书院。光绪十七年（公元1891年），咸宁县令焦云龙、长安县令胡升猷奉命将崇化书院移建到东厅门咸长考院（约今东厅门路北西安综合职业中等专业学校东侧）附近。光绪二十三年（公元1897年），在清末学政变革中，陕甘总督陶模、陕西巡抚魏光焘在"自强之道，以作育人才为本；求才之要，以整顿学校为先"①的共识下，将崇化书院与咸长考院合并，创设"格致学堂"，名为"游艺学塾"。他们借鉴了东部发达地区的办学经验，因地制宜地发展本地教育事业。由官府通过捐款和划拨生息银等方式，提供较为充裕的办学经费，并遴选"公正官绅"管理经办，延聘教习，考课生徒，又从天津、上海等地购买图书、仪器，以便学习制造等技术。

陶模、魏光焘等十分重视中学与西学的融会贯通，因而在课程设置上强调学生一方面应"尊崇经训""博综子史"，另一方面要"参考时务，兼习算学"，延聘教习为学生讲授天文、地理、兵学、农学、工商学、物理学（电学、声学、光学）、化学等"一切有用之学"。②

从养正书院到游艺学塾的发展变迁，反映了西安城从封建时代后期的传统儒学教育到近代中西学兼备的教学变革的演变过程。

五、少墟书院

清代西安西关城曾设长安县青门学舍（约在今西关正街西安市第四十二中学校址），其旁建有纪念明代大儒冯从吾的冯公祠。后学舍停废，专祠由于兵燹被毁。光绪十六年（公元1890年），有鉴于"关中夙称理学之区，自宋张载讲明正学，名儒辈

---

① 〔清〕朱寿朋：《东华续录》光绪一四一，清宣统元年上海集成图书公司本。
② 〔清〕朱寿朋：《东华续录》光绪一四一，清宣统元年上海集成图书公司本。

出"①的文教传统，陕西巡抚陶模奏请由官绅捐资重修冯公祠，并在青门学舍旧址附设书院，培养学生。书院即以冯从吾号"少墟"为名。重建工程由长安知县焦云龙与该县乡绅柏景伟主持。焦云龙率先捐银1000两，在西安发起倡捐活动。当时有一位旗籍的省级官员正准备捐银200两以示表率，听闻焦云龙捐款之事后大为不满，鼓动部分官绅、学生等联名上书陕西巡抚陶模，指称焦云龙和柏景伟重建少墟书院属于沽名钓誉，一时"风潮汹汹"。不过巡抚陶模十分支持焦云龙的倡捐之举，认为其系地方官，率先捐款无可非议，此后才风潮骤息。少墟书院建成后，柏景伟继续在此讲学。书院经费有本银1400两，学田300余亩。

少墟书院的兴建是清后期陕西巡抚陶模、长安知县焦云龙等地方官员和士绅重视文教、兴复关学的重要举措，而其中因捐建引发的风潮，也反映了清代西安城市社会中官员、士绅、学生等群体的复杂关系。

---

① 〔清〕朱寿朋：《东华续录》光绪九七，清宣统元年上海集成图书公司本。

第四节
清末新学的兴起与发展

在"以中学为体，以西学为用，必明体乃有益于身心，必达用乃有裨于家国"①的教育理念下，光绪二十九年（公元1903年）清朝廷颁布了《奏定学堂章程》。此后，各地新型学校纷纷兴建，西安的文教面貌也发生了很大变化，有"自科举废而学校兴，本省学堂亦渐发达"②之说。这一时期新建学校多依原有文教机构基址，加以改建、扩建。西安城新型学校的出现和发展为城市面貌、景观的改善带来了新的活力，兴建的众多新型学校在城区的分布加强了文教空间均衡化的趋势，使西安作为西北文教重镇的地位更为巩固，这一影响直至今日。

一、新学的特征与发展概况

（一）新学特征

清代后期，西安的学校类型、层级较前更为齐备。在师范和普通教育方面，"养成中小学教员者有师范学堂，授普通之知识学问者有西安府中学堂及高等小学堂，谋国民教育普及者有初等小学堂"。在专业人才培养方面，"教养官吏预备行政之任使者有法政学堂，教养警察保卫地方之治安者有警察学堂，实业界又将有工业、商业各学堂之设"。③各类专门学堂基于社会发展需要而设立，以培养实用型人才为目标。

学生来源地也较以前的府、县学更广。西安中学堂、中等实业学堂等"虽由西安府设立，其收考学生不限于西安一府"，原因在于"斯郡为首善之区，宦籍、客籍、

---

① 《谕折汇存》，光绪二十八年四月二十四日，陕西巡抚升允奏章《陕西大学堂章程》第一条。
② 〔清〕臧励龢编：《陕西乡土地理教科书》（初等小学堂第一学年用）第十六课《教育一》，陕西学务公所图书馆，清光绪三十四年。
③ 〔清〕臧励龢编：《陕西乡土地理教科书》（初等小学堂第一学年用）第十六课《教育一》、第十七课《教育二》，陕西学务公所图书馆，清光绪三十四年。

侨人甚多，变法兴学，首贵普及，非若前此考试时代之严分畛域，禁止冒籍焉"。"首贵普及"的办学理念打破了地域限制，有利于宦籍、客籍学生在西安城中就近入学，确为"文明进化之一端"。[①]

新型学校的设立适应了社会发展需要，由官府、军队及其他专门机构支持，资金雄厚，因而规模较大，学生数量相应较多，开设课程普遍表现出中西结合的特点。如光绪二十三年（公元1897年）开办的游艺学塾，"举凡天文、地舆、兵、农、工、商与夫电、化、声、光、重、汽，一切有用之学"[②]都在学习课程之内。光绪三十二年（公元1906年）陕西高等学堂的课程则包括中文、英文、日文、历史、算术、理化、体操、地理、传统经典等科目，可谓融汇古今，兼通中西。

（二）新学发展

光绪二十四年，清朝廷下令改州县书院为小学堂，府城书院为中学堂，各省省会书院为高等学堂，皆兼习中西学术。嗣后，光绪二十七年（公元1901年）、光绪二十八年（公元1902年）、光绪二十九年（公元1903年），清廷先后下令各地筹设学堂，颁行学堂章程以供参酌。以下列表反映清末西安城32所新学的创办时间与校址分布。

表 8-4　清末（1898—1911）西安城 32 所学堂概况表

名称	创办时间	位置及概况
陕西大学堂 （后改为陕西高等学堂）	光绪二十八年（1902）建	在咸长考院旧址 （东厅门）
游艺学塾	光绪二十三年（1897）陕西巡抚魏光焘奏立	借崇化书院地址开办
西安府中学堂	光绪三十一年（1905）建	在城隍庙后门盐道署旧址
八旗中学堂 （西安驻防中小学堂）	宣统元年（1909）建	在将军衙门偏东放饷公所
驻防左翼高小学堂	巡抚升允奏立	在大石桥
驻防右翼高小学堂	巡抚升允奏立	在后宰门
陆军中学堂	光绪三十年（1904）巡抚升允建	在习武园
陆军小学堂	光绪三十四年（1908）巡抚曹鸿勋改设[①]	在西关养济院旧址
尊德女子小学堂	光绪二十九年（1903）基督教浸礼会建	在东关东新巷
基督教神道学校	光绪二十九年（1903）基督教浸礼会建	在东关东新巷[②]

---

① 民国《续修陕西通志稿》卷三七《学校志》，民国二十三年铅印本。
② 〔清〕朱寿朋：《东华续录》，清宣统元年上海集成图书公司本。

名称	创办时间	位置及概况
公立健本两等学堂	光绪三十三年（1907）建	在西大街富平会馆
全省模范两等小学堂	宣统二年（1910）提学使余堃建	在二府街
陕西师范学堂 （后称第一师范学堂）	光绪二十九年（1903）巡抚升允奏建	在关中书院旧址， 内附两等小学堂
女子师范学堂③	宣统二年（1910）提学使余堃建，宣统元年（1909）先设初等小学，二年又添师范预备科	在青年路东段
高等巡警学堂	光绪三十二年（1906）巡抚曹鸿勋以粮道旧署改设巡警学堂，光绪三十四年（1908）巡抚恩寿改为高等巡警学堂	在粮道巷
存古学堂	宣统元年（1909）建	在贡院门
法政学堂	光绪三十三年（1907）建	在老关庙什字西南侧
武备学堂 （后改为陆军小学堂）	光绪二十四年（1898）改建的专业学堂	在西关
中等农林学堂	光绪三十年（1904）建	在西关④
西安中等实业学堂	宣统二年（1910）西安知府尹昌龄筹立	在贡院北区⑤，宣统二年（1910）迁至城隍庙后街⑥
医学传习所	宣统元年（1909）提学使余堃倡立	在京兆坊
公立客籍中学	光绪三十四年（1908）提学使余堃等立	在南教场西
咸宁县立高等小学堂	初在卧龙寺巷崇化书院旧址，光绪三十一年（1905）改建	在今开通巷
咸宁县立两等小学堂	光绪二十九年（1903）改建，光绪三十年（1904）改为高等小学堂	在东关鲁斋书院旧址
咸宁县立东关两等小学堂	宣统元年（1909）改建	在柿园巷口观音寺旧址
咸宁县立女子两等小学堂	宣统元年（1909）改建	在通化坊东羊市街檀林禅院旧址
长安县立高等小学堂	光绪三十二年（1906）改建	在西关少墟书院旧址
长安县立第一两等小学堂	宣统元年（1909）建	洒金桥
初等小学堂二	不详	一在南关，一位置不详
盐店街初等小学	不详	盐店街

续表

名称	创办时间	位置及概况
海会清真初等小学堂二	不详	不详
回坊半日学堂	不详	不详

资料来源：陕西省教育厅《陕西教育志》编纂办公室编：《陕西教育志资料选编》下卷，陕西人民出版社，1988年，第126—129页。

注：

① 〔清〕陕西巡抚曹鸿勋：《奏为陕西省遵设陆军小学堂事》，光绪三十四年九月十一日，朱批，档号04-01-38-0194-031。

② 黄云兴：《尊德中学五十年》，见中国人民政治协商会议西安市碑林区委员会文史资料研究委员会主办：《碑林文史资料》第2辑，1987年，第87—99页。

③ 董仲英、刘蕙芳：《记母校——省立第一女子师范》，见中国人民政治协商会议陕西省西安市委员会文史资料研究委员会编：《西安文史资料》第9辑，1986年，第111—114页。

④ 《华制存考》，宣统元年十一月二十五日，陕西巡抚恩寿奏章。

⑤ 民国《续修陕西通志稿》卷三七《学校志》，民国二十三年铅印本。

⑥ 陕西省教育委员会编：《陕西教育志资料续编》，三秦出版社，2000年，第590页。

清末咸宁县初等小学堂共112所，其中城内19所，乡间93所；长安县233所，其中城内22所，乡间211所。①由于记载简略，无法知悉城内小学堂的具体分布情况，但学校尤其是初等小学堂在城区的分布当更为均衡。

陕西武备学堂　陕西武备学堂（后改为陕西陆军小学堂）是近代陕西最早的专业军事学校，其创设与发展强化了西安"文修武备"文教重镇的地位，为培养西北地区的军事人才做出了重要贡献。原址位于今西安市西关正街西段路北。

光绪二十四年（公元1898年），陕西巡抚魏光焘、陕西学政翰林院编修叶尔恺奏准，在西安西关城内的养济院旧址创立武备学堂，此举是在推广新学背景下改变武科考试方式（即"武科改制"）的重要举措。该学堂以吸收西方军事人才培养理念，采用新型操练方法和军械，培养具有综合素质的职业军人为办学宗旨。学堂吸收武举人、武生、武童入堂学习，一改传统的骑马射箭、攻守阵法等科目，而主要练习"洋操"，演练新式枪炮，"整军经武，以图自强"。官府希冀通过武备学堂的设立从根本上改变陕西军队的落后面貌，提升军队战斗力。

魏光焘在创立武备学堂的同时，增设有随营学堂。光绪二十八年（公元1902年），陕西巡抚升允将二学堂合并，统名为武备学堂。②光绪三十四年（公元1908年），陕西巡抚

① 长安县地方志编纂委员会编：《长安县志》，陕西人民教育出版社，1999年，第611页。

② 民国《续修陕西通志稿》卷三六《学校志》，民国二十三年铅印本。

曹鸿勋借鉴各省军事学校办学经验，将之更名为陕西陆军小学堂。陆军小学堂在原武备学堂基础上，建筑规模大加扩充，功能也更为完善，校内建有讲堂、礼堂、自习室、操场、食厅、斋舍、会议厅、接待所、浴室、病室等功能设施，亦置备有各类图书、仪器等。[①]

该学堂初设时，曾从北洋学堂调派精通西洋战法且能够讲授舆图、测算等科目的2名学者担任正、副教习，"讲忠爱而不蹈嚣张"。光绪三十年（公元1904年）二月，日本学者早崎梗吉受聘担任学堂教习。在录取学生方面，魏光焘一改旧规，允许旧制文生、文举人也报考。报考的学生来自陕西省内各县，考取者分为"正课""附课"两大类，各60名，所谓"生徒多西土英髦，开风气而群思袍泽"。正课生每月有赡银，附课生无赡银。相较于普通新式学堂，军事学堂的经费开支明显较高。陕西陆军小学堂的开支经费分为"额支""活支"两类，合计3年需银10余万两，用于支付总办、监督等管理人员和教师薪酬，以及学生餐食、灯油、纸笔墨被服等开支。

学堂开办之初，在课程设置上，充分考虑到武生童的接受能力，先以学习马步枪炮为主，以刀矛牌为辅，采取了因材施教的方式。每月举行一次公开操演，由陕西巡抚、西安知府等检阅，表现优秀者给予奖励，劣者降黜。随着学校的发展，课程设置更趋体系化，分为内场与外场两大类。内场科目有兵法、堡垒、枪学、炮学、算法、测量、绘图、汉文，外场科目有行军、野战、枪炮打靶、挖筑沟墙以及各种体操。光绪三十一年（公元1905年），在上述科目考试合格后，陕西武备学堂首届学生有72名毕业，分为最优等、优等、中等三类。毕业生随后进入陕西省添设的两旗常备新军担任"哨弁"，以培训士兵新操。

1910年1月31日，《泰晤士报》记者莫理循在西安考察了陕西陆军小学堂的校舍与师生状况，称赞该校以近代化的方式建起了整洁的校舍，配备了齐整的教具，该校教习均曾在日本接受过军事训练，学堂的200名学生每天都接受军事训练。莫理循对此评述称："古老的中国正在觉醒，尚武精神与西式教育在广泛传播。"

三原宏道高等学堂　三原宏道高等学堂是清末陕西设立的高等学校，其地位与影响力堪与省城西安的陕西高等学堂相提并论。

光绪二十七年（公元1901年），陕西官府将泾阳县味经、崇实两书院与三原县宏道书院合并，创立三原宏道高等学堂，年经费额为8600余两白银，用于教习薪水、诸生膏

[①]〔清〕臧励龢编：《陕西乡土地理教科书》（初等小学堂第一学年用）第十七课《教育二》，陕西学务公所图书馆，清光绪三十四年。

火及常年修置等开支。①三原宏道高等学堂从事管理、教学和辅助的人员分工细致，职责明确，包括监督、教务长、庶务长、斋务长、教员、掌书官、杂务官、会计官、文案官、监学官、董事、级长、堂役等类。其中以教习教学授课最关紧要。

该校在创办之初就广为延聘中外教习前往执教。1903年，日本学者小山田淑助受聘于此，教授日文、图画、格致、博物、体操等新学科目。此后相继又聘早崎梗吉主讲图画、兵学、化学、日文，聘原日本御影师范学校教员谢花宽功讲授物理、化学、数学，聘佐藤进三教博物。足见三原宏道高等学堂在当时具有十分雄厚的外籍师资力量，并不逊色于省城西安的陕西高等学堂、陕西师范学堂等名校。

宏道高等学堂设施齐备，设有斋舍（分自习室、寝室及憩息室）、食堂、图书器具室、阅报室、接待室、浴室、调养室等。不同设施、部门的管理规章颇为严格，如《图书器具室规则》中就规定"扫除清洁，勿有纤尘"，"非得掌书官之允许，不得入室"；《阅报室规则》规定"各新闻杂志，职员与学生得共阅之"，"学生入室坐定，将应阅各报挨次递观，不得任意翻检"，"阅后仍置原处，不得任意堆积"；《浴室规则》规定"室内须随时洒扫清洁"，"学生自五月以后八月以前，宜勤浴，以助卫生"，"不得泼水满地，致妨他人行走"，等等。严明的校规反映出宏道高等学堂注重从细节方面培养学生严谨、有礼的作风。

1910年，英国浸礼会传教士莫安仁在西安游历期间，专门参观了宏道高等学堂，称该校"房舍甚为齐整，课堂及宿食之所亦皆清洁"，"讲堂器物均甚齐备，学生亦颇整肃洁净"。由此观感可知，宏道高等学堂在校园环境卫生、学生仪容风貌等方面均有可资称道之处。

陕西大学堂 陕西大学堂后更名为陕西高等学堂，是清末陕西省等级最高的学府，是近代陕西高等教育发展的起点。原址位于今西安东厅门西安综合职业中等专业学校。

清后期，在"京师设立大学堂，天津、上海等处奏设头等学堂，其东南各省或另立书院讲求实学，或就现有书院更变章程，纲举目张，均有起色"②的教育变革背景下，光绪二十八年（公元1902年），陕西巡抚升允奏设陕西大学堂，由陕西布政司拨银2万两，兴建校舍，购备书籍。其基址包括东厅门附近的咸长考院与崇化书院，占地规模

---

① 〔清〕沈卫：《奏为具陈归并书院开办学堂大概情形事》，光绪二十七年十二月二十三日，录副，档号03-7211-009。

② 民国《续修陕西通志稿》卷三六《学校志》，民国二十三年铅印本。

较大。①陕西大学堂在创办过程中，积极借鉴北京、上海、山东②及东南各地开办新学的经验，制定学堂规章，建筑样式则参照湖北学堂，③融合本土与西洋风格，教学中积极延聘足立喜六等日本教习。④这些举措均显示了地处内陆的西安在兴建新学方面的开放性、先进性。

光绪三十一年（公元1905年），巡抚夏旹遵照朝廷谕令，将陕西大学堂更名为陕西高等学堂，仍属于陕西等级最高的学府。更名之后，陕西官府继续为该校投入大量经费。陕西高等学堂以银10万两作为本金，放贷获息，这笔利息收入加上提学使司每年的拨款，合计1万两，作为日常支出经费；学堂初创期仪器购置费用较高，其中博物仪器耗银1500两，理化仪器耗银4000两。由于陕西高等学堂学生皆为官费生，每人每年需津贴银60两，实验费需银20两。学堂以300名学生计算，年经费需银2万两以上。

陕西高等学堂开设的课程可谓融汇古今、兼通中西，包括中文、英文、日文、历史、算术、理化、体操、地理、传统经典等，由此培养的学生整体素养较高。从光绪三十二年（公元1906年）的"陕西高等学堂课程表"（见表8-5）中可以看出，在每周6天每天6节共36节课中，英文12节，日文8节，体操4节，算学3节，历史、地理、讲经各2节，伦理、理化、国文各1节。由此可见陕西高等学堂对学生英文、日文水平的重视程度。日本教习足立喜六1906—1910年任教陕西高等学堂期间，即主要教授日文。

表8-5　陕西高等学堂课程表（1906）

课次	周一	周二	周三	周四	周五	周六
1	英文	日文	英文	英文	算学	英文
2	历史	英文	英文	英文	英文	英文
3	英文	讲经	讲经	算学	英文	日文
4	日文	日文	日文	日文	日文	地理
5	算学	英文	日文	地理	伦理	体操
6	理化	体操	国文	体操	历史	体操

资料来源：光绪三十二年八月初一日浙江道监察御史王步瀛奏，载《学部官报》第7期，转引自朱有瓛主编：《中国近代学制史料》第2辑上册，华东师范大学出版社，1987年，第631—632页。

注：第1—3节课为早班（早7—10时）；第4—6节课为午班（下午1—4时）。

---

① 《谕折汇存》，光绪二十八年四月二十四日，陕西巡抚升允奏章。
② 《谕折汇存》，光绪二十八年四月二十四日，陕西巡抚升允奏章。
③ 陕西省教育委员会编：《陕西教育志资料续编》，三秦出版社，2000年，第489页。
④ 《考察日本学务兴平县知县杨令宜瀚致学务处提调书（附聘教习合同）》，载《秦中官报》1906年二月第3期，第13—18页。

英文在课时安排中所占比例最大。据《泰晤士报》记者莫理循观察，西安各新式学堂的学生对学习英语颇为渴望，大多数学校也教授英语，但只是"基本的、没有多大用处的内容"。师资力量极其薄弱，表现在"英语是由在上海或者日本接受过低劣培训的中国老师来讲授"[①]，缺乏以英语为母语的人士担任教师。实际上，莫理循的评判失之偏颇，如英国浸礼会在西安、三原等地开办的教会学校（包括小学、中学）中，都是由英籍人士教授英语等学科。

在西安的众多新式学堂中，陕西高等学堂的硬件设施堪称一流。1910年，莫理循在参观后称赞该校"校舍漂亮，教室整洁"。英国浸礼会传教士莫安仁对学堂餐厅的清洁程度也颇多赞许。可惜在1911年辛亥革命中，陕西高等学堂遭到严重损毁，尤其是化学、物理实验室中的精密仪器被破坏殆尽。

以陕西高等学堂为代表的新型学校的次第建设，使古都西安的文教面貌发生了巨大变化，使其西北文教重镇的地位更为巩固，影响至今。

陕西师范学堂　陕西师范学堂是近代陕西最早的以培养教师为宗旨的新式学校，由陕西巡抚升允于光绪二十九年（公元1903年）奏建，位于关中书院旧址，后又称陕西第一师范学堂，内附设有两等小学堂。陕西师范学堂所在的关中书院旧址，至清后期建筑格局仍保存完整。校园中有两层的斯道中天阁，收藏有"四书""十三经"的刻版，其东侧有祭祀明代大儒冯从吾的冯恭定公祠。校园院落轩敞优美，环境古色古香。

开办之初，陕西师范学堂常年经费需银6000余两，主要来自原关中书院旧有生息银3190余两，以及督粮道每年捐廉银3000两。1907年，日本东亚同文书院豫秦鄂旅行班学生在西安考察期间，曾前往陕西师范学堂参观，称该校在理化、博物、机械等学科方面的实验设施十分完备，"远在高等学堂之上"，很重要的原因之一就在于陕西师范学堂年经费高达3万两，比高等学堂还多1万两。

从1910年《学部第一次审定中学堂、初级师范学堂暂用书目》可以看出，陕西师范学堂学生不仅要学习传统文史，选读《御选古文渊鉴》、蔡选《古文雅正》、唐选《古文翼》、姚选《古文辞类纂》、黎选王选《续古文辞类纂》、贺选《经世文编》等，还要学习《初等国文典》《伦理学教科书》《中学堂用修身教科书》《东洋历史》《西洋史要》《最近统合外国地理》《中外舆地全图》等，以及英文、算学、科学等相关教材。

陕西师范学堂是近代陕西聘请日本教习最多的新式学堂之一，先后有毕业于东京高

---

①　"Across China and Turkestan"，*The Times*，March 7, 1910.

等师范的田中久藏（东京府人）、森孙一郎（岐阜县人）、中泽澄（山梨县人），毕业于日本大学的吉川金藏（东京府人），毕业于东京美术学校的松里政登（福冈县人）受聘，于1906—1909年前后在该校授课。其中，松里政登于1899年毕业于东京美术学校日本画科，后为冈山县师范学校教员，1908年陕西师范学堂通过赴日的庶务长缪延福、斋务长周镛与其签订聘任契约，由其担任陕西师范学堂图画科教习，兼高等学堂图画科教习，以及中学堂讲师，聘期1年。

在清朝廷和陕西地方官府推行新学的过程中，陕西师范学堂培养了一大批教育人才，活跃在众多新式学堂当中，促进了西北地区教育近代化的发展。

陕西陆军中学堂　陕西陆军中学堂为清后期全国四所陆军中学堂之一，是近代陕西等级最高的军事学校。光绪三十年（公元1904年），陕西巡抚升允奏准在习武园创建陕西陆军第二中学堂，旨在培养训练有素的高级别军事训练和管理人才，与北京清河的陆军第一中学堂、湖北武昌的陆军第三中学堂、江苏南京的陆军第四中学堂并列为全国四大陆军中学堂。陆军中学堂与陆军小学堂经费每年从陕西布政司划拨银4万余两。陕西陆军第二中学堂接收陕西、甘肃、四川、新疆等四省陆军小学堂的毕业生，学生数额为340人，学习步、马、炮、工、辎重等专业。参照当时陆军小学堂的课程安排，中学堂所习科目大致也可分为普通科目和训练科目两类。普通科目包括修身学、国文、外文（日、英、俄、德、法选一）、历史、地理、算学、格致、图画等，训练科目包括训诫、操练、兵学、游泳等。该校学生毕业后，先分派到陆军部队受训半年，再进入陆军军官学堂深造。毕业后分赴各省陆军部队见习半年，之后即可担任陆军部队军官。

陕西巡警学堂　陕西巡警学堂是近代陕西最早培养警察的专业学校，堪称清末西安城新式学堂中最具尚武精神的学校之一。光绪三十二年（公元1906年），为了培养"学""术"双优的新型警政人才，陕西巡抚曹鸿勋在西安北院东侧抚标中营箭道及附近支应局旧址上创办巡警学堂，对原有房屋略加修葺后，即开始招生办学。在创建之初，该学堂基于"一切俱归简要，期于速成"的原则，开设的学习科目包括警察、法律、兵式体操等。光绪三十四年（公元1908年），陕西巡抚恩寿将之改为高等巡警学堂。学生毕业后，负责城乡治安事宜，包括站岗禁斗，察奸查匪，清洁卫生，管理演说、集会、著书以及词讼案件，传人，掌刑，等等。由于巡警学堂办理颇有成效，宣统元年（公元1909年）西安八旗将军文瑞在满城的320名巡警中，挑选身体健壮、文义明通者送入巡警学堂深造，待其肄业后分别派充巡弁、巡长，以便提高满城巡警的执法能力。

　　陕西法政学堂　陕西法政学堂是近代陕西最早的法律专业学校，建于光绪三十三年（公元1907年），位于西安城老关庙什字西南侧万寿宫旧址。在清末新型专门学校如雨后春笋般纷纷兴建之际，出于培养法律专门人才和地方管理人才的需要，光绪三十三年，经陕西巡抚曹鸿勋奏请，将陕西课吏馆改建为陕西法政学堂，"以改良吏治，培养佐理新政人才为宗旨"，重在培养行政和法律人才，为地方州县管理储备后备力量。曹鸿勋在改建课吏馆时，不仅增建了讲堂，还添葺了食堂、教员宿舍，专门购地修建了操场。法政学堂经费分为活支、额支两类，每年共计需银2.4万余两，由陕西布政司筹拨，按月由学堂造册报明巡抚及布政使稽核。

　　在法政学堂开办之初，额定学员100名，学员以年龄在50岁内、文理清通、精力强壮、无不良嗜好者为合格。在聘任教员方面，除普通教员讲授律例会典、历史掌故等旧学内容外，也新聘了包括日本教习吉川金藏等在内的国内外知名学者，讲授中外法律。在学制方面，该学堂参照北洋法政学堂简易科办法，分为行政、司法两门。学完三学期（即一年半）方可毕业。所学课程包括《大清律例》、《大清会典》、政治学、经济学、财政学、宪法、行政法、刑法、民法、商法、国际法、地方自治论、选举制论、裁判所构成法、户籍法、警察学、监狱学、统计学、历史、地理、日文、体操等。采用的教材主要系近代日本法学家编纂的课本，如法学博士小野塚喜平次的《政治学》、法学博士美浓部达吉的《行政法总论》、法学博士冈田朝太郎的《刑法总论》、法学博士梅谦次郎的《民法总则》、法学博士志田钾太郎的《商法总则》等。

　　法政学堂对学生管理颇为严格，禁止学生沾染不良嗜好，如果有品行不端或荒废学业等情况，则由提调禀明总理、监督，立予退学；亦要求学生潜心读书，平日不得无故旷课，如有要事必须请假，则须呈交请假凭单，注明缘由及限期，以备稽查。法政学堂的考试分为四种：月考、季考、学期考、毕业考。在举行学期考和毕业考时，往往由陕西巡抚督率总理、监督、提调等管理人员到场监督考试。

　　存古学堂　在西安各新式学堂纷纷兴办，极力推广欧美西学之际，宣统元年（公元1909年），陕甘总督升允、陕西巡抚恩寿为"崇正学而保国粹"，参照湖北、江苏等省做法，奏请在陕西高等学堂之外，设立存古学堂，以讲求中学。此举主要是考虑到风气渐开，而部分学生"吐弃故常，偏重新籍"，在潜心学习西方科学的同时，对于本国经史文学反而不求甚解。在朝廷批准后，陕甘总督升允、陕西巡抚恩寿下令在原陕西贡院旧址设立存古学堂，讲求经史辞章，辅以舆地、算术等科目，重点在于传承国学。这在当时科举已经停废的情况下，实属难得之举。

为此，存古学堂聘请了前太常寺少卿、有"宿学耆儒"之称的高赓恩担任校长，并延聘各科教员，开展教学工作。学堂学生在举人、贡生及中学堂毕业生中通过考试遴选，生额定为50名。①存古学堂学制3年，毕业后优秀者升入专门大学继续深造，其余则可担任中学教员，传授国学。毕业奖励办法均仿照湖北学堂的奏准章程办理。该校日常经费由陕西布政司设法筹拨。存古学堂的设立在儒学衰落、新学勃兴的大背景下，颇有反潮流而行的意味，对当时"偏重新籍"、轻视国学的教育误区具有积极的纠偏作用。

陕西女子师范学堂　　清代后期，随着风气渐开，陕西官府与民间社会也日益认识到妇女教育的重要性，加之英国浸礼会率先在三原开办女童教育，对于提高妇女独立自主意识，改良社会风气具有积极作用。在此背景下，陕西巡抚恩寿、提学使余堃于宣统二年（公元1910年）奏准创建近代陕西最早的女子中等师范学校——陕西女子师范学堂，位于省城西安梁府街（在今青年路东段）。陕西女子师范学堂在创建之初，综合京师女子师范学堂、天津女塾的办学模式和规制，先开办简易科，聘任2名女教习授课。②"其宗旨，在养成家庭教育为根本；其成绩，在授以知识操作所必需"③。在课程安排上，基本科目与男校大致相同，但增加了符合女性特点的学习内容，包括烹饪、缝纫等科目。学制为5年。虽然陕西女子师范学堂开办时间不长就由于辛亥革命爆发而中辍，但依然在近代陕西女子教育史上留下了浓墨重彩的一笔。

与中等、高等学堂蓬勃发展相应，清后期西安城乡的小学堂也如雨后春笋般兴起。西安最早出现的小学堂是光绪二十九年（公元1903年）设立的咸宁县立两等小学堂，地处东关长乐坊鲁斋书院旧址。宣统三年（公元1911年），西安地区已有官立高等和两等小学堂14所，其中省属7所，咸宁县属4所，长安县属3所；初等小学堂有348所，其中咸宁县75所，长安县232所，设立在城区的有41所。④

（三）新学学生

1901年，美国记者尼科尔斯由僧侣带领参观碑林时，对"分散在长廊各处阅读碑文"的旧学学生印象甚佳，称赞"他们的言行与美国国内图片展上举止有度的人群非常

---

① 《华制存考》，宣统元年二月初一日，陕西巡抚恩寿奏章。
② 民国《续修陕西通志稿》卷三七《学校志》，民国二十三年铅印本；《华制存考》，宣统元年十一月二十五日，陕西巡抚恩寿奏章。
③ 《华制存考》，宣统元年十一月二十五日，陕西巡抚恩寿奏章。
④ 刘新科、刘兰香：《西安教育史》，西安出版社，2005年，第288页。

相像。每个人说话时都压低声音，走动时也尽可能悄然无声"。①而随着清末更多类型的域外人士到访西安，他们对新学学生群体的关注也逐渐增多。

清末在西安传教、行医的英国浸礼会传教士罗德存对1911年之前的西安地区高等教育状况了解甚多，称"过去十年间兴建起了两所重要的高等学堂，其中实施新的教育计划"。罗德存所记的两所高等学堂当是指陕西高等学堂和三原宏道高等学堂。两所学校均有约400名学生，教师们配有专门的办公室。学堂中设有化学、物理实验室以及博物馆、操场、体育馆、网球场。"虽然课程包罗万象，但目前的教学效果极不理想，因为教师只比学生知道得多一点点"。尽管师资力量不佳，但罗德存对新学学生寄予厚望，认为"这800名学生可能是西安城里最重要的人，……充满了革命理想"。②

陕西高等学堂是官府主办的大学堂，任教其中的中国教授们通过主办礼拜天英语晚祷与英国浸礼会传教士们进行沟通、交流。浸礼会传教医师姜感思在寓所举办茶话会，传教士们和高等学堂的师生都以欧式礼节参与其中。浸礼会、英华医院和陕西高等学堂由此建立了友好关系。陕西高等学堂的英文教授建议传教士们为学生开课，让学生在学习英语的同时了解基督教知识。后来传教士祈仰德抓住了这个机会，在高等学堂中教授英语。医务传教士很快就放弃了礼拜天喝下午茶的习惯，而去与学生们亲切交谈。英国传教士的授课大大提高了陕西高等学堂的英语教学水平，学生们也得以直接了解有关英国及欧美其他国家的历史、社会、宗教等情况。

清末来陕考察的众多域外人士都曾提及陕西人尚武精神的复兴，其中最显著的表现之一即为军校的开设和学生们的军事化训练。1910年到访西安的美国社会学家罗斯记述："西安府有一所军事预备学校，正在兴建校舍，是中华帝国四个主要军事学校之一，并有200名学生。各所公立学校也都有日常军事训练。"③这里提到的"军事预备学校"即武备学堂，所培养的学生在辛亥革命及其后的陕西军事活动中发挥了重要作用。

二、日本教习

随着近代各类新式学堂的开设，陕西地方官府借鉴外省经验，积极为本省学堂延聘

---

① ［美］弗朗西斯·亨利·尼科尔斯：《穿越神秘的陕西》，史红帅译，三秦出版社，2009年，第101页。

② Frederick Brotherton Meyer, *Memorials of Cecil Robertson of Sianfu: Medical Missionary*, London: The Carey Press, 1913, p.32.

③ ［美］E. A. 罗斯：《病痛时代：19—20世纪之交的中国》，张彩虹译，中央编译出版社，2005年，第209页。

日本教习，开设新式课程，有力推动了陕西文化教育面貌的改观。同时，毕业自新式学堂的大批新学学生逐步成长为陕西各类建设事业当中的领导力量，与众多从日本、德国等国留学归来的陕籍学子一道，加速推动了陕西区域社会的近代化进程。

光绪二十九年（公元1903年），清朝廷基于"中学为体，西学为用"的教育理念，在文教领域实施"新政"。[①]陕西地方官府在开办新式学堂的同时，积极延聘日本教习来陕执教。1906年11月，日本军人日野强在关中考察期间，专门对西安的"外国人及其职业"进行过调查，称当时"外国人中有我国3人在高级中学执教，还有两人将与预定担任师范学堂教师的4人一起来此。此外有到初级中学任教的1名，到三原高级中学的1名"[②]，反映出陕西地方官府延聘日本教习初期的人员来陕情况。1907年9月20日上午，日本学者桑原骘藏与宇野哲人前往陕西高等学堂拜访日本教习铃木直三郎，"午后至师范学堂会晤诸位日本教习"。他记述道："现在驻西安的日本教习共八人，森、中泽、田中、铃木和足立五氏均为东京高等师范学校毕业，阿部氏为临时教员养成所毕业，其他尚有日本大学毕业的吉川和美术学校毕业的松里二氏。"[③]1910年，《泰晤士报》记者莫理循对西安的新式学堂聘请日本教习的情况也留意过："在（西安）城内众多的学校里，只有3名外国教师，而且都是日本人。不久前，尚有14名日本教师。他们不会讲汉语，将授课内容写在黑板上，以此来给学生上课。这种方式难以有效激发学生的想象力。"[④]

据初步统计，1906—1910年间，西安先后至少有8名日本教习执教，其中陕西高等学堂2名（足立喜六、铃木直三郎）、陕西师范学堂5名（吉川金藏、松里政登、森孙一郎、中泽澄、田中久藏）、西安中学堂1名（阿部正治郎[⑤]）。三原亦聘有8名日本教习，宏道高等学堂4名（小山田淑助、早崎梗吉、谢花宽功、佐藤进三）、高等工业学堂4名（井上英治、守住直干、冈田喜太郎、藤原润平）。日本教习大多毕业于东京高等师范学校、东京美术学校等校，专业背景良好，在陕主要讲授日文、博物、图画、教育、心理学、数学、物理、化学、法律、经济、染织、染色、机械等课程。[⑥]

清末西安与三原新式学堂聘请的16名日本教习数量虽然难与东部省区相比，但在西

①《谕折汇存》，光绪二十八年四月二十四日，陕西巡抚升允奏章《陕西大学堂章程》第一条。
②　[日]日野强：《伊犁纪行》，华立译，黑龙江教育出版社，2006年，第39页。
③　[日]桑原骘藏：《考史游记》，张明杰译，中华书局，2007年，第35页。
④　"Across China and Turkestan", *The Times*, March 7, 1910.
⑤　[清]曹鸿勋：《奏为试办延长石油筹修铁路事》，光绪三十一年十月初三日，录副，档号03-7124-061。
⑥　汪向荣：《日本教习》，载《社会科学战线》1983年第3期，第328—343页。

北内陆各省中，外籍教师数量仍首屈一指。清末在陕日本教习姓名、任教学校、教授课程见下表：

表8-6　清末来陕日本教习一览表

地区	校名	教习姓名	备考
西安	高等学堂	足立喜六	东京高等师范学校毕业，原山梨县师范学校教员，后文学博士
		铃木直三郎	教博物
	师范学堂	吉川金藏	
		松里政登	教图画，原冈山县师范学校教员
		森孙一郎	
		中泽澄	
		田中久藏	
	西安中学堂	阿部正治郎	
三原	宏道高等学堂①	小山田淑助	教日文、图画、格致、博物、体操等新式学堂的大部课程
		早崎梗吉	教图画、兵学、化学、日文
		谢花宽功	原日本御影师范学校教员
		佐藤进三	教博物
	高等工业学堂	井上英治	教染织
		守住直干	教机械
		冈田喜太郎	教染织
		藤原润平	教染色

　　资料来源：汪向荣：《日本教习》，中国青年出版社，2000年，第101页。根据"日本教习分布表"改制，对其中"高等师范学堂"与"师范学堂"、"宏道高等学堂"与"弘道高等学校"进行了归并。

　　注：
　　① 汪向荣：《日本教习》，中国青年出版社，2000年，第101页。原表中将三原"宏道高等学堂"置于西安，误。

　　清末来陕的16名日本教习，不仅在西安、三原的新式学堂培养了众多学以致用的专门人才，促进了陕西近代教育的发展，而且如足立喜六、小山田淑助等人还对关中等地多有考察，留下了《长安史迹研究》《征尘录》等著述，为复原和研究清末关中区域社会状况、人文胜迹等提供了宝贵资料。

三、教会学校

从19世纪70年代开始，基督教新教各教会逐渐传入陕西，不断开拓、划分教区，兴建福音堂、教堂，传播"上帝福音"，吸收信教民众。在这一过程中，各教会采取了多种措施实现传教目的，包括创办教会学校开展神学和普通教育，建立医院和诊疗所为民众诊疾治病，设立孤儿院、养老院等慈善机构扶危济困。其中，教会学校的建立和发展在近代陕西文化教育格局中占有重要地位，促进了陕西文化面貌的多元化和近代化转型。

基督教新教教会如英国浸礼会等在西安、三原等地创办多所学校，目的在于为其传教事业培养接班人，即本土传教士和其他教牧人才，也开设查经班、主日学校等，向其信徒讲解《圣经》和福音知识，以吸引更多民众加入教会，扩大教会规模。基督新教教会在创办学校方面，不仅出于教会宣教事业发展需要，也主动与当时区域社会发展、政经局势、民众精神和心理状态等相适应，在学校类型方面较为多样化。

从学校层次上来看，针对儿童和青少年学生的有小学、中学和学院三大类，同时还有针对普通信教民众开设的各类查经班、主日学、培训班等。以英国浸礼会为例，从学校招收学生的性别划分，教会学校起初有男校、女校之分，后又出现男女合校。

美丽书院是清代后期英国浸礼会传教士在三原县福音村创办的陕西乃至西北地区最早的女子学校之一，为近代陕西女子接受新式教育之始。在清末新政推行之前，陕西还没有创建公立的女子学校，女童教育只能在家庭中由父母或家庭教师来开展，女子教育普及受到很大阻力。1892年，英国浸礼会传教士敦崇礼和邵涤源"为开通风气，造就人才起见"，在福音村创办了美丽书院（女校）和崇真书院（男校）。美丽书院的办学资金主要来自英国霍克斯夫人的捐款。在开办之初，该校免费招收基督徒家庭的女童，严禁女生缠足，推动了妇女在家庭和社会中地位的改善，堪称近代陕西妇女解放的开创之举。

该书院除开设神学课程外，也向学生讲授英语、历史、地理、数学、物理、化学和中国经典等。英国浸礼会传教士敦崇礼、钟约翰、慕德等男女传教士均曾在此授课。采用的英语教材有《英语初阶》《英语进阶》《英语初范》等，自然科学类教材使用美国基督教北长老会传教士狄考文（Calvin Wilson Mateer）编著的数学、物理、化学课本。教学过程遵循教会学校的方法，将成体系的教学和有规律的测试结合起来，强调北京官话和英语的学习。该校也引导女生关注国际社会的重大事件以开阔视野，如美丽书院的女学生们曾向印度的饥荒受灾者捐款。

美丽书院的女生们通过向该校英籍教师学习，成为近代陕西社会中第一批接触西方思想、科学的新女性。她们在摒弃缠足等陋习、解除身体束缚的同时，在人生观、世界观的认识方面也具有了与传统陕西女性迥然相异的一面。

1903年起，英国浸礼会在西安城东关创办了乐道、尊德两所学校，前者为男校，后者为女校。尊德女校后改称"尊德女子初级中学"。1906年开办崇真中学，后将男、女两校合并为尊德中学。浸礼会又在西安东关东新巷开办崇道小学，在端履门开办崇德小学。

从学制上划分，教会学校有四年制小学、六年制小学、初级中学、高级中学之分。据英国浸礼会在陕资深传教士邵涤源统计，截至1925年，英国浸礼会在陕西拥有2所男子中学、2所女子中学、4所六年制男子小学、4所六年制女子小学，此外还有约50所四年制小学。英国浸礼会在陕西的50所四年制小学主要开设在乡村地区，地域分布分别为福音村30所、三原10所、西安府5所、延安府5所。乡村的教会学校几乎完全由当地基督教社区管理和自养，教会给每所学校的补贴经费2~30英镑不等。[1]

教会学校依托于教会传教事业而得以发展，其数量的增减、学生数量的多少约略能反映出同一时期基督教会发展的兴衰趋势，反过来，教会学校也不断为教会发展提供新鲜血液和支撑力量。从英国浸礼会创办的学校可以看出，由于有相对充裕的经费保障和较为稳定的生源，教会学校在清末民国时期的传承性较强，即便屡有分合，但往往能在饥荒、战乱等艰苦条件下前后相继，坚持办学，在近代陕西文化教育体系中成为亮点。新中国成立后，教会学校均由人民政府接管，这也为新时期陕西文化教育尽快进入正轨做出了相应贡献。

---

① Arthur Gostick Shorrock, *Shensi in Sunshine and Shade*, London: The Baptist Missionary Society, 1926, pp.45-48.

第五节
清代西安的乡试会馆

一、清代西安的重要教育地位

按照会馆职能与服务对象的不同，清代西安城会馆主要可分为商业会馆与乡试会馆两大类。

西安城商业会馆绝大多数为外省、外地人所建，或由商人设置，或专为商业服务，这是因为相对本地坐贾而言，频繁往来各地的行商较早就意识到"惟思泉贝之流通，每与人情之萃涣相表里，人情聚则财亦聚，此不易之理也。矧桑梓之情，在家尚不觉其可贵，出外则愈见其相亲，……无论旧识新知，莫不休戚与共，痛痒相关"[1]。桑梓之情成为旅外同乡商人相互联系的纽带，而地域性商业会馆的兴建对加强这种联系起着至关重要的作用。

同地域性商业会馆通过乡情联系同乡的方式不同，西安城中的行业性商人会馆则以从事同一行业作为纽带联结同行商人。在城市商贸中占据重要地位的行业几乎都开设有会馆，属于由坐贾兴建的本地会馆，如银匠会馆、梨园会馆、布商会馆、畜商会馆、饮食业会馆（又称厨子会馆）等。

西安城乡试会馆属于科举会馆，由各地官绅商民专为方便本县、本地前往省城的考生食宿而建，会馆中"及试者应需之物无不完且具"[2]。西安城乡试会馆的规模、格局不仅从一个侧面反映了各县经济基础的强弱、文化的发达程度和影响力的大小，也反映出不同县域民众地域与同乡观念的强弱。

---

[1] 苏州历史博物馆、江苏师范学院历史系、南京大学明清史研究室合编：《明清苏州工商业碑刻集》，江苏人民出版社，1981年，第350页。

[2] 〔清〕曹季凤：《创建渭南乡试新馆记》，碑存化觉巷清真寺。

由于乡试会馆为各县分建，从所有权到维护管理等均由各县捐建者负责，因而多见载于各县县志"建置志"中。以下列表反映清代西安城可考的6所乡试会馆的始建年代、位置及建修概况。

表8-7　清代西安城主要乡试会馆一览表

会馆名称	始建年代	位置	建修概况
富平乡试会馆[①]	嘉庆（1796—1820）初	在西大街北，后抵贡院街东口	嘉庆初邑人杨黻、李逢祥、崔应梧等捐修
咸阳乡试会馆[②]	嘉庆（1796—1820）间	在南桥梓口路东	民国元年邑绅重修
三原乡试会馆[③]	不详	在贡院门东大街	建成后屡有补修
渭南乡试会馆[④]	道光（1821—1850）间	在贡院门大街东	光绪十三年（1887）至十四年（1888）改建
泾阳乡试会馆[⑤]	同治四年（1865）	在桥梓口西	光绪十一年（1885）重修
醴泉乡试会馆[⑥]	光绪十四年（1888）	在桥梓口东路南	民国十一年（1922）邑人增修

注：
① 光绪《富平县志稿》卷二《建置志·衙署》，清光绪十七年刊本。
② 民国《重修咸阳县志》卷二《建置志·教育》，咸阳市秦都区城乡建设环保局编印，1986年。
③ 光绪《三原县新志》卷二《建置志》，清光绪六年刊本。
④ 〔清〕曹季风：《创建渭南乡试新馆记》，碑存化觉巷清真寺。
⑤ 宣统《重修泾阳县志》卷六《学校志》，清宣统三年铅印本。
⑥ 民国《续修醴泉县志稿》卷四《建置志》，民国二十四年铅印本。

需要指出的是，西安城中的鄠县、韩城、盩厔3所会馆在各自县志中均未依照修志惯例明确标注为乡试会馆，同时从这3所会馆中建有戏楼等设施加以判断，当为商业会馆，但不排除同时兼有乡试会馆的功能。

二、乡试会馆的分布

（一）乡试会馆兴起的基础

由于有清一代"甘省有督无抚，有镇无提，乡会试附于陕西，并无专额"[①]，而西安城在明清时期设有陕西贡院、习武园等考试机构，遂成为西北地区各省府和本地学子参加文武乡试科考的必往之地。加之与科举考试相应的"雁塔题名"活动以"名题雁

① 〔清〕佚名：《兰州风土记》，见〔清〕王锡祺辑：《小方壶斋舆地丛钞》第六帙，清光绪上海著易堂排印本。

塔，天地间第一流人第一等事"①的文化影响而成为各地学子梦寐以求之事，来自西北各地的应试考生常多达五六千人②。以道光二年（公元1822年）路德撰《道光壬午科陕甘乡试题名碑记》中所列的考生籍贯为例，在陕南、陕北和关中各县之外，还有来自今甘肃境内的兰州府、巩昌府、张掖县、武威县等，以及今宁夏境内的宁夏府、中卫县等地的考生。从留存下来的大量题名碑分析，亦有来自青海、新疆等地众多县区的考生。为适应大量各地考生食宿之需，乡试会馆遂得以纷纷建立。

西安府属各县为方便本县考生住宿，亦先后在西安城内兴建乡试会馆，为本地人才辈出、"科第蝉联"提供支持与保障③。如咸阳乡试会馆就是由清嘉庆时"家赀百万"的富商李星斋捐建，"为乡试诸生侨寓地"。④从现有资料中尚未发现西安府属县以外的地区在西安城建立专门的乡试会馆，这一方面与史料记载的详略有关，另一方面西北其他省区的商业会馆可能在一定程度上承担了本地乡试会馆的功能。

（二）乡试会馆的分布特征

乡试会馆作为城市文教空间格局的重要组成部分，主要是为应试举子食宿而开设，选址均以邻近考试场所、交通便利、环境安静为基本原则，所谓"会馆原为乡府试而设，理宜安静"⑤。清代陕西贡院周边地区分布有众多乡试会馆，原因就在于陕西贡院"隐系一省文风之盛衰"，为"明景泰间左布政使许资奏建"，⑥位于今西安城西门内北侧儿童公园，地处城墙根下，相对僻静。此处与明清西安城东南隅文教区相隔较远，当是出于防范考试作弊的考虑。渭南乡试会馆就是邻近贡院选址、环境幽静的典型一例，"中置便门，以与试院为邻，临试启之，以便出入"⑦，在很大程度上方便了考生进出贡院。其他乡试会馆也多在城区西北隅和西大街西段两侧设立，与西南隅商业会馆的集中布设遥相呼应。

三、乡试会馆的内部格局

乡试会馆建筑多有正、偏两院，分设正房、厢房，呈四合院围合布局。就景观特征而

①〔明〕喻茂坚：《嘉靖十九年陕西乡试题名碑》，明嘉靖十九年，碑存慈恩寺。
②〔清〕路德：《道光壬午科陕甘乡试题名碑记》，见陈景富主编：《大慈恩寺志》，三秦出版社，2000年，第358页。
③民国《续修醴泉县志稿》卷四《建置志》，民国二十四年铅印本。
④民国《重修咸阳县志》卷二《建置志·教育》，咸阳市秦都区城乡建设环保局编印，1986年。
⑤〔清〕曹季凤：《创建渭南乡试新馆记》，碑存化觉巷清真寺。
⑥雍正《陕西通志》卷一五《公署》，清文渊阁四库全书本。
⑦〔清〕曹季凤：《创建渭南乡试新馆记》，碑存化觉巷清真寺。

言，与其为科举考试服务的性质相应，多有祭祀孔子的礼制建筑。同时为满足考生的食宿需求，乡试会馆房舍较多，院落宽大，环境简洁、安静，与商业会馆多建戏楼以满足商人娱乐需求、嘈杂热闹形成较大反差。

渭南乡试会馆是西安城中最大的乡试会馆之一，位于贡院门大街之东，"规模宏大，布置周备，费白金三万五千两有奇"①。有关其占地规模、功能分区与建筑格局，《创建渭南乡试新馆记》详载云："馆东向，其址东西长二十一丈，南北阔八丈五尺，西北隅方四丈零，盖以姜君鲁瞻购捐四丈余，共得九丈。屋则门置九楹，中入下阶有重门，两廊各八楹，上为堂厂，其中以祀至圣先师。两旁为翼堂，后有凉亭，南、北厦各二楹，与亭相对者，即馆后垣屋九楹，中置便门，以与试院为邻，临试启之，以便出入。事竣，仍扃之也。自大门入，而左而右，各置便门，各成院宇，屋各八楹，即两廊之背为之。而所面之墙，则空其地，恐致晦塞，且将以为莳花种竹计也。西北隅自为一区，西向，屋五楹，南北厦各三楹，则以备武试，养马之所也。东置门，仍与正馆相通。盖又数月结构营造，及试者应需之物无不完且具。"②渭南乡试会馆中凉亭、廊庑、正堂、翼堂、厦房等建筑在符合传统规矩、方正审美观念的同时，既遵循北方地区四合院正堂、厢房的布局，又采取了关中地区厦房的建筑样式。

咸阳乡试会馆位于南桥梓口路东，建有街房三院七间，具体规模及格局为"两院临街楼房六间，厦房二十四间，庭房三椽六间及后院出路房半间，厕房空地宽四间、长四间，……北院一间并庭房、后厦房六间，后院两间半"③。醴泉乡试会馆则有正、偏二院，"地南北共长三十余丈，宽狭不等"，"房大小共四十余间，门、窗、井、树印契足据"，④其规模亦较大。齐备的地产、房产契约确保了馆产的合法性与延续性。

西安府属县级会馆在为乡试考生服务的同时，部分亦具有商业会馆性质，以鄠县、盩厔会馆为代表。鄠县会馆在学习巷附近，北向。有东、中、西三院，中院上房六楹，左右厢厦房各四楹，过庭及门房各六楹，前后各有楼，门房北中一间通出，以临大街，建有门楼。东院上房六楹，前为戏楼，左右厢厦房各四楹，亦有楼；迤北大厅四楹，无楼，东、西耳房各二楹，俱南向；又东偏院为小三间，上房楼房两进，左右各有走廊，又北大厅一

①〔清〕曹季凤：《创建渭南乡试新馆记》，碑存化觉巷清真寺。
②〔清〕曹季凤：《创建渭南乡试新馆记》，碑存化觉巷清真寺。
③ 民国《重修咸阳县志》卷二《建置志·教育》引民国元年重修碑记，咸阳市秦都区城乡建设环保局编印，1986年。
④〔清〕罗士镳：《创修醴泉会馆碑》，见民国《续修醴泉县志稿》卷四《建置志》，民国二十四年铅印本。

座，南向。西院上房为戏楼六楹，左右厢厦房各五楹；对面为大厅，六楹，南向；又西空院一所，偏南厨室三楹，东向，又西马房三楹，西向，有门以通学习巷。鄠县会馆"经累次增修，上楼下屋，窗明几净，曲径回廊，旁通斜贯，应用器物无不美备。鄠人旅此颇有如归之乐"。①这在西安城县级会馆中属规模较大者，格局如下图所示：

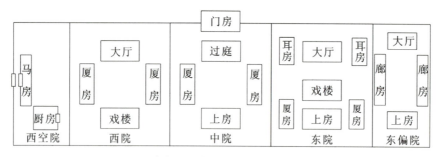

图 8-4　清代西安城鄠县会馆平面布局示意图

盩厔会馆位于西仓门，"其制北向，上房五楹，过厅三楹，过厅前后厢房各二楹，立东西小房为庖湢所，过厅之北为重门，又北为大门，大门西房一楹，为夫役宿食所。其基北宽五步，南宽十三步六寸，中宽十三步，中长四十三步"②。该会馆占地规模较小，房屋间数较少，属于县级乡试会馆中较小者，但从内部格局看，仍有清晰分区，功能亦颇为完善。

清末民初，相继又有朝邑、韩城会馆建成，这时的会馆自然不再为乡试考生服务，而用来联络乡谊，更多具有商业会馆的功能。朝邑会馆于宣统三年（公元1911年）置立，坐落于北门内土车巷，坐北向南。③韩城会馆位于北大街，坐西向东，"一进两院，大小房二十间，系民国元年县议会就县募款购置，尚未建筑如式"④。由此可见，会馆规模的大小与所属区域的经济地位、商贸能力紧密相关。

四、乡试会馆的运营管理

清代西安城乡试会馆的重要特征在于，乡土名门望族与富商大贾在会馆的兴修、管理和发展过程中发挥了重要作用，日常管理与馆舍修缮近乎成为家族事务。以咸阳乡试

① 民国《鄠县志》卷二《官署》，民国二十二年铅印本。
② 民国《重修盩厔县志》卷二《建置》，民国十四年铅印本。
③ 民国《续修陕西通志稿》卷六《建置一·公署上》，民国二十三年铅印本。
④ 民国《韩城县续志》卷三《古迹》，民国十四年铅印本。

会馆为例，李氏家族在会馆运作上倾注了大量心血，"每逢试期，馆内灯、席、茶水及随时修补各费，皆李氏接辈预备，客至如归，便孰甚焉。咸同以后，李氏迭经兵燹，家忽中落，此事几虑不继。至光绪时，幸有星斋公玄孙茹周出而经手，其供给亦如前，而管理尤较周密，邑人士每津津乐道之"①。由此可见，世家大族的盛衰与会馆起落之间的联系何等紧密。又如泾阳乡试会馆为泾阳人候补道吴蔚文于同治四年（公元1865年）创建，光绪十一年（公元1885年）由其孙吴念昔重修。三原乡试会馆则由"李廷佐、贺旼士、余从善同建，而廷佐累世又时补修云"②。至清末民初，由于科举考试废除，乡试会馆不再承担为乡试考生提供食宿便利的功能，多由本地士绅或旅省同乡会收归管理，如醴泉乡试会馆即于民国二十二年（公元1933年）"交由醴泉乡试旅省同乡会保管"③，继续发挥为本县人士服务的功能。

清人曹季凤所撰《创建渭南乡试新馆记》④是目前仅见的关于清代西安城乡试会馆的珍贵碑刻资料，素为研究者所忽略。该碑碑阴《渭南试馆条规》详细地记述了乡试会馆的管理措施，不妨移录如下：

皇清

渭南试馆条规

——馆内桌床器具均有定数，双间房内桌床各二张、板凳四条，寓四人；单间房桌床各一张，不得任意搬移。

——无乡府试年，大殿屏门外单间房十所，偏院一座，权宜招客居住，以备补修房屋暨长班身工，使用余项归掌馆注簿存储。

——大殿屏门内不准招客，理宜肃静。

——招客须有铺保，注册作何生理。若长班不禀明掌馆，私行招住者，客与长班一并驱逐。

——馆内器具等件皆有簿可核。某人取用某物，即在号簿某人名下注明，去馆时原物缴还，不得失遗损坏。此事专责长班稽查，如有违误，定以长班是问。

——武生童除正院另设盘刀房外，不准在院内射箭、盘刀。

——文武生员凡遇中式优拔副贡，每名出馆规银四两；童生入学，每名出

---

① 民国《重修咸阳县志》卷二《建置志·教育》引民国元年重修碑记，咸阳市秦都区城乡建设环保局编印，1986年。

② 光绪《三原县新志》卷二《建置志》，清光绪六年刊本。

③ 民国《续修醴泉县志稿》卷四《建置志》，民国二十四年铅印本。

④ 〔清〕曹季凤：《创建渭南乡试新馆记》，碑存化觉巷清真寺。

银二两，由掌馆收领存储，以备馆内补修。

——馆北院另有马棚，文武生童不得在正院牵拉生畜、毁污号舍。

——会馆原为乡府试而设，理宜安静，不准酗酒、赌博、窝藏妇女、招留游手好闲无关学校人等，违者生童出馆，长班驱逐。

——看馆长班如有事故，住馆者先须投知掌馆人处置，不得任意驱逐。

——凡卖食物等人不得擅入，如馆内招之，使来，须听长班稽查，庶免宵小乘机偷窃。

——长班满年公议身价铜钱二十四千文。凡生童到馆，每人出铜钱一百文，以作此款需用。其有不足，再由房钱内支使，喜赏钱在外。

在上述条规中，既有对乡试会馆管理人员值班制度的规定，如对入住人员身份的盘查、确认、登记，又有针对考生和房客等人的入住须知，如禁止酗酒、赌博、窝藏妇女等；从房舍家具的使用、出租、维护，到会馆的安全制度、入住的收费标准、管理人员的工资数额，都有具体规定；同时管理人员分工细致，职责明确，有掌馆、长班等人员设置。

随着科举考试的废止，西安各乡试会馆失去了为科举士子提供食宿的功能，不过会馆一般房屋众多，仍能够通过租赁房屋获取部分收益，充作会馆运营、维护等开支。会馆的房产租赁为清末西安城内众多社会团体、机构或新兴行业的发展提供了便利条件。宣统二年（公元1910年），临潼人郭希仁在西安创办了刊物《丽泽随笔》，起先是在顺城巷关帝庙租房出刊，未久即以每年100两白银的价钱改租桥梓口西的泾阳乡试会馆作为杂志社址。郭希仁与同人在泾阳乡试会馆讲习法政、专办公益，在会馆前房设立阅报社，方便市民入内阅览，后房用于编辑《丽泽随笔》。与此同时，郭希仁还充分利用泾阳乡试会馆中的空房闲室，供与其往来的大量社会各界人士暂居、借住，"不取分文"。由于借住者往往不讲卫生，在馆内随意便溺，郭希仁迫于无奈，规定："自后居吾馆者，必须情不得已，事不得已，告余分明，然后乃居。吾师吾友，慎毋便引杂人，以此地为店舍，夥入夥出，致多不合，余惟有严以拒之。"[1]从郭希仁创办的《丽泽随笔》杂志社租赁泾阳乡试会馆的实例可以看出，清末西安城乡试会馆通过房屋租赁的途径，既能获取收益维持自身延续利用，又能为城市文化活动或商业贸易等提供空间，为城市发展带来活力。

---

[1] 郭希仁：《为私不为公》，载《丽泽随笔》1910年第1卷第13期，第10—11页。

第九章

明清西安的宗教信仰

寺观祠宇作为宗教信仰的空间载体，不仅是沟通信仰世界与世俗社会的桥梁，也是封建时代城乡文化景观和城乡空间格局的重要组成部分。透过作为文化景观的城乡寺宇，探讨明清西安城物质与精神空间结构，有其特别意义。

作为延续时间较长的建筑实体，寺宇的宏观分布与兴废状况，是西安城空间发展变迁的重要指征。寺宇建筑也是明清西安最具特色的城乡景观之一，其内部格局和建筑样式继承、发扬了传统建筑的要义与精髓。寺宇在信仰功能之外，还发挥着重要的经济、文化等社会功能，成为明清西安城乡空间联系的纽带，体现着西安作为西北宗教枢纽的"人神共在"的特征。

第一节
明清西安宗教概况与城乡寺宇类型

一、历史时期西安地区宗教发展概况

西周时期，西安作为丰、镐二京所在，最为重要的信仰空间是祖庙、社稷坛等祭祀场所，即《周礼·考工记》所载"左祖右社，面朝后市"。此类坛庙作为都城不可或缺的礼制建筑，在祭祀体系中居于最高地位。

秦汉之际，皇帝封禅、立畤，奉祀五帝，信仰山川鬼神，方士大兴。秦咸阳和汉长安城作为统治地域空前广大的一统国家都城，周边地区也有如渭阳五帝庙、长安蚩尤祠等不少祠宇。民间多神信仰十分活跃，社会上下鬼神崇拜之风蔚然。

魏晋南北朝时期，关中地区战乱频仍，民族状况复杂，社会动荡，政局不稳，长安城成为区域中心城市或割据政权所在地，这为佛教发展创造了条件。长安不仅成为中国佛教传播的一大中心，而且对世界佛教的发展也产生了重大影响。法显自此西行南亚求法，鸠摩罗什东来长安传法讲经。秦岭北麓、渭水侧畔，佛寺林立，梵音动天，关中僧尼一度多达百万余人。[1]道教自东汉兴起后，在关中地区以今周至楼观台为核心广为传布，发展迅速。

隋唐时期，长安再次成为一统国家都城，后世宗教类型在这一时期大致齐备，基本奠定了长安城及其附近寺宇的分布格局。长安佛教宗派众多，且多为后世教派之宗。佛寺广泛分布于城乡各处，规模宏大，高僧云集。"时王公贵人敬信赐教者尤众，故建寺多于天下。"[2]道教也得以快速发展，长安城乡道观数量大为增加。

---

① 陈全方、李登弟主编：《陕西古代简史》，陕西人民出版社，1996年，第278页。
② 〔明〕张用瀚：《重修大慈恩禅寺记》，明成化二年，碑存慈恩寺。

宋元时期，长安寺宇分布在隋唐格局基础上有所调整。宋《京兆府长安善感禅院新井记》载长安城宗教盛况云："长安寔汉唐之故都，当西方之冲要。衣冠豪右错居其间，连甍接栋，□数万家，官府、佛寺、道观又将逾百"①。元统治者对各宗教采取兼容并蓄的政策，促进了长安寺宇的多样化和分布的广泛化。

明清时期，宗教信仰以有利于巩固统治、强化秩序、安定社会、教化民众之功，继续得到统治者重视。宗教信仰与文教、军事、法制等的社会作用相提并论，"立学校以明伦，置法司以弼教，沿边镇戍以防不虞。至于寺院，乘象阴道，人以从善者，未尝弗之重焉。故汉唐宋元崇尚增修，未之已也"。在此基础上，明太祖"开天建极，率土归心，正纲常，敦风化，尽伦尽制，无往不淑。视寺院有益于治道者，亦因之而弗易也"。②明清西安城乡寺宇的发展呈现出隋唐之后的又一个小高潮。

二、明清西安寺宇的类型

明清西安城乡寺宇类型多样，按照祭祀对象和宗教类别不同，主要可分为以下六类。

（一）佛寺

明清西安佛寺、尼庵数量众多，在宗脉传承、管理方式等方面多有区别，可从以下三方面加以辨析。

1. 从佛教支系划分：汉传佛教寺宇与藏传佛教寺宇

明清西安佛寺的发展呈现出两个非常鲜明的特征：一是各主要寺院多奉禅宗。如隋唐时期密宗祖庭大兴善寺、法相唯识宗祖庭大慈恩寺、华严宗祖庭华严寺以及荐福寺等，在明清时期较长时间内都尊奉禅宗各派。具体而言，大慈恩寺奉曹洞宗，荐福寺先奉临济宗后奉曹洞宗，大兴善寺则属南禅宗临济门，③汉传佛教得以继续发扬。二是明代各大寺院多由蒙藏僧人主持寺务，从而使汉传佛教又染上浓郁的藏传佛教色彩。清代又兴建了广仁寺等3座藏传密宗黄教喇嘛寺院，康熙年间罔极寺亦曾一度弘扬密宗。这种信仰特点与明清时期重视加强对边疆联系和管理的宗教政策相关，同时也受到西安位于西北、西南与华北交通枢纽的地理位置的影响。

2. 从宗教关系划分：主院与别院（上院与下院）

明清西安佛寺在发展过程中出现了一种相互依存的状况，即两座寺院往往因宗教

---

① 〔宋〕侯可：《京兆府长安善感禅院新井记》，宋熙宁七年，碑存西安碑林。
② 〔明〕曹兰：《增修清真寺记》，明嘉靖二十四年，碑存大学习巷清真寺。
③ 〔清〕僧了信：《大兴善寺法脉碑记》，碑存大兴善寺。

"声气相关"而形成主院与别院的关系，或称为上院与下院。主、别院之间的关系在光绪年间《胜严寺并入广仁寺管理记》中有精辟概括："僧有别院，犹人之有别业也。别业即遥为之主者，未有不欲其子孙世世守之，推之别院，情岂有异哉？"①这种宗教关系在一定程度上反映了西安城乡关系的本质，即管理与被管理、供给与被供给的关系。

这一类寺院中，既有二寺同处一城的情况（开元寺与兴教院②），有主院在城、别院在乡者（广仁寺与东关喇嘛庙、广仁寺与北郊胜严寺、广仁寺与嘉午台喇嘛洞），也有二者同处城郊之地者（普光寺上、下院）。

明清西安城乡主、别院关系的典型当数广仁寺与胜严寺。胜严寺建于晋永康元年（公元300年），历代不断重修，至清时有喇嘛僧于此住持；广仁寺敕建于康熙四十四年（公元1705年），地位尊崇，因而出现胜严寺成为广仁寺别院的情形。"以胜严寺并所有地产均归广仁寺管理。迄今二百余年，世守其业，征收租课"③。广仁寺同时拥有西安城东关和秦岭北麓嘉午台两座喇嘛寺的管理权。主院对别院负有管理之责，指导其宗教事务，别院对主院予以经济供给。明洪武初年，秦愍王朱樉为西印土乌萨罗国僧无坏在秦岭北麓建普光寺上、下院，"庄严冠长安"④。这种依地势高下而定的上、下院形式同广仁寺和胜严寺的关系略有区别。万历三十四年（公元1606年）西安城内建起兴教院，"兴教院者，开元寺之别院也"⑤。清乾隆年间东关罔极寺分为南院和北院，二者皆有"住持僧众"⑥，这实际上是上、下院关系的一种变形，仍属于"一寺两处"的情形。

明清西安城乡寺宇中，也有下院在城、上院在乡的例子。如东关索罗巷西口关帝庙即是终南山紫竹林汤房的下院。⑦

3. 从住持的传承方式划分：十方丛林与子孙院

明清西安佛寺和道观有十方丛林和子孙院之分⑧，十方丛林的住持或方丈传承时多采用公举、推荐等方式，而子孙院住持则师徒承继⑨。

---

① 〔清〕僧王恩铭：《胜严寺并入广仁寺管理记》，清光绪二十年，碑存广仁寺。
② 〔明〕乔因阜：《开元寺创建兴教院碑记》，见民国《续修陕西通志稿》卷一六四《金石三十》，民国二十三年铅印本。
③ 〔清〕僧王恩铭：《胜严寺并入广仁寺管理记》，清光绪二十年，碑存广仁寺。
④ 〔清〕毕沅：《关中胜迹图志》卷七《古迹·祠宇》，清文渊阁四库全书本。
⑤ 〔明〕乔因阜：《开元寺创建兴教院碑记》，见民国《续修陕西通志稿》卷一六四《金石三十》，民国二十三年铅印本。
⑥ 〔清〕管瀛：《重修罔极寺碑记》，清乾隆五十四年，碑存罔极寺。
⑦ 郭敬仪：《旧社会西安东关商业掠影》，见中国人民政治协商会议陕西省委员会文史资料研究委员会编：《陕西文史资料》第16辑，陕西人民出版社，1984年，第177页。
⑧ 《八仙庵十方丛林碑记》，清道光十二年，碑存八仙庵。
⑨ 《卧龙禅寺重建清规碑》，清同治十三年，碑存卧龙寺。

从现存明清碑刻用词语气看，如"关中卧龙本敕建丛林，非世俗所谓子孙院者可比"①等，更具公共性的十方丛林类寺宇的社会地位高于子孙院类，也更受市民和宗教界推崇。寺宇由子孙院改为十方丛林，社会舆论大加褒扬；由十方丛林改为子孙院，则多受诟病。同治十三年（公元1874年）《卧龙禅寺重建清规碑》就严加禁止将可由公众选择方丈的十方丛林改为师徒相传的子孙院，以维护寺院事务的公正性。

寺宇作为十方丛林或子孙院的性质并非一成不变，在不同时期具体条件下会发生转化。如罔极寺作为明清西安城师徒相传子孙院的代表，至民国时则改为十方丛林，"供养四众"②。

（二）道观与民间庙宇

道教自形成之日起就与民间信仰密不可分，道观与民间庙宇供奉的神祇也有共通性。道观一般有常住道士、道姑对宫观建筑进行维护、管理，宫观规模较大；民间信仰庙宇规模较小，一般并无专人管理，多由乡村坊里的信仰民众维护，信仰随意性较大。民间庙宇的修缮、收入来源均不如道观稳定，兴废变迁也就相对频繁。从作为中国最本土化的信仰空间来说，道教宫观和民间庙宇可视为同一信仰类型载体。

西安东关八仙庵始建于宋代，是明清西安最著名的道观之一。八仙庵在清前期自十方丛林改为子孙院，而后又改回十方丛林③。为防止类似情形再度发生，八仙庵内"公设丛林碑记"以做警示。明清西安另一著名道观东岳庙在道教派别上属仙姑派，为子孙庙。④

明清西安民间神庙数量远远超过佛寺和道观，个体规模虽小，但数量之多使其成为佛寺、道观之外与市民日常生活联系最为紧密的信仰空间之一。普通妇女为求子而崇奉观音菩萨、送子娘娘，工商业者为平安发财而拜祀火神、财神，药商、医士和普通市民崇奉药王⑤以求平安免灾，畜商崇奉瘟神以求贸易顺畅，官民拜祷龙王、二郎神等以求雨，祀火神以免灾，市民、军兵崇奉关公祈求平安等。⑥

（三）清真寺

1.西安清真寺的肇建

关于西安清真寺兴建之始，明代就已众说纷纭，莫衷一是。虽然化觉巷清真寺在清

①　《卧龙禅寺重建清规碑》，清同治十三年，碑存卧龙寺。
②　〔清〕管瀷：《重修罔极寺碑记》，清乾隆五十四年，碑存罔极寺。
③　《八仙庵十方丛林碑记》，清道光十二年，碑存八仙庵。
④　余忠杰：《东岳庙与道德小学》，见中国人民政治协商会议西安市新城区委员会文史资料委员会编：《新城文史资料》第6辑，1989年，第45页。
⑤　民国《咸宁长安两县续志》卷七《祠祀考》，民国二十五年铅印本。
⑥　民国《咸宁长安两县续志》卷七《祠祀考》，民国二十五年铅印本。

乾隆年间就已号称"自隋唐迄今历千载余，敕建七次"①，但有研究者认为，西安地区回族大致形成于北宋晚期至南宋初年②，清真寺不会早在唐代就兴建于长安宫城附近。

通过对现存碑刻的比照分析可知，宋代长安城中已随回族的聚居而在西北隅兴建了化觉巷清真寺。明刘序《重修清净寺记》载："清净寺者，西域教率其徒祝延之所也。西域教自唐入中国，厥徒奉之亟诚亟慎。乃至赵宋时，建清修寺于陕西鼓楼西北隅"③。这一记述当与史实相合。

2. 元明清西安增建清真寺的内因

元代，从成吉思汗到忽必烈，曾多次率蒙古骑兵征伐中亚各国，俘虏、迁徙了成千上万不同职业的穆斯林来中国为兵、为商、为工，多数安置在西北从事垦殖。④元奉元路城为西北重镇，安西王又镇守于此，城中回族人口的增加势在必然。为满足穆斯林的信仰需求，元中统四年（公元1263年）增建了大学习巷清真寺。明人刘序《重修清净寺记》载："元世祖中统四年六月，肇创此寺于长安新兴坊街西东面，名曰'清净'。分徒之半，祝延于斯"⑤。由此碑记可知，在该寺创建之前，这一区域已聚集了大量穆斯林人口。

明初对宗教信仰采取鼓励和宽容态度，加之伊斯兰教具有"印以孔孟真传，其人伦日用之典，妙合乎正也；诚意之理，推而可以为齐治均平之化"⑥的特点，对社会风俗改善有积极意义。"司教者宣化，禀教者乐从，斋戒有期，诵法有训，以至道德相劝，有无相资，婚丧相助，诸恶弗作，诸善奉行"⑦。明代西安城伊斯兰教发展较快，回族人口在西北城区不断聚居，又相继兴建了2座规模较大的清真寺。

关于明代清真寺兴建、扩建和人口增加之间的关系，明人马之骥《重修真教寺记》指出："其源本于西方之圣人，天方之一派，肇于唐初，盛于大元皇庆之间，以迄于今，历千余载而风教若斯"。"但生齿日繁，人文渐盛，其规模，其制度，说者病其狭隘，安得不为一扩充一开拓耶？"⑧大学习巷清真寺在明代的扩建正是基于"但归教益

　　① 《敕修清真寺碑》，清乾隆三十三年，碑存化觉巷清真寺。
　　② 马士年：《西安地区的回族》，见中国人民政治协商会议西安市委员会文史资料研究委员会编：《西安文史资料》第12辑，1987年，第13页。
　　③ 〔明〕刘序：《重修清净寺记》，明嘉靖二年，碑存大学习巷清真寺。
　　④ 马辰：《回族与伊斯兰教》，见徐梦麟主编：《西北文史荟览》，宁夏人民出版社，1991年，第247页。
　　⑤ 〔明〕刘序：《重修清净寺记》，明嘉靖二年，碑存大学习巷清真寺。
　　⑥ 〔明〕冯从吾：《敕赐清真寺碑记》，清咸丰七年，碑存大学习巷清真寺。
　　⑦ 〔明〕马之骥：《重修真教寺记》，明万历四十二年，碑存小皮院清真寺。
　　⑧ 〔明〕马之骥：《重修真教寺记》，明万历四十二年，碑存小皮院清真寺。

众，隘不能容"①的实际状况。

清代大体继承了明代的宗教政策，对伊斯兰教和佛、道教一视同仁。雍正帝认为穆斯林"既为国家之编民，即皆为国家之赤子也。朕临御天下，一视同仁，岂忍令回民独处德化之外？"②西安城区回族民众针对乾隆四十六年（公元1781年）甘肃回民的反抗活动，称"与内地民人同为赤子，即如西安省城有礼拜七寺，相沿故事，持诵经文，不过以清净为宗，善良共勉"③，表明伊斯兰教主旨并非与清朝廷对抗。西安城穆斯林对其信仰的认识在一定程度上促进了回族社区和清真寺的发展。清代西安城回族人口继续增加，化觉巷清真寺"为省垣八寺之首，列户数百，居民千余"④，遂出现由新建清真寺分辖若干户坊民的情况，清真寺逐渐增加至8座。1870年英国学者威廉姆森在伦敦出版的《华北、满洲和东蒙旅行记》中即载"西安城内至少有8座清真寺"⑤。回族民众依寺而居，穆斯林聚居区进一步扩大。

3. 明代化觉巷清真寺的地位

明洪武二十五年（公元1392年）敕修化觉巷清真寺，皇帝敕谕中将之与首都南京城清真寺相提并论。明永乐三年（公元1405年）《敕谕南京西安建寺碑》载："洪武二十五年三月十四日，咸阳王赛典赤七代孙赛哈智赴内府宣谕，当日于奉天门奉圣旨：每户赏钞五十锭、棉布二百匹与回回每，分作二处盖造礼拜寺二座，南京应天府三山街铜作方一座，陕西承宣布政司西安府长安县子午巷一座。如有寺院倒塌，许重修，不许阻滞，与他住坐，任往来府州县布政司买卖，如遇关津渡口，不许阻滞"。嘉靖元年（公元1522年）该寺获秦王支持重修⑥，景泰五至六年（公元1454—1455年）间由西安府署、咸宁县署等主持重修⑦。从皇帝、藩王一直到地方官府都对化觉巷清真寺的重修予以大力支持，足以反映出伊斯兰教和清真寺在西安城乡宗教格局中占有独特地位。

（四）教堂

明清时期，往来西安的欧美传教士人数众多，来自欧美多个国家，在西安先后设立了多所教堂、学校和医院。

---

① 〔明〕曹兰：《增修清真寺记》，明嘉靖二十四年，碑存大学习巷清真寺。
② 《圣旨碑》，清乾隆十五年，碑存化觉巷清真寺。
③ 《毕老大人德政碑》，清乾隆四十六年，碑存化觉巷清真寺。
④ 〔清〕乌日章：《前掌教海公洁泉德行碑记》，清光绪二十七年，碑存化觉巷清真寺。
⑤ Alexander Williamson, *Journeys in North China, Manchuria, and Eastern Mongolia: With Some Account of Corea*, London: Smith, Elder & Co., 1870, p.379.
⑥ 〔明〕李时荣：《敕赐清修寺重修碑》，明嘉靖五年，碑存化觉巷清真寺。
⑦ 〔明〕李谦：《重修礼拜寺无相记》，明景泰六年，碑存化觉巷清真寺。

明天启七年至崇祯三年（公元1627—1630年）间，西安糖坊街天主堂建成。《美国东方学会会刊》1856年第5卷《西安府的景教碑》载云："1625年，耶稣会士们向世界宣告发现了一通记载唐代（7—8世纪）基督教传播情况的碑刻"。"1628年，数名神父……在西安这座大城市中建起一所房屋和一座教堂来传布我们的宗教"。[①]此后西方耶稣会士来西安传教、观瞻者日渐增多。李伯毅先生认为："从1625—1700年间，德、法、意、比等国耶稣会士相继来陕传教者计有十余人之多。"[②]实际上，仅法国学者所著《在华耶稣会士列传及书目补编》中记述1619—1724年间入陕传教者就多达32人，其中19人前往西安府，涉及比利时、德国、葡萄牙、意大利、英国、法国等。如表所示：

表 9-1　明末清初前往西安的外国传教士一览表

姓名	国别	驻留、经行时间	姓名	国别	驻留、经行时间
李玛诺	葡萄牙	1622	李方西	意大利	1640、1659、1671
谢务禄(鲁德昭)	葡萄牙	1625	利类思	意大利	1647—1648
金尼阁	法国	1625	吴尔铎[②]	比利时	1661
汤若望[①]	德国	1627—1630	白乃心	奥地利	1661
金弥阁	比利时	1630—1648	毕嘉	意大利	1672—1680
费藏裕	葡萄牙	1630—1634	潘玛诺	意大利	1686
傅泛济	葡萄牙	1630—1641	李明	法国	1689
梅高	葡萄牙	1640—1644	龙安国	葡萄牙	1700—1701
郭纳爵(郭崇仁)	葡萄牙	1640—1648	孟正气	法国	1703—1712
方德望	法国	1640—1646			

资料来源：法荣振华《在华耶稣会士列传及书目补编》中载有明末清初与陕西相关的耶稣会士共32人，其中19人注明在西安府活动，另有11人注明与陕西相关，2人注明在汉中府传教。为统计精确起见，上表仅列入注明在西安府活动的19人，但其余13人也有可能曾经前往西安城。注明与陕西相关的11人为：龙华民、史惟贞、杜奥定、王丰肃、南怀仁、穆格我、陆泰然、何大经、罗雅理、利国安、麦大成。注明在汉中府传教的2人为：卜嘉、曼努埃尔·约瑟。

注：
① 伍昆明：《早期传教士进藏活动史》，中国藏学出版社，1992年，第311页。
② 伍昆明：《早期传教士进藏活动史》，中国藏学出版社，1992年，第314页。

① Alexander Wylie, "On the Nestorian Tablet of Se-gan Foo", *Journal of the American Oriental Society*, Vol. 5, 1856, pp. 275-336.
② 李伯毅：《陕西首位天主教徒、机械发明家王徵》，载《中国天主教》2003年第6期，第40—42页。

清康熙五十五年（公元1716年）土地庙什字天主堂建成，光绪十八年（公元1892年）扩建。光绪中期英国浸礼会传教士创建东关东新巷教堂。至清末，瑞挪会等新教教会在西关、南关等处兴建福音堂、学校等。

清后期至民国，往来西安的外国教士络绎不绝，结合传教开展的活动更为多样化。在建立教堂的同时，也开办了多所新型学校和医院，从而为西安教育、医疗等领域带来了新的气象。1889年1月初，途经西安考察的美国外交官柔克义在《喇嘛之乡》中载云："西安城有一座天主教教堂，全省约有30000名基督徒。但主教并未住在西安城中，而住在通远坊。"[1]1901年，英国人比格姆在《在中国的一年1899—1900》中载："（西安）城内的传教士几乎全是瑞典人，而他们都能说非常流利的英语。"[2]这些先后到达西安的西方传教士，在扩大基督教影响的同时，对西安教育、医疗等领域的发展也有一定贡献。

（五）官方祭坛

虽然佛寺、道观、城隍庙、名人祠宇以及较大的民间庙宇，如龙王庙、关帝庙、火母行宫等有时也在官府举行祭祀活动之列，但主要信仰群体仍为普通民众。"坛"作为明清西安官方祭祀空间，有固定的祭祀时间、仪式，由省、府、县官员主祭。这一时期主要祭坛包括社稷坛、天地坛、风云雷雨山川坛、郡厉坛等。坛的设置为朝廷统一规定，因而各城市祭坛类型、规模等如出一辙。明代西安在官方祭坛外，数秦王府城内以封国名义设立的社稷坛、天地坛最为重要，由秦王宗室主祭。

（六）名人祠庙

明清时期，为纪念先贤大儒、文官武将、地方名人而兴建的祠宇是城市中重要的祭祀空间。明人张治道《创建杜子祠记》阐释建祠主旨云："自古道德文学风节之士，苟有关于世教者，建祠修祀，其道有三焉：曰生里，曰流寓，曰宦乡。生以表其灵，寓以彰其迹，宦以显其泽。有一于此，则建祠以祀。"[3]可见，立祠是对已故或在世的名宦贤士最高的褒奖，祠庙一般兴建于祠主的出生地、寓居地、为官地。

严格说来，就祭祀对象而言，名人不同于神祇，其祠宇也就不属于宗教信仰空间。但从同为祭祀空间来讲，又具有相通性。如名臣祠"建于文庙之侧，有司春秋祭焉，捐

① William Woodville Rockhill, *The Land of the Lamas*, London: Longmans, Green, and Co., 1891, p.24.

② Clive Bigham, *A Year in China 1899-1900*，London: Macmillan and Co., Limited, New York: The Macmillan Company, 1901, p.149.

③〔明〕张治道：《创建杜子祠记》，见《关中两朝文钞》卷四，清道光十二年刊本。

置品物，同于祭，并祀之，岁以为常"①。祠中以"各木主即书其讳字，复详其籍贯，俾入祠者略知梗概，翘首耸肃敬之容，摇心奋思齐之志"②。祠庙作为集中反映祠主事迹的展览场所，同宗教、信仰场所一样可起教化作用。长期祭祀之下，祠主也往往演变为一方神祇。如明代在东关为咸宁知县满朝荐修建的满侯生祠，清代时已成为咸宁县城隍庙，满朝荐也被尊为咸宁县城隍神。

名人祠庙可按照不同标准划分为多种类型。

1. 从祠的专有性划分：专祠与合祠

专为纪念一人修建的祠为专祠，以位于城南韦曲的杜公祠（祀杜甫）、城内下马陵的董子祠（祀董仲舒）最为著名。合祠为纪念多人的祠宇，往往由于事迹相近、社会地位相当而修建。如西安乡贤祠、名臣祠等都纪念数十人，清代八旗昭忠祠和八旗节烈祠更祭祀多达数千人。专祠虽专为一人而建，但往往有数人配享，如杜公祠就有明张治道配祀。③

2. 从祠主的身份、功绩、事迹等划分：名臣、名宦、乡贤、崇圣、节孝、道统等祠

按照祠主身份、功绩、事迹等将一类人置于一处合祀，因而均为合祠。祠主与西安及周边地区有紧密关联，如名臣祠祀历代朝臣，尤其是本籍人士中的贤能官员，西汉韩城县司马迁和明代三原县王恕就入祀其中。名宦祠祀历代在本地为官的贤宦，如明成化年间开浚通济渠的西安知府余子俊、明崇祯年间修筑关城的陕西巡抚孙传庭。乡贤祠祀本地德才兼备、声望崇高者，如明代主讲关中书院的冯从吾。道统祠祀历代圣人，如伏羲、神农、黄帝等。节孝祠祀本地节烈妇女等。

3. 从祠的修建时间划分：生祠与身后祠

名人祠宇一般奉祀已故之人，而生祠则为在世者所建。如康熙初陕西巡抚贾汉复调离后，西安士民在其主持疏凿的放生池（今莲湖公园）附近建贾公生祠。④康熙年间曾镇压西南苗族反抗活动的川陕总督鄂海也因功勋卓著，得以在大雁塔前立生祠。生祠是对生者功绩的表彰，对在世者而言是莫大的荣誉。

明清西安还有家庙一类供奉先祖的祭祀场所。能建家庙者，非尊即贵，皆为社会上层。如明代秦王府城设祖庙和宗庙；清康熙间荆州将军霍伦布来陕驻防，于东县门附近建赫舍里崇勒家祠。

---

① 〔清〕邓廷桢：《重修名臣祠碑记》，清道光元年，碑存西安碑林。
② 〔清〕杨毓芳：《重修关中名臣祠序》，碑存西安碑林。
③ 〔清〕李法：《拟重修杜工部张太微祠堂记》，见《关中两朝文钞》卷二一，清道光十二年刊本。
④ 〔清〕王宏度：《贾公生祠碑记》，见《关中两朝文钞》卷一六，清道光十二年刊本。

第二节
明清西安城乡寺宇的分布

城区寺宇的分布格局与城市坊里街巷、商贸空间、文教场所等有着非常密切的关系，能够反映城市渐变成长的过程，也可借以从微观角度揭示城市社会空间架构。以下重点分析城区寺宇分布及其特征，对与城市关系密切、特征显著的郊区寺宇也一并论述。

一、空间分布

要深入分析明清西安城乡寺宇的空间分布特征，首先需要对寺宇数量、具体位置、兴建时间、兴废概况等进行细致统计，唯此才能准确反映寺宇分布特征及时空变迁。明清陕西、西安以及咸宁与长安两县方志有关寺宇的记录繁复冗杂，修志时间、记述内容往往存在重合或断层，为考订寺宇数量、位置等带来很大困难。

笔者在广泛搜集史志舆图、碑石文献的基础上，考订出明代西安城区分布有多达70座寺宇，清代西安城区增至200余座。西安城郊寺宇在城南樊川一线和秦岭北麓分布较为集中，数量亦在百座以上。作为"后都城时代"的西北军政、文教重镇，西安亦堪称西北地区的宗教重镇。

（一）明代城区寺宇

明初扩城后，西安既为陕西"会城"，又是秦王封国所在，城市军政地位之重要在西北地区无可比拟。城乡寺宇在继承前代基础上又有大量重修、新建，数量较宋、元时大为增加。清《重修大兴善寺碑记》所载"长安为省会之区，城之内外名刹甚多"[1]，就道出了城市地位与寺宇数量之间的紧密联系。

明代西安城依空间格局可分八区，即以四条大街和钟楼为分隔线自然形成的东北、东

---

[1] 〔清〕鄂海：《重修大兴善寺碑记》，清康熙四十五年，碑存大兴善寺。

南、西北、西南四城区和东、西、南、北四关城。虽然西、南、北三关城至明末才建修而成，且面积较小，但已分布有若干寺宇。以下统计的明代西安城寺宇均有史料明载。清代寺宇采取光绪十九年《陕西省城图》和相关文献相互结合、彼此印证的方法，主要反映清末西安城寺宇的分布情况。由于统计数量更多，因而结论较之明代就更为准确。

以下按照城八区、六类寺宇进行统计、分类，列表如次：

表 9-2　明末西安城寺宇数量及分布表

城区 ＼ 寺宇	寺、庵	宫、观、庙	清真寺	祠	坛	教堂	合计
东北	2	6	—	2	2	—	12
西北	3	8	4	1	—	1	17
东南	10	5	—	6	—	—	21
西南	2	2	—	—	—	—	4
东关	5	6	—	1	—	—	12
西关	1	2	—	—	—	—	3
南关	—	—	—	1	—	—	1
北关	—	—	—	—	—	—	—
全城合计	23	29	4	11	2	1	70

各类寺宇在每一城区中影响力最大者，视为该区核心寺宇。列表如次：

表 9-3　明末西安城八区核心寺宇列表

城区 ＼ 寺宇	寺、庵	宫、观、庙	清真寺	祠	坛
东北	开福寺	东岳庙	—	—	社稷坛、山川坛
西北	西五台	都城隍庙	化党巷清真寺	—	—
东南	卧龙寺、开元寺	真武庙	—	董子祠	—
西南	西开福寺	天宁观	—	—	—
东关	罔极寺	八仙庵	—	—	—
西关	安庆寺	太白庙	—	—	—
南关	—	—	—	三公祠	—
北关	—	—	—	—	—

据笔者初步测算的城八区面积，结合寺宇数量可计算城区寺宇分布密度，以反映城区寺宇分布疏密状况。列表如次：

表9-4 明代西安城八区寺宇分布密度表

城区	面积（平方公里）	寺宇数量（座）	密度（座/平方公里）	城区	面积（平方公里）	寺宇数量（座）	密度（座/平方公里）
东北	4.20	12	2.9	东关	1.68	12	7.1
西北	3.99	17	4.3	西关	0.57	3	5.3
东南	1.76	21	11.9	南关	0.20	1	5
西南	1.67	4	2.4	北关	0.22	—	—

以明末西安城14.29平方公里分布70座寺宇估算，寺宇分布密度为每平方公里4.9座。

明代东北城区分布有秦王府城祭坛、祖庙、宗庙以及东岳庙等较大信仰祭祀空间，但作为新扩城区，居住人口较少，缺乏信仰群体的支撑，其他类型寺宇因之寥寥。东南城区寺宇分布密度最大。明代东南文教区的集中建设带动了相关寺宇的维修、重建、新建，加之这一地区在明代大部属于新扩城区，人口较西南城区少，寺宇数量多，规模较大。西北城区面积在四城区中仅次于东北城区，也包括 部分新扩城区。作为明代西安城的园林集中之区，西北城区西北隅在有明一代属偏僻之地，为寺宇的兴建创造了条件。西南城区面积在四城区中最小，但人口十分稠密。一般而言，在城市人口聚集的地区，寺宇限于占地等需求，较大规模者少，而小型庙宇一般较多。虽然表中统计反映西南城区寺宇分布最少，但这是限于资料所载，实际情况可能是这一地区寺宇最多。

东关城在四关城中面积最大，约1.68平方公里，人口相对较多，民间信仰发达，寺宇分布较为稠密。其他三关城建成时间较短，寺宇数量少，分布稀疏。

（二）清代城区寺宇

据笔者考订，清代中后期西安城区仅见于史料记载和图志标注的寺宇就有277座之多。即使至民国时期，受战乱、饥馑等影响，寺宇大量凋敝、废毁之后，卞文鉴《西北考察记》仍载西安城存有88座寺宇。需要说明的是，277座的统计数字是基于清后期不同时段文献记述得出的，并不能精确反映同一时间断面上西安城区的寺宇数量。但277座寺宇的名称、位置等均可考知，是当时寺宇的主体，故建立在这一统计上的分析能够反映清代西安城寺宇的分布特征。（见图9-1）

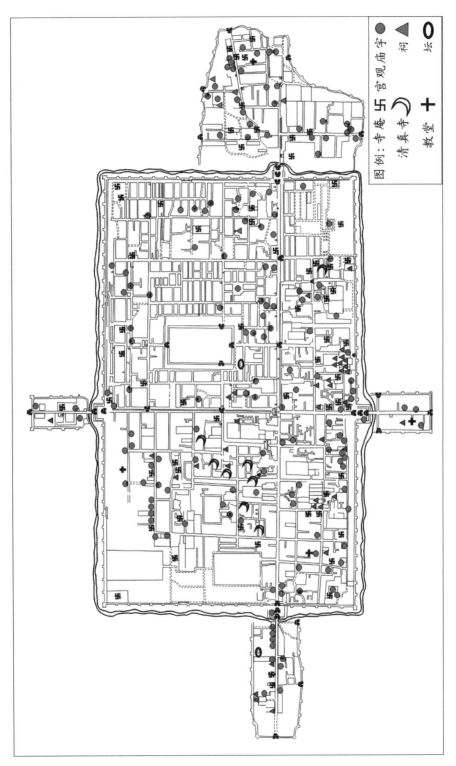

图9-1　清代西安城寺宇分布示意图

清代西安城区寺宇的数量及分布列表如次：

表 9-5　清末西安城寺宇数量及分布表

城区 \ 寺宇	寺、庵	宫、观、庙	清真寺	祠	坛	教堂	合计
东北	15	39	—	3	—	—	57
西北	10	26	8	5	—	1	50
东南	19	17	1	16	—	1	53
西南	7	27	—	7	—	1	42
东关	11	33	—	4	—	1	49
西关	2	10	—	1	1	1	15
南关	—	4	—	1	—	1	6
北关	—	4	—	—	—	1	5
全城合计	64	160	9	38	1	5	277

清代西安城区寺宇分布疏密状况列表如次：

表 9-6　清代西安城八区寺宇分布密度表

城区	面积（平方公里）	寺宇数量（座）	密度（座/平方公里）	城区	面积（平方公里）	寺宇数量（座）	密度（座/平方公里）
东北	4.20	57	13	东关	1.68	49	29
西北	3.99	50	12	西关	0.57	15	26
东南	1.76	53	30	南关	0.20	6	30
西南	1.67	42	25	北关	0.22	5	22

清后期西安城区277座寺宇分布在14.29平方公里的城区，分布密度约为每平方公里19座。

东北城区的明秦王府作为祠祀重点地区在清代消失，取而代之的是满城内数量众多的满族和蒙古族信仰场所，成为这一时期西安城内汉族与回族信仰系统外的重要一支。满城内新建寺庙规模—般较小，但分布均衡，各旗的寺庙数量、名目及祭祀之神当相差无几。从区域角度而言，满城寺宇的分布组合相对规整，这与西安其他城区寺宇分布有很大不同。四关城作为城乡接合部，其中寺宇兼有城乡庙宇的特征，为城乡社会的不同需要服务。清后期兴建的祠多选址在关城，这与城内人口逐渐增多、空间日益显得狭小相关。

清代西安城八区的核心寺宇与明代相比，有所调整和增加。受城市格局变动的影

响，部分新建寺宇成为区域核心信仰空间，如康熙年间敕建之广仁寺就与西五台并居西
北城区的核心寺宇。列表如次：

表 9-7　清末西安城八区核心寺宇列表

寺宇 城区	寺、庵	宫、观、庙	清真寺	祠	坛
东北	开福寺	东岳庙	—	—	—
西北	西五台、广仁寺	都城隍庙	化觉巷清真寺	—	—
东南	卧龙寺	财神庙	南城清真寺	董子祠	—
西南	西开福寺	天宁观	—	—	—
东关	罔极寺	八仙庵	—	许鲁斋祠	—
西关	安庆寺	太白庙	—	冯恭定公祠	风云坛
南关	—	关帝庙	—	三公祠	—
北关	极乐庵	三圣堂	—	马公祠	—

清末西安城区主要寺宇分布情况列表如次：

表 9-8　清末西安城区主要寺宇分布表

寺宇 城区	城隍庙	关帝庙	火神庙	药王洞	文昌宫	三圣宫	北极宫	娘娘庙
东北	—	14	—	1	1	6	—	—
西北	1	6	—	1	1	1	—	—
东南	1	2	2	—	2	1	—	1
西南	—	4	1	2	—	—	4	—
东关	1	7	3	2	2	—	3	—
西关	1	2	—	—	—	1	—	—
南关	—	—	1	—	1	1	—	1
北关	—	1	—	—	—	1	—	1
合计	4	36	7	6	7	11	7	3

西北城区都城隍庙和东南城区咸宁县城隍庙为明前中期所建，两者以钟楼为轴心大
致对称分布，分别位于早期官署区附近。清两县城隍庙分别位于东关和西关，充分反映
了清代关城的发展。玉皇阁（西南城区1，东北城区2）、圣母宫（东北城区1，东关2）、
菩萨庙（东南城区1，东北城区1，西南城区1）等分布也较多，呈现出群组分布的特征。

人口数量与城区空间是影响明清西安寺宇分布的两大因素。人口是信仰的基础，每
座寺宇都需一定数量的信仰人群作为支撑。人口稠密的地区，庙宇分布便相应较多。人

口聚集区域虽然为寺宇兴建提供了信仰民众基础，但城区有限土地的分配首先以满足居住需求为主，人口稠密地区的寺宇占地规模便相对较小。即使原有较大规模的寺宇，也可能随着人口的增多而出现空间被侵占的情况。寺宇分布、规模及影响因素之间的关系如下图所示：

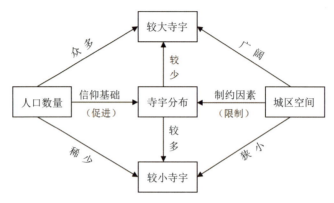

图 9-2　明清西安城寺宇分布、规模及影响因素关系图

（三）明清城郊寺宇

明清西安城郊寺宇数量多、分布广。明正德年间永寿郡王有诗云："路出城南境界宽，梵宫佳处恣盘桓"①，正是对西安郊区尤其是南郊寺宇分布状况的描绘。在西安城四郊中，南郊寺宇分布最多，与城市之间的关系也最为密切。综合来看，南郊寺宇分布形成了一带一区的格局，即纵向的樊川寺宇分布带和横向的终南山寺宇分布密集区。（见图9-3）

樊川寺宇分布带　南郊主要寺宇自荐福寺、兴善寺、慈恩寺起，往南沿樊川一带依次分布有牛头寺、华严寺、香积寺、兴教寺等。樊川之地"千畦交流，景益幽奥，南山时一见，如隔罗縠。东过杜曲，越华严寺，沿陂多小刹"。兴教寺周边"古木蔽翳，下瞰樊川，又少陵、神禾诸原，烟水花木，绝类江南"②。兴教寺"据高原，俯樊川，玉案山、天池寺在其南，韦赵三像院在其东，韦杜华严诸寺在其西，神禾原、道安洞、慧炬寺横亘其西南"③。华严寺居高临下，俯视樊川，潏水经流其间，西南对神禾原，南望终南山玉案、雾岩诸峰，南接兴教寺，西北临杜公祠、牛头寺。樊川寺宇带状分布的特征相当鲜明，大多位于台原与川道接合部。

---

① 〔清〕赵酉：《荐福寺来原》，清雍正十二年，碑存荐福寺。
② 〔明〕袁宏道：《袁中郎全集》卷一一《场屋后记》，明崇祯二年武林佩兰居刻本。
③ 〔明〕赵崡：《石墨镌华》卷七《访古游记·游城南》，清知不足斋丛书本。

　　终南山寺宇分布密集区　终南山横亘于西安城南，素为历代风景佳地。民国《西京市分区计划说明》云："终南山，系秦岭之一部，为市南之屏障。其山脉来自户县东南圭峰山，入境至蓝田县西南终止，占长安南界之全部，东西约长八十余里。其间清华、翠微、五台、翠华等山，连绵起伏，山清水秀，林木丛茂，多有建筑，风景绝佳，为历代名胜之区。"①概括而言，终南山寺宇分布密集区主要由两处信仰核心圈组成，一为南五台，一为翠华山太一宫、太一湫。

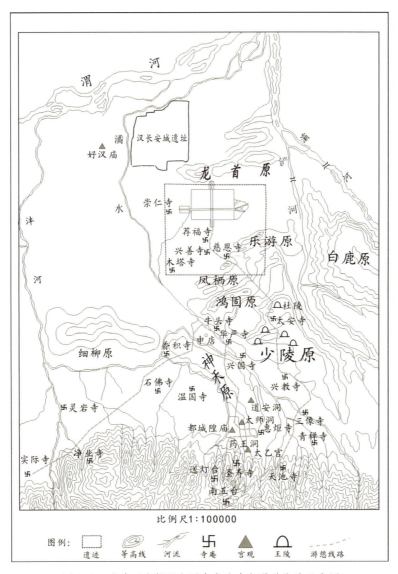

图 9-3　明清西安郊区主要寺宇分布与游憩线路示意图

---

①　西安市档案局、西安市档案馆编：《筹建西京陪都档案史料选辑》，西北大学出版社，1994年，第95页。

南五台相对而言具有综合性的特点，其上庙宇众多。民国《咸宁长安两县续志》卷七《祠祀考》载："南五台在县南五十里白石峪内，自峪口至正顶圆光寺二十余里，沿路寺庙林立"。知名者就有72个汤房，均沿山势而建。由山口向上，分别为土地祠、弥陀寺、流水石、过江楼、兴宝泉、白衣堂、大白堂、甘露堂、太白寺、五佛殿、竹林寺、朝天门、五马石、一天门、观者寺、弯柏树、胜宝泉、西方境、遇仙桥、送子庵、下宝泉、慈航庵、上宝泉、观音堂、二天门、弥佛寺、观音殿、孤魂殿、普济台、阴真宫、圣母殿、五圣殿、火龙洞、琉璃殿、石佛寺、江义寺、千佛寺、睡佛殿、三天门、圣母寺、库官殿、三圣宫、黑虎殿、南海殿、紫竹林、灵光殿、兴龙寺、四天门、索罗坪、库官寺、圣母楼、圣贤楼、园光寺、固车台、元觉寺、相子洞、拴龙庄、碾龙场、文殊台、清凉台、南天门、灵应台、梳装台、舍身台、舍身岩、显身台、接引台、送灯台、圣寿寺、塔寺沟、大台、大茅庵等，既有佛寺、道观，又有民间信仰庙宇，崇奉各路神明，相关传说故事颇为丰富。①

太一宫及其附近山地也分布有众多信仰祭祀场所，由山下至山上，依次为太一宫、日月崖、抱子崖、玉皇洞、八仙洞、石镜、太一湫、太一殿、三官洞、雷神洞、金华洞等，明清西安官民祷雨，多在此处举行祭拜活动。

综上而论，明代东、西、南、北四乡中，南郊寺宇分布最多，这与隋唐长安城的寺宇分布格局相一致，虽然宋、元、明均有新建，但对整体格局影响不大。清代西安郊区寺宇分布继承了明代的格局，只是在同治年间由于战乱破坏，大量寺宇毁于战火。尽管同治之后很多寺宇得到重建或者修葺，但还是有一些寺宇就此消失，西安城郊区的寺宇从数量和规模上都趋于衰退。这是郊区寺宇与城市内部寺宇在变迁方面非常明显的一个差异，即战争对郊区寺宇的破坏要远远大于对城市内部寺宇的破坏，从而影响到城乡寺宇的分布格局。四乡郊区寺观祠宇的组合特征并不明显，这主要与郊区村庄较为分散有关，几乎所有的村庄都出于自己的信仰需要而修建有规模较小的庙宇，如土地庙、娘娘庙等。村庄与村庄之间在信仰方面的互补性较弱，共通性较强。这与城区寺宇的组合、互补反差颇大。

---

① 余自模：《回忆南五台胜景及台沟会》，见中国人民政治协商会议西安市雁塔区委员会文史资料研究委员会编：《雁塔文史资料》第2辑，1987年，第108—109页。

二、选址原则

数量众多、类型各异的寺宇有着各不相同的建寺之由、选址原则，但无论何种考虑，其主旨都在于使寺宇所处位置能在最大程度上吸引到信仰群体，从而充分发挥宗教、信仰、祭祀的功能。分析明清西安城乡寺宇的择址实例，可归纳出以下六类选址原则和依据。

就近布设　对城区及近郊寺宇而言，就近布设意味着便于信仰群体前往拜祭，从而以地理位置的便利性来增强寺宇的吸引力，在众多寺宇针对信仰群体的竞争中占有地利优势。对官方而言，就近布设可节约祭祀耗时、扩大祠宇知名度，因而往往不惜耗费人力、物力移建或新建重要祠宇。乾隆之前，西安城大型求雨活动多派官员前往位于今宝鸡眉县境内的太白山。为表诚心，官绅往往采取"步祷"的形式，往来费时。有鉴于此，乾隆间陕西巡抚毕沅于西关内新建太白庙，以便就近拜祀。[1]

嘉庆八年（公元1803年），专门祭祀八旗阵亡军兵的八旗昭忠祠初建于西安城西门之外，"人迹罕到"，"祭之日，世职而外兵弁无与祭者，几不知享祭为何人，并不知致祭为何礼"。满城偏处城内东北一隅，而八旗昭忠祠却建在西门之外，空间上的距离弱化了祠宇的重要性。嘉庆二十一年（公元1816年），西安将军成德"爰率群僚集赀卜地，即于驻防城建祠，以祀驻防官兵之死事者若干名"。[2]将昭忠祠移建于满城内，便于旗人祭拜，在很大程度上改变了满人不知昭忠祠所祀何人的尴尬境况。

对普通百姓而言，距离越近的寺宇往往出入越频繁，寺宇著名与否还在其次。社区特有的地域性和归属感，使生活在一定区域的人群往往只祈求其居住区的寺宇神灵庇护，只有为了某种特殊需求才会到属于整个城市社区的寺宇去拜神。社区寺宇通常设在全社区居民往来便利之地。寺宇所在往往是整个社区空间的重要节点。城区寺宇尤其是小型庙宇，以靠近居住区核心地带为其目标之一。如城内西北隅药王洞、关帝庙、菩萨庙等，西南城区的古红庙、湘子庙、五岳庙等均位于丁字街口。小型庙宇处于街口位置，既是平日人流所经之地，又同时位于另外一条街道的中部，适中的地理位置有利于吸引到更多的居民。一般来说，庙宇多适应街巷的位置，而街巷格局受小型庙宇的影响相对较小。一个新形成的社区需要在社区内最合适的位置修建寺庙供全社区居民使用，一座新建的寺庙必能吸引大批居民聚居在其周围，社区的形成与寺庙的修建之间存在着

---

① 民国《续修陕西通志稿》卷一二四《祠祀一》，民国二十三年铅印本。
② 民国《续修陕西通志稿》卷一二四《祠祀一》，民国二十三年铅印本。

某种因果关系。

较大规模的寺宇往往基址固定已久，在位置选择方面只能继承，难以再有改变。但较大寺宇一般在长期发展过程中已然成为社区的中心，被居民区环绕或者位于通衢之侧，同样也占有地利之便。如清真寺均兴建于穆斯林聚居地，清光绪末年执教于陕西高等学堂的日本教习足立喜六在《长安史迹研究》中记述云："西安城内西大街之北与北大街之西，都是回教徒的居住地。在其廓内的小皮院巷、大皮院巷和花角巷，各有一座大清真寺。"①"围寺而居"的教坊居住方式实际上也反映了寺宇就近布设的原则。

区域组合　区域组合既是城区较小庙宇的分布特征，也是其择址的基本原则。在与较大寺宇关于信仰群体的竞争中，小型庙宇需要通过分布上的区域组合来发挥信仰集群的优势，以较小空间内兴建几座寺庙或者一庙内同时供奉几类神祇的方式来吸引人群。区域组合有利于增强小型庙宇在城区的生存竞争力。较大寺宇是城市信仰的支柱，小庙宇则起到填缺补漏的作用。

清代西安城寺宇区域组合较为突出的实例是关帝庙与三圣宫（三圣堂、三圣庙）组合，药王洞、娘娘庙、三官庙组合，在各城区多有表现。东关的关帝庙、太白庙、花神庙、药王祠形成东北群组，古金天观、火神庙、圣母宫形成西南群组，西关的关帝庙、城隍庙、三圣宫、二郎庙、太白庙则为城西重要群组之一。

相伴而生　城市庙宇的兴建往往与职能区相伴而生，兴建时目的性很强，祭祀神祇和信仰对象均有明确针对性，由此可折射出西安城职能机构的分布与城区功能的不同定位。从西安城功能分区与庙宇的关系来看，都城隍庙伴生于官署区附近，文庙及其内部众多祠宇依附于文教区，关帝庙、火神庙等尚武类庙宇则与军事机构（如火药库、教场等）相伴生。城区比较典型的还有如敬禄仓附近兴建财神庙，东关花圃集中地区兴建花神庙等。②

风水方位　明清西安城乡寺宇在择址兴建时往往基于传统风水理论，注重利用寺宇弥补区域风水缺陷，增强风水优势。

崇仁寺始建于隋，位于城西5里。明清时期先后由秦王和西安府屡修，规模宏大，建筑精美，内塑有五百罗汉像。"当时招提之胜，甲于海内"。崇仁寺之所以在明代和清前中期得到官方重视，是因为时人认为它对西安城整体风水具有非同寻常的弥补之

---

① ［日］足立喜六：《长安史迹研究》，王双怀、淡懿诚、贾云译，三秦出版社，2003年，第255页。
② 民国《咸宁长安两县续志》卷七《祠祀考》，民国二十五年铅印本。

功。"寺在金胜铺,一称胜金。以长安西面无山,建此以补金气。乾隆乙未,中丞毕公重加修建,门外凿池,方广十余丈,引永济渠水注之,取金水相生义也。"①可见崇仁寺的起建和后世修建均从风水观念出发,对其历代兴盛起了相当大的作用。西安南门瓮城内关帝庙(明清民间视关羽为火神),也是因为五行学说称南方为"丙丁火",系火神所在地,为避火灾而建。这一观念甚至直接影响了瓮城的形制,南门瓮城开东、西城门洞,不开正南门洞,与其他三城门迥然不同。②

事迹相关 城乡名人祠宇在兴建择址时多考虑与奉祀对象之间的地域联系,尤其是其功绩、事迹的发生地。明嘉靖五年(公元1526年),陕西官府为杜公祠选址时就因杜甫在长安"与寓与宦,皆于其地"③,遂建祠樊川。贾公生祠建于城内放生池附近,是因康熙六年(公元1667年)陕西巡抚贾汉复在疏浚通济渠之后,又引水注入莲花池,并改名"放生池",城市生态环境得以有所改善。光绪二十四年(公元1898年)建马公祠于北门外。马公即曾任甘肃提督的马德昭,在同治年间率军防守北门,以其在城防战中功勋卓著并战死于此,得以立祠受享。④

风景优美 寺宇在兴建之初出于烘托宗教氛围、强化信仰感应和有利修行传法的需要,多选择风景优美、山环水抱、地势较高之地。相较而言,郊区寺宇尤其注意周边环境的选择与建设,城内新建寺宇受制于城区空间的局限性,对环境的要求多低于郊区寺宇。

城区寺宇景致优美者以建于宋代的西五台云居寺和清代广仁寺为代表。西五台本为唐宫城城墙旧基,长期以来形成五处高台。宋代于其上建寺,占据全城最高之地。明代继修,清康熙年间于其上建卧佛殿,成为眺望全城风光的观景台。由此放目远眺,"远接雍州诸山灵秀,俯凭城郭亿万户,了如指掌"⑤。康熙四十四年(公元1705年)敕建的广仁寺位于"西湖园"⑥,周边环境幽谧,尽管远离居民区,但作为敕建喇嘛教寺院,其发展的稳定性并不受信仰民众较少的影响。也正因偏处一隅,西五台和广仁寺占地广大,环境幽静,便于参禅习佛。

郊区建于风景优美之地的祠宇数不胜数,以荐福寺和杜公祠为例足可说明。清《重

---

① 乾隆《西安府志》卷六〇《古迹志下·祠宇》,清乾隆刊本。
② 黄士桢:《西安大南门》,见中国人民政治协商会议西安市莲湖区委员会文史资料研究委员会编:《莲湖文史资料》第8辑,1995年,第188页。
③ 〔明〕张治道:《创建杜子祠记》,见《关中两朝文钞》卷四,清道光十二年刊本。
④ 民国《续修陕西通志稿》卷一二四《祠祀一》,民国二十三年铅印本。
⑤ 《重修西五台卧佛殿记》,清乾隆四十二年,碑存西五台云居寺。
⑥ 〔清〕僧王恩铭:《胜严寺并入广仁寺管理记》,清光绪二十年,碑存广仁寺。

修荐福寺碑记》载："（城内）五方错居，风气庞杂。择近郊之地创设梵林，鸠其徒，肄净业于中，俾从其教者就而请益，因植竹树，广廛楹，为宾旅眺游、栖息之资"①。杜公祠位于牛头寺东侧，二寺均在台地与川道的接合部，兼具地势高敞且风景优美的特点。正因拥有地利之便，杜公祠内兴修有渠、池、桥、亭，栽植着繁茂的果林、竹林，成为城南游赏休憩的必选之地。

三、兴废因素

不同寺宇的兴废变迁虽纷纭复杂，但大致可归结为建修与废毁两种情况。建修与废毁直接影响到寺院的分布变迁，与城市、时代的兴衰趋势相一致。建修寺宇是改善城市景观和面貌的途径之一，对美化城市景观、整肃城市面貌具有积极意义，寺宇的衰废则成为城市发展缓滞、没落的表征。

（一）建修

明清西安城乡寺宇建修的资金来源大体可分三类，即官方出资、个人或团体集资、高僧募化。在实际操作中，往往多种形式同时并存，资金单纯来源于一方的情况较少。

1.官方出资

明清朝廷对西安历代著名寺宇多有敕修或敕建之举，如慈恩寺、荐福寺、大兴善寺、卧龙寺、化觉巷清真寺、大学习巷清真寺、八仙庵、广仁寺等。西安作为历代都城故址，军政、文教地位极为重要，城乡寺宇得到敕修的概率远远大于西部其他城市。尤其是在光绪二十六年（公元1900年）慈禧太后和光绪皇帝停留西安期间，城乡众多寺宇得以敕修。"及辛丑还都之日，遂给各大庙及回教七寺均悬匾额以留纪念。"②

地方官府对寺宇的重修更为普遍，从现存碑刻看，官府、军队以及秦王府都是重要的助缘人。明成化八年（公元1472年）伍福《敕赐荐福禅寺重修记》载有捐资人名单，其中宗室王府支持最大，西安9座王府中7座都有捐资之举。当时西安府、咸长两县、驻西安的军队机构、锦衣卫、佛道管理机关等都有捐资，足见明代官方对修建寺院的重视程度。清代重修大兴善寺时也有不少军政机构参与助缘。

明代秦王及其宗室家族作为特殊的官方代表，有好佛之风。城乡诸多寺宇成为秦王

---

① 〔清〕李因笃：《重修荐福寺碑记》，清康熙二十三年，碑存荐福寺。
② 马光启遗著，冯增烈校正：《陕西回教概况》，见马长寿主编：《同治年间陕西回民起义历史调查记录》（《陕西文史资料》第26辑），陕西人民出版社，1993年，第218页。

家庙或专用寺观，重修时均得到秦王宗室的大力支持。以卧龙寺为例，在西安秦王的大力支持外，还得到兰州肃王的慷慨捐资。①明代秦王及其宗室好佛的传统，促进了众多佛教寺宇的持续发展。明代西安城乡地区秦王支持兴建的重要寺宇列表如次：

表9-9　明代与秦藩及其宗室相关寺庙列表

寺观	秦藩与寺观关系	寺观	秦藩与寺观关系
莲池寺①	秦王家庙	牛头寺⑩	秦邸香火院
卧龙寺②	支持修建	兴教院⑪	支持修建
慈恩寺③	明正统十四年（1449）、成化二年（1466）兴平庄惠王父子先后补修	千佛寺	明万历十二年（1584）秦藩重修
荐福寺	秦王重修④	龙王庙	支持修建
崇仁寺⑤	秦邸香火院⑥	老母楼	支持修建
普光寺⑦	明洪武初秦愍王为西印土乌萨罗国僧无坏建	药王洞	明万历间秦府敕修
百塔寺⑧	明万历十九年（1591）秦藩增修⑨，为秦邸香火院	观音堂⑫	秦王府宫人韩氏募宫中王太妃及嫔妃三百余金重修

注：
① 田克恭、白浪：《四十里长街——西安街巷话古今（一）》，三秦出版社，1989年，第82页。
② 《重修卧龙禅寺记》，明万历三十九年，碑存卧龙寺。
③ 〔明〕张用瀚：《重修大慈恩禅寺记》，明成化二年，碑存慈恩寺。
④ 〔明〕伍福：《敕赐荐福禅寺重修记》，明成化八年，碑存荐福寺。
⑤ 〔明〕赵崡：《石墨镌华》卷七《访古游记·游城南》，清知不足斋丛书本。
⑥ 〔明〕赵崡：《石墨镌华》卷七《访古游记·游城南》，清知不足斋丛书本。
⑦ 〔清〕毕沅：《关中胜迹图志》卷七《古迹·祠宇》，清文渊阁四库全书本。
⑧ 〔明〕赵崡：《石墨镌华》卷七《访古游记·游城南》，清知不足斋丛书本。
⑨ 嘉庆《长安县志》卷二二《寺观志》，清嘉庆二十年刊本。
⑩ 〔明〕赵崡：《石墨镌华》卷七《访古游记·游城南》，清知不足斋丛书本。
⑪ 〔明〕乔因阜：《开元寺创建兴教院碑记》，见民国《续修陕西通志稿》卷一六四《金石三十》，民国二十三年铅印本。
⑫ 民国《咸宁长安两县续志》卷七《祠祀考》，民国二十五年铅印本。

地方军政官署以及王府对佛教寺院的重视显然超过了其他宗教，这从一个侧面表明荐福寺、慈恩寺、大兴善寺等城郊佛寺是城市生活空间的重要延伸部分。从碑刻记载来

---

① 《重修卧龙禅寺记》，明万历三十九年，碑存卧龙寺。

看，以官方为出资主体的建修活动仅限于规模较大寺宇，民间小庙则难得眷顾。

2. 个人、团体集资

作为一种自发性的活动，个人、团体的集资建修带有较大的随意性、偶然性，如求雨、祈福、祛病等灵验之后，往往有信士"捐赀倡议，诸善众响慕"①。建修内容也因财力的不同而有区别，财力雄厚的个人或团体集资，建修工程往往较大，殿宇廊庑、佛像等均可得以重修。集资少的则工程较小，仅铸钟或修缮佛像。西安城区多是由一坊或数坊民众集资，或商业团体、行会筹资兴修，在郊区则由一里或若干村庄集资。清代卧龙寺由善士捐修一事颇具代表性。咸宁县青娄里（亦作"青楼里"）善士贺年选"慨然捐资"重修卧龙寺，将"前后殿宇、左右回廊……靡不革故鼎新"，又"将自己买到本寺巷口祁姓房院一所，其内厦房五间，价银七十五两；又有城根底房院一所，其内厦房四间，价钱六十千文"捐给卧龙寺。②贺年选不仅捐重金重修寺院，而且捐出两处房产作为寺产，足见其家财实力之雄厚、虔心发愿之真诚。

好善之士的修寺之举往往世代相沿，如清代戴宠三对大学习巷清真寺的修缮，"其祖上修葺寺院，功难枚举。公继先世之志，笃行不倦。公有子四人，毓卿、毓秀、毓俊、毓文，亦皆诚心向道，恪遵家风"③。家族一以贯之的沿袭式修缮对寺宇的持续发展起到了积极作用。

3. 高僧募化集资

绝大多数寺宇得以长期薪火相传的主要途径，一是依赖香火收入，一是高僧四处募化资金，建修活动也因此具备了更多主动性。罔极寺在乾隆年间的重修就主要依靠高僧肃萼的募缘资金，"费近千金，檀越布施约四百金，余皆肃萼会金营办也"④。

（二）废毁

1. 自然因素

年深日久，自然衰废　寺宇多为土木砖瓦结构，若长期无人管理维护，便会逐渐失修衰颓。在建修寺宇的碑记中，"时久易圮"⑤，"风雨久远，岁月摧残，梁栋瓦木几

---

① 〔明〕乔因阜：《开元寺创建兴教院碑记》，见民国《续修陕西通志稿》卷一六四《金石三十》，民国二十三年铅印本。
② 〔清〕瑚松额：《重修卧龙寺碑记》，碑存卧龙寺。
③ 〔清〕乌日章：《重修长安县新兴坊清真寺内省心阁等处碑记》，清光绪十六年，碑存大学习巷清真寺。
④ 〔清〕管灏：《重修罔极寺碑记》，清乾隆五十四年，碑存罔极寺。
⑤ 《重修卧龙禅寺记》，明万历三十九年，碑存卧龙寺。

至崩裂"①，"历年既久，凡风蚀雨毁、瓦废垣颓、法像尘封，近几不可拂"②，"迨后主持无传，丛林遂废。至于殿宇倾斜，荆棘满寺"③，"风凌雨震，规制虽存，屋瓦日就零落"④，以及"迄今世远年湮，风雨剥落，殿址倾圮"⑤等描述都表明长久岁月里的风雨侵凌造成了寺宇的自然损毁。但此类寺宇经重修复建又能再度恢复生机。

自然灾害　西安地处渭河谷地、关中平原中部，为地震多发地带。在明代嘉靖年间华州大地震中，西安寺宇同其他城市建筑物一样均有不同程度的损毁。荐福寺小雁塔在先后两次地震中开裂复又合拢，而其他寺宇则多有墙倒屋塌的受灾状况。分布在城南台原和川道接合部的寺宇，时有土原崩塌造成寺宇毁坏之事，如华严寺就先因"嘉靖间地震，寺圮"⑥，而后乾隆年间又因所处原面坍塌而衰落，有"原崩寺毁"⑦之说，此后发展进入低谷。

2. 人为因素

战争　在各种引起寺宇衰废的因素当中，战争的破坏最为巨大也最为彻底。若兵燹连年，则直接导致法运中辍，寺院废毁。战火中寺观建筑被毁，佛像、经卷被烧，僧道被杀或逃散，兵燹之灾成为寺宇被毁的最主要因素。

明末崇祯年间李自成起义军攻打西安，"运际兵凶"⑧，不少寺宇毁于战火。在清同治年间的战火中，西安城郊寺宇多难幸免。明清两代著名寺院大崇仁寺同治年间因作为团练的驻扎地而被回族起义军付之一炬，"率成焦土，惟景教碑岿然独存"⑨。慈恩寺在同治年间也是"殿宇灰烬，一塔岿然犹存"⑩。

同治年间战乱将西安城外清真寺也破坏殆尽。《陕西回教概况》载："迨同治元年军兴以后，……陕西除省垣以内、秦岭以南，凡三辅及陕北一带，茫茫大地，皆无吾教人之足迹矣。庄田庐墓，俱为他教人所有，礼拜寺俱毁于火。据前人调查，凡三辅及北

---

① 〔清〕乌日章：《重修长安县新兴坊清真寺内省心阁等处碑记》，清光绪十六年，碑存大学习巷清真寺。
② 《重修西五台卧佛殿记》，清乾隆四十二年，碑存西五台云居寺。
③ 〔清〕《皇清卧龙寺重修碑记》，碑存卧龙寺。
④ 〔明〕伍福：《敕赐荐福禅寺重修记》，明成化八年，碑存荐福寺。
⑤ 〔清〕马启鹏：《诰授奉直大夫美翁米公遗绩碑记》，清嘉庆十四年，碑存化觉巷清真寺。
⑥ 乾隆《西安府志》卷六一《古迹志下·祠宇》，清乾隆刊本。
⑦ 民国《咸宁长安两县续志》卷七《祠祀考》，民国二十五年铅印本。
⑧ 〔清〕僧易庵：《重修隋唐敕建大兴善寺来源记碑》，清康熙二年，碑存大兴善寺。
⑨ 民国《续修陕西通志稿》卷一三一《古迹一》，民国二十三年铅印本。
⑩ 〔清〕叶伯英：《重修慈恩寺记》，清光绪十三年，碑存慈恩寺。

山一带，计焚礼拜寺共计八百余所。"①明清西安城郊原有的回民村落和清真寺绝大多数就此消失。

人为侵占　由于城区空间有限，随着人口的增多，对土地和空间的需求越来越大，于是往往有一些无人维护或管理松散的寺宇成为邻近居民侵占土地的对象。董仲舒墓及祠位于城东南隅城墙根，"弘治初尚有碑存，……后居人利其地，毁而藏矣"②，以至"独其墓在卑污窳洼之处，牛羊刍牧，蹂践撅搔，行道之人粪秽无虚日"③。东关弥陀禅寺元代时基址曾有60亩之多，而明代由于"基址又为民侵，或为园圃，或为坟茔，或为住居"④，修复后仅占地30亩。人为侵占、毁坏对寺宇基址的负面影响可见一斑。

人为事故　明清时期，随着西安军事重镇性质的增强、商业贸易的日益活跃，人为事故也对寺宇的兴衰产生了重要影响。

清代西安城内军事设施除满城内分布众多外，在东南城区亦兴建有火药库。同治五年（公元1866年）四月该火药库发生爆炸，邻近的卧龙寺殿宇多被震毁。⑤民国《续修陕西通志稿》卷一九九《祥异》载云："同治五年夏四月十六日，省城东南隅火药局灾，震毁居民一百余户，轰伤吏民，肢体横飞，纷如雨落。"与此次事故相似的是，民国年间西北城角火药库爆炸也使广仁寺建筑多有毁坏。

城内寺宇多为木构，易受火灾影响。位于西大街中段北侧的都城隍庙占地广大，建筑众多，商铺云集。有清一代先后两次失火，殿宇毁坏严重。雍正元年（公元1723年）毁于火，同年由川陕总督年羹尧扩建；光绪十三年（公元1887年）二月，商民不慎失火，焚毁乐舞楼、二门及钟鼓楼，同年再次重建。都城隍庙由于庙院内逐渐聚集了大量从事各类商贸活动的商民摊贩，人员密集，容易人为引发火灾。当然，每一次灾后重建都获得了官府和商民的有力支持，使得都城隍庙能长期延续利用，在西安道教发展传承过程中扮演了重要角色。

---

① 马光启遗著，冯增烈校正：《陕西回教概况》，见马长寿主编：《同治年间陕西回民起义历史调查记录》（《陕西文史资料》第26辑），陕西人民出版社，1993年，第214—215页。
② 〔明〕张治道：《创建杜子祠记》，见《关中两朝文钞》卷四，清道光十二年刊本。
③ 〔明〕张治道：《下马陵记》，见《关中两朝文钞》卷四，清道光十二年刊本。
④ 〔明〕邢简：《重修弥陀禅寺之记》，明天顺五年，碑存西安碑林。
⑤ 〔清〕《皇清卧龙寺重修碑记》，碑存卧龙寺。

第三节
明清西安城乡寺宇的规模、格局与环境

在各类寺宇中，影响较大、传承久远者一般规模较大，内部格局规整，环境静谧雅致；小型庙宇往往仅一室、一院或少量屋宇，格局简单，环境相对质朴。以下结合碑刻文献所载，重点探讨明清西安城乡影响较大的寺宇。

一、寺宇规模

衡量寺宇规模的大小及影响力的高低，可从寺宇占地面积、殿宇间数、僧侣或宗教人士数量等方面分析。以下基于碑石、史志文献，列表反映明清西安城乡主要寺宇的规模与格局。

表 9-10　明清西安主要寺宇规模与格局表

寺宇	规模与格局
荐福寺	（明正统年间）"辟地五顷有奇"[①]
	（清雍正年间）寺基周一顷五十亩，中建大佛殿五楹，前荐福阁三楹，……又前左右建钟鼓楼。又东建大悲殿三楹、斋堂五楹、伽蓝殿三楹、禅堂五楹，西建弥勒殿三楹、祖师殿三楹，又前天王殿三楹、金刚殿三楹、山门三楹，大殿后方丈五楹，左右回廊各数十余楹，又后浮图名小雁塔，……又后白衣阁三楹、韦陀殿三楹、地藏殿五楹，左右十王殿各三楹，最后有睡佛殿，基址尚存。由前至后通一十一进[②]
罔极寺	（清乾隆年间）大雄殿五间，准提菩萨殿三间，祖师殿三间，观音道院五间，睡佛殿三间，弥勒佛殿三间，道院客堂三间，以上俱翻修；天王殿三间，山门三间，……大殿钟一口，关帝像一尊，暖阁一座，帅像二尊，大刀一口，炉一座，童侍像二身在天王殿[③]

寺宇	规模与格局
弥陀禅寺	（明景泰年间）其地三十亩有奇，比昔十得其五。……是岁后建方丈，中大雄殿成，壬申（景泰三年，1452）前建天王殿、山门；癸酉（景泰四年，1453）左建伽蓝殿，右祖师殿成；越甲戌（景泰五年，1454）至丁丑（天顺元年，1457），禅堂、斋厨、僧房、鲸鼋碑楼悉以次而成④
兴教院	（明万历三十四年，1606）三月初十日建正殿五间，北向，东、西禅堂六间，韦陀殿一间，南向，殿傍左右为二门，以便出入⑤
卧龙寺	（明万历年间）改拓佛殿五间，重饰佛像二十四位，诸天像、地藏王像、阎罗像十，瑰丽雄浑⑥
广仁寺	占地百余亩，寺院殿堂房舍共计四百余间。清末民初时，寺院仍有常住喇嘛一百余人⑦
崇仁寺	（清乾隆年间）山门内大殿，殿后塑五百阿罗汉，建堂安奉，堂前大悲阁，后为晾经台，台后为卧佛殿，殿右为万佛阁，方丈、房廊、庖湢、厨库无不毕具⑧
兴善寺	面积一百二十亩，周围垣墙共四百余丈。寺内正中院殿宇僧房六十八间，寺南向。（康熙二年，1663）复修前殿五楹，廊庑禅堂秩然增丽，筑墙四千一百四十九尺⑨
兴教寺	寺内地约十八亩，除殿宇所占以外，果园菜园占地约十亩。……总计寺内殿宇、经楼、僧房、山亭连同应用各房以及走廊在四十间以上⑩
化觉巷清真寺	（明永乐年间）本寺四至，东至大门官街一十三丈；南至司墙五丈，阔三丈五尺；至司墙中间十丈，阔三丈五尺；北至官街一十七丈五尺；西至嵇泰一十二丈；南至殿后二丈五尺，阔丈五，小角五尺；东至照碑，南至司墙，北至子午巷，西至大殿后墙⑪
大学习巷清真寺	（明嘉靖年间）作前门四楹，门之直西为崇楼，洞门四达，重檐巨栱，肖然奇观。……楼之后为大殿，广五间，楹纵七丈五尺，中为教宗座，金碧光华，耀夺人目。缭以周墙，阒无尘染⑫
大皮院清真寺	（明代）东西长二十一丈八，南北十一丈五，南偏院东西六丈五，南北九丈七。修礼拜寺大殿、南北厅、头二门、沐浴所、学社、师徒住房共三十二间⑬
小皮院清真寺	占地面积五千九百七十七平方米。全院分四进院落，大门坐南向北，门房三间，前檐两梢间各置木栅栏⑭
都城隍庙	分庙宇与道院两部分，正中为庙宇，道院分布在东、西两侧。庙门朝南，门前临街建有木牌坊。庙门内正道通向庙院，侧道进入东、西道院。北为大殿，面阔七间，庙院东、西为两排廊房，院中央偏南为戏楼，名曰"乐舞楼"，偏北是一座高大、隽秀的木牌坊⑮
东岳庙	正山门朝南，东、西有偏门，北后门通往现在的东一路。庙院内东、西两侧为厢房，中间有大殿、中殿和后殿。大殿前有石牌坊、石狮及记载庙宇事迹的石碑等。东偏院系三教官所在，塑有释迦牟尼、老子、孔子像。前殿面阔五间，后殿面阔三间⑯

续表

寺宇	规模与格局
药王洞	山门三间，有钟楼及韦陀、眼光、无量、罗汉等殿，并有献殿三间。庙内建洞，洞上建菩萨楼，雕梁画栋，甚为壮观
太阳庙	门房三间，两侧厦房各五间，前后大殿等建筑面积九百多平方米[17]
孚佑帝君庙	后殿五楹，正殿五楹，过殿三楹，山门及东、西廊房数十间，周围墙垣百余堵，庙貌巍然，规模大备，香火之盛，甲于会城[18]
西安北堂	明末时该教堂有厢房十六间，占地面积四亩一分
西安南堂	光绪十八年（1892）扩建，教堂为十间，约七百平方米。堂面为罗马式建筑，饰以砖雕，高17.45米，内部呈拱形罗马式风格；另有附属房一百五十八间，总面积二十余亩。光绪三十四年（1908）重修[19]

注：
① 〔明〕倪谦：《敕赐荐福禅寺重建记》，明天顺二年，碑存荐福寺。
② 〔清〕赵酉：《荐福寺来原》，清雍正十二年，碑存荐福寺。
③ 〔清〕菅灜：《重修周极寺碑记》，清乾隆五十四年，碑存周极寺。
④ 〔明〕邢简：《重修弥陀禅寺之记》，明天顺五年，碑存西安碑林。
⑤ 〔明〕乔因阜：《开元寺创建兴教院碑记》，见民国《续修陕西通志稿》卷一六四《金石三十》，民国二十三年铅印本。
⑥ 《重修卧龙禅寺记》，明万历三十九年，碑存卧龙寺。
⑦ 向德、李洪澜、魏效祖主编：《西安文物揽胜（续编）》，陕西科学技术出版社，1997年，第185—190页；《广仁寺志略记》，碑存广仁寺。
⑧ 乾隆《西安府志》卷六〇《古迹志下·祠宇》，清乾隆刊本。
⑨ 〔清〕僧易庵：《重修隋唐敕建大兴善寺来源记碑》，清康熙二年，碑存大兴善寺。
⑩ 康寄遥：《兴教寺——慈恩宗塔院》，见中国人民政治协商会议陕西省西安市委员会文史资料研究委员会编：《西安文史资料》第6辑，1984年，第164—165页。
⑪ 《敕谕南京西安建寺碑》（碑阴），明永乐三年，碑存化觉巷清真寺。
⑫ 〔明〕刘序：《重修清净寺记》，明嘉靖二年，碑存大学习巷清真寺。
⑬ 《大皮院清真寺始建石碑图》，明永乐九年，拓片存大皮院清真寺。
⑭ 马希明：《小皮院清真寺》，见中国人民政治协商会议西安市莲湖区委员会文史资料研究委员会编：《莲湖文史资料》第1辑，1986年，第93页。
⑮ 向德、李洪澜、魏效祖主编：《西安文物揽胜（续编）》，陕西科学技术出版社，1997年，第183—184页。
⑯ 向德、李洪澜、魏效祖主编：《西安文物揽胜（续编）》，陕西科学技术出版社，1997年，第172页。
⑰ 郭书田：《至善巷里的特拘所》，见中国人民政治协商会议西安市碑林区委员会文史资料研究委员会主办：《碑林文史资料》第2辑，1987年，第19页。
⑱ 民国《咸宁长安两县续志》卷七《祠祀考》，民国二十五年铅印本。
⑲ 张永禄主编：《明清西安词典》，陕西人民出版社，1999年，第619页。

上表中各寺宇资料来自不同文献，故所载占地规模的统计标准并不一致。幸赖20世纪三四十年代民国"西京"建设时期，西京筹备委员会组织人员对城内寺宇状况进行过一次系统调查。由于距清末未远，此次调查所得数据又是建立在同一时段测量基础上，为一窥清后期城区寺宇规模提供了可能。列表如下：

表 9-11　民国西安城主要寺宇面积一览表

寺宇	名称	面积（亩）	位置	使用情况	平均占地（亩）
佛教寺庵	卧龙寺	13.50	卧龙寺巷	庙用	10.86
	开元寺	14.25	东大街	寺及娼妓用	
	西五台	15.80	老关庙街	军用	
	广仁寺	13.31	西北城角	寺用	
	广惠寺	6.34	旋风桥	寺用	
	会真庵	12.70	西南角	庵用	
	乾元庵	0.15	牌楼巷	庵用	
宫观庙宇	八仙庵	42.75	东关	庵用	17.08
	东岳庙	17.546	东门里	东岳庙小学	
	城隍庙	17.00	西大街	庙及商店用	
	文庙	16.13	府学巷	孔庙	
	武庙	29.125	武庙街	军用	
	文昌宫	2.40	三学街	军用	
	迎祥观	0.42	西大街	观用	
	风颠洞	15.01	西南角	庙用	
	吕祖庙	13.39	西九府街	庙用	
教堂	天主堂	10.25	土地庙什字	天主堂	7.22
	天主堂	3.60	糖坊街	堂用	
	救世堂	7.80	东关	堂用	

资料来源：西安市档案局、西安市档案馆编：《筹建西京陪都档案史料选辑》，西北大学出版社，1994年，第97页。

表中19座寺宇共占地251.5亩，平均每座约13亩。总体而言，郊区寺宇占地规模普遍大于城区寺宇；但就僧众人数看，城区单体寺宇僧侣数通常较郊区寺宇为多。

二、寺宇格局

明清西安城乡寺宇格局与环境特点多适应宗教主旨和信仰需求，"墙垣孔固，殿宇增辉，佛法赖以不坠"①即言此。佛寺、道观和清真寺建筑格局多有相通之处，中轴线上布设主要建筑物，两侧为附属建筑，内部形成多重院落。

（一）佛寺

佛寺内部格局的基本特征在于，中轴线上布设奉祀建筑，如牌坊、山门、天王殿、三佛殿、大雄宝殿、观音殿、法堂、藏经楼、佛塔等，两侧为辅助建筑物，如钟楼、鼓楼、僧寮、香房、厨房、斋舍等。中轴线上建筑物自山门到后殿高度往往逐渐增加，以突出正殿和佛塔等建筑，形成前低后高之壮观气势。在空间受限的情况下，寺宇在格局上往往会有所变通。如清代敕修的广仁寺建筑群落并没有形成一条端直的中轴线，而呈现出弯曲如龙的布局特征。

荐福寺　全寺分三重院落，寺门内为一长方形小院，内有大殿四间，佛楼三间，院左右有钟、鼓楼各一，向北左右又有小钟、鼓楼各一，楼后各有殿三间；再北为一大长方形院落，南有大殿五间，东西有寮房各七间，北有大殿五间，殿后院中为小雁塔，塔北有白衣阁三间，阁下洞门即为此院北门；塔院在寺东南。②（见图9-4）兴善寺、兴教寺、华严寺以及百塔寺等亦兴建有高僧塔林，形成塔院，多位于寺院之侧。塔

图9-4　清代荐福寺平面布局示意图

---

① 《卧龙禅寺重建清规碑》，清同治十三年，碑存卧龙寺。
② 康寄遥：《大荐福寺—小雁塔》，见中国人民政治协商会议陕西省西安市委员会文史资料研究委员会编：《西安文史资料》第10辑，1986年，第154、155页。

院是传承悠久的寺宇的重要标志，在寺宇建筑格局中占有重要地位。

罔极寺　据清乾隆年间《重修罔极寺碑记》可知，罔极寺中轴线上自南向北依次为山门（三间）、睡佛殿（三间）、弥勒佛殿（三间）、天王殿（三间）、大雄宝殿（五间）。大雄宝殿左侧（即东侧）为准提殿（三间），右侧（即西侧）为祖师殿（三间）。寺院两侧还有观音道院五间、道院客堂三间。[①]罔极寺格局非常规整，除大雄宝殿为五间外，其余均为三间，且以大雄宝殿为建筑群的核心。（见图9-5）

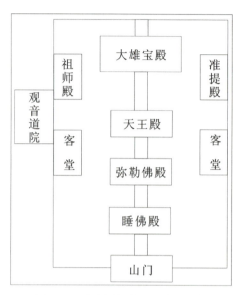

图 9-5　清代罔极寺平面布局示意图

广仁寺　广仁寺占地百余亩，殿堂房舍四百余间。其建筑群落并没有形成一条端直的中轴线，而呈现出弯曲如龙的布局特征。广仁寺内单体建筑由南向北依次为：照壁、盘龙铁旗杆、御碑亭、山门、牌坊、钟鼓楼、大殿、二殿、藏经殿、斋堂、寮房（喇嘛挂单、居住处）。寮房二百余间未再向北延伸修建，而是向东转弯逐渐减低建成的，似龙的尾部；殿的东西两侧各有厢房。[②]就建筑风格来说，广仁寺中轴线上殿宇均为"卷棚式"，两侧配殿则为"硬山式"。油漆彩绘在枋心、飞椽等重要部位，以藏文经文点缀，喇嘛教建筑特点非常突出。[③]

康熙四十二年（公元1703年），康熙皇帝西巡西安，在接见西部边疆地区少数民族首领、检阅西安八旗和绿营军队的同时，敕令在西安城西北角习武园（又称西湖园）教场西北兴建密宗黄教喇嘛寺院——广仁寺。此举看似为满足班禅、达赖等前往北京觐见皇帝、途经西安时住宿之需，实则出于加强内地与边疆地区宗教、文化联系等的深远考虑。康熙皇帝又为广仁寺御赐"慈云西荫"殿额和敕建广仁寺碑文，足见其对这座喇嘛寺院的高度重视。作为西藏班禅、达赖等活佛进京途中的驻地，广仁寺在西北喇嘛教寺宇中影响较大，与青、藏、甘等地黄教寺院塔尔寺、哲蚌寺、色拉寺、甘丹寺、拉卜楞寺以及北京雍

① 〔清〕管灏：《重修罔极寺碑记》，清乾隆五十四年，碑存罔极寺。
② 陈景富：《广仁寺》，见西安市政协文史资料委员会编：《西安佛寺道观》（《西安文史资料》第28辑），陕西人民出版社，2009年，第183—190页。
③ 向德、李洪澜、魏效祖主编：《西安文物揽胜（续编）》，陕西科学技术出版社，1997年，第185—190页。

和宫联系密切。进京喇嘛僧侣途经西安时，多来寺挂单，举行佛事活动。广仁寺的重要祭祀节日包括"二十一度母油灯大会"（农历三月二十八日）、宗喀巴古灯大会（农历十月二十三至二十五日）等。

（二）道观与民间庙宇

都城隍庙　西安府都城隍庙占地面积号称"方圆九里三"，仅前、后殿院面积就有12亩7分多，相当于8000多平方米。全部建筑群分庙宇与道院两部分，正中为庙宇，东、西两侧为道院。庙门朝南，门前建有木牌坊；牌坊内为通道，左、右铁狮子各一；中间正道北通庙院，两侧道入东、西道院。庙院中轴线上建有文昌楼，其北为戏楼"乐舞楼"，两侧为钟、鼓二楼，次北为一高大木牌坊，其北为正殿，面阔七间。都城隍塑像居正殿中间，两边为各府、州、县城隍牌位，金甲护卫塑像侍立两侧。正殿东侧偏殿为火神殿，西侧偏殿为圣母殿；偏殿之外，正殿东西还有两排廊房，分别为都城隍属司，如咸宁殿、长安殿等；正殿后为玉皇楼及藏经楼，再后为城隍寝殿。

庙院外东、西另有道院二十四座，称二十四宫，如蓬莱宫、新开宫、迎镇宫、太和宫、东来宫、游龙宫、复圣宫、火烧宫等，各宫均有道士居住，为讲经说道处所。[①]（见图9-6）

作为官方祭祀体系的信仰场所之一，都城隍庙内部格局实际上是世俗政治权力与等级体系在宗教空间中的反映。城隍神作为地方保护神，地域信仰特征非常明显。各府、县城隍神聚集于都城隍庙中，既是西安城作为区域中心的表现，又极大增强了都城隍庙自身对各地人群的吸引力。都城隍庙

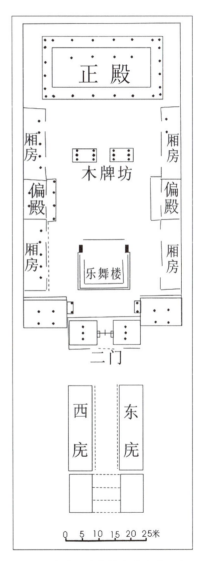

图9-6　明清西安都城隍庙布局示意图

---

① 向德、李洪澜、魏效祖主编：《西安文物揽胜（续编）》，陕西科学技术出版社，1997年，第183—184页；王明杰、蒲生高：《西安的城隍庙市场》，见中国人民政治协商会议陕西省西安市委员会文史资料研究委员会编：《西安文史资料》第4辑，1983年，第151—152页。

"前朝后寝"的建筑格局当源于都城、宫殿和官署的规划思想，充分体现了世俗化的特点，这是道观与佛寺、清真寺、教堂等格局迥然不同之处。

八仙庵　八仙庵山门外建有"万古长青"影壁，庵前砖砌牌坊两座；山门五间，钟、鼓二楼分立左右。前后共三进院落，并有东、西两座跨院：第一进内灵官殿面阔五间；第二进内前殿三间，后殿五间，中塑"八仙像"；第三进斗姥殿面阔五间。东、西跨院在第三进院内，西跨院为"监院"住室，东跨院有吕祖、太白、药王诸殿，均面阔三间。自山门到第三进院落，两旁各有厢房十八间，分作客堂、住室之用。[1]（见图9-7）

东岳庙　东岳庙大门朝东大街面南而设，宽五间，外树青石华表一对，内有戏楼一座；山门三间，内立明万历七年（公元1579年）所建"岱岳尊崇"石牌坊，东、西各开便门。正殿五间，奉祀东岳大帝黄飞虎及其长子；殿外钟、鼓楼东西并立，廊房六间，厢房五间，彼此对称。二殿三间，内立黄飞虎夫妇铁像；殿外东、西各三间厢房相对，专供接

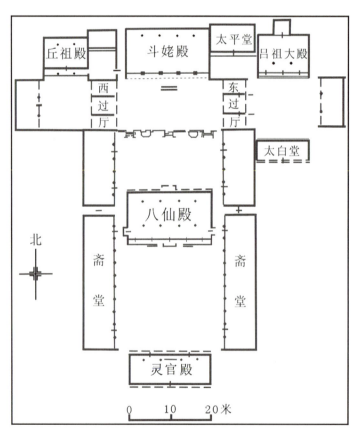

图9-7　八仙庵内部布局现状示意图

① 潘应莲：《古都碑林区两大寺院》，见中国人民政治协商会议西安市碑林区委员会文史资料研究委员会主办：《碑林文史资料》第2辑，1987年，第141—142页。

待香客；东南侧小院内关圣帝君殿三间，供奉关羽、周仓、关平塑像。后殿为老母殿，台高数丈，供奉东岳大帝父母塑像，送子娘娘和菩萨分立两侧。东院内三教殿三间，内奉孔子、老子、释迦牟尼三尊塑像，其对面四间厢房为道士起居生活之地；三教殿西侧还有三间菩萨殿。东岳庙内所塑神像表明，明清时期三教融合趋势进一步加强。①

城内还有众多格局规整的宫观庙宇，如位于今五岳庙门街北侧的五岳庙，庙门朝南，内有前殿、后殿、牌坊、回廊、水池、花园，也颇具规模。

城乡部分民间庙宇建筑充分利用微观地理环境，成为这一时期信仰建筑的亮点。如城内药王洞等以土洞和地面建筑相组合，形成特殊的庙宇形制。

（三）清真寺

作为伊斯兰教信仰空间，清真寺在内部格局上与其他崇奉神祇偶像的寺宇差异明显。明儒冯从吾曾指出清真寺与其他信仰空间"假牲帛祝号以希昭格饰，虚文缛节以邀福利者，相去盖径庭矣"②。清末任教陕西高等学堂的日本教习足立喜六记述云："考察这些清真寺的结构，形式一律，均为木造碧瓦建筑。在铺设地板、洒扫清洁的大厅正面安置祭坛，上列回教经典《可兰经》，没有诸如佛教寺院的那些偶像和装饰，仅对天祈祷。"③

在整体布局上，清真寺同佛寺、道观等基本相同，均于中轴线上布设大殿、楼阁、牌坊等主要建筑，两侧分设附属建筑，如经堂、浴室、宿舍等，依占地规模大小分为多进院落。伊斯兰细部建筑风格同传统四合院式的整体格局结合于清真寺中，成为西安城中极具异域特色和观赏价值的城市景观。

礼拜大殿、传授宗教知识的经堂和沐浴室是清真寺的主体建筑。礼拜大殿通常位于"凸"字形月台之上，多采用宫殿建筑形式，殿脊隆起，飞檐四出。大殿内西北角一般都放置一木制小阁楼，阿拉伯语称"呼图白楼"，每逢"主麻日"（星期五礼拜）和"开斋节"、"古尔邦节"、"圣忌"纪念日等"会礼"时，供阿訇登台讲"呼图白"，即念诵经文，宣讲教义。④除此之外，大殿内别无其他陈设。

与大型佛寺中有高塔相似，较大规模清真寺内也有高耸的"邦克楼"（汉语称"宣

---

① 余忠杰：《东岳庙与道德小学》，见中国人民政治协商会议西安市新城区委员会文史资料委员会编：《新城文史资料》第6辑，1989年，第43—45页。

② 〔明〕冯从吾：《敕赐清真寺碑记》，清咸丰七年，碑存大学习巷清真寺。

③ 〔日〕足立喜六：《长安史迹研究》，王双怀、淡懿诚、贾云译，三秦出版社，2003年，第255—256页。

④ 张德麒：《兰州的清真寺》，见兰州市政协文史资料委员会编：《兰州回族与伊斯兰教》（《兰州文史资料选辑》第9辑），1988年，第243页。

礼楼")矗立在中轴线中部。每日五次礼拜之前，由"满拉"（学习宗教知识的学生）登楼高念"宣礼词"，召唤教众按时礼拜。清代大学习巷清真寺的基本建筑就包括"寺内省心阁、大门、两庑、南北学舍、碑楼以及寺外照壁"①。大皮院清真寺则有"礼拜寺大殿、南北厅、头二门、沐浴所、学社、师徒住房共三十二间"②。

明清西安城中以化觉巷清真寺占地规模最大，其次则为大学习巷清真寺，此外小皮院清真寺的占地面积也颇为广阔。这几处清真寺占地规模之广和内部格局之整齐，都堪与同一时期其他类型寺宇相比。

化觉巷清真寺，"正殿为八十四间，可容千人礼拜，……寺院前后大殿五间。中（为省心楼）凤凰亭，最后朝阳殿（即大殿），合称为五凤朝阳殿之意。……三院有南北讲堂各五间，南讲堂为沐浴室，北讲堂为讲经室。四院亦有南北讲堂各五间，中达石栏上即月台而为正殿矣"③。全寺分四进院落，中有木质牌楼、石质牌楼、敕修殿、月碑、省心楼、水房、凤凰亭、望月台等带有浓郁伊斯兰风格的建筑物，寺宇宏阔，环境清雅。（见图9-8）

（四）官方祭坛

明代西安城及郊区兴建了比元代更为完善的官方祭祀场所，其方位分布、规模格局、府县等级等均有统一规定。如社稷坛祀土神与谷神，"府州县社稷，洪武元年颁坛制于天下郡邑，俱设于本城西北"；风云雷雨山川坛合祭风云雷雨，合以山川、城隍，设三神位，嘉靖十年（公元1531

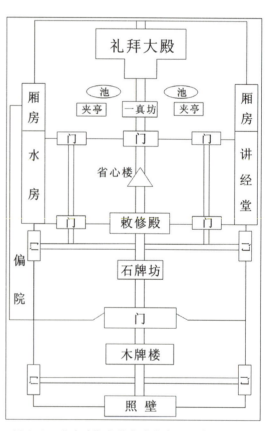

图9-8　明清时期化觉巷清真寺平面布局示意图

---

① 〔清〕乌日章：《重修长安县新兴坊清真寺内省心阁等处碑记》，清光绪十六年，碑存大学习巷清真寺。
② 《大皮院清真寺始建石碑图》，明永乐九年，拓片存大皮院清真寺。
③ 马希文：《西安化觉寺一周记》，见李兴华、冯今源编：《中国伊斯兰教史参考资料选编（1911—1949）》上册，宁夏人民出版社，1985年，第524页。

年）"王国府州县亦祀风云雷雨师，仍筑坛城西南"；①厉坛祭无祀鬼神，洪武三年（公元1370年）定制"王国祭国厉，府州祭郡厉，县祭邑厉，皆设坛城北"②。祭坛体现了封国之王与官员对辖地的管理权力，因而无论是按时举行祭礼还是维修祭坛，均受到藩王与官员的重视。

清代西安城作为西安府治和咸宁、长安二县治地，府城和县城祭坛往往合为一处。民国《续修陕西通志稿》对西安城祭坛格局与规模记述颇详。社稷坛在城东，"雍正二年诏直省府州县立社稷坛，式高二尺一寸，纵横各二丈五尺，四出陛各三级，四门丹饰，缭以周垣，北向出入"；先农坛在东关城，"雍正四年准……直省府州县各于治所地方设立先农坛及藉田坛，高二尺一寸，广二丈五尺，正房三，配房各一，藉田四亩有奇"；神祇坛在城西北，"旧为风云雷雨山川坛，嘉庆十六年改今名。顺治初定直省府州县合建神祇坛，中设风云雷雨之位。左设本境山川之位，右设本境城隍之位，坛制与社稷坛同。不设石主，神牌三，以木为之"；厉坛在城北，"顺治初定各省府县立厉坛于城北郊。……府曰府厉，邑曰邑厉。厉坛高一尺六寸，阔二丈五尺，四出陛，各三级，坛下南九尺，东西北各五丈，缭以垣"。以上诸坛西安府与咸、长二县均合祀。③合祀在一定程度上节省了祭礼开支，减轻了官员重复祭祀的负担。

祭坛作为礼制建筑，格局较为简单。从形制到祭祀日期、礼仪等均由朝廷统一规定，因此西安城祭坛和其他城市祭坛如出一辙，并无特别之处。

（五）名人祠庙

作为名人生平事迹的展览场所或供后人凭吊之地，城乡祠宇的规模大小、格局整肃与否都与祠主影响力的大小直接相关。多数祠宇因建时较短，或依附于会馆等其他类型建筑，往往仅设一屋一室供奉牌位。位于西安城南勋荫坡的杜公祠始建于明嘉靖五年（公元1526年），初建时格局并不复杂，"门一，前、后堂二，各三楹，东、西庑二，如堂，周以垣墙"④，为二进四合院式。清代"扩故所居三楹为五，稍幽邃，曰风雨弗害也。侧列东、西庑各三楹，门屋三楹，为祭时衣冠地，及诏牲幂酒诸有事所，常则为骚人游士所盘桓"。"东庑北楹置柜一，实二公集其中。西嵌石于壁，勒

---

①〔清〕张廷玉：《明史》卷四九《礼志三》，清乾隆武英殿刻本。
②〔清〕张廷玉：《明史》卷五〇《礼志四》，清乾隆武英殿刻本。
③民国《续修陕西通志稿》卷一二四《祠祀一》，民国二十三年铅印本。
④〔明〕张治道：《创建杜子祠记》，见《关中两朝文钞》卷四，清道光十二年刊本。

二公生平无遗失，俾游者览焉"。①从格局陈设来看，名人祠庙并非仅限于祭祀礼拜的功能，实为个人生平事迹及文集展览馆，兼具园林游览功能。这较城内祠庙在功能方面更为多样化。城内董子祠格局相对简单，明代修缮时，"先封其冢墓，次缭其垣墙，又次移其祠宇，又次移其廊庑，又次移其门屏，不两月告成"。祠庙建筑物虽少，但亦"足瞻足仰"。②

（六）教堂

糖坊街天主教堂是明清时期陕西兴建最早的教堂，由德国籍天主教耶稣会传教士汤若望创建于崇祯元年（公元1628年）。在汤若望之前，已有法国籍天主教传教士金尼阁等人在西安寓居传教，其活动为该堂的创建奠定了基础。《美国东方学会会刊》1856年第5卷刊文介绍大秦景教流行中国碑时，亦明确记载该堂始建年份为崇祯元年。

该教堂位于西安城糖坊街北，由于相对于清康熙年间所建土地庙什字天主教堂而言位于城北，因而民间称之为"北堂"。北堂在创建之初，曾以"崇一堂"为名，取"钦崇一天主在万物之上"之意。

汤若望在北堂传教期间，除开展宗教活动外，还与陕西的官绅及民众进行了多种渠道的交流，如与徐光启并称为"南徐北王"的泾阳学者、大主教徒王徵就是他的好友。汤若望充分利用身居西安的地利之便，研究了从西安通向中亚、中东和欧洲的交通道路问题，对使团与商人途经的国家、地区、驿站的名称以及来往商品的名称、贸易状况等进行了深入研究。崇祯二年（公元1629年），他在北堂传教期间撰著的《远镜说》刊印，成为传播光学和望远镜制造技术的奠基性著作，对后世有重要影响。崇祯三年（公元1630年），汤若望回京任职于钦天监。

汤若望之后，在明末清初又相继有比利时籍金弥阁以及葡萄牙籍费藏裕、傅泛济、梅高、郭纳爵等传教士来北堂传教。北堂成为当时沟通西安与欧洲相关国家和地区的重要节点与窗口，传教士群体从这里向西方世界传递着西安等中国西北地区的各类讯息。如郭纳爵就是最早用拉丁文向欧洲学界介绍《大学》《论语》等儒家经典的人。崇祯十六年（公元1643年），李自成起义军进入西安，对传教士梅高、郭纳爵礼遇有加，并禁止军兵骚扰北堂。1644年，梅、郭二人在北堂东侧竖立了《天主正道解略》碑，碑文

---

① 〔清〕李法：《拟重修杜工部张太微祠堂记》，见《关中两朝文钞》卷二一，清道光十二年刊本。
② 〔明〕张治道：《下马陵记》，见《关中两朝文钞》卷四，清道光十二年刊本。

为崇祯十三年（公元1640年）十一月汤若望上皇帝书，郭、梅二教士进行了精简。1925年5月1日，该碑在糖坊街出土，成为明末耶稣会在西安传教的珍贵物证。[①]虽然天主教会的传教活动在清前中期曾遭朝廷严厉禁止，但始终相沿未绝，至清后期北堂的传教活动一度有较大发展，与南堂形成遥相呼应的态势。

五星街天主教堂位于西安城土地庙什字中段（今五星街）路北，因地处西安西南隅，与糖坊街天主教堂相对，又称"南堂"。康熙五十五年（公元1716年），意大利籍天主教神父马戴弟在西安土地庙什字购地修建该堂。雍正、乾隆时，因朝廷和地方官府禁止传播天主教，南堂一度关闭，教产被充公。咸丰十年（公元1860年）中法《北京条约》规定允许天主教进入内地传教后，南堂于同治六年（公元1867年）由陕西巡抚乔松年交还教会代表高一志神父管理。此后，来自德国、法国、意大利等国的天主教神父、修女陆续被罗马教廷派驻于此传教。陕西官府在与天主教会交涉归还教产过程中明确规定："传教与通商不同，与地方官交涉公事较少，除传教应议事件由主教与地方官随时会晤商办外，其余地方一切公事，不得干预"；"不得并收省城内外回民入教，致启汉民猜疑，别生枝节"。这些均属于地方官府对天主教会的约束与管理措施。光绪十八年（公元1892年），陕西教区主教林奇爱对五星街教堂进行扩建。堂面为罗马式建筑，饰以砖雕，高17.45米。教堂内部呈拱形穹顶，有附属房屋158间，整个建筑群体现了中国传统建筑风格与罗马式建筑风格的结合，雄伟壮观。光绪三十四年（公元1908年）年重修。清代后期至民国，南堂的神父、修女为了拓展传教事业，也为了在与英国浸礼会、中国内地会等基督教新教教会的竞争中不落下风，兴办有若瑟小学、玫瑰女中等教会学校与天主教会医院。

三、寺宇环境

寺宇的园林化环境是城市人居环境的重要组成部分，明清西安城乡寺宇多出于僧侣修行和吸引人群的需要而注重用建筑、树木的整体布局营造适于敬神拜佛、参法习禅、悠游休憩的氛围与环境。

（一）佛寺

明清西安城乡寺宇在择址时以风景优美为考虑因素之一，尤其佛寺的环境选择和建

---

① 佚名：《跋西安新发见天主正道解略解》（附碑文），载《京报副刊》1925年第191期

设更凸现出园林化的特点。

西五台　云居寺位于西安城西北隅洒金桥北段路西，本是唐长安宫城城墙遗迹，地势起伏，长期以来形成自东向西逐步升高的五个高台。宋代始于其上建寺，称安庆寺。明洪武时重修，取高耸入云之意，又称云居寺。由于终南山有南五台，耀县有北五台，西安城内云居寺便被民众称为西五台。

清康熙年间，西五台上起建卧佛殿，成为眺望全城风光的最佳观景之地。其地"累累如大陵者五，三、四台尤高耸，上建崇阁，供人观眺"①。站于西五台上，"俯视阛阓，佳气翁蓬，亦城市之山林也"②。乾隆《西安府志》载其沿革及建筑之盛云："是台基于唐，创于宋，屡葺于明。有祷必应，六月大会，岁以为常。……由三天门拾级而升，层台绀阁，环列左右，最高处为大士殿，收一郡之胜。"③由此放目远眺，"远接雍州诸山灵秀，俯凭城郭亿万户，了如指掌"。云居寺巧借唐长安宫城城基在西北隅高屋建瓴的特殊地势，将佛殿与极具园林化色彩的"崇阁"建于高台之上，布设以三重天门、层台绀阁，步步向上、从低到高烘托出崇佛敬神的气氛。最高处设大士殿，就将神佛的地位推崇到极致。这种依高台地形布局寺院建筑的方式，使信士自下而上登临时更易生崇敬膜拜之心。该寺在每年六月举办庙会，会期人潮涌动，鼓乐喧天，"都人士女礼忏拜祷，朔望展诚"④，十分热闹，成为明清西安城区的重要民俗活动之一。

云居寺是明清西安城区佛教建筑与园林绿化相互结合、相互促进的一个典型例证，市民因崇佛敬神兼可游赏园林，又因寺院环境之优美、庄严更加虔信诚笃。

牛头寺　牛头寺位于西安城南勋荫坡，与东侧的杜公祠相邻，均处台原与川道接合地带。这一区域视野开阔，南望秦岭，背靠鸿固原，下临潏水，俯瞰樊川。既占高地之爽燥，又有引水之便利。清康熙年间亲王达礼善《暮春游牛头寺诗》即载其环境之美："凭高缘翠岭，古道抱垂杨。佛火瞻幽洞，钟声出上方。波清莲叶洁，岸曲露华藏。岭略烟霞趣，迟迟已夕阳。"⑤

崇仁寺　崇仁寺又称金胜寺，始建于隋，位于西安城西5里。明清时期，经过秦王家族和地方官府的多次修建，崇仁寺成为关中规模最大的佛寺之一，香火旺盛，建筑精美，内塑有五百罗汉像，有"招提之胜，甲于海内"之称，曾长期是官民游览、

---

① 民国《续修陕西通志稿》卷一三一《古迹一》，民国二十三年铅印本。
② 康熙《长安县志》卷八《古迹》，清康熙刊本。
③ 乾隆《西安府志》卷六一《古迹志下·祠宇》，清乾隆刊本。
④ 《重修西五台卧佛殿记》，清乾隆四十二年，碑存西五台云居寺。
⑤ 〔清〕达礼善：《暮春游牛头寺诗》，碑存西安碑林。

拜佛的胜地。

崇仁寺之所以在明清时期受到官府与民众的普遍重视，在于时人认为它对西安城整体风水具有非同寻常的弥补之功。西安城南望秦岭，西面无山，时人从传统风水认知的角度出发，认为崇仁寺的兴建可以弥补西安的"金气"。就连其所在之地亦称为金胜铺（又有胜金铺之称）。有明一代，崇仁寺作为秦王家族的香火院，获得历世秦王支持而多次重修。崇仁寺"规制甚敞"，其内古物甚多，包括长达三丈余、"衣折古雅"的卧佛，以及大秦景教流行中国碑等珍贵碑刻。

乾隆四十年（公元1775年），陕西巡抚毕沅饬令重修崇仁寺，在寺门外开凿了一处方广十余丈的水池，将通济渠水引入灌注，取金水相生之意，更增添了崇仁寺的风水优势。这一时期的崇仁寺，山门内有大殿，殿后有堂，安奉有五百阿罗汉，堂前有大悲阁，后为晾经台，台后为卧佛殿，殿右为万佛阁，寺内方丈、房廊、庖湢、厨库无不毕具。咸丰年间，崇仁寺庙基仍属宽大，约达百亩之多。自山门以至卧佛殿，计十重院落。方丈室旁有一处小园林，东西向平列六楹屋宇，其中有荷池汲引清流，池后有亭，"庭中杂莳花木，鸡冠大开"。崇仁寺院落崇宏，环境清幽，在作为僧徒与信众礼佛之地的同时，也是冠盖宴集之所，可资官民游憩。明清时期，任职西安的省级主政官员如袁宏道、邓廷桢、吴振棫、张祥河等均曾至崇仁寺游览。该寺僧人善奏乐器、按节而歌，使得寺宇游憩活动更具娱乐性。

同治年间，崇仁寺因作为团练的驻扎地而在战事中被付之一炬，除小堂和山门外，只有万历二十年（公元1592年）所建并刻有"祇园真境"四字的精巧牌楼、乾隆时所造的白色大理石水缸、五方砖壁花岗岩柱础得以留存。

值得一提的是，记载基督教在唐代传播史实的大秦景教流行中国碑自明天启五年（公元1625年）在西安出土后，就被官民置立于崇仁寺院落中，因而在清代后期吸引了不少欧美传教士、学者、旅行家等纷纷来此考察。1907年，丹麦探险家何乐模从欧洲远赴西安，在崇仁寺仿刻了一通景教碑，并运往美国纽约大都会艺术博物馆展出，最终该仿刻碑被捐赠给罗马教皇。[①]

城南其他寺宇 西安城南郊及终南山寺宇普遍以园林化环境为显著特征，尤以普光寺因山之利、取水之便而更显突出。终南山普光寺"有二，一在山下，一在山上"。

---

① ［丹］何乐模：《我为景教碑在中国的历险》，史红帅译，上海科学技术文献出版社，2011年。

下寺金壁庄严，"为长安诸寺之冠"；"最胜者寺内莲花池，大数亩，中作藏经阁，环以廊百楹。游人至此，恍然有出世想"。上寺距下寺五里，"石蹬参差，飞梁跨壑，长松古柏，翠壁苍岩，应接不暇"。①普光寺为明初来自印度"与秦愍王有宿世缘"的无坏禅师驻锡之地，以凿砌有大面积莲花池而知名。莲花为佛教崇信的圣洁之物，普光寺"青苍远接千章树，红白新开万朵莲"②的美景，确实会令游人感到如入佛国圣境。

（二）清真寺

在明代人的观念中，清真寺"曰清取其不染，曰真取其不伪，以故名焉"③，寺宇环境以清洁雅静为突出特征。这不仅体现在强调穆斯林身体清洁，以浴室为寺内基本建筑，环境建设上亦然。有研究者指出："清真寺既为供给多数同教礼拜真主研究教义之必要场所，在建筑设备上必须有容纳大多数同教集合之宽大地盘、宏畅殿宇，方为适宜。尤当清洁。以地不清洁，则不能完成礼拜之功也。""寺宇既以宽豁为主，清净为尚，一切装饰陈设，概属不急事务。"④

清真寺环境对其宗教氛围、坊里人居环境与居民精神面貌的塑造有改善功能。明代《增修清真寺记》碑载：清真寺"廉隅飞惊，虚堂生白，昭其清也；岑楼巍峨，迥出尘寰，昭其洁也；重门朱户，渊穆静深，昭其严也；碑亭联耦，昭其由也"。"伻一乡之人，长幼卑尊，观斯寺焉，勃然而善心自生"；"由是人皆洗心斋戒，尚德尚行，彝伦攸叙，以及冠婚丧吊，周急扶危，胥此基焉"。⑤清真寺平时作为普通回坊大众聚集活动的场所，公共意味浓厚，就此而言，清真寺又发挥了公共园林的作用。

（三）其他寺宇

西安城区的寺院环境及其绿化是城市人居环境的重要组成部分，对改善城市景观面貌具有重要意义。

植树绿化是明清西安信士助缘的重要形式和建修寺宇的内容之一。笔者实地考察后发现，大雁塔东侧花园有八棱石经幢，为"临潼县东阳里、咸宁县韦曲里仝建"，上书经文，并载"万历岁次庚戌（万历三十八年，公元1610年）十月十五日发虔立醮炉一座，柏树一十二株，以祈神佑，以垂不朽"，即为西安乡村善男信女绿化助缘的典型一例。

① 〔明〕赵崡：《石墨镌华》卷七《访古游记·游城南》，清知不足斋丛书本。
② 〔明〕朱诚泳：《小鸣稿》卷五《再游天池普光寺忆僧性空》，清文渊阁四库全书本。
③ 〔明〕马之骐：《重修真教寺记》，明万历四十二年，碑存小皮院清真寺。
④ 慕：《清真寺之应用与构成》，见李兴华、冯今源编：《中国伊斯兰教史参考资料选编（1911—1949）》上册，宁夏人民出版社，1985年，第569页。
⑤ 〔明〕曹兰：《增修清真寺记》，明嘉靖二十四年，碑存大学习巷清真寺。

城区规模较大寺宇内也多种植各类竹、树、花卉，为佛殿禅堂增色不少。东关罔极寺"殿阁巍峨，神像庄严，禅室香台，有潇洒出尘之趣。……柏树一百株，殿梧桐树二株"[①]。弥陀禅寺"殿宇崔嵬，廊楹黝垩，绘像森严，金碧辉煌，而又植以松竹丛茂，后左右有园圃异果佳蔬"[②]。八仙庵"殿宇宏壮，花木殷盛，规模之大，为西京各庵寺庙之最。春秋佳日，游人甚多，诚附郭之胜饰也"；"庵右池亭竹木最胜，有绿牡丹一丛，花时行在内侍觐以供御。殿前黄杨二株，蟠郁苍秀，荫广逾亩，数百年物也"。[③]位于东南城区的西安府文庙"庙制闳伟，古柏百余，老槐三，蔚然森秀，皆数百年物"。[④]八仙庵中栽培的绿牡丹深得慈禧太后喜爱，其修缮也得到了两宫的大力支持。

郊区寺宇因有终南山相对，山水相依，周边环境多优于城区寺宇。慈恩寺"寺前有渠，横以石桥。曲江水合黄渠水经鲍陂而西，即古流饮处也。游斯地者，每望古遥集，低回留之不能去云"[⑤]。慈恩寺是明清陕西乡试举人"雁塔题名"之地，加之有盛唐长安"曲江流饮"旧迹，游人至此，油然而生思古之幽情。荐福寺"周围杂树数百余株。此寺面对终南，北倚长安。历唐迄今千余祀，为关中名蓝胜地。武科乡试题名于此，骚人逸客往往流览寄兴焉"[⑥]。位于少陵原畔的牛头寺"俯瞰樊川，仰观终南，风景优美，冠于关中，本为城南名胜区"[⑦]。杜公祠"旁牡丹最多，曲栏小阁，俯视樊川，夏月荷芰尤盛，信城南第一名胜也"[⑧]。寺宇环境优美，历史文化气息浓厚，为西安各阶层民众提供了悠游佳地。

① 〔清〕管瀛：《重修罔极寺碑记》，清乾隆五十四年，碑存罔极寺。
② 〔明〕邢简：《重修弥陀禅寺之记》，明天顺五年，碑存西安碑林。
③ 鲁涵之、张韶仙编纂：《西京快览》第四编"名胜古迹"，西京快览社，民国二十五年。
④ 民国《咸宁长安两县续志》卷七《祠祀考》，民国二十五年铅印本。
⑤ 〔清〕刘鉴：《慈恩寺功行碑记》，清乾隆十一年，碑存慈恩寺。
⑥ 〔清〕赵酉：《荐福寺来原》，清雍正十二年，碑存荐福寺。
⑦ 鲁涵之、张韶仙编纂：《西京快览》第四编"名胜古迹"，西京快览社，民国二十五年。
⑧ 民国《咸宁长安两县续志》卷七《祠祀考》，民国二十五年铅印本。

第四节
明清西安城乡寺宇的功能

　　明清西安城乡寺宇基于自身特征与发展需要，逐步形成了多样化的社会功能，构建了多元化、复合型的区域社会活动空间。在信仰拜祭之外，还有如悠游休憩、商业贸易、文化教育、社区活动中心以及社会经济单元的功能，寺宇因而成为明清西安城乡生活中举足轻重的功能空间。以下在相关文献基础上，结合实地考察所得大量碑刻文献，着重探讨寺宇在宗教信仰功能之外，作为游憩、商贸、文教空间以及社区中心和社会经济单元所发挥的社会功能，揭示"城与寺"相互依存关系当中"人神共在"的基本特征。

一、"人神交往"——信仰拜祭

　　作为人神交往的特定城乡公共空间，寺宇自产生起便以信仰拜祭为基本功能，并借此得以生存延续。明清西安城乡的大量寺宇，正是基于"人所敬服者神，神所依凭者人"[1]的人神关系，成为城乡民众拜祭神明、禳灾祈福以及宗教人士讲经布道、弘法传教的人神交往空间。佛教寺院、道教宫观、伊斯兰教清真寺、基督教与天主教堂以及其他民间祭坛、祠庙莫不如此。佛教寺庵成为"都人士女礼忏拜祷，朔望展诚，无不有求辄应"[2]的灵验场所；道观和民间庙宇可做"病者求药、官府祷雨"之地；清真寺则为穆斯林"讲经传道、朝夕朝拜之所"[3]；由人而逐渐神化的部分名人祠庙中则"立木

---

① 〔清〕珅松额：《重修卧龙寺碑记》，碑存卧龙寺。
② 《重修西五台卧佛殿记》，清乾隆四十二年，碑存西五台云居寺。
③ 〔清〕马启鹏：《诰授奉直大夫美翁米公遗绩碑记》，清嘉庆十四年，碑存化觉巷清真寺。

主，列籍贯"，以使"入祠者略知梗概，翘首耸肃敬之容，摇心奋思齐之志"①，成为后人瞻仰拜谒、凭吊怀念先贤英烈之地。正是由于各类寺宇祠庙具有拜祭祷告、禳灾祈福、讲经布道、弘法传教、瞻仰凭吊等基本功能，从而为寺宇的游憩、商贸、文教、社区活动中心、社会经济单元等各项社会功能的形成和发展奠定了坚实基础，寺宇成为开展多样化城乡社会生活的重要空间载体。

二、"梵宫佳处"——悠游休憩

明清西安城乡寺宇的基本特征在于普遍具有园林化环境，寺宇在兴建之初出于烘托宗教氛围、强化信仰感应和有利修行传法的需要，往往选择风景优美、山环水抱或者地势较高的地区，这一景观特征为社会大众在寺宇开展游憩活动提供了良好条件。一方面，寺宇的园林化环境具有鲜明的宗教色彩，如佛寺"殿阁巍峨，神像庄严，禅室香台，有潇洒出尘之趣"②，清真寺则着力强调清洁的内部环境。同时寺宇内亦往往森柏参天，绿荫如盖，有花有竹，超脱红尘、清静雅洁的景观特征是吸引信徒和游人的重要因素，也同宗教人士修行养静的客观需要相关。另一方面，寺宇园林又往往占据城乡景致颇佳之地，如西五台云居寺占据西北城区高阜，宜于远眺。郊区寺宇或如樊川各寺据城南台原崖畔以临溪水，或如南五台诸多寺宇"茅蓬"深处终南群峰之中，周边风景优美。在寺宇园林中，官绅政客可在公务之暇宴游清谈，"均劳逸之节，宣忧乐之序"③。文人墨客游览古刹名观则可激发文思，普通百姓也得以在劳作之余、求神拜佛之际观览山水之美。

明清西安城区寺宇中，位处西北隅的西五台云居寺可视为寺宇作为游览佳地的缩影。不仅位处偏僻的西五台、广仁寺是当时市民游憩的去处，就是位于城中心钟楼东侧的开元寺也是明清西安城内的游憩地之一。乾隆四十七年（公元1782年），分别来自北京、山东、广东的三位文士在西安寓居期间，"暇则选幽访古，标其最者为开元寺八景"④。位处东关城的弥陀禅寺在明代也属游览胜地，"民安物阜，暇游于斯，睹其壮丽"⑤。民间庙宇在特定节日会吸引大量游人前往观览，如东关花神庙"在东关八仙庵

---

① 〔清〕邓廷桢：《重修名臣祠碑记》，清道光元年，碑存西安碑林。
② 〔清〕管澂：《重修周极寺碑记》，清乾隆五十四年，碑存周极寺。
③ 〔明〕刘思贤等：《燕集慈恩寺题名碑》，明嘉靖三年，碑存慈恩寺。
④ 〔清〕吴泰来：《开元寺八景图记》，清乾隆四十八年，碑存西安碑林。
⑤ 〔明〕邢简：《重修弥陀禅寺之记》，明天顺五年，碑存西安碑林。

之左，每年九月作菊花会。丽色千般，游人如织"①，成为明清西安的赏花盛事。

郊游为汉唐长安古风，历宋元而不衰，至明清时期，西安城达官贵人、文人雅士乃至贩夫走卒到郊区尤其是南郊游玩已成为普遍的社会风俗，明代有学者就此指出："千百年而秦人游，恒于城之南，雁江之上，樊川之侧"②。明清西安城南寺宇众多，且多是隋唐以来的千年古刹，庙宇恢宏，气象严整，高塔入云，古木参天。每逢节日庙会，游人如织，闻名者如慈恩寺、荐福寺、兴善寺、华严寺、牛头寺、草堂寺等。城南寺宇构成了明清时期西安官民与外地人士郊游休憩的主要场所。

明正德中永寿王有诗载城南寺宇游憩状况云："路出城南境界宽，梵宫佳处恣盘桓。逢僧不说三生话，与客同追半日欢。"③清康熙间《重修荐福寺碑记》亦载："士大夫避嚣幽栖，亦多于此"④。据笔者统计，荐福寺小雁塔南门洞额壁上共有明人游览荐福寺时题字14处，分析其中所记年、月份，以嘉靖年间题名最多，且各月皆有游人，九、十月金秋之际为游玩旺季。邻近的慈恩寺大雁塔更成为九月重阳之期人们登高眺望的最佳处所，"长安士大夫及荐绅先生岁逢重九，携酒扶杖，联袂出城，登塔赋诗，踵行故事，仍不少替"⑤。大慈恩寺不仅为"骚人逸客往往流览寄兴"⑥之地，地方官员亦在此携朋载酒，如嘉靖三年（公元1524年）九月初八日，陕西布政使、按察使、都指挥使等高级军政官员在公务之余"燕集于慈恩寺"，"吊曲江之遗迹，望镐京之旧基。盖均劳逸之节，宣忧乐之序"。⑦嘉靖十九年（公元1540年）⑧、嘉靖三十一年（公元1552年）⑨、万历三十七年（公元1609年）⑩等年份，陕西地方官员与乡试中试举子在慈恩寺内举行"鹿鸣宴"，并勒名刻碑于大雁塔之前。清康熙十七年（公元1678年），省、府、县地方官员亦在"控览原隰"之际"憩乎大雁塔"。⑪寺宇中的游憩活动既使各级地方官员"辍案牍之劳"，放松疲惫身心，亦是明清西安城官场沟通交往的重要形式和途径。

---

① 民国《续修陕西通志稿》卷一九八《风俗四》，民国二十三年铅印本。
② 〔明〕文翔凤：《季秋三出西郊记》，见《关中两朝文钞》卷一二，清道光十二年刊本。
③ 〔清〕赵酉：《荐福寺来原》，清雍正十二年，碑存荐福寺。
④ 〔清〕李因笃：《重修荐福寺碑记》，清康熙二十三年，碑存荐福寺。
⑤ 民国《续修陕西通志稿》卷一九八《风俗四》，民国二十三年铅印本。
⑥ 〔清〕赵酉：《荐福寺来原》，清雍正十二年，碑存荐福寺。
⑦ 〔明〕刘思贤等：《燕集慈恩寺题名碑》，明嘉靖三年，碑存慈恩寺。
⑧ 〔明〕喻茂坚：《嘉靖十九年陕西乡试题名碑》，明嘉靖十九年，碑存慈恩寺。
⑨ 《游慈恩寺雁塔记》，明嘉靖三十一年，碑存慈恩寺。
⑩ 〔明〕杨一桂：《雁塔题名记》，见陈景富主编：《大慈恩寺志》，三秦出版社，2000年，第307—310页。
⑪ 〔清〕麻尔图：《重修大雁塔寺前轩记》，清康熙十七年，碑存慈恩寺。

崇仁寺为明清西安城西郊的著名游憩地，明人袁宏道在《场屋后记》中载官员在寺中举行饮宴活动云："藩臬诸公邀饮郭西金胜寺，……寺僧不梵呗，而能挡弹。僧雏数十辈，按节而歌，亦复袅袅"[①]。寺僧善奏乐器，按节而歌，为陕西布政使、按察使等官员的饮宴助兴，使得寺宇游憩活动更具娱乐性，普通民众至此游览无疑难以获此礼遇。

秦岭北麓翠华山、南五台等作为寺宇集中分布区，每年"六月游人如织，称城南名胜"[②]，是西安远郊的游览胜地。明人赵崡《访古游记·游城南》与都穆《游名山记·终南山》两篇游记对城南游览地及其路线记述详尽。南郊寺宇是城南游览路线上的主要节点（见图9-3），较大寺宇包括荐福寺、兴善寺、慈恩寺、兴教寺、普光寺、惠炬寺、华严寺、牛头寺、香积寺、胡村寺、百塔寺、董村寺、草堂寺、长兴寺、子房庄寺、圭峰寺等。此外，南五台尚有号称"七十二茅蓬"的大量较小庙宇，以集聚优势吸引信众与游客。

城区寺宇是城市空间肌体的重要组成部分，其游憩功能的发挥丰富了市民生活，有利于城市社会的良性发展。城郊寺宇作为游憩地，则极大促进了城市与郊区的有机联系。

三、"异曲同工"——文化教育

封建时代的寺宇虽然与学校在兴建宗旨上差异明显，但二者作为社会角色又有共通之处。就基本功能而言，寺宇与学校均为教化场所；就内部景观而言，二者均讲求清雅安谧，以利修禅习业；就选址依据而言，二者选建基址时均有位于社区中心，便于民众往来的考虑。在特定时期，寺宇基址又往往多为学校利用。明清西安城乡寺宇和文教机构之间联系紧密，寺宇往往发挥着重要的文教功能，如清真寺经堂教育、基督教会创办文教机构、慈恩寺和荐福寺作为文教附属区等均属例证。

明万历年间创建关中书院之前，冯从吾就于宝庆寺主讲多年，生徒甚多，[③]堪称以寺为校的典型例子。僧侣阐扬佛法与大儒宣讲儒家经典相依共存，寺校共用同一场所，并行发展。清乾隆年间，东关罔极寺内亦设有民办学校，管瀛在《重修罔极寺碑记》中载："子侄暨诸孙读书即兹寺"[④]。这类学校属于坊众或家族举办的私立学堂，由民众

---

① 〔明〕袁宏道：《袁中郎全集》卷一一《场屋后记》，明崇祯二年武林佩兰居刻本。
② 民国《续修陕西通志稿》卷一三一《古迹一》，民国二十三年铅印本。
③ 〔明〕冯从吾：《关中书院记》，见《关中两朝文钞》卷一三，清道光十二年刊本。
④ 〔清〕管瀛：《重修罔极寺碑记》，清乾隆五十四年，碑存罔极寺。

集资租借寺院场地、聘请教师，吸收本坊或宗族子弟就近入学，一般规模较小。寺宇不仅可做科举考试的附属功能区，清代满城内的铁旗杆庙更直接成为遴选满汉翻译人才的考试场所，"每岁将军考翻译生即假庙地局试"①。

明清西安佛寺如卧龙寺、兴善寺、广仁寺等屡次获颁敕赐《大藏经》，寺宇成为当时城乡社会的宗教图书馆，这对提高本地僧侣佛教修为具有重要意义。关于《大藏经》的利用和保护，卧龙寺立有明代圣旨碑详加规定："兹以一藏安置陕西在城大寺院，永充供养。听所在僧官、僧徒看诵赞扬，上为国家祝禧，下与生民祈福。务须敬奉守护，不许纵容闲杂之人私借观玩，轻慢亵渎，致有损坏遗失。敢有违者，必究治之"②。可见朝廷选择卧龙寺作为保存《大藏经》的寺院，有浓厚的政治教化意义。这套敕赐佛教经典并不允许普通百姓借阅，而是专供陕西僧官、僧众阅览、诵读，以便于僧侣群体为国家和民众祝祷祈福。卧龙寺在保管《大藏经》方面颇为用心，使其从清、民国以至于新中国时期得到长期利用，堪称陕西佛教界的珍贵典籍。

明清西安作为西北文教重镇，不仅先后兴建了众多儒学、书院和新式学堂，而且建有陕西贡院作为西北地区考生参加乡试之所。通过乡试高中功名的即为举人，获得铨选任官的资格。为了庆祝中榜大喜、联络同年学谊，在陕西贡院通过乡试得中举人的考生，"仿唐人故事"，在鹿鸣宴之后，也会参加由陕西官府主持的雁塔题名活动，即将上榜者的名字、籍贯、参加科举考试的科目等镌刻在石碑上，"书其名，以志不朽"。文举人与武举人的题名碑分别置立在慈恩寺大雁塔和荐福寺小雁塔下，形成"文题大雁塔、武题小雁塔"的文教盛事，此传统有"名题雁塔，天地间第一流人第一等事"之称。名列题名碑上的文武举人，后来大多在朝廷和地方官府任职，为国家和区域建设做出重要贡献，所谓"建伟绩、垂大名、彪炳史牒者，大率雁塔碑碣中人"。明清西安乡试举子题名碑不仅继承了隋唐长安雁塔题名的悠久传统，而且增添了慈恩寺、荐福寺的文化韵味。

明清时期前往慈恩寺、荐福寺寻幽访古、聚会饮宴者，往往会流连诵读这些题名碑，口耳相传之间，也使得众多中举题名者得以名扬天下，由此吸引更多优秀学子前往陕西贡院参加乡试，以求取得进身之阶。从这一角度而言，雁塔题名作为文化盛事在客

---

① 民国《咸宁长安两县续志》卷七《祠祀考》，民国二十五年铅印本。
② 明正统十年二月十五日圣旨碑碑阳，碑存卧龙寺。

观上推动了更多学子潜心向学，促进了陕西乃至西北地区文教事业的发展。

四、"少长嬉游"——社区中心

（一）社区活动中心

明清西安城寺宇在分布时以就近布设于居民区核心为其选址原则之一，在城市空间中的微观区位往往处于社区中心。寺宇作为具有社会公共性的市民共享空间之一，与市民生活有着千丝万缕的联系。寺宇在城区中多布设于街巷坊里的中心区位，这有利于其充分发挥作为社区居民日常活动中心和重要交往空间的功能，这一点西安城各清真寺表现得最为明显。

首先，作为穆斯林"讲经传道、朝夕朝拜之所"[①]，清真寺为人人必到之地。伊斯兰教义规定，穆斯林必须遵行的五项宗教功课之一即为"礼"，每日应礼拜五次。清末执教陕西高等学堂的日本学者足立喜六记述当时回族民众礼拜活动云："清真寺是回教徒的会堂。回教徒每周参集一次，进行礼拜"[②]。寺宇的基本信仰功能为其成为一定空间范围内的活动中心奠定了基础。其次，清真寺社区中心地位的形成还与寺内设有浴室紧密相关。穆斯林十分注重身体的清洁，清真寺附设的浴室对广大穆斯林开放，无疑强化了清真寺在回族聚居区的中心地位。再次，清真寺附设学舍，为本坊成人与儿童的教育场所，这一文教功能既是清真寺作为社区活动中心的表现，也在很大程度上提升了清真寺的社区中心地位。此外，较之普通居民府邸，清真寺占地宽广，环境幽邃，为社区居民提供了聚集活动和休憩的空间。"清真寺既为供给多数同教礼拜真主研究教义之必要场所，在建筑设备上必须有容纳大多数同教集合之宽大地盘、宏畅殿宇，方为适宜。"[③]回族民众多喜习武，常以清真寺为活动场地。[④]"回民在日常生活而外，不能不求消遣，以资调剂，于是武术尚焉。西安回民，无论老幼，多娴武术。每于早祷之后，夜夕之暇，齐集寺院，弹腿打拳，玩枪弄棒，切磋琢磨，互试比赛"[⑤]，遂使清真寺成为回族群众武术交流活动的中心。

① 〔清〕马启鹏：《诰授奉直大夫美翁米公遗绩碑记》，清嘉庆十四年，碑存化觉巷清真寺。
② 〔日〕足立喜六：《长安史迹研究》，王双怀、淡懿诚、贾云译，三秦出版社，2003年，第255页。
③ 慕：《清真寺之应用与构成》，见李兴华、冯今源编：《中国伊斯兰教史参考资料选编（1911—1949）》上册，宁夏人民出版社，1985年，第569页。
④ 马靖寰：《西安地区回族人民的习俗》，见中国人民政治协商会议西安市委员会文史资料研究委员会编：《西安文史资料》第12辑，1987年，第139页。
⑤ 王曾善：《长安回城巡礼记》，见李兴华、冯今源编：《中国伊斯兰教史参考资料选编（1911—1949）》下册，宁夏人民出版社，1985年，第1383页。

佛寺、祠庙、基督教与天主教堂等也同样以其社会交往空间的性质具有社区活动中心的功能。如东关罔极寺对社区居民而言，就为"少长嬉游"之地。清代《重修罔极寺碑记》载："殿角峥嵘，时触于目，且少长所嬉游也。"①寺宇的公共空间属性由此也可见一斑。

戏楼等娱乐设施在道教宫观和民间庙宇中的兴建，最大程度上发掘了寺宇空间的公共属性，使其成为封建时代后期城市中重要的娱乐空间。位于城内西大街的都城隍庙和东大街的东岳庙均以戏楼为布局之显著特征。乾隆二十三年（公元1758年），都城隍庙建"乐舞楼"②，位处庙院正中。光绪二十六年（公元1900年），慈禧太后和光绪皇帝"西巡"西安时，都城隍庙就成为当时达官贵人聚集看戏之所。"西安向有两个园，至是大加修葺，召京内名角演剧"。"（大阿哥）每日与太监数人至戏园观剧。……十月十八日，大阿哥澜宫溥儁率领太监多名，与甘军斗于城隍庙之庆喜园。"③可见都城隍庙作为西安城娱乐中心，不仅演出秦腔等地方传统戏剧，而且在北京等地官员大量移驻之际，也由京剧名角上演京剧，吸引军队与地方各阶层人士前往看戏。

寺宇在灾荒、饥馑之时，往往成为官府发放赈济物品、设厂施粥的地点，这也强化了寺宇作为坊里社区活动中心的地位和功能。美国人尼科尔斯生动记述了1901年陕西官府在五岳庙向灾民发放美国赈济款的情形："我在西安期间，就看到了一次向幸存下来的居住在窑洞中的人们发放美国赈济款的场面。巡抚选择的发放地点是五岳庙，这是城区各庙宇中最大的。那天早上，我和敦崇礼先生依约前往五岳庙，我们看到了至少3000名男女老幼在庙宇院子中拥挤不堪。他们全都衣衫褴褛，头发纠结无光，面容憔悴，带着只有饥饿者才有的绝望表情。"④

清后期西安城内兴建的20余所商人会馆事实上也是城区同一籍贯、特定人群的活动中心，与寺宇作为邻近社区中心在公共性和功能上有相似之处。位于东木头市西段路南的左公祠，以其祠主为湘籍左宗棠而成为清代后期寓居西安的湘人聚会地，相当于湖南会馆的角色。⑤位于东关的田师庙则为两湖布商祀神、会议公所。

---

① 〔清〕营灜：《重修罔极寺碑记》，清乾隆五十四年，碑存罔极寺。
② 民国《续修陕西通志稿》卷一二四《祠祀一》，民国二十三年铅印本。
③ 吉田良太郎、八咏楼主人编：《西巡回銮始末记》卷三《西安闻见录》，台湾学生书局，1973年，第159—160页。
④ Francis Henry Nichols, *Through Hidden Shensi*, New York: Charles Scribner's Sons, 1902, p.239.
⑤ 田克恭：《西安南大街》，见中国人民政治协商会议陕西省西安市委员会文史资料研究委员会编：《西安文史资料》第5辑，1984年，第201页。

（二）寺宇管理与坊里的关系

街巷坊里是组成城市整体空间构架的基本空间单元，寺宇则位于特定的街巷坊里之中，二者在街区管理、寺宇修建和住持的选择等方面联系紧密。

寺宇的管理、建修多由所在社区坊里参与，其兴废在很大程度上取决于街巷坊里一定地域空间内人群的支持和维护。不单在捐资修葺方面坊里能够发挥重要作用，在选择合适住持人选等宗教事务上，街巷坊里也能发挥公众监督等积极作用。二者从而形成街坊供给寺宇，而寺宇的部分管理也由街坊参与的鱼水关系。

对于十方丛林类寺宇而言，在择优选举住持或方丈方面，居民区"坊"的重要性得以充分体现。以卧龙寺为例，坊内信仰群众和士绅对寺院管理有监督之责，也有公举、延邀方丈的部分权利，地方官府及僧纲司则进行审核确认。据清同治年间《卧龙禅寺重建清规碑》记载，"省城卧龙寺本系十方丛林，……该寺内方丈向由该坊绅耆会同僧众访择戒行精严、通晓经典者充膺，禀县立案"，"议卧龙凡举方丈，须由本寺大众会同本坊绅耆并各檀越采访十方有戒行完全通习经典者，公同保举，禀官立案。不准各寺僧众干预，以防将来渐成子孙寺院"。[①]这是预防寺宇从十方丛林变为子孙院的有力措施，也是街巷坊里参与寺宇管理的严格规定。

清真寺管理者多是本坊中的大德，非德高望重、经学渊源深厚者不能担当。掌教在管理教务之外，也处理本坊日常事务，从而将街巷坊里和清真寺紧密结合在一起。以化觉巷清真寺为例，光绪年间掌教海洁泉能力出众，办理社事、坊务均井井有条，"凡坊中冠婚丧娶无不措置咸宜，苟非才智兼长，未易胜艰巨之任。况斯寺为省垣八寺之首，列户数百，居民千余，事务丛杂，较之他寺尤难措理。而先生坐镇其间，筹社事则有条有理，应坊务则无党无偏，寺内外严肃整齐，一丝不紊，诚超前而轶后，绝无而仅有者也"[②]。这也有效维系了清真寺作为社区活动空间的公共性。

五、"世守其业"——经济单元

寺宇的经济来源在香火、善缘收入之外，主要有田产和房租收入两种。有些较大寺宇的房产和田产数量相当可观，在城乡社会经济中扮演着重要角色，这些都可表明寺宇是封建时代重要的社会经济单元。

---

① 《卧龙禅寺重建清规碑》，清同治十三年，碑存卧龙寺。
② 〔清〕乌日章：《前掌教海公洁泉德行碑记》，清光绪二十七年，碑存化觉巷清真寺。

（一）田产收入

明清西安城乡规模较大的寺宇自身往往拥有大量土地，或者依靠其在郊区的别院而间接占有田地，从而获得较多的租税收入，成为助缘善款之外的重要收入，甚至是主要收入。拥有较多田产的寺院，财力基础更为坚实，有利于长期传承、扩大基址规模，对寺宇进行精心维护和修缮，寺宇的影响力也会逐渐提升。

清代康熙间敕建的广仁寺虽位处城内西北角，但其位于西北郊区的别院胜严寺可代为管辖土地、收取租粮。胜严寺有"近寺地三十亩，为僧常供之产"。田产传承时间长达200多年，"世守其业，征收租课"。①广仁寺还在城北大白杨、火烧碑、张家庄、青东、青西等村置有寺院水旱地250余亩，城南长安县杜程、东大、嘉午台等村有寺院水旱地160余亩，为寺院喇嘛常供之产。②广仁寺在郊区先后共计拥有约440亩土地，田租收入甚为可观，在供养僧侣、维修殿堂、满足寺院日常开支方面发挥了重要作用。

卧龙寺在城内有"地土房产"，在郊区也有"香火田亩"。《皇清卧龙寺重修碑记》的立碑宗旨即在于记录"助缘功德芳名，以及寺内香火田亩，旧存新设，供具桌灯，四至地基。同勒金石，永传不朽"③。香火田亩当是指信士捐出的田产，其田租收益用于卧龙寺开销。将香火田亩的数额、位置以及寺院院落基址范围镌刻在石碑之上，有利于寺院保障田产、房产的权益，以免日久受到侵损。《卧龙禅寺重建清规碑》同时规定："卧龙凡有地土房产树木，只许增添，不许变卖拆毁。如有不遵者，即行禀官究办"。④卧龙寺对寺产只能增添，不能减少的明确规定，从寺规的角度确保了寺院房产、田产以及其他物产的稳定传承。这些对寺院财产的严格规定也从侧面说明较大寺宇拥有较多的田产和房产。

八仙庵在东关外的乡村地区拥有大片田产，大都出租给农民耕种，以收取田租，并将"田产数目"勒碑刊记，以防历时久远，其他民众或团体侵占寺产。八仙庵在东关的基址占地亦广，内设仓库、菜园、田园、磨房、帐房等，有来自10余省区的多达67名道士分工负责，经理其事。⑤八仙庵不仅是东关城内最大的道教宫观，也是具有综合性的社会经济组织。

---

① 〔清〕僧王恩铭：《胜严寺并入广仁寺管理记》，清光绪二十年，碑存广仁寺。
② 《广仁寺志略记》，碑存广仁寺。
③ 〔清〕《皇清卧龙寺重修碑记》，碑存卧龙寺。
④ 《卧龙禅寺重建清规碑》，清同治十三年，碑存卧龙寺。
⑤ 《八仙庵十方丛林碑记》，清道光十二年，碑存八仙庵。

城郊荐福寺作为天子敕修寺院，亦占有大量由地方官员和善男信女捐助的田产。明代陕西都知监太监刘祥就曾为荐福寺置办"膏壤一顷有奇，岁取其入以赡僧众"[①]。至清代，地方官员为荐福寺"置十方僧田一顷五十亩"[②]，寺院还管理着咸宁县韦曲里二甲、长安县姜村里五甲等处土地，征收田租作为寺宇常供收入。[③]粗略估算，荐福寺拥有的田产在200亩以上，堪称"大地主"级别的田产拥有者。

（二）房租收入

田产收入之外，部分寺宇因拥有众多房屋又有房租收入。拥有较多房产的寺宇普遍将房屋出租，如"咸宁县治西偏有开元寺，境稍僻远，僧庐寂静。士大夫宦游于秦者，每赁为邸舍"[④]。寺宇出租房屋，一方面能增加收益，另一方面能为外来者提供栖身之地，属于双赢之举。寺宇的房产除寺址相沿继承外，每有善士以房屋作为善缘捐助。捐赠所获的房产往往分散在城乡各处，也便于寺宇对外租赁。清《重修卧龙寺碑记》载善士捐房、寺宇租赁过程甚详。有贺善士"愿将自己买到本寺巷口祁姓房院一所，其内厦房五间，价银七十五两；又有城根底房院一所，其内厦房四间，价钱六十千文；又寺内旧有房院一所，其内鞍架房四间，果木树十数株。寺内僧人将此房屋已自嘉庆年间当与滑姓，此时伊即出钱二十五千文将房赎回，仍归寺内。每月讨取房租，以为诸佛菩萨每月初一、十五日建醮之费。又为每年三月初三、四月初八、五月十三、六月初六、九月十三日，众神圣会一切供奉香火之用"[⑤]。在僧侣将房产出当的情况下，信士出重金再将房产赎回，避免了寺院房产流失，反映出信士的一贯支持对卧龙寺发展的重要意义。房租收入颇为固定，保障性强，对于卧龙寺顺利举办祭祀活动起到了重要作用。明清东关洪福寺基址颇大，有山门、过厅、上殿等殿宇建筑，其中大量厢房对外出租，作为善男信女暂时或长期寄存灵柩之所，沿街铺面租给商户开设店肆，其他闲置屋宇亦招租住户。[⑥]综上而言，明清西安的众多寺宇堪谓封建时代的"地主"和"房东"，直接参与到社会经济生活当中，以宽裕的田产、房产收入促进其长期的传承与发展，并刺激、带动了西安城乡地区田地、房产的买卖、租赁等交易活动，在区域社会经济生活中扮演着

---

①　〔明〕伍福：《敕赐荐福禅寺重修记》，明成化八年，碑存荐福寺。
②　〔清〕赵酉：《荐福寺来原》，清雍正十二年，碑存荐福寺。
③　〔清〕裴宪度：《重修荐福寺碑记》碑阴，清康熙三十一年，碑存荐福寺。
④　〔清〕吴泰来：《开元寺八景图记》，清乾隆四十八年，碑存西安碑林。
⑤　〔清〕瑚松额：《重修卧龙寺碑记》，碑存卧龙寺。
⑥　郭敬仪：《旧社会西安东关商业掠影》，见中国人民政治协商会议陕西省委员会文史资料研究委员会编：《陕西文史资料》第16辑，陕西人民出版社，1984年，第178页。

重要角色。

　　在充分发挥各项社会功能的同时，寺宇自身的发展根基也得以巩固。以上有关明清西安城寺宇与其社会功能之间关系的论述，可图示如下：

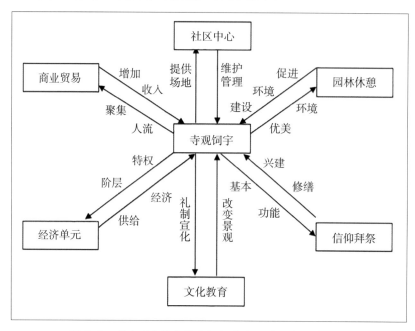

图 9-9　明清西安城信仰空间与其主要功能相互关系图

第五节
明清西安城乡寺宇的地域影响

在对明清西安城乡地区寺宇的规模、格局、环境、功能等有所认识之后，有必要论及寺宇的地域影响，以反映西安作为西北宗教重镇的城市特征。从空间联系与区际交往的角度而言，寺宇的信仰辐射空间与对外交流范围是城市地域影响的具体表现。

寺宇建修所得香火钱、捐款来源地的广泛程度大致可以反映寺院自身吸引力、影响力的地域范围。寺宇只有具备了足够的信仰吸引力，才有可能在一个相对广阔的区域内获得信仰者的捐助。明清西安作为陕西省垣，城乡较大寺宇建修活动的化缘地遍及省境各处。如清代重修荐福寺时，"宰官绅士并阖省乡耆善信以暨绅铺一会，人人踊跃，争为助缘"[1]，陕西省内多地官绅商民纷纷捐资。嘉庆十六年（公元1811年）《重修荐福寺碑记》共记录了来自陕西省3厅2州16县，总计21个行政区以及西安城内信仰民众的捐款，官民捐资成为此次重修工程的主要经费来源。荐福寺的吸引力空间已然超出西安府辖域范围，可见它不单是西安城郊影响力最大的佛寺之一，也堪称全省的佛教信仰核心之一。

具有全省地域信仰吸引力的寺宇主要集中于少数传承久远、规模宏大的寺院。其他寺宇仅对西安府辖区内或西安城周边县区民众具有吸引力，空间距离对于较小规模的寺宇来说，一般与其信仰吸引力成反比关系。南五台为西安城南寺宇密集分布区，六月初一庙会之期，"各处俱纷纷朝山进香"，"邻县如蓝田、咸阳等处，胥如期奔赴。妇女尤为崇奉，有村姬不惮步行数十里而上山者"。[2]可见南五台的影响范围亦远至周边数

---

[1] 〔清〕李文芳：《补修荐福宝塔碑记》，清康熙二十九年，碑存荐福寺。
[2] 民国《续修陕西通志稿》卷一九八《风俗四》，民国二十三年铅印本。

县之地。城内西五台云居寺的信仰吸引力地域就相对较小，集中在城区及其近郊，供"都人士女礼忏拜祷，朔望展诚"①。

具体来说，明清西安寺宇的影响地域和交往空间可以从寺众来源地、助缘者来源地以及对外联系地域三方面进行分析。

僧众的来源地可反映西安城宗教交往空间的远近、广狭。以清代八仙庵为例，道光十二年（公元1832年）《八仙庵十方丛林碑记》载有常住庵众69人的相关信息，其来源籍贯包括湖北、陕西、四川、河南、山西、安徽、甘肃、浙江、山东、江南、北直、关东、贵州等13省区（见图9-10）。从庵内常住人员籍贯分布之广可以看出，八仙庵虽地处西北内陆的西安城，但其地域影响却涉及众多省区。

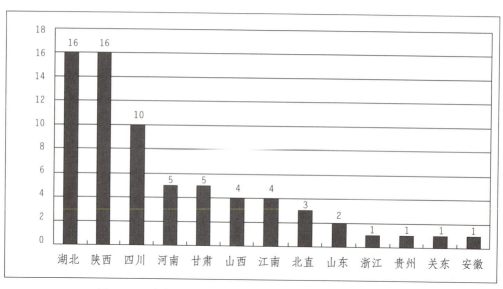

图9-10 清代西安八仙庵僧众籍贯数量柱状图（单位：人）

在寺观宗教人士来源籍贯之外，助缘者来源地也是反映寺宇和所处城市地域影响的主要指标。明万历三十四年（公元1606年）开元寺新建兴教院，"上梁时，西域番僧十六众不知从来，偶尔毕集，各执天轮、地轮、宝杵、金锡杖、宝瓶围绕蹈舞，威仪整肃"②。西域番僧远从数千里外赶赴西安，应有其特定职责与活动，而能在兴教院即

①《重修西五台卧佛殿记》，清乾隆四十二年，碑存西五台云居寺。
②〔明〕乔因阜：《开元寺创建兴教院碑记》，见民国《续修陕西通志稿》卷一六四《金石三十》，民国二十三年铅印本。

将竣工之时，持法器、行仪轨，以示庆贺，堪称丝绸之路上佛教交流的佳话。16名西域番僧集体前来祝贺兴教院的落成绝非偶然，当属开元寺影响之广的明证。康熙年间兴善寺的修建不仅有西安本地督标、抚标、满洲八旗军兵和为数众多之"八旗信士"助缘，甚至远在福州满城的八旗军兵和四川松藩镇军兵也在助缘名单之列。兴善寺所存康熙二十九年（公元1690年）残碑《重□□□□佛殿碑记》中可辨析的西安城八旗营伍就有镶黄旗、正黄旗、镶白旗、正白旗、镶红旗、正红旗、正蓝旗等7个汉军营，都参与了重修助缘活动，显示了军队与兴善寺之间的特殊联系。

寺宇的影响地域不仅表现在僧众和助缘者的来源地，西安城乡寺宇各高僧大德足迹所历在一定程度上也是寺宇影响空间的拓展。如顺治年间兴善寺僧远至河南新蔡县传法。[①]光绪年间化觉巷清真寺阿訇"历年主讲陕垣、咸阳县金家堡、皂河河湾、石家湾以南各寺，暨甘肃莲花池、固原三十六坊、平凉窦家沟、化平街、黄灵寨等处寺，负笈徒游者以千余计。日讲指画，日夜不倦"[②]。可以想见，高僧大德足迹所到之处，其常驻寺宇的地域影响随之扩大。

作为西藏班禅、达赖等活佛进京途中的驻地，广仁寺在西北喇嘛教寺宇中影响较大，与青、藏、甘等省区黄教寺院塔尔寺、哲蚌寺、色拉寺、甘丹寺、拉卜楞寺以及北京雍和宫联系密切。进京喇嘛僧侣途经西安时多来寺挂单，举行佛事活动。[③]位于今五岳庙门街北侧的五岳庙，每逢端阳，常有来自五岳的道士前往朝拜。[④]从碑刻记载来看，卧龙寺作为明清西安著名寺院，更与河南嵩山少林寺互有往来。

综上所述，宗教信仰是封建时代最重要的城乡生活内容之一，寺观祠宇作为信仰空间，是开展这一活动的主要载体。依据碑刻铭文等史料对寺宇的微观格局、规模、功能等进行深入探讨后可知，明清西安城乡寺宇类型多样，数量众多，宗教活动活跃。主要寺宇规模宏大，等级较高，僧人来源广泛，影响地域广阔，充分反映了明清西安作为西北宗教枢纽的重要地位，也从一个侧面体现出西安城乡建设与发展达到了

① 残碑《重□□□□佛殿碑记》，清康熙二十九年，碑存大兴善寺。
② 〔清〕马骐：《处士镜湖韩老阿衡德行碑记》，碑存化觉巷清真寺。
③ 向德、李洪澜、魏效祖主编：《西安文物揽胜（续编）》，陕西科学技术出版社，1997年，第185—190页。
④ 《五岳庙门》，见中国人民政治协商会议西安市碑林区委员会文史资料委员会编：《碑林文史资料》第4辑，1989年，第98页。

隋唐之后的又一高潮。明清西安城乡寺宇在信仰拜祭的基本功能之外，依其区位、类型等的不同而在文化、商贸、游憩等活动中发挥着多方面的作用，兼备悠游休憩之地、文化教育场所、社会活动中心、社会经济单元等诸多相关功能，促进了明清西安城乡寺宇"人神共在"空间特质的形成与发展。

第十章　明清西安的商业贸易

繁荣的商贸活动是封建时代城市充满活力的原因之一，也是城市地位的重要表现。明清西安不仅是西北军政、文化、宗教重镇，也是"贾通八方"的商贸重镇，是连接西北、华北、西南、华中等地商道的枢纽之一。本章着重阐述明清西安城商贸街区的空间分布、商货物品的来源、庙市、赛会、商业会馆以及城郊市镇体系，同时对西安在西北、全国乃至欧亚商贸格局中的地位进行探讨。

第一节
明以前长安商贸发展概况

秦汉时期，国家一统，疆域空前广大，各地商贸交流日趋频繁。《史记·货殖列传》即载："汉兴，海内为一，开关梁，弛山泽之禁，是以富商大贾，周流天下，交易之物莫不通，得其所欲"[①]。关中地区"于天下三分之一，而人众不过什三，然量其富，什居其六"[②]。长安作为都城所在，既是全国政治、文化中心，亦是商贸中心，且为联结欧亚大陆的丝绸之路的起点。虽然汉长安城内区域大部分为宫殿占据，但所设"九市"对繁荣城市商贸发挥着重要作用。

隋唐时期，国力强盛，都城长安人口一度有百万之多，来自世界各地的使节、学者、僧侣，尤其是商贾云集于此。唐长安城虽仅设东、西二市，但商贸之繁荣远超汉长安城。东市"货财二百二十行，四面立邸，四方珍奇，皆所积集"[③]。西市亦有衣肆、药材肆、鞦辔行、绢行、秤行、肉行等各行各业的店铺。来自西亚乃至欧洲的商人多于西市开店。长安城中市、店、肆、栈等多种商业形态无一不具。

唐末国都东迁，长安城规模大为缩小，人口减少，但直至五代，长安城内北市、菜市等仍兴旺不衰。[④]作为西北区域中心城市，宋长安城"当西方之冲要，衣冠豪右错居其间，连甍接栋"[⑤]，"民去本就末"[⑥]，又"长安有宝货行，搜奇物者必萃焉"[⑦]，表

---

①　〔汉〕司马迁：《史记》卷一二九《货殖列传》，清乾隆武英殿刻本。
②　〔汉〕司马迁：《史记》卷一二九《货殖列传》，清乾隆武英殿刻本。
③　〔宋〕宋敏求：《长安志》卷八《唐京城二》，清文渊阁四库全书本。
④　吴宏岐：《论唐末五代长安城的形制和布局特点》，载《中国历史地理论丛》1999年第2辑，第145—159页。
⑤　〔宋〕侯可：《京兆府长安善感禅院新井记》，宋熙宁七年，碑存西安碑林。
⑥　〔宋〕宋敏求：《长安志》卷一《风俗》，清文渊阁四库全书本。
⑦　〔宋〕江休复：《嘉祐杂志》，清文渊阁四库全书本。

　　明宋长安城仍以其交通区位优势在西部地区商贸格局中发挥重要作用，市民亦多以商贸为业，城市商业发展兴盛。宋京兆府在熙宁十年（公元1077年）前，每年共收商税83375贯左右，其中在城商税为38445贯842文，京兆府所辖各县场务共收商税44929贯。这一数字固然不能与每年商税40万贯的都城开封相比，但其在城部分仍然居于全国各大城市的第16位。①这一时期，长安商人曾因朝廷议废铁钱而举行了两次规模浩大的罢市活动，"长安为之乱，民多闭肆"，直至最终商民得知"铁钱不废，市肆复安"。②可见商人已成为长安城的重要社会阶层，专门性的商人组织行会也已形成。金京兆府城形成了若干专业市场，分别经营酒类、蔬菜、漆器等。商贸市场的固定与经营活动的繁荣对城区街巷地名的形成产生了深远的影响。《京兆府提学所帖碑》即载"酒务街，左第一厢""东菜市街，左第一厢""漆器市街，右第一厢"，③这些街巷因临近特定行业市场而得名，反映出城内专门市场发展兴盛而稳固。

　　元奉元城作为安西王府所在地，商贸活动在宋金基础上有所发展。意大利旅行家马可·波罗记述奉元城商业繁盛状况云："城甚壮丽，为京兆府国之都会。……此城工商繁盛，产丝多，居民以制种种金锦丝绢，……凡人生必需之物，城中皆有，价值甚贱。"④从元人李好文《元奉元城图》所载地名分析，元代城内西区北部有马市、羊市，中部有药市街，市场行业划分更为多样化。自宋元开始，长安及其毗邻地区诸多军镇逐渐向市镇转化，如鸣犊、灞桥、义谷、莎城、杜角、秦渡、零口、栎阳、高陵、渭桥等，促进了乡村地区市场体系的形成与完善，大大强化了西安作为西北商贸重镇的地位。

①　杨德泉：《试谈宋代的长安》，载《陕西师大学报》（哲学社会科学版）1983年第4期，第102—110页。
②　雍正《陕西通志》卷四一《盐法》，清文渊阁四库全书本。
③　国家图书馆善本金石组编：《历代石刻史料汇编》第1册，北京图书馆出版社，2000年。
④　《马可波罗行纪》中册，A.J.H.Charignon注，冯承钧译，商务印书馆，1947年，第431页。

第二节
商贸市场、商货来源与运输路线

一、商贸市场的形成与发展

（一）商贸市场

1. 主要商贸市场

明代陕西和西安在西北地区的商贸活动中占有重要地位，这不仅因为陕西联结西北、华北、西南、中原各地的区位优势，亦因关中地区平畴沃野，农业发展基础良好，西北各地牧业兴旺，自然资源丰富，均为陕西、西安的商业贸易奠定了坚实的物产基础。明人张瀚《松窗梦语》载："河以西为古雍地，今为陕西。山河四塞，昔称天府，西安为会城。地多驴马牛羊、毡裘筋骨。自昔多贾，西入陇、蜀，东走齐、鲁，往来交易，莫不得其所欲。至今西北贾多秦人。"又赞誉关中之地"生理殷繁，则贾人所聚也"①。在明代众多商帮中，陕商群体的影响力堪与徽商、晋商媲美。虽然陕商的活动区域集中在西北、西南、华北、中原和东南地区，但其商贸活动扩大了陕西以及西安的影响，同时也吸引了各地众多商贾前往西安进行贸易。史志文献中对明代西安城区市场分布状况记载较少，但可依据明西安城发展状况和清代城区市场分布向前推溯，结合地名资料对明代西安城市场分布特征加以复原。

随着清代统治疆域的扩大，西安作为最重要的西北区域中心城市，城区市场数量大为增加。现存方志中，康熙七年（公元1668年）《咸宁县志》最早系统记述了西安城市场的分布情况：

> 城内有粮食市，今在四门牌楼；布市即布店，大、小菜市，满城内；糯米市，通政坊；面市，马巷坊；骡马市，趺水河西；羊市，县治东；猪市，粉巷；鸡

---

① 〔明〕张瀚：《松窗梦语》卷四《商贾纪》，清抄本。

鹅鸭市，鼓楼前；木头市、方板市，开元寺东；瓷器市、鞭子市、竹笆市，俱在鼓楼前；草市，跌水河西；东郭有粮食市、果子市；南郭有青果市；店之在城者有梭布店、云布店、红店、纸店、壶瓶店、绸缎店、南京摊，俱在鼓楼西；书店，鼓楼前；金店、椒盐摊，鼓楼前；在东关者有盐店、药材店、棉花店、糖果店、生姜店、过客店，在北关有锅店、过客店。[①]

虽然康熙《咸宁县志》所载主要反映清初西安城市场分布情况，但封建时代固定市场尤其是专业市场的形成多需经过较长时间，因而这一分布格局大致也可视为明后期乃至明中期的市场分布状况。由以上记述可知，明代、清前期西安鼓楼周边为商业店铺分布最密集的商业区，西北、西南、东南、东北城区亦有分布，关城中以东关和北关分布较多，尤以东关店肆最多。

深入分析康熙《咸宁县志》编纂者对西安城区市场的编排用词，有助于了解清前期西安城市场分布情况。首先，编纂者从宏观上将西安城分为大城区（称"城内""在城者"）、关城区（称"东郭""东关""南郭""北关"）两大类，表明城八区均分布有商贸街区，商贸活动相对均衡。其次，在记述城区市场时，编纂者将"满城内"与"通政坊""马巷坊""县治东""鼓楼前"等空间单元并列，反映了满城封闭区域的特质。虽有布店和大、小菜市分布其中，但满城作为占地超过大城1/3之地，与其他城区相比，店铺数量相对较少，商贸活动主要以满足旗人日常所需为特征。再次，编纂者将"市"和"店"加以明确区分："市"为集中性商业区，即大量同行店铺或交易对象集中在一定区域或者一条街巷内，呈斑块状或带状分布；"店"为点状、分散的商铺，与民宅、寺宇等混杂分布。（见图10-1）

有学者指出，明清北方商业店铺主要集中在以下行业：粮米业、布棉业（包括布行、绸缎行、棉行）、钱业（包括典铺）、杂货业、手工业店作（包括银货、铁货、铜货、皮革、染坊、木铺、油坊等）、饮食业（包括面铺、饭店、豆腐房、菜店、肉铺、酱醋店、盐店、茶店）、服务业（包括理发铺、旅店等）、药业、煤炭业、书业（包括书店、印刷业）及其他行业。[②]康熙《咸宁县志》记载的西安城商铺种类已涵盖其中绝大多数商铺类型，如粮食市、菜市、药材店、建材店、农具店、牲畜禽店、布匹绸缎店、干鲜果品店、金银首饰店、生活用具店、文化用品店、过客店等，这些市场、店铺反映了清前期西安城经济发展的水平和商贸活跃的程度。

① 康熙《咸宁县志》卷二《建置》，清康熙刊本。
② 姜守鹏：《明清北方市场研究》，东北师范大学出版社，1996年，第134—135页。

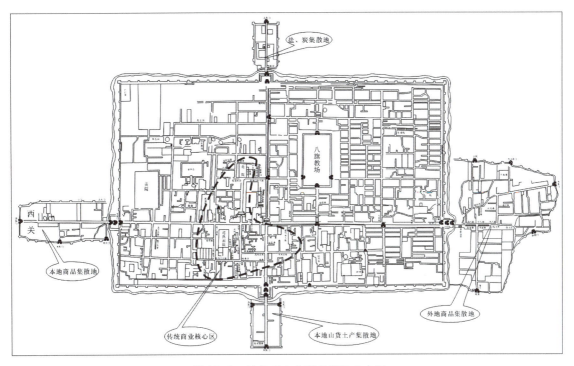

图 10-1 清代西安主要商贸区分布图

乾隆年间，《开元寺八景图记》碑载："西安为关中都会，冠盖之所趋，日中成市。"①说明西安城同时作为省城、府城和县城，设有大量行政机构，达官贵人、富商大贾聚居城中，加之市民、军兵等消费型人口众多，各类交易频繁，因而城市商贸十分活跃。清后期，西安城商铺数量增加，规模扩大，商品种类也更为多样。1901年出版的英国人比格姆所著《在中国的一年1899—1900》一书描述清末西安西大街沿线商铺繁盛状况云："西安城自西到东横贯城区的主要大街是一条上佳的宽阔大道，两侧店铺储备丰盈，车马如流"②。1902年出版的美国人尼科尔斯所撰《穿越神秘的陕西》记载清后期北大街商铺及其经营状况更为详细：

> 西安城自北而南的大街靠近东城墙。沿途许多商铺规模很大，商人们陈列出售的囤积商品数量多而品种丰富。商铺及其经营内容不如上海和某些南方城市那样充满商业气息。银饰珠宝、象牙雕刻、玉制饰品很少在西安商铺出售。需求似乎集中于更具实用性的商品，如丝绸、棉布和茶叶。③

① 〔清〕吴泰来：《开元寺八景图记》，清乾隆四十八年，碑存西安碑林。

② Clive Bigham, *A Year in China 1899-1900*, London: Macmillan and Co., Limited, New York: The Macmillan Company, 1901, p.150.

③ Francis Henry Nichols, *Through Hidden Shensi*, New York: Charles Scribner's Sons, 1902, p.170.

西方游历者的记述真实反映了西安城作为内陆商贸重镇多实用品、少奢侈品的商贸交易特征。以留存今日的地名为基础，结合文献记载，可分析明清西安城市场、店铺、商业街区的分布情况，列表如次：

表 10-1　明清西安城主要商贸街区一览表

城区	街区	店铺商货	城区	街区	店铺商货
西南城区	南广济街	药店、钱庄、铁货店①	东南城区	骡马市	牲畜
	五味什字	药店		东羊市	牲畜
	盐店街	官盐店、银号、钱庄②		油店巷	油类
	粉巷	面粉、猪市③		印花园	染印花布作坊
	南牛市巷	牲畜		府学巷	碑帖拓裱
	北牛市巷	牲畜	东北城区	大差市	蔬菜果品
	西木头市	竹器、木器		案板街	木制品
	竹笆市	竹器、木器④		羊市什字	羊
	正学街	笔墨店铺	东关	东关正街	过载行、药材行和茶行
西北城区	大小皮院	皮具		东关南街	山货行、广货行、纸行、药材行
	西羊市	牲畜		鸡市拐	家禽、粮食
	麻家什字	回民特色食品		板坊	过载行、药材行和茶行
	糖坊街	糖坊		炮房街	纸炮作坊
	麦苋什字	麦草店铺		面王巷	面粉
	永丰仓附近	粮食店铺		柿园坊	过载行、药材行和茶行
	北院门	银号、店铺		中和巷	过载行、药材行和茶行⑤
东南城区	东木头市	木器家具			

　　资料来源：西安市地名委员会、西安市民政局编：《陕西省西安市地名志》（内部资料），1986年；张永禄主编：《明清西安词典》，陕西人民出版社，1999年。

　　注：
　　① 民国《续修陕西通志稿》卷一九二《物产三》，民国二十三年铅印本。
　　② 郑平：《解放前西安的银号钱庄》，见中国人民政治协商会议西安市碑林区委员会文史资料委员会编：《碑林文史资料》第4辑，1989年，第125—129页。
　　③ 康熙《咸宁县志》卷二《建置》，清康熙刊本。
　　④ 民国《续修陕西通志稿》卷二一一《文征十一》，民国二十三年铅印本。
　　⑤ 黄云兴：《东关行店纪要》，见中国人民政治协商会议西安市碑林区委员会文史资料研究委员会编：《碑林文史资料》第3辑，1988年，第57—64页。

2. 城八区商贸特征

西北城区　西北城区分布有众多官署，回族民众亦主要聚居于北院门以西、广济街以东的地区。这一地区商业市场上承宋、元，形成北院门商贸区。回族商贾主要经营饮食和牛、羊皮业等，大、小皮院的地名因此形成。美国人尼科尔斯在清末游历西安时对穆斯林商人的经营状况印象深刻，他在《穿越神秘的陕西》中记述："各地的商人与穆斯林商人有固定而长久的商贸往来，这些穆斯林商人的店铺在全城各处均有分布。"[1]位于西大街中段北侧的都城隍庙亦为西北城区商贸增添了活力。美国人盖洛在游历西安时，曾穿越满城，进入西北城区。他记述道："经过'满城'西门，就来到了'汉城'。我们置身于熙熙攘攘的商业街区，到处都是琳琅满目的店铺，尤以皮货店最令人瞩目。"[2]

以光绪二十六年（公元1900年）至光绪二十七年（公元1901年）粤籍官员伍铨萃寓居西安期间的日常采购活动为例，可以说明西北城区以北院门和都城隍庙为商贸核心区。伍铨萃《北游日记》载：光绪二十六年十二月三十日"下午游西大街宣平坊，市场热闹，购元宵、石榴、核桃、松花归"；正月十二日"候龙舍人罗荣轩到宣平坊市购笋、螃蟹、烟花归"；二十日"游北院门，得如意壶一"；二月二十五日"早买芍药花宣平坊"。北院门的商品适应了"庚子之变"后大量官员前往西安、对古物需求颇多的状况，多古币、古玩、字画；都城隍庙市场则以日常用品、干鲜水果买卖为主，更有平民化色彩。

北院于光绪二十六年成为慈禧太后和光绪皇帝行宫所在，大大促进了西北城区商业的发展。全国各地运往西安的贡银、贡物数量巨大，使得西安银钱业、商贸业呈现空前繁荣。"各省解往银两赴行在者，在二月初核算，已有五百万之多"；"沿街京官车马往来，已有京师气象。且公退后多聚于食肆，京语满座"；"此时市上百货云集，关东之牛、鱼、野猪，皆有之，若葡萄干、哈密瓜更多，街头凡地摊四行。据秦人云，自来未有如此之盛者"。[3]大量官民、军兵的涌入，推动了西安商贸市场的空前发展。"行宫左右地方皆驻扎武卫营兵，而街市亦照常贸易。人谓不愁货不卖，只愁无货，惟最惧

---

① Francis Henry Nichols, *Through Hidden Shensi*, New York: Charles Scribner's Sons, 1902, pp.169-170.

② William Edgar Geil, *Eighteen Capitals of China*, Philadelphia & London: J.B. Lippincott Company, 1911, p.330.

③ 〔清〕唐晏慕，刘承干校：《庚子西行记事》，见《中国野史集成》编委会、四川大学图书馆编：《中国野史集成》第47册，巴蜀书社，1993年。

太监买货，不肯付钱"[1]。

　　在两处核心市场之外，清代北门附近还形成了早市。伍铨萃《北游日记》载：四月十二日，晨起"到北门早墟，得治平文宝、周元通宝泉二枚，丝绸九尺"；四月十九日"约游北门晓市"，得"绿耳马钱一枚""山水画稿一本"。市场交易商品以文物、古董、字画等收藏品为主，其快速发展无疑与大批具有高消费能力的外地官员来陕有关。

　　西北城区布设有存储军粮的大型官仓——永丰仓，因而一度在乾隆年间形成了专门化的粮食市。永丰、敬录两仓归督粮道管辖经收，分别位于西北城区和东南城区。"陕西粮道驻扎省城，专管支放满汉官兵粮饷。……该道所管永丰、敬录二仓，左右铺户环列一百三十四家"[2]。134家粮食铺集中布设在两仓附近，形成了西安城最具规模的两处粮食市场。此后，这些粮食铺因无序经营破坏了纳粮制度，最终被官府强制清除。这是西安城"短期运作型"市场的典型，虽然在一段时期内发展非常之快，也颇成规模，但易受官方政策的影响。

　　西南城区　　西南城区作为明清西安城的传统老城区，虽然面积在四区中最小，但宋元以来，人口众多，街巷如织，屋宇密集，加之清总督部院署位于本区，与北院门巡抚署南北相对形成南院门。富商大贾多居住在此区，人口众多且购买力强，商业会馆也多选建于西南城区，因而该区成为明清西安城最为繁华的商贸核心区。

　　南院门前的广场及其周边是明清西安城最热闹的商贸区，乾隆年间已有众多古董铺集中开设于此，[3]且除了白天开门营业的商铺外，这里还形成了热闹的夜市。伍铨萃《北游日记》载南院门夜市云："（光绪二十七年三月廿三）晚薄游南院，市饼、果归"[4]。《庚子西狩丛谈》载慈禧太后和光绪皇帝1901年10月离开西安，从北院门行宫起驾出西安城南门时，"沿途市肆，各设香花灯彩"[5]，表明从北院门周边经南大街到南门一带店铺相当密集。

　　1901年，美国记者尼科尔斯在参观了南院门广场以西的"金融街"后记述说："长期以来，西安以金融业驰名全国。在北京，西安人常常是被视为'银行家'而提及的。

　　① 吉田良太郎、八咏楼主人编：《西巡回銮始末记》卷三《两宫驻跸西安记》，台湾学生书局，1973年，第128—129页。
　　② 民国《续修陕西通志稿》卷三二《仓庚一》，民国二十三年铅印本。
　　③ 〔清〕杨炳堃：《中议公自订年谱》卷七，清光绪刻本。
　　④ 〔清〕伍铨萃：《北游日记》，台湾学生书局，1966年，第203页。
　　⑤ 吴永口述、刘治襄记：《庚子西狩丛谈》，岳麓书社，1985年，第96页。

在从公共广场向西延伸的一条大街约半英里处，有将近20家钱庄票号，每年经手的银两数以百万计。当今的那些钱庄票号在西安已经存在了上千年，其运营制度与美国的银行极为相似。"①尼科尔斯所见的众多钱庄票号就位于盐店街、南广济街、梁家牌楼等地。长期以来，西安城金融业的兴盛及其在全国的影响大大强化了其西北商贸重镇的地位，金融业的发展在1900年"庚子之变"后一度达到巅峰。

　　东北城区　东北城区在明代虽建有秦王府和临潼、汧阳两座郡王府，同时还有军队驻守，但作为新扩城区，其常住人口一直较少，严重影响商贸发展。至清代，满城占据整个东北城区，基于军事堡垒的形制和功用，以及满人在清代绝大部分时间内并不从事商贸活动，而汉族、回族商人与民众进出满城又有不便之处，因此除大、小菜市外，形成规模的固定市场较少，仅东岳庙等寺宇每年数次的庙会有一些商贸活动。满城相对薄弱的商贸状况和巨大的消费需求为东关城商贸的快速发展创造了机遇。

　　东南城区　自明代开始，东南城区就逐渐发展为文教集中区。但由于南院门商贸区的辐射和影响，这一地区西半部也形成了少量街市。与文教区功能相适应，文庙附近形成了较为兴盛的碑帖市场。②《庚子西行记事》载："（文庙）内外多卖帖者，仿佛北京之国子监"③。文庙内收存的大量碑刻为碑帖交易提供了源源不断的"产品"。足立喜六《长安史迹考》亦载清末"碑林内常有职工七、八员专事拓本。碑林门外，复有数十碑帖肆，以事贩卖。凡各国人士游览到此者，类皆购之，以资纪念，故帖肆甚繁昌"④。依托碑林形成的碑帖市场形成了鲜明特色和强大吸引力，同时也有助于扩大西安在海内外的知名度。

　　四关城　明清西安四关城作为城市空间的重要组成部分，基于城乡接合部的地位，商贸发展状况与城内四区有较大区别。

　　有清一代，东关城的商贸发展与满城的巨大消费需求紧密联系。满城作为军事驻防区对原有城区的占用推动了东关商业区的扩大。由于满城与南城占据了咸宁县近乎一多半的辖域，加之全城商贸中心位于长安县境，咸宁县又不便在东南文教区内大规模发展

---

①　Francis Henry Nichols, *Through Hidden Shensi*, New York: Charles Scribner's Sons, 1902, p.171.
②　徐国馨：《古城西安的碑帖拓裱业》，见中国人民政治协商会议陕西省西安市委员会文史资料研究委员会编：《西安文史资料》第3辑，1982年，第112—121页。
③　〔清〕唐晏篡，刘承干校：《庚子西行记事》，见《中国野史集成》编委会、四川大学图书馆编：《中国野史集成》第47册，巴蜀书社，1993年。
④　［日］足立喜六：《长安史迹考》，杨炼译，见中国西北文献丛书编辑委员会编：《中国西北文献丛书》第3辑《西北史地文献》第113卷，兰州古籍书店，1990年。

商业，商贸重心只能逐渐向东关城转移。嘉庆《咸宁县志》卷一所附《东郭图》上已标注有山西会馆、粮食市、鸡儿市、曹家集、税亭（东关西大街西段北侧）等商业设施和街区。北、西、南三关城依其地理位置，分别成为以来自山西、同州的煤炭，西府各县粮食，陕南土特产等为主的商货集散地。

综上所述，明清西安城商贸空间具有以下特点：其一，行业集中，市场划分细致，众多同行业店铺聚集一市在一定程度上实现了规模经营的优势；其二，核心商业区与官署区范围有所重合，即南、北院门既为官署区，也是主要商贸分布区之一；其三，明代东北城区和清代满城商业贸易发展相对薄弱，东关替代性地发挥着东北城区的商贸功能。

（二）庙市与赛会

依商贸交易频繁程度而言，西安城在常市外，还有庙市、赛会和节市等重要商贸形式。庙市等与常市的不同之处在于举办时间固定在某些日期，或因庙而立，或因时因事而定，或因地从俗而行，规模大小各异，交易时间长短不一。

明清西安宗教类型多样，寺宇众多，祀神活动层出不穷，为商贸活动提供了大量契机。商贸与宗教的发展都需要最大程度地吸引人气，前者旨在售出商品，获取利润，后者则希冀收受香火之资，吸纳信仰民众，扩大宗教影响。虽然二者主旨有别，但对聚众的共同需求使二者紧密联系在了一起。庙会、赛会就是寺宇与商贸活动相互联系、彼此促进的方式，也是宗教信仰与商业贸易在长期发展过程中出于共同利益相互结合产生的城乡活动。信仰空间与商贸活动之间的关系如下图所示：

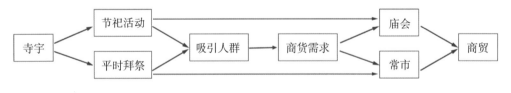

图 10-2 明清西安城庙市与常市形成关系图

1. 庙市

都城隍庙　在各种以信仰空间为依托的商贸活动中，位于西大街中段北侧的都城隍庙最为兴盛，影响最大。都城隍庙在长期发展中，商贸活动从商贩的短期挑担贩卖向长期固定摊点发展，并最终形成规模较大的常市。

都城隍庙赛会之期的商贸活动较平日更为热闹。"长安、咸宁两县旧俗，岁有赛会四，而以四月初八等日都城隍之会为最大。商贾联集，蔚成巨观"①。都城隍庙赛会在参与商贾众多之外，时间也往往长达月余。民国人士将都城隍庙赛会的热闹贸易景象与欧美各国举办的博览会相提并论，称"至若岁时开设大会，累月连朝，若省垣之城隍庙会。……招集众而市肆骈阗，贸易蕃而金钱萃集，亦骎骎乎与西人所谓赛会者侔矣"②。都城隍庙商贸之所以兴盛，除城隍信仰能吸引大量信仰人群外，还应归功于庙内所设的戏楼。都城隍庙集商市和戏园于一处，"为万货萃处，门殿之间皆列肆也，四隅则为戏园"③，这就对喜听秦腔的西安城乡民众有着超乎寻常的吸引力。戏楼在明清西安城民间庙宇中时有所见，位于东门内的东岳庙也同样是赛会的重要场所，亦设置有戏楼，这就成为在宗教信仰之外对人群的又一吸引力因素。明清之际，逛都城隍庙成为西安市民的一种生活方式，即使是远来的官员商贾，也多慕名一游。光绪二十六年（公元1900年）慈禧太后"西狩"西安之际，伍铨萃《北游日记》中就有"（十二月初五）备游城隍庙"的记述。

八仙庵　八仙庵庙会是明清西安堪与都城隍庙相比的庙市，其形成与东关城位处城乡接合部的区位有很大关系。作为"半农半商""半城半乡"地区，在东关居住的大多为农户，其田地一般在东关之外，每年春种秋收，需要购置农业用具、牲畜等，东关外的农户同样有此需求。每年四月八日为东关咸宁县城隍庙会，四月十四至十六日为八仙庵吕祖庙会，二者日期接近，又适逢三夏大忙之前，遂形成由八仙庵庙会、咸宁县城隍庙会、忙笼会、骡马会构成的长达约十天的会期，以八仙庵为庙会中心，吸引了十里八乡的农民们前来赶会交易。④

东岳庙　清代西安满城占据全城约1/3面积，满蒙旗兵、旗民人口曾达4万之多。清前中期满城旗人主要负责军事驻防，不事生产，也被禁止从事商贸活动，满城内市场较少，仅东岳庙等作为赛会场所有相对繁盛的商贸活动。东门内北侧东岳庙以"三月二十八日为东岳大帝会，其会地即在满城东岳庙内，熙来攘往，贸易亦盛"⑤。由于祭祀日期的持续性、稳定性，始建于宋代的东岳庙在明代也当是赛会贸易的重要场所。

①　民国《续修陕西通志稿》卷一九八《风俗四》，民国二十三年铅印本。
②　民国《续修陕西通志稿》卷一九八《风俗四》，民国二十三年铅印本。
③　〔清〕唐晏纂，刘承干校：《庚子西行记事》，见《中国野史集成》编委会、四川大学图书馆编：《中国野史集成》第47册，巴蜀书社，1993年。
④　潘应蓬：《古都碑林区两大寺院》，见中国人民政治协商会议西安市碑林区委员会文史资料研究委员会主办：《碑林文史资料》第2辑，1987年，第137—142页。
⑤　民国《续修陕西通志稿》卷一九八《风俗四》，民国二十三年铅印本。

东岳庙会之外，满城内还常在"恭遇庆典之日"，"庆祝演剧，小贸营生者资焉"，①表明其中有流动性的商业交易场所，同时伴有戏剧演出。商业贸易与演戏娱乐同时出现，相互依存，也是明清西安城商业活动的特点之一。

明清西安城庙市日期主要集中在四、五、六月份，尤以各月中旬为多，如下表所示：

表10-2　明清西安城乡重要庙会日期表

寺宇	会期	活动	寺宇	会期	活动
广仁寺	三月二十八日①	二十一度母油灯大会	八仙庵	四月十四至十六日⑤	庙会
	十月二十三至二十五日	宗喀巴古灯大会	药王庙	二月二日	祀药王、庙会
都城隍庙	四月八日	赛会	东岳庙	三月二十七至二十九日⑥	东岳大帝会
卧龙寺	三月三日、四月八日、五月十三日、六月六日、九月十三日②	庙会	黑虎灵官庙、菩萨庙、三官神堂	六月十七至十九日	庙会
西五台	六月十七至十九日③	庙会			
财神庙	二月二日④、七月二十二日	赛会、庙会	南五台	六月一日	赛会

注：

① 向德、李洪澜、魏效祖主编：《西安文物揽胜（续编）》，陕西科学技术出版社，1997年，第185—190页。

② 〔清〕瑚松额：《重修卧龙寺碑记》，碑存卧龙寺。

③ 黄士桢：《书院门古文化一条街的变迁》，见中国人民政治协商会议西安市莲湖区委员会文史资料研究委员会编：《莲湖文史资料》第8辑，1995年，第169页。

④ 民国《咸宁长安两县续志》卷七《祠祀考》，民国二十五年铅印本。

⑤ 潘应莲：《古都碑林区两大寺院》，见中国人民政治协商会议西安市碑林区委员会文史资料研究委员会主办：《碑林文史资料》第2辑，1987年，第142页。

⑥ 余忠杰：《东岳庙与道德小学》，见中国人民政治协商会议西安市新城区委员会文史资料委员会编：《新城文史资料》第6辑，1989年，第43页。

在上述较大庙会之外，还有会期与场所时有变动、稳定性较弱的赛会商贸活动，多以小型庙宇为依托，"多藉祀神之典，为开会之期，如工商则祀火神、财神，财神以七月廿二为会期，京广药市等则祀药王，其会期会地均无定"②。究其原因，主要是城内

---

① 民国《续修陕西通志稿》卷一九八《风俗四》，民国二十三年铅印本。

② 民国《续修陕西通志稿》卷一九八《风俗四》，民国二十三年铅印本。

同一类型庙宇并非仅有一处，往往分布多处。火神庙、财神庙和药王庙在城四区和关城分布较多，赛会日期、举办场地等可在各庙宇之间轮换，由此形成的赛会场所流动性强，稳定性弱，商贸交易也就不如大型固定庙会繁荣。

赛会的特点在于热闹，平时劳作终日的人们在赛会之期可以放松娱乐。就此而言，赛会活动祭祀的气息相对较淡，而借以进行商贸交易、娱乐和游玩的功能却在增加，因而城内赛会之期多可视为商贸日期。民国《续修陕西通志稿》就指出："按赛会之举始自西周，官礼有大市、朝市、夕市之分。大市百族为主，朝市商贾为主，夕市贩夫贩妇为主"，"陕右赛会，每藉祀神开设，而其实在行销土货，所以通省皆有场集"。赛会的商品与常市的交易重点有所区别，即"顾皆寻常日用之需，农民田器之类，奇技淫巧则无一焉"，以日常生活用品、农业生产工具等实用商货为主，并无用于娱乐消闲的奢侈品或字画文玩等收藏品。

2. 节市

明清西安城最重要的节市为一年一度的南院门的灯市。每年"正月十五日谓之灯节。前十日城内四关、南院门以及乡镇俱售各样花灯，争奇斗巧，以南院门为最盛。制灯者各持所有，货于市……夕演汉船、鱼龙、七巧各灯。过十六日始止，至二月初一、二日两夜又复演之"[1]。灯市属于展销、表演合一的专门化市场，既是制灯手工业者们大展身手的大好机会，也活跃了古都西安春节期间的文化生活。"陕西省垣每岁正月初三、四等日，南院门街开张灯市，其灯式不啻数十种，缕金错采，斗巧争妍。每枝灯价有极昂者……填街塞巷，大有车如流水马如龙之盛。至元宵则家家悬灯，火树银花，游人塞巷填街，加以鱼龙曼衍，百戏杂陈。各县皆然，惟会城尤盛云"[2]。南院门灯市不仅陈列各式花灯供市民观赏，也是城内最大的花灯供销市场。由于灯市时间性极强，与城内其他专门市场相比有其特殊性，集中在正月初一至十五，以及二月初一、初二两个时间段。西安南院门及各县灯市既是各类花灯交易之地，也是民众节日活动场所，就有固定日期而言，与庙会有相似之处。

---

① 民国《续修陕西通志稿》卷一九八《风俗四》，民国二十三年铅印本。
② 民国《续修陕西通志稿》卷一九八《风俗四》，民国二十三年铅印本。

二、商货来源与运输路线

（一）商货来源

1.厘税局与商货种类

清代西安城商贸发展状况在厘税征收方面亦有所反映。[①]咸丰初年，由于捻军西入陕西，清军耗饷巨大，库藏空虚，陕西巡抚曾望颜遂仿湖北捐厘法，于咸丰八年（公元1858年）在陕西设局收厘金，以增加财政收入，弥补军费开支。同治六年（公元1867年），陕西官府在西安四关各设一厘税局，征收百货榷厘，涉及商品种类丰富多样，来源地也颇为广泛。列表如次：

表 10-3　清末西安厘税局分布表

厘税局分局	位置	征收货物及其来源	宣统元年征税银	等级
东关局	东关吊桥坊	以布匹、绸缎、药材、京杂货为大宗，次则蓝棉、生字水烟，又次则牛羊皮、山纸、木耳、生漆、梧子、花椒、蜂蜜、桐油	8822 两奇	中下等
南关局	南关吊桥	惟凤、眉、盩厔、鄠县烧酒最多，次为油漆、火纸、皮纸、牲畜；牲畜由东来，赴东南去	2192 两奇	中下等
西关局	西关吊桥	猪、羊、骡、马、杂油、挂面、杂木、烟、靛；所收仅本境出产，由乡运城之物	2100 余两	下等
北关局	北关吊桥	杂皮、棉花、土瓷、清油、红枣、盐、碱、铁、炭	447 两奇	最下等

资料来源：宣统二年《陕西清理财政说明书》下编《岁入厘金类说明书》；民国《续修陕西通志稿》卷三五《征榷》，民国二十三年铅印本。

2.四关局特点

东、南、北关分局均属咸宁县辖境，仅西关局位处长安县境。东关局下另设南、北、东及东南分卡四处，这不仅因东关城面积较大，行店较多，而且因东关属于通往东、东南和东北商道的必经之地。东关"地当大道之冲，左近有各行店，生理甚盛。凡东、北、南各路大宗货物，若布匹、绸缎、京货、杂货、药材等项，其来或入城，或投行局，实为之枢纽"。东关重要的交通区位使其逐步发展成为货物中转地，可由此经长乐门进入满城，也可直接卸货于此，而后转销到目的地。东关局依托于有较大消费能力的大城区，征收的商货税银数额最大。清代后期，大量外国商品经由沿江、沿海开埠城

① 民国《续修陕西通志稿》卷三五《征榷》，民国二十三年铅印本。

市输入西北内陆地区，西安遂成为洋货集散的一大枢纽。大批洋货经由东关运入西安城内，东关局按章抽收税银，数额较大，它实际上起到了海关的作用。"税单洋货一项，例须落地而后抽，会垣为洋货荟萃之区，故此厘较他处为多"①。由于商品类型、数量均逊于东关，因而南、西、北三关局均无分卡之设。

南关局与西关局税收数额接近，但南关局等级高于西关局，与东关局等级相同。这与南关、西关销售货物的来源地远近有很大关系，南关货物多来源于外县，西关货物多为长安县境产品。北关局等级最低，由于盐、铁、炭、皮货等商品虽属在西安集散的大宗货类，而炭向来不征厘税，其他商货皆由北、东各局截抽，落地不再征税，因此北关税银收数寥寥，以至时有不敷开支之虑。

3. 商货来源地

作为多条重要商道的节点，清后期西安城市场上来自外省的商品亦相当之多，且有欧美进口商品出售。光绪年间行经西安的德国人福克在《西行琐录》中说："（西安省）汉城街道极宽，南省各物俱全，颇繁华"②。清代后期西安城交易商品种类之丰富，在一些游历颇广的官员眼中，堪与北京相提并论："而其土俗往往与北京相类，如食肆中唤菜必高呼，食毕必有漱水及槟榔碟，皆与北京同；又所市之物亦多相类，大都天下建都之所风俗往往相似。"③1901年美国记者尼科尔斯在西安采访时，就发现一家叫作"都城商号"的百货商店中出售法国香皂和美国香烟。④此时，欧美商品在沿海各开埠城市并不鲜见，但在地处西北的西安城却仍属稀缺。

明清西安作为会城和府城所在，商品来源地以府辖区域为主，各县农产品、手工业产品等均以西安城为重要销售市场。如早在明弘治十五年（公元1502年），四门之地就是重要的木柴市场，"西安府在城四门，一日之间，各处贩卖柴薪等项牛骡车，不下五百余辆"⑤，表明四座城门附近是全城官民日常生活所需燃料的主要交易场所，每天买卖的柴薪数量巨大。明清西安城及其郊区市镇所销售的大量土产，多为本地所出，尤其是清后期征税的入城货物，主要来自秦岭山地："南山富源，不仅林木已也，尚有生

① 民国《续修陕西通志稿》卷一九九《祥异》，民国二十三年铅印本。

② 〔德〕福克：《西行琐录》，见〔清〕王锡祺辑：《小方壶斋舆地丛钞》第六帙，清光绪上海著易堂排印本。

③ 〔清〕唐晏纂，刘承干校：《庚子西行记事》，见《中国野史集成》编委会、四川大学图书馆编：《中国野史集成》第47册，巴蜀书社，1993年。

④ Francis Henry Nichols, *Through Hidden Shensi*, New York: Charles Scribners' Sons, 1902, p.170.

⑤ 〔明〕马文升：《巡抚事宜疏》，见《明臣奏议》卷一〇，清武英殿聚珍版丛书本。

漆、药材、麝香、各种干果等，均为大宗出产……其它农产物，如桐油、漆、麻、棕、花生、瓜子、枣、葡萄、桃干、杏干、柿饼、核桃仁、杏仁、金针菜、木耳、花椒、五贝子、白木耳、粉皮、粗细紫阳茶等，均为此间特产。"[①]秦岭植物资源丰富，其干鲜果品、药材、生漆、茶叶等土特产的交易占据了西安城商贸交易的较大份额。

在明清西安城集散、交易的各类商品中，以煤炭、木材、盐、皮毛、烟草、药材等为大宗。产自山西的煤炭、盐为输入商品，产自秦岭的木材和自西北各地转运来的皮毛、烟草、药材为输出商品，这些大宗商货的源源流通巩固了西安城在全国尤其是西北商贸格局中的重要地位。

（二）运输路线

作为西北商贸重镇，西安城很大程度上得益于东连西接的地理区位。美国外交官柔克义在《喇嘛之乡》中就指出："西安城重要的政治和商业地位归因于居于中心的位置。通往甘肃、四川、河南、湖北和山西的道路在这里交会。渭河谷地为群山环绕，现存穿越秦岭山脉向南的两条道路，以及两条向西通往山区省份甘肃的道路也在渭河平原交会。因此西安城自古就被赋予了极其重要的战略和商贸地位。"[②]美国探险家克拉克在《穿越陕甘：1908—1909年克拉克考察队华北行纪》中亦记述了西安城商道及其广阔的商贸腹地："六条大道与西安城相连，车马川流不息。从北京而来的大道，与东接河南、通往东部的大道在陕西省边界交会；第二条来自东南的大道，通往汉口和汉江，可经由商州进行水路贸易；第三条大道用于交易汉中府和西南地区四川省的物产；第四条大道来自甘肃、新疆，以及西藏；第五和第六条大道分别来自西北和北方，经由前者输入宁夏的皮张和羊毛，后者则是陕北和蒙古地区的贸易通道。这一广阔区域源源不断的财富的流入流出，使得西安府城在作为集散中心方面具有无可比拟的重要性"[③]。有赖于这些商道，清代西安城与西北、华北、中原和西南各大区域商业城镇紧密联系起来，各地尤其是西北地区的各类商货于此交易集散。

三、清后期西安的工商业发展

清代后期，西安由于地处西北内陆，受制于地理位置，相较于沿江、沿海开埠城

① 鲁涵之、张韶仙编纂：《西京快览》第一编"概要"，西京快览社，民国二十五年，第18页。
② William Woodville Rockhill, *The Land of the Lamas*, London: Longmans, Green, and Co., 1891, p. 23.
③ Robert Sterling Clark & Arthur de C. Sowerby, *Through Shên-Kan: The Account of the Clark Expedition in North China, 1908-1909*, London : T. Fisher Unwin, 1912, p.44.

市，在城市建设、商业贸易、交通运输等方面显得整体发展步伐缓滞，民众观念和社会风气较为传统、闭塞，但不可否认的是，受到国家近代化进程的整体影响，西安也出现了诸多崭新气象，南院门的铺房与劝工陈列所建设就是明证之一。

（一）南院门的铺房建设

大致从清代前期起，南院川陕总督衙署前的空阔场地就已经成为西安城内最重要的公共活动空间之一，具有城市广场的特征和功能，在西安城的商业贸易、娱乐游憩、文化传播等空间格局中居于至关重要的地位。光绪三十年（公元1904年），陕西巡抚升允饬令在南院门广场（即陕西巡抚部院新署甬道两侧）大规模兴建铺房，作为门面房向商贾出租，这是官府参与南院门基础设施建设和商贸发展的典型事件，由此进一步加强了南院门作为复合功能区的特征。

无论是作为清前中期的总督衙署，还是清后期的总督行台、陕西巡抚新署，南院始终是军政衙署的所在地，呈现出鲜明的城市权力空间的特征，而南院外的广场及其邻近街巷，则是繁荣的商贸街区，堪称西安城内最具活力的商业功能区之一。从功能区分布格局的角度分析，南院是处于南院门商贸区环绕的官署区。

南院门商贸区的繁荣，与这一区域人口密集、会馆众多、靠近东南城区的金融街区（以盐店街、梁家牌楼为核心）等因素有关，尤为重要的是南院衙署前有宽阔广场，可供各类商贩摆摊设点或租赁铺面做生意，具备了形成商业区的空间基础。在清代西安满城占据整个东北城区，而东南城区是文教区、西北城区为穆斯林聚居区的城区整体格局下，东南城区形成以南院门广场为核心的商贸街区无疑顺应了城市内部功能区发展演变的趋势与规律。

在清代前中期，南院门一带商业贸易的发展在很大程度上属于"自发式"推进，这也与封建时代后期农业社会基础上城乡商贸自然而然发展的特点相对应。至光绪三十年（公元1904年），陕西巡抚升允下令在南院巡抚部院新署门前甬道左右两侧增建楼房十楹，"规模宏大"[①]，招募商户租赁楼宇，从事贸易活动，进一步促进了南院门商贸街区的繁荣。升允在南院门广场两侧增建商铺楼房之举，一方面表明南院巡抚衙署前原本已有商铺，属于官产，租赁给商户营生，另一方面反映出西安城商业贸易的发展使得商户有利可图，因而对商铺门面的需求大为增加，直接促使陕西巡抚动用公帑建设商铺楼房，以便收取租银，增加官府收益。从根本上而言，这是双赢之举，

---

① 民国《咸宁长安两县续志》卷八《衙署考》，民国二十五年铅印本。

既有利于南院门商业的发展，刺激城市经济活力，又能增加官产的附加值，通过收取门面房租金来缓解官府的开支压力。

概括而言，南院门此次增建门面楼房（又称市房）是由多位官员主导、筹划的房产开发活动，动用了巨额公帑，购买了大批建材，经历了一系列建设环节才完成，是陕西官府投资兴建的一项重大工程。

此次商铺建设工程始于光绪三十年四月，陕西巡抚升允、陕西布政使樊增祥饬令白水县王知县、候补曹知县负责督工和管理。全部工程经历了三个阶段。第一阶段，拆除巡抚新署甬道两侧的90余间民房，扩大了南院门广场的基址，也为后续新建铺房（市房）开辟了地基。当然，"拆迁"民房并非暴力强拆，而是采取了以1125两白银先行购买民房，而后拆除的相对合理的方式，对被拆迁住户起到了一定的补偿作用。第二阶段，采购了大宗建筑材料，包括从甘肃一带购回大批木料，经渭河水运，在北郊草滩上岸，再运抵西安南院门的工地。第三阶段，招募工匠开始施工，共新建铺房20号，计门面楼房60间，厢房76间，庭房41间半，库房3间，厨房、厕房46间，更房2间，共大小房屋228间半。从房屋间数上比较可知，在拆除的90余间民房的基址上，建盖了228间半的房屋，正是得益于将原来的单层房屋改建为双层楼房，大大提高了城区土地利用率，为人口不断增加的城区在房屋建设方面提供了新的思路。

光绪三十一年（公元1905年）二月，此项增建铺房工程完工。据核算，该工程"正工"估银26814.64两，"续工"估银4400两，购用民房估银1125两，三宗共估银32339.64两。实际开支较原估多用银576.8505两，即工程经费总计32916.4905两。如果与清代后期普通县城城垣维修工程通常耗银数千两至上万两相较，此次南院门铺房工程开支巨大，资金来源于陕西布政司库，堪称一次大规模的城市商业设施投资。毋庸置疑，通过向商户出租铺房，后续所收租银不仅能够偿付这一巨额建设开支，而且能够长期持续利用，作为经营场所。[1]从陕西官府此次征买、拆迁民房，重建为用于出租的铺面房屋，可以看出陕西官员在高效利用城区土地资源、促进城市经济繁荣方面敢于尝试新的举措，也确实收到了显著效果。

关于南院门铺房建设一事，当今文献记载中多有错谬之处。如《西安市志》载称：光绪三十一年（公元1905年），"陕西巡抚升允在抚院外甬道左右建造楼房10楹，招商

---

[1] 《藩司樊批署白水县王、候补知县曹陈建修南院门工程完竣造册报销请验票（录原禀）》，载《秦中官报》1905年二月第4期，第10—13页。

开业。即后来南院门的西安第一市场"①。需要说明的是，《西安市志》编纂者显然是将巡抚衙署的甬道与箭道混淆了，才会出现这种错误认识。甬道是指南院衙署门前的居中大路，两侧为南院门广场、商业铺面；箭道是指原川陕总督（陕甘总督）衙署（清后期的陕西巡抚衙署）西侧的狭长空间。民国时期设立的西安第一市场位于箭道基址上，是在南院西侧，而不是在南院门广场上。

（二）劝工陈列所的"名与实"

南院基址东侧的劝工陈列所是清末陕西官府为促进近代陕西商业和制造业的发展，专门用于展示其他先进省区工艺品和制造品的机构，以期开启民智，扩大民众视野。但是，关于劝工陈列所的名称与功能，长期以来有种种不实之说，各类史志往往不加考辨，在一定程度上模糊乃至掩盖了历史真相。

被征引颇多的《西安市志》在述及劝工陈列所时，记称：光绪二十八年（公元1902年），"陕西巡抚升允在抚院新址（南院）东花园修建一座两层楼房和两厢廊坊，成立劝工陈列馆，展示慈禧回京时所留各地供奉的丝绸、漆器、家具、工艺品等，俗称亮宝楼（现为陕西省图书馆的一部分）"②。此说为《碑林区志》③、《西安近代园林》④等沿袭。显然，《西安市志》编纂者的基本认识是：①劝工陈列馆创建于光绪二十八年；②创建者为陕西巡抚升允；③该馆的功能在于展示慈禧太后返京时留下的各地供奉物品；④劝工陈列馆即亮宝楼。

在地方史学者的研究中，同样多将劝工陈列所与亮宝楼相提并论，认为劝工陈列所就是用来陈列慈禧太后留下的珍宝的所在。如有学者撰文称："说到南院门，就不能不提到'亮宝楼'。1900年，慈禧太后驻跸西安，各地官员大肆向慈禧进贡'纳祥'。太后回銮时，动用了大车3000辆，也未拉完，仍留下了不少古玩和工艺品，1910年，陕西巡抚恩寿遂把督署的东院改作'劝工陈列所'陈列珍宝，民间称为'亮宝楼'。"⑤与之相似，又有学者写道："1900年慈禧太后避难到西安，在陕期间大肆搜刮。第二年回京时，预备车辆三千辆，金银、绸缎、古董、玩器，尚不胜载。许多无法带走的漆器家具、工艺品等被放置到这座楼房内陈列展览，观者如潮，民间称此楼为'亮宝楼'。"⑥

---

① 西安市地方志编纂委员会编：《西安市志》第1卷《总类·大事记》，西安出版社，1996年，第72页。
② 西安市地方志编纂委员会编：《西安市志》第1卷《总类·大事记》，西安出版社，1996年，第71页。
③ 西安市碑林区地方志编纂委员会编著：《碑林区志》，三秦出版社，2003年，第18—19页。
④ 西安风景园林协会编著：《西安近代园林》，西安出版社，2007年，第7页。
⑤ 封五昌：《往昔繁华的南院门》，载《西安晚报》2004年12月15日。
⑥ 谢林主编：《陕图百年同人文集》，三秦出版社，2009年，第290页。

描绘更细致入微的《陕西省图书馆馆史》亦称："1901年10月，慈禧起驾回京，数万人马仪仗行进，后面跟着3000多辆大车，装满了各地进贡的金银珠宝、绫罗绸缎，还有白银400多万两。而一些不入眼的古玩珍宝则被弃留西安。因为是御品，无人敢动，当时巡抚就在南院门巡抚衙门东侧，修建了一所出地基础高约两米的面南二层楼房，作为存储之地。并在楼房的东西两侧另建两排廊房，作为管理处所。后征得慈禧同意，将存储物品向市民开放，以供参观，市民遂呼此楼为'亮宝楼'。"①

这些说法活灵活现，场景感极强，以至于有传为信史的趋势。但关于慈禧太后与所谓"亮宝楼"的关系，在笔者查阅的正史、档案和文集等史料中，均未见有明确记载，亮宝楼用于陈列慈禧太后珍宝之说尤属无稽之谈。以下逐一辩驳之。

第一，《西安市志》所称的"劝工陈列馆"实际应为"劝工陈列所"之误，无论是在官员奏章，还是在《陕西官报》等政务报刊中，均无"劝工陈列馆"一说。

第二，劝工陈列所是由陕西巡抚恩寿于宣统二年（公元1910年）设立，并非陕西巡抚升允于光绪二十八年（公元1902年）设立。据《陕西官报》1908年第6期刊载的《抚部院恩批巡警道张详请筹设市场以重交通卫生请示祗遵由（附录原详）》记述，时任陕西巡抚恩寿要求巡警道张藻筹设市场，改善城市环境卫生，其中提到南院巡抚衙署前卫生状况恶劣，附近有一所官厕，要求咸宁、长安两县组织人力"铲除尽净"。张藻在报告中指出："（南院门）本属官地，又为省城适中之所，拟即修造厂屋，将来或作为菜市，或作为劝工陈列所，如何建筑，俟平基后再请示遵"②。这就足以证明，即便是在光绪三十四年（公元1908年），劝工陈列所还仅仅是在计划之中，连建设的地基都没有，何来光绪二十八年（公元1902年）就已经设立之说？

1910年初，陕西巡抚恩寿指派劝业道光昭负责劝工陈列所的创建事宜。光昭指出：陕西劝工陈列所的创设目的在于"调取工艺制造品及天产物，分类陈列，以供众览，为观摩、比较之资"。陕西省虽然风气开通较晚，但工艺制造业已出现萌芽，因此希望由东南、西北各省将"新奇之品""天产物品"等分类采择数种提供给陕西劝工陈列所，"以资陈列而争进步，庶于陕省实业前途不无裨益"③。4月初，陕西巡抚恩寿致电各省督抚，希冀能给予协助，电文称："陕西开办劝工陈列所，广集物品，慎加储藏，凤闻

① 谢林主编：《陕西省图书馆馆史》上，三秦出版社，2009年，第44—45页。
② 《抚部院恩批巡警道张详请筹设市场以重交通卫生请示祗遵由（附录原详）》，载《陕西官报》1908年第6期，第5页。
③ 《陕省劝工陈列所征集物品》，载《北洋官报》1910年第2450期，第11页。

贵省实业日益发达，复得我公提倡制造，必多精品，拟派员赴贵省，请领多种，以资观摩而广利益，如承惠允，当饬劝业道委员前往领运。他日敝省工艺进步，悉出公赐，感荷良殷，即盼电覆。"[1]

从上述内容可知，1910年陕西才开办了劝工陈列所，"广集物品，慎加储藏"，征集各地物品，用以收存和展览，以促进陕西省的实业和工业发展。为此，巡抚恩寿希望各省能够积极提供"工艺"制造品，由陕西省派遣劝业道官吏前往各省"领运"回西安陈列、展出。

1910年5月18日《新闻报》刊出《陕抚恩奏劝工陈列所工竣用过银两请立案片》，清晰地勾勒出了1910年劝工陈列所的工程建设情况。依据这一史料分析，陕西巡抚恩寿于1910年初饬令陕西省劝业道、陕西省财政局在巡抚衙署东侧选址，兴建劝工陈列所，4—5月建筑工程竣工。此次劝工陈列所兴建工程共开支工料银19290.271两，制办柜橱、格架、器具工料银3363.4206两，合计22653.6916两，"均属实用实销，毫无浮冒"[2]。需要指出的是，由于劝工陈列所在巡抚衙署东侧选址，需占用三院民房，因而购置民房基址还耗银2900两。[3] 因此，劝工陈列所的建设经费共计25553.6916两，分为三大部分，2900两用于购置地基，19290.271两用于建设劝工陈列所的展览馆（即俗称的"亮宝楼"），3363.4206两用于置办展览、陈列所用的内部设施。

第三，劝工陈列所的主要功能并不是为了向老百姓展示慈禧太后留下的各类"珍宝"，而是旨在陈列、展出各省的先进工艺制造品，"以资观摩而广利益"，以开通陕西风气，促进"工艺进步"，振兴陕西实业和工业。

截至1911年，全国已设立劝工陈列所或商品陈列所13处，陕西劝工陈列所即为其中之一。该所主体建筑是一座四周包檐、屋面四坡流水、砖木结构的二层小楼，门、窗、屋檐有精美的砖雕图案。该楼门额上有南书房陆润庠代慈禧太后题写的"静观自得"石匾额。陕西省图书馆迁入后，这座楼便成为藏书楼。

四、清后期西方人视野中的西安城商贸状况

（一）重要的商贸地位

自唐之后，长安城废不为都，但作为西北商贸重镇的地位相沿至清代。宋长安城

---

① 《陕省开办劝工陈列所》，载《新闻报》1910年4月13日第0010版。
② 《陕抚恩奏劝工陈列所工竣用过银两请立案片》，载《新闻报》1910年5月18日第0026版。
③ 民国《续修陕西通志稿》卷六《建置一·公署上》，民国二十三年铅印本。

"民去本就末"，城市人口中从事商业贸易的占比较大。元奉元城"凡人生必需之物，城中皆有，价值甚贱"，各地的物产、商品在此集散。明西安城有"五方杂处，商贾云集"①之称，吸引了来自众多省区的商人来此开展贸易活动。至清代，随着西北、西南边疆地区的拓展和巩固，西安城的商贸地位更趋重要。在西方人眼中，清代西安城是当之无愧的西北商贸集散中心和亚洲商道节点。

对于西安作为西北商贸集散中心的城市商贸特征，1883年版《中国总论》载云："西安城的贸易主要是交换来自东部省区（经过重镇潼关）与西藏、甘肃和伊犁的物产。"②1896年《亚洲》第1卷《北亚和东亚》亦称："西安城是一个庞大的商品集散地。产自南方各省的茶叶、糖以及其他物产，被运往甘肃、藏北和蒙古地区，用来交换羊毛、麝香、大黄、药材和皮货。"③美国外交官柔克义在《喇嘛之乡》中记述陕甘贸易状况云："西安向甘肃这个我最为关心的省份运去陶器和瓷器、棉花织物、丝绸、茶叶（湖南砖茶）以及部分小麦，而来自兰州的商货包括水烟、豆油、质量极佳的鸦片、麝香、大黄、羔羊皮、兽皮、毛皮以及药材。"④ 西安作为西北皮毛交易中心的地位在美国记者尼科尔斯所著《穿越神秘的陕西》中也有明确记述："西安城是西北各省皮毛贸易的中心和转运枢纽。陕西是供给整个帝国官员们朝服衬里所用貂皮和水獭皮的来源地。"⑤这些商货种类及交易路线有力地佐证了西安城确为西北商贸重镇。

清代西安城虽不能与汉唐长安城在欧亚贸易版图中的地位同日而语，但其作为亚洲商贸通道重要节点的地位素为西方人所重视。1883年版《中国总论》即指出："自公元前12世纪武王定都以来，西安屡经朝代更迭、重建与毁坏，但有赖于其地理位置，它始终是控制中部、西部各省以及中亚贸易往来的重镇。"⑥《转型期的中国》也特别强调西安城在亚洲商道中的地位："中亚商道穿过农业发达、煤铁蕴藏丰富的地区后，自西安城开始，折向西北，在作别肥沃的渭河谷地后，穿过曾经富庶而今迭经破坏、人口稀少的陕甘地区山地、峡谷，远达戈壁。目前，从中亚前往华中和长江平原接近铁路的

　　① 〔清〕卢坤：《秦疆治略》卷三，清道光刻本。

　　② S. Wells Williams, *The Middle Kingdom: A Survey of the Geography, Government, Literature, Social Life, Arts, and History of the Chinese Empire and Its Inhabitants*, London: W. H. Allen & Co., 1883, p.151.

　　③ A. H. Keane, *Asia*, Vol. 1, *Northern and Eastern Asia*, London: Edward Stanford, 1896, p.406.

　　④ William Woodville Rockhill, *The Land of the Lamas*, London: Longmans, Green, and Co., 1891, pp. 23-24.

　　⑤ Francis Henry Nichols, *Through Hidden Shensi*, New York: Charles Scribner's Sons, 1902, p.171.

　　⑥ S. Wells Williams, *The Middle Kingdom: A Survey of the Geography, Government, Literature, Social Life, Arts, and History of the Chinese Empire and Its Inhabitants*, London: W. H. Allen & Co., 1883, p.150.

唯一通道是从西安城出发的大车道。这条路线沿黄河南岸进入河南，经方城，再到汉口"[①]。西安城虽偏处西北内陆，但作为古老丝绸之路的起点，在清代西北和中亚贸易中仍具有沿海、沿江城市无法比拟的优势。

（二）繁荣的商贸状况

1. 南院门商业区

清代西安南院先后作为总督衙门及行署、巡抚衙署所在地，署前开阔场地逐渐发展成为繁荣的商业区，前往西安游历的西方人对南院门商业区的繁荣景象多有记述，可补传统文献记载之不足。丹麦探险家何乐模在《我为景教碑在中国的历险》中记称："巡抚衙门外的公共场地可谓城内的市场区。这是一处名副其实的市场，繁荣的市景于此可见。形形色色的演戏者、耍马戏的、牙医、包治百病的江湖郎中、眼医、看手相的、算命先生、术士、小商贩、捏糖人的、爆玉米花的、代算账的，以及其他很多商贩在这里从事喧闹的交易，直至天黑。"

南院门广场不仅具有商贸功能，更是西安市民娱乐、休闲的重要场所。西安城居民可在这里"听说书者讲故事，专注地看木偶戏"，传教士也以演唱圣歌的方式在此流动传教。[②]尼科尔斯也注意到了南院门商业区同时作为西安城娱乐广场的情况："城中心巡抚署之前为一处公共广场，从早到晚，集市交易持续不断。广场四周布设有小商贩、变戏法的、算卦先生以及玩杂耍的帐篷和货摊，每一样在陕西都很知名。傍晚时分，在一天的劳作完成之后，广场上到处都是带笑的、愉快的人群。人们从一个摊子到另一个摊子，为多种多样的表演鼓掌喝彩，给表演者投掷钱币。"[③]此时正值陕西处于严重旱灾引发的大饥荒期间，但省城西安南院门商业区的热闹景象似乎并未受到多少影响。

2. 昌盛的银钱业

清代后期，西安城钱庄、票号数量众多，分布集中，充分反映了西安城作为西北商贸和金融重镇的地位。1901年尼科尔斯在参观了南院门广场以西的"金融街"后，将之与纽约银行街相比："长期以来，西安以金融业驰名全国。在北京，西安人常常是被视为'银行家'而提及的。在从公共广场向西延伸的一条大街约半英里处，有将近20家钱

---

① Archibald R. Colquhoun, *China in Transformation*, New York and London: Harper & Brothers Publishers,1898, pp.84-85, p.103.

② Frits Holm, *My Nestorian Adventure in China: A Popular Account of the Holm-Nestorian Expedition to Sian-fu and Its Results*, New York, Chicago［etc.］: Fleming H. Revell Co., 1923, pp.134-145.

③ Francis Henry Nichols, *Through Hidden Shensi*, New York: Charles Scribner's Sons, 1902, p.168.

庄票号，每年经手的银两数以百万计。当今的那些钱庄票号在西安已经存在了上千年，其运营制度与美国的银行极为相似。"①尼科尔斯的说法虽然有欠严谨，但清代西安西南城区银钱业的兴盛状况并非虚妄。

尼科尔斯所见的众多钱庄、票号位于盐店街、南广济街、梁家牌楼等地。西安银钱业在1900年慈禧太后和光绪皇帝避难西安时一度达到巅峰，各地进贡的巨额银两的输入极大促进了西安钱庄、票号的发展。1911年辛亥革命爆发时，不少钱庄、票号遭到抢掠，"据估计，仅在一条街上，起义的第一天晚上就有4000000两银子（大约50万美元）被偷走"②，由此也可见清代西安城银钱业规模之大。

---

① Francis Henry Nichols, *Through Hidden Shensi*, New York: Charles Scribner's Sons, 1902, p.171.

② Frederick Brotherton Meyer, *Memorials of Cecil Robertson of Sianfu: Medical Missionary*, London: The Carey Press, 1913, p.68.

第三节
商业会馆

　　清代西安城"地当东西驿道之冲，江浙、湖广之商货转运于川、甘、新诸省者，皆取道于此，故街市繁荣，为西部之大都会焉"①，素有"五方杂处，商贾云集"之称。除四通八达的交通优势外，西安城所处的关中平原农业发达，"秦地水深土厚，资储易足"，"加以商贾走集，帛币流通，他省多不逮也焉"。②西安城以广阔的商贸腹地、巨大的消费吸引力和重要的交通枢纽地位在全国商品流通体系中成为陕西省境和西北地区的商贸重镇与物资集散地。西安城作为商贸重镇的地位在清中后期得到巩固和加强，商贸职能也逐渐转变为城市的主导职能之一。

　　会馆是封建时代后期区域中心城市空间格局及景观的重要组成部分，也是城市地位重要性的指征之一。当前会馆研究多集中在封建时代后期如北京和杭州等东部沿海、沿江地区商业、手工业发达城市，内陆和西部地区的城市会馆研究极为薄弱。作为清代西部地区首屈一指的重镇，西安城商业会馆数量众多，地域来源广泛，社会功能多样。以下依据史志、碑刻等文献，着重探讨清代西安城商业会馆的类型、数量、分布及社会功能等，以期深入认识清代西安城商贸空间的发展。

一、类型与数量

　　会馆本是设于异地供同乡之人寄寓之所，随着全国各地之间商贸交流的日益广泛与频繁，会馆遂成为同乡商人在异地交流经济信息、住宿休息、存放货物的主要场所。清

---

　　① 〔清〕臧励龢编：《陕西乡土地理教科书》（初等小学堂第一课第一学年用）第三十四课《西安府四》，陕西学务公所图书馆，清光绪三十四年。
　　② 〔清〕吴焘：《游蜀日记》，见〔清〕王锡祺辑：《小方壶斋舆地丛钞》第七帙，清光绪上海著易堂排印本。

后期至民国前期，"住居西安之富商大贾，大半为外省人"①，这一状况是商业会馆尤其是外省籍商人会馆在西安城内纷纷布设的基础。商业会馆之下又可分为各行业会馆，如银匠会馆、梨园会馆、饮食业会馆、布商会馆、畜商会馆等，均为城区各行业商人、手工业者组成的本地会馆。

依据会馆来源地域的不同，西安城会馆可分为外省会馆和西安府属各县会馆。在外省会馆中，又可以依据会馆名称所反映的会馆人员籍贯构成将会馆划分为单一省份会馆和多省联合会馆两类，前者如山东会馆、四川会馆等，后者如燕鲁沈吉江五省会馆、八旗奉直会馆等。在西安的各省同乡商人又以府县辖域分为较小商帮，如河北商人分为高阳帮、巨鹿帮，河南商人分为洛阳帮、襄庆帮，山西商人分为晋北帮、晋南帮，山东商人则分为潍县帮、博山帮等。②清代西安城会馆类型如下图所示：

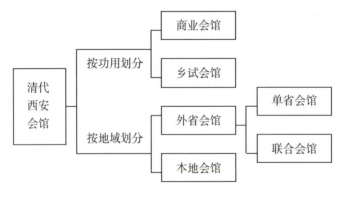

图 10-3　清代西安城会馆类型

美国记者尼科尔斯所撰《穿越神秘的陕西》对清后期西安城商业会馆的类型、功能等有翔实记述，可补史志资料记述之不足："为了那些出于商业利益从全国各地来到西安的富商大贾的方便，西安市民为其提供'各省会馆'。各省会馆在城中心地带占有大片建筑。各省会馆仅为来自该省的人服务。来自汉口的皮货商可寄寓湖北会馆。从北京来西安钱庄办事的人可去直隶会馆。出门在外的人，逗留西安期间都会受到本省会馆的欢迎。商人可在会馆内预订一个房间，用于接待有生意往来的人。"③就功能来看，各省在西安的

①　刘安国：《陕西交通挈要》第六章"重要都会"，中华书局，1928年，第32页。
②　东亚同文会支那省别全志刊行会编纂：《新修支那省别全志》第6卷《陕西省》，东亚同文会，1943年，第818页。
③　Francis Henry Nichols, *Through Hidden Shensi*, New York: Charles Scribner's Sons, 1902, pp.176-177.

会馆相当于该省在西安设立的办事处，能为本省来西安办事的商民提供诸多便利。

明清时期，西安府辖各县多在都城北京和省城西安同时设有会馆。如三原县明万历年间在北京由温纯倡建了一所会馆，①清代又设立了两所会馆。富平县在北京也先后设立了4所会馆，嘉庆年间在西安设立了乡试会馆。②各县会馆主要为应试举子食宿而备，有时也兼有本县商业会馆的功能。在西安城的县级会馆中，鄠县、韩城、盩厔三所会馆在各自县志中均未依照修志惯例明确标注为"乡试会馆"，作为商业会馆的功能当更为突出，但无疑兼有乡试会馆的功能。

在载及西安城会馆的相关论著中，《明清西安词典·府城署馆》依据光绪十九年（公元1893年）《陕西省城图》标注，统计了西安城16所商业会馆。③日本学者引用东亚同文会编纂的《支那省别全志》第7卷《陕西省》（1918年2月）调查资料，统计西安城在清末至民初共有福建、安徽、中州、山东、湖广、江苏、绍兴、直隶、甘肃、三晋、全浙、山西、江西、醴泉14所会馆，④这一统计未将外省商业会馆与本地属县乡试会馆加以区别，统计数量也远远少于实际存在的会馆数。东亚同文书院调查资料在统计全国主要城市会馆分布和数量方面具有重要价值，但具体到一座城市，其统计数据所存在的缺漏仍需参考地方史志等文献进行补充。

结合光绪十九年《陕西省城图》标注、民国《咸宁长安两县续志》以及文史资料等考订统计，可知清代西安城计有商业（含行业）会馆26所，其中外省籍会馆18所，本地会馆8所。（见图10-4）26所商业会馆的名称、位置与奉祀对象列表如下：

表10-4 清代中后期（含民国元年）西安城主要商业会馆分布一览表

类别	会馆名称	位置	奉祀对象
以地域划分	甘肃会馆	梁家牌楼东段之北	三皇
	山西会馆①	东关长乐坊街西段路北，清咸丰之前建②	关帝
	三晋会馆	梁家牌楼中段路北，清同、光间建	关帝
	山东会馆	五味什字东段路南杜甫巷之西，清同、光间建	孔子

① 〔明〕温纯：《温恭毅公文集》卷一五《建陕西会馆祭告诸乡贤辞》。
② 光绪《富平县志稿》卷二《建置志·衙署》，清光绪十七年刊本。
③ 张永禄主编：《明清西安词典》，陕西人民出版社，1999年，第135—136页。
④ 〔日〕薄井由：《清末以来会馆的地理分布——以东亚同文书院调查资料为依据》，载《中国历史地理论丛》2003年第3辑，第83页。

续表

类别	会馆名称	位置	奉祀对象
以地域划分	中州会馆	五味什字中段路北	先贤先儒
	中州西馆	中州会馆之西	先贤先儒
	八旗奉直会馆	盐店街西段路南	先贤先儒
	燕鲁沈吉江五省会馆	盐店街	—
	安徽会馆	五味什字东段路北	朱文公
	安徽东馆	湘子庙街东段路北	—
	江苏会馆	大保吉巷	吴太伯、仲雍
	湖广会馆	五味什字西段	夏禹王
	福建会馆	南院门大街东端路北	天后圣母
	全浙会馆	湘子庙街中段路北	夏禹王
	绍兴会馆	东木头市街西段路东	夏禹王
	江西公寓	湘子庙街中段路北大车家巷之东	许真君
	两广会馆	大皮院路北东段	关帝、文昌
	四川会馆	西大街贡院门	文昌
	鄠县会馆③	城隍庙后街	—
	韩城会馆④	钟楼北大街，民国元年建	—
	蓝屋会馆⑤	西仓门，民国元年建	—
以行业划分	饮食业会馆⑥	书院门西口牌楼南，清末设初等小学堂	—
	银匠会馆⑦	南大街路东，油店巷以南	—
	畜商会馆⑧	西关瘟神庙内，清道光间建	瘟神
	布商会馆⑨	东关索罗巷口东，为两湖布商祀神、会议公所	田师
以行业划分	梨园会馆	骡马市街路西，清乾隆间创建，民国时为西安戏剧同业公会	关帝、财神、药王、唐玄宗

资料来源：民国《咸宁长安两县续志》卷七《祠祀考》。燕鲁沈吉江五省会馆从1936年《西京快览》第四编"名胜古迹""会馆"条补入。

注：

① 清代中后期西安北郊草滩镇亦以其重要的商贸中转地位而兴建有山西会馆一所，内有戏楼等建筑，成为西安城郊唯一的外省商业会馆。

② 〔清〕潘祖荫：《秦輶日记》，清光绪三十一年刻本。

③ 民国《鄠县志》卷二《官署》，民国二十二年铅印本。

④ 民国《韩城县续志》卷三《古迹》，民国十四年铅印本。

⑤ 民国《盩厔县志》卷二《建置》，民国十四年铅印本。

⑥ 黄士桢：《书院门古文化一条街的变迁》，见中国人民政治协商会议西安市莲湖区委员会文史资料研究委员会编：《莲湖文史资料》第8辑，1995年，第171页。

⑦ 田克恭：《西安南大街》，见中国人民政治协商会议陕西省西安市委员会文史资料研究委员会编：《西安文史资料》第5辑，1984年，第205页。

⑧ 民国《咸宁长安两县续志》卷七《祠祀考》，民国二十五年铅印本。

⑨ 民国《咸宁长安两县续志》卷七《祠祀考》，民国二十五年铅印本。

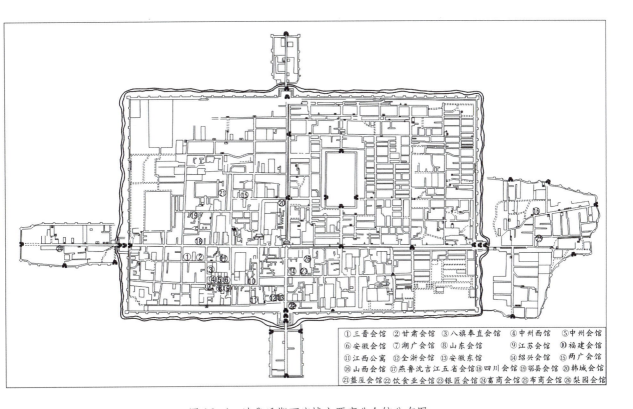

①三晋会馆 ②甘肃会馆 ③八旗奉直会馆 ④中州西馆 ⑤中州会馆
⑥安徽会馆 ⑦湖广会馆 ⑧山东会馆 ⑨江苏会馆 ⑩福建会馆
⑪江西公寓 ⑫全浙会馆 ⑬安徽东馆 ⑭绍兴会馆 ⑮两广会馆
⑯山西会馆 ⑰燕鲁沈吉江五省会馆 ⑱四川会馆 ⑲鄠县会馆 ⑳韩城会馆
㉑盩厔会馆 ㉒饮食业会馆 ㉓银匠会馆 ㉔富商会馆 ㉕布商会馆 ㉖梨园会馆

图 10-4 清代后期西安城主要商业会馆分布图

从会馆名号可以看出，除今新疆、青海、西藏、云南以及内蒙古等边疆地区外，其他省区均在西安建有商业会馆。众多外省商业会馆的出现及集中分布，充分表明了西安在西北和全国经济格局中的重要地位。

日本东亚同文会在民国年间曾对我国各区域中心城市会馆进行过调查，所载数据分别为：西安14所，太原16所，开封13所，济南6所，杭州15所，福州14所，桂林7所，昆明11所，重庆11所，贵阳5所，上海会馆（含公所）26所，同处西北地区的皋兰仅8所。从这一不完全的统计数据来看，西安会馆数量较其他西部城市为多，与重庆、昆明同为西部商贸重镇，但会馆所涉省区更为广泛。就会馆会员人数而言，西安城全浙会馆会员达到4000余人，甘肃会馆则有1200余人，[①]其他在西安的各省会馆会员数虽无明确记载，但从各省与西安之间商贸往来的紧密程度而论，会员数量可能在数百至数千人之间。当然，这些会馆会员应不限于在西安城区谋生和居住，可能包括在关中各县活动的外省人员。通过与同一时期其他区域中心城市所拥有的商业会馆数量比较，可知清代西安在西北地区确为当之无愧的商贸中心城市，即使与沿海、沿江如上海等开埠城市相比在贸易额、经济总量等方面大为落后，但区域商贸地位的重要程度却堪与比肩。

二、空间分布

同市场店铺在西安城内及各关城均有分布相比，清代中后期如雨后春笋般兴起的商业会馆主要分于西南城区，与南院门商业区相邻。

西南城区作为宋元时期长安的传统城区，在城四隅中区域最为狭小，但人口众多，街巷稠密，商业发展有着悠远传统，较明初以来扩展城池形成的其他三处新城区的商贸发展基础更占先机。这一区域与南院门商业区和南、北院门官署区距离较近，又靠近西大街和南大街两大交通要道，对于就近进行贸易、聚会等极为便利，因而成为商业会馆兴建的集中之地。在城区西南隅之外，东关城也以便利的交通、繁盛的贸易吸引了晋商于此设立山西会馆。

三、规模与格局

清代西安城会馆的规模、格局及景观受制于设立者的财力基础、文化背景以及会馆的功能等主客观因素。

商业会馆作为商人聚集交流的场所，由于依托商人团体雄厚的财力，在建筑格局和内部环境上均较普通城市建筑更为讲究。会馆一般为多重院落，往往有正院、偏院之分，屋宇较多，食宿兼备。其中最为显著的建筑特征是多有戏楼以及供奉本土神灵的殿宇，而在环境上也以园林化为基本特征。清末曾游历西安的汤姆森在1913年《革命的中国》中记述，西安"钱业会馆以屋顶上众多的小塔和华丽的盖瓦而著称"，"会馆建筑

极其古老，石质屏风上刻有三叶草的图案，在木、竹栏杆上则绘有鱼形纹饰"。①

中州会馆位于南院门五味什字中段，建于清末民初。②该馆大门朝南，门前有块雕刻古朴的上马石，门楼高耸，鸱吻飞檐，一条青砖铺墁的甬道直达二门。东为客房偏院，中有戏楼，西侧为一小巧花园，亭台错落，假山叠翠，小桥流水，幽静宜人。③山东会馆创建于清光绪年间，由同州知府焦振沧首倡、山东商人集资，兴建了一座一连三进，厅堂、厢房配套的60余间房舍的院子。④晋商所建山西会馆屋宇壮观，临街为戏楼，进两个偏门，雕梁画栋，各剧院常借此演出。过了戏楼，两边为廊房，有上殿，占地规模较大。南药会馆位于东关索罗巷西口对面，为东关广货行、药材行、药铺、切药房子等集资修建，设有戏楼、看台、廊房、大殿等。⑤

四、社会功能

清代西安城会馆除供商人交流信息、开会议事等功能外，还有以下社会功能：

信仰拜祀 外省会馆是西安城信仰空间的重要组成部分，崇奉的神祇具有浓厚的地域色彩。从甘肃会馆祀三皇、中州会馆祀先贤、山东会馆祀孔子、全浙会馆祀大禹、山西会馆祀关帝，到江西公寓祀许真君，再到福建会馆祀天后圣母等，会馆的祭祀对象都具有鲜明、浓郁的地域文化特色。粤籍官员伍铨萃《北游日记》记述1901年"（元旦）诣两广会馆祀神，祀前陕西巡抚曾公望颜。行团拜礼……会者十数人"⑥。可见前往会馆祀神、行团拜礼是新年伊始同乡人最重要的交往活动。

信仰的本土化对于凝聚、团结同乡商人与本地人士具有重要意义，从精神上给人以回归家乡的心理影响。在佛教、道教、伊斯兰教、基督教、天主教等五大宗教类型之外，各省会馆的多元化、跨地域信仰为清代西安城民间信仰增添了异质文化的内容。行

① John Stuart Thomson, *China Revolutionized*, Indianapolis: The Bobbs-Merrill Company, 1913, p.433.

② 马作骏：《私立西北中学的今昔》，见中国人民政治协商会议西安市委员会文史资料研究委员会编：《西安文史资料》第14辑，1988年，第113页。

③ 荆重敏：《康有为游陕留下的一块诗碑》，见中国人民政治协商会议西安市碑林区委员会文史资料研究委员会：《碑林文史资料》第1辑，1987年，第58页。

④ 隋式棠：《西安山东会馆匾额趣闻》，见中国人民政治协商会议西安市新城区委员会文史资料委员会编：《新城文史资料》第7辑，1989年，第153页。

⑤ 郭敬仪：《旧社会西安东关商业掠影》，见中国人民政治协商会议陕西省委员会文史资料研究委员会编：《陕西文史资料》第16辑，陕西人民出版社，1984年，第160—188页。

⑥ 〔清〕伍铨萃：《北游日记》，台湾学生书局，1966年，第115页。

业会馆作为商业会馆的一类，也是拜祀行业神的重要场所。如畜商会馆祀瘟神，梨园会馆供奉关帝、财神、药王和唐玄宗等，梨园会馆因而亦称"四圣行宫"或老郎庙。行业信仰成为联结同行的重要纽带，并具有鲜明的地域和时代特征，在一定程度上反映着城市行业的分工与发展程度。

娱乐休憩　由于全国各地文化的区域差异较大，对于寓居外地的商贾官宦、文人雅士而言，能听到乡音、本地戏曲可纾解思乡之情，促进同乡之谊。商业会馆中戏楼的设置即因此需要而兴起，这就使商业会馆又具有娱乐休闲场所的意味。不同商业会馆中上演的戏剧曲目具有鲜明的地域特色，京剧、川剧、粤剧、黄梅戏等各剧种在西安城中与秦腔共存。西安堪称这一时期西部地区的"戏曲大观园"，透射出这座西部重镇强大的文化包容力。梨园会馆更是成为秦腔艺人演出、交流的主要场地。看戏之外，同乡人在会馆中也有诸如"牌戏"之类的娱乐休闲活动。

同乡食宿　外省籍商业会馆在方便本地商人交流商业信息之外，也为来西安的同乡提供本土化的食宿，[①]这从会馆内厨房等生活设施齐备的状况可略见端倪。光绪二十六年（公元1900年）"庚子之变"后，西安成为清廷临时政治中心，全国各地来陕官员云集，旅店已无容客之房，"司官则各住会馆，或赁屋而居"[②]，官员按照籍贯分住在各自省份的会馆，有助于他们尽快熟悉西安的各方面情况，减少生活中的诸多不便，形成一定的归属感。

---

① 鲍喜安述：《焦雨田先生年谱》下，1936年铅印《焦雨田先生遗集》本。
② 〔清〕唐晏纂，刘承干校：《庚子西行记事》，见《中国野史集成》编委会、四川大学图书馆编：《中国野史集成》第47册，巴蜀书社，1993年。

第十一章

明清西安的城郊市镇

城市区域的变迁研究

　　明清西安城是西北地区重要的军政、商贸与文教重镇，作为区域中心城市，其郊区兴起了一批具有重要商贸功能的市镇，在省城（府城、县城）与郊区乡村之间形成了不少商货集散点，构建出了西安城郊的市场网络体系。众多市镇的兴衰历程与西安城的变迁紧密相关，均可反映出区域政治、经济、军事等多方面的影响。本章从数量、分布、形态等方面对明清西安城郊市镇加以探讨，以期从区域角度深入认识明清西安城乡商贸空间格局和城镇体系。

第一节
明清西安城郊市镇的数量与分布

一、明清西安城郊市镇的数量

　　早在西周以丰京、镐京为都时，西安周边地区聚落、农业、交通、水利等已有长足发展，长期以来这一地区人口稠密，村落历史悠久，农业发达，商贸活跃。这为城郊市镇的形成、发展奠定了良好基础。西安城郊镇的设置可追溯至唐代，长安城南曾设莎城镇。[①]宋代长安城郊设有6镇，其中长安县设子午镇，万年县设城东镇、城南镇、鸣犊镇、义谷镇、霸桥镇。[②]早期所设各镇主要承负军事功能，可称为"军镇"，尤其沿秦岭北麓峪口所设各镇以军事防御为主旨，商贸功能较弱。约从明代中后期开始至清代，随着区域社会经济的发展，镇作为一定区域内商贸交流中心的功能逐渐增强，"军镇"逐渐演变为"市镇"，并形成了一批以商贸为主的新兴市镇。

　　由于明代西安城郊市镇数量缺乏明确记载，但考虑到市镇传承的长期性和稳定性，故将宋元时期设置，至清代初年仍兴旺不衰者视为明代市镇，当与实际情况较为接近。《中国历史地图集》北宋（政和元年，公元1111年）《永兴军路》图标绘有城郊霸桥、鸣犊、义谷、子午4镇；金（大定二十九年，公元1189年）《京兆府路》图标绘有灞桥、鸣犊、子午3镇。虽然元时期《陕西行省》图（至顺元年，公元1330年）和明时期陕西分图（万历十年，公元1582年）均未标注西安城郊市镇，但从史志和地名资料可以推知，明代西安城郊当设有灞桥、鸣犊、子午、引驾回[③]、杜曲[④]、狄

---

① 乾隆《西安府志》卷一〇《建置志中·镇堡关津》，清乾隆刊本。
② 〔宋〕王存：《元丰九域志》卷三《永兴军路》，清文渊阁四库全书本。
③ 康熙《咸宁县志》卷二《建置》，清康熙刊本。
④ 康熙《咸宁县志》卷二《建置》，清康熙刊本。

寨①、三桥7市镇。这一市镇分布状况在清初前往西安的罗马尼亚旅行家尼古拉·斯帕塔鲁·米列斯库（Nicolae Spataru Milescu，公元1636—1708年）所著《中国漫记》中有所提及，西安"城郊田野一片碧绿，遍地都是蔬菜瓜果，有36个集镇隶属于本市"②。由于作者记述粗略，虽无从借以考订36个集镇名称及分布地点，但明代西安城郊无疑已有众多集镇分布，其中一些属于乡村市集，依托村落开集，有固定日期，另外一些则属于较大规模的市镇，商业贸易活动每日均有，较乡村市集更为稳定。

结合雍正《陕西通志》和乾隆《西安府志》的记述，可知清代前期西安城郊共有21座市镇，其数量较明代有所增加。

雍正十三年（公元1735年）《陕西通志》卷一六《关梁一》在记述各府州厅县辖境市镇时，仍强调其在军事、交通方面的重要性，并将市镇列入"关梁志"，与桥梁、渡口等合记。依据"县册"等原始调查资料所载的长安县11镇③为：郭杜镇、贾里镇、黄良镇、姜村镇、子午镇、杜角镇、西乾河镇、东乾河镇、三桥镇、斗门镇、马坊镇，咸宁县8镇④为：灞桥镇、高桥镇、引驾回镇、杜曲镇、三兆镇、王曲镇、鸣犊镇、新住镇。同书卷六《咸宁长安疆域图》中还标注了狄寨、魏家寨2镇。

清中后期，西安城郊咸宁、长安二县境内市镇的数量发生变化。光绪《陕西全省舆地图》⑤中的《咸宁县图》注记有9镇，分别为韦曲、三兆、杜曲、王曲、引驾回、鸣犊、魏家寨、草店、新筑；《长安县图》注记有6镇，分别为黄良、子午、鱼化、郭杜、三桥、斗门。

民国修纂的《咸宁长安两县续志》总图标注清代后期城郊市镇共20座⑥，分别为长安县：三桥、郭杜、斗门、黄良、子午、鱼化、蒲阳、北张，咸宁县：灞桥、高桥、三兆、杜曲、新筑、王曲、狄寨、引驾回、鸣犊、魏家寨、草滩、韦曲。与清前期相比，长安县境镇的变化较大，贾里、西乾河、东乾河、马坊、姜村、杜角6镇或撤销或

---

① 灞桥区地名志编纂办公室编：《西安市灞桥区地名志》（内部资料），1990年，第50页。

② ［罗］尼古拉·斯帕塔鲁·米列斯库：《中国漫记》，蒋本良、柳凤运译，中国工人出版社，2000年。柳凤运在"重印题记"中指出，该书大致作于1677年。

③ 史念海主编：《西安历史地图集》，西安地图出版社，1996年，第124页。乾隆四十八年有13镇，增加鱼化、蒲阳2镇，未知所据。

④ 史念海主编：《西安历史地图集》，西安地图出版社，1996年，第124页。乾隆四十八年记11镇，增加韦曲、魏寨、草店3镇，未知所据。

⑤ ［清］魏光焘等辑：《陕西全省舆地图》不分卷，清光绪二十五年石印本。

⑥ 长安县地名志编纂委员会、长安县民政局编：《陕西省长安县地名志》（内部资料），2000年，第13页，列出咸宁县10镇，统计时误为8镇。

合并，新增鱼化、蒲阳、北张3镇；咸宁县各镇稳定，新增草滩、韦曲2镇。

各镇在民国时期基本延续下来。民国二十四年（公元1935年）四月绘制的《西京胜迹图》标注长安县境市镇共21座：三桥、郭杜、斗门、黄良、子午、灞桥、高桥、三兆、杜曲、新筑、王曲、狄寨、引驾回、鸣犊、魏家寨、草滩、韦曲、鲍陂、大兆、韦兆、刘村。清末的鱼化、蒲阳、北张3镇撤销，新增鲍陂、大兆、韦兆、刘村4市镇。

上述市镇中，既有位于险关隘口的军事要冲型市镇，如引驾回镇、子午镇，也有沿交通要道兴起的陆路枢纽型市镇，如灞桥镇、斗门镇，亦有沿水陆联运码头兴起的水陆码头型市镇，如草滩镇。

概括而言，明清西安城郊市镇的兴衰，受战乱影响最大。明末农民起义与清后期太平军、捻军在城郊的战斗，不仅波及城郊村落、寺宇、农业等的发展，对城郊市镇的毁坏也颇为严重。清代碑刻即载："前明崇祯年间，流匪作乱，镇集废焉"[1]。清人吴焘于同治十三年（公元1874年）前往四川，五月十八日途经西安，记郊区景况亦云："自粤匪窜扰，回民构乱，镇大半焚毁"[2]。明清西安城郊市镇虽然一般兴建有高大堡墙以防御侵扰，但这只能防范小股匪患，难以抵御大规模的攻击。战乱一起，村民们往往齐聚市镇躲避，反而容易成为被围攻和劫掠的对象。

二、明清西安城郊市镇的空间分布及其原因

（一）分布密度

关于西安地区的自然、人文环境，1907年出版的《中华帝国传教调查》概述云："对于沿着陕西省南北方向旅行的人而言，穿越秦岭往北，就置身于渭河右岸的低平地区。这里人口稠密，土地肥沃（依赖于降水）。渭河谷地西部狭窄，但愈向东行，愈为宽广。沿山而下的川流可供人们灌溉田地，种植稻米。据估计，西安盆地面积约4000平方英里，分布着省会西安城、4座州城和30座县城。平均每平方英里就有一座市镇，还有无数的村落。"[3]

---

① 〔清〕严鉴源：《创修关圣帝君庙碑》，见刘兆鹤、吴敏霞编著：《户县碑刻》，三秦出版社，2005年，第532—533页。

② 〔清〕吴焘：《游蜀日记》，见〔清〕王锡祺辑：《小方壶斋舆地丛钞》第七帙，清光绪上海著易堂排印本。

③ Marshall B.Broomhall, *The Chinese Empire: A General & Missionary Survey*, London: Morgan & Scott and CIM, 1907, p.199.

依据光绪《陕西全省舆地图》以"计里画方"法绘制的咸宁、长安两县分图量算，咸宁县域面积约为1150平方公里，长安县域面积约为650平方公里，两县合计约为1800平方公里。综合《陕西全省舆地图》中咸宁、长安两县图注文字和民国《咸宁长安两县续志》可知清代后期西安城郊市镇总数为20座，其中咸宁县12座，长安县8座，则城郊市镇的分布密度约为每90平方公里1座市镇，以两县分计，则咸宁县约为每100平方公里分布有1座市镇，长安县约为80平方公里分布有1座市镇。

从光绪《陕西全省舆地图》及《咸宁长安两县续志》所绘两县地图可以看出，咸宁县南部大片区域属于秦岭山区，人口稀少，更无市镇分布，这使得咸宁县市镇分布密度降低。若减去咸宁县所辖深山地区约295平方公里的面积，则其市镇分布密度约为每70平方公里1座市镇。

据学者研究，清代中叶各省区集市密度大体在每100平方公里1~2集，平均每集交易面积在60~90平方公里，其中平原多在40~60平方公里，山区多在100平方公里以上。[1]西安城郊市镇的分布密度大体维持在全国平均水平。

表11-1 明清西安城郊主要市镇空间分布表

县别	镇名	始设时间	方位	距离(里)	县别	镇名	始设时间	方位	距离(里)
长安(13)	鱼化	清	西南	10	咸宁(12[3])	韦曲	清	南	20
	三桥	明	西	15		灞桥	明	东	20
	郭杜	清	西南	25		草滩	清	北	20
	斗门	清	西	30		高桥[4]	清	东南	25
	蒲阳	清	西南	30		三兆	清	东南	30
	贾里	清	南	35		新筑	明	东北	30
	西甘河[1]	清	西南	35		杜曲[5]	明	东南	40
	东甘河	清	西南	40		狄寨	明	东南	40
	黄良[2]	清	南	40		王曲[6]	清	南	50
	马坊	清	西	45		鸣犊[7]	宋	东南	55[8]
	姜村	清	南	50		引驾回	明	东南	65[9]
	子午	宋	南	55		魏家寨[10]	清	东南	70
	北张	清	西南	55					

① 许檀：《明清时期农村集市的发展》，载《中国经济史研究》1997年第2期，第21—41页。

　　资料来源：康熙《咸宁县志》卷二《建置》；雍正十三年（公元1735年）《陕西通志》卷六《咸宁长安疆域图》、卷一六《关梁一》；乾隆四十四年（公元1779年）《西安府志》卷一〇《建置志中·镇堡关津》；光绪《陕西全省舆地图》中《咸宁县图》《长安县图》文字注记；民国《咸宁长安两县续志》；西安市地名委员会、西安市民政局编：《陕西省西安市地名志》（内部资料），1986年；长安县地方志编纂委员会编：《长安县志·商业》，陕西人民教育出版社，1999年；长安县地名志编纂委员会、长安县民政局编：《陕西省长安县地名志》（内部资料），2000年。

　　注：由于量算起点、方位以及实际交通路线的差异，不同时期方志文献中所载的各镇里距往往有出入。为统计一致考虑，以量算更为精确的民国《咸宁长安两县续志》所载为基础，结合其他文献加以核定。

① 《金史·地理志》有甘河镇。

② 西安市地方志馆、西安市档案局：《西安通览》，陕西人民出版社，1993年，第891页。

③ 据雍正《陕西通志》卷六《咸宁长安疆域图》补狄寨、魏家寨2镇，清文渊阁四库全书本。

④ 西安市地名委员会、西安市民政局编：《陕西省西安市地名志》（内部资料），1986年，"清同治年间设为镇"。

⑤ 康熙《咸宁县志》卷二《建置》载："杜曲，（南）去城二十五里"。《陕西省长安县地名志》第50页载明代曾设杜曲镇。

⑥ 长安县地名志编纂委员会、长安县民政局编：《陕西省长安县地名志》（内部资料），2000年，第69页。

⑦ 西安市地方志馆、西安市档案局：《西安通览》，陕西人民出版社，1993年，第883页。

⑧ 康熙《咸宁县志》卷二《建置》载："鸣犊，（东南）去城四十里"。

⑨ 康熙《咸宁县志》卷二《建置》载："引驾回，（东南）去城五十里"。

⑩ 〔清〕毛凤枝撰，李之勤校注：《南山谷口考校注》，三秦出版社，2006年。

（二）分布特征及其原因

1.河流、川道、台原对市镇分布的影响

　　西安城郊东南高、西北低，城南、城东分布众多台原，包括龙首原、杜陵原、乐游原、鸿固原、凤栖原、神禾原、毕原、细柳原；城北较为低平。原间河流、川道纵横，台原、川道和河流成为各镇商贸范围的自然界线，市镇在两条河流之间、河流中上游地区分布较多。（见图11–1）

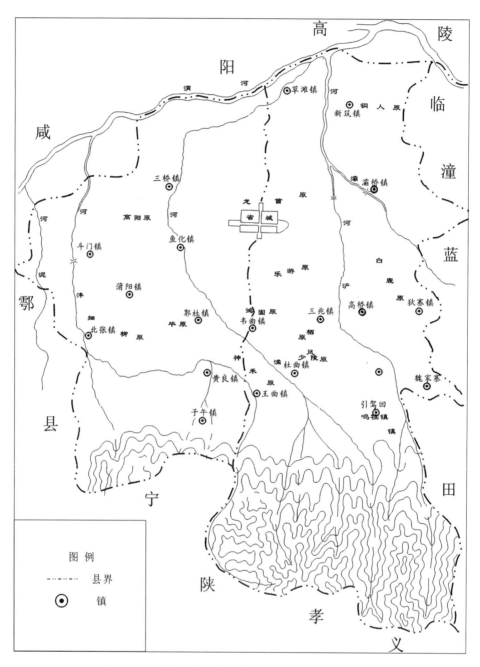

图 11-1　清代后期西安城郊市镇与河、原相对位置图

　　依据雍正《陕西通志》卷六《咸宁长安疆域图》等可分析14座典型市镇与河流、川道、台原之间的关系。黄良镇、子午镇、姜村镇位于秦岭北坡各峪口出处，且各被围合在三条河流之间，由三条河流与秦岭各自组成三块闭合区域，相对独立，又以各主要峪

口作为与秦岭山中及其南部地区的主要交往通道。即潏河以南、沣河以东，与秦岭之间的区域自成体系。高桥镇位于灞河、浐河围合的白鹿原中心。魏家寨镇位于风凉原（当地人称八里原）上，浐河支流与主河道之间的围合区域中。引驾回、鸣犊、杜曲三镇在少陵原上三足鼎立。引驾回镇位于少陵原东南端，是长安县东部政治、经济、交通中心；狄寨镇位于东郊白鹿原上，浐河、灞河环流而下。鸣犊镇属半原半川地区，为浐河川道物资集散中心。[①]王曲镇辖境属半原半川，东部在神禾原上，西部为滈河、潏河川道。魏家寨位于浐河上游川道，地处白鹿原与八里原之间，属半原半川地区，[②]是长安、蓝田两县边界地区物资集散地，[③]岱峪河、汤峪河汇集于此，土地肥沃，水利条件优越。黄良镇处洨河中游，地势平坦，土地肥沃。[④]

交通距离在封建农业社会是影响区域商贸活跃程度的决定因素，尤其对大宗土产、粮食类商品交易更是如此。西安城东南乡、南乡市镇分布较多也与这一地区台原相间的地形条件有很大关系。由于受制于上坡、下坡以及河流纵横的地形地貌，农民往返市镇或运输商货相对困难，因而在一定距离内的适宜地点易于兴起商货交易空间，西安郊区市镇正是在这一地理环境与民众商贸需求的双重因素影响下逐步发展起来的，而位于台原相间区域的相邻市镇之间交通距离较近。西郊、东北郊较为平坦的河流下游地区，运输和交通往来相对容易，市镇之间的交通距离相对较远。

2. 西安城对城郊市镇分布的影响

村落是市镇形成和发展的基础，而中心城市则在很大程度上决定了市镇的空间分布趋势。在中心城市周边较近的范围内（通常这一距离为乡民们从早至午可以往返的距离），市镇分布较少。原因在于这一区域内的乡民可以直接到中心城市进行商贸活动而不必前往较小规模的市镇。在中心城市周边过远的区域内，市镇与中心城市之间的联系不便，商贸活动相对单一，人口也往往较少，这就限制了市镇的大量分布和设置；在距离中心城市适中的地区，市镇商贸活动与中心城市联系紧密，容易成为中心城市商品的集散地，同时这一区域较城市周围和远郊地区分布有更多的村庄。

---

① 长安县地名志编纂委员会、长安县民政局编：《陕西省长安县地名志》（内部资料），2000年，第56页。

② 长安县地名志编纂委员会、长安县民政局编：《陕西省长安县地名志》（内部资料），2000年，第161页。

③ 长安县地名志编纂委员会、长安县民政局编：《陕西省长安县地名志》（内部资料），2000年，第162页。

④ 长安县地名志编纂委员会、长安县民政局编：《陕西省长安县地名志》（内部资料），2000年，第217页。

采用圈层图示法更易直观看到城郊市镇与西安城的空间关系，以区域中心城市西安为圆心，郊区各镇为同心圆上的各点，市镇与中心城市的距离用数字表示。（见图11-2）

可以看出，距离西安城10至20里之间市镇分布最多，超过40里则明显减少，表明中心城市与城郊市镇之间的距离对市镇分布有明显影响。从中心城市10里之外开始，城镇与中心城市之间的距离和其分布数量成反比关系，即区域中心城市周边一定范围内的市镇，多数分布在距离中心城市一定里数的区域内，超过或少于这一里数范围的区域内市镇分布相对较少。清后期西安城郊20镇平均距中心城市约35里，各镇之间里距多为5里或10里，乡民一日步行便可来回。

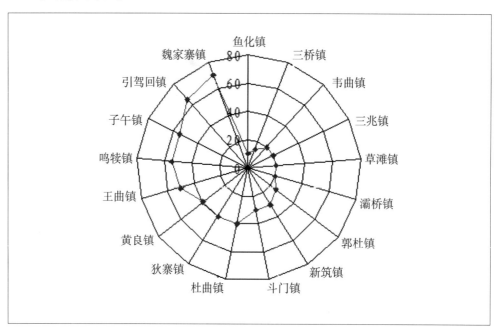

图 11-2 清代西安城郊主要市镇距城里数图

第二节
明清西安城郊市镇的形态

一、筑墙为堡

明清西安城郊市镇多呈现高墙环绕、宛如城池的形态，这从雍正《陕西通志》卷六《咸宁长安疆域图》的写实摹绘即可看出。该图标注有咸宁县7镇：新住镇、狄寨镇、高桥镇、魏家寨镇、引驾回镇、鸣犊镇、杜曲镇；长安县7镇：三桥镇、斗门镇、郭杜镇、马坊镇、姜村镇、子午镇、黄良镇。两县14座市镇中有13处为城堡形制，可见城堡形态为明清西安城郊市镇的基本形制。这些散布的城郊市镇与西安城共同构筑起兼备军事防御和贸易流通功能的城镇体系。

据上述《咸宁长安疆域图》分析可知，各市镇城堡依据地形地貌、风水方位及实际需要等开有数量不等的城门。其中咸宁县鸣犊镇、引驾回镇、新住镇、高桥镇、魏家寨镇均开东、西、南、北4门，狄寨镇开南、西2门，杜曲镇开东、西2门；长安县三桥镇、姜村镇、黄良镇、郭杜镇均开东、西2门，子午镇、斗门镇开东、西、南、北4门，马坊镇无城堡，由两处村落组成。市镇所开城门的数量既与市镇规模、交通路线相关，也反映了军事、商贸地位的高下之别。至同治年间，随着军事防御需要的增强，市镇城堡形制更为完备，而兴筑堡墙的村落也较清代前期为多。[①]

筑墙为堡的聚落、市镇形态在16世纪末西班牙人门多萨所撰《中华大帝国史》中也有记述："（中国）城市四周有濠堑，使城市变得十分坚固，不仅城市，连镇子都有高而坚实的石墙围绕，高有一啁，其余的墙是用砖，但质地坚实到用锄都很难打碎。"[②]"在中国的城镇，哪怕是乡村小镇，有相当多的人聚集的地方，一定有城墙。……哪怕是

---

① 光绪《富平县志稿》卷二《建置志·堡寨》，清光绪十七年刊本。
② ［西班牙］门多萨：《中华大帝国史》，何高济译，中华书局，1998年，第24页。

二三十户人家的小镇，也有相应的城墙。"①这一记述大致也可反映西安城郊村落、市镇高筑环护堡墙、镇墙的情况。市镇兴建高大围墙，既能起到防范土匪袭扰的作用，增强镇民们的安全感，亦能通过镇墙明确区隔市镇与其他乡村，确立明确的镇域范围，促进镇民归属感的形成。

西安城郊围合式的市镇城堡与传统村落形态有所不同，与江南水乡市镇的格局也有很大差异。江南市镇以水道连接，水门、水栅或水关是市镇的对外联系枢纽，也是市镇边界的明显标志。西安郊区市镇则以高大的堡墙为界，堡墙以内就成为相对独立的社区。市镇不仅在宏观形态上呈现出城池的面貌，在内部格局上也往往与府、县城有相似之处。如新筑镇四条大街中心筑有钟楼，②与西安城、鄠县县城等有神似之处；草滩镇则有县丞移驻，驻扎军队，建有山西会馆、戏楼等，市镇的城镇化水平逐渐提高。

社仓、祠庙、官署、学校以及商铺是市镇的基本组成部分。雍正七年（公元1729年）咸宁县建社仓19处，城南关1处，四乡新住镇、三赵镇、杜曲镇各1处，其余15村各1处。雍正八年（公元1730年）长安县建社仓19处，城内1处，四乡则子午、斗门、三桥、郭杜4镇各1处，其余14处社仓在各村。③基层公共设施、机构在市镇的布设，增强了市镇在城郊乡村地区的中心性，进一步密切了市镇与周边乡村之间的联系。

二、以街为市

明清西安城郊市镇多依托规模较大的村落或多个相连的村落而形成，商贸活动以镇区主干街道展开，沿街两侧布设店铺。规模较大的市镇由镇中心向外辐射四条大街，各街形成不同的行业聚集地。规模较小的市镇仅有一到两条商业街市。

引驾回镇地处咸宁县东南通往陕南镇安县的商道上，明清时颇为繁盛。镇区形成了中、西、南、北四街，各街行店分布亦有规律。山货店、盐店、旅店多在南街；饮食、百货、杂货多在中街；手工业作坊多在西街；扫帚店、车马店则在北街。子午镇位于秦岭北麓子午峪口，嘉庆七年（公元1802年）长安县丞移驻于此，镇区南北大街长400多米，宽近10米。道光十一年（公元1831年），地处樊川中部的杜曲镇由当地绅民修建了一条长210米的石砌大街。狄寨镇地处狄寨原中心，东西大街长800米。鸣犊镇街区呈南

① ［日］沪友会编：《上海东亚同文书院大旅行记录》，杨华等译，商务印书馆，2000年，第346页。
② 西安市地名委员会、西安市民政局编：《陕西省西安市地名志》（内部资料），1986年。
③ 雍正《陕西通志》卷三七《屯运一》，清文渊阁四库全书本。

北长方形，主街长约4里，为L形。①韦曲街系清末、民国初韦曲镇最繁华的一条老街，呈J形，北段长70米。②魏家寨街区呈东西不规则长方形。③各镇长街作为集期交易地点，便于布设较多店铺和摊贩，商贸活动景象更显喧闹繁荣。

三、多村相连

明清西安城郊市镇除了具有"筑墙为堡"的外部形态和"以街为市"的内部格局，亦具有"村镇合一"的典型特征。明清西安城郊市镇往往由多个毗邻村落合组而成，兼具村落和城镇的双重景观。既有乡村聚落形态，又有商业街市、店铺等城镇景观。由于各镇区具有一定的城镇化特征，因而依附的村落又可视为这些小城镇的郊区。

明清新筑镇以镇什字为中心，南北街长500米，东西街长200米。周围有北街、仁义巷、文昌街、杨贺堡、西关、北吴、南吴、北里、东里、西里、南园子、仓门、永兴堡、西坡等14个自然村相连，泛称新筑镇。街中心原有钟楼，1966年拆毁。④新筑镇四周有八堡（即杨贺、永兴、文昌、万安、万顺、唐刘、仓后、杏园）、四围墙（即杏园王、蓝家、乾元寺、兴庆），⑤将此镇团团围住。

清代郭杜镇由郭家街和杜家街组成。⑥北张镇依托北张村，"内分正东、正西、正南、正北、正中、东、北、南小堡八社"。蒲阳镇则与蒲阳东村、蒲阳中村、蒲阳西村合为一大堡。⑦黄良"镇在村南，上北良村合黄良为一堡，以街心为界，南为黄良村"。子午镇"在（子午）村内，石峡沟、竹枝口、净室沟、王家庄附"⑧。马坊镇由东、西马坊二村组成。⑨高桥镇则有高桥巷、杨家巷、李家巷、答家巷、徐家巷、秦家

---

① 长安县地名志编纂委员会、长安县民政局编：《陕西省长安县地名志》（内部资料），2000年，第57页。

② 长安县地名志编纂委员会、长安县民政局编：《陕西省长安县地名志》（内部资料），2000年，第32页。

③ 长安县地名志编纂委员会、长安县民政局编：《陕西省长安县地名志》（内部资料），2000年，第162页。

④ 灞桥区地名志编纂办公室编：《西安市灞桥区地名志》（内部资料），1990年，第74页。

⑤ 灞桥区地名志编纂办公室编：《西安市灞桥区地名志》（内部资料），1990年，第32页。

⑥ 长安县地名志编纂委员会、长安县民政局编：《陕西省长安县地名志》（内部资料），2000年，第43页。

⑦ 民国《咸宁长安两县续志》卷五《地理考下》，民国二十五年铅印本。

⑧ 民国《咸宁长安两县续志》卷五《地理考下》，民国二十五年铅印本。

⑨ 长安县地名志编纂委员会、长安县民政局编：《陕西省长安县地名志》（内部资料），2000年，第291页。

巷、张李巷"俱附镇内"。鸣犊镇有"孙家砭、焦家台附镇"①。多个村落相连形成的市镇，人口相应较多，消费需求和生产能力都较小村落大，加之宗教、民俗等文化活动更为频繁，对商贾的吸引力也相应增加；多个村落形成的城堡，军事防御功能较强，在兵荒马乱的年代遇到土匪为祸时往往能保全更多的人口。"村镇合一"既是市镇形成初期的必由之路，也是市镇持续发展的普遍形态。

　　明清时期，西安城虽地处西北内陆，但基于良好的农业发展基础、丰富的物产、稠密的人口和重要的交通区位，城郊市镇不仅数量增加较快，类型多样，而且商品化程度也有很大提高。市镇的兴盛和区域商贸的繁荣推动了城郊聚落景观的更新。明清西安城郊市镇是西安区域城镇体系、城乡商贸空间格局的重要组成部分，对西安城的商贸功能起到了补充作用，有力地巩固了西安城作为西北商贸重镇的城市地位，增强了西安城在大区域商贸竞争中的能力。

---

① 民国《咸宁长安两县续志》卷四《地理考上》，民国二十五年铅印本。

第十二章　明清西安的人口

人是城市的灵魂所系，给城市发展带来无尽的生机与活力。封建时代的城市以坊里、街巷、市场、学校、寺宇、官署等为市民提供活动的空间和舞台。在封建时代，人口规模是衡量城市规模、地位、等级的重要尺度，人口数量的增减也可反映城市发展的盛衰。明清时期，西安城是汉、回、满、蒙古等多民族人口聚居的区域中心城市，民族聚居和民族社区是这一时期城市居仕区发展的重要特征。本章着重对明清西安城人口规模、特征、空间分布和民族聚居区等进行论述，以深入理解封建时代后期西安"城与人"之间"有容乃大"、互相依存、共同发展的关系。

第一节
明清西安城人口规模

在城周规模之外，城市人口数量也是衡量封建城市规模和地位的重要指标。明清西安城人口规模随军事、政治、经济、文化等因素的变动在近600年间多有变化。史志文献中往往缺乏对城区人口针对性的记述，以下在分析中西方文献相关数据的基础上，对明清西安城人口规模进行大致推算。

一、明代西安城人口规模

据学者研究，宋长安城人口有10余万之多。[1]以唐长安城人口最盛时100万之数与83平方公里的面积而言，[2]宋长安城占地面积约5.2平方公里，约为唐长安城的1/16。以此粗略比照，人口10余万已非小数，当与实际状况接近。宋熙宁七年（公元1074年）《京兆府长安善感禅院新井记》载长安城人口聚居盛况云："长安寔汉唐之故都，当西方之冲要。衣冠豪右错居其间，……官府、佛寺、道观又将逾百，计其井不啻乎万也"。这一简略记述反映出当时城区人口数量众多，因此官府、佛寺、道观才有管理的基础和信仰的受众，而城区大量水井也是人口集聚的重要指征。元奉元城人口数缺乏记载，但城区占地规模未变，加之穆斯林逐渐大量聚居，估计城区人口不会与宋长安城相去太远。

明代西安城虽号称"军民杂处，日饱菽粟者亡虑亿万计"[3]，但文献中缺乏城区人口数字的明确记述，仅可依据相关文献进行估算。明代人口一般按户籍分为民、军、匠三类。嘉靖《陕西通志》载明前期长安县"编户五十五里，今四十九"，咸宁县"编户

---

① 杨德泉：《试谈宋代的长安》，载《陕西师大学报》（哲学社会科学版）1983年第4期，第102—110页。

② 中国科学院考古研究所西安唐城发掘队：《唐代长安城考古纪略》，载《考古》1963年第11期，第595—611页。

③ 〔明〕项忠：《新开通济渠记》，碑存西安碑林。

八十二里，今六十六"，又载：长安县"户五千三百九十一，口二万七千六百三"，咸宁县"户一万二千四百一十，口七万四千七百八十四"。^①两县合计户数17801，口数102387。明清西安城区分由咸宁、长安两县管辖，同时两县在北至渭河、南达秦岭、西界沣河、东临灞河的区域内亦分辖东、西两郊，上述人口数字包括城区居民和城郊农民在内。由两县所辖里数和口数可推算出长安县城乡平均每里约辖563人，咸宁县平均每里约辖1133人。康熙《咸宁县志·疆域》载明景泰年间（公元1450—1457年）咸宁县城区共32坊，康熙《长安县志·建置》载明后期至清前期长安县"在城坊"共8里。据前述每里人口平均数推算，长安县城区8里约辖4504人，咸宁县城区32坊约辖36256人，两县合计40760人。这一数据仅为城区"民"数。

明代西安城乡有前、后、左、右四卫驻守，每卫为5600人，共约22400人。虽无法确知城区驻扎军队数量，但军队人口在城区人口数字中占有很大比例，"军民杂处"是这一时期城区人口的又一显著特征。

据学者估算，明嘉靖年间西安城秦王宗室人口至少约1.5万，而此数字不在上述民、军人口数字当中。^②嘉靖《陕西通志》载及明代长安、咸宁两县户口数字时，有所谓"力差"的划分，含有"匠"在内。长安县"力差"有门禁、隶库、司兵、楼兵、钟鼓夫、巡拦、大户、斗级、馆夫、历日夫、刊字、办印、表背、木匠等类别，人数共549；咸宁县"力差"有门禁、隶库、机兵、斗级、铺司兵、鼓手、巡拦、表背、刷印、刊字、木匠、历日夫、大户等，人数共554。^③

综合以上类别人口数字，明代西安城区包括民、军、秦王府人口以及匠差等在内7万~8万，若加上如学生、商人、僧侣、军队眷属、流动人口等由于文献缺载而无法估算的人口，明代西安城区人口在10万左右。

由于资料记载的缺漏，利用上述数据估算时存在较多问题。首先，城市"坊"和乡村"里"的人口数量往往存在较大差异，用平均数进行计算，估算的城市人口总量就有欠准确；其次，用不同年份、不同类别的人口数相加，严格来说，并不能准确反映某一时间断面上的城区人口。如用咸宁县景泰年间的坊数、长安县在明末清初的坊数与嘉靖年间（公元1522—1566年）两县坊里人口均数进行计算，只能是对明代西安城人口总量的一个大致反映。

① 嘉靖《陕西通志》卷七《土地五·建置沿革》，明嘉靖二十一年刻本。
② 薛平拴：《陕西历史人口地理》，人民出版社，2001年，第164页。
③ 嘉靖《陕西通志》卷三三《民物一·户口》，明嘉靖二十一年刻本。

二、清代西安城人口规模

（一）人口数量及其变化

清前期西安城区人口数字并无明确记述，据乾隆《西安府志》、民国《续修陕西通志稿》等载，乾隆年间（公元1736—1795年）咸宁、长安两县人口为499437，嘉庆二十一年（公元1816年）为530304，道光三年（公元1823年）为574100。（见表12-1）这些数字均包括城区和郊区人口，总量逐渐增加，可推知清代西安城区人口也有增加的趋势。

表 12-1　明清时期咸宁、长安两县户口统计表

区域 \ 年代 户口	嘉靖二十一年 (1542)		乾隆年间 (1736—1795)		嘉庆二十一年 (1816)		道光三年 (1823)
	户	口	男女口数	合计	户	口	口
咸宁县	12410	74784	男 215012 / 女 137315	352327	45346	298801	315000
长安县	5391	27603	男 87121 / 女 59989	147110	36164	231503	259100
合计	17801	102387	499437		81510	530304	574100

资料来源：嘉靖《陕西通志》卷三三《民物一·户口》；乾隆《西安府志》卷一三《食货志上》；民国《续修陕西通志稿》卷三一《户口》。

有学者推算，乾隆四十三年（公元1778年）西安城"实际人口"为5.5万，与山西、山东等北方城市省会太原、济南城人口规模相似。[1]由于这一数字仅包含了长安、咸宁两县在城辖区人口，未将满城人口计算在内，因此所谓西安城实际人口数5.5万仅是城区两县"民"数。

满城作为清代西安城区最大的组成部分之一，虽然并不属于长安、咸宁两县辖区，但其中八旗驻防军兵及其眷属毫无疑义应视为西安城居民。上述学者推算的5.5万人不仅在人口统计区域上没有涵盖整个西安城区，就是在类型上也未能反映当时"军民杂处"的城市人口状况，因此远远小于城区实际常住人口数。明清之际，西安作为军政重镇，军队自然是城市人口的重要组成部分，若将其排除在城区人口之外，势必会影响到对城市人口规

[1] 曹树基：《清代北方城市人口研究——兼与施坚雅商榷》，载《中国人口科学》2001年第4期，第15—28页。

模和城市地位的准确评判。

相关学者依据同治初年西安城"节署前后左右迤北一带，教门烟户数万家，几居城之半"①的记载，推测同治年间"西安城总户数可能达到6万户，合计人口约30万。如果更多，则可能达到40万"，据此估计光绪十九年（公元1893年）西安城市人口最多达到30万。而据1938年底陕西省民政厅调查，"西安城区"人口为248304，②这尚且是抗战爆发，移民大量涌入，城市人口迅速增加后的统计数字。因此，同治年间西安城区人口达到30万的推算结果，尚需更多的文献加以证实。

明清西安城既是陕西省城，又是咸宁、长安两县县城，城区由两县分辖，清代又设置了相对独立的满城区，城区人口数长期缺乏明确记载。清代后期，不少西方探险家、旅行家、外交官、传教士、商人等前往西北、西南各地，行经西安，记述了有关西安城诸多方面的信息，其中也涉及清末西安城人口数量。当然，诚如美国记者尼科尔斯在《穿越神秘的陕西》中指出的："目前西安城的人口，如同大多数中国城市一样，不可能得出一个准确的数字"③。西方文献中记述各异的人口数字多非实际统计的结果，而得自对当地官员、士绅、民众等的采访，或者个人依据实地考察所做的估测，难免夸大不实，但却为当时西方世界所了解和认同。由于西方文献中的西安城人口数字有助于了解当时西方人对封建时代后期西安城规模的认识和地位的评价，加之前辈学者对英文文献所载人口数字鲜少发掘利用，因而有必要做一勾陈。

19世纪八九十年代在英国伦敦出版的两本论著认为清代西安城人口在100万左右。1884年《地理读本》载，清代有"四大城市的居民超过了100万，分别是：广州（150万）、北京、湘潭和西安"④。1896年《亚洲》第1卷《北亚和东亚》载，西安城作为"千百年来的陕西省城，富足而人口稠密"，"目前仍是中国最大的城市之一。在固若金汤的城墙之内，生活着近100万居民"。⑤显然就城市规模、地位、重要性而言，清代西安城的确堪与北京、广州等相比，但100万的城市人口数字无疑过分夸大了。1901年考察过西安城的尼科尔斯就指出："据当地官员估计，在最近发生饥馑之前，西安城有

---

① 民国《续修陕西通志稿》卷一七五《纪事九》，民国二十三年铅印本。

② 陕西省编制委员会、陕西省档案馆编：《民国时期陕西省行政机构沿革（1927—1949）》，陕西人民教育出版社，1991年，第14—15页。

③ Francis Henry Nichols, *Through Hidden Shensi*, New York: Charles Scribner's Sons, 1902, p.167.

④ John Meiklejohn, *Fifth Geographical Reader*, London and Edinburgh: William Blackwood and Sons,1884, p.93.

⑤ A. H. Keane, *Asia*, Vol. 1, *Northern and Eastern Asia*, London: Edward Stanford,1896, p.406 .

100万居民。这可能有某种程度的夸大，也许70万的估计较为接近当前的人口数"①。

到20世纪初，西方文献中记述的西安城人口数约20万至50万，应当说，渐至接近实际状况，但仍有所夸大。1901年，英国人比格姆在《在中国的一年1899—1900》中记述："陕西省城西安是以前的帝国都城，昔日的声望留存至今。即使目前的城市人口也将近50万"②。1911年美国人盖洛《中国十八省会》载："据估测，西安城人口约为200000至250000，堪与诺丁汉、海牙、奥斯陆和泽西城相提并论"③。这一从世界范围内将西安城市人口数与英国、荷兰、挪威和美国的一些城市人口数相比较的结论，堪称视野宏阔，有助于认识当时西安城的人口规模，但作为"估测"的结果，仍有夸大之嫌。

上述外国人所得西安城人口数字多源于对当地人的访谈或自己切身观察后的估算，难免有虚饰不实之处。清代西安城人口数在民国《续修陕西通志稿》和《咸宁长安两县续志》中有简略记录，由此可推算西安城人口总数。

英文文献所载清代后期西安城人口数字较同一时期陕西、西安地方人口统计数字为实际数字的2~10倍之多。民国《续修陕西通志稿》载省城保甲局统计光绪十三年（公元1887年）城关有23265户，人口为83967，户均3.6人。民国《咸宁长安两县续志》载宣统三年（公元1911年）两县城区人口为111628，户均4.7人。清代满城作为独立军事管辖区，雍正九年（公元1731年）西安将军秦布奏称"今户口繁滋，将及四万"④，至清末当不会增减太多。八旗兵之外，西安城还驻有督标营、抚标营共5395名绿营兵。以宣统三年城区民数合计军队及其眷属数，全城人口在15万左右。考虑到统计中有漏报以及流动人口统计缺乏等情况，城区实际人口数无疑会超过15万。英文文献所载20万~25万的城区人口与实际情况可能相去不远，而城区70万~100万的人口数则显然有夸大之嫌。

西安城总面积近15平方公里，清末人口总数在15万左右，人口密度约为每平方公里10000人，这一城区人口分布密度已接近盛唐时期长安城的人口密度。

光绪十三年（公元1887年）西安城的人口统计数据中，居民分为正户、附户和商户。⑤据光绪三十四年（公元1908年）民政部《调查户口章程》的说明，可知正户、附户

①　Francis Henry Nichols, *Through Hidden Shensi*, New York: Charles Scribner's Sons, 1902, p.167.

②　Clive Bigham, *A Year in China 1899-1900*, London: Macmillan and Co., Limited, New York: The Macmillan Company, 1901, p.144.

③　William Edgar Geil, *Eighteen Capitals of China*, Philadelphia & London: J.B. Lippincott Company, 1911, p.332.

④　《清世宗实录》卷一○八，雍正九年七月癸亥，清内府抄本，中华书局影印，2008年。

⑤　民国《续修陕西通志稿》卷三一《户口》，民国二十三年铅印本。

的划分是将居民每户编门牌一号，有两户以上同住者以先入住者为正户，后入住者为附户，若是同时入住则以人口数多之户为正户。陕西官府人口统计中对商户的单独划分和商户数量之多，都反映了这一时期西安城商贸功能的增强。光绪十三年的人口调查亦从性别、年龄等方面对口数进行了统计，人口数据越来越趋于精确和细致。（见表12-2）

表12-2　清末西安城区咸宁、长安两县户口统计

年代 户口 区域	光绪十三年（1887）							宣统三年（1911）	
	户			口				户	口
	城关正户	附户	商户	男大	男小	女大	女小		
咸宁县	—	—	—	—	—	—	—	14030	63461
长安县	—	—	—	—	—	—	—	10439	48167
合计	7877	10114	5274	36209	14546	23448	9764	24469	111628
	23265①			83967					

资料来源：民国《续修陕西通志稿》卷三一《户口》引《省城保甲局册》；嘉庆《咸宁县志》《长安县志》；民国《咸宁长安两县续志》。

注：
① 曹占泉编著：《陕西省志·人口志》，三秦出版社，1986年。

（二）城区人口分布与增减

唐长安城人口一度多达百万，但在外郭城南部坊里，人口分布稀疏。明清时期，西安城内人口分布也并非均衡，在城区四角地带、城墙内沿线、关城等处人口分布稀疏，有的偏僻地方景象荒凉。这一方面与西安城军事防御需要紧密相关：城市四角往往分布有教场、火药库；城墙内沿线则为内环城道路，主要用于军事调动；关城作为城乡接合地带和大城军事防御的桥头堡，社会中上层人士和富商大贾多不选择在这里居住，其中居民很大比例是农民。另一方面，由于城市功能分区的发展和逐渐完善，城区人口分布也与之相适应，市民必然选择生活便利、能充分享受城市优势的地区居住，城区四角、城墙内沿线以及关城在总体上往往偏离主要功能区，对人口的吸引力相对大城以内区域为弱。当然，东关城作为明清新兴的商业区，在很大程度上促进了其关城区内人口的聚居和增加。

对城区居民而言，在城市空间大格局决定整体分布特征的基础上，城区局部空间的大小和城内功能区吸引力的强弱是决定城市人口分布特征的两个主要因素。功能区吸引力强、空间狭小的地区人口分布稠密，功能区吸引力弱、空间较大的地区人口分

布稀疏。

　　封建时代城市人口规模的变化与朝廷军政策略调整、战争、灾害、饥馑等有紧密联系。西安作为西北军政重镇，明代秦王府的庞大人口及下辖军队的驻守，大大增加了城区人口规模。至清代，满蒙八旗入驻西安，在建立西安满城之初，驱散东北隅原住居民，城市人口会相应减少，但同时又开始增加大量满族、蒙古族人口。战乱之际，大量人口会基于"小乱避于城，大乱避于野"的规律流动，西安城人口受战火影响也会有相应的增加和减少。清代关中大儒李颙《与布抚台书》载清初西安人口云："方今西安之民，以十分论，饥饿瘟疫死者十二三，逃亡及卖入满洲者十六七，计今留者十不得三耳。"西安地区民众的流徙地就包括关东、西北、四川等地，"西安之民流诸关东诸省者不下百万，窜诸西北府三边及川蜀者亦不下十余万"①。

　　清末严重的旱灾和饥馑造成陕西和西安地区人口急剧减少，据调查西安饥馑灾情的美国记者尼科尔斯记述，"截至1901年7月，此前的3年间，陕西有超过200万的男女老幼死于饥饿。据《政治家年鉴》记载，1899年陕西省的人口为8432193，其中有30％的人死于因干旱导致的饥馑"②。在旱灾、饥馑导致的人口减少之外，随之而来的传染性疾病使西安城数以百计的人口感染而死亡。

　　虽然城市常住人口因其生产方式、收入来源等与农民不同，受旱灾的影响相对较小，但当广大乡村遭受严重旱灾以及随之而至的饥馑时，灾民、难民涌向城市，城市流动人口在短期内往往会迅速增加，给城市治安、社会管理等带来诸多问题。

　　① 《关中两朝文钞》卷一九，清道光十二年刊本。
　　② Francis Henry Nichols, *Through Hidden Shensi*, New York: Charles Scribner's Sons, 1902, p.228.

第二节
明清西安城民族聚居区的形成与发展

　　自宋至明，西安城形成了西北城区大部聚居回族人口，其他三城区居住汉族人口的"二元"民族分区格局。清代因满城的兴建形成东北城区满族、蒙古族聚居，西北城区回族聚居，其他城区以汉族为主的民族分异聚居的格局。这一时期还有来自西北、西南等地的各族商贾常住西安城中。就民族聚居的复杂性而言，西安城在区域中心城市中也属典型。

一、汉城、回城与满城

　　清代西安城不仅有由东西、南北大街自然划分的城区四隅与四座关城构成的"一城八区"，亦有由咸宁、长安两县分辖城区的"一城两县"行政分区，还有汉、回、满（蒙古）"三族鼎立"的民族分区。

（一）"三族鼎立"的民族分区

　　有关西安城的民族交往、交流、交融状况，清末西方文献较之传统史志记述更为客观。美国汉学家卫三畏在1883年出版的《中国总论》一书中记述西安城具有"异彩纷呈的多民族格局"，"包括藏族、蒙古族和鞑靼，还有数以千计的穆斯林因忠于朝廷而居住城中"。[①]美国学者汤姆森所著《革命的中国》详细记述了清后期西安城多民族和谐相处的情形："西安城呈现出万花筒般的多种人口景象：缠红头巾的穆斯林，穿红衣服的鞑靼，缠蓝头巾的蒙古人，着长筒靴、留大胡子的俄罗斯人，穿长筒靴的还有藏人，穿蓝色长袍的汉人，穿黄色法衣的喇嘛，时而还会看到患有瘿瘤的当地人，穿长袍的满

[①] S. Wells Williams, *The Middle Kingdom: A Survey of the Geography, Government, Literature, Social Life, Arts, and History of the Chinese Empire and Its Inhabitants*, London: W. H. Allen & Co., 1883, p. 150.

洲人，以及从种族起源之地移徙到中国东部，成为征服者的秦人、周人的后裔，还有希伯来人，他们也许会夸耀自己带有土耳其东部亚拉腊最为纯正的血统。"①汤姆森从服饰、外貌、身体状况、种族来源、历史文化等角度出发，记述了清末西安城汉、回、满、蒙古、藏、鞑靼、俄罗斯、希伯来等多个民族的人口特征。多民族人口生息聚居的状况充分反映了西安城在中国西北各地之间以及西北与中亚、西亚、欧洲等地交往、联系中的重要地位。

　　美国地理学家盖洛于1911年出版的《中国十八省会》就将西安城"一城两县"的分区状况与纽约城相比较："当今两县同聚一城，一称长安，一称咸宁。西安城东、西两半各属一县。正如里士满区、布鲁克林区以及皇后区那样共同组成了纽约大都会。因此，长安县并非一座独立的城市，而是西安城的一部分，东半部的咸宁县亦复如此。"②《中华帝国传教调查》载清代西安城民族分区居住的情形云："西安城南半部全为汉人居住，但北半部人口混杂居住。鞑靼城占据了整个东北区，容纳有相当庞大的满族人口，可能有50000之多。西北城区是回族聚居区，尽管并无城墙与汉人区相隔，但很显然属于穆斯林居住区。"③应当说，上述西方人的观察和认知大体反映了清代西安城区鲜明的民族人口分区居住的实际状况。

　　民族社区是明清尤其是清代西安城人口居住空间和聚居形态的主要特征，这不仅反映在时人的社区认识观念上，也反映在"汉城""回城"与"满城"的实体空间分布上。清《陕西乡土地理教科书》第三十四课《西安府四》中称："城内居民分为三大区，汉人居城南，回民居城北，驻防旗人则居东北隅子城之内。"虽然此记述不尽精确，但已描摹出清代西安城人口区域分异的基本状况，反映出民族社区的分区概念。与居住满族、蒙古族的满城相对应，清代西安汉城专指满城之外的区域。《清史稿》记1911年辛亥革命亦云"西安新军应之，先据汉城，缘涂纵火，烟焰张天"④。

　　在满城和回族聚居区以外，则为所谓的汉城，包括东南、西南城区和四座关城。东南、西南城区传统屋宇大多建筑考究，院落宽大。对西方游历者而言，"这些屋宇看上

　　① John Stuart Thomson, *China Revolutionized*, Indianapolis: The Bobbs-Merrill Company, 1913, pp. 434-435.

　　② William Edgar Geil, *Eighteen Capitals of China*, Philadelphia & London: J.B. Lippincott Company, 1911, pp. 332-333.

　　③ Marshall B. Broomhall, *The Chinese Empire: A General & Missionary Survey*, London: Morgan & Scott and CIM,1907, p.201.

　　④ 赵尔巽：《清史稿》列传二五六，民国十七年清史馆本。

去令人印象深刻、颇感愉悦"[1]。光绪年间德国人福克与奥地利人满德前往新疆途中经过西安，福克所著《西行琐录》载云："西安省乃唐建都之地，内有皇城，中有汉城，外系关津"[2]。福克所谓"皇城"并非指唐长安城中的皇城，而是指秦王府砖城旧址，"汉城"指满城之外的汉族居住区。在19世纪末20世纪初的英文文献中，八旗驻防城一般记作"the Tatar city"，意为"鞑靼城"，"汉城"记作"the Chinese city"。[3]

"汉城""满城"概念之外，西安又有"回城"之说。民国《长安回城巡礼记》载西安"城之西北一带，俗称'回城'，为大部回民聚居之地。多数教堂均在此方，称清真寺"[4]。回城的空间概念可能从清中后期已经出现，并沿用至民国初年。汉城、回城与满城是按照不同民族属性逐渐形成的民族社区，因受宗教信仰、民族习俗、经济与军事生活等的不同影响而在街巷坊里、文化景观、管理制度等方面呈现出各自鲜明的特征。

（二）汉城的街巷和屋宇

清代后期西安城有300余条街巷，其中官街和主要道路多用石铺砌，官府及民间社会对其时有维护。"与其他很多中国城市相比，西安城大街宽阔——宽度足以容纳四辆马车并排而行，令人印象深刻"[5]。大街两侧往往店铺林立，形成商业街市。英国学者威廉姆森在1870年出版的《华北、满洲和东蒙旅行记》中记述说："西安的主要大街都铺砌平整，店铺生意兴隆，鳞次栉比"[6]。1901年版《在中国的一年1899—1900》载清末西大街沿线商铺繁盛状况云："西安城自西到东横贯城区的主要大街是一条上佳的宽阔大道，两侧店铺储备丰盈，车马如流"。1891年版《喇嘛之乡》亦称："西安城内的生活和运作，铺有石板的街巷、殿宇以及华美的寺庙和官署建筑，都完全仿照都城北京"[7]。美国记者尼科尔斯认为，就城市布局而言，"西安是一座远比北京更令人

---

① Frits Holm, *My Nestorian Adventure in China: A Popular Account of the Holm-Nestorian Expedition to Sian-fu and Its Results*, New York, Chicago [etc.]: Fleming H. Revell Co.,1923, p.133.

② [德] 福克：《西行琐录》，见 [清] 王锡祺辑：《小方壶斋舆地丛钞》第六帙，清光绪上海著易堂排印本。

③ William Edgar Geil, *Eighteen Capitals of China*, Philadelphia & London: J.B. Lippincott Company, 1911, p.330.

④ 王曾善：《长安回城巡礼记》，见李兴华、冯今源编：《中国伊斯兰教史参考资料选编（1911—1949）》下册，宁夏人民出版社，1985年，第1372页。

⑤ Fredrick Brotherton Meyer, *Memorials of Cecil Robertson of Sianfu: Medical Missionary*, London: The Carey Press, 1913, p.32.

⑥ Alexander Williamson, *Journeys in North China, Manchuria, and Eastern Mongolia: With Some Account of Corea*, London: Smith, Elder & Co., 1870, p.379.

⑦ William Woodville Rockhill, *The Land of the Lamas*, London: Longmans, Green, and Co., 1891, p.22.

难以忘怀的城市"。他还对西安城街巷之规整褒扬有加："中国许多城市共有的一个缺点是，街巷建设欠缺规划，不成体系。无论城区人口有多么巨大，在西方人看来，中国城市都很少具有都市的外观。街巷通常盲目地四散开来，没有规划，欠缺章法。但西安城是一个例外，它遵循规章。西安城的大街虽未专设人行道，但都很宽阔。大街穿越城区，从一面城墙直抵另一面城墙。这些街巷总能以合适的角度相互贯通，主要大街以石板铺就，在沿用了几百年后，已多有磨损。西安城街巷众多，均可得到定时维护。"①

清代西安城汉人居住区，尤其西南城区因达官贵人汇聚、富商大贾云集而有大量华美的汉式屋宇。《中国十八省会》载称："过了人们所称的'南院'，再向西行，就可看见华美的宅邸，院落中植有古树。就跟（伦敦）布朗普顿和肯辛顿区一样，是退隐官员归老养息的贵族居住地"②。《穿越神秘的陕西》对清末西安西南城区屋宇外观和内部陈设记述更详："西安城内南部地区容纳了很多官绅宅邸，仅从房屋的外观无从得知屋内装饰之美。沿街低矮的围墙开有门，穿门而入就可看到庭院，院子的左、中、右侧均有房屋。富裕人家里的家具通常是檀香木或柚木制成。房间角落里是华丽的彩色丝绸帷帐，靠墙的柜子上摆放着珍贵的瓷器，其中很多在中国和在纽约一样贵重。大多数西安的富人以收藏带有'桃花'和'江西蓝'的瓷器为时尚。"③尼科尔斯还指出："骑马穿过西安城区，看不到类似纽约东部街区拥挤、绝望、堕落的贫民窟的景象。"在他看来，西安城"最富和最穷的人之间，在教育、机遇和环境方面没有宛如鸿沟的差异，而这些差异在纽约第五街的百万富翁和包厘街租房客之间却赫然存在"。④应当说，作为记者的尼科尔斯观察十分敏锐，清代西安城的居民虽然贫富有区别、社会地位有差异，但在居住形式上并没有形成对比十分鲜明的富人区与贫民窟。西安城内以街巷、坊里为各类人口聚居的主要形式，既有官绅宅邸多有分布的幽静街巷，也有社会中上层人士与商贩、苦力、佣工等混同居住的坊里。通过购置房产、租赁房屋、借住寄居等多种形式，不同阶层、职业的群体在城市中混同居住，在一定程度上有利于城市居民之间的交往、交流与交融，为城市的持续运作和发展提供了动力，亦有利于居住社区与城市社会的稳定。

---

① Francis Henry Nichols, *Through Hidden Shensi*, New York: Charles Scribner's Sons, 1902, pp.167-168.

② William Edgar Geil, *Eighteen Capitals of China*, Philadelphia & London: J.B. Lippincott Company, 1911, p.332.

③ Francis Henry Nichols, *Through Hidden Shensi*, New York: Charles Scribner's Sons, 1902, p.175.

④ Francis Henry Nichols, *Through Hidden Shensi*, New York: Charles Scribner's Sons, 1902, pp.179 180.

二、回族聚居区

清代西安城回族人口主要聚居于城西北隅。丹麦探险家何乐模在《我为景教碑在中国的历险》中记云："西北城区是外省人和回族聚居区。在这里，我们可以看到来自人口过分密集的四川省的移民。""我发现很多人，尤其在清真寺及其周边的人们，其脸型和肤色有显著的西亚人的特点。"[①] 穆斯林在客观上与传统汉人有所区别，为回族聚居区增添了异域风情。

（一）回族聚居区的发展

自宋以来，西安城回族逐渐聚居于西北城区。通过现存碑刻资料的比照分析可知，宋长安城中已随回族的聚居兴建了清真寺，以"围寺而居"为主要特征。[②]元代奉元路城中穆斯林人口渐增，当有新设清真寺之举，以满足其信仰需要。至明初城池扩展后，回族聚居区在西安城西北隅益加扩展。明代西安城又相继修建了三座清真寺，即大学习巷清真寺、大皮院清真寺和小皮院清真寺。

明人马之骐《重修真教寺记》在论述小皮院清真寺扩建原因时，对西安城清真寺的兴建、扩建和回族人口增加之间关系的论述实为点睛之笔。他在碑记中指出，回族自元以来"生齿日繁，人文渐盛，其规模、其制度，说者病其狭隘，安得不为一扩充、一开拓耶？"[③]。大学习巷清真寺在明代的扩建也是由于"但归教益众，隘不能容"[④]，回族人口的不断增加对清真寺的新建、扩建提出迫切要求，清真寺的增加又会促进回族人口的聚居和不断增长。到明末之际，西安城回族大致已占有西北城区中、南侧大部，其间虽仍分布有较多官署和郡王府住宅，但回族聚居区已较宋元时期大为拓展。宋元明时期形成的回族聚居区，与城内汉族居住区相较而言，在人口族属、宗教信仰、文化习俗等方面具有显著差异，这也奠定了清代西安城人口分区的基础。

清代，陕西回族曾广泛分布于关中平原中部的西安、泾阳、三原，西部的凤翔，以及"东府十大县"（即谚语所称"二华关大水，三城朝合阳"，指华州、华阴、潼关、大荔、白水、韩城、澄城、蒲城、朝邑、合阳）。同治初年之前，全省回族人口约达200万，仅从西安北门外马家堡直达泾阳塔底下一带即有大小清真寺百余所，人口达50

①　Frits Holm, *My Nestorian Adventure in China: A Popular Account of the Holm-Nestorian Expedition to Sian-fu and Its Results*, New York, Chicago [etc.] : Fleming H. Revell Co., 1923, p.131.

②　〔明〕刘序：《重修清净寺记》，明嘉靖二年，碑存大学习巷清真寺。

③　〔明〕马之骐：《重修真教寺记》，明万历四十二年，碑存小皮院清真寺。

④　〔明〕曹兰：《增修清真寺记》，明嘉靖二十四年，碑存大学习巷清真寺。

万之众。关中地区分布有多达800余座清真寺。①这一时期陕西省回族人口众多，但绝大多数聚居于乡村，在府、县城区甚少形成回族聚居区。位于西安城西北隅的回族聚居区因此具有格外重要的象征意义，并有"城回"之称，同治年间为20000人左右。英国人比格姆在《在中国的一年1899—1900》中认为："在本世纪之前，西安城是引人瞩目的伊斯兰教中心"②。马光启《陕西回教概况》亦指出"陕西止此城回，平日与汉民各安各业，互相交好"，直言西安城回族聚居区在促进陕西汉族和回族交往中的重要作用。

清代西安城回族在城西北隅的聚居区范围逐渐扩大，也更为巩固。美国记者尼科尔斯记述道："西安城西北部是回族聚居区。……宗教是辨别先知的追随者和其他西安市民的唯一区别"③。清末在西安执教的日本教习足立喜六《长安史迹考》载回族聚居区称："在西安城内西大街之北，与北门大街西面之间，皆属回教徒之居住地。其廓内之小皮院巷、大皮院巷、花角巷三处，各有宏大清真寺一所。按清真寺即回教徒彼等之会堂，每周参集寺内一次，以行礼拜，故又名礼拜寺"④。这一记述将回族聚居区范围用"廓"来描绘，而"廓"通常是指建有城墙或墙垣的围合区域，可见"回城"概念在清末也已深入人心。有关西安回城的地域范围，回族学者有更为详细的记述："回民所居之地位，在省城内西北隅之中部，分东、西两大段。街衢毗连，中有回、汉商人杂居之一街（指城隍庙后街，其街中段是汉民居住），为东西两段往来之孔道。旧时有清真寺七座，向称七寺，东四西三"⑤。表明回族聚居区由东、西两个区域组成，庙后街为两区之间的重要通道，将两部分连接起来。后有学者直接称呼西安回族聚居区为"长安回城"，这也从一个侧面反映了回族聚居区的围合性与相对独立性。⑥

回族作为清代西安城区人口较少的民族，聚居一处不仅具有宗教信仰上的便利性，且有利于同族间相互协助与联络，亦便于地方官府管理。同治元年（公元1862

---

① 马光启遗著，冯增烈校正：《陕西回教概况》，见马长寿主编：《同治年间陕西回民起义历史调查记录》（《陕西文史资料》第26辑），陕西人民出版社，1993年，第213—223页。

② Clive Bigham, *A Year in China 1899-1900*, London: Macmillan and Co., Limited, New York: The Macmillan Company, 1901, p.144.

③ Francis Henry Nichols, *Through Hidden Shensi*, New York: Charles Scribner's Sons, 1902, pp.169-170.

④ ［日］足立喜六：《长安史迹考》，杨炼译，见中国西北文献丛书编辑委员会编：《中国西北文献丛书》第3辑《西北史地文献》第113卷，兰州古籍书店，1990年。

⑤ 马光启遗著，冯增烈校正：《陕西回教概况》，见马长寿主编：《同治年间陕西回民起义历史调查记录》（《陕西文史资料》第26辑），陕西人民出版社，1993年，第219页。

⑥ 王曾善：《长安回城巡礼记》，见李兴华、冯今源编：《中国伊斯兰教史参考资料选编（1911—1949）》下册，宁夏人民出版社，1985年，第1372页。

年）五月，西安城回民的活动区域曾被官府限定在西起洒金桥、东到北院门的街坊内，设木栅为界，立栅门以管控出入。这一管理措施限定了回族聚居区的范围，但也强化了时人观念中关于西北城区作为回城、回坊的集体空间认知。民国《陕西交通挈要》载西安"城之西北隅，多为回坊，居住之面积、人口约占全城五分之一，其居民悉营商贾生活"①。西北隅回族社区在城区格局、居住空间、人口职业等方面都呈现出相对的独立性。

（二）回族聚居区的管理

西北城区回族聚居区的管理和清真寺教务联系紧密，具有"教坊合一"的特点。

大皮院清真寺在明代兴建时，即由本坊社头协助购买清真寺地基。明永乐九年（公元1411年）《大皮院清真寺始建石碑图》载云："长安县大皮院回坊人等，公与掌教人马道真出省，募捐五载，走遍各省，共化银四千余两，又在本省各坊堡共募化二千余，协同本坊社头等买到本街西南角地基一段"②。碑文中将社头与掌教相提并论，掌教为宗教事务的管理者，社头负责坊里日常事务，在兴建清真寺这一重要建筑群落时，掌教与社头便需要相互协作，以确保工程顺利完工。

清乾隆四十年（公元1775年）大学习巷清真寺在增建照壁时，"有本家兄贾国文同侄贾君玺、君珍、君瑞等将己地，长七丈，宽一丈，补还国禄。又本家乡约贾珍将己地补还国文等，长五丈，宽九尺。嗣后照壁永远为寺中之业，再无言词"③。可见明代坊里管理者称"社头"，清代又有"乡约"之称。据回族老人回忆，同治年间西安城回族坊里设有"十三坊总乡约"，即在各坊乡约之上，还有管理数坊的总乡约。清代西安城回族社区中社头、乡约两名并存，如南城清真寺所属坊众"公推闰成明、马奎……为社头"④，两者虽称呼有异，职责上可能有所区别，但均为坊里日常事务的管理者。

三、满蒙族聚居区

顺治二至六年（公元1645—1649年），西安满城兴建，满蒙八旗官兵及其眷属驻防其中，西安城内满蒙族聚居区随之形成，占有整个东北城区。满蒙族聚居区既是军事驻

① 刘安国：《陕西交通挈要》第六章"重要都会"，中华书局，1928年，第31页。
② 《大皮院清真寺始建石碑图》，明永乐九年，拓片存大皮院清真寺。
③ 《新修照壁记》，清乾隆四十年，碑存大学习巷清真寺。
④ 《重建南城清真寺碑记》，1992年，碑存南城清真寺。

防区，又是特征极为鲜明的民族社区。有清一代，满族、蒙古族、回族与汉族聚居区共存一城，各民族人口同属西安城区居民，彼此之间有着千丝万缕的联系，但也存在文化、心理乃至管理制度等方面的差异和隔膜，由此形成差异明显的文化景观。基于满蒙族聚居区（即八旗驻防城）的军事堡垒性质，以及满蒙族所承负的防范汉族、回族反抗的基本任务，满蒙族人口终究属于统治阶层，这在一定程度上阻碍了民族社区间的往来与交流。

清初西安满城额设的"五千马甲"中包括满族兵3586名，蒙古族兵1414名。满城中除居住满族、蒙古族之外，还有部分从事杂役、服务性劳动以及开展商业贸易活动的汉族和其他民族人口。从这一点而言，满城又是一个满族、蒙古族、汉族杂居区，这对满族的文化发展起到了积极的促进作用。①

与回族聚居区主要通过宗教、文化以及经济等原因"渐变缓进"逐渐形成的模式不同，满蒙族聚居区的形成主要是基于军事和政治原因，带有"突变急进"的特征，在短短的四五年间，即快速构建了一个人为隔离出的大规模民族社区。这种主要基于军政因素而迅速形成的民族社区，虽然诞生迅速，但其生命力却因此打了折扣。在短期内快速形成的满蒙族聚居区在清王朝覆亡之际，也就随之不复存在，在西安城内延续发展了260余年的旗人社区与八旗社会，随着辛亥革命中满城被攻破，终成历史的陈迹。

---

① 《陕西省西安市满族社会历史调查报告》，见《民族问题五种丛书》辽宁省编辑委员会编：《满族社会历史调查》，辽宁人民出版社，1985年，第139—148页。

第三节
明清西安的外来人口

一、难民与灾民

　　光绪二十四至二十七年（公元1898—1901年）陕西地区的大旱灾和随之而来的饥馑，造成乡村地区人口急剧减少。美国记者尼科尔斯在调查中写道："截至1901年7月，此前的3年间，陕西有超过200万的男女老幼死于饥饿。据《政治家年鉴》记载，1899年陕西省的人口为8432193，其中有30%的人死于因干旱导致的饥馑。"[①]周边地区灾民大量涌向省城西安，以求官府救济。尼科尔斯对大量灾民涌向西安城、人口饿毙、疾疫流行等记述颇详："由于对土地的绝望，农民们开始涌入西安城。1900年（光绪二十六年）冬，至少30万绝望饥饿的村民涌向陕西省城。巡抚担心发生抢粮事件，禁止流民进入城区。他们不得不住在郊区的田野里，在路边的斜坡上挖洞栖身，靠吃草根树皮活命。当我去西安时，恐怖漆黑的洞穴在城四周随处可见。但这些洞几乎全是空的，住在里面的男女老少无一存活。据当地统计，在西安城之一郊就有13万人死于饥饿。在3个月时间里，每天早晨巡抚所派员役都要收集600多具尸体，葬埋于东门附近的田野里。结果，饥馑在西安引起了似乎是痢疾和霍乱的综合性疾病。西安城数以百计的居民虽能幸免于最难熬的饥饿，却死于这一疾病。"[②]

　　由于大量灾民最终涌入城区，西安城区流动人口在短期内大为增加。1901年尼科尔斯就曾在西安城五岳庙向多达3000名灾民发放赈济款："我们看到了至少3000名男女老幼在庙宇院子中拥挤不堪。他们全都衣衫褴褛，头发纠结无光，面容憔悴，带着只有饥

---

　　① Francis Henry Nichols, *Through Hidden Shensi*, New York: Charles Scribner's Sons, 1902, p.228.

　　② Francis Henry Nichols, *Through Hidden Shensi*, New York: Charles Scribner's Sons, 1902, pp.230-231.

饿者才有的绝望表情。"①

这一场大旱灾引发的饥馑给西安城市人口造成的影响至清末都未完全消除,大量灾民沦为城市乞丐,有些甚至形成横行街市、强索钱财的丐帮。丹麦探险家何乐模在《我为景教碑在中国的历险》中记述1907年西安城街头乞丐云:"我在任何其他中国城市或世界上的其他地方,都没有看见过像西安城这样凄凉的景象,街巷上到处都是令人生厌的一群群乞丐。一年到头,他们虱咬蚊叮的身上都覆盖着一层污垢。乞丐们通常因疾病而秃头,他们黄褐色身体上的可怕疮口流着脓液。乞丐中各种年纪的人都有,形成不同的丐帮。"②乞丐等城市流动人口的增加,在城市治安、社群关系等方面引起诸多问题,形成清后期西安城市发展中晦暗的一面。

二、客民与移民

清末前往西安城的西方游历者,在关注本地灾民、乞丐等特殊群体之外,也注意到了来自全国各地的移民人口。"西安城的常住和流动人口极其巨大,商贾、小贩以及来自帝国各地形形色色的旅行者云集于此"③。1909—1912年在西安城行医的英国传教士罗德存就称:"在熙熙攘攘的大街上,会看到来自18个省的人"④。18省系指清代边疆地区以外的内陆与沿海各省。《中华帝国传教调查》更明确了西安及其周边地区移民的主要来源地:"(陕西省)的人口代表了大半个中国的人口,因为这些移民来自山西、山东、河南、河北、四川和云南"⑤。移民人口中大多为商贾,也有部分从事农业垦殖。尼科尔斯在《穿越神秘的陕西》中记有大量外省籍商贾在西安经商并兴建商人、移民会馆的情形:"各省会馆在城中心地带占有大片建筑。各省会馆仅为来自该省的人服务。来自汉口的皮货商可寄寓湖北会馆。从北京来西安钱庄办事的人可去直隶会馆。出门在外的人,逗留西安期间都会受到本省会馆的欢迎。商人可在会馆内预订一个房间,

① Francis Henry Nichols, *Through Hidden Shensi*, New York: Charles Scribner's Sons, 1902, p.239.

② Frits Holm, *My Nestorian Adventure in China: A Popular Account of the Holm-Nestorian Expedition to Sian-fu and Its Results*, New York, Chicago〔etc.〕: Fleming H. Revell Co., 1923, p.137.

③ Robert Sterling Clark & Arthur de C. Sowerby, *Through Shên-Kan: The Account of the Clark Expedition in North China, 1908-1909*, London: T. Fisher Unwin, 1912, p.44.

④ Frederick Brotherton Meyer, *Memorials of Cecil Robertson of Sianfu: Medical Missionary*, London: The Carey Press, 1913, pp.66-67.

⑤ Marshall B.Broomhall, *The Chinese Empire: A General & Missionary Survey*, London: Morgan & Scott and CIM, 1907, p.200.

用于接待有生意往来的人。"①大量外省籍人士在西安游历、经商、寓居，促进了不同地区之间信息、物资的流动，加强了西安与其他省域在商贸、文化等领域的联系。

据笔者初步统计，清代后期西安城设有各类会馆32所，其中外省商业会馆达18所，包括甘肃会馆、山西会馆、三晋会馆、山东会馆、中州会馆、中州西馆、八旗奉直会馆、燕鲁沈吉江五省会馆、安徽会馆、安徽东馆、江苏会馆、湖广会馆、福建会馆、全浙会馆、绍兴会馆、江西公寓、两广会馆、四川会馆。②除今新疆、青海、西藏、云南以及内蒙古等边疆地区外，其他省区均在西安建有商人、移民会馆。这也与英文文献所载西安城移民众多的特点相吻合。

综上所述，明清两代，西安城作为军政重镇，人口以军民杂处、民族聚居为特征，军队在城区人口中占有较大比例。明代西安城人口为10万左右，清代后期约为15万，这在当时的府治、省会城市中属于人口规模较大者。明清西安城汉、回、满、蒙古等多民族人口长期聚居，形成了相对独立而多有关联的民族社区，在宗教、习俗、文教、商贸等方面均各有特点。19世纪西方学者、旅行家、探险家对西安城多民族聚居状况的大量记述，也充分展现了西安城"有容乃大"的人口特点。这一多民族人口同处一城、生息聚居的状况，充分反映了西安城在中国西北各地之间以及西北与中亚、西亚、欧洲等地交往、联系中的重要地位。

---

① Francis Henry Nichols, *Through Hidden Shensi*, New York: Charles Scribner's Sons, 1902, pp.176-177.

② 史红帅：《清代西安城会馆的初步研究》，见中国地理学会历史地理专业委员会《历史地理》编委会编：《历史地理》第20辑，上海人民出版社，2004年，第327—338页。

第十二章　明清西安的交通运输

交通运输是城市内部、城市与城市之间、区域与区域之间人员、物资、信息等往来流通的主要途径，其兴盛与衰落直接影响到城市与区域的起落变迁。

　　明清西安城市内部交通与城区街巷、官署、市场等紧密相关，前述各章已有涉及。本章着重论述明清西安的水陆运输状况，涉及官道、渭河航运及相关渡口的变迁，并重点探讨了清代陕西官府对灞桥的多次重建与兴修工程，以期反映明清时期西安在对外交通联络中的实际状况，以及时人在交通运输领域的努力与成果。

第一节
明清西安地区的交通状况

明清西安位处关中平原中部、黄土高原南缘、秦岭北麓，素有四塞之利，在军事防御上易守难攻，但从对外联系的交通路线上而言，东面的潼关天险、南面的秦岭山路、北面的黄土沟壑，致使陆路通行的难度较大。相较而言，渭河航运成为明清时期西安大宗商货输入输出的重要途径。

一、陆路交通

尽管清代西安城在军事、政治、经济、文化等方面的重要地位无可否认，但西方游历者也深刻认识到，西安城深处西北内陆，交通运输落后，在与西方各国大规模通商方面难与沿海、沿江开埠城市相比。1910年出版的《中国各省》在对比了清朝内地18省的交通状况后认为，"陕西省仅次于甘肃省，是帝国境内难以到达的地方"[①]，即是指难以从东部经由便捷的铁路或安全的水道进入陕西，反映了当时西方人对陕西陆路交通状况的总体认识。1912年出版的《赶上了中国革命》就形象地指出西安城深处内陆交通不便的一面："陕西如此偏僻遥远，以至于沿海的人们提及那里时就好像在说异国之地。按照所需时间计算——必须承认，这一点是最为公平的方法——伦敦比西安距离北京更近。伦敦距离北京仅仅13天的路程，而从北京前往陕西省城西安平均需要16天（尚且是天气允许的情况下）！"[②]1907年丹麦探险家何乐模曾前往西安城考

---

① "The Provinces of China: Together with a History of the First Year of H.I.M .HSUAN TUNG, and an Account of the Government of China"，p.9, Printed from *The National Review (China)* as *The National Review Annual*, Shanghai: "The National Review" Office, 1910.

② Ernest Frank Borst-Smith, *Caught in the Chinese Revolution: A Record of Risks and Rescue*, London: T. Fisher Unwin, 1912, p.17.

察、仿刻景教碑，后撰有《我为景教碑在中国的历险》一书。《纽约时报》1923年1月14日发表该书书评称："大西北的陕西省和甘肃省远离铁路，只能经由最难行的陆路或单调乏味的水路前往。由于其偏僻遥远，这两个省与外国没有商业往来，对大多数外国人来说，是神秘的未知之地。"①

相较于黄土高原地带的通行困难状况，关中平原的道路平坦顺直，通行较为便利，这条大道作为北京通往西北的一段官道，路况较好。自同治年间左宗棠率军植树之后，沿途绿树成荫，景观优美。行走在这条大道上，北望渭河，南眺秦岭，风景宜人，往来的西方人多有称道者。英国领事台克满将从西安通往兰州、喀什噶尔的道路称为"西部大道"，这条道路的西安—兰州段就长约"1400里（合425英里），需要18至20天时间才能走完"。在他看来，从西安通往成都、拉萨的大道堪称中国最重要的陆路交通线，而从西安通往兰州、喀什噶尔的"西部大道"则完全有理由排名第二。论及道路状况，"与前者不过是一条骡道不同，后者全程都可通行大车。这条大道从沿海地区一直延伸进入中国西北地区的腹地，途中穿越群山之间由渭河谷地构成的一道天然豁口，继而沿着肥沃的狭长条状地带深入中亚地区，这一地带居住着生活在藏北群山和蒙古大漠之间的中国人。西部大道堪称世界上最为漫长、最为古老的交通要道之一"②。

西部大道在潼关—西安—兰州的路段两侧种植有榆树、白杨树、柳树等，是名副其实的"林荫大道"，"这些树木确实给疲惫不堪的旅行者们带来了无可估量的恩惠"③。1901年，美国记者尼科尔斯记述："从潼关到西安的道路在平原上延伸，这片平原位于北边的渭河到南边的山麓之间。长度超过50英里的道路两侧柳树成荫。"④1906年11月，日本陆军少佐日野强在从潼关进入陕西省境后，便看到"道路两旁栽柳成行，使人不由得感到城市在即了。特别是路南边，树木、村庄密集，逶迤的大华岭距我们大约有十数町到一里远，时近时远，如同屏风一般矗立在南方。路北则几乎始终是开阔的平地，一直展向渭河的河岸"⑤。此处的"大华岭"指秦岭山脉华山、

① Frits Holm, *My Nestorian Adventure in China: A Popular Account of the Holm-Nestorian Expedition to Sian-fu and Its Results*, New York, Chicago [etc.] : Fleming H. Revell Co., 1923, p.15.

② Eric Teichman, *Travels of a Consular Officer in North-West China*, Cambridge: Cambridge University Press, 1921, p.105.

③ 罗伯特·斯特林·克拉克、阿瑟·德·卡尔·索尔比著，C.H.切普梅尔编：《穿越陕甘：1908—1909年克拉克考察队华北行纪》，史红帅译，上海科学技术文献出版社，2010年，第59页。

④ ［美］弗朗西斯·亨利·尼科尔斯：《穿越神秘的陕西》，史红帅译，三秦出版社，2009年，第45页。

⑤ ［日］日野强：《伊犁纪行》，华立译，黑龙江教育出版社，2006年，第35页。

少华山一段。在咸阳至醴泉之间，宽两米到五米不等的道路两侧也栽种有杨柳。俄国汉学家阿列克谢耶夫于1907年8月进入关中，特别记述关中大道为"两侧长满杨树的平坦道路"[1]，盛赞这条道路作为"绿色的林荫道，从离开潼关以来，一路上一直绿树成荫"[2]。1907年9月16日，日本学者桑原骘藏、宇野哲人进入潼关后，但见"路旁柳树依依，迎送行客。村庄陇亩之间，往往树木葱茏，森森成林，与河南一带风景，其趣迥然不同"[3]。同月，丹麦探险家何乐模往来西安期间，这条"两侧栽种着美丽杨柳的宽阔但不长的道路"[4]也给他留下了良好印象。

　　1906年受聘于陕西高等学堂的日本教习足立喜六记述了他在进入潼关后，目睹沿途"华山渭水不离左右"、一路柳树成荫的景象，不禁发思古之幽情：

　　　　经过潼关后进入陕西，虽然同为黄土地带，但其景观与河南迥异：道路平坦，车行平稳，黄尘也比较少。左方为河南山脉的余波，绵延相继。前方远处的西岳华山，犹如夏空积云，横亘天际，呈现出一副雄伟神化的姿态。右边是渭水沿岸平原，盛产菽麦和罂粟等作物，到处可以看到古柏森森的墓地。晚春时节，大道两侧细柳低垂，新绿飘荡。其时车夫假寐于车上，复高举其长鞭。《书经》所谓"归马于华山之阳，放牛于桃林之野"，即指此处。周武王收缴天下兵革，将战马放归自然以乐天年，其仁德足以令人追怀。[5]

　　到了清末，杨柳夹道的景象已经有所变化。1910年初入陕的《泰晤士报》记者莫理循记述："潼关向西的大路两旁种满了柳树，但疏于管理。树是左宗棠总督率军西征时下令栽种的。在从潼关至伊犁的路上几乎都栽种了柳树，曾经形成帝国最壮丽的通道，但很快这一景象就消失了。树倒了或枯死，但人们没有在他们居住的地方种上新树。"[6]官府管护不严及民众随意采伐都会造成官道两侧行道树的减少，进而影响道路景观与路况。

　　关中平原上的大道虽然可称绿树成荫，但是黄土路面，一下雨就泥泞不堪，难以行进。1901年美国记者尼科尔斯在下暴雨的时候从潼关前往华州，道路便泥泞难行。他与护兵、马匹都狼狈不堪，"一小时以前还是尘土飞扬的道路顿时变成了沼泽，大车在

---

① ［俄］米·瓦·阿列克谢耶夫：《1907年中国纪行》，阎国栋译，云南人民出版社，2001年，第208页。
② ［俄］米·瓦·阿列克谢耶夫：《1907年中国纪行》，阎国栋译，云南人民出版社，2001年，第211页。
③ ［日］宇野哲人：《中国文明记·长安纪行》，张学锋译，光明日报出版社，1999年，第103页。
④ ［丹］何乐模：《我为景教碑在中国的历险》，史红帅译，上海科学技术文献出版社，2011年，第112页。
⑤ ［日］足立喜六：《长安史迹研究》，王双怀、淡懿诚、贾云译，三秦出版社，2003年，第6~7页。
⑥ ［澳］莫理循：《一个澳大利亚人在中国》，窦坤译，福建教育出版社，2007年，第211页。

其间挣扎穿行，泥浆深及车毂，我们的马匹在泥路里低着头，蹄下打滑，艰难行进。士兵的衣背上流下了小河，使得衣服上的红色和紫色混在一起，看上去仿佛是由淋湿的丝绸做成的；士兵们被雨淋得全身湿透，辫子蓬乱，帽子软软地耷拉着[①]。1907年8月28日，俄国汉学家阿列克谢耶夫行进至华山附近时，由于下雨，"道路越来越无法行走了：马车陷进积水的深坑里出不来。车夫脱了衣服在齐腰深的水中拖着骡子艰难地走着"[②]。同年9月19日，日本学者桑原骘藏、宇野哲人在新丰附近起程时，雨后道路泥泞，"犹如行进在泥潭中，泥水四溅，衣帽均变成泥色"[③]。在西安附近的黄土路面上行进，官员、驿夫、商贩、游人等无论是骑马坐轿，还是徒步行走，一般都会出现"晴天一身土，雨天一身泥"的窘况，这种落后的交通运输状况一直延续到民国时期。

二、水路交通

（一）渭河航运

明清时期，在西安的交通运输格局中，渭河扮演着至关重要的航运通道的角色，促进了关中平原及周边地区与中东部地区的物资往来和商贸交流。

渭水发源于甘肃渭源县鸟鼠山，从关中平原的中央向东奔流，至潼关县流入黄河。渭河航运的历史十分久远，但受制于水量与河道状况，即所谓"滔滔浊流，未尝澄清。因泥沙壅塞，水流受阻，河道经常发生变化，甚至造成水患"[④]，水道运输主要集中于中下游，即从咸阳至潼关段。这段航运承担着将关中及毗邻地区的粮食、棉花、木材、土产等运销山西、河南、山东等地，并将山西、河南等地的煤炭、食盐、铁等运入关中的水道功能。

渭河上曾经有大量商船从潼关上行至西安以北的草滩码头和咸阳渡口一带，出现过商船拥挤、桅杆林立的壮观场面。康熙二十二年（公元1683年）闰六月二十八日，清人方象瑛就记载了咸阳渡口附近"买舶渔船，衔尾相接"[⑤]的兴盛景象。"买舶"是指往来于渭河中下游直至山西、河南的商贾大船，而渔船则属于当地的小型捕鱼船只。此记载从一个侧面反映出渭河航运的繁荣状况，而较多渔船的出现又折射出渭河水量充

①　[美]弗朗西斯·亨利·尼科尔斯：《穿越神秘的陕西》，史红帅译，三秦出版社，2009年，第48页。
②　[俄]米·瓦·阿列克谢耶夫：《1907年中国纪行》，阎国栋译，云南人民出版社，2001年，第210页。
③　[日]桑原骘藏：《考史游记》，张明杰译，中华书局，2007年，第33页。
④　[日]足立喜六：《长安史迹研究》，王双怀、淡懿诚、贾云译，三秦出版社，2003年，第26页。
⑤　[清]方象瑛：《使蜀日记》，清昭代丛书本。

沛，水文环境良好，为鱼类生存、繁衍提供了较佳环境。清乾隆四年（公元1739年）七月十八日，陕甘总督杨应琚在咸阳东门外的"渭水古渡"处看到大量运货和载客船只停驻、往来的盛况："登舟，月白如昼，终南对列如屏。贾客艟舶集岸下，如雁行，影落水中，摇曳不已。灯火明灭，渭城女墙隐见。楼橹参差，呕轧中流。凉风满袖，信可乐也"[①]。乾隆四十九年（公元1784年）四月二十六日，赵钧彤盛赞渭河"通商"之利，则载"水际泊船，大容千百斛"[②]，表明渭河大型航船载重量较大，堪称"关中美利，唯渭居多"[③]。1876年6月途经关中的日本外交官竹添井井亦云："咸阳以东，舟船往来，漕煤炭、米谷；咸阳以西，行舟綦少。"[④]1901年来陕的美国记者尼科尔斯目睹了山西煤炭经由渭河运售至西安的情形："由于陕西缺乏木柴，很少用木头作为燃料。用平底船经渭河从山西运来的无烟煤，质量极佳，在西安出售的价格也较为合理"[⑤]。1906年日本陆军少佐日野强亦记："灞水、浐水、泾河均为渭河的支流，水流混浊，舟楫不便，只有渭河在西安、潼关之间可以通行载煤的小船"[⑥]，"来往于渭水上的船只约有三百余艘，均从事山西煤炭的运输"[⑦]。1906—1910年执教陕西高等学堂的日本教习足立喜六调查发现，渭河航船"搬运山西的煤炭（黑炭）、焦炭（骸炭）、白盐（山盐）等物，供给西安和咸阳等地的市场"[⑧]。1908年克拉克考察队渡过渭河时，也曾惊讶地发现"沿渭河两岸停泊着巨大的运煤船"[⑨]。可见清代渭河航运的大宗货物是来自山西的煤炭。运送煤、铁的船只载重量较大，逆流而上时需要纤夫拉曳。

渭河上的运货航船类型较多，主要有"山西方船"，运载山西食盐与煤炭，以及陕西韩城的煤炭，"河南代蓬条子船"与"陕西圆船"则主要将甘肃牛羊皮、药材和陕西棉花运往河南，又从河南运入其他省区乃至国外出产的布匹、茶、洋杂货、糖等。渭河航船最显著的特征是底部平坦，用杨柳、槐木等建造，船体坚固，能够适应渭河水位较浅、河道曲折较多的水文状况。渭河中下游商货运输的状况一直持续至20世纪30年代。

① 〔清〕杨应琚：《据鞍录》，清宣统江阴缪氏刻本。
② 〔清〕赵钧彤：《西行日记》卷一，民国三十二年铅印本。
③ 〔清〕赵钧彤：《西行日记》卷一，民国三十二年铅印本。
④ 〔日〕竹添井井：《栈云峡雨稿》，冯岁平点校，三秦出版社，2006年，第85页。
⑤ 〔美〕弗朗西斯·亨利·尼科尔斯：《穿越神秘的陕西》，史红帅译，三秦出版社，2009年，第69页。
⑥ 〔日〕日野强：《伊犁纪行》，华立译，黑龙江教育出版社，2006年，第50页。
⑦ 〔日〕日野强：《伊犁纪行》，华立译，黑龙江教育出版社，2006年，第36页。
⑧ 〔日〕足立喜六：《长安史迹研究》，王双怀、淡懿诚、贾云译，三秦出版社，2003年，第27页。
⑨ 罗伯特·斯特林·克拉克、阿瑟·德·卡尔·索尔比著，C.H.切普梅尔编：《穿越陕甘：1908—1909年克拉克考察队华北行纪》，史红帅译，上海科学技术文献出版社，2010年，第44页。

随着1934年陇海铁路通车西安，大宗商货不再经由渭河往来，跨省区的长距离渭河航运也就逐渐退出了历史舞台。

在渭河上的东西向长途货运之外，渭河南北两岸人口和物资往来主要是经由渡船运输。从西安向西北各地进发时，或者从渭北高原南行前往西安时，大多得乘坐渡船或木筏过渭河，仅在旱季河水浅涸之时，才可以涉水而过。需要注意的是，虽然自明清以迄民国时期，渭河上也曾有冬春枯水季节搭建的木桥或浮桥，但利用时间都不长，乘坐渡船仍是渭河上的主要通行方式。清道光年间陕西巡抚张祥河《咸阳渡》一诗云："嫩色黄金上柳条，东来淑气雪全消。两行鼓吹咸阳渡，谷雨前头水贴桥。"他在诗中注称："过谷雨节即拆桥，以舟渡客。"[1]反映出当时渡渭以浮桥和渡船相互结合、互为补充的情况。

1901年，美国记者尼科尔斯在西安调查灾情期间，曾乘船渡过渭河，其间注意到河水较浅的情况，"就在渭河流入西安平原以前，河床的岩层上有着深深的冲沟。而现在，河水只有几英尺深，以至于一度被作为灌溉渠使用，湍流由此被引入周边的田野中"[2]。1906年11月15日，日本军官日野强乘船渡过渭河时，"渭河宽六百米有余，有水部分宽约二百米，备有五艘渡船，渡河用了六分钟"[3]。1907年9月28日，日本学者桑原骘藏、宇野哲人前往咸阳考察时，估测渭河仅"宽二百余米"，也只能依靠船工摆渡过河。[4]日野强和桑原骘藏等人记述的渭河之所以宽度不一，是因为"渭河的宽度随着季节的不同而在几百码至一英里间波动"[5]。夏秋雨季渭河河面变宽，冬春少雨，河水水位下降，河面显著收窄，这一水文变化对于短途摆渡和长途航运均有很大影响。1937年，美国记者海伦·斯诺在前往陕北时，遇到渭河洪水暴涨，则用木筏摆渡过河。[6]

（二）咸阳古渡

咸阳古渡为明清西安八景之一，位于西安府辖咸阳县城南侧渭河之滨，是明清时期从关中前往渭北以及西北官道上的重要交通枢纽。

对于明清西安大量官民和往来于西北与中东部的官绅、商贾而言，咸阳古渡是往返交通必经之地。明代秦简王朱诚泳就专门赋诗描写渭河渡口的景致以及等候摆渡的心焦

---

① 〔清〕张祥河：《小重山房诗词全集·关中集》，清道光刻光绪增修本。
② 〔美〕弗朗西斯·亨利·尼科尔斯：《穿越神秘的陕西》，史红帅译，三秦出版社，2009年，第96页。
③ 〔日〕日野强：《伊犁纪行》，华立译，黑龙江教育出版社，2006年，第42—43页。
④ 〔日〕桑原骘藏：《考史游记》，张明杰译，中华书局，2007年，第56页。
⑤ Eric Teichman, *Travels of a Consular Officer in North-West China*, Cambridge: At the University Press, 1921, p.84.
⑥ 〔美〕海伦·斯诺：《七十年代西行漫记》，安危、刘华译，陕西人民出版社，1981年，第154页。

旅人，如"两岸夕阳青草渡，半篙春水白鸥波"[1]，"薄暮行人呼愈急，短衫黄帽立沙边"[2]等。咸阳古渡作为联结西安与咸阳的重要水陆交通节点，在夏秋涨水季节以渡船接渡往来旅客，在冬春水落之时，则在河上搭建浮桥或简易木桥，供行人通过，确保旅行者、商贾等能在全年内通行无虞。浮桥是将船只铁链连接起来，上铺木板，便于安装拆卸。每年霜降之后，地方官府就开始组织搭建浮桥，春季水涨时再拆除。咸阳渡口由于采取了舟桥相济的方式，因而明清时期在"咸阳古渡"的名称之外，又有"便桥"或"渭河浮桥"[3]之称。乾隆三十三年（公元1768年）十一月初八日，孟超然前往四川视察文化教育发展状况时经过渭河，正值隆冬时节，渭河水涸，河上架有"舆梁"，可通车马，便桥两端建有"咸阳古渡"牌坊。[4]至道光年间，两座牌坊上分别题写"渭水之涘""渭水东注"[5]，充分显现了咸阳古渡独特的地理位置与悠远的文化气韵。

咸阳古渡采取渡船、浮桥及简易木桥相互结合的方式以便民众和旅行者通过的状况一直延续至民国年间，如1936年5月5日，美国传教士毕敬士夫妇等人就是乘坐福特轿车从"摇来晃去"的浮桥上过的渭河。随着民国后期渭河铁路桥以及新中国时期多座渭河大桥的相继兴建，明清时期咸阳古渡的盛况就再未重现。

渭河渡船的形制与水文状况有关，由于渭河平素水流较缓，且沙淤水浅，因而渡船以"方头平底"为基本构造。1906—1910年间在陕西高等学堂执教的足立喜六充分注意到了渭河水流与船只形制之间的关联："漫漫浊流之上，横有方形平底的渡船"。他又述及渭河船只有时需纤夫拖曳才能行进的情况："船中央设立板栈，系铃数上。船公站在船上击铃指挥，众水手曳船索寻浅濑而行，其状态不仅颇为奇观，而且行进速度缓慢"。光绪二十八年（公元1902年）五月初二日，叶昌炽过渭河所乘舟船"平方如舴，大可容一舆、五六骑、仆从二十余人，弄船者尚有余地"，可见载客空间较大。光绪二十九年（公元1903年）三月二十五日，驻藏大臣有泰从西安起程，乘坐被称为"方船"的渡船过渭河，也对"其笨非常"的船只造型有深刻印象。

（三）草滩码头

草滩码头是明清时期西安城北、渭河南岸最重要的商货集散地和渡口之一，与明清

① 〔明〕朱诚泳：《小鸣稿》卷一〇《将抵咸阳日已薄暮予临河登舟亦有作云》，清文渊阁四库全书本。
② 〔明〕朱诚泳：《小鸣稿》卷五《和晚渡咸阳》，清文渊阁四库全书本。
③ 〔民国〕单骑：《新疆旅行记》上，民国三年石印本。
④ 〔清〕孟超然：《使蜀日记》卷一，清嘉庆二十年刻本。
⑤ 〔清〕佚名：《山西至云南路程表》，清抄本。

西安城乡社会经济的发展关系十分紧密。

草滩码头位于明清西安城北30里处，有西安"水运门户"之称。草滩一带地势平坦，大小车辆往来容易，从此逆水上行60里可达咸阳，下行280里可抵渭河入黄河处的三河口，因而成为重要的商货集散码头。由于人员往来频繁，粮食、棉花、煤炭、盐等大宗商货运输兴盛，依托草滩码头形成、发展的草滩镇也成为西安郊区的大型市镇之一。

1907年，东亚同文书院豫秦鄂旅行班学生调查得知，从西安前往三原途中，在草滩渡口设有官营渡船摆渡客、货。渡船长约22米，宽约4.5米。"每当船只靠岸，岸边旅客群情汹汹，车辆、客人、马匹骚动拉扯"。船只离开岸边后，船工仅用撑杆甚为吃力，还需用橹划水。当时草滩渡口此类摆渡船仅有三四只，在河水中行进速度缓慢。清末民初，草滩镇仅买卖棉花的店铺就有14家，每年该镇棉花交易量高达150万~160万斤。商户用船将购销的棉花从草滩运往河南省陕州，大船可运4万斤，小船可运2万斤。两地之间客船顺行需10天，逆行需20~30天。

清代草滩码头集散、交易的商货还有粮食（主要是小麦、豌豆、粟）、旧麻绳（依靠渭河水运，输往山西省绛州作为造纸材料，年输出量约60万斤）、食盐、煤炭、铁货等。在草滩码头的主要输入货品中，从山西省临猗县夹马口装船输入的潞盐每年高达1400万斤以上，清后期价格约每100斤为5两白银；从山西省河津县禹门口码头装船输入的煤炭每年约3000万斤，其中块煤每1000斤价格为银5~6两，小块煤每1000斤为银3~4两，粉炭（煤屑）每1000斤为银2~3两，而从草滩运往西安，每1000斤煤炭运费为大钱2吊；山西泽州出产的铁货经由绛州码头装货输入草滩的年额度为100万斤以上。大宗货品输入数额之巨充分反映出草滩码头商货集散的繁忙、兴旺景象。

1934年陇海铁路通车西安，火车运力大且速度快，运输效率得到了极大提高，铁路运输迅速取代了渭河航运。草滩码头自此难以再现昔日繁忙景象，逐渐成为历史旧迹。

第二节
清代灞桥建修及其影响

　　灞桥是我国历史上最著名的桥梁之一，唐时就号称天下四大石柱桥之一①，素有
"关内之胜，于此为最"②、"晋、豫、陇、蜀驿路要津"③等美誉。作为历史时期关中
交通、水利体系中最为重要的基础设施之一，灞桥建修向来受到朝廷、地方官府和民间
社会的重视，不仅堪称"都城时代"长安城、"后都城时代"西安城及其周边地区水环
境变迁的晴雨表，也透射出关中城乡社会经济、军事、文化等方面的沧桑变化。长期以
来，灞桥建修问题受到交通史、水利史、建筑史、桥梁史和历史地理等领域学者的关
注④，最著者当数李之勤先生对元代灞桥建修的深入研究⑤。虽然清代灞桥重大建修工程
和规划多达八次，但由于方志和地方史文献对此记载简略、零散，学界对清代灞桥通行
状况、使用分期、建修缘起、规划方案、经费来源、工程规模等尚无系统研究，而灞桥
建修工程与关中社会经济发展、士绅商贾力量的崛起、咸宁县丞署移建等问题之间的内
在联系更无人论及。以下基于中国第一历史档案馆等处所藏清代陕西官员奏折，结合地
方志、碑刻、行纪等，力图在厘清传统史志记载谬误的同时，对上述问题进行深入考

---

　　① 〔唐〕李林甫：《唐六典》卷七《尚书工部》，明刻本。

　　② 〔清〕蒋湘南：《七经楼文钞》卷六《灞桥铭》，复旦大学图书馆藏清同治八年马氏家塾刻本。

　　③ 〔清〕陕西巡抚杨名飏：《奏为陕省士民捐修灞浐二桥工竣事》，道光十四年七月二十一日，未批，
档号04-01-37-0155-039。

　　④ 王开主编：《陕西古代道路交通史》，人民交通出版社，1989年，第415页；西安市交通局史志编纂委
员会：《西安古代交通志》，陕西人民出版社，1997年，第199—205页；陕西省建设志编纂委员会编：《陕西省
志·建设志》，三秦出版社，1999年，第373页；张永禄主编：《明清西安词典》，陕西人民出版社，1999年，
第382页；刘敦桢：《石轴柱桥述要（西安灞、浐、丰三桥）》，见刘敦桢：《刘敦桢全集》第2卷，中国建筑
工业出版社，2007年，第152—167页。

　　⑤ 李之勤：《元代重建灞桥的又一重要文献——张养浩的〈安西府咸宁县创建灞桥记〉》，见中国古都
学会编：《中国古都研究》第2辑，浙江人民出版社，1986年，第96—106页；李之勤：《关于元代刘斌兴建
灞桥的重要历史文献》，载《西北历史资料》1984年第2期，第64—72页。

述，以期洞察清代西安地区交通状况与基础设施的兴废。

一、清代灞桥的通行状况、使用分期与桥梁形态

关于清代268年间灞桥的通行状况，传统的认识是"屡圮屡修"，但这种笼统的概括并不能反映圮毁与通达的具体时段，也无从了解不同阶段灞桥的特定形态。以下就基于清人行纪对灞桥通行状况、使用分期和桥梁形态进行探讨。

（一）通行状况

灞桥作为清代华北前往西北、西南地区大官道上的重要节点，往来行旅众多，其中官员、文人等所留各类行纪记述了不同时期灞桥的通行状况。笔者翻检了大量清人行纪和碑刻资料，剔除日期不详的记载后，统计了20例年、月、日可考（其中2例年、月可考）的记述，可具体反映清代前、中、后期灞桥通行情况，以及特定年份灞河各月的水沙情形。列表如下：

表 13-1　清代灞桥通行状况概览表

序号	年份	日期	人物	灞桥通行状况
1	康熙五年（1666）	五月初二日	屈大均	渡灞水，水上有桥[①]
2	康熙二十一年（1682）	八月二十五日	陈奕禧	梁柱平广，去水不甚高[②]
3	康熙二十二年（1683）	七月二十六日	方象瑛	灞桥横灞水上，石已断，以土木续之[③]
4	康熙三十八年（1699）	七月	席尔达	桥久圮，不可行
5	康熙三十九年（1700）	五月	席尔达	石梁高抗，水道远流[④]
6	乾隆四十五年（1780）	十月十一日	李保泰	时改建未成[⑤]
7	乾隆四十九年（1784）	四月二十九日	赵钧彤	桥数段，出中流门洞肖然已废，故以船[⑥]
8	嘉庆十五年（1810）	六月二十八日	陶澍	（灞桥）已圮。数日前暴涨，船随浪去，以八人肩舆而过[⑦]
9	道光十七年（1837）	二月初九日	蒋湘南	长虹亘波，烟柳四霭[⑧]
10	道光二十九年（1849）	十一月初十日	董恂	石栋林立，亘若长虹[⑨]
11	咸丰二年（1852）	七月初六日	沈炳垣	桥下微水，沿堤两行垂柳[⑩]
12	同治五年（1866）	七月十四日	丁寿祺	长桥卧波，垂杨夹岸[⑪]
13	同治十三年（1874）	五月十七日	吴焘	桥长八十余步，跨灞水上[⑫]
14	光绪二十五年（1899）	正月十二日	陈斐然	长里许而平夷，倚栏四望[⑬]

序号	年份	日期	人物	灞桥通行状况
15	光绪二十六年（1900）	八月二十六日	英年	河水现涸，上即灞桥，桥长一里有余[14]
16	光绪二十七年（1901）	八月二十九日	孙宝瑄	长数里，即古灞桥也，以石为之，下皆平沙[15]
17	光绪二十八年（1902）	四月初七日	叶昌炽	远望长流混濛，灞桥横卧其上，长一里余，桥窦密排如栉，磴石为梁，宽平如砥[16]
18	光绪二十八年（1902）	七月初二日	俞陛云	长亘数百步，密排石柱，皆作圆形[17]
19	光绪二十九年（1903）	三月十九日	有泰	桥有里许，俗传九十六个，乃各州县一处修一洞，今为沙没[18]
20	光绪三十三年（1907）	五月初八日	彭翼仲	远望石柱如林，桥背平直，河身宽阔[19]

注：

① 〔清〕屈大均：《翁山文外》卷一《宗周游记》，上海图书馆藏清康熙刻本。

② 〔清〕陈奕禧：《益州于役记》，见〔清〕王锡祺辑：《小方壶斋舆地丛钞》第六帙，清光绪上海著易堂排印本。

③ 〔清〕方象瑛：《使蜀日记》，见〔清〕王锡祺辑：《小方壶斋舆地丛钞》第六帙，清光绪上海著易堂排印本。

④ 〔清〕席尔达：《重修灞桥记》，见中国人民政治协商会议西安市灞桥区委员会文史资料工作委员会编：《灞桥文史资料》第6辑，1991年，第149—151页。笔者曾于2004年4月对现存于灞桥区古灞桥碑亭中的原碑进行过考察，虽然碑石被倒塌的碑亭所压，但是仍对部分文字进行了核校。

⑤ 〔清〕李保泰：《入蜀记》，清抄本。

⑥ 〔清〕赵钧彤：《西行日记》卷一，民国三十二年铅印本。

⑦ 〔清〕陶澍：《蜀輶日记》，见〔清〕王锡祺辑：《小方壶斋舆地丛钞》第七帙，清光绪上海著易堂排印本。

⑧ 〔清〕蒋湘南：《后西征述》，见〔清〕王锡祺辑：《小方壶斋舆地丛钞》第六帙，清光绪上海著易堂排印本。

⑨ 〔清〕董恂：《度陇记》，见〔清〕王锡祺辑：《小方壶斋舆地丛钞》第六帙，清光绪上海著易堂排印本。

⑩ 〔清〕沈炳垣：《沈文节公星轺日记》，清光绪十一年刊本。

⑪ 〔清〕丁寿祺：《西行日记》，见〔清〕王锡祺辑：《小方壶斋舆地丛钞》补编本，清光绪上海著易堂排印本。

⑫ 〔清〕吴焘：《游蜀日记》，见〔清〕王锡祺辑：《小方壶斋舆地丛钞》第七帙，清光绪上海著易堂排印本。

⑬ 〔清〕陈斐然：《西行日记》，民国石印本。

⑭ 〔清〕都察院左都御史英年：《奏为查看临潼县至灞桥镇道路情形并恭呈陕西北院巡抚衙门图说事》，光绪二十六年闰八月二十八日，录副，档号03-6036-022。

⑮ 〔清〕孙宝瑄：《忘山庐日记》，清抄本。

⑯ 〔清〕叶昌炽：《缘督庐日记抄》卷一二，民国上海蟫隐庐石印本。

⑰ 〔清〕俞陛云：《入蜀驿程记（续）》，载《同声月刊》1943年第2期，第65页。

⑱ 〔清〕有泰：《有泰驻藏日记》卷一，中国藏学出版社，1988年。

⑲ 〔清〕彭翼仲：《戍程载笔》卷一，见姜纬堂、彭望宁、彭望克编：《维新志士·爱国报人彭翼仲》，大连出版社，1996年，第270页。

　　表中所涉的19人，既有前往、途经西安的川陕总督席尔达、驻藏大臣有泰等大员，也有赴陕一游的金石学家叶昌炽，还有流放官员赵钧彤等。他们身份各异，但所记灞桥的内容均为亲眼所睹。表中20例文字不仅记载了除九月、十二月外各月的灞河水沙情形，透露出灞河夏秋涨发、冬春浅涸的特点，还记载了7位皇帝在位期间19个年份的灞桥存废情况，其中康熙5、乾隆2、嘉庆1、道光2、咸丰1、同治2、光绪6。由此可以看出，清前期灞桥"石已断，以土木续之"，通行状况不佳；至康熙三十九年"石梁高抗，水道远流"，通行状况大为好转，但持续时间不长；乾隆、嘉庆年间，灞桥圮坏，往来行旅不得不依赖渡船、肩舆（即轿子）或涉水而过；从道光年间起至清末，灞桥又呈现出"石栋林立，亘若长虹"的畅通状态。可惜行纪中的记载较为简略，虽然我们能够通过不同时期的旅人著述复原清代灞桥的通行概况，却无法深入了解造成上述状况的标志性建修事件，以及建修工程所反映的灞桥使用分期与形态。幸而清代陕西官员向朝廷提交了内容丰富的工程奏折，借此可进一步分析清代灞桥存废及形态。

（二）使用分期与桥梁形态

以重大建修工程为节点，清代268年间灞桥使用分期可分为六大阶段，其形态则有木桥、浮桥、石桥之分，列表如下：

表13-2　清代灞桥的使用分期与形态

序号	时段	灞桥形态	持续年份
1	顺治元年（1644）至康熙三十八年（1699）	临时木桥	56
2	康熙三十九年（1700）至四十四年（1705）	石桥	6
3	康熙四十五年（1706）至乾隆二十八年（1763）	浮桥	58
4	乾隆二十九年（1764）至三十五年（1770）闰五月初七日	石礅木面桥	7
5	乾隆三十六年（1771）至道光十三年（1833）	浮桥	63
6	道光十四年（1834）至宣统三年（1911）	石盘石轴柱桥	78

如表所示，清代灞桥以固定桥梁面貌出现的类型有木桥、石桥、石墩木面桥和石盘石轴柱桥，使用期共计147年；以活动桥梁面貌出现的浮桥使用期为121年。实际上，由于木桥、浮桥都是和渡船结合使用的，"夏秋船渡，冬春架桥"，因而可全年畅通的仅石桥、石墩木面桥和石盘石轴柱桥三类。以此统计，有清一代，全年可通行的灞桥总共使用时间仅91年，其余177年，无论是临时木桥，还是"连船架板"的浮桥，都属季节性桥梁。即在清代约2/3的时间内，灞桥只是在冬春季节使用的桥梁，并非全年都可通行。

以下分述灞桥存废的六大阶段。

第一阶段，顺治元年（公元1644年）至康熙三十八年（公元1699年）间，"水落架木桥，水涨船渡"①，灞桥为临时木桥，与渡船结合使用。

---

① 雍正《陕西通志》卷一六《关梁一》，清文渊阁四库全书本。

由于元明时代的灞桥至清前期时已是"沙石壅塞，遗址仅存"①，因而在顺治、康熙年间，灞桥只是在冬春河水浅涸时临时搭建的木桥，在夏秋洪水季节，木桥往往被冲毁或拆掉，以渡船摆渡行旅。康熙六年（公元1667年）贾汉复担任陕西巡抚期间，在大力改善陕西水利和交通状况的同时，②也将灞桥通行制度固定了下来，建造大小船各一，设专门负责摆渡的水夫，拨给田地耕种作为收入来源。渡船和渡口遂成为灞河常设的交通设施。③康熙二十六至三十一年（公元1687—1692年），陕西连年大旱，"秦中五岁不雨，草根木皮俱尽，斗米千钱，人民离散，西凤为之一空"，西安府、凤翔府等地人口大为减少，社会经济发展受到严重影响。在此背景下，灞桥也难以得到有效维护，呈现出"架杂树为之，几不成桥"④的败落景象，以至于清人柴桑发出"想当年风景煞是可人，不知何以荒凉至此"⑤的慨叹！

第二阶段，康熙三十九年（公元1700年），在川陕总督席尔达、陕西巡抚贝和诺等官员的主持下，灞桥的形态从"土木续之""几不成桥"一变而为"石梁高抗"的石桥。石桥远较临时木桥坚固耐用，也没有季节性缺陷，因而在此后6年时间中灞河通行面貌为之一新。

第三阶段，由于"河流侵涨，沙石填淤"等原因，灞河石桥在康熙四十四年（公元1705年）被洪水冲毁。康熙四十五年（公元1706年）至乾隆二十八年（公元1763年）间，灞桥既非临时木桥，又非石桥，而改建成浮桥，即以渡船相连，铺搭桥板，处于冬春搭盖浮桥，夏秋设船济渡的状态。

第四阶段，乾隆二十九年（公元1764年）重建石墩木面桥。沿用7年之后，也是由于建设者对灞河水沙状况缺少应对措施，乾隆三十五年（公元1770年）闰五月初七日灞桥再遭洪水冲毁。

第五阶段，乾隆三十六年（公元1771年）至道光十三年（公元1833年），灞桥重新恢复浮桥形态，与渡船结合使用。嘉庆十五年（公元1810年），陶澍在过灞河时，就因为河水暴涨，渡船被冲走，只能依靠"八人肩舆"涉水而过。

第六阶段，道光十四年（公元1834年）竣工的灞桥，采取了石盘、石轴柱等针对灞河水沙冲淤情形的科学构造，桥梁和附属堤坝的维护也备受官府重视，因而清后期始终通达无阻，不仅沿用至宣统三年（公元1911年），而且基本架构至1957年改造为公路桥时都还完好。

清代灞桥形态与用材的多次变化直接影响到自东部往来西安通路的顺畅与否，而这些变化主要是由清代五次建修工程和三次规划引发的，其细节值得深入探究。

二、康熙三十九年的灞桥重建工程

康熙三十九年（公元1700年）的灞桥重建工程是清前期陕西最为重要的桥工之一，但史志中记载简单，且多错谬。民国著名学者傅增湘于1932年赴陕一游，于四月十六日途经灞桥，在《秦游日录》中记称："清康熙庚辰，总督席文达重修灞桥，有碑记原委甚详。"[①]民国《咸宁长安两县续志》卷四《地理考上》"灞桥"条下直接引用傅氏说法，一无改动。后世学者也多沿袭其说。[②]实际上，依据现存灞桥古碑亭中的《重修灞桥记》碑文以及清代史志，可知所谓"席文达"实为川陕总督、满洲镶红旗人"席尔达"之误。

康熙朝是清代陕西城乡建设、经济发展的关键时期，"山川林泽，关梁之政，靡不毕张而备举"，灞桥的重建就是在这一背景下发生的。康熙三十八年（公元1699年）七月[③]，新任川陕总督席尔达赴任时经过灞桥，"见桥与水平，桥久圮，不可行"，"舆马涉水中，水亦散漫甚浅"。[④]随后席尔达对灞桥圮坏的原因进行了调查，下属官员引用西安乡民的传统说法认为"土日高，水益上"，致使"灞桥向跨水面，会与水平"。但席尔达指出当地民众有关灞桥废毁的说法带有宿命论的意味，不利于开展灞桥重建工程。席尔达认为，各级官员作为"读圣贤之书"者，应当"传国家之天工"，一切旁门曲学可存而不论，不必拘泥于百姓的传统认识。况且西安作为"秦省之首郡"，灞桥又是"雍郡之古梁"[⑤]，交通地位极其重要，因此官府应积极筹划重建灞桥。

席尔达与时任陕西巡抚贝和诺率先捐俸，不足部分由各级官员捐俸补足。从《重修灞桥记》碑文所附22位官员名录可知，捐俸者以省城西安和咸宁、长安两县官员为主，

① 傅增湘：《藏园游记》，印刷工业出版社，1995年，第384页。
② 范廷玺：《陕西名胜古迹史话》，陕西人民美术出版社，1988年，第99页。
③ 赵尔巽：《清史稿》表三七，民国十七年清史馆本。
④〔清〕席尔达：《重修灞桥记》，见中国人民政治协商会议西安市灞桥区委员会文史资料工作委员会编：《灞桥文史资料》第6辑，1991年，第149页。
⑤〔清〕席尔达：《重修灞桥记》，见中国人民政治协商会议西安市灞桥区委员会文史资料工作委员会编：《灞桥文史资料》第6辑，1991年，第150页。

兼及延安、榆林、汉中、凤翔等地官员，显示出陕北、陕南与关中各府县官员对重建灞桥给予了有力支持。督工方面，席尔达任命西安府清军同知张圣弼全面负责督造桥工，抚民同知杨宗义、督粮通判张晟、咸宁县知县董弘彪、长安县知县佟世禄等协助督造，咸宁县丞金国显具体负责监修桥工。因此，这是一次主要由官员捐款倡建并主持建造的交通及水利工程，与后来士绅捐款、官民合作的建桥方式区别明显。

在张圣弼等官员的主持下，"不逾季而桥工落成"。虽然《重修灞桥记》对工程起讫时间并未明载，但根据碑文可大致推得。陕西巡抚贝和诺系康熙三十七年十二月上任①，三十九年五月初八日调任四川巡抚②。席尔达立碑时间为"康熙三十九年岁□庚辰□□上宗之古"，当时贝和诺已调任四川③，因此灞桥竣工时间当在三十九年五月之前。碑记又提及"新任抚军华公亦乐其成"，而新任陕西巡抚觉罗华显于三十九年五月十七日上任④，亦表明五月前灞桥已经竣工。结合"不逾季而桥工落成"的记述，此次桥工很有可能是在康熙三十九年初冬春灞河水量浅涸之际进行的。

灞桥竣工后，席尔达与贝和诺等亲至灞桥"登临远眺"，但见"石梁高抗，水道远流，雉堞言言，市庐鳞鳞"，自此往来行旅人士不再"苦于水涉"，而西安城各阶层迎来送往的活动"亦可写心"，由此足见灞桥重建对于西安城市生活、民众交往、郊区景观具有重要意义。石质灞桥的建造一改清前期临时木桥和渡船分季使用的窘状。可惜在利用了5年之后，康熙四十四年（公元1705年）灞桥再次圮坏，反映出"灞桥河身均系浮沙，立根难固"⑤确属实际情况，而前述民间父老说法不无道理。核实而论，这次重建工程历时较短，建设资金系官员捐俸，数额有限，桥体虽由木桥改为石桥，但在建造技术上并未针对灞河水沙状况做出调整，因而难以逃脱"旋修旋圮"⑥的结局。

三、乾隆年间的灞桥重建工程与规划

乾隆年间先后开展的两次灞桥建修工程是在关中区域社会经济发展较快，社会安

①　赵尔巽：《清史稿》表四一，民国十七年清史馆本。
②　赵尔巽：《清史稿》表三七，民国十七年清史馆本。
③　赵尔巽：《清史稿》列传六三，民国十七年清史馆本。
④　赵尔巽：《清史稿》表三七，民国十七年清史馆本。
⑤　〔清〕川陕总督尹继善：《奏为陕省钱价昂贵酌请动用旧铜鼓铸钱文事》，乾隆六年七月初四日，朱批，档号04-01-35-1232-005；一说为康熙四十二年被水冲坍，见〔清〕陕甘总督明山、陕西巡抚文绶：《奏为筹办西安府咸宁县灞河搭盖浮桥设船济渡事》，乾隆三十六年正月十三日，朱批，档号04-01-30-0504-028。
⑥　〔清〕陕甘总督明山、陕西巡抚文绶：《奏为筹办西安府咸宁县灞河搭盖浮桥设船济渡事》，乾隆三十六年正月十三日，朱批，档号04-01-30-0504-028。

定，民力恢复的情况下开展的，而未能付诸实施的三次灞桥建修之议和规划也反映出陕西官府重建灞桥的努力。

（一）乾隆前期的灞桥重建规划

康熙四十四年灞桥废毁后，一遇雨季，灞河水位猛涨，"行旅阻绝，其或漂溺不免"[①]，不仅对东西官道往来公文递送、军队换防影响甚大，而且严重影响到商贸流通和民众生产、生活，因而乾隆二年（公元1737年）四月至三年（公元1738年）三月陕西巡抚崔纪在任期间，不仅大力兴修水利设施，鼓励民间凿井灌田，还提出了一项重建灞桥的规划。

崔纪筹划重建灞桥与雍正、乾隆初年时官府收买民间旧铜以铸钱的计划有关。由于陕西省境内钱价昂贵，巡抚硕色奏请"动用旧铜鼓铸，以济民用"[②]，先后从百姓手中收买142492斤铜。然而，乾隆初年由于铜禁废弛、铸钱计划变更，陕西官府遂将铜向民间出售。继任巡抚崔纪预计废铜142492斤变卖后可得市平银18000余两，扣除本银8001两外，尚余市平银10000两，他计划再从"公用银"中拨出2400余两，两者共计12400余两，用于重建灞桥。

由于官府向民间售铜时，困难重重，数年之间仅变卖"成器铜"25798斤，尚余"荒废铜"及秤头盈余共137800斤，而剩余之铜"售变无期"，[③]因此造桥经费筹措无望。崔纪又于乾隆三年三月调任湖北巡抚，"售铜造桥"计划暂时搁浅。乾隆三年继任的巡抚张楷在对灞桥水文与河床状况进行调查后，不得已放弃了重建计划，主要原因是：第一，灞桥河身"均系浮沙，立根难固"[④]，屡造屡圮；第二，建造灞桥"欲垂永久，非数万金不能成功"，而当时公帑有限，只能等经费充裕时再建；第三，一年当中灞河涨水时间较短，雨季时"水涨不过一日半日"，"平时盆尺浅流，策马可渡，并无阻滞"，涉水而过作为权宜之计，暂时对交通影响不大。张楷的考量因素中前两点强调水文状况和经费困难，当属实情，而第三点则属于自欺欺人的说法，忽视了灞桥废毁后农民、商人往来运送物资、商货的艰辛。至此，乾隆前期的第一次重建灞桥规划彻底偃旗息鼓。

乾隆九至二十二年（公元1744—1757年）间，四任陕西巡抚的陈弘谋在奖励植桑养

① 〔清〕蒋文祚：《灞水建渡记》，见光绪《蓝田县志》附《文征录》卷一，清光绪元年刊本。

② 〔清〕陕西巡抚硕色：《奏报废铜成器请分别照市价发卖事》，乾隆二年二月初六日，朱批，档号04-01-35-1227-007。

③ 〔清〕川陕总督尹继善：《奏为陕省钱价昂贵酌请动用旧铜鼓铸钱文事》，乾隆六年七月初四日，朱批，档号04-01-35-1232-005。

④ 〔清〕川陕总督尹继善：《奏为陕省钱价昂贵酌请动用旧铜鼓铸钱文事》，乾隆六年七月初四日，朱批，档号04-01-35-1232-005。

蚕、劝种棉花、凿井溉田、积谷防荒的同时，捐资倡修了从西安通往东南方向的武关道，疏凿了龙驹寨以下丹江航道。①由于灞桥也是西安通往东南方向的必经之路，陈弘谋"开道南山"后，商旅络绎，因此再度筹划重建灞桥，"使行者不复阻碍"。陈弘谋派官员查勘灞河状况后，因"水底尽属乱石，漂泊莫可根据"，加之"河流峻急，挟石冲突，即桥成亦易坏"②，乾隆前期的第二次重建灞桥计划又搁浅了。

（二）乾隆二十五至三十年的灞桥重建工程

乾隆前期的两次灞桥重建计划虽然由于水沙状况、工程资金等因素未能付诸实施，行旅依然只能夏秋船渡，冬春涉水，通行状况难言顺畅。从乾隆二十五年（公元1760年）开始，陕西官府新一轮的灞桥重建计划启动，并在乾隆二十八至二十九年（公元1763—1764年）间，开展了大规模重建灞桥工程。

1. 维修缘起与经费来源

清前期，灞桥倾圮不通的负面影响主要表现在两个方面：一是灞桥废毁造成官府文报驿递受阻，并给百姓生产、生活带来诸多不便；二是每到夏秋季节，灞河水涨，"阻隔行人，商贾重货往往露处河干，咸称未便"③，大量商货置放在河滩上待运，严重阻滞了东来西往的商贸运输，对关中区域经济发展造成不利影响。

至乾隆中期，除上述直接引发的负面影响外，陕西省官民普遍认为灞桥长期倾圮还导致关中文风低迷，影响到西安、同州、凤翔三府文人学子高中金榜、进身入仕，从而间接导致地方经济、文化等发展缓慢。陕西巡抚明山即称："世俗之见，更以灞水建桥为西安、同州、凤翔三府文风所关。现今文风较逊于前，冠盖亦较前减少，俱归咎于灞桥倾圮之故。"④为改善灞桥交通状况、重振关中文风，从乾隆二十五年开始，西安、同州、凤翔三府绅士、商贾和民众就向官府主动呈请，愿意捐建灞桥。各阶层民众的呼请和捐资热情推动了陕甘总督杨应琚、陕西巡抚明山于乾隆二十八年底向乾隆皇帝上奏，提议重建灞桥。

与康熙三十九年（公元1700年）由陕西省各级官员捐俸重建灞桥区别较大的是，此次捐资主体变成民间士绅商贾，反映出乾隆中期关中社会经济的快速发展与绅商力

---

① 西安市交通局史志编纂委员会：《西安古代交通志》，陕西人民出版社，1997年，第313页。
② 〔清〕蒋文祚：《灞水建渡记》，见光绪《蓝田县志》附《文征录》卷一，清光绪元年刊本。
③ 〔清〕陕甘总督杨应琚、陕西巡抚明山：《奏为重建灞桥事》，乾隆二十八年十二月初五日，录副，档号03-1144-042。
④ 〔清〕陕甘总督杨应琚、陕西巡抚明山：《奏为重建灞桥事》，乾隆二十八年十二月初五日，录副，档号03-1144-042。

量的不断壮大。仅从乾隆二十五年至二十八年十二月间，西安、同州、凤翔三府士绅商贾等共捐市平银达52687两，为重建工程奠定了雄厚的资金基础。

2. 工程选址与技术特点

在民众"踊跃捐输"的同时，陕西布政使方世儁指示西安、同州、凤翔三府调派咸宁县知县郭映查、宝鸡县知县郭元凝、乾隆二十八年新任咸宁县知县龚元朱，与西安府绅士杜解世等对以前的灞桥基址、河流状况进行查勘，确定重建工程的桥址。经勘查，确定"在历代建桥旧址，自河之北岸起，至南面河滩岸口止"，重建灞桥。可见此次桥址是在明代灞桥旧址基础上，结合灞河河岸、河床的特点确定的。

拟建灞桥长67丈，共55孔桥洞。按照南、北、中三段式设计，桥下中段砌石墩16座，分15洞，南、北两段各砌石墩4座，石桩15排，各分20洞。由于灞河洪水对桥梁中段的"顶冲"最烈，因而中段除16座石墩外，并没有像南、北两段那样添加密集石桩，以使"河水得以畅流"，南、北两段则减少石墩，增加石桩，以此加固桥身。这一重建设计方案充分考虑到了灞河河水在河道中不同位置的水流特点，分建为三段，以形态有别的石墩、石桩加固桥身，并利于洪水流泻，考虑甚为周到。桥面密铺排木，垫土拍平，两旁竖立栏杆。重建工程共估需工料银50800余两，并未超出前述士绅商贾捐款总额52687两。

3. 兴工过程与起讫时间

由于重建资金主要来源于关中地区三府绅士、商贾等，陕西官府遂采取"绅士自行承办，官为查催"的官民合作兴工方式，既可充分发挥捐款者的主动性，又能保证工程质量与工期。陕西官府从捐款绅士中选择数人，"凡亟办工料，出入银钱，俱令自行经理"，由德高望重的士绅负责采办建筑材料，开支各项经费。又鉴于"工程浩大，需料繁多"，官府担心"绅士呼应不灵"，遂命咸宁知县等协调各方事务，为士绅督工提供有力配合。可见，这次维修是一次由地方民众动议、捐资，最终促使官府决定建造，又以士绅为主持人的重大桥工。

工程自乾隆二十九年十月前正式开始，至乾隆三十年（公元1765年）八月，历时近一年，灞桥顺利合龙竣工。灞桥重建工程实际耗银48391两，节省银4296两。士民呈请将节省银两"交商营运"，作为桥梁岁修经费。乾隆三十年八月经奏准后即开始实行，灞桥日常维护由此得到更多资金保障。[1]除重建灞桥外，还"于北岸东西两面修砌石堤

---

① 〔清〕陕甘总督明山、陕西巡抚文绶：《奏为筹办西安府咸宁县灞河搭盖浮桥设船济渡事》，乾隆三十六年正月十三日，朱批，档号04-01-30-0504-028。

八十丈，又东面土堤三丈"①，作为附属工程，通过砌筑石堤、土堤的方式强化了灞桥的两端桥基，既是水利工程，又是交通工程。

（三）乾隆三十六年的浮桥工程

乾隆三十五年（公元1770年）闰五月初七日，由于山洪暴发，灞桥被冲损过半，"石堤冲坏三十三丈五尺，土堤尽被冲卸"②。陕西巡抚文绶命布政使勒尔谨在冬季水势消落时，带领西安府、咸宁县官员与地方绅士实地勘察，商议修复事宜。官绅、百姓均称灞河"发源终南山，当夏秋盛涨，群水汇集，波浪汹涌"，从而对桥梁造成灾难性影响；"河底尽系浮沙，根脚虚松，故连年冲损，实难建桥"③。文绶等省级官员在亲自查勘后，认为即使设法重建，也只会"徒致虚糜"，浪费官帑，而且从乾隆三十五年十一月搭盖浮桥至三十六年（公元1771年）正月间，"文报行旅，遄行无阻"。虽然浮桥的通行状况远非如此便利，但这一"得过且过"的认识仍促使陕西官府放弃了重建灞桥计划，转而采取了维修石堤、搭盖码头、增设渡船的替代性措施。

在咸宁知县陆维垣主持下，此次开展的维修工程涉及砌包石堤11丈，东、西两面石堤60丈，里厢土堤60丈，用银431两。④灞桥码头原有2条常设渡船，陆维垣建议再增2条。每船设水手4名，共16名，每名水手工食银6两。⑤这样，夏秋水涨时，由渡船往来济渡，冬春水涸时仍接搭浮桥。⑥水手工食银、渡船和搭建浮桥费用，均从此前的民众重修灞桥捐款中动支。乾隆三十六年朝廷复准灞河渡船三年小修，五年大修，⑦使灞河渡船制度较康熙六年（公元1667年）时更趋周密，这也是在浮桥难以确保交通无碍的情况下增加渡船运力、保障顺畅运行的做法。

核实而论，浮桥虽然造价较小，易于拆卸连接，但承重能力弱，也容易受水文、天气影响，而渡船体量有限，难以一次运送大量人、物，洪水季节更艰于摆渡。因而浮桥与渡船在通行能力方面自然不能与稳定的石柱桥相提并论，更达不到官员所称的"既于

---

　　① 乾隆《西安府志》卷一〇《建置志中·咸宁县》，清乾隆刊本；民国《续修陕西通志稿》卷五五《交通三·关梁》载"筑石堤八十丈，土堤三十丈"，民国二十三年铅印本。
　　② 乾隆《西安府志》卷一〇《建置志中·咸宁县》，清乾隆刊本。
　　③《清高宗实录》卷八七七，乾隆三十六年正月辛卯，清内府抄本，中华书局影印，2008年。
　　④ 乾隆《西安府志》卷一〇《建置志中·咸宁县》，清乾隆刊本。
　　⑤ 乾隆《西安府志》卷一〇《建置志中·咸宁县》，清乾隆刊本。
　　⑥〔清〕陕甘总督明山、陕西巡抚文绶：《奏为筹办西安府咸宁县灞河搭盖浮桥设船济渡事》，乾隆三十六年正月十三日，朱批，档号04-01-30-0504-028。
　　⑦〔清〕乾隆敕撰：《钦定大清会典事例》卷九三九《工部·船政·浮梁渡船》，清光绪二十五年石印本。

民情称便，而差务行旅亦得遄行无阻"①的程度。

（四）乾隆四十二至四十七年的灞桥重建规划

乾隆四十二至四十七年（公元1777—1782年）间，陕西巡抚毕沅等人一度制订过灞桥维修规划，傅增湘《秦游日录》对此记称："乾隆四十六年，毕沅奉旨砌造，亦只相度地址，未复旧观。"②实际上，傅氏说法与实际情况出入颇大。毕沅等人并非仅是"相度地址"，而是开展了一系列查勘、筹建活动，计划中的灞桥重建技术尤其具有针对性。

毕沅重建灞桥规划最早始于乾隆四十二年，并非"乾隆四十六年"（公元1781年）。乾隆四十二年五月，毕沅在向朝廷"奏请修岳庙及诸古迹"时就特别提及灞桥，称"关中系临边重镇，西接新疆，为外藩朝觐往还必经之所。沿途古迹如灞桥、温泉，崇仁、慈恩两寺，俱汉唐名胜"。毕沅认为不仅应对陵墓、祠宇等进行补修，还应维修包括灞桥、临潼华清池等在内的诸多古迹。此时西南金川叛乱初定，"往来差务络绎"，重建灞桥的军事、交通意义重大。毕沅建修灞桥等古迹的计划需费浩大，乾隆皇帝为此下旨将陕西省应解户部正项内扣存银12万两，作维修之用。③

毕沅在乾隆四十二年提出重建灞桥的建议后，虽然得到乾隆皇帝允准，但并未立即启动勘查桥工等事宜。乾隆四十五年（公元1780年）十月十一日，李保泰应四川布政使查礼之邀前往成都，途经灞河，称"时改建未成"，可见确有改建之议。乾隆四十六年，有鉴于灞桥是东西交通要冲，东连豫晋，西接陇蜀，且是西南、西北边疆少数民族，如新疆伯克、四川土司、西藏喇嘛等人士前往北京的必经之路，西安作为西北重镇的城墙面貌和东郊灞桥的通达与否并非小事，而是关系到朝廷的实力彰显与军事运输的顺畅与否，也是对少数民族首领造成心理震慑的重要因素。因而乾隆皇帝亲颁谕旨，要求陕西巡抚毕沅和工部侍郎德成在维修西安城墙的同时，也对灞桥进行勘查，重建时"不得存惜费之见"，"以利行旅，毋废旧观"。④从乾隆皇帝的批示来看，他对于重建灞桥的支持力度与重修西安城墙一样，均以"不惜费"为原则，同时要求既方便人员与物资的交通往来，亦应保持、传承灞桥的历史风貌。

毕沅和德成于乾隆四十七年二月率工部员外郎蓬琳、布政使尚安、督粮道图萨布等

① 〔清〕陕甘总督明山、陕西巡抚文绶：《奏为筹办西安府咸宁县灞河搭盖浮桥设船济渡事》，乾隆三十六年正月十三日，朱批，档号04-01-30-0504-028。
② 傅增湘：《藏园游记》，印刷工业出版社，1995年，第384页。
③ 〔清〕史善长：《弇山毕公年谱》乾隆四十二年，清同治刻本。
④ 《清高宗实录》卷一一一四七，乾隆四十六年十二月乙未，清内府抄本，中华书局影印，2008年。

前往灞桥，对桥梁倾圮状况和灞河水文、河道地形、河床特点等进行了细致勘查。[1]他们在勘查报告中总结认为：①汉唐灞桥久经坍废，基址无存，清前期所建灞桥也已塌毁；②灞河河面南北通宽209丈，南北两岸河身分为两股，北岸一股宽61丈，南岸一股宽66丈；中心老滩一段，宽82丈，高5至7尺不等；③经向当地百姓调查，了解到灞河水势涨落无常，北岸河水终岁长流，南岸一带并不深阔，无碍行旅，但夏秋大雨时，会有一股水从中间老滩进入南岸河身分流；河内老滩每年山水暴涨时，上涨仅有一二尺，一年内可遇二三次。相较于以前的历次查勘，此次获取的灞河水文信息更加精确。

针对勘查到的灞河水沙情况，毕沅等议定，为控制工程开支，采取三段式桥梁设计：在河身水势较大的北岸，建券洞大石桥一座；在水势较小的南岸，建淊洞平桥一座；中心老滩由于每年涨水不过二三次，水深一二尺，易于消退，故不建桥梁，仅铺墁石道一段，这样即使小幅涨水，行人也可从石道上涉水通行，涨水消退后，石道上也不会泥泞不堪。这一设计的独特之处在于并不打算建造一座长桥，而是由形态各异的三段桥梁组合成新灞桥。其规模和所需经费如下表所示：

表 13-3　乾隆四十七年灞桥重建规划概览表

地点	工程类型	长（丈）	宽（丈）	估算工料银（两）
北岸	券洞大石桥	61	3	416293.091
南岸	淊洞平桥	66	3	132327.667
中心老滩	石甬路	82	3	13198.743
合计		209	9	561819.501

资料来源：〔清〕工部左侍郎德成、陕西巡抚毕沅：《奏报勘估灞桥工程情形事》，乾隆四十七年三月初六日，录副，档号03-1018-033。

三段式灞桥构造较之前利用的木桥、浮桥和石柱桥都更为复杂，从技术层面看，三段式桥梁较好地避免了长桥易被冲毁的缺点，充分利用河床中心的老滩作为整座桥梁的核心部分。老滩是长久以来泥沙淤积形成的，自然不惧洪水，在其上铺设石质甬路也较为简便易行。南、北两段桥身依据来水情形采用券洞和平桥设计，全部采用石料砌筑，可有效抵御洪水冲击。

虽然规划过程中毕沅等人始终强调"帑项亦不致过糜"，但由于组合式桥体形态复

---

① 〔清〕工部左侍郎德成、陕西巡抚毕沅：《奏报勘估灞桥工程情形事》，乾隆四十七年三月初六日，录副，档号03-1018-033。

杂，施工技术要求高，工程量巨大，因而预算经费仍达56万余两白银，约为乾隆二十五至三十年灞桥重建开支的10倍之多，将近当时西安城墙维修经费约1595575两的1/3，而西安城墙长达约28里，工期前后历时5年，足见筹划中的灞桥工程规模之大。

由于当时西安城工正处于关键时期，毕沅认为灞桥桥工若与城工同时并举，在采购物料、招募工匠以及委员督办查验等方面势必难以兼顾，容易造成"照料不周，转致工程草率"的后果，所以向朝廷呈请在西安城工结束后，待"年谷顺成，物力丰裕"[1]时，再重建灞桥，这一提议也得到乾隆皇帝的允准。

乾隆五十一年（公元1786年），西安城墙维修工程告竣，[2]随后又开始了耗资巨大的潼关城墙维修工程，灞桥桥工再次被推迟。毕沅在西安城墙未完工时就调任河南巡抚，德成在西安城墙维修完成后，主持建修潼关城墙，由于耗资过大，遭到乾隆皇帝的斥责，被调回北京审查。至此，两位曾勘查灞桥状况并提出维修计划的核心人物先后离开西安，雄心勃勃的灞桥重建规划终成泡影，而规划方案自此也再未被人提起过，但新颖的工程设计理念和内容却充分反映了时人为改善灞桥通行状况而做出的不懈努力。

四、道光十一至十四年的灞桥重建工程

乾隆后期灞桥重建计划搁浅后，灞河交通仍依赖于渡船和浮桥，商贾、民众出行实属不便。道光十一年（公元1831年）起陕西官府又有重建灞桥之议，并于道光十三至十四年（公元1833—1834年）间建成了一座长期使用的坚固石桥。这次重建工程是清代灞桥建修史上里程碑式的事件，奠定了此后100余年灞桥延续使用的基础。

（一）重建缘起

清前中期大量来自四川、湖北、湖南、安徽、甘肃等省的移民涌入陕西谋求生计，森林过度采伐，秦岭山地垦殖日广，导致水土流失问题日益严重，自此发源的主要河流淤积、洪涝等问题也随之加剧，"长安八水"之一的灞河也不例外。至道光前期，灞河泥沙的淤积和夏秋季节洪水的涨发，已经严重影响到浮桥的搭建和渡船的运行，致使官府驿递和民众往来都困难重重。道光年间陕西巡抚杨名飏就指出，"近年以来，南山地土开垦日

---

① 〔清〕工部左侍郎德成、陕西巡抚毕沅：《奏报勘估灞桥工程情形事》，乾隆四十七年三月初六日，录副，档号03-1018-033。
② 史红帅：《清乾隆四十六年至五十一年西安城墙维修工程考——基于奏折档案的探讨》，载《中国历史地理论丛》2011年第1辑，第112—126页。

多，水涨则浮桥难搭，水消则舟楫莫通"，不仅"一切文报差务每致稽迟"，而且"往来行人时有陷溺"，已经到了"若不设法修桥，无以永资利济"①的地步。无论是从官府政务信息通达，还是民众生产、生活便利的角度而言，灞桥的重建均已属亟待开展之事。

早在道光十一至十三年间，杨名飏任陕西布政使期间，西安、同州等府士民在灞桥倾圮多年、"身受跋涉艰难"的情况下，共同向时任陕西巡抚史谱吁请，愿捐款重建灞桥。后经杨名飏多次实地踏查，发现当时河岸已较旧日桥基加宽一倍，水漫沙淤，倘若依照旧式重修，桥梁难以持久，不免"枉劳民力"。后来查访得知康熙四年（公元1665年）江南提督、长安县人梁化凤督造的沣河普济桥"纯用石盘作底，石轴作柱，四面旋转，水不搏激，而沙不停留，至今巩固"，因此决定以此建桥技术为蓝本，结合灞河实际进行桥梁建设。杨名飏对被洪水冲没的浐桥也进行了查勘，决定同时重建。②因此，这是一次陕西官府针对西安城东郊两座大型桥梁的系统重建工程，在建筑技术方面颇多一致之处。

（二）工程规模、工期与兴工方式

关于此次重建的灞桥规模，清人蒋湘南称"（长）八十余丈，阔四丈"③，其他清人行纪中则说法不一，包括"一里有余""里许""数里""一里余""数百步""几及半里"④等等，其间差异系由通行者目测、步测等粗略估算方式不同导致。

实际上，此次建造的灞桥长134丈，平均开设67座"龙门"（即桥洞），直竖408座砥柱，"分六柱为一门，每门底安石盘六具，深密钉桩上，垒石轴四层"。在借鉴普济桥技术特点的基础上，此次重建灞桥时采用了石盘、石轴柱的构造，成为技术创新的亮点。⑤有研究认为，此次重建的灞桥为"多跨石柱、石梁、石板桥"⑥，这一认识失之偏颇。实际桥面做法是"纵横架木，中筑灰土，边砌栏杆"，与乾隆二十五至三十年桥面

---

①〔清〕陕西巡抚杨名飏：《奏为陕省士民捐修灞浐二桥工竣事》，道光十四年七月二十一日，朱批，档号04-01-37-0155-039。

②〔清〕陕西巡抚杨名飏：《奏为陕省士民捐修灞浐二桥工竣事》，道光十四年七月二十一日，朱批，档号04-01-37-0155-039。

③〔清〕蒋湘南：《七经楼文钞》卷六《灞桥铭》，复旦大学图书馆藏清同治八年马氏家塾刻本。

④〔清〕叶昌炽：《缘督庐日记抄》卷一二，民国上海蟫隐庐石印本。

⑤有关灞桥桥身构造，可参见茅以升《灞桥》（载《文物》1973年第1期，第33页）、刘敦桢《石轴柱桥述要（西安灞、浐、丰三桥）》（见刘敦桢：《刘敦桢全集》第2卷，中国建筑工业出版社，2007年，第152—167页）所绘示意图。

⑥王开主编：《陕西古代道路交通史》，人民交通出版社，1989年，第417页。

"架木垫土"的做法大体一致，属于"土木梁"，并无"石梁、石板"。桥面量宽2.8丈，凑高1.6丈，也并非前述蒋湘南所记"阔四丈"的规模。

为减缓洪水冲击灞桥，保障灞桥附近田庐不被冲决，杨名飏又在灞河两岸加筑灰堤250丈①。同时兴建的浐桥长42丈，量宽2.3丈，凑高1.5丈，体量小于灞桥，但工程做法与灞桥相同。

此次桥工约从道光十一年起由西安、同州两府士民倡修，十三年十月杨名飏出任陕西巡抚时开始鸠工庀材，兴工建设，十四年七月竣工，历时约3年。虽然当时的水利专家、南河总督张井并不看好灞桥命运，担心"河系沙底，难以安柱，恐颓陊不久"②，但此次重建的灞桥一直沿用下来，1957年改建为公路桥时，石墩依旧牢固，河床护底几乎完整无损。③

关于此次重建灞桥、浐桥的督工者，清人蒋湘南称为"巡抚杨公恢制更张"④，民国傅增湘亦称"巡抚杨公恢其旧制"。此处所谓"杨公"实系杨名飏之尊称，"恢制更张""恢其旧制"是指恢复灞桥昔日的面貌，语意明确，而后世史志往往不察"杨公"所指何人，曲解文意，竟以为"杨公恢"是人名，直接称"陕西巡抚杨公恢按旧制造此桥"⑤、"巡抚杨公恢才按旧制又加建造"⑥等，谬误流传，不能不为一辩。但灞桥重建之功并不能归于陕西巡抚杨名飏一人，在兴工期间，杨名飏遴选布政使何煊、按察使莫尔赓阿、按察司经历汪平均、西安府清军同知白维清等"谙练人员"协同督办，责成"公正绅士"经手银钱。这种官督民办桥工的方式在乾隆二十五至三十年重建石墩木面桥时就已采用过，官府和地方士绅互为监督又彼此协作，建设效率和工程质量得到了可靠保障。

（三）经费开支与岁修制度

这次灞桥和浐桥工程经费主要来源于西安、同州两府士民捐款，共银124140两，重

---

① 民国《咸宁长安两县续志》卷四《地理考上》（民国二十五年铅印本）载"一百五十丈"，此处以奏折所载数字为准。

② 民国《咸宁长安两县续志》卷四《地理考上》，民国二十五年铅印本。

③ 诸雄潮、绍卿：《土木构筑的艺术——中国古代建筑》，人民日报出版社，1995年，第121页。

④〔清〕蒋湘南：《七经楼文钞》卷六《灞桥铭》，复旦大学图书馆藏清同治八年马氏家塾刻本。

⑤ 范廷玺：《陕西名胜古迹史话》，陕西人民美术出版社，1988年，第99页。

⑥ 成益方、韩军：《黄河三角洲古风物诗整理研究》下册，齐鲁书社，2003年，第629页；李合群主编：《中国古代桥梁文献精选》，华中科技大学出版社，2008年，第79页。

建灞、浐二桥实际开支104320两，余银19820两零。①灞河加筑灰堤250丈所需银3100两零则由官员捐资承担。乾隆三十年重建灞桥之后，西安、凤翔、同州三府士绅的捐款并未用完，至道光十四年尚余本银5296两。两次工程共余银25116两零，成为灞桥、浐桥维修的专用款项。

巡抚杨名飏按桥工惯例将剩余经费借贷给西安城商人滋生利息，按季汇解布政司库，供灞、浐二桥岁修之用，②以备随时雇用民夫挑修桥洞，免致泥沙壅阻。每年留银240两作为小修之费，如遇大修，则由布政司派员勘估报销。乾隆三十五至三十六年间，陕西官府在灞河码头设水夫16名，每名支工食银6两。自道光十四年起，仅保留12名水夫，其中灞桥8名，浐桥4名，负责日常维护，"以防损伤"③。此次重建工程不仅采用了针对灞河水沙状况、河床地貌的桥梁建造技术，而且注重日常维护与修缮，专设水夫管理，并由咸宁县丞管理挑修、疏浚桥洞的事宜。

（四）士绅商贾在灞桥重建工程中的作用

嘉庆、道光年间，关中社会经济发展相对稳定，出现了"嘉道之际，家给人足，富者好施，善人日多"④的良好局面。灞桥重建经费也以西安府、同州府士民捐资为主，涉及咸宁、长安、咸阳、渭南、泾阳、三原、朝邑、大荔、郃阳、韩城、盩厔等十余县⑤。在捐资者中，士绅和商贾是最为重要的群体。士绅在城乡社会中具有较高的地位和威望，商贾拥有雄厚的财力，两者通过捐资兴建重大工程、捐助公益事业，得以在社会管理中拥有更多的话语权，也能获得官府给予的声名奖励，从而为个人、家族的持续发展积累口碑和道德资本。

由于记载捐资官民身份信息的资料多有缺漏，经翻检大量地方志，初步统计了5县21名捐款兴建灞桥者的相关信息，列表如次：

---

① 民国《咸宁长安两县续志》卷四《地理考上》（民国二十五年铅印本）载"士民共捐银十二万四千六百余两，除灞浐二桥费用外，节省存银二万一千两零"，此处以奏折所载数字为准。

② 〔清〕陕西巡抚杨名飏：《奏为陕省士民捐修灞浐二桥工竣事》，道光十四年七月二十一日，朱批，档号04-01-37-0155-039。

③ 〔清〕陕西巡抚杨名飏：《奏为陕省士民捐修灞浐二桥工竣事》，道光十四年七月二十一日，朱批，档号04-01-37-0155-039。

④ 民国《咸宁长安两县续志》卷一八《义行传》，民国二十五年铅印本。

⑤ 〔清〕杨名飏：《重修灞桥记》，见赵寅松主编：《白族文化研究2007》，民族出版社，2008年，第41页。

表 13-4　道光十一至十四年灞桥重建工程部分捐款士民表

县域	姓名	职衔/身份	捐款银数（两）
泾阳	高希冉	—	400
	高月望	—	200
	高谦光	—	300
	高谦福	主簿	250
	高谦益	奎文阁典籍	400
	王慎	生员	300
	王树桢	监生	100
	封嵋①	—	不详
三原②	刘钰	游击	400
	刘荣绪	—	300
	刘宪之	—	300
	刘映苠	—	600
朝邑	刘学宠	生员③	20000
	刘振清	武举、捐职守御所千总	
	刘际清	捐职中书	
	刘照清	议叙八品顶戴	
	谢全宝④	—	400
大荔⑤	白凤舞	监生	100
	梁金元	监生	不详
咸宁⑥	王恒一	商人；候选同知	1000
	陈允炎	庠生	不详
合计	21 人		25050

注：

① 宣统《重修泾阳县志》卷一三《列传二》，清宣统三年铅印本。

② 光绪《三原县新志》卷六《人物志》，清光绪六年刊本。

③〔清〕陕西巡抚史谱：《奏为朝邑县绅士刘际清等捐修陕甘贡院增加关中书院膏火请分别奖叙事》，道光十一年六月，朱批，档号04-01-37-0092-012；〔清〕陕西巡抚史谱：《奏请鼓励朝邑县捐修贡院等各绅士事》，道光十一年六月二十三日，录副，档号03-3225-106。

④ 咸丰《朝邑县志》下卷《义行志》，清咸丰元年刊本。

⑤ 光绪《大荔县续志》卷一一《耆旧传下》，清光绪十一年刊本。

⑥ 民国《咸宁长安两县续志》卷一八《义行传》，民国二十五年铅印本。

表中所列5县21人共计捐款超过25050两，其中朝邑县龙门村"刘青照堂"叔侄4人共捐款达20000两，占到此次桥工捐款总额的近1/6。咸宁县世居东关索罗巷的王恒一捐款也高达1000两。家族式集体大额捐资充分体现了清代关中富绅家族雄厚的资财实力，以及在地方公益事务中发挥的表率作用。值得一提的是，朝邑县刘氏家族在捐建灞桥前后，就已经在关中地区多项大型工程中捐出巨款，仅添修陕西贡院号舍、增加关中书院膏火，就费银八九万两，①甚至一度为军队捐借军饷100000两，②显然已经成为影响区域文化、经济乃至军事发展的重要社会力量。"因商起家"的咸宁县人王恒一是关中商贾的代表之一，他"饶于赀，性倜傥，慷慨好施"，但凡地方义举，知无不为，"施棺木、设义学，亲戚乡党不能丧葬婚嫁者，饮助尤多"，捐建灞桥只是其义行之一。③表中所列为重建灞桥捐款的其他人士也多在本地捐饷助赈、修桥铺路、开渠建堤、赈灾救难、设立义园、放粥施药等活动中慷慨解囊，无不彰显出其广泛的社会影响力。

为嘉奖捐资兴建灞桥的士民，巡抚杨名飏上奏道光皇帝，请求给予捐资士民以职衔、地位和名誉的回报。④这种提升捐资者社会地位、名誉和官职的举措，是推动官民积极捐款的重要手段。前述大荔县白凤舞、梁金元就获赠杨名飏颁发的"乐施济众"匾额。来自中央朝廷和地方官府的褒奖大大提升了民间捐款者的政治、社会地位，个人与家族义行还能被官府记入地方史志，从而流芳百世，由此激发了更多捐助工程建设的行为。捐款士绅商贾在慨然出资的同时，也多成为地方工程建设、公益事业的实际领导者。

（五）道光中后期的灞桥、桥堤维修工程

道光十四年（公元1834年）灞桥重建后，十五年（公元1835年）闰六月二十二日，灞河上游蓝田山区"夜半起蛟，大雨如注，灞河陡发"，以致"冲伤房地，淹损人口"。洪水造成蓝田县七盘坡、贺家山等28座村庄153户贫民被淹，淹没男女大小402人，冲倒瓦草房595间。由于灞河冲下的房屋柱梁、林园树木等杂物阻塞了灞桥洞口，洪水"一时宣泄不及，致将灞桥南北各损伤三洞"。在当时灞桥的67孔桥洞中，南北两岸共有6孔被洪

---

① 咸丰《朝邑县志》下卷《义行志》，清咸丰元年刊本。
② 〔清〕陕西巡抚曾望颜：《奏为朝邑县刘际清等绅富捐借军饷银两请分别奖叙官阶职衔事》，咸丰九年正月十六日，录副，档号03-4425-025。
③ 民国《咸宁长安两县续志》卷一八《义行传》，民国二十五年铅印本；张澍：《养素堂文集》卷二二《书事》，华东师大图书馆藏道光十五年枣华屋刻本。
④ 〔清〕户部：《移会稽察房陕西巡抚杨名飏奏灞浐二桥为陕西驿路要津倾圮多年该士民等身受跋涉艰难亟请修复桥座各输涓埃微力勉成桑梓要工殊堪嘉尚相应请旨敕部分别议叙》，道光十四年八月，移会，内阁档库，台湾"中央研究院"历史语言研究所明清档案工作室藏档案，档号168298-001。

水冲坍，岁修银两足敷修复之用。在未修复前，杨名飏下令采取了暂用船只接渡行旅的方法。[1]此后，经过小规模修复，由于灞桥再未出现大的损毁情况，清后期的陕西官府就将建修和维护重心转向了灞桥附近堤岸。[2]

五、同治十三年的灞桥维修工程

道光十四年陕西官府组织重建灞桥后至宣统三年（公元1911年）间，较大规模维修工程仅同治十三年（公元1874年）一次。民国《续修陕西通志稿》载："道光十四年陕抚杨名飏饬西安清军分府白维清、按察司经历汪平均，依隋南桥故址督修木桥。同治十三年布政使谭钟麟倡率僚属，捐款万金，檄咸宁知县易润芝改建石桥，旁设石栏，计长一百五十丈，广三丈，水洞七十二眼，遂成巨观。"[3]实际上，道光十四年竣工的是一座石轴柱桥，因而此处所载杨名飏等"督修木桥"显系有误，进而同治十三年陕西布政使谭钟麟等"改建石桥"的说法也就站不住脚。既然道光十四年竣工的灞桥已是石桥，并非木桥，同治十三年又如何"改建石桥"？

要对上述史料所载灞桥桥工有更为准确的认识，必须从同治后期陕西社会经济发展状况加以判断。同治初年，战火中的陕西"地方蹂躏，商贩不前，户口凋残"，商业贸易无法正常开展，人口也大量减少。同治五年（公元1866年）七月十四日，丁寿祺过灞桥时，就见到沿途"别馆离宫，俱毁于火"[4]。同治十三年，陕西境内社会日益安定，"而关外攻剿吃紧"，土匪游勇又"乘间滋扰"。[5]陕西巡抚谭钟麟在述及这一时期陕西凋敝的社会状况时称："陕省自同治元年军兴以来，西、延、凤、汉、榆、同、兴、商、邠、乾、鄜、绥等府州属先后被扰，小民荡析离居，以致各属应征地丁盐课未能照

① 〔清〕陕西巡抚杨名飏：《奏为查明蓝田县被水地方业已安抚毋庸再行调剂并灞桥被水损伤情形事》，道光十五年八月二十六日，朱批，档号04-01-01-0761-030。

② 〔清〕陕西巡抚王庆云：《奏报修理要津堤堰等工动用本款生息银数事》，咸丰四年十月二十六日，朱批，档号04-01-30-0491-005；署理陕西巡抚谭廷襄：《奏为修理西安省城东二河堤坝要工动用本款生息银两事》，咸丰十年十月初十日，朱批，档号04-01-05-0171-007；民国《续修陕西通志稿》卷五七《水利一》，民国二十三年铅印本。

③ 民国《续修陕西通志稿》卷五五《交通三·关梁》，民国二十三年铅印本。

④ 〔清〕丁寿祺：《西行日记》，见〔清〕王锡祺辑：《小方壶斋舆地丛钞》补编本，清光绪上海著易堂排印本。

⑤ 〔清〕陕西巡抚谭钟麟：《奏请核销同治十三年光绪元年陕省军需收支各款数目事》，光绪二年十二月初九日，录副，档号03-6064-048。

常征解"，"田地荒芜，民业尚多未复"。①在官府税赋收入大为减少、民间无力捐输的情况下，灞桥不可能有大规模改建工程。因而民国《续修陕西通志稿》所载同治十三年谭钟麟等"改建石桥"并非是指将道光十四年竣工的灞桥进行了彻底改建。1957年改建时的灞桥构造也与道光十四年的建造技术吻合，反倒是谭钟麟的所谓"改建石桥"工程，除民国《续修陕西通志稿》和《咸宁长安两县续志》寥寥数语外，未见其他史料记载，笔者在朱批、录副奏折和题本中也没有发现与此有关的档案记述。

结合道光十四年竣工的灞桥特征分析，民国《续修陕西通志稿》所载同治十三年"改建石桥，旁设石栏"其实是指将道光十四年灞桥"纵横架木，中筑灰土"的土木桥面改建为石料砌砌的桥面，并将木栏杆更换为白石栏杆。光绪二十八年（公元1902年），金石学家叶昌炽两度经过灞桥，目睹了"砌石为梁，宽平如砥""桥面皆砌以石"②的情况，由此也可证明同治十三年的确是将此前的土木桥面改建成了石桥面。

除更换桥面和栏杆外，此次维修还将原来长134丈的灞桥延展至150丈，桥洞由67孔增加到72孔，因而实际工程量为桥身长度增加16丈，桥洞增开5孔。从谭钟麟倡率僚属"捐款万金"的记载也可看出，约10000两银子尚不及道光十四年重建经费的1/12，这就决定了改建工程规模有限，灞桥的基本结构与形态并没有发生根本变化。

六、清代后期的灞桥景观

灞桥是关中地区最重要、最知名的桥梁，往来西安的人员绝大多数均从灞桥经行。唐代长安人士远送东行者至此，照例要折下柳枝，以表达惜别之情，故《开元天宝遗事》称此桥为"销魂桥"。③清代乾隆年间的陕西巡抚毕沅亦有《灞桥示送行友人》诗云："濒行相送灞桥头，攀拣垂杨我劝休。早被旁观人记取，者枝春是使君留。"④清代后期，灞桥一带"河面宽及三顷左右。白沙上面的澄清流水，曲折而行。西岸细柳新绿之间，不时显出盘屈的老树。暮春柳絮，长闲飞舞"，景致优美。1876年5月31日，日本外交官竹添井井途经灞桥，载云："今犹存老柳数株，其续栽者，亦毵毵可爱。

① 〔清〕陕西巡抚谭钟麟：《奏报陕省同治八年起至十三年止厘金收支总数事》，光绪二年七月初四日，录副，档号03-6485-042。
② 〔清〕叶昌炽：《缘督庐日记抄》卷一二，民国上海蟫隐庐石印本。
③ 〔日〕足立喜六：《长安史迹研究》，王双怀、淡懿诚、贾云译，三秦出版社，2003年，第11页。
④ 〔清〕毕沅：《灵岩山人诗集》卷二七《青门集》，清嘉庆四年经训堂刻本。

河底皆白沙，水行其上，如鸣环佩。"[1]与灞水、灞柳相得益彰的是古意盎然的灞桥牌坊、离亭和别馆。灞桥南端牌坊上题曰"轨通西域"，附近用于饯别的离亭上有道光年间陕西巡抚杨名飏所书对联"四面山来新旧雨，一天云系短长亭"，又有同一时期任职陕西的官员徐栋所书对联"红桥雪驿停骖处，春树秋山送客情"，还有郑祖琛撰、张集馨所书"烟景迷茫，驴背桥边，诗思在柳情骀荡，马蹄关外故人多"亭联。[2]坊额与对联既写景，亦写意，极易将行人带入浓郁的文化氛围与意境之中。

1901年，美国记者尼科尔斯在关中考察时，对桥梁与水面之间的高度、建桥石材等观察细致，"从临潼延伸出的道路要经过河流上的石桥，这些石桥位于河床以上大约15英尺~20英尺，由于洪流带来的淤泥堆积掩埋了桥梁的石柱，现在桥面仅仅高出水面约2英尺"。这里所指的石桥从位置看当为灞桥。尼科尔斯还对灞桥建造石材的来源与运输方法称赞不已："在西安周边半径50英里的范围内，并不出产建造这种桥梁的石头。从遥远的采石场切割出这些成吨的花岗岩，再运送到当今停放之地，只是使用中国原创方法完成艰巨任务的又一注解。"[3]1903年2月6日，德国陆军少尉萨尔兹曼从灞桥经过，称其为"300米长的石桥"。由于桥面为石质，因而"道路十分湿滑，以至于牲畜在前面走都能摔倒"。在灞桥两端集中了很多摊贩，"在路的两侧摆摊设点，中间只留下一条细长的通道，这使通行变得更加困难"。[4]1904年美国地理学家威利斯所记的灞桥长度与萨尔兹曼所记不同："一座良好石桥，约有四分之一英里长"[5]。1906年11月6日，日本陆军少佐日野强路过灞桥时，看到河床宽约500米，河身部分窄长，河水流速缓慢，横跨其上的石质灞桥"结实坚固"。[6]

关于灞桥的材质，阿列克谢耶夫在1907年8月30日的行程记述中称："这是一座石桥，但桩是木头的。"[7]此说显然有误，因为灞桥桥墩、桥面等均为石质，只有桥栏杆是木制的。[8]阿列克谢耶夫可能将桥栏杆与桥桩混为一谈了。同年9月19日下午，日本学

① 〔日〕竹添井井：《栈云峡雨稿》，冯岁平点校，三秦出版社，2006年，第78页。
② 〔清〕董醇：《度陇记》，见周希武：《宁海纪行》，甘肃人民出版社，2000年，第175页。
③ 〔美〕弗朗西斯·亨利·尼科尔斯：《穿越神秘的陕西》，史红帅译，三秦出版社，2009年，第62—63页。
④ Erich von Salzmann, *Im Sattel Durch Zentralasien: 6000 Kilometer in 176 Tagen*, Berlin: Dietrich Reimer (Ernst Vohsen), 1908.
⑤ Bailey Willis, "Among the Mountains of Shen-si", *Bulletin of the American Geographical Society*, Vol. 38, No. 7,1906, p. 417.
⑥ 〔日〕日野强：《伊犁纪行》，华立译，黑龙江教育出版社，2006年，第38页。
⑦ 〔俄〕米·瓦·阿列克谢耶夫：《1907年中国纪行》，阎国栋译，云南人民出版社，2001年，第211页。
⑧ 史红帅：《清代灞桥建修工程考论》，载《中国历史地理论丛》2012年第2辑，第118—131页。

者桑原骘藏、宇野哲人过灞桥，称："桥为石造，长约二百余米"①。这些有关灞桥长度的不同记述均非实测数据，仅是不同经行者的大致估测，因而差异较大，不可为据。同一时期在西安任教的足立喜六对"70孔"的灞桥形制有独到的见解，认为"圆形而非方形的桥墩，在中国甚为独特，这显示了穆斯林的影响"②。从清代历次灞桥的建修史实来看，圆形桥墩是基于减轻洪水冲击的考虑而设计的，与穆斯林并无关系。1910年前后，美国地理学家盖洛来陕考察时，记述灞桥为"72拱"，约"1/4英里"长。③之所以会出现"70孔"和"72拱"的差异，当是足立喜六在清点桥洞数目时出错，也有可能当时有两孔被淤泥堵塞，未被计入其中。

西安城东浐河桥和城西沣河桥、皂河桥等虽然在重要性和景观上不及灞桥，但均为东西向交通要道上的关键节点，清人建造或维修时在形制上主要仿照灞桥，系石砌桥梁，规模略小。1906年11月6日，日野强也经过了"宽约五十米"④的浐河、"宽仅两米"的皂河与"宽约二十米"的沣河，这三条河流上均架设有石桥。⑤他从行军打仗的角度得出结论，认为这些河河水较浅，即使不从桥上经过，也可涉水过河。日野强并没有意识到，当时正值冬季水涸时期，所以河水较浅，而到了夏秋雨季，灞河、沣河等也时常暴发洪水，一度有冲垮桥洞的情形出现。1907年9月28日，桑原骘藏与宇野哲人经过沣河，观察到沣桥"桥身为石造结构，长约六七十米，沣水流其下，甚清澈"⑥。与灞桥相似，浐桥、沣桥的两端都建有牌坊，如沣桥"两端建立牌坊，与四面风景甚相调和"⑦。在"沣水清流之处"，沣桥东、西两端的牌楼极尽"优雅"，分题"丰水东注""在渭之浜"⑧，让研究西安历史胜迹的足立喜六为之心动。⑨1901年来陕游历、采风的日本画家福田眉仙则用画笔以写生速写技法绘制了沣桥及其牌楼的景象，虽然不尽为写实之作，但关中桥梁和附属设施壮阔而不失绰约的风姿已跃然纸上。⑩

① ［日］桑原骘藏：《考史游记》，张明杰译，中华书局，2007年，第34页。
② John Stuart Thomson, *China Revolutionized*, Indianapolis: The Bobbs-Merrill Company, 1913, p.435.
③ ［美］威廉·埃德加·盖洛：《中国长城》，沈弘、恽文捷译，山东画报出版社，2006年，第191页。
④ ［日］日野强：《伊犁纪行》，华立译，黑龙江教育出版社，2006年，第38页。
⑤ ［日］日野强：《伊犁纪行》，华立译，黑龙江教育出版社，2006年，第42—43页。
⑥ ［日］桑原骘藏：《考史游记》，张明杰译，中华书局，2007年，第56页。
⑦ ［日］足立喜六：《长安史迹研究》，王双怀、淡懿诚、贾云译，三秦出版社，2003年，第14页。
⑧ 〔清〕董醇：《度陇记》，见周希武：《宁海纪行》，甘肃人民出版社，2000年，第175页。
⑨ ［日］足立喜六：《长安史迹研究》，王双怀、淡懿诚、贾云译，三秦出版社，2003年，第182—184页。
⑩ ［日］福田眉仙：《支那大观·黄河之卷》，金尾文渊堂，1916年。

七、灞桥建修的影响

清代灞桥先后经历了康熙三十九年、乾隆二十五至三十年、乾隆三十六年、道光十一至十四年、同治十三年共五次重要建修工程，以及由于种种原因未能实施的乾隆年间三次重建规划。这些重建工程与规划并非单纯的水利、交通设施建设和计划，而与不同时期区域环境变迁、社会经济发展紧密相关，对区域交通、咸宁县丞署的移建等均有深远影响。

清人对灞河水沙状况及其变化的认识是历次建修工程与规划的基础。灞河发源于秦岭山地，向北注入渭河，全长约240里。[①]夏秋季节，易发洪水，"每山水暴发，决堤冲溃"[②]；冬春时节，河水浅涸，甚至出现过"桥在平陆"[③]的情况。河床以沙底为主，夹杂大小石块和卵石，洪水泛滥时对桥柱冲击很大。除洪水冲击外，灞河泥沙淤积致使河床加高，形成河心滩后造成河水分流、漫溢，也影响到灞桥的稳固。清代灞河沿岸蓝田、咸宁两县农民在疏引河水灌田时，"随地掘水灌田，但旋掘旋废"[④]，这使灞河两侧土岸"一遇水涨冲崩，溃溢弥望"[⑤]，加重了泥沙淤积问题。清中后期灞河泥沙含量增大更主要的原因是湖北、四川、安徽等省客民涌入秦岭山地，在西安府盩厔县、宁陕厅、孝义厅、凤翔府宝鸡县、汉中府各厅县大规模种植玉米、洋芋等，[⑥]"密箐深沟靡处不种"[⑦]，以致"老林开垦，几无隙地"[⑧]。灞河水源地森林遭到破坏，水土流失日渐严重。光绪年间陕西巡抚陶模就指出，由于"后世山木伐尽，泥沙塞川，不独黄流横溢，虽小川如灞、浐诸水亦多淤塞溃决"[⑨]。这些不断积累的认识都融入了历次建修实践和规划当中。

清代灞桥建修工程与规划是清人不断认识灞河水沙、河床状况，进而提出多种建设规划，积极建设的成果。陕西官民在灞桥"屡修屡圮"的情况下，分别兴建过临时木桥、浮

<hr/>

① 光绪《蓝田县志》附《文征录》卷一，清光绪元年刊本。
② 雍正《陕西通志》卷三九《水利一》，清文渊阁四库全书本。
③ 〔清〕顾祖禹：《读史方舆纪要》卷五三《陕西二》，清稿本。
④ 雍正《陕西通志》卷三九《水利一》，清文渊阁四库全书本。
⑤ 光绪《蓝田县志》附《文征录》卷一，清光绪元年刊本。
⑥ 〔清〕陕西巡抚董教增：《奏为南山贫民开垦荒地包谷欠收请旨援案放给两月口粮赈济事》，嘉庆十七年正月初十日，朱批，档号04-01-23-0163-001。
⑦ 〔清〕杨名飏：《兵部侍郎兼督察院右副都御史陕西巡抚杨谕》，见赵寅松主编：《白族文化研究2007》，民族出版社，2008年，第38页。
⑧ 〔清〕陕西巡抚张祥河：《奏报周览南山耕作情形事》，咸丰元年十月十三日，录副，档号03-4466-074。
⑨ 〔清〕陶模：《劝谕陕甘通省栽种树木示》，见〔清〕陈忠倚辑：《皇朝经世文三编》卷三五《户政十四·养民下》，清光绪石印本。

桥和石柱桥等固定式与活动式桥梁，并提出过三段式桥梁方案，直至道光十四年石盘石轴柱桥完工，"屡修屡圮"的状况才得以彻底改观。这一重大成就的实现，既体现了清代桥梁建修技术的进步，也反映出关中区域社会经济不断发展，民间绅商在公共事务中的引领作用日益重要，建桥资金从康熙年间以官员捐款为主发展到乾隆、道光年间以士绅商贾捐款为主即是明证。在技术、资金齐备时，由陕西巡抚杨名飏主持的灞桥重建工程终于取得了前所未有的成功，成为历史进程中诸多偶然因素叠加之下的必然事件。

灞桥的建修和通达不仅是区域工程建设中的大事，也是国家政治、军事、文化、经济活动中的大事件之一，对于往来官员、使节、军队、商贾、行旅、文人墨客等均有非凡意义。清人蒋湘南对此进行了十分精辟的总结："惟西安自宋置陕西路以来，代为重镇，国家慎固封疆，更以满洲将军驻防其地。巡抚总兵，文武互治；司道量移，州县殷见；冠盖四至，驿路趋风；贤劳之使，柳往雪来。又自新疆著籍，乌孙以南，青海以西，沿及卫藏伯克头人，来王来享；而将军参赞，又皆天子重臣，龙节虎符，假道于此。不忧病涉，毅然长驱。载司马之高车，比仙人之拄杖。商旅胥庆，妇孺同欢，桥之所系，煌乎重已。其或云水骚人，缙绅赋手，托吟情于驴背，结离思于柳条；酒盏频飞，笔花欲舞，亦足以渲染景色，备诸著录。"①灞桥作为清王朝东西向官道上的重要节点，其通达有利于官员、军队的调动，朝廷政令的下达，西北和西南各少数民族首领入京朝觐往还等，具有重要的政治、军事意义；对于普通商贾和行旅来说，畅行无阻的灞桥能促进商货流通，降低运输成本，促进两岸生产，方便群众生活；对于文人墨客而言，承载厚重历史文化的灞桥更能让人发思古之幽情，放飞思绪，撰拟佳作。

清代乾隆、道光年间灞桥的重建也引发了咸宁县丞署的移建，成为重要工程影响县丞署布设和移置的典型案例。作为基层社会管理机关，咸宁县丞署的移建反过来促进了灞桥一带社会管理的有序和治安状况的好转，促进了灞桥维护的常态化。

灞桥一带属咸宁县管辖，"为晋、豫、川、甘各省之通衢"。清代设有灞桥递运所，额设所夫多达140名。地方官府凡运送饷捐等事均饬令所夫负责，但由于所夫众多，远处城外，奸良不一，容易滋扰生事。同时，灞河一带还出现了因桥梁毁圮难行而趁机勒索商贾的运货民夫，灞河水涨之际，商贾和货物被阻滞在河岸一侧时，民夫往往"藉此负运过河，百般勒索"。这种见利忘义的行径严重影响了两岸民众的生产、生活秩序，增加了商贾运货成本，也对地方治安造成隐患，进而给关中区域社会经济发展乃

---

① 〔清〕蒋湘南：《七经楼文钞》卷六《灞桥铭》，复旦大学图书馆藏清同治八年马氏家塾刻本。

至西北商贸流通都带来负面影响。

清初以来，由于咸宁知县"身居省会，政务纷繁"，对灞桥事务"实有不能兼顾之势"，而县丞与知县同驻西安，"并无专办要件"。①乾隆中期，陕西巡抚明德鉴于灞桥"为驿路要津，需员照管"，经朝廷允准后将咸宁县丞分驻灞桥，稽查约束所夫，遇到官方运输，则监督递运，以免稽延迟误，并负有"岁修"维护之责，确保桥梁安全，同时防止民夫因私利故意破坏灞桥。②后来由于灞桥处于倾圮状态，嘉庆七年（公元1802年）改建孝义厅治时，咸宁县丞被移驻西安城东南的尹家卫（即引驾回镇），至道光十四年（公元1834年）灞桥重建竣工后，商贾络绎，需委员弹压；同时桥洞泥沙淤积严重，必须"随时察看，加意防维"，因而咸宁县丞署又从尹家卫移回灞桥，重新加强了灞桥日常维护和地方治安管理。虽然咸宁县丞署又于光绪三十二年（公元1906年）移驻西安城北郊"盐船、炭船卸载之埠"的草滩镇③，但前后两次移驻灞桥的史实表明，重要桥梁工程的建设、维护及区域社会管理对于地方官署设置产生了巨大推动力，基层官署设置后也促进了周边地区社会治安的好转、关中商货流通的顺畅。这一点也可由清代陕西其他多县均将县丞移驻重要市镇的史实得以印证，如乾隆十年（公元1745年）富平县丞移驻美原镇、渭南县丞移驻下邽镇、盩厔县丞移驻祖庵镇，各镇附近村庄归县丞管辖，"如遇酗酒、斗殴、赌博、私宰、流娼等项，俱责令该县丞查禁，有犯按律惩究"④，"他若斗殴、赌博等件，皆令其随时禁戢，有犯即行惩儆，理重者照例转报"⑤；乾隆二十六年（公元1761年）兴平县丞移驻店张镇，亦负责稽查"一切违禁不法等事"⑥。这种"专员弹压"的官员及其衙署设置也确实收到了"巡缉宁民"的效果，而咸宁县丞移驻灞桥镇的举措不仅有助于区域治安的好转、关中商货流通的顺畅，而且促进了灞桥这一重要交通、水利工程维修的常态化。

---

　　①〔清〕陕西巡抚明德：《奏请将咸宁县丞移驻灞桥事》，乾隆二十九年十月十五日，录副，档号03-0113-030。

　　②〔清〕吏部：《为吏部议覆明德奏请咸宁县县丞移驻灞桥一折移会稽察房知照》，乾隆二十九年十二月，移会，内阁档库，台湾"中央研究院"历史语言研究所明清档案工作室藏档案，档号078837-001。

　　③〔清〕陕西巡抚曹鸿勋：《奏为拟将咸宁县县丞驻地移至县北乡草滩办公并兼办警务事》，光绪三十二年九月十一日，录副，档号03-5520-031。

　　④〔清〕祝庆祺、鲍书芸、潘文舫、何维楷编：《刑案汇览三编》卷六〇《应讯官滥刑分别如法不如法》，北京古籍出版社，2004年，第2242页。

　　⑤〔清〕署理陕西布政使慧中：《奏为渭南富平二邑县丞分别移驻下邽美原请敕部定议遵行事》，乾隆十年二月二十三日，朱批，档号04-01-01-0117-013；川陕总督庆复、陕西巡抚陈弘谋：《奏请分别移驻渭南等县县丞以资弹压事》，乾隆十年九月二十七日，朱批，档号04-01-01-0119-058。

　　⑥〔清〕陕甘总督杨应琚、陕西巡抚钟音：《奏请裁改移驻州同县丞事》，乾隆二十六年八月二十四日，录副，档号03-0052-028。

第十四章　明清西安的外事交流

明代和清代前中期，西安处于对外交流的低潮阶段，仅有少量域外人士往还于此。至清代后期，西安再度以其重要的军事、政治、经济和文化地位，以及东连西接的交通枢纽区位，吸引着大量域外人士前来游历、考察，或从事宗教、文教、医疗、赈济、实业调查与建设等各类活动。清代后期至民国时期，西安在我国对外交流大格局中扮演了重要角色。大量来自欧美和东亚相关国家的人士行经、驻留西安，延续和强化了西安"有容乃大"的城市特质。为应对域外人士及办理相应外交事务，陕西官府在西安设立陕西洋务局。陕西洋务局在清代陕西外事交流过程中发挥了积极作用。

第一节
明清时期往来西安的域外人士及其活动

隋唐长安是华夏一统国都和世界性大都会，来自东西方各国的使节、商贾、僧侣、学者、工匠等云集于此，大唐帝国的辉煌文明由这些外国人传播至世界各地。自唐末都城东迁，宋元长安成为区域重镇，前往此地的外国人也相形减少。至明清时期，尤其是清代后期，前往或行经西安城从事各类活动的外国人又逐渐增多，对区域社会的诸多方面（如宗教信仰、文化教育、慈善赈济等）产生了深远影响。

一、域外人士的来源与活动

明清时期，尤其是清代后期，前往西安城乡地区从事游历、考察、传教、行医等活动的欧美人士数量众多，这些人所撰日记、游记、调查报告、书信等大量文献记录了古都西安的丰富信息，为复原和分析封建时代后期西安城乡景观、城市生活，以及域外人士的相关活动等提供了重要依据。

（一）来源国别

经笔者初步统计，自1368年至1912年的544年间，基于不同任务、宗旨前往或经行西安的域外人士来源国别众多，涉及欧洲、北美、亚洲和大洋洲的10余个国家，包括日本、印度、美国、英国、意大利、法国、俄国、葡萄牙、德国、比利时、挪威、瑞典、丹麦、罗马尼亚、澳大利亚等。[①]

依据往来西安的宗旨和活动内容的不同，明清时期在西安的外国人主要从事游历（考察、调查、搜集情报）、宗教、文教、新闻、军事、外交、工商等活动。这些外国人的身影出现在封建时代后期至近代西安城市生活的不同领域，对西安城乡社会的发展

---

① 史红帅：《近代西方人在西安的活动及其影响研究（1840—1949）》，科学出版社，2017年。

产生了深远影响。一般而言，外国人在西安并非仅从事某一类型的活动，他们往往身兼多个使命，具备多重身份，这也是封建时代后期至近代来华外国人的共同特征之一。

（二）主要活动

明清时期，众多域外人士在西安从事着多样化的活动，特别是在宗教传播、文化教育、医疗卫生、游历考察、搜购文物等方面，与西安城乡社会各阶层人士之间多有交流、交往，成为沟通西安与域外国家及地区的重要桥梁。

1. 宗教传播

明清时期，来自南亚、东南亚的佛教僧侣和欧洲的耶稣会士为西安的宗教发展注入了活力，促进了西安城乡地区宗教格局的多元化。

明洪武初年，来自西印度乌萨罗国的高僧无坏前往西安修禅弘法。明太祖朱元璋的次子、号称"天下第一藩王"的秦愍王朱樉为便于无坏修行，下令在终南山创建了普光禅寺（即天池寺①），又拓修了一条自西安城东关直达普光禅寺的大道，以便供奉参法。②虽然无坏与秦王宗室及西安地区僧俗之间的交往史实尚需更多史料佐证，但毋庸置疑的是，印度高僧在明初西安的佛教发展中具有重要影响。公元7世纪，高僧玄奘从唐都长安西行，前往印度取经，成为中古时代中印文化交流的标志性事件。与玄奘西行印度形成对照的是，印度高僧无坏在明代初年东来西安，驻锡终南山中修行，并与秦王宗室建立了密切联系，也堪称明代西安对外文化交流的亮点之一。

相较之下，明清时期往来西安的欧美传教士不仅人数众多，而且来源国家也颇为广泛。明代天启五年（公元1625年），在唐后期被埋入地下、沉睡近800年的大秦景教流行中国碑在西安出土。该碑记载了基督教分支聂斯脱利派在唐朝境内传播的盛况，为天主教在华传播提供了历史依据，因而受到欧洲耶稣会士们的广泛关注。天启五至六年法国耶稣会士金尼阁（Nicolas Trigault）在泾阳人王徵（教名斐里伯）的协助下，于西安城内糖坊街购地，筹建新堂。天启七年（公元1627年）金尼阁奉命调离，由德国人汤若望（Johann Adam Schall von Bell）接手建造，告竣后以"崇一堂"为名。③"景教碑"在西安的出土和糖坊街天主堂的建成，促进了欧洲耶稣会士赴西安传教、游历活动的增多。有学者研究认为，"从1625—1700年间，德、法、意、比等国耶稣会士相继来陕传教者

---

① 〔清〕毕沅：《关中胜迹图志》卷七《古迹·祠宇》，清文渊阁四库全书本。
② 〔民国〕何正璜：《终南山寻梦》，载《旅行杂志》1948年第22卷第3号。
③ 李伯毅：《陕西首位天主教徒、机械发明家王徵》，载《中国天主教》2003年第6期，第40—42页。张星烺编注、朱杰勤校订《中西交通史料汇编》（第1册，中华书局，2003年，第221页）认为明崇祯元年（公元1628年），教士鲁德昭受命至西安建立教堂。

计有十余人之多"①。实际上仅法国学者所著《在华耶稣会士列传及书目补编》中记述的1619—1724年间入陕传教者就多达32人，其中19人前往西安府，涉及比利时、德国、葡萄牙、意大利、英国、法国等欧洲国家。清代后期，奔赴西安的外国传教士（含天主教、基督教新教）也是不绝于途，结合"传播福音"开展的社会化活动影响更为广泛。欧美教会、传教士在逐步建立福音堂、教堂的同时，也积极开办新型学校、诊所、戒烟所、医院、孤儿院等设施，从而为西安教育、医疗等领域带来了新的气象。②

教堂和教会附属机构是外籍传教士与其他类型外国人在西安的重要活动空间。自明天启七年糖坊街天主教堂建成后，清代西安城内又相继建起了包括教堂、学校、医院等在内的多个教会机构。③其中6所教堂由意大利、英国和美国教会兴建，起建时间、位置等如下表所示：

表 14-1　明清西安城内教堂分布一览表

名称	地址	起建时间	创办者来源
耶稣会教堂	糖坊街	1625—1627	比利时、德国
方济各会教堂	土地庙什字	1716—1727	意大利
基督教救世堂	东关东新巷	1901	英国（浸礼会）
南关教堂①	南关南稍门外围墙巷西边	清末	美国（协同公会）
北大街分会会堂	糖坊街	1903—1913	美国（协同公会）
西关教堂	西关正街	1903—1913	美国（协同公会）

注：
① 王清彦、赵金祥、王德元口述：《辛亥西安南关教案》，见中国人民政治协商会议陕西省委员会文史资料研究委员会编：《陕西文史资料》第16辑，陕西人民出版社，1984年，第219—226页。

就6所教堂的分布而言，在西安城内四区和四关城共8个分区中，西北隅2所，西南隅1所，东关、西关、南关各1所，在东南隅和北关没有教堂布设。可以看出，欧美教会在西安城购地兴建教堂之初，一般选择地价相对便宜、房屋相对稀疏的城区边缘地带及关城，这与大多数教会"开拓"新传教区时采取的从边缘区到核心区、从乡村到城市、从州县到省城的策略基本一致。例如英国浸礼会在19世纪90年代初期入陕传教时，即首先

---

① 李伯毅：《陕西首位天主教徒、机械发明家王徵》，载《中国天主教》2003年第6期，第40—42页。
② 史红帅：《近代西方人在西安的活动及其影响研究（1840—1949）》，科学出版社，2017年。
③ 杨豪中、陈新：《西安基督教会建筑及其城市文化历史意义》，载《西安建筑科技大学学报》（自然科学版）2003年第4期。

是在三原县东部的福音村设立教堂，之后才逐步在三原县城、省城西安开展传教工作。[①]

2. 文化教育

清代后期，来西安的外国人主要执教于教会创办的学校和官府设立的新型学堂，传播了近代西方语言、文化和科学知识，有助于东西方文化的交流，对推动西安文化教育的近代化发展起到了重要作用。罗马天主教会、英国浸礼会等欧美教会为吸纳教徒、扩大影响，多依附教堂及附属机构创办男校、女校，乃至子弟学校（如美国瑞挪会在南关创办的"使徒学堂"[②]），由外籍传教士或延聘的教师讲授神学、外文、科学等课程。清后期陕西官府在西安设立的师范、武备、法政、工业等新型专科学堂及综合性的陕西高等学堂等，往往由官府聘请学有专长的日本籍教习开设外文及技术类课程，以加快培养能够适应陕西社会发展所需的中高等级人才。

美丽书院是19世纪90年代英国浸礼会传教士在三原县福音村创办的陕西乃至西北地区最早的女子学校之一，为近代陕西女子接受新式教育之始。在清末新政推行之前，陕西境内并无官府创立的女子学校，女童教育一般仅能在家中由家人或家庭教师来开展，广泛的女子教育普及难以实现。1892年起，英国浸礼会传教士敦崇礼（Moir Dunkan）和邵涤源（Arthur Gostick Shorrock）在三原县开始传教。"为开通风气，造就人才起见"，他们在福音村创办了美丽书院（女校）和崇真书院（男校），其中美丽书院的建校资金主要来自英国霍克斯夫人给教会的捐款。美丽书院在开办之初，免费招收来自基督徒家庭的女童，并且严禁女孩缠足，这些举措在一定范围内有益于解除传统习俗对女性身体的束缚，推动了妇女在家庭和社会中地位的改善，堪称近代陕西妇女解放的开创之举。

美丽书院在开设传播基督教教义的神学课程外，也向学生讲授英语、历史、地理、数学、物理、化学和中国经典等内容。英国浸礼会传教士敦崇礼、钟约翰（John Bell）、慕德（Mudd）等男女传教士均曾在此授课。英语教材采用《英语初阶》《英语进阶》《英语初范》等，自然科学类教材使用美国基督教北长老会传教士狄考文（Calvin Wilson Mateer）编著的数学、物理、化学课本。教学过程遵循教会学校的方法，将成体系的教学和有规律的测试结合起来，强调北京官话和英语的学习。美丽书院引导女生以开阔视野关注国内与国际社会的重大事件，而不囿于如福音村或三原县的较

---

① 史红帅编著：《西方人眼中的辛亥革命》，三秦出版社，2012年。
② 史红帅编著：《西方人眼中的辛亥革命》，三秦出版社，2012年。

小区域。在这一教学理念的影响下，美丽书院女生能够通过教会渠道关注到国内外的诸多大事，一度开展过为19世纪末受印度饥荒和土耳其内乱影响的民众捐款的活动。该院女生在致英国浸礼会总部的一封信中写道：

> 英国浸礼老会平安　敬启者：
>
> 美丽书院学生们听的敦、莫二师娘说印度国有饥荒之事，土耳其有逼迫之事，心里甚是哀怜，欲帮助他们一点。我们尽是穷苦人，没有盈余。我们因受圣神感动，新立一个勉励会，每礼拜六晚上派二人领礼拜祈祷。公祈时公举一人为会正，一人记录。又举几人论说古今列国事情，以劝勉大家往前长进，一年三次大公祈，一年三次量力捐输。我们尽了力量，仅捐了四串余钱。祈老会给我们送去，我们则感德无既矣。
>
> 美丽书院众学生具 [1]

很显然，通过英国浸礼会的传教士和教会学校的教师，美丽书院的女生们了解到在印度发生的饥荒之事和在土耳其出现的政治变革，因而从同情心出发，怀着"世界视野"发起祈祷和捐款，以一种特殊的方式与世界"接轨"。

1903年前后，英国浸礼会又在西安东关东新巷开设尊德女子学校，专由英籍女教士讲授英文等课程，并管理各项校务，在推动清末西安城妇女文化教育发展方面亦发挥了积极作用。核实而论，教会创办的各类女校培养了近代陕西社会中第一批接触西方思想、文化、科学的新女性，她们对人生、社会、世界的认识、感知和回应出现了更为崭新的内容，与传统陕西女性囿闭于家庭的社会角色有了很大区别。

光绪二十九年（公元1903年），清政府基于"以中学为体，以西学为用"的教育理念，在文教领域实施"新政"。[2]随着清末各类新式学堂的开设，陕西地方官府鉴于"专家教习本省实乏其人"[3]的状况，借鉴外省经验，积极为西安、三原等地新式学堂延聘省内外以及来自日本的教习，开设新学课程，促进了西安文教面貌的焕然一新。

1903—1911年间，先后有超过20位日本教习受聘任职于省城西安及三原的各类新式学堂，讲授日文、博物、图画、教育、心理学、数学、物理、化学、法律、经济、染织、机械、体操等新式课程。1903年，日本教习小山田淑助受聘于三原宏道高等学堂，

---

① Moir Duncan, *The Missionary Mail to Faithful Friends and Candid Critics*, London:Elliot Stock,1900, p.53.
② 《谕折汇存》，光绪二十八年四月二十四日，陕西巡抚升允奏章《陕西大学堂章程》第一条。
③ 〔清〕升允：《奏为陕西省拟设农务工艺两斋附入大学堂并容调教习情形事》，光绪二十八年四月十二日，中国第一历史档案馆馆藏附片，档号04-01-38-0189-025。

教授日文、图画、格致、博物、体操等科目。1904年，在考古、美术、摄影等领域"尤长鉴识"[1]的早崎梗吉受聘担任陕西武备学堂教习，但执教不到1年即辞职。次年，早崎再度受陕西学政朱益藩延聘，重返三原宏道高等学堂，担任图画、化学、日文等课程教习。光绪三十二年（公元1906年）初，早崎因事回国，原立合同批销作废。陕西赴日留学生监督徐炯聘请东京高等师范学校毕业生谢花宽功来陕，接替早崎担任宏道高等学堂物理、化学、数学等科目教习。此后，足立喜六和铃木直三郎受聘执教于陕西高等学堂，其前身为光绪二十八年（公元1902年）创建的关中大学堂，位于东厅门西安府考院旧址；吉川金藏和松里政登执教于1906年由关中书院改设的陕西优级师范学堂，位于书院门关中书院旧址。[2]

日本教习在授课时，往往先用中文撰写、誊抄讲稿，发给低年级学生作为讲义，高年级学生则直接使用日文参考书。课程所需器械、标本等往往直接从日本寄达。大多数日籍教习能够遵照聘任合约完成教学任务，亦有无法履行教习职责或屡有劣迹者，陕西官府发现后即遵章"解约"[3]。如光绪三十四年（公元1908年），日本教习高桥几造因"教授多不合法，有碍学课"，官府即"酌给川资"予以辞退。[4]

1911年10月，陕西辛亥革命爆发后，教会学校的欧美教师与新式学堂中的日籍教习及其眷属从西安、三原等地撤离，清末陕西教育领域中的这一特殊群体此后就再未能重返西安。

3.医疗救治

清代后期，欧美教会在西安等地创办的诊所、戒烟所、医院等医疗机构，促进了西医知识、技术在西北内陆地区的传播，其中医务传教士群体发挥了积极作用。医务传教士虽然也是出于传播"福音"的目的而开展各类医疗活动，但在客观上救助了大量本地病患、培养了本土医护人员，特别是英国浸礼会的医务传教士还在陕西辛亥革命中扮演了救死扶伤的重要角色。

姜感思（Herbert Stanley Jenkins）是清后期英国浸礼会派驻西安英华医院的医务传

① ［日］田冈淮海：《长安纪行（四）》，载《辽东诗坛》1927年第23期，第16—19页。

② 向德、李洪澜、魏效祖主编：《西安文物揽胜（续编）》，陕西科学技术出版社，1997年，第178页。

③ 《冈山县师范学校教谕松里政登清国政府ノ聘用二应シ体给ヲ受クルノ件》，国立公文书馆，簿01005100，明治三十九年11月2日，第6—7页。

④ 〔清〕恩寿：《为日教习被辞退事》，光绪三十四年五月初八日，中国第一历史档案馆藏电报，档号2-05-12-034-0241；〔清〕恩寿：《为日教习被辞退事》，光绪三十四年五月十一日，中国第一历史档案馆馆藏收发电档，档号2-05-12-034-0260。

教士，以其精湛医疗技术救治过西安及周边地区大量的病人和伤兵。1874年，姜感思出生于英国布里斯托尔，1893年进入布里斯托尔大学医学院学习医学，1901年获得该校医学学士学位和理学学士学位，1904年（一说1903年）5月取得伦敦大学医学博士学位，同年成为英国皇家外科医师学会会员。他先后任职于布里斯托尔综合医院、布里斯托尔儿童医院、伦敦圣马克医院、哈姆斯泰德肺病医院等医疗机构。姜感思在芒特弗农医院担任专科住院医师和病理学医师期间，撰有《肺结核治疗方案》，于1912年出版，在肺病防治领域具有较大影响。姜感思在英国多家医院的实践为日后在陕西从事医务传教奠定了坚实基础。

1904年底，姜感思受英国浸礼会派遣来华，开始在西安英华医院的医疗工作，1911年回国休假。此后辛亥革命爆发，陕西革命军与清军在西安、潼关、乾州等地发生了激烈战斗。在陕西政局尚未完全稳定的背景下，姜感思于1912年末返回西安，与其他医务传教士连续数月诊治英华医院、秦军恤伤院收治的伤兵，终因劳累过度，感染了伤寒症，于1913年4月6日在西安治疗无效而去世。姜感思去世后，秦陇复汉军政府和英国浸礼会为其举办了隆重葬礼，大量官民和曾经得其救治的病人、伤员都前往为其送行。1913年的《泰晤士报》《英国医学杂志》等英国报刊在报道姜感思辞世的消息时，称之为"中国医务界以及传教界的重大损失"。作为医务传教士，姜感思在英华医院的工作促进了该院在西安的扎根、巩固和发展，救治了西安地区不同阶层的大量病人和革命军伤员，培养了本土医护人员，成为联结中英医学界的桥梁之一，在西北医疗卫生事业的近代化进程中发挥了积极作用。

作为英国浸礼会英华医院的又一位知名医务传教士，罗德存（Cecil Frederick Robertson）亲身经历、参与了陕西辛亥革命，救助了西安的大量病患与革命军伤员，对陕西辛亥革命的成功和近代西安医疗卫生状况的改善多有贡献。1884年，罗德存出生于英国伦敦南郊的克莱汉姆。他少年时代读书就十分刻苦，1901年进入米德尔塞克斯郡医院（Middlesex Hospital）学习医学，并参与实习工作。罗德存在应用解剖学、生理学、应用外科手术、药理学和应用产科等科目均取得了优异成绩，获得过该医院的奖励。1907年，他成为英国皇家外科医师学会会员，获得英国皇家医师学会执业资格；同年5月从伦敦大学毕业，获得医学学士学位和理学学士学位。1909年起，任英国皇家医学院研究人员。在攻读医学期间，罗德存在伦敦国王学院欧文（Owen）教授指导下学习汉语。在从英国赴陕之前，他已能书写汉字。作为能够用汉语写信和开医疗处方的少数医务传教士之一，罗德存的汉语造诣为其传教与诊病工作奠定了坚实基础。

　　1909年10月12日，罗德存自南安普顿启程，乘船赴陕，途经意大利那不勒斯、斯里兰卡科伦坡、中国香港与上海，于12月24日抵达西安。1911年10月22日，陕西辛亥革命爆发后，罗德存应秦陇复汉军政府之邀，协助革命军在潼关组建了东线的野战医院，夜以继日地救治大量受伤士兵；并协助创建秦军恤伤院，收治在战争中受伤致残的士兵，为他们提供疗养和谋生的条件。罗德存的医疗救护工作得到陕西军政府和士兵们的认可与赞扬，他因此获赠万民伞和"刮骨疗疾"匾额，这对于英国医务传教士群体而言是十分崇高的荣誉。[①]

　　1913年，罗德存在繁重、艰苦的医疗工作环境下也感染了伤寒，于3月16日在西安去世。陕西都督张凤翙出席了罗德存的葬礼，并致辞褒扬了他的奉献与工作。1913年4月26日，《北华捷报》以《西安府的损失——姜感思与罗德存两位大夫去世》为题，记述了两位医务传教士的经历与贡献，称"两位大夫不仅医术精湛，而且具备使中国人民接受其宣教的本领，在打破东西方藩篱方面表现突出"[②]。为了纪念姜感思、罗德存两位大夫，英国浸礼会将英华医院改名为姜感思–罗德存纪念医院。

　　作为姜感思、罗德存的同事，英国浸礼会医务传教士荣安居（Andrew Young）也亲历、参加了1911年陕西辛亥革命。他起初在非洲刚果从事医务传教工作，积累了丰富的诊疗经验。1905年10月，他作为英国浸礼会医务传教士从英国启程来华，途经苏伊士运河、新加坡和中国香港，于圣诞节前抵达西安。3个月后，荣安居与夏洛特（Charlotte Murdoch）订婚。在西安英华医院工作之初，荣安居夫妇住在东关城的浸礼会大院，每天骑马进城诊治病人，接诊了大量陕西病例，积累了丰富的诊疗经验，也提高了汉语水平。

　　1911年10月22日，陕西辛亥革命爆发后，与罗德存一样，荣安居积极参与了救治革命军伤员的医疗工作。他应秦陇复汉军政府之邀，赴乾州等地建立西线的野战医院，将伤员运回英华医院进行复杂手术。荣安居等人的医疗救护对于稳定陕西革命军军心，提振军队士气具有潜在影响，为陕西辛亥革命的成功做出了重要贡献。民国前期，荣安居夫妇仍然坚守在西安、三原等地的英国浸礼会医院、诊所从事繁忙的医务工作，促进了英国浸礼会关中传教区的发展与巩固。1920年11月27日，北洋政府大总统徐世昌颁令授予荣安居四等嘉禾勋章，以示对其长期在陕救死扶伤活动的褒奖，这代表着中央与地方政府对医务传教士这一群体社会角色与贡献的认可。

① 史红帅编著：《西方人眼中的辛亥革命》，三秦出版社，2012年。
② "A Loss to Sianfu"，*The North-China Herald*, April 26,1913,pp.252-253.

1922年4月29日，荣安居在西安去世。西安的众多基督徒和各界民众前往参加葬礼，悼念这位"陕西的荣大夫"，其情其景与姜感思、罗德存去世时的葬礼场景一样感人至深。1924年，英国浸礼会传教士祈仰德在伦敦出版了《陕西的荣安居》一书，生动记述了荣安居作为医务传教士的传奇人生。

4. 游历考察

清代后期往来西安的外国人中，从事游历、考察、调查等活动的最为多见。其中既有怀着探寻中华文明之心来考察的学者，也有为列强进一步侵略预做准备，以游历、调查等为名搜集我国军事、政治、经济、文化等情报的间谍。由于西安兼具汉唐故都的辉煌历史和西北重镇的交通区位特征，游历西北、华北、西南等地的外国人，大多选择西安作为其经行一站，进行观览和考察。

德国地理学家李希霍芬（Ferdinand von Richthofen）是首次提出"丝绸之路"概念的西方学者。他先后在华进行过七次考察，其中第七次是由美国加州银行和上海外国商会资助，于1871年9月至1872年5月开展的，此行经上海、天津、北京、宣化、张家口、太原等地，过潼关入陕，考察关中、陕南多地，经四川，沿长江返回上海。作为19世纪国际地理学界的权威学者，李希霍芬在西安等地考察期间，不仅重点关注黄土流失与沉积等自然科学问题，而且对西安的城垣、商业、农业、物产、交通、人口等状况进行了多角度观察和记述。西安作为汉唐故都，又是陕西省会，明清时期成为西部乃至全国最为知名的古玩交易地之一，其西周青铜器和历代古币交易十分活跃。李希霍芬在报告中写道："西安城是一处购买青铜器和古钱币的天堂。在这里，青铜器和古钱币不断地被挖掘出土。商人们买下覆盖着厚厚铜绿和黏土的青铜器，然后将一部分倒卖掉。今人难以识读的古老铭文在这里很常见，它们应该都是周朝——大量制造青铜器的朝代的产物。"[①]据李希霍芬观察，在同治年间的西安古玩市场上，等级高、体量大、做工精美的青铜器售价不菲。他也购买了两件非常精美的刻有铭文的小型青铜器。

在论及清代后期西安城市地位、规模时，李希霍芬认为："在南京、武昌和杭州遭到部分破坏之后，西安城在政治、商业上的伟大与重要令我震惊，在规模上可能位居帝国第二。"李希霍芬也充分注意到了西安作为"后都城时代"西北商贸重镇的城市地位。他指出，从西安辐射而出的众多商道，"影响着陕甘地区所有的政治活动，并且维

---

① E. Tiessen, *Ferdinand von Richthofen's Tagebücher aus China*, Band Ⅱ, Berlin: Dietrich Reimer (Ernst Vohsen), 1907, p.217.

系了中原与中亚、藏北地区之间的关系。正是这种非凡的位置使西安成为古代帝国的都城"。作为专业素养深厚、享有世界声誉的权威学者，李希霍芬对西安的考察、记录和评述在19世纪后期极大地影响了欧美人士的"西安观"。

1888—1889年，美国外交官、汉学家、探险家柔克义（William Woodville Rockhill）从北京出发，前往青藏高原游历，途中对西安城进行了考察。与德国地理学家李希霍芬相似，在西安的古董市场上，柔克义也购买了珍贵瓷器、绿宝石珠等器物。他认为："西安城重要的政治和商业地位归因于居于中心的位置。通往甘肃、四川、河南、湖北和山西的道路在此交会。渭河谷地为群山环绕，现存穿越秦岭山脉向南的两条道路，以及两条向西通往山区省份甘肃的道路也在渭河平原交会。因此西安城自古就被赋予了极其重要的战略和商贸地位。"[1]这种视角独到的记述和评价对于认识明清西安的商货种类和商贸地位具有重要参考价值。此次考察结束后，柔克义在美国出版了《喇嘛之乡》一书，在西方世界产生了很大影响，成为后来前往西安游历的诸多欧美人士的必备参考资料。

1908年，美国胜家（Singer）缝纫机公司产业继承人、退役军人、探险家克拉克（Robert Sterling Clark）筹划、出资、组建了一支考察队，旨在前往华北、西北等地进行综合科学考察，尤其注重生物学、气象学、地理学等自然科学领域。7名成员来自美国、英国和印度，具有地图测绘、标本采集、气象观测、地质勘察等专业背景和经验。1908年9月28日，考察队从太原出发。1909年2月5日，克拉克和苏柯仁等队员抵达西安，一直驻留至5月6日，为期长达3个月。他们在渭河河滨和秦岭北麓采集了丰富的动物标本，发现了朱鹮和扭角羚的踪迹；利用5英寸测微经纬仪、半精密计时表等，以鼓楼基座中心点为基准，测定了西安的经纬度，又用便携式水银气压计、沸点温度计、小型干湿球湿度计等当时最新的仪器逐日记录了西安的气压、气温、干湿度等数据，是迄今所见最早的采用现代科学仪器观测的西安地区气象数据。驻留西安期间，克拉克考察队还对西安的城市格局、街巷、市场、物价，以及碑林中的著名碑刻如《禹迹图》、达摩碑、大秦景教流行中国碑等和大小雁塔、临潼华清池、渭河南北的帝王陵墓等名胜古迹进行了实地考察，并拍摄了一系列照片。1909年7月，克拉克考察队返回北京时，再度经过西安，得以对相关数据进行复核。由于考察队往返均经过西安，又在渭河沿岸、临潼、秦岭北麓等地进行了多项调查，这次考察可以说是近代西方探险家、科考队在西安进行综合科学考察的缩影。

---

[1] William Woodville Rockhill, *The Land of the Lamas*, London: Longmans, Green, and Co., 1891.p. 23.

　　清代后期，日本学者、学生、浪人、商人等以考察、游历、经商为名，有组织、成批次地自北京、武汉等地出发，深入西北各地搜集军事、政治、经济、文化等情报，其中大多数人途经西安。虽然不排除有少数日本学者确乎出于学术和文化目的前往西安，但不少日本人都负有搜集情报的使命。1888年春，日本浪人在汉口设立侵华组织"乐善堂"，随即于1888、1889年两度派浦敬一、门松二郎、河原角次郎、藤岛武彦等人前往新疆刺探情报，往返均途经西安。①1901年日本人福田眉仙以画家身份游历我国，在西安驻留较久，对关中和西安城的市井百态、民俗风情等进行了绘图、记录，后撰有《支那大观》一书。②1904年2月29日，参加日本西本愿寺考察队的堀贤雄和渡边哲信自喀什抵达西安，后返抵北京。堀贤雄详细记录了北京至喀什沿途驿名、里数、方向，并在备注中记录村庄和城镇的规模，供应能力，有无电报局、旅店等信息，③这与通常游历者所关注的重点有较大的区别。1905年8月3日，波多野养作从北京出发，经西安、兰州等地到新疆；1907年返北京。④1907年，日野强作为参谋本部少佐，自东部入陕，经西安等地，奔赴哈密考察。1907年，日本学者桑原骘藏、宇野哲人在西安实地考察文物古迹，后分别撰有《考史游记·长安之旅》⑤和《中国文明记·长安纪行》⑥。

　　5. 搜购文物

　　西安作为汉唐故都，且又位于中华文明发祥地之一的关中地区，文物古迹所在多有。清后期至民国，国门洞开，列强环伺，外国人在沿海、沿江等大城市划分租界、强占我国领土的同时，也纷纷前往西北、西南等内地搜购、盗取珍贵文物，西安因此成为当时外国文物搜购者屡屡光顾和行经之地。

　　在西方人看来，陕西是中华民族的摇篮，⑦历史悠久，地域广大。"陕西省面积为75270平方英里，几乎为英格兰和威尔士面积之和，或相当于内布拉斯加州的面积。据估计，人口为8450182，约为苏格兰和爱尔兰人口的综合。"⑧而西安城作为陕西省会，

---

　　① 房建昌：《近代日本渗透新疆述论》，载《西域研究》2000年第4期，第46—47页。

　　② 宗鸣安：《百年前外国画家笔下的西安》，载《西安晚报》2004年6月9日第24版。

　　③ ［日］橘瑞超：《橘瑞超西行记》，柳洪亮译，新疆人民出版社，1999年，第163页，附录二，堀贤雄记：《北京至喀什里程表》。

　　④ 房建昌：《近代日本渗透新疆述论》，载《西域研究》2000年第4期，第46—53页。

　　⑤ ［日］桑原骘藏：《桑原骘藏全集》第5卷《考史游记·长安之旅》，岩波书店，1968年。

　　⑥ ［日］宇野哲人：《中国文明记·长安纪行》，张学锋译，光明日报出版社，1999年。

　　⑦ Marshall B.Broomhall, *The Chinese Empire: A General & Missionary Survey*, London: Morgan & Scott and CIM, 1907, p.201.

　　⑧ Marshall B.Broomhall, *The Chinese Empire: A General & Missionary Survey*, London: Morgan & Scott and CIM, 1907, p.198.

"就历史胜迹而言，无出其右"①。尤其是1625年在西安城西郊出土了大秦景教流行中国碑，更成为吸引欧美国家宗教、考古、探险等方面人士慕名前往的重要动因。1913年版《革命的中国》就指出景教碑对于扩大西安城在西方世界影响的重要作用："从宗教和文物考古角度而言，几乎没有哪一个中国城市能够在引发欧美人兴趣方面与之匹敌，因为这里有刻立于公元781年的著名的景教碑，而今伫立在异教寺庙的院落中。它记录了中国最早的基督教团体。这通极为古老而富美感的石碑的复制碑于1909年存放于纽约大都会艺术博物馆。巴黎的法国国家图书馆自1850年起就存有一份拓片。"②

清后期，法国汉学家伯希和赴敦煌考察，途经西安，在段氏翰墨堂购得清代著名学者张澍多部著作与未刊稿本，后皆藏于法国国家图书馆中。1907年，丹麦探险家何乐模前往西安，复制大秦景教流行中国碑，经汉口、上海，先运至美国纽约，后藏于意大利罗马。③1908—1911年前后，沙畹、法占、拉狄格、色伽兰等人多次经西安大古董商阎甘园之手购买古物；而关野贞、橘瑞超、吉川小一郎等人在西安廉价搜购大量铜器、造像、钱币、瓦当、绘画以及古籍、拓本，"相继捆载，运归东瀛"④。对于无法购得的贵重文物，日本人采用直接盗取的方式，如卧龙寺所存石观音像"头部被日人盗去，其后重刻像首补上，裂痕宛然"⑤。

日本教习在西安、三原任教期间，除平日教学工作之外，常利用课暇时间在西安等地进行考古调查、文物搜购等活动，留下了诸如足立喜六《长安史迹研究》、小山田淑助《征尘录》等著述。早崎梗吉是清代后期最早来陕的日本教习之一，受聘于三原宏道高等学堂、陕西武备学堂担任教职。他在执教期间，热衷于搜集和贩卖古董。据1907年赴西安考察的日本东亚同文书院豫秦鄂旅行班学生披露，早崎梗吉在回国之际，用八辆马车运走了搜购的唐朝石佛，后收藏在日本帝国博物馆，当时估价高达3万—8万日元。⑥此事在1909年《夏声》中亦有记载："宏道前某日员，石像旧物满载而归，有陈列于博物馆者，有售而获大利者"⑦。虽然某些信息不尽一致，但可以看出以早崎梗吉

---

① Marshall B.Broomhall, *The Chinese Empire: A General & Missionary Survey*, London: Morgan & Scott and CIM, 1907, p.201.

② John Stuart Thomson, *China Revolutionized*, Indianapolis: The Bobbs-Merrill Company, 1913, p.434.

③ Frits Holm, *My Nestorian Adventure in China: A Popular Account of the Holm-Nestorian Expedition to Sian-fu and Its Results*, New York, Chicago [etc.] : Fleming H.Revell Co.,1923.

④ 罗宏才：《陕西文物百年流失之痛》，载《文物天地》2005年第1期，第92—99页。

⑤ 鲁涵之、张韶仙编纂：《西京快览》第四编"名胜古迹"，西京快览社，民国二十五年。

⑥ ［日］豫秦鄂旅行班：《豫秦鄂旅行班 第三卷 第一编 经济／2》，《东亚同文会ノ清国内地调查一件》，明治四十年（公元1907年），外务省外交史料馆，档号B-1-6-1-372。

⑦ ［清］经沧：《呜呼！陕西之祸机》，载《夏声》1909年第9号，第49页。

为代表的日本教习群体在西安等地搜集文物的野心之大、获利之高，这加剧了西安珍贵文物的大量外流。

二、域外人士的经行路线、活动范围及寓所

（一）经行路线

从大区域角度而言，明清之际大量传教士前往或途经西安，行经路线主要有三条。一是从北京出发，经山西蒲州、绛州等地，过黄河，入西安府，再前往西北其他地方，或经西安，前往西南等地，如1661年耶稣会传教士比利时人白乃心、吴尔铎自北京启程，当年5月13日到达西安，后经西藏返回罗马；[①] 一是从东南杭州、上海等地启程，经汉口、陕南，入西安府，再折向西北或华北；一是由汉口北上，经陕南，入西安府，再向西北或华北进发。

从小地域角度而言，西安城作为关中的区域中心城市，在陕西传教区内占有枢纽地位。至陕西传教的外国教士多以西安为联结枢纽，往来于高陵、三原、泾阳、蓝田、鄠县、商州、汉中、城固等地教堂。

传教士之外的其他类型外国人大致也基于上述三条路线往来西安，其中多数过西安后，继续前往甘肃、青海、新疆等地考察、游历。如光绪五年（公元1879年）十二月初三日，德国人福克与奥地利人满德由上海乘船出发，沿江而上，至汉口、武昌，再乘船自汉口至襄阳，沿汉江上行，抵荆紫关。光绪六年（公元1880年）正月初进入陕西，经龙驹寨，过蓝关，于二月初四日抵达西安。此后路经咸阳、邠州、长武，入甘肃，经兰州入新疆。后自哈密返回汉口，再次途经西安。

（二）活动范围

外国人在西安活动范围的大小、游览考察的细致程度与各自的职业主旨、驻留时间长短紧密相关。

在西安从事固定职业的外国人，如各国传教士、僧侣、医生、教师、记者等，驻留时间长，在西安城乡的活动范围较大，对西安的了解和观察也更为深入细致。如日本教习足立喜六在1906—1910年间，不仅在西安城乡踏勘古迹名胜，足迹亦遍及关中大地，包括长安、咸宁、咸阳、三原、高陵、临潼、泾阳、鄠县、盩厔、兴平、醴泉、乾州等

---

① 伍昆明：《早期传教士进藏活动史》，中国藏学出版社，1992年，第321—322页。

州县。①经行西安的游历者，限于时间关系，多观览城区及邻近地区的名胜古迹，如德国人福克前往满城八旗教场，日本东亚同文会学生前往碑林、梨园会馆等处游览，对西安城相关情况的记述就相对简单。专程前往西安盗购文物、搜集情报的外国人，虽然逗留时间没有从事固定职业者长，但由于目的性明确，针对性强，因而能在数天至数月内踏勘较多地区，或对某一类地区、事物进行细致勘察。

外国人经由在西安的考察、游历、采访及调查研究，不仅了解到了西安深厚的文化底蕴和辉煌的历史传统，也在相对封闭的时代向外界传达了西安的讯息，参与到西安的历史进程中来。

（三）日常寓所

明清时期往来西安的外国人中，有长期固定职业者，如传教士、医生、教师等，居住在教堂、医院、学校以及地方官府划拨的屋宇中。行经或短期逗留西安的外国人，则下榻于城内客栈、旅馆等处。②

足立喜六在西安城内东南隅东柳巷居住了4年之久。据《长安史迹研究》载其寓所"足立公馆"称，"门前贴着写有'东教习足立公馆'字样的红纸条。公馆的意义，本指当官者的邸宅而言，这是我四年间回忆颇多的寓居。东柳巷是闲静横街，侧面为布政使樊增祥先生的邸宅。我的宅第并不广大，除一堂二室外，还有仆役室、厨房和厩舍。邸内地面用砖铺成，庭中有深达五十尺的清洌的水井。房后有大花苏芳一株，时来鹊鸦狂鸣，此外并无他物"。足立喜六的寓所"本为某富户之别墅，涂丹抹碧，壁间或屏中贴嵌有汉唐名诗或嘉言等"。他赞誉此屋为"一所趣味很深的中国式优等住宅"。③由其位置、布设、环境亦可见当时地方政府对外国教习的礼遇程度之高。

明清时期，来自欧洲、北美、亚洲和大洋洲的大量外国人，前往或行经西安，从事宗教、文教、游历、搜购文物、新闻、军事、政治、外交、工商、医疗等多项活动，在近代西安城市发展过程中产生了深远影响。这些外国人主要从北京、杭州、上海、汉口等地启程前往或行经西安，部分人又自西安前往西北、西南各地。他们不仅在城区活动频繁，亦以城区为基点，足迹遍及关中各县。这一时期来西安的外国人在作为旁观者记录历史的同时，也作为参与者成为西安历史的重要组成部分。

① ［日］足立喜六：《长安史迹研究》，王双怀、淡懿诚、贾云译，三秦出版社，2003年。
② ［日］沪友会编：《上海东亚同文书院大旅行记录》，杨华等译，商务印书馆，2000年，第307、351页。1921年7月，东亚同文会学生行经西安时，住在位于东大街的秦大旅馆。
③ ［日］足立喜六：《长安史迹研究》，王双怀、淡懿诚、贾云译，三秦出版社，2003年，第15页。

第二节
陕西洋务总局的设立与职能

明代和清代前中期，往来、驻留西安的域外人士较少，多属天主教传教士，涉外事务并不繁杂，因而陕西并未设立专门的外事机构，相关涉外事务由省、府、州、县级主官负责办理。清代后期，随着西方列强在沿海、沿江地区开埠划界，域外人士在我国的活动范围日趋扩大，往来西北内陆各省经商、传教、游历的外国人逐渐增多，进入陕西省各府县活动的各国人士也接踵而至。光绪三十二年（公元1906年），陕西巡抚曹鸿勋即指出，"洋人游历，近益日多，陟险绘图，随山探矿，乡愚少见多怪，最虑生事"①，这就为陕西各级官府如何应对域外人士以及办理相应外交事件提出了挑战。在此背景下，陕西官府在省城西安设立了陕西洋务总局，指导办理全省外交事务。陕西洋务总局是清后期西安城中极具活力的全新管理机关之一，在清代陕西外事交流过程中发挥了积极作用。

相较于西安城中布设的省、府、县各级衙署，陕西洋务总局成立时间较晚，存续时间不及10年，因而在地方志书中的记载十分简略，以至于关于其局址、机构、人员、职能等情况，前人了解较少。如民国《续修陕西通志稿》《咸宁长安两县续志》等均未能加以详考。张永禄主编的《明清西安词典》（陕西人民出版社，1999年）对明清西安城内众多官署记载颇详，但对陕西洋务总局未见提及。陕西省地方志编纂委员会编的《陕西省志·外事志》（陕西人民出版社，2001年）在述及清代陕西涉外机构时，对陕西洋务总局缺乏考证，仅一笔带过，称"1902年，陕西设立'洋务局'，其职责是'平日研究条约，有事则筹商应付。其稍有关系者立即派员会同地方官办理，不能了者又复提省讯究，务使情无不尽，案无不结'"②。

---

① 陕西巡抚曹鸿勋：《奏为陕西省洋务局出力人员在事四年无误援案请奖事》，光绪三十二年六月二十二日，录副，档号03-5463-046。

② 陕西省地方志编纂委员会编：《陕西省志·外事志》，陕西人民出版社，2001年，第235页。

一、陕西洋务总局的设立

（一）设立缘起

关于陕西洋务总局设立的缘由和背景，有学者认为："鸦片战争后，外籍传教士在中国的活动发展到了一个新的阶段。他们在枪炮掩护下，深入到我国内地。以建立教堂作为侵略的据点，以发展教徒作为他们的帮凶，对中国人民进行疯狂的掠夺。……为了讨好洋人，陕西于光绪二十八年成立了'办理陕西洋务总局'，即陕西洋务局，主要处理这些所谓'教案'。"[①]现今看来，这一认识甚为偏颇，未能客观反映陕西洋务总局设立的背景与过程，对其设立宗旨的评述，即"为了讨好洋人"，尤属有失公允的观点。

实际上，在陕西洋务总局正式设立的前一年，陕西官府就着手选调了专理外交事务的官员，为洋务总局的设立奠定了基础。光绪二十七年（公元1901年）八月，慈禧太后、光绪皇帝仍在西安北院驻跸。十日，陕西巡抚升允向朝廷奏报，"陕省近日交涉事件日益繁多"，迫切需要"熟悉洋务"的官员办理相应事务，而当时在西安供差的户部候补员外郎阎海明"谙练笃诚，兼通西学"[②]，曾在朝廷派遣出使俄国、德国的外访队伍中担任翻译官，具备丰富的外交经验，因此升允奏请将阎海明留任西安，办理陕西洋务。这一提议获得了朝廷和户部的支持，阎海明由此成为陕西办理洋务的首位专职官员。[③]

截至光绪二十八年（公元1902年），全国其他多省已纷纷设立洋务局，负责办理交涉事宜，陕西作为内陆重要省区，连接中原与西北、西南边陲，"近则游历、传教之徒相望于道"，涉外事项渐趋繁杂，因而陕西巡抚升允参考其他省区做法，设立陕西洋务总局，于当年五月初一日正式启用。按照升允的设想，其职责在于"专司洋务，接洽外人，以期因应咸宜，免致临事贻误"[④]。在洋务总局成立之初，巡抚升允任命"稳练精明、才堪肆应"的存记候补道唐承烈任总办，"干材夙著、能达外情"的副将刘琦任会

---

① 杨绳信编著：《清末陕甘概况》，三秦出版社，1997年，第278页。

② 陕西巡抚升允：《奏请将户部员外郎阎海明留于陕西办理洋务事》，光绪二十七年八月初十日，附片，档号04-01-12-0607-081。

③ 陕西巡抚升允：《奏请将户部员外郎阎海明留于陕西办理洋务事》，光绪二十七年八月初十日，附片，档号04-01-12-0607-081。

④ 陕西巡抚升允：《奏为陕西省交涉事件繁多拟请设立洋务局事》，光绪二十八年六月十六日，录副奏片，档号03-5094-025。

办。[1]这一官员任命属于文官与武官搭配的组合。唐承烈时年54岁，山东邹县人，"老成练达，遇事裕如"，在洋务总局任职期间"明于交涉"。刘琦时年45岁，甘肃安化县人，历任西安城守协副将等，"勤能干练，机警过人"，具有军事指挥背景，加之熟稔陕西各方面情况，在洋务总局任职期间，"交涉要案，尤能动协机宜"[2]。以武官充任洋务总局会办，有助于洋务总局负责监督和管理在陕外国人的各类活动，例如保护其游历考察中的人身安全、防止其非法测绘军事要隘地图等。

陕西设立洋务总局、委任相应职官之后，"事有总汇，责有专归"[3]。在陕西巡抚、布政使等督饬之下，总办、会办等"平日则研究条约，有事则筹商应付"，系统学习、熟悉各类中外条约的内容，在发生涉外纠纷、事件时灵活运用，与地方官员会商解决，"务使情无不尽，案无不结"，在协调解决陕西各类涉外矛盾、纠纷，以及保护和接待外国人员方面发挥了重要作用。

（二）选址与经费

陕西洋务总局的办公地址，光绪二十八年六月巡抚升允在奏折中仅称"于省垣觅宅一区，作为公所"[4]，但未提及具体地点，令人困惑。而民国《续修陕西通志稿》《咸宁长安两县续志》及今《陕西省志·外事志》等对此亦未载及。据英国浸礼会传教士的记述[5]，可以推知洋务总局位于陕西高等学堂东侧，大致位处今菊花园西侧陕西日报社家属院一带。这里距离英国浸礼会创办的英华医院较近，且与雇聘有日本教习的陕西高等学堂相邻，处理涉及英国浸礼会传教士、日本教习等外籍人士相关事务十分近便。同时，这一带位于满城南墙以南的东南城区，总体上属于文教区域，办公环境安静。另外，洋务总局办公院落宽大，以至于能够通过出租院房获取租银，每年东侧前后院可收房租银150两，作为该局常年经费的补充。[6]

---

① 陕西巡抚升允：《奏为陕西省交涉事件繁多拟请设立洋务局事》，光绪二十八年六月十六日，录副，档号03-5094-025。

② 陕西巡抚升允：《奏请以刘琦补授陕西抚标右营游击事》，光绪二十八年十一月初九日，朱批，档号：04-01-17-0166-041。

③ 陕西巡抚曹鸿勋：《奏为陕西省洋务局出力人员在事四年无误援案请奖事》，光绪三十二年六月二十二日，录副奏折，档号03-5463-046。

④ 陕西巡抚升允：《奏为陕西省交涉事件繁多拟请设立洋务局事》，光绪二十八年六月十六日，录副，档号03-5094-025。

⑤ John Charles Keyte, *The Passing of the Dragon: The Story of the Shensi Revolution and Relief Expedition*, London, New York, Toronto: Hodder and Stoughton, 1913, p.115. 史红帅编著：《西方人眼中的辛亥革命》，三秦出版社，2012年，第52页。

⑥ 〔清〕陕西清理财政局编辑：《陕西全省财政说明书》，经济学会，1915年，第424—425页。

作为省级政府机关，陕西洋务总局的经费由陕西布政司库划拨，每年筹定6000两白银作为常年经费，按月拨支500两。①至于陕西布政司如何筹定此笔款项，陕西巡抚升允在奏折中并未明言。而据宣统年间陕西清理财政局编辑的《陕西全省财政说明书》记载，陕西洋务总局常年经费6000两白银来自朝廷赈济1898—1901年陕西大旱灾的赈余款息银。当时陕西布政司从赈余款中提发10万两库平银，发交商人生息。光绪三十三年（公元1907年），陕西布政司在赈余款下加发本银1.7万两，合连年存余息银8000两，加上此前所发10万两本银，共计本银12.5万两，以每月4厘起息，每年可得息银6000两。②值得一提的是，光绪二十八年陕西洋务总局设立之初，各项开支较大，因而陕西布政司拨银1.2万两，用于修缮办公房屋、置办各项器具，所有用款于年底造册上报户部核销。③相较于沿海、沿江对外交涉事务繁杂的各省，洋务开支"岁费常数万或数十万不等"，陕西洋务总局每年6000两经费的开支规模较小，主要就在于往来陕西的域外人士总体数量较少，"交涉之事较之东南各省，十不及一，故其经费亦省"。从官府角度而言，陕西"地僻事简，鲜接待赠答诸事"④，涉外开支较少倒也减轻了地方财政压力。

在开支方面，陕西洋务总局的经费主要用于支付人员薪酬、接待费、书报费、杂支费等。陕西洋务总局负责管理之责的官职包括总办、会办、提调各1人，业务人员岗位设有文案、收支、统计、翻译、监印兼核对、接待专员等，总人数约为10人。随着涉外事务的增多，在1906—1911年间，洋务总局人员数量有所增加，为10~15人。这两类人员是陕西洋务总局的核心群体，每年薪酬及差费等共支库平银4164.417两。⑤同时，陕西洋务总局亦有后勤服务群体，包括司事、书识、局勇、茶夫、厨夫等各项人役，其薪酬每年共支库平银957.681两。此外，陕西洋务总局在伙食、杂支方面，每年共支库平银857.2两。上述三项开支合计银5979.298两，属于"经常之费"，均由前述6000两息银中开支、核销。⑥

① 陕西巡抚升允：《奏报筹定洋务局常年经费缘由事》，光绪二十八年十二月二十七日，附片，档号04-01-35-1063-026。
② 〔清〕陕西清理财政局编辑：《陕西全省财政说明书》，经济学会，1915年，第424—425页。
③ 陕西巡抚升允：《奏报筹定洋务局常年经费缘由事》，光绪二十八年十二月二十七日，附片，档号04-01-35-1063-026。
④ 〔清〕陕西清理财政局编辑：《陕西全省财政说明书》，经济学会，1915年，第424—425页。
⑤ 〔清〕陕西清理财政局编辑：《陕西全省财政说明书》，经济学会，1915年，第424—425页。
⑥ 〔清〕陕西清理财政局编辑：《陕西全省财政说明书》，经济学会，1915年，第424—425页。

对于陕西洋务总局来说，在常年经费之外，接待费、书报费、临时开支等必不可少。以宣统元年（公元1909年）为例，该局接待洋人23起，共39人，购买烟酒等费银126.4两，全年置买什物及零星杂用支银124.9两，购买各项书报费支银402.3两，临时费用库平银527.1两，合计1180.7两。[①]

（三）人员分工及奖叙

前已述及，按照岗位职责和工作内容，陕西洋务总局的任职人员分为三类，即管理岗位的总办、会办、提调，业务岗位的文案、翻译、接待专员等，以及后勤服务岗位的局勇、茶夫、厨夫等。前两类人员负责洋务总局的核心事务，后一类人员则属于辅助、服务性质。为提高局员尽职尽责的积极性，光绪二十八年（公元1902年），陕西巡抚升允奏设洋务总局之初，就确立了12条管理章程，其中第11条明确规定，对于局中"在事勤慎"的人员，参照其他各省洋务局章程，每三年向朝廷奏奖一次。[②]毫无疑问，洋务局中仅管理岗位和业务岗位的人员有奏报奖叙的机会，而能获得朝廷嘉奖，为洋务局任职人员顺利升迁提供了助力。

核实而论，对于洋务总局官员来说，在与长途游历的域外考察者、代理运货的洋行华伙、四处宣教的欧美传教士、任职邮局与学堂等处的外国人士等打交道时，"交涉之繁，有加无已"，事涉中外关系，责任更显重大，并非仅仅"大事化小，小事化无"。陕西巡抚曹鸿勋即评价认为："该局自总办以下，或指示机宜，或综图文牍，或掌度支，或任奔走，以及一切庶务，历年勤奋，始终如一。即下至书议人等，检查条约，经理档案，亦能黾勉从公，均不无微劳。"[③]光绪三十二年（公元1906年）六月，有鉴于洋务总局设立"四年以来，大事化小，小事化无，其得力于在局各员者盖已不少"，参照山东、河南等省做法，曹鸿勋遂向朝廷上报该局奖叙人员名单，"援案请奖，以资鼓励"[④]。此次拟请奖叙人员按照劳绩类型分为异常、寻常两类，以示区分，共计15名，列表如下：

---

① 〔清〕陕西清理财政局编辑：《陕西全省财政说明书》，经济学会，1915年，第424—425页。

② 陕西巡抚曹鸿勋：《奏为陕西省洋务局出力人员在事四年无误援案请奖事》，光绪三十二年六月二十二日，录副，档号03-5463-046。

③ 陕西巡抚曹鸿勋：《奏为陕西省洋务局出力人员在事四年无误援案请奖事》，光绪三十二年六月二十二日，录副，档号03-5463-046。

④ 陕西巡抚曹鸿勋：《奏为陕西省洋务局出力人员在事四年无误援案请奖事》，光绪三十二年六月二十二日，录副，档号03-5463-046。

表 14-2　光绪三十二年陕西洋务总局请奖人员一览表①

序号	劳绩类型	姓名	原职衔	请奖职衔
1	异常	文龙	花翎陕西试用道	请加二品衔
2		程崇信	陕西试用知府	请归候补班前先补用
3		尹序周	同知衔陕西议叙知县	请以本班先补用
4		刘琦	已革花翎总兵衔留陕尽先补用副将抚标右营游击	请开赴原衔翎枝
5		李有铭	浙江武备学堂卒业生蓝翎五品顶戴翻译	请以巡检分省补用
6	寻常	姜渭	花翎知府用陕西定远厅同知	请俟补知府后以道员用
7		童锡笙	直隶州用陕西大挑知县	请俟补直隶州后以知府用
8		李树培	直隶州用陕西大挑知县	请俟补直隶州后以知府用
9		贾孝穆	提举衔陕西试用通判	请俟补通判后以同知用
10		董用成	提举衔陕西候补通判	请俟补通判后以同知用
11		官其震	同知衔陕西试用知县	请俟补缺后以直隶州用
12		刘毓桢	陕西试用县丞	请俟补缺后以知县用
13		沈守谦	县丞衔监生	请以县丞选用
14		白宝珩	从九品衔	请以从九候选
15		韩廷桢	未满吏	请赏县丞职衔

注：
① 陕西巡抚曹鸿勋：《呈陕西省洋务局出力人员分别异常寻常劳绩援案请奖各衔名清单》，光绪三十二年六月二十二日，单，档号03-5463-052。

　　15名请奖人员中，有5人属于异常劳绩，10人属于寻常劳绩。从议叙人员职衔可以看出，陕西洋务总局的任职者多属于试用、候补官员，职衔自高至低分别为试用道台、知府、同知、知县、通判、县丞等，此外还有武官、监生、未满吏等。①其中浙江武备

---

　　① 陕西巡抚曹鸿勋：《秦为陕西省洋务局出力人员在事四年无误援案请奖事》，光绪三十二年六月二十二日，录副，档号03-5463-046。

学堂卒业生李有铭在洋务总局担任翻译，能够以异常劳绩请奖，也反映了该局对外事专业人才的重视。

　　随着光绪三十二年（公元1906年）京汉铁路、宣统元年（公元1909年）汴洛铁路相继通车，"交通日密"，前赴陕西等西北内陆地区拓展宣教区的欧美传教士络绎不绝，往来西安等地考察、游历、采访的域外人士数量大增，"几于无日无之"；加之清末新政实施，"风气大开"，雨后春笋般兴起的新式学堂、工厂积极延聘外国工程师、教习任职，"借材异地者，实繁有徒"。①陕西对外交流的局面发展迅速，而普通民众往往对洋人及其相关活动怀有抵触情绪，如何妥善办理涉外事务，确保"法权毫无损失，于地方同邀幸福"，就成为陕西洋务总局面临的艰难挑战。为将外事纠纷或矛盾"化大为小，化小为无"，洋务总局官员加强了对国际情势的了解和各国国情的学习，平时认真研究涉外条约，与外国人员、机构、团体等保持联系，因而在发生相应事件时能周全处置，即所谓"联络得法，应付有方"。②

　　按照洋务总局章程与管理，宣统三年（公元1911年）五月，陕西巡抚恩寿奏请朝廷奖叙11名"力顾大局、著有微劳"③的局员。其姓名、职衔如下表所示：

表14-3　宣统三年陕西洋务总局请奖人员一览表①

序号	劳绩类型	姓名	原职衔	请奖职衔
1	异常	张凤岐	花翎陕西试用道	请归候补班
2		熙栋	山西已保撤销知县试用县丞	请免补本班仍以知县归原省候补
3		游锡龙	江苏已革议叙先用知县	请开复原官仍归原省补用
4		范锡光	陕西试用知县	请免补知县以同知直隶州仍归原省补用
5	寻常	王公亮	三品衔道员用陕西候补知府	请俟归道班后赏加二品衔
6		祝丕基	陕西候补直隶州州同	请俟补缺后以知州仍归原省补用

---

　　①《折奏类二：陕西巡抚恩寿奏办理洋务局出力人员请奖折（并单）》，载《政治官报》1911年第1309号，第13—14页。
　　②《折奏类二：陕西巡抚恩寿奏办理洋务局出力人员请奖折（并单）》，载《政治官报》1911年第1309号，第13—14页。
　　③《折奏类二：陕西巡抚恩寿奏办理洋务局出力人员请奖折（并单）》，载《政治官报》1911年第1309号，第13—14页。

序号	劳绩类型	姓名	原职衔	请奖职衔
7		王恩沐	盐提举衔陕西试用通判	请俟补缺后以直隶州知州补用
8		姚文蔚	直隶州用陕西试用知县	请加四品衔
9	寻常	武绍元	陕西议叙知县	请俟补缺后以直隶州知州补用
10		梁震岷	同知衔陕西补用知县	请俟补缺后以直隶州知州补用
11		乔海峰	陕西即用知县	请俟补缺后以直隶州知州补用

注：

① 陕西巡抚恩寿：《呈陕西洋务局出力请奖人员衔名清单》，宣统三年五月初四日，单，为7454—125附件，档号03—7454—126；《折奏类二：陕西巡抚恩寿奏办理洋务局出力人员请奖折（并单）》，载《政治官报》1911年第1309号，第13—14页。

从请奖职衔分析，洋务总局任职人员在经过三四年的勤勉工作之后，大都能够进一步提升职衔或加快担任实职的步履。如江苏已革议叙先用知县游锡龙跟随巡抚恩寿来陕，负责办理洋务总局文案，"遇有公牍折辩，及函答事宜，均能根据约章潜消衅患"①，经此次请奖后，即可开复原官、归江苏省补用。不过，通过请奖等程序实现人员升迁调转、任职他地也导致洋务总局人员流动性较大。光绪三十二年、宣统三年分别请奖15人、11人，但无一人重合，在一定程度上反映了洋务总局中连续多年任职的人员极少，一般在任职三四年请奖之后即赴他任。

二、陕西洋务总局的职能

陕西洋务总局作为省级机构，受陕西巡抚、布政使管辖，对各府州厅县涉外事务负有指导和管理之责。正如陕西厘税总局被称作"西安厘税总局"一样，陕西洋务总局也有"西安洋务总局"之名。形成鲜明对照的是，虽然同为省级专业管理机构，但陕西各地分设有众多厘税分局、厘卡等下属机构，而洋务总局虽以"总局"命名，在各府州县却并无分局，因而实际上全省涉外事务均由陕西洋务总局一家机构负责管理，职责事关重大。但在民国《续修陕西通志稿》、《陕西省志·外事志》等志书中，对于陕西洋务

① 《折奏类二：陕西巡抚恩寿奏办理洋务局出力人员请奖折（并单）》，载《政治官报》1911年第1309号，第13—14页。

总局的职能并无论述。笔者基于清代奏折档案、《秦中官报》等所载陕西洋务总局办理的案件、批稿等，归纳了该局重点负责的五项事务。总体来看，陕西洋务总局负责管理省域内与外国人员、机构、团体、中外条约等相关的各项事务，涉及处理教务纷争、协调对外贸易、接待外国人士、培训外事人才、采编交涉文献等。

（一）处理教务纷争

清代后期，在常驻西安、三原、汉中等地的外国人群体中，以天主教和基督教来华传教士占比最大。随着各类外国教会在陕西的扎根与发展，各类教堂、福音堂的设立，传教区的扩大，教会势力对陕西区域社会的影响日渐加大，外国教会和传教士通过创办医院和孤儿院、兴办学校、捐款赈灾等多种途径传播"福音"、吸收信徒。从客观角度而言，教会相关事业在一定程度上推动了陕西医疗卫生、文化教育、赈灾防灾等领域的近代化进程，但同时在宗教传播过程中容易发生外国神职人员与本土官民、教民和百姓之间的矛盾与纷争。光绪三十二年（公元1906年）六月，陕西巡抚曹鸿勋在奏折中即明确指出："陕省洋务以教案为最难。自内地弛禁后，高陵、城固两县，实为天主总教堂建置之所，渐推渐广，遂至遍地林立。民教争讼，无处无之，而耶稣、福音、救世各堂亦同时树帜，虽宗旨各有不同，而遇事之难于调和则一也。"[①]如果仅是民众与教会及教民发生普通纠纷，尚属于地方治理、区域治安的范畴，而一旦纠纷扩大，矛盾激化，就极易升级为外交争端，即所谓"寻常民教龃龉，涉及词讼，即枝节横生，往往发端极细，而酿成外交，起衅甚微，而牵动全局"[②]。

朝廷为避免民教纠纷引发激烈冲突、酿成中外交涉事件，多次发布谕令要求各地保护教堂及外侨安全。陕西各州县官员处于办理地方教务的第一线，但大多受制于对中外约章及各国情形不甚熟悉，外事经验不足，办理时"曲意周旋，兢兢惟恐不逮"，造成陕西涉外事务"不为江海各行省之繁剧，而其情形反较东南诸大地为艰难"的尴尬局面。[③]例如光绪二十六至二十七年（公元1900—1901年）间在陕南宁羌州燕子砭、陕北靖边县宁条梁（又称银条梁）发生的两次教案，负面影响甚大，而当时陕西并没有专门

① 陕西巡抚曹鸿勋：《奏为陕西省洋务局出力人员在事四年无误援案请奖事》，光绪三十二年六月二十二日，录副，档号03-5463-046。
② 《折奏类二：陕西巡抚恩寿奏办理洋务局出力人员请奖折（并单）》，载《政治官报》1911年第1309号，第13—14页。
③ 陕西巡抚曹鸿勋：《奏为陕西省洋务局出力人员在事四年无误援案请奖事》，光绪三十二年六月二十二日，录副，档号03-5463-046。

办理洋务的机构，未能及时妥善处理，最终"虽幸了结，固已大费磋磨"[①]。曹鸿勋总结其教训认为，假若事发时陕西省设立有洋务总局，能够"随时指示"，从中协调，民教争端则"未必决裂至于后来之甚"。[②]

自光绪二十八年（公元1902年）陕西设立洋务总局之后，"事有总汇，责有专归"，传教等涉外事务均有洋务总局熟悉中外条约内容的专门人员管理、协调和处置。洋务总局不仅时常派遣局员赴各地与地方官员会商办理，而且遇有地方官府难以措置的重要案件，则由洋务总局接办，"务使情无不尽，案无不结"[③]。各地知州、知县等官员眼见作为省级主管机关的陕西洋务总局如此重视解决教案，在办理教务事宜时遂"不敢苟且敷衍"；而天主教会的主教、基督教会的牧师等教会人士平日与洋务总局多有信函等交流，"见该局推诚相与，亦遂输诚化嫌，与之情通"[④]，也有利于化解民教矛盾。

概括来说，陕西洋务总局的职责之一就是依据清朝律法、中外约章，妥善办理各项与教会、教堂、传教士及教民相关的事件，避免引发国与国之间的外交争端。

汉中府城固县古路坝天主教堂在陕南地区颇有影响，意大利籍主教拔士林常驻于此，不仅有介入民教纠纷之举[⑤]，而且有干预教民捐修文庙、摊认迎神演戏费用等事。光绪三十年（公元1904年），陕西洋务总局由议叙知县尹序周拟稿，在给拔士林的复文中追根溯源、引用外交成案与条约规定，详细说明了捐修文庙的原委和实际情况，指出"现在各处并无捐修文庙之事，贵教既不愿捐，且待临时通融商酌，似不必于无事之日预为饶舌"[⑥]。这一回复有理有节，既阐明了洋务总局的立场、尊重了地方习俗，也顾及了教会的颜面。

在处理有关本土传教士、教民干预词讼等案件时，洋务总局采取的措施就更为严格。如光绪二十八年，宝鸡县教民王总反对官府加纳差徭，在交涉时"有藐视官长之

---

① 陕西巡抚曹鸿勋：《奏为陕西省洋务局出力人员在事四年无误援案请奖事》，光绪三十二年六月二十二日，录副，档号03-5463-046。

② 陕西巡抚曹鸿勋：《奏为陕西省洋务局出力人员在事四年无误援案请奖事》，光绪三十二年六月二十二日，录副，档号03-5463-046。

③ 陕西巡抚曹鸿勋：《奏为陕西省洋务局出力人员在事四年无误援案请奖事》，光绪三十二年六月二十二日，录副，档号03-5463-046。

④ 陕西巡抚曹鸿勋：《奏为陕西省洋务局出力人员在事四年无误援案请奖事》，光绪三十二年六月二十二日，录副，档号03-5463-046。

⑤ 《洋务局照覆城固县教堂拔主教请提讯衙长绪等一案文（文案议叙知县尹序周拟稿）》，载《秦中官报》1904年第53—60期，第91—93页。

⑥ 《洋务总局照覆汉中府总天主堂拔主教文（文案议叙知县尹序周拟稿）》，载《秦中官报》1904年第26期，第17—18页。

心，藉教妄为"。为此，洋务总局依据约章中"不许华教士与教民干预地方公事"的条款，要求宝鸡县尽快查拿王总，以"绥靖地方"。①光绪三十一年（公元1905年），咸阳县教民张忠仰仗人教身份，代人帮讼，"直入公署，挟制官吏"②。洋务总局依据条约所载"中国习教民人，凡中国律令之事，仍由地方官照例承办"等，上报巡抚批示咸阳县严加治罪，不应以"教民"或"平民"而区别处置。同年，略阳县也出现教士王奉元"干预词讼、殴辱官长"的事件。洋务总局指出教民"为代人请托讼事，手执皮鞭，打役詈官"③的恶劣行为不仅违背条约规定，也干犯了教规；同时，亦指出当地之所以出现教民"得步进步"的情形，与知县在处理涉外事务时采取息事宁人的"庸懦"做法有很大关系，尤其该知县曾为教堂"挂匾挂红"，以至于"大长教民之刁风"。可见，洋务总局在为各州县官员提供处理涉外事件指导意见之际，也据实指出地方发生教务纠纷的深层次原因。

清后期，美国传教士鄂爱宁在兴平县桑家镇长期"行医传教"，其活动受到历任兴平知县的保护，官府对其"以礼相接，并无龃龉"。随着入教人数的增加，该教会与地方社会之间的矛盾逐渐显现。光绪三十年（公元1904年），教民刘慰心等愿将房地捐给教会设立女学，与族人产生纠纷，鄂爱宁随即向兴平知县交涉此事。接报后，陕西洋务总局指导兴平县署对此事进行了妥善处理。④光绪三十二年（公元1906年），甘泉县发生教民房产纠纷事件，由于有传教士介入其间，最终直至洋务总局出面才得以解决。⑤从上述事例可以看出，陕西洋务总局办理的教务案件十分繁杂，既关涉外国教会、教堂和外籍传教士，也与各州县官署、官员和本土教民有关，而该局依据清朝律法和中外条约等规章、成案，提供的建议和采取的举措具有专业性，为推进清末陕西对外交流的平稳发展做出了重要贡献。

（二）协调对外贸易

清代后期，在往来、驻留西安的域外人士群体中，除传教士、教习、探险家、考察者等类型之外，欧美、日本等的"洋商"也是重要组成部分之一。在巨额利润的驱使

---

① 《洋务局批宝鸡县禀查拿审办藉教扰民之王总一案由》，载《秦中官报》1905年三月第6期，第13—14页。
② 《洋务局详院□咸阳县禀教民张忠直入衙署各情照章锁系由》，载《秦中官报》1905年十一月第3期，第15—17页。
③ 《洋务总局总办唐致汉中天主堂毕教士德修函》，载《秦中官报》1905年十一月第2期，第19页。
④ 《洋务总局批兴平县讯判鄂教士嘱追刘慰心等捐助房地票（录原票）》，载《秦中官报》1905年二月第6期，第9—13页。
⑤ 《秦中官报》1906年四月第3期，第152—153页。

下，外国商人、洋行克服交通险阻等困难，往来西北各地从事贸易活动，他们一方面大量收购羊毛、木料等土产、原料，运往东部地区或本国加工，另一方面以西安等地为核心市场倾销机器生产的"洋货"。与教会时常介入地方事务引发纠纷相似，完全从商业利益出发的洋商及其华伙在贸易活动中更容易与厘税机构、民众产生矛盾。光绪三十二年，陕甘总督升允在总结外国势力对内陆社会的负面影响时，就将教会与洋商相提并论，称："近年来教会愈多，教民愈肆，往往以驻堂之徒侣干地方之政权，买货之洋商挠内地之税务"①。陕西巡抚曹鸿勋对此也深有感触，明确指出"联单华伙，倚势闯越，若此等类，指不胜屈"②的严重状况。

陕西厘税总局及其分支机构作为厘税征收机关，在本土商贩征税方面颇为得心应手，但在办理涉及洋商、华伙、洋行等厘税征收事宜时，就需要陕西洋务总局的协作与介入。例如，光绪三十一年（公元1905年），英国太古洋行代理商人在甘肃采买467包羊毛，运往天津。途经泾阳县时，被该县厘税局查出洋行联单不符，存在"蓄意重用"的问题。此案即由陕西厘税总局与洋务总局会商办理，堵住了洋行偷漏厘税的"漏洞"。③光绪三十二年，比利时参赞雇用华伙向甘肃运送矿机等物40箱，途经西安时，被咸宁县查出有"私带货物、偷漏厘税"之嫌。此事在陕甘总督升允指示下，由陕西洋务总局会同厘税总局、咸宁县、长安县等商办，除将矿机运往甘肃外，其余私货均予充公。④这一处理结果既确保了进口矿机顺利运往甘肃发挥效用，又打击了走私商货的不法行径，也没有引发外交争端。陕西巡抚曹鸿勋称赞洋务总局人员在办理外贸案件中发挥了积极作用："则教案之外颇资得力者，又不能不归功于局员也"⑤。

除了参与办理洋商厘税等相关案件，陕西洋务总局对省城西安市场上出现的洋行违规经营活动也予以严格监管。光绪三十一年，洋务总局总办调查发现，西大街桥梓口附近有两家商铺悬挂洋行牌匾，其中乾元店门首挂"吉祥洋行"，瀛丰店门首挂"德胜洋

①　陕甘总督升允：《奏为遵旨汇保甘肃洋务局在事出力各员开单请奖叙事》，光绪三十二年七月十三日，录副，档号03-7129-033。
②　陕西巡抚曹鸿勋：《奏为陕西省洋务局出力人员在事四年无误援案请奖事》，光绪三十二年六月二十二日，录副，档号03-5463-046。
③　《洋务厘税总局会详泾阳县局查出商人李姓采运羊毛所持洋行联单不符一案遵请咨销由（厘税总局文案委员大挑知县童锡笙拟稿）》，载《秦中官报》1905年八月第2期，第12—14页。
④　《洋务局移厘税总局奉督部堂电将张珩张克谦余货充公文》，载《秦中官报》1906年九月第3期，第14页；《申报》（上海版）1906年11月26日第12072号第2版。
⑤　陕西巡抚曹鸿勋：《奏为陕西省洋务局出力人员在事四年无误援案请奖事》，光绪三十二年六月二十二日，录副，档号03-5463-046。

行"，两家均出售各种洋货，成为域外商品在西安城销售的重要集散点。虽然从商品流通角度而言，这两家洋行在输入外国商品、活跃西安市场方面有值得肯定之处，但从当时相关条约规定而言，两家洋行均属违规经营。陕西洋务总局在查核相关约章后明确指出，洋商可以进入内地销售商货，但禁止在内地及非通商口岸设立"行栈"。而乾元店与瀛丰店公然"大书洋行字样"，销售外国商货，与约章规定"殊属不合"，因而指示长安县照章查封，并对其开设洋行内情进行调查。①从这一案件处理过程来看，陕西洋务总局能够在熟悉大量条约内容的基础上，依据地方发生的实际情况相机处置，确保规章中有关利权条款的执行。

（三）接待外国人士

作为专门办理涉外事务的机构，陕西洋务总局平时既与省内各府州县的外籍传教士等保持函件联系，亦会在局内接待某些途经西安的外国人。接待费用因而成为该局的基本开支之一。

光绪三十三年（公元1907年）9月，陕西洋务总局官员尹序周与作为英文翻译的陕西高等学堂教务长王猷②，拜访了赴西安仿刻景教碑的丹麦探险家何乐模。何乐模随后前往陕西洋务总局回访，自诩为"陕西省洋务局正式招待的第一个白人"③。在这次招待会上，陕西洋务总局为丹麦客人提供了水果、点心、茶水，甚至还有日本麒麟啤酒、红葡萄酒等，令何乐模印象深刻。④由此可以看出，陕西洋务总局在接待外国客人方面，参考了西方外交礼仪和饮食习惯，考虑颇为周全。据陕西洋务总局统计，宣统元年（公元1909年），该局共接待洋人23起，计39人，仅购买烟、酒等物就耗银达126.4两。⑤

通过相应的外事管理、保护和联络等举措，陕西洋务总局与长期驻留西安的外籍神职人员保持着紧密联系，甚至建立起了良好关系。例如，光绪三十一年（公元1905年）春，位于西安府高陵县的通远天主教堂意大利籍陕西主教何理熙病故。在接获高陵县禀

---

① 《洋务总局札长安县饬查乾元等店擅招吉祥等洋行查封提究文》，载《秦中官报》1905年九月第6期，第18页。

② 西北大学历史系、原中国社会科学院陕西分院历史研究所编《旧民主主义革命时期陕西大事记述（一八四〇——一九一九）》（陕西人民出版社，1984年）第161页、西安市地方志编纂委员会编《西安市志》第1卷《总类》（西安出版社，1996年）第72页均直接称"王猷君"，未察"君"为日文"先生"之文雅称谓，而以为姓名中有"君"字，误。

③ 〔丹〕何乐模：《我为景教碑在中国的历险》，史红帅译，上海科学技术文献出版社，2011年，第116页。

④ 董泰蜀：《1907年何乐模仿刻景教碑的活动及其影响考述》，见西安碑林博物馆编：《碑林集刊（十六）》，三秦出版社，2011年，第339—351页。

⑤ 〔清〕陕西清理财政局编辑：《陕西全省财政说明书》，经济学会，1915年，第424—425页。

报后，陕西布政使樊增祥、陕西洋务总局在批文中褒扬称，何主教在世时"劝善惩恶，达理通情"，且与洋务总局"函牍往来，从无龃龉"，彼此交流顺畅，因而对其"一日长逝，悼惜良深"。为表悼念之意，洋务总局专门发去一幅挽幛，上书"教思无穷"，由高陵知县送往教堂，亲往吊奠，"以彰睦谊而旌善人"。[①]洋务总局为外籍主教致送挽幛，且在公文中称之为"善人"，表达悼念之情，足见双方在长期交往、交流过程中形成、保持了良好关系，也堪称西安中西交流史上的一段佳话。

在清末实施新政期间，陕西省兴办了一批邮政局、新式学堂等，聘请了欧美、日本等国工程师、教习等专业人士任职期间，对陕西洋务总局而言，"交涉之繁，有加无已"。由于邮政、电报、电线等新兴行业需要外籍人员参与管理、运营，但"有无知愚民，见有洋员出入，遂疑为洋员所设"，不仅出现破坏设施的事件，而且影响到外国从业者的安全。光绪三十二年（公元1906年），陕西洋务总局就针对保护各地邮政局一事向全省商民发布告谕，明确指出"邮政虽经洋员督办，实系经我聘请前来，代我出力，其利益仍系中国所有，绝不与外人相干"[②]，要求民众对邮政系统及递送函件"加意保护"，也从侧面解释了在邮政、电报等行业任职的外籍人员的作用，在一定程度上有助于民众改变对洋人的固有观念。

（四）培训外事人才

在上述直接面对外籍人士的各项事务之外，陕西洋务总局也注重局员交涉能力的提升，为局员出任地方官后妥善应对涉外事件打下了一定基础。

陕西洋务总局在成立初期，就已认识到培养和储备外事人才的重要性。光绪三十年（公元1904年），负责管理陕西洋务总局事宜的盐法道常裕、布政使樊增祥、按察使锡桐议定，按照该局章程，为"储异日有用之才"，在候任、试用官员中选调人员，参与洋务总局的日常事务，称之为"学习文案"，目的在于使此类人员熟悉对外交涉事务，尤其是在洋务局系统学习涉外条约与规章的内容，"按照章约分门肄习"，以便后续在各地担任实职官员或参与路政、矿政时，处理涉外事务得心应手。试用知县姚文蔚即为第一批选调培训的官员之一。接受培训的官员"轮流住局"，学习文案稿件与涉外之"旧约、新章"，注重实用性。这类接受培训的人员，实际即相当于"实习生"，也按

---

① 《藩司樊批高陵县票报洋务局该县教士何理熙病故夹单（录原票）》，载《秦中官报》1905年四月第4期，第10页。

② 《洋务局晓谕商民人等中国所设邮政局各约保宜保护稽查文》，载《秦中官报》1906年三月第1期，第17页。

照3年期限，若"始终勤奋无误"，洋务总局对其也按照章程规定，向朝廷请奖，以示鼓励。①

（五）采编交涉文献

清代后期，随着东西方交流新格局的形成，国与国之间的交往日趋密切，"海禁大开，轨航并进，国与国相际则相争，欲弭争进化，不能不假公义以扶持"②，国际法、中外条约就成为处理、协调清朝涉外事务的重要依据之一。从文献属性而言，"条约则未事之纲，而成案则已事之的"，通过参考条约内容，"可以知万国之公理公法而师其意"，借鉴各省办理外交成案，"可以知一方一域之人情而师其迹"。③朝廷外务部正是在"交通愈广，教务繁兴"的背景下，采辑全国各省的涉外成案编汇成册，供各省洋务机关参考，以期防微杜渐。

陕西洋务总局在办理涉外事件的过程中，主要依据就是国际法、清政府与其他国家签订的条约、各省办理洋务的成案。随着清后期来华外国人数量的增加及活动范围的扩大，涉外条约和各地办理成案的数量也大为增多。陕西洋务总局为了能及时、高效地参酌条约与成案，一方面从外务部下属机构每年订购一编《约章成案汇览》，"以备观摩而资续发"④，另一方面组织编写了《陕省交涉成案辑要》一书。

《陕省交涉成案辑要》的编写具有强烈的现实性与紧迫性。陕西作为"僻处西陲"的内陆省份，其官员与民众整体上对西方世界、域外人士的了解极少，有"见闻较隘"之谓，尤其是地方官员限于外交知识和经验的匮乏，在处理涉外事务时往往缺乏参考和依据，致使外国人在西安及陕西各县活动时，存在"乘间欺朦"的问题。例如普通的外国游历者会向地方官府"滥索供支"，造成开支负担；平常的民教纠纷，教会及传教士会"妄思干预"。地方官在处置时往往有"百端困难"之感，一旦处理不善，则会出现"其多方之要求，与群情之浮动，几至不可收拾"的严重后果，如宁羌州、大荔县教案均属此类。⑤幸赖陕西巡抚、布政使及洋务总局官员往复磋商，才得以"和平定议"，妥善解决。陕西洋务总局在日常实践中发现，中外条约固然为办理涉外事件提供了大的框架，但在涉及千差万别的具体案件时，则需要因时制宜、酌量变通；而沿江沿海省区

① 杨绳信编著：《清末陕甘概况》，三秦出版社，1997年，第274—275页。
② 《抚部院恩批洋务总局详报拟选陕省交涉成案辑要请示由》，载《陕西官报》1908年第7期，第14—17页。
③ 《抚部院恩批洋务总局详报拟选陕省交涉成案辑要请示由》，载《陕西官报》1908年第7期，第14—17页。
④ 《抚部院恩批洋务总局详报拟选陕省交涉成案辑要请示由》，载《陕西官报》1908年第7期，第14—17页。
⑤ 《抚部院恩批洋务总局详报拟选陕省交涉成案辑要请示由》，载《陕西官报》1908年第7期，第14—17页。

与陕西省情民俗差别明显，在援引他省成案时亦不可生搬硬套。因此，从外务部订购的《约章成案汇览》并不能完全满足陕西洋务总局参考、借鉴之需。

自光绪二十八年（公元1902年）陕西洋务总局设立之后，相关涉外公文、判牍，例如陕西巡抚、布政使、洋务总局总办等的批文、洋务总局发布的调和教民与百姓关系的告示、照会教堂的公函等，类型多样，数量丰富，有"成典如林，不可枚数"①之谓。光绪三十四年（公元1908年），陕西洋务总局在上报巡抚恩寿申请编纂《陕省交涉成案辑要》时指出"前事不忘，后事之师"，该局自光绪二十八年成立之后的6年间，已办理了大量涉外事件，处置举措和结果不仅能为日后洋务总局工作提供借鉴，同时也能让涉事外国人心服口服，即所谓："本省之成案，曩日行之，异日效之，在我甚便于取裁，在彼更无所藉口乎？"②

当然，作为"辑要"汇编，该局在内容上进行了慎重拣选，"其间去取宜审，考订宜详，编纂凡例并宜先事思维，斟酌妥善"。在编纂流程上，先将选辑章程拟议条目，经会商审定，选取了一批"有裨时局，可为吾陕通行"的具有代表性、普遍性的案例，"按依门类，纂序成编"。该局文案委员议叙知县尹序周、试用知县姚文蔚先后接续，在光绪三十四年底编辑完成《陕省交涉成案辑要》。经陕西巡抚恩寿审阅后刊印，"以昭遵守，而资则效"③。作为近代陕西历史上第一部外事文献汇编，该书"系为汇存外交掌故"，旨在"专为陕省日后办理外交"参考，虽然在文献采择上有"一隅之举，疏漏不完"的不足，但优点在于可借此"由一返三，进达乎外交之目的，而博观乎公法公理之全"，总体上有利于达成陕西巡抚等一省主政者"柔远能迩，安内攘外"④的初衷。

---

① 《抚部院恩批洋务总局详报拟选陕省交涉成案辑要请示由》，载《陕西官报》1908年第7期，第14—17页。
② 《抚部院恩批洋务总局详报拟选陕省交涉成案辑要请示由》，载《陕西官报》1908年第7期，第14—17页。
③ 《抚部院恩批洋务总局详报拟选陕省交涉成案辑要请示由》，载《陕西官报》1908年第7期，第14—17页。
④ 《抚部院恩批洋务总局详报拟选陕省交涉成案辑要请示由》，载《陕西官报》1908年第7期，第14—17页。

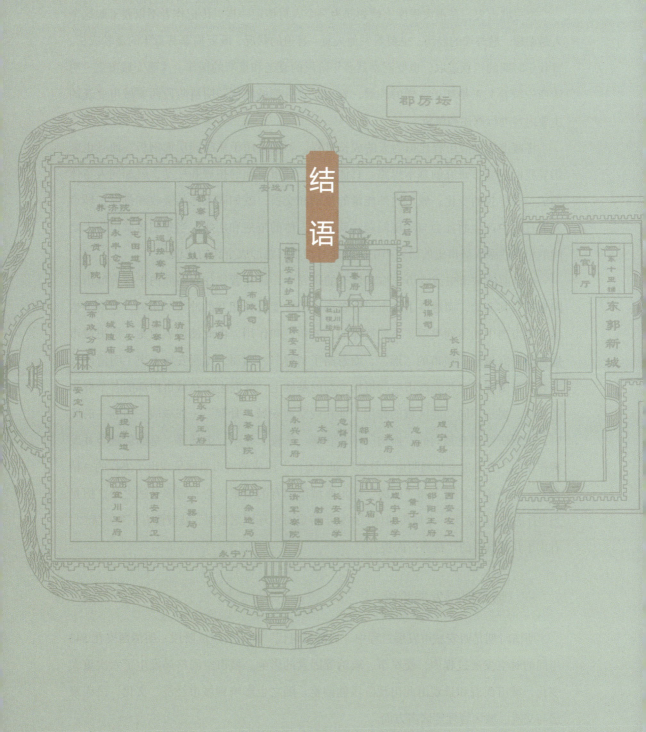

结语

撰写城市史，在很大程度上就如同为一个人写传记一样，传记作者不仅要了解这个人最荣耀、最辉煌的经历，也要看到他失意、窘迫的状况，既要描摹其童年的蓬勃成长、青壮年时期的锐意进取，也要洞察其暮年阶段的衰老和重新的振作。《西安城市史·明清西安城卷》正是基于这样的理解，着力对"后都城时代"明清阶段西安城市变迁的主要内容进行阐述和解析。

将城市的发展历程比拟为人的成长过程，不仅适用于从时间层面剖析，而且也能指导我们对城市研究的基本思路。具体而言，城市空间的拓展和变动，就如同人身体的成长和样貌的变化；城市内外能量的流动和交换，就如同人体的吸收和排泄；城市发展过程中产生的社会与环境问题，就如同人体的疮疤和疾病。当我们将城市与人之间的相似性融入城市史的研究当中，就能对很多问题形成全新的认识。

在以前的城市史或者历史城市地理的研究中，研究者往往容易倾向于探究城市空间格局及其变动，而忽略了城市肌体各部分的机能及其相互的冲突与协调，忽略了生活在城市当中的不同类型、不同群体的人的角色和作用，由此使得城市史、历史城市地理的研究偏重于城市的"形"，而忽略了"神"。因而，《西安城市史·明清西安城卷》力图在阐明西安城市空间格局变动的基础上，探究生活在城市内部的各个群体的活动，揭示不同功能区域的作用，即在观察西安城"骨架"（如城墙、街巷）的同时，也要研究填充其间的"血肉"（如官署、学校、寺宇、市场等）是如何融合并发挥作用的，更要进一步阐明由"骨架"和"血肉"组成的城市肌体呈现出了怎样的"精神"。如果说"骨架"和"血肉"是每座城市都有的要素，会有很多共通之处，但是当"骨肉相连"成为一个城市肌体，并处于特定时空环境之下时，城市便有了独一无二、有别于其他城市的"精神"面貌。

一、城市时空发展阶段

明清时期是西安城市发展过程中"后都城时代"的重要组成阶段，明清西安在543年间的时空发展过程中，受军事、政治等因素的影响，城市空间格局发生了六次重大变化，城市面貌和景观由此出现阶段性调整，随之也影响到城市经济、文化、民族聚居与交流、城区管理等诸多方面。

明代初年，虽然西安在备选国都的朝廷讨论中未能拔得头筹，但明太祖朱元璋和朝臣们对西安重要地位的认知十分清晰。这一朝廷共识体现在两方面的实际举措之中，一是扩大西安城区规模，即在奉元城基础上，向东、北扩筑城墙，同时新建东关城。城墙的延伸和东关城的兴建自然而然地拓展了城区，为驻防军队和大量定居人口提供了充裕的城市空间。二是朱元璋分封次子朱樉为秦王，驻防西安，对保障西北边地的国防安全负有责任。在明洪武前期，西安城墙的扩筑（含东关城墙的兴建）与秦王府城的建设大体上是在同一时期开展的重大城市工程。西安城墙的大规模扩筑奠定了明初崭新的西安城市形态和骨架，不仅城墙更加高厚、城河更为深阔，而且形成了"一大城一关城"的主城区与关城区东西相接的面貌，这就基本搭建了明清时期西安城市经济、军事、文化等各方面活动蓬勃开展的"舞台"，也为东关城区逐渐集聚众多人口、商业渐趋繁荣打下了根基。倘若说朝廷和陕西地方官府在六七年时间内通过扩筑城墙和兴建东关城确立了明代西安的基本城市骨架，那么在扩大后的西安城东北城区兴建"周九里"的秦王府城，就如同为这座城市添加了明确的"心脏"，使得西安构成了拥有"城中之城"的重城格局。这一城市形态特征既是明清时期西安城市空间格局的第一次重大变化，也是明代兴复"筑城以卫君，造郭以守民"传统城市规划理念的明证。

经过明前中期约 200 年的发展，西安作为西北军事、政治、文化、商贸重镇的地位不断巩固，城区街巷数量增加，居住人口增长，宗室府宅、官府衙署、书院贡院、寺庙道观、民众屋宇等各类建筑日趋密集。至万历年间，为解决日益凸显的城市治安问题，加强对城市社会的控制，陕西地方官府在万历十年（公元 1582 年）将钟楼从广济街原址移至四条大街交会的中心位置，使这一原本属于迎祥观的道教建筑一跃成为绾系西安城四隅的"核心"建筑。钟楼在万历年间的移建作为一次城市重大工程，虽然在工程规模等方面难以与明初城墙扩筑相提并论，但是在重塑西安城市空间格局方面影响至为深远。在钟楼未移建之前，西安城区东、西、南、北四条大街呈"十"字形贯通之势，而在钟楼移建至中心点之后，不仅由此可与四门城楼遥相呼应，而且经由四条大街通行需从钟楼门洞"下穿"。这一工程举措既加强了城区四隅的分区态势，同时又能通过在钟楼上开展值守等活动，提高城市防范变乱、灾害等意外情况的能力。在明前中期约 200 年的时间里，秦王府城大致位处城区的几何中心，无论是就占地规模，还是内部环境布设而言，都堪称西安城当仁不让的"核心"建筑群。但自从钟楼移建至四条大街交会的中心点之后，对于城区官民而言，"核心"建筑就非钟楼莫属了。事实上，钟楼并不仅仅在报时、治安等方面发挥重要作用，也延续了迎祥观钟楼的道教建筑特点。在移建之后，钟楼上祭祀有文昌帝君，并以"文昌阁"之名为西安官民所熟知，反映了当时官府和民众对于希冀移建钟楼之后西安乃至三秦大地"文运"兴起的美好愿望。

相较而言，西安城区拓展、钟楼移建这两次城市空间格局的重大变化大体上是在区域社会相对安定的承平时期发生的，而明代西安城市格局的第三次重大变化，即西、南、北三关城的兴建则是在明末崇祯年间农民起义风起云涌的战乱背景下开展的。从城市格局发生变化的驱动因素来看，明代初年西安城区的拓展（包括东关城和秦王府城的建设）更多是为满足政治、商贸等城市发展以及驻军对城区空间的需要，万历年间钟楼的移建主要是基于城市社会的治安管控以及文化因素的考量，明末崇祯年间三座关城的起建则几乎完全是为强化城市防御能力，通过构筑"一座大城，四座关城"的防御体系，形成相互倚峙的态势，这就从城市形态上"最大化"了其军事防御功能。由于西安城自明初拓筑以后，已形成了号称"城周四十里"的规模，城高池深，陕西地方官府要增强其防御能力，仅仅通过增高加厚城墙、开浚深阔城壕本身已难以提升防御能力，因而崇祯年间陕西巡抚孙传庭通过在西安城西、南、北三门外增建关城的工程举措，极大地强化了西安的整体防御能力。正是由于西关、南关、北关是在社会呈现动荡之际兴建的，其用途就在于驻军和防御，因而这三座关城规模均较小，内部街道格局简单，无论是居民人数，还是寺庙数量，都难以与东关城匹肩。

如上所述，在明代西安城市空间格局的三次重大变化过程中，明初的城墙拓筑与城区扩展、明末增建三关城属于为增强城市军事防御能力而大规模改变城市原本形态，体现出外扩的特点，直接影响是城区占地规模得以扩大，城池防御体系更趋严密。

进入清代，西安城市空间格局也出现了三次重大变化，但均以满城与南城的兴废为主线，属于城区内部空间、骨架的变革，明末确立的"一座大城，四座关城"的整体形态并没有显著变动。随着1644年清军入关，清朝定鼎北京，作为西北重镇的西安城也被清朝廷选定成为八旗军的驻防城市之一，这一重大的军政决策随即引起了清代西安城市空间格局的第一次重大变化。为满足满蒙八旗军兵及其眷属的驻防、训练、居住之需，清朝廷与陕西地方官府选定西安城内东北城区，也是城内四隅之中占地最大的区域，作为八旗驻防城（即满城）。由于这一举措属于朝廷、官府和军队的"强制"命令，原本居住于西安城内东北城区的大量居民、商人等在三四年时间内被迫迁出，这为规划和兴建满蒙八旗军队营房、眷属住房等腾出了充裕的空间。在东北城区民众大规模外迁的同时，满城南墙（位于今东大街南侧）、西墙（位于今北大街东侧）

的兴筑、竣工就最终宣告了新的"城中之城"——满城作为军事驻防区的设立"大功告成"。占地规模超过西安大城区三分之一的西安满城的设立，无论对于西安城市内部格局，还是城市社会发展，都产生了深远影响。满城作为一座"隔离性"的军事驻防城，在一定程度上限制了旗人与汉族、回族等民人的交流。虽然汉、回等商民仍然可以进出满城，从事买卖等营生，但广大旗人的日常活动范围实际上就被圈限在满城之中。城区空间由满城的南墙、西墙分隔开来，西南、东南和西北部城区包括时人所称的"汉城""回城"，东北部城区则完全由"满城"占据。核实而论，满城的选址、兴建和设立一方面是为满蒙八旗军队及其眷属提供了立足之地，使之成为此后满蒙旗兵和旗民生息260余年的家园，但对于原本居住于此的以汉族为主的大量城市人口而言，被迫迁移的过程无疑充满了无奈甚至血泪。正是由于满城的兴建主要考虑驻扎八旗满蒙军兵及其眷属的需要，加之是在短短数年时间内迅速完成浩大的兴建工程，因而不仅显著改变了城市内部空间格局和骨架，而且对城市社会结构与秩序造成了巨大冲击，例如城市人口迁移就会影响到城市社区的重建，也易引发城市治安等问题。从城市发展的角度而言，经过30余年的经营，东北城区的满城逐渐兴建了众多衙署、兵房、街巷、庙宇等，也出现了杂货铺、当铺等规模不一的店铺，内部格局日趋规整，为旗兵军事训练和旗民日常生活提供了便利。

在满城作为西安"城中之城"的状况延续了30余年之后，至康熙二十二年（公元1683年），为加强对西北地区的统治，提升西安的军事防御能力，清朝廷又在西安城东南隅划拨咸宁县辖区兴建南城，以驻扎汉军八旗军兵及其眷属。南城的兴建是清代西安城市空间格局的第二次重大变化。由此一来，驻扎汉军八旗的南城与驻扎满蒙八旗的满城实际上已连为一体，城内的军事驻防区域迅速扩大，而咸宁县所辖城区面积大为减小。尽管汉军八旗与满蒙八旗军兵在族属上有所区别，但均属于旗人身份，因而南城的设立使西安城内旗人居民数量骤增。在城区空间联系方面，满城与南城之间尽管也有名义上的区隔，但实际上均属军事驻防区，无论满汉旗兵或眷属，相互之间的往来交流司空见惯。在南城西侧城墙中部开设有通化门，汉军八旗官兵及其眷属可由此前往汉城，但出入的便利程度显然不及前往满城区域。从整体上看，南城所占区域面积较小，内部街巷较短，排列齐整，反映了汉军八旗军兵的居住形式，这一街巷特征延续至今。值得关注的是，南城驻防的汉军八旗官兵既包括汉族，也有回族，并因此兴建有南城清真寺，供穆斯林官兵礼拜之用。可见，南城实际上成为汉、回族人口共同聚居的军事驻防区，佛寺、道观、清真寺等多种信仰场所同处一区，这种状况与汉城区域有相似之处。

满城与南城相互依傍、连为一体的城市空间格局存续了 97 年之后，至乾隆四十五年（公元 1780 年），在西北边疆地区国防日趋巩固的大背景下，清朝廷已无须在西安驻扎大批八旗军兵，故一方面将满蒙八旗官兵移防伊犁等地，一方面大规模裁改汉军八旗，主要是将汉军八旗官兵改为绿营军队，或取消旗人身份，归入民籍。在这一军政大背景下，南城西墙被拆除，不再作为汉军八旗驻防区，重新划归咸宁县管辖，恢复了作为普通居住街区的功能。这是清代西安城市空间格局的第三次重大变化。伴随着这一重大空间格局的变动的，是原本居住于南城的大量汉军八旗军兵及其眷属的身份变化、居住地迁移，以及兵房的买卖、租赁、改造等活动。此后直至宣统三年（公元 1911 年）陕西辛亥革命爆发，在长达 131 年的时间里，满城作为城中之城的西安城市空间格局就此稳定了下来。

二、城市功能区的发展

要深入了解明清时期西安城市社会的持续发展历程，不仅需要从城市骨架和内部空间格局变迁的角度认识城市时空发展阶段及其特征，还需对城内诸多功能区与特色街区的形成与兴衰有进一步的了解。倘若说城墙、街巷、重要建筑群等构建了西安的城市形态，划分了其内部格局，那么在此基础上形成的众多功能区和特色街区就组成、充实了城市肌体，促进了城市整体机能的协作与发挥。城市功能区的兴废与城市盛衰、格局变迁等紧密相连，而城市发展进程也给特定功能区打上了鲜明的历史印记。

明代，随着城墙拓展、城区扩大，居住人口增加，为西安城市发展增添了新的活力，政务区、商业区、文教区以及回族聚居区都逐渐形成并得以巩固。明初城区空间的大幅拓展，对于当时的城市居民而言，自然形成了"老城区"与"新城区"的区域概念，即宋元时期延续下来的街区、坊里属于老城区，明初才拓展形成的区域则属于新城区。老城区中街巷密集，人口众多，商业较为发达，具有惯性发展的"先天优势"，成为明代西安城市发展最为兴盛的区域；新城区偏处西北、东北、东南三隅，偏离城市中心，居住人口较少，街巷相对稀疏，属于城区发展缓慢之地。

从明代前期开始，文武衙署的设置呈相对分散的局面，但在西大街中段、东段两侧各类衙署布设较多，具备了城内政务区的特点，这也奠定了清代西安城政务区集中建设的基础，尤其是清代满城的兴建使在城区东半部设立行政机构几无可能。商业贸易的发展既需要大量消费人口支撑，也需要便利的交通以便商贾往来、货物流通，因而明代西安城的商业区主要集中在西南城区，即宋元以来的老城区。这一区域素有商业传统，邻近政务区，且人气兴旺，其商业兴盛的状况一直延续至清末。明清时期西南城区既有商铺林立的南院门综合商业区，也形成了以金融业务为主的梁家牌楼、盐店街等商贸区，以及众多外省籍商人会馆集中分布的五味什字等特色街区，呈现出商业街区特有的繁荣与活力。在东南隅老城区，以关中书院、西安府学、咸宁县学、长安县学等学校和文庙、魁星楼、魁星塔、董子祠等信仰建筑的集中布设为特征，形成了文化氛围浓厚、以培养人才为主旨的文教区。在西北城区，一方面以明代兴建的四座清真寺为核心形成穆斯林聚居区，同时兴起具有回族特色的商业活动，另一方面，在西北城区的新扩展部分，由于空地较多，因而还建设了诸如供军事训练、考选武举的教场，以及广仁寺等寺宇。在东北城区，明代虽然有秦王府城布设，但由于大部分区域属于新扩城区，街巷较少，人口相对稀疏，并未能形成有规模和特色的功能区。而清初八旗驻防城的选址兴建，在短期内便将东北城区建设成为军事区，极大强化了西安在清朝军事驻防体系中的重要地位。

西安满城的设立挤占了城区内部的发展空间，却出乎意料地推进了东关城商贸的发展、人口的聚居。自明初东关城兴建以来，其主要是作为大城军事防御体系的补充，在街巷建设、人口聚居、商贸交流等方面发展较为缓慢。到了清代，满城（以及南城）的建设在一定程度上滞缓了大城区西半部与东关城之间的交流，这反倒成为东关城快速发展的契机，街巷坊里的数量逐渐增加，寺宇、学校、商铺、货栈、会馆等日益增多，东关城成为四关城中最具活力的综合性城区。

城市各项功能的正常运作离不开郊区的支撑，就此而言，郊区也可视为城市的特殊功能区之一。明清西安城的郊区主要是指咸宁、长安两县的城外辖区，这一区域的农业耕作为城市居民提供粮食、蔬菜等生活必需品，20 余座市镇的商业贸易和物资集散则成为城市商贸发展的重要补充，共同构建了区域商贸体系。城郊的山水、名胜、古迹、寺宇等为城市居民提供了悠游休憩、信仰祭祀的场所与空间，而散布郊区川原台地之间的陵墓、坟茔集中区域在一定程度上又成为城市居民的"最终归宿"之地，两者在"生养"与"死葬"之间建立起了密切的联系。在市镇与郊区的管理方面，咸宁、长安两县县丞曾分驻于子午、灞桥、草滩等多座市镇，管辖郊区相关区域的治安、运输等事务，赋予了市镇特别地位，促进了市镇的进一步发展。在明清时期农业社会和自然经济的大背景下，西安城郊乡村、市镇的发展呈现缓慢而稳定的状态，即便是有各类天灾或饥荒，其影响短暂，破坏力相对较小。但大规模的战乱，尤其是清同治年间的战火，使西安城郊的众多乡村和市镇损毁严重，人口数量大为减少，民族构成发生了显著变化。

三、城乡工程建设的影响

明清时期，西安城市空间格局、面貌和景观的形成，离不开朝廷、地方官府和民间社会对各类城乡设施的持续建设与修缮。大规模的城乡工程建设项目，如西安城墙、秦王府城、满城与南城、钟鼓楼、灞桥等，不仅在塑造城市格局与景观方面发挥了重要作用，而且与区域社会发展构成了十分紧密的联系。城市面貌、景观和人居环境在动态的兴建、维修过程中得以形成和延续。

就城乡工程建设的发展阶段来看，明代西安处于大规模扩建、改建、增建的时期，每一次重大工程建设，如拓筑城墙、迁建钟楼、增建三关城、开浚龙首渠与通济渠等，在奠定城市形态和改善城市景观方面发挥了关键作用。相较而言，清代西安满城和南城城墙的大规模兴筑对于城市内部格局影响极大，而类似城墙修筑、钟鼓楼维修、灞桥和浐桥重建、通济渠疏浚等工程，则属于在明代工程基础上的持续性修缮，目的是确保城市军事防御、城区供水、交通运输等各项功能的正常运转。

在不同类型的大规模城乡工程建设过程中，朝廷与地方官府通过勘估、拨款、督工起到了筹划、引导和监督作用，城乡士绅商民经由捐款、参加劳动等形式参与其中，出资出力，相互协作。正是通过工程建设的诸多环节，朝廷与地方、官员与民众、军队与地方等各方力量与利益群体紧密联结，城市、区域社会、地方民众也因此形成了荣辱与共的关系。

当然，明清西安城市的发展并不仅仅依靠大规模工程建设，类似于城市街巷、衙署、学校、庙宇、民居等城市空间和肌体的组成部分，其存续利用也都有赖于各类中小规模的持续性修筑工程。从长时段来看，各类工程建设活动属于城市发展的"日常内容"，既维系城市长久的生命力，又创造出新的景观或功能性建筑，例如清代中后期西安兴起的众多会馆、教堂、医院和新式学校等。

四、城市群体的生活与生计

从根本而言，城市的历史就是城市中生活的人的历史。在城市史的研究中，既要探究构成城市形态与格局的城墙、街巷、坊里等城市的"骨架"和"筋脉"，更应注重揭示生活在城市空间中的个体、群体与社会的状况，即关注城市的"灵魂"。只有将城市空间与城市社会紧密结合起来考察，才能进一步加深对城市发展历程的认识。

城市社会由不同群体、阶层、民族组成，他们是城市持续发展的基础和主体，其生活状态、生计方式、相互交往、交流与交融是城市发展变迁的重要内容，多姿多彩，差异显著。从城市人口居住的稳定性和影响力而言，明清时期西安城市社会最重要的两大群体分别是明代的秦藩宗室、清代的驻防旗兵及其眷属。

作为明代西安城中社会地位最为特殊、人口支系最为庞大的家族，秦藩宗室（包括秦王、郡王、镇国将军、辅国将军、镇国中尉、辅国中尉、郡主、县主等）群体对城市生活影响广泛，远超其他人群。以往的相关研究重点关注秦王府城、郡王宅邸等宗室人口的居住空间和人居环境，较少探讨宗室人口的城居生活及其对城市社会的影响。首先，从定居时间和人口数量而言，秦藩宗室在西安的居住历史几乎延续了有明一代，最盛时多达数千人，堪称明代西安的第一大家族，其传承之久远和稳定的特点是居住在城区的其他人家难以企及的。其次，从社会及经济地位而言，秦藩宗室人口属于皇家贵胄，有朝廷的特别供给，因而在城市政治、文化等领域影响颇大。宗室中既有贤良者，也有堕落者，他们与城市各个阶层、群体发生着联系，对城市生活风尚的影响尤其显著。宗室的良好言行能为城市居民起到垂范之功，而粗暴扰民的举动也会激起官民抵制和抗争。最后，就宗室对西安城的影响而言，一方面，秦藩及宗室在城市建设、文化教育、宗教信仰、慈善赈济、园林绿化、供水排水等方面发挥过积极的推动作用，促进了城市功能的正常运转；另一方面，宗室也出现过扰乱城市经济生活、欺压城市居民的情况，属于统治阶层与普通民众矛盾集聚并爆发的典型实例。

与明代秦王府城相似的是，清代西安八旗驻防城（即满城）也是西安的城中之城，但在内部格局、居住人口、城区管理、对外联系等方面，情况均更为复杂，其中民族交往与交融方面尤甚。综合来看，清代西安满城主要有如下四个方面的特征。

一是军事性。西安满城作为驻扎八旗满蒙军兵、安置官兵眷属的军事要地，具有鲜明的军事性特色。骑兵与步甲云集，教场阔大，营房齐整，与明代秦王府城花团锦簇、前朝后寝、殿宇林立、园林化环境等形成显著差异。西安满城在有清一代西部地区的重大战事当中，无论是西南地区的大小金川战役，还是西北地区的新疆战事，西安八旗军兵都发挥了重要作用，频繁的征战和煊赫的战功为西安八旗赢得了荣誉，也使得西安满城的地位始终得到清朝廷的高度重视。满城的军事驻防性质大大强化了西安城作为西部军事重镇的地位。

二是生活性。清代西安满城不仅仅是一座军事驻防城，除大量旗兵之外，还有数万满族、蒙古族眷属居住其中，因而西安满城在军事性之外，又充满了浓郁的世俗生活气息，成为旗人长久居住的家园，形成了相对独特的文化教育、宗教信仰和衣食住行习俗。以往研究重点对西安满城街巷、堆房、营地、教场分布等"骨架"进行了复原，但较少涉及满城中普通旗人的日常生活，更多的是将普通旗人视为兵，而非城市居民，这也是有学者在统计清代西安城市人口时未涵盖满城人口的致误原因之一。①实际上，满城作为西安城区的重要组成部分，其中居住的旗兵及其眷属自然应作为城区人口进行统计，又怎能被排除在外呢？可见，重新认识西安满城在军事性之外的生活性，是拓展研究思路的重要途径。

三是民族性。清代西安满城作为满族、蒙古族旗兵及其眷属的驻防之地，显现出鲜明的民族聚居区特征。人为的城墙隔绝不仅在城市内部景观上造成差异，而且使城内汉、回、满、蒙古等各民族人口形成"一城二区""民族分化"的基本印象与认识。核实而论，满城内的满族、蒙古族等旗人与其他城区居住的汉族、回族民人之间的往来、交流虽然受到一定程度的影响，但毕竟同处一城，民族交往、交流与融合的进程并未阻断。满城内的旗人"关起五小门是一家"，自成一体，在满城中基本能够满足军事、信仰、文化教育等日常生活的各项需求，但在娱乐、购物等方面有时仍需前往汉族、回族居住区。对于旗民而言，前往西安城的西北、西南、东南城区从事相应活动，并无多少禁忌，而普通汉族、回族人口则在清代前中期很长时间内，甚少前往满城内部，因而被一道城墙隔开的多个民族之间的交往呈现出不对称的流动。

四是流动性。由于八旗军兵及其眷属作为军事人口的属性，时有因为军事征战、移驻他城等情况出现的调离和迁入，因而清代西安满城中的八旗人口在居住的持久性上就弱于明代秦王宗室人口。旗兵及其眷属的流动性是清代西安城市人口变动的一大特征。当然，西安满城人口的流动主要发生在乾隆朝及其之前，在清代中后期，随着

① 曹树基：《清代北方城市人口研究——兼与施坚雅商榷》，载《中国人口科学》2001年第4期。

西北、西南边疆渐趋稳固，旗兵出省征战减少，军事人口的调离、迁入频次大为降低，满城中旗兵、旗民遂成为长期居住的城市居民，普遍出现数代相继的情况。

在以上两大群体之外，官员、士绅、学生、商贩、佣工、僧道、乞丐等群体也是明清时期西安城市人口的重要组成部分，分别在不同的城市空间和功能区中居住、生活。对形形色色城市群体的活动、交往等进行探究，尤其是将关注视角"下移"到占城市人口大多数的普通人的身上，将是今后城市史研究亟待拓展和深化的内容。

五、中西交流视野中的西安

随着 14 世纪欧洲文艺复兴运动的兴起，以及 15 世纪欧洲人发现美洲大陆，东西方世界交流进入了新的阶段。19 世纪前中期至 20 世纪中期，随着欧美列强在世界各地争夺霸权以及各国民族、民主运动的兴起，全球范围内众多国家、地区之间通过不同类型的个体、群体进行着越来越多的接触、碰撞与交流，成为世界近代化进程的推动因素之一，也使得不同国家和地区自主或被动地卷入国际交流的大格局中。处在封建时代晚期至近代的古都西安虽然偏处西北地区，但其发展变迁也不可避免地打上了对外交流的印记，有力地延续了汉唐长安中外交流的余脉，在我国对外交流格局中扮演着重要角色。

古都西安承载着华夏悠久的历史与传统。在"强汉盛唐"的都城时代，有无数来自欧洲、中亚、西亚、东亚等地的使节、僧侣、商人、艺术家、留学生等群体驻留、生活在都城长安，使之成为东西方文化融汇、交流的国际性都市，令世界瞩目。作为国际性都市的长安城，在国家政治与经济格局变动的背景下，随着唐末都城东迁，城市地位一降而为区域重镇，对外交流的辉煌盛景在宋、金、元、明之际未能重现。不过，西安作为汉唐丝绸之路的起点城市，在这一对外交流的低潮阶段仍有若干域外人士往还于此，延续着汉唐时代的流风余韵。至清代后期，在世界各国通过不同途径、方式进行接触、交流的全球化浪潮中，西安再度以其重要的军事、政治、经济和文化地位，以及东连西接的交通枢纽区位，吸引着大量域外人士前往游历、考察，或从事宗教、文教、医疗、赈济、实业调查与建设等各类活动。从这一角度而言，西安作为西北重镇，在清代后期至民国时期，又一次在我国对外交流大格局中扮演了重要角色，大量来自欧美和东亚相关国家的人士行经、驻留西安，延续和强化了其"有容乃大"的城市特质。

作为明清西安城市史、社会史上特殊而又重要的群体，无论是行经西安的欧美探险家、游历者、学者、军人、记者、商人等，还是长期驻留的日本教习、美英传教士及其眷属，都在西安城乡地区的近代化进程中留下了印迹。他们在西安地区从事科学考察、宗教传播、文化教育、医疗卫生、慈善赈济、文物搜购、情报搜集等诸多活动，涉及的领域、涉足的空间，几乎可以说无孔不入，无论是人烟密集的繁华城镇，还是交通不便的穷村僻壤，到处都留下了西方人活动的身影。

长期在西安居住和生活的外籍人士作为城市与区域历史的亲历者、见证者、参与者，其本身就是西安城市史的重要组成部分。在近代诡谲变幻的历史风云中，往来、驻留西安的外侨是将西安多方面情况介绍给外部世界的主要力量。作为联结西安与世界不同国家和地区的重要桥梁与纽带，正是有赖于他们的活动（包括记述、报道、介绍、演讲、研究等），处于西北内陆的西安的诸多情况、事件为其他国家的人们所闻知，引起其遐想、关注和相应的行动，西安也为越来越多的西方人所了解。一方面，西方人士通过自己撰写的文字、拍摄的照片等向西方世界传递出西安地区自然环境与人文社会的丰富信息，使西方人的"西安观"在从"误读"到"正解"，从"片面"到"全面"，从"偏见"到"客观"的过程中逐步得以确立，日益加深西方民众对西安悠久历史文化和近代发展状况的了解、理解乃至于设身处地的"同情"，在客观上起到了向海外传播古都西安文化、"重塑"西安景观的重要作用。另一方面，西方人通过其传教、教育、医疗、慈善、赈灾等活动参与到塑造城乡景观、传播西安本土文化的过程当中，使西安乃至陕西多个领域的发展不可避免地融入近代东西方大交流的进程之中，为西安城乡景观面貌打上中外文明交融的印记。从这一角度来说，近代往来西安的西方人不仅是西安城乡景观的观察者、记录者，在一定程度上也是西安城乡景观的塑造者、更新者。

参考文献

[1] 骆天骧.类编长安志[M].黄永年，点校.北京：中华书局，1990.

[2] 赵廷瑞，马理，吕柟.陕西通志[M].刻本，1542（明嘉靖二十一年）.

[3] 李思孝，冯从吾，等.陕西通志[M].刻本，1611（明万历三十九年）.

[4] 何景明.雍大记[M].济南：齐鲁书社，1997.

[5] 何景明.大复集[M].乾隆抄本.

[6] 曹学佺.陕西名胜志[M].济南：齐鲁书社，1997.

[7] 李贤，等.大明一统志[M].西安：三秦出版社，1990.

[8] 贾汉复，李楷，等.陕西通志[M].刊本，1667（清康熙六年）.

[9] 刘於义，沈青崖.陕西通志[M].刻本，1735（清雍正十三年）.

[10] 梁禹甸.长安县志[M].刊本，1668（清康熙七年）.

[11] 黄家鼎，陈大经，杨生芝.咸宁县志[M].刻本，1668（清康熙七年）.

[12] 陈梦雷，蒋廷锡.古今图书集成：方舆汇编：职方典[M].北京：中华书局，1986.

[13] 舒其绅，严长明.西安府志[M].刻本，1779（清乾隆四十四年）.

[14] 毕沅.关中胜迹图志[M].清文渊阁四库全书本.

[15] 洪亮吉.乾隆府厅州县图志[M].上海：上海古籍出版社，2002.

[16] 卢坤.秦疆治略[M].清道光刻本.

[17] 鄂尔泰，等.钦定八旗则例[M].清乾隆武英殿刻本.

[18] 张聪贤，董曾臣.长安县志[M].刻本，1815（清嘉庆二十年）.

[19] 高廷法，董祐诚.咸宁县志[M].刻本，1819（清嘉庆二十四年）.

[20] 王志沂 . 陕西志辑要 [M]. 清道光刻本 .

[21] 焦云龙，贺瑞麟 . 三原县新志 [M]. 刊本，1880（清光绪六年）.

[22] 樊增祥，谭麐 . 富平县志稿 [M]. 刊本，1891（清光绪十七年）.

[23] 刘裦官，周斯亿 . 重修泾阳县志 [M]. 铅印本，1911（清宣统三年）.

[24] 仇继恒 . 陕境汉江流域贸易表 [M]. 西安：陕西通志馆，1935.

[25] 杨虎城，邵力子，宋伯鲁，等 . 续修陕西通志稿 [M]. 铅印本，1934.

[26] 翁柽，宋联奎 . 咸宁长安两县续志 [M]. 铅印本，1936.

[27] 张道芷，曹骥观，等 . 续修醴泉县志稿 [M]. 铅印本，1935.

[28] 赵葆真，段光世，等 . 鄠县志 [M]. 铅印本，1933.

[29] 赵本荫，程仲昭 . 韩城县续志 [M]. 石印本，1925.

[30] 庞文中，任肇新 . 重修盩厔县志 [M]. 铅印本，1925.

[31] 司岱 . 重修咸阳县志 [M]. 咸阳：咸阳市秦都区城乡建设环保局，1986.

[32] 佚名 . 鄠县乡土志 [M]. 光绪末年抄本 .

[33] 陕西省地方志编纂委员会 . 陕西省志：行政建置志 [M]. 西安：三秦出版社，1992.

[34] 陕西省地方志编纂委员会 . 陕西省志：人物志 [M]. 西安：三秦出版社，1998.

[35] 陕西省地方志编纂委员会 . 陕西省志：商业志 [M]. 西安：陕西人民出版社，1999.

[36] 西安市地方志编纂委员会 . 西安市志：第 1 卷 [M]. 西安：西安出版社，1996.

[37] 长安县地方志编纂委员会 . 长安县志 [M]. 西安：陕西人民教育出版社，1999.

[38] 曹占全 . 陕西省志：人口志 [M]. 西安：三秦出版社，1986.

[39] 清西安府图 [CM]. 西安：陕西舆图馆，1893（清光绪十九年）.

[40] 魏光焘，等 . 陕西全省舆地图 [CM]. 石印本，1899（清光绪二十五年）.

[41] 史念海 . 西安历史地图集 [CM]. 西安：西安地图出版社，1996.

[42] 国家文物局 . 中国文物地图集：陕西分册 [CM]. 西安：西安地图出版社，1998.

[43] 朱元璋 . 皇明祖训 [M]. 济南：齐鲁书社，1997.

[44] 胡广 . 明太祖实录 [M]. 江苏国学图书馆传抄本 .

[45] 胡广 . 明宪宗实录 [M]. 江苏国学图书馆传抄本 .

[46] 胡广 . 明孝宗实录 [M]. 江苏国学图书馆传抄本 .

[47] 申时行，等 . 明会典 [M]. 北京：中华书局，1989.

[48] 朱国桢 . 皇明史概 [M]. 明崇祯刊本 .

[49] 陈子龙.明经世文编 [M].北京：中华书局，1962.

[50] 谷应泰.明史纪事本末 [M].北京：中华书局，1977.

[51] 张廷玉.明史 [M].北京：中华书局，1974.

[52] 托津，等.明鉴 [M].精刊本，1818（清嘉庆二十三年）.

[53] 龙文彬.明会要 [M].北京：中华书局，1956.

[54] 八旗满洲氏族通谱 [M].清文渊阁四库全书本.

[55] 福隆安，等.钦定八旗通志 [M].清文渊阁四库全书本.

[56] 陆耀遹.咸宁金石志 [M].民国排印本.

[57] 王先谦.东华录·顺治朝 [M].撷华书局铅印本，1887（清光绪十三年）.

[58] 赵尔巽.清史稿 [M].北京：中华书局，1977.

[59] 余子俊.余肃敏公奏议 [M].明嘉靖刻本.

[60] 杨一清.关中奏议全集 [M].云南丛书处刊本，1914-1916.

[61] 孟乔芳.孟忠毅公奏议 [M].清刻本.

[62] 福康安.福康安奏疏 [M].清抄本.

[63] 严如熤.三省边防备览 [M].清光绪刻本.

[64] 那彦成，那容安.那文毅公二任陕甘总督奏议 [M].刊本，1834（清道光十四年）.

[65] 林则徐.林文忠公政书 [M].清光绪三山林氏刻林文忠公遗集本.

[66] 张祥河.张祥河奏折 [M].许隽超，王晓辉，整理.南京：凤凰出版社，2015.

[67] 李星沅.李文恭公奏议 [M].湘阴李氏芋香山馆刊本，1866（清同治五年）.

[68] 徐栋，丁日昌.牧令书辑要 [M].江苏书局刻本，1868（清同治七年）.

[69] 翁同爵.皇朝兵制考略 [M].武昌节署刻朱墨套印本，1875（清光绪元年）.

[70] 刘蓉.刘中丞奏议：二十卷 [M].思贤讲舍本，1885（清光绪十一年）.

[71] 端方.端忠敏公奏稿 [M].铅印本，1918.

[72] 茅大方.希董先生集 [M].泰兴尊经阁刻本，1835（清道光十五年）.

[73] 朱诚泳.小鸣稿 [M].清文渊阁四库全书本.

[74] 王恕.王端毅公文集 [M].乔世宁刻本，1552（明嘉靖三十一年）.

[75] 陆容.菽园杂记 [M].清嘉庆张海鹏辑刊本.

[76] 王云凤.博趣斋稿 [M].明刻本.

[77] 王九思.渼陂集 [M].明嘉靖刻崇祯补修本.

[78] 马理.溪田文集[M].1589（明万历十七年）1752（清乾隆十七年）补修本.

[79] 康海.对山集[M].潘允哲刻本，1582（明万历十年）.

[80] 唐龙.渔石集[M].明嘉靖刻本.

[81] 吕柟.泾野先生文集[M].刻本，1592（明万历二十年）.

[82] 韩邦奇.苑洛集[M].清文渊阁四库全书本.

[83] 胡缵宗.鸟鼠山人小集[M].明嘉靖刻本.

[84] 胡侍.真珠船[M].陕西通志馆排印本，1934－1935.

[85] 胡侍.胡蒙溪文集[M].明嘉靖刻本.

[86] 胡侍.墅谈[M].明嘉靖刻本.

[87] 孔天胤.孔文谷集[M].刻本，1571（明隆庆五年）.

[88] 张瀚.松窗梦语[M].清抄本.

[89] 孟洋.孟有涯集[M].王廷相等刻本，1538（明嘉靖十七年）.

[90] 庞尚鹏.百可亭摘稿[M].庞英山刻本，1599（明万历二十七年）.

[91] 张四维.条麓堂集[M].张泰征刻本，1595（明万历二十三年）.

[92] 余懋衡.关中集[M].明刻本.

[93] 温纯.温恭毅公文集[M].清文渊阁四库全书本.

[94] 沈思孝.秦录[M].涵芬楼影印清道光十一年（1831）六安晁氏木活字学海类编本.

[95] 于慎行.毂城山馆文集[M].明万历于纬刻本.

[96] 姚旅.露书[M].明天启刻本.

[97] 李维桢.大泌山房集[M].刻本，1611（明万历三十九年）.

[98] 冯从吾.少墟集[M].清文渊阁四库全书本.

[99] 冯从吾.关学编[M].清乾隆王氏家刻嘉庆七年（1802）周元鼎增刻本.

[100] 冯从吾.关中书院语录[M].据明万历四十五年（1617）刻本影印本.

[101] 朱国祯.涌幢小品[M].刻本，1622（明天启二年）.

[102] 叶向高.苍霞草[M].明万历刻本.

[103] 袁宏道.袁中郎全集[M].武林佩兰居刻本，1629（明崇祯二年）.

[104] 毕自严.石隐园藏稿[M].清文渊阁四库全书补配清文津阁四库全书本.

[105] 蒲秉权.硕薖园集[M].蒲荫枚手拙斋刻本，1875（清光绪元年）.

[106] 胡忻.欲焚草[M].胡恒升刻本，1703（清康熙四十二年）.

[107] 朱敬鑑．梅雪轩诗稿[M].明万历兰亭书坊王灿刻本．

[108] 吴牲．柴庵疏集[M].清初刻本．

[109] 朱常涝．古今宗藩懿行考[M].潞藩刻本，1636（明崇祯九年）．

[110] 孙传庭．白谷集[M].清文渊阁四库全书本．

[111] 孙传庭．鉴劳录[M].明崇祯自刻本．

[112] 焦之夏．岁寒集[M].陕西通志馆排印本，1935.

[113] 翟凤翥．涑水编[M].清康熙刻本．

[114] 梁熙．晰次斋稿[M].清康熙刻本．

[115] 曾王孙．清风堂文集[M].曾安世刻本，1706（清康熙四十五年）．

[116] 李颙．二曲集[M].郑重高尔公刻本，1693（清康熙三十二年）．

[117] 李柏．太白山人槲叶集[M].李象先刻本，1913.

[118] 屈大均．翁山文外[M].清康熙刻本．

[119] 李因笃．受祺堂诗[M].田少华刻本，1699（清康熙三十八年）．

[120] 王士祯．带经堂诗集[M].程哲七略书堂刻本，1711（清康熙五十年）．

[121] 潘耒．遂初堂集[M].清康熙刻本．

[122] 王心敬．丰川续集[M].刻本，1750（清乾隆十五年）．

[123] 张埙．竹叶庵文集[M].刻本，1786（清乾隆五十一年）．

[124] 王又朴．诗礼堂杂纂[M].天津金氏据原刻本等刊，1924.

[125] 岳钟琪．岳容斋诗集[M]// 古棠书屋丛书．清道光鹅溪孙氏刊本．

[126] 乔光烈．最乐堂文集[M].刻本，1756（清乾隆二十一年）．

[127] 钱陈群．香树斋诗文集[M].清乾隆刻本．

[128] 杨屾．豳风广义[M].陕西通志馆排印本，1934-1936.

[129] 杨应琚．据鞍录[M].清宣统江阴缪氏刻本．

[130] 尹继善．尹文端公诗集[M].清乾隆刻本．

[131] 杨鸾．邃云楼集六种[M].清乾隆刻本．

[132] 张藻．培远堂诗集[M].清乾隆刻本．

[133] 王昶．春融堂集[M].塾南书社刻本，1807（清嘉庆十二年）．

[134] 吴省钦．白华前稿[M].清乾隆刻本．

[135] 毕沅．灵岩山人诗集[M].经训堂刻本，1799（清嘉庆四年）．

[136] 严长明. 官阁消寒集 [M].《咫园丛书》本.

[137] 祝德麟. 悦亲楼诗集 [M]. 姑苏刻本, 1797 (清嘉庆二年).

[138] 洪亮吉. 洪北江诗文集 [M]. 上海商务印书馆重印本, 1929.

[139] 赵怀玉. 亦有生斋集 [M]. 刻本, 1821 (清道光元年).

[140] 赵希璜. 研悟斋文集 [M]. 安阳县署刻本, 1799 (清嘉庆四年).

[141] 徐炘. 吟香书室奏疏 [M]. 清刻本.

[142] 杨名飏. 重修灞桥记 [M]// 赵寅松. 白族文化研究 2007. 北京: 民族出版社, 2008.

[143] 邓廷桢. 双砚斋诗钞 [M]. 清末刻本.

[144] 张澍. 养素堂文集 [M]. 枣华书屋刻本, 1835 (清道光十五年).

[145] 钱仪吉. 碑传集 [M]. 江苏书局刻本, 1893 (清光绪十九年).

[146] 张祥河. 小重山房诗词全集: 关中集 [M]. 清道光刻光绪增修本.

[147] 林则徐. 林文忠公 (则徐) 书札手迹 [M]. 台北: 文海出版社, 1986.

[148] 路德. 柽华馆文集 [M]. 解梁刻本, 1881 (清光绪七年).

[149] 吴振棫. 花宜馆诗钞 [M]. 刻本, 1865 (清同治四年).

[150] 蒋湘南. 七经楼文钞 [M]. 马氏家塾刻本, 1869 (清同治八年).

[151] 李星沅. 李文恭公全集 [M]. 刊本, 1865 (清同治四年).

[152] 王庆云. 石渠余纪 [M]. 台北: 文海出版社, 1966.

[153] 邵亨豫. 雪泥鸿爪四编: 后编 [M]. 清光绪间常熟邵氏刻本.

[154] 谢章铤. 赌棋山庄所著书 [M]. 清光绪刊本.

[155] 袁保恒. 文诚公函牍 [M]. 清芬阁编刊本, 1911 (清宣统三年).

[156] 樊增祥. 樊山集 [M]. 渭南县署刻本, 1893 (清光绪十九年).

[157] 樊增祥. 樊山续集 [M]. 西安臬署刻本, 1902 (清光绪二十八年).

[158] 樊增祥. 樊山判牍 [M]. 上海: 广益书局, 1912.

[159] 樊增祥. 樊山公牍 [M]. 大连: 大连图书供应社, 1934.

[160] 樊增祥. 樊山判牍续编 [M]. 上海: 新文化书社, 1934.

[161] 臧励龢. 陕西乡土地理教科书: 初等小学堂第一学年用 [M]. 西安: 陕西学务公所
　　　图书馆, 1908 (清光绪三十四年).

[162] 赵怀玉. 收庵居士自叙年谱略 [M]. 清道光亦有生斋集本.

[163] 林寿图. 黄鹄山人诗初钞 [M]. 刻本, 1880 (清光绪六年).

[164] 李元度.国朝先正事略 [M].清同治八年（1869）序本.

[165] 徐珂.清稗类钞 [M].北京：中华书局，2010.

[166] 陕西清理财政局.陕西清理财政说明书 [M].排印本，1909（清宣统元年）.

[167] 尚秉和.辛壬春秋 [M].铅印本，1924.

[168] 吴自修.辛亥殉难记 [M].重印本，1923.

[169] 秦纮.秦襄毅公自订年谱 [M].明嘉靖刻隆庆天启递修本.

[170] 严长明.秦云撷英小谱 [M].清光绪间吴江沈氏世楷堂补勘本.

[171] 罗惇衍.椒生府君年谱 [M].清光绪间顺德罗氏刻本.

[172] 叶伯英.耕经堂年谱 [M].清光绪抄本.

[173] 罗正钧.左文襄公年谱 [M].清光绪刻本.

[174] 吴怀清.关中三李年谱 [M].关中丛书本.

[175] 冯士履.先君子太史公年谱 [M].清道光间刻《小罗浮草堂文集》本.

[176] 鲍喜安述.焦雨田先生年谱 [M].铅印《焦雨田先生遗集》本，1936.

[177] 杨一清.西征日录 [M].明万历沈节甫辑陈于廷刊本.

[178] 都穆.游名山记 [M].明万历陈继儒辑刊本.

[179] 都穆.使西日记 [M].明刻本.

[180] 王世懋.关洛纪游稿 [M].明万历刻本.

[181] 赵崡.访古游记 [M].清知不足斋丛书本.

[182] 方象瑛.使蜀日记 [M].清昭代丛书本.

[183] 王士祯.秦蜀驿程后记 [M].丛书集成本.

[184] 薛熙.秦楚之际游记 [M].刻本，1694（清康熙三十三年）.

[185] 允礼.西藏日记 [M].国家图书馆藏稿本.

[186] 赵钧彤.西行日记 [M].铅印本，1943.

[187] 潘祖荫.秦輶日记 [M].刻本，1905（清光绪三十一年）.

[188] 董醇.度陇记 [M]// 周希武.宁海纪行.兰州：甘肃人民出版社，2000.

[189] 有泰.有泰驻藏日记 [M].北京：中国藏学出版社，1988.

[190] 叶昌炽.缘督庐日记抄 [M].民国上海蟫隐庐石印本，1933.

[191] 陶保廉.辛卯侍行记 [M].养树山房刻本，1897（清光绪二十三年）.

[192] 福克.西行琐录 [M]// 王锡祺.小方壶斋舆地从钞.清光绪上海著易堂排印本.

[193] 伍铨萃.北游日记[M].台北：台湾学生书局，1966.

[194] 吉田良太郎，八咏楼主人.西巡回銮始末记[M].台北：台湾学生书局，1973.

[195] 足立喜六.长安史迹考[M].杨炼，译.兰州：兰州古籍书店，1990.

[196] 唐晏.庚子西行记事[M].吴兴刘氏刊本，1919.

[197] 西安市档案局，西安市档案馆.筹建西京陪都档案史料选辑[M].西安：西北大学
出版社，1994.

[198] 长安县政府.长安经济调查[J].陕行汇刊，1943，7（1）.

[199] WILLIAMS S W.The middle kingdom: a survey of the geography, government,
literature, social life, arts, and history of the Chinese empire and its
inhabitants[M].London: W.H.Allen & Co., 1883.

[200] KESSON J.The cross and the dragon: with notices of the Christian missions
and missionaries and some account of the Chinese secret societies[M].
London: Smith, Elder, and Co., 65 , Cornhill, 1854.

[201] WYLIE A.On the Nestorian Tablet of Se-gan Foo[J].Journal of the American
Oriental Society, 1856, 5.

[202] Williamson A.Journeys in north China, Manchuria, and eastern Mongolia: with
some account of Corea[M].London: Smith, Elder & Co., 1870.

[203] MEIKLEJOHN J.Fifth geographical reader[M].London and Edinburgh: William
Blackwood and Sons, 1884.

[204] Rockhill W W.The land of the lamas[M].London: Longmans, Green, and Co.,
1891.

[205] KEANE A H.Asia: vol.1 Northern and eastern Asia[M].London: Edward
Stanford, 1896.

[206] COLQUHOUN A R.China in transformation[M].New York: Harper & Brothers
Publishers, 1898.

[207] BIGHAM C.A year in China 1899-1900[M].London: Macmillan and Co., Limited,
1901.

[208] NICHOLS F H.Through hidden Shensi[M].New York: Charles Scribner's Sons,
1902.

[209] CHAMBERLIN W.Ordered to China[M].New York：Frederick A. Stokes Company，1903.

[210] CARUS P，WYLIE A，HOLM .The Nestorian monument:an ancient record of Christianity in China：with special reference to the expedition of Frits V. Holm[M].Chicago： the Open Court Publishing company，1909.

[211] GEIL W E. Eighteen capitals of China[M].Philadelphia：J.B. Lippincott Company，1911.

[212] KEYTE J C.The passing of the dragon：the story of the Shensi revolution and relief expedition[M].London：Hodder and Stoughton，1913.

[213] THOMSON J S.China revolutionized[M].Indianapolis：the Bobbs-Merrill Company，1913.

[214] MCCORMICK F.The Flowery Republic[M].New York：D. Appleton and Company，1913.

[215] TEICHMAN E.Notes on a journey through Shensi[J].The Geographical Journal，1918，52（6）.

[216] FARRER R J.My second year's journey on the Tibetan border of Kansu[J]. The Geographical Journal，1918，51（6）.

[217] 山口晶 . 清国遊歴案内 [M]. 东京：石塚书店，1902.

[218] 安东不二雄 . 支那帝国地志 [M]. 东京：普及舍，1903.

[219] 小山田淑助 . 征尘录 [M]. 东京：中野书店，1904.

[220] 波多野养作 . 新疆视察复命书 [M]. 东京：外务省政务局，1907.

[221] 高岛北海 . 支那百景 [M]. 东京：画报社，1907.

[222] 塚本靖 . 清国工艺品意匠调查报告书 [M]. 东京：农商务省商工局，1908.

[223] 日野强 . 伊犁纪行 [M]. 东京：博文馆，1909.

[224] 川田铁弥 . 支那风韵记·长安的感慨 [M]. 东京：大仓书店，1912.

[225] 西山荣久 . 最新支那分省图 [M]. 东京：大仓书店，1914.

[226] 福田眉仙 . 支那大观·黄河之卷 [M]. 东京，1916.

[227] 内藤民治 . 世界美观：第 12 卷 支那·暹罗 [M]. 东京：日本风俗图绘刊行会，1916.

[228] 青岛守备军民政部铁道部 . 调查资料：第 9 辑 [M]. 青岛守备军民政部铁道部，
　　　1918.

[229] 日本青年教育会 . 青年文库：第 1 编　世界一周 [M]. 东京：日本青年教育会，
　　　1918.

[230] 松本文三郎 . 支那仏教遗物 [M]. 东京：大镫阁，1919.

[231] 东亚同文会 . 支那省别全志：第 7 卷　陕西省 [M]. 东京：东亚同文会，1918.

[232] 东亚同文书院 . 粤射陇游 [M]. 上海：东亚同文书院，1921.

[233] 东亚同文书院 . 虎穴竜颔 [M]. 上海：东亚同文书院，1922.

[234] 东亚同文书院 . 金声玉振 [M]. 上海：东亚同文书院，1923.

[235] 东亚同文书院 . 彩云光霞 [M]. 上海：东亚同文书院，1924.

[236] 东亚同文书院 . 黄尘行 [M]. 上海：东亚同文书院，1927.

[237] 一色忠慈郎 . 支那社会の表裏 [M]. 大阪：屋号书店，1931.

[238] 国际经济研究所 . 空軍支那の秘密 [M]. 东京：国际经济研究所，1934.

[239] 结城令闻，等 . 昭和十年度北支旅行报告 [M]// 东方学报：第 6 册　别篇 . 东京：
　　　东方文化学院东京研究所，1936.

[240] 野村瑞峰 . 长安行 [M]// 日华佛教研究会 . 日华佛教研究会年报：第 2 年　支那佛
　　　教研究 . 京都：日华佛教研究会，1936-1940.

[241] 常盘大定，关野贞 . 支那文化史迹：第 9 辑 [M]. 东京：法藏馆，1939-1941.

[242] 东亚同文会支那省别全志刊行会 . 新修支那省别全志：第 6 卷　陕西省 [M]. 东京：
　　　东亚同文会，1943.

[243] 地质调查所 . 支那地质矿物调查报告：第 4 号 [M]. 东京：北支那开发调查局，
　　　1942.

[244] 桑原骘藏 . 桑原骘藏全集：第 5 卷　考史游记・长安之旅 [M]. 东京：岩波书店，
　　　1968.

[245] 马长寿 . 陕西文史资料：第 26 辑　同治年间陕西回民起义历史调查记录 [M]. 西安：
　　　陕西人民出版社，1993.

[246] 中国人民政治协商会议陕西省西安市委员会文史资料研究委员会 . 西安文史资料：
　　　第 2 辑 [M].1982.

[247] 中国人民政治协商会议陕西省西安市委员会文史资料研究委员会 . 西安文史资料：

第 4 辑 [M].1983.

[248] 中国人民政治协商会议陕西省西安市委员会文史资料研究委员会.西安文史资料：第 5-7 辑 [M].1984.

[249] 中国人民政治协商会议陕西省西安市委员会文史资料研究委员会.西安文史资料：第 9-10 辑 [M].1986.

[250] 中国人民政治协商会议西安市委员会文史资料研究委员会.西安文史资料：第 11-12 辑 [M].1987.

[251] 政协西安市委员会文史资料委员会，西安市档案馆.西安文史资料：第 15 辑 [M]. 西安：陕西人民出版社，1989.

[252] 中国人民政治协商会议西安市碑林区委员会文史资料研究委员会.碑林文史资料：第 1-3 辑 [M].1987-1988.

[253] 中国人民政治协商会议西安市莲湖区委员会文史资料研究委员会.莲湖文史资料：第 1-3 辑 [M].1986-1988.

[254] 中国人民政治协商会议西安市新城区委员会文史资料委员会.新城文史资料：第 6-7 辑 [M].1989.

[255] 中国人民政治协商会议西安市新城区委员会文史资料委员会.新城文史资料：第 11 辑 [M].1993.

[256] 中国人民政治协商会议西安市雁塔区委员会文史资料研究委员会.雁塔文史资料：第 2 辑 [M].1987.

[257] 中国人民政治协商会议西安市灞桥区委员会文史资料工作委员会.灞桥文史资料：第 6 辑 [M].1991.

[258] 政协西安市未央区文史资料委员会.未央文史资料：第 4 辑 [M].1988.

[259] 西安市莲湖区地名办公室.西安市莲湖区地名录 [M].1984.

[260] 西安市地名委员会，西安市民政局.陕西省西安市地名志 [M].1986.

[261] 侯仁之.北京城市历史地理 [M].北京：北京燕山出版社，2000.

[262] 戴应新.关中水利史话 [M].西安：陕西人民出版社，1977.

[263] 王崇人.古都西安 [M].西安：陕西人民美术出版社，1981.

[264] 马正林.丰镐—长安—西安 [M].西安：陕西人民出版社，1978.

[265] 武伯纶.西安历史述略 [M].西安：陕西人民出版社，1984.

[266] 李兴华，冯今源.中国伊斯兰教史参考资料选编：上、下 [M].银川：宁夏人民出版社，1985.

[267] 《民族问题五种丛书》辽宁省编辑委员会.满族社会历史调查 [M].沈阳：辽宁人民出版社，1985.

[268] 北京图书馆金石组.北京图书馆藏中国历代石刻拓本汇编 [M].郑州：中州古籍出版社，1989.

[269] 王开.陕西古代道路交通史 [M].北京：人民交通出版社，1989.

[270] 张铭洽.长安史话：宋元明清分册 [M].西安：陕西旅游出版社，1991.

[271] 定宜庄.清代八旗驻防制度研究 [M].天津：天津古籍出版社，1992.

[272] 任桂淳.清朝八旗驻防兴衰史 [M].北京：生活·读书·新知三联书店，1993.

[273] 让·德·米里拜尔.明代地方官吏及文官制度：关于陕西和西安府的研究 [M].郭太初，张上赐，蒋梓骅，译.西安：陕西人民出版社，1994.

[274] 一丁，雨露，洪涌.中国古代风水与建筑选址 [M].石家庄：河北科学技术出版社，1996.

[275] 向德，李洪澜，魏效祖.西安文物揽胜：续编 [M].西安：陕西科学技术出版社，1997.

[276] 秦晖，韩敏，邵宏谟.陕西通史：明清卷 [M].西安：陕西师范大学出版社，1997.

[277] 马正林.中国城市历史地理 [M].济南：山东教育出版社，1998.

[278] 朱士光.黄土高原地区环境变迁及其治理 [M].郑州：黄河水利出版社，1999.

[279] 张永禄.明清西安词典 [M].西安：陕西人民出版社，1999.

[280] 陈景富.大慈恩寺志 [M].西安：三秦出版社，2000.

[281] 田培栋.明清时代陕西社会经济史 [M].北京：首都师范大学出版社，2000.

[282] 施坚雅.中华帝国晚期的城市 [M].叶光庭，徐自立，王嗣均，等译.北京：中华书局，2000.

[283] 薛平拴.陕西历史人口地理 [M].北京：人民出版社，2001.

[284] 史红帅.明清时期西安城市地理研究 [M].北京：中国社会科学出版社，2008.

[285] 史红帅.西方人眼中的辛亥革命 [M].西安：三秦出版社，2012.

[286] 史红帅.近代西方人视野中的西安城乡景观研究：1840—1949[M].北京：科学出版社，2014.

[287] 史红帅.近代西方人在西安的活动及其影响研究：1840—1949[M].北京：科学出版社，2017.

[288] 史红帅.明清民国时期西安城墙修筑工程研究[M].北京：中国社会科学出版社，2020.

[289] 弗朗西斯·亨利·尼科尔斯.穿越神秘的陕西[M].史红帅，译.西安：三秦出版社，2009.

[290] 罗伯特·斯特林·克拉克，阿瑟·德·卡尔·索尔比，C.H.切普梅尔.穿越陕甘：1908—1909年克拉克考察队华北行纪[M].史红帅，译.上海：上海科学技术文献出版社，2010.

[291] 何乐模.我为景教碑在中国的历险[M].史红帅，译.上海：上海科学技术文献出版社，2011.

[292] 台客满.领事官在中国西北的旅行[M].史红帅，译.上海：上海科学技术文献出版社，2013.

[293] 马得志.西安元代安西王府勘查记[J].考古，1960（5）.

[294] 李健超.汉唐长安城与明清西安城地下水的污染[J].西北历史资料，1980（1）.

[295] 马正林.由历史上西安城的供水探讨今后解决水源的根本途径[J].陕西师大学报（哲学社会科学版），1981（4）.

[296] 王长启.明秦王府遗址出土典膳所遗物[J].考古与文物，1985（4）.

[297] 吴永江.关于西安城墙某些数据的考释[J].文博，1986（6）.

[298] 景慧川，卢晓明.明秦王府布局形式及现存遗址考察[J].文博，1990（6）.

[299] 祁恒文.秦王·秦王府·新城[J].三秦文史，1990（3）.

[300] 马正林.汉长安城总体布局的地理特征[J].陕西师大学报（哲学社会科学版），1994（4）.

[301] 王翰章.明秦藩王墓群调查记[M]//陕西历史博物馆馆刊：第2辑.西安：三秦出版社，1995.

[302] 史念海，史先智.论十六国和南北朝时期长安城中的小城、子城和皇城[J].中国历史地理论丛，1997（1）.

[303] 刘清阳.明代泾阳洪渠与西安甜水井的兴建[M]//陕西省文史研究馆.史学论丛.西安：陕西人民出版社，1998.

[304] 史念海.汉代长安城的营建规模：谨以此文恭贺白寿彝教授九十大寿 [J].中国历史地理论丛，1998（2）.

[305] 王其祎，周晓薇.明西安通济渠之开凿及其变迁 [J].中国历史地理论丛，1999（2）.

[306] 王社教.论汉长安城形制布局中的几个问题 [J].中国历史地理论丛，1999（2）.

[307] 吴宏岐.论唐末五代长安城的形制和布局特点 [J].中国历史地理论丛，1999（2）.

[308] 吴宏岐，党安荣.关于明代西安秦王府城的若干问题 [J].中国历史地理论丛，1999（3）.

[309] 陕西省考古研究所北门考古队.明秦王府北门勘查记 [J].考古与文物，2000（2）.

[310] 李昭淑，徐象平，李继瓒.西安水环境的历史变迁及治理对策 [J].中国历史地理论丛，2000（3）.

[311] 尚民杰.明西安府城增筑年代考 [J].文博，2001（1）.

[312] 史红帅.明清西安城内教育设施的发展变迁 [J].中国历史地理论丛，2000（4）.

[313] 史红帅，吴宏岐.明代西安城内皇室宗族府宅相关问题研究 [J].中国历史地理论丛，2001（1）.

[314] 史红帅.明代西安人居环境的初步研究：以园林绿化为主 [J].中国历史地理论丛，2002（4）.

[315] 史红帅.清代后期西方人笔下的西安城：基于英文文献的考察 [J].中国历史地理论丛，2007（4）.

[316] 史红帅.1901年陕西大旱灾中的西人赈济活动研究 [J].唐都学刊，2010（5）.

[317] 史红帅.清乾隆四十六年至五十一年西安城墙维修工程考：基于奏折档案的探讨 [J].中国历史地理论丛，2011（1）.

[318] 史红帅.清代灞桥建修工程考论 [J].中国历史地理论丛，2012（2）.

[319] 史红帅.清代渭河滩地垦殖与河道移徙：基于长安县马厂地的考察 [J].中国历史地理论丛，2015（4）.

[320] 史红帅.清乾隆五十二～五十六年潼关城工考论：基于奏折档案的探讨 [J].中国历史地理论丛，2016（2）.

[321] 史红帅.清代西安绿营马厂地招垦研究 [J].中国历史地理论丛，2016（4）.

一、明（公元 1368—1644 年）[①]

洪武元年（公元 1368 年）

· 四月，明军入潼关，元将李思齐率军退保凤翔，张良弼率军退保鹿台（今高陵区西南）。

· 十月十四日（公历 11 月 24 日），陕西地震。

洪武二年（公元 1369 年）

· 三月，明大将徐达、常遇春、冯胜率军进入奉元城。改奉元路为西安府，西安之名自此传承至今。陕西等处行中书省设于西安城中，西安府归其管辖。

洪武三年（公元 1370 年）

· 正月，西安府发生饥荒，明太祖朱元璋命户部拨给粟 36889 石赈济。

· 四月，明太祖朱元璋封次子朱樉为秦王。诏令长兴侯耿炳文、都指挥使濮英征调军士，向东、向北拓筑西安城池。

· 七月，在西安城东北隅开始营建城中之城——秦王府城（即今新城一带）。

· 十二月，设立西安都尉和西安五卫，治所均在西安城。

---

① 依据《明实录》、《西安古今大事记》（西安市档案局、西安市档案馆编，西安出版社，1993 年）及地方志等资料编写。

洪武七年（公元 1374 年）

·正月，明太祖朱元璋命宋国公冯胜赴西安督修城池拓展工程。

洪武八年（公元 1375 年）

·十月，改西安都尉为陕西都指挥使司。

·是年，长兴侯耿炳文督工修浚西安府泾阳县洪渠堰，灌溉泾阳、高陵等五县农田。

洪武九年（公元 1376 年）

·六月，改陕西等处行中书省为陕西等处承宣布政使司。

·是年，秦王府城竣工。

洪武十年（公元 1377 年）

·正月十四日（公历 2 月 22 日），西安府地震。

洪武十一年（公元 1378 年）

·是年，西安城垣竣工，周长约 13.9 公里。设四门：东长乐、西安定、南永宁、北安远。秦王朱樉就藩西安府。

洪武十三年（公元 1380 年）

·是年，在元敬时楼旧址建鼓楼。

洪武十七年（公元 1384 年）

·是年，在鼓楼西迎祥观附近（今北广济街南口东侧）修建钟楼。

洪武二十年（公元 1387 年）

·是年，于东城门内修建都城隍庙。宣德八年（公元 1433 年）移建于西大街。

洪武二十一年（公元 1388 年）

·二月，长兴侯耿炳文承制遣陕西都指挥同知马烨率西安等卫兵 33000 名屯戍云南。

洪武二十四年（公元 1391 年）

·三月二十五日（公历 4 月 29 日）夜，西安府地震。

·是年，明太祖朱元璋御制《子弟知过录》，列举秦王朱樉抢夺民女入宫、无故杖杀吏民等罪状。朱樉被召回京师，皇太子朱标巡抚陕西。翌年七月，朱樉复国。

洪武二十八年（公元 1395 年）

· 三月二十日（公历 4 月 9 日），秦王朱樉薨。明太祖朱元璋赐谥号"愍"。

建文四年 / 洪武三十五年（公元 1402 年）

· 十月九日（公历 11 月 4 日），明成祖朱棣下诏重修西安府灞桥。

永乐三年（公元 1405 年）

· 西安府三原等县连年夏季旱灾。

永乐九年（公元 1411 年）

· 三月三十日（公历 4 月 22 日），明成祖朱棣下诏重修西安府灞桥。

永乐十一年（公元 1413 年）

· 四月，三宝太监郑和第四次出使西洋前，专程赴西安邀请大学习巷清真寺掌教哈三随行，担任通译，并协办宗教、礼仪等事务。

宣德九年（公元 1434 年）

· 五月至七月，西安府亢旱，田苗枯死，民众饥困。

· 十月，朝廷赈恤灾民。

正统元年（公元 1436 年）

· 是年，灞桥倾圮，河道淤塞，桥道不通。

· 十二月二十二日（公历 1437 年 1 月 28 日），陕西布政司上奏朝廷，请求浚河、筑堤、修桥，以便民众通行。朝廷复准实施。

正统二年（公元 1437 年）

· 西安府多地连年干旱，庄稼歉收，民众饥困，朝廷拨粮赈济。

正统十年（公元 1445 年）

· 是年，西安府多地遭遇旱灾，大量民众受饥荒影响，携妻挈子前往湖北、河南等地逃荒。明英宗朱祁镇诏令户部赈恤。

景泰三年（公元 1452 年）

· 是年，朝廷批准划拨西安府咸宁、长安二县所辖秦岭山中的区域，在乾佑巡检司北置镇安县。

天顺七年（公元 1463 年）

· 西安府连年灾伤，军民饥馑，流离死亡甚多，朝廷饬令地方官府查清灾情，加以赈济。

成化元年（公元 1465 年）

　　·是年，朝廷复准陕西官府修筑咸宁县灞桥堤岸。陕西巡抚项忠、西安府知府余子俊动议疏凿西安城东南龙首渠，引浐河水入城；又于城西南丈八头(今丈八沟)，开渠引潏河水至西门入城，供城市居民饮水、造园、卫生、消防及灌注城壕之用，取名通济渠。

成化十八年（公元 1482 年）

　　·闰八月二十八日（公历 10 月 10 日），西安府地震。

成化十九年（公元 1483 年）

　　·二月，西安府地震。

成化二十年（公元 1484 年）

　　·九月十三日（公历 10 月 2 日），西安府地震。

　　·十月七日（公历 10 月 26 日），西安府地震。

成化二十一年（公元 1485 年）

　　·正月，朝廷拨粮赈济西安府饥荒。

成化二十二年（公元 1486 年）

　　·是年，关中旱灾，西安府饥荒严重，粮价飞涨，大量饥民饿毙。

成化二十三年（公元 1487 年）

　　·七月二十二日（公历 8 月 10 日），关中地震，山多崩圮，屋舍塌毁，遇难者 1900 余人。西安城楼毁裂，荐福寺小雁塔亦出现裂缝。

弘治七年（公元 1494 年）

　　·十月二十八日（公历 11 月 25 日），西安府地震。二十九日（公历 11 月 26 日），高陵县复震。

弘治九年（公元 1496 年）

　　·是年，陕西提学使杨一清重建正学书院（在今正学街西侧）。

弘治十一年（公元 1498 年）

　　·六月十五日(公历 7 月 4 日)，秦王诚泳薨。明孝宗朱祐樘辍朝三日，遣大臣致祭，有司营葬，赐谥曰"简"。

正德十一年（公元 1516 年）

　　· 七月二十三日（公历 8 月 20 日），西安府地震。

正德十六年（公元 1521 年）

　　· 西安府地震。荐福寺小雁塔裂缝复合如故。

嘉靖三年（公元 1524 年）

　　· 正月初一（公历 2 月 4 日），西安府地震。

嘉靖五年（公元 1526 年）

　　· 五月，巡按御史吉棠等倡建的杜公祠在西安城南少陵原边建成。

　　· 是年，陕西巡抚王荩主持修葺西安城垣。

嘉靖十年（公元 1531 年）

　　· 是年，西安府发生旱灾，饥民大量流徙。朝廷采取措施加以赈济。

嘉靖十一年（公元 1532 年）

　　· 五月十六日（公历 6 月 18 日），西安府地震，有声如雷。

嘉靖十八年（公元 1539 年）

　　· 三月，西安府地震。

嘉靖二十一年（公元 1542 年）

　　· 十一月十一日（公历 12 月 17 日），西安府地震。

　　· 是年，赵廷瑞修，马理、吕柟纂《陕西通志》40 卷刊印。

嘉靖二十九年（公元 1550 年）

　　· 是年，重修大慈恩寺大雁塔，在塔体外砌砖加固。缩小原寺规模，仅留西院，即今大慈恩寺。

嘉靖三十四年（公元 1555 年）

　　· 十二月四日（公历 1556 年 1 月 15 日），朝廷饬令赈济西安府饥荒。十二日（公历 1556 年 1 月 23 日），夜半华州大地震，西安城房屋倒塌"十居其半"，死者约十分之三。小雁塔顶坍毁。碑林《开成石经》多通受震断裂。

嘉靖三十七年（公元 1558 年）

　　· 五月十八日（公历 6 月 4 日），西安府地震，有声。

隆庆二年（公元 1568 年）

·三月四日（公历 4 月 1 日），西安府临潼等县地震，城池、房屋倒塌损毁，压伤人口。

·四月六日（公历 5 月 2 日），西安府地震，倾坏城堡，伤人畜甚众。十九日（公历 5 月 15 日），西安府临潼县、高陵县等处地震，"有声如雷，平地起仆不常"，"举城无完室，举室无完人"，造成严重震灾。

·六月，朝廷赈恤西安府地震灾民。

·是年，陕西巡抚张祉动议修葺西安城墙，督工在城墙顶部和外壁砌砖，加以妥善保护，城墙更趋坚固，城池景观焕然一新。

隆庆三年（公元 1569 年）

·正月，朝廷蠲免西安府秋粮，以减轻震灾对民众生计的影响。

隆庆五年（公元 1571 年）

·七月一日（公历 7 月 22 日），西安府地震。

·十月二十五日（公历 11 月 12 日），西安府地震。

万历十年（公元 1582 年）

·是年，陕西巡抚龚懋贤主持，长安、咸宁两县负责施工，将西大街中段北侧迎祥观钟楼迁建于四条大街交会处，以适应西安城扩建后城市中心的东移。此举有助于加强城市治安，强化了城市四隅格局。

万历十二年（公元 1584 年）

·七月二十一日（公历 8 月 26 日），西安府地震。

万历十三年（公元 1585 年）

·七月十七日（公历 8 月 12 日），西安府及高陵县地震，势如风，声若雷。

万历三十五年（公元 1607 年）

·八月十二日（公历 10 月 2 日），夜半西安地震，屋瓦皆裂。

万历三十六年（公元 1608 年）

·是年，关学大儒冯从吾在宝庆寺开坛讲学。

万历三十七年（公元 1609 年）

·是年，陕西布政使汪可受令咸宁、长安两县将宝庆寺东小悉园改建为关中书院。川、甘、豫、冀等地学子纷纷负笈前来就学。每逢开讲，"环而听者常过千人，坛台之盛旷绝今古"。

万历三十九年（公元 1611 年）

· 是年，汪道亨修，周宇、冯从吾等纂《陕西通志》35 卷刊印。

泰昌元年（公元 1620 年）

· 六月，西安东南城墙上文昌阁（魁星楼）修建竣工。

天启五年（公元 1625 年）

· 是年，唐代大秦景教流行中国碑在西安西郊金胜寺出土。明熹宗朱由校下令封闭全国书院。翌年十二月，陕西巡抚乔应甲捣毁关中书院，估价变卖书院田土、房屋。

天启六年（公元 1626 年）

· 是年，法国神父金尼阁、传教会副会长阳玛诺、教士鲁德昭来到西安，在泾阳人王徵的协助下，在糖坊街筹备建立天主堂。

天启七年（公元 1627 年）

· 是年，德国传教士汤若望来到西安城，考察大秦景教流行中国碑，并调查关中地区地形、物产、气候等，测定经纬度。

崇祯九年（公元 1636 年）

· 七月，高迎祥率部与明军在黑水峪激战，被俘，后押送北京，被杀。李自成继立为闯王。

· 是年，陕西巡抚孙传庭动议兴建西安南、北、西三关城，重修东关城。西安由此形成"一座大城，四座关城"的形态。

崇祯十六年（公元 1643 年）

· 十月，李自成起义军攻占潼关，陕西巡抚孙传庭战死。起义军连下华州、渭南、临潼等县城。

· 十一月十一日（公历 12 月 21 日），李自成率军攻打西安城，击毁东门正楼、南门箭楼。明军守将王根子开东门迎降。

· 是年，李自成改西安府为长安府，称西京。征发民工修葺城池。

崇祯十七年 / 大顺永昌元年 / 清世祖顺治元年（公元 1644 年）

· 正月初一（公历 2 月 8 日），李自成在西京王城宫殿（明秦王府）

会见群臣，称大顺王，国号大顺，建元永昌。以牛金星为大学士，置六部尚书等官职，复五等爵，建立军制，宣布军律："马腾入田苗者斩之"。采取"三年免征"措施，奖励开荒种田。十七日（公历2月24日），大顺王李自成率李双喜、周凤梧、高一功、李过、田见秀等部约40万人马，离开西京东征，直指北京。

·七月，河南战局危急，李自成由北京返回西京，部署保卫关中。

二、清（公元 1644—1911 年）[①]

大顺永昌二年 / 顺治二年（公元 1645 年）

·正月，和硕豫亲王多铎率清军攻打潼关。十一日（公历2月7日），潼关失守。李自成返回西安。十三日（公历2月9日），李自成命田见秀开放府库，赈济百姓。焚毁宫室，率领起义军及眷属撤离西京，趋龙驹寨，出武关，直趋襄阳。十九日（公历2月15日），定远大将军和硕肃亲王豪格率清军进入西安城。

·六月，内大臣何洛会奉命统领官兵，驻防西安。

·是年，清军会同陕西官府在西安城东北隅筹划兴建八旗驻防城，即满城，安置八旗官兵及其眷属。满城占据了今东大街以北、北大街以东区域。

顺治三年（公元 1646 年）

·二月，朝廷派遣甲喇章京傅喀蟾、梅勒章京李思忠率驻防顺德、潞安、平阳、蒲州四处满洲弁兵并家口，镇守西安。

·是年，清王朝从多地征调满族、蒙古族八旗军兵 5000 人赴西安驻扎，有"五千马甲"之称，连同陆续抵达的眷属约计 20000 人。

顺治四年（公元 1647 年）

·七月，西安府遭受雹灾。翌年六月，朝廷免除本年额赋。

顺治九年（公元 1652 年）

·十月十日（公历11月10日），朝廷派遣固山额真库鲁克达尔

---

① 依据《清实录》、《西安古今大事记》（西安市档案局、西安市档案馆编，西安出版社，1993 年）及地方志等资料编写。

汉阿赖率官属兵丁，驻防西安。

顺治十三年（公元 1656 年）

· 是年，陕西巡抚陈极新主持重修西安城墙，疏浚城壕，修复东门正楼和南门箭楼。

康熙元年（公元 1662 年）

· 是年，陕甘总督白如梅、陕西巡抚贾汉复动议修葺西安城垣，浚深城壕。

康熙二年（公元 1663 年）

· 九月二日（公历 10 月 2 日），朝廷任命都统噶褚哈为镇西将军，同副都统光泰统领满洲官兵镇守西安。

康熙三年（公元 1664 年）

· 是年，陕西巡抚贾汉复督工疏浚龙首渠。

康熙六年（公元 1667 年）

· 是年，贾汉复修、李楷纂《陕西通志》32 卷刊印。

康熙七年（公元 1668 年）

· 是年，黄家鼎修，陈大经、杨生先纂《咸宁县志》8 卷刊印。梁禹甸纂《长安县志》8 卷刊印。

康熙十三年（公元 1674 年）

· 正月，副都统扩尔坤移驻西安，加强防务。

· 十二月，陕西提督王辅臣在驻防地宁羌（今宁强）举兵响应吴三桂反清，朝廷自襄阳等地调集八旗军赴西安加强防御。

康熙十八年（公元 1679 年）

· 十一月九日（公历 12 月 11 日），西安府地震，自早及午，震倒房屋，压毙人口。

康熙二十二年（公元 1683 年）

· 是年，分城内咸宁县辖地，于西安城东南隅修筑汉军八旗驻防城，是为南城。

康熙三十一年（公元 1692 年）

· 二月，关中大旱，蝗灾已持续 3 年，灾情波及全省。朝廷饬令户部拨银 100 万两，山西藩库拨银 10 万两，以刑部尚书傅腊塔为钦差，由襄阳督运米谷 10 万石来陕赈灾。

·四月，以户部尚书王骘、工部尚书沙穆哈为钦差，率内阁、六部官员来陕监督放赈。

·十二月，以内阁学士德珠为钦差，由襄阳运米 20 万石来西安，平价出售。灾情缓解，饥民陆续返乡。

康熙三十二年（公元 1693 年）

·二月，西安米价高涨。陕西官府招募富商，并为其垫付本金，买粮运米至西安出售，商人可以获得相应盈利。

·是年，陕西布政司、按察司招徕受灾流民，为其提供资金购买耕牛、农具等，以图恢复农业生产。

康熙三十九年（公元 1700 年）

·三月，川陕总督佛伦，陕西巡抚吴赫、党爱，陕西布政使禅布，西安知府彭腾胡、卞永宁、李杰等因侵扣赈银，被分别判处斩首、徒刑、革职、降级等。

康熙四十年（公元 1701 年）

·是年，西安府长安、咸宁、临潼、高陵、蓝田等县旱荒歉收，减免本年田租。

康熙四十二年（公元 1703 年）

·十一月，康熙皇帝爱新觉罗·玄烨西巡陕西，十六日（公历 12 月 23 日）驾临西安。下令免除陕西巡抚所属地方本年以前各项积欠银米、草豆钱；派员祭祀周、汉、唐诸帝陵；检阅军队；嘉奖、赏赐各级官员；赐西安府城耆老白金，开展了一系列巡视活动。二十一日（公历 12 月 28 日）由西安启程回京。

康熙四十四年（公元 1705 年）

·十一月，康熙皇帝敕建藏传佛教喇嘛寺——广仁寺，在西安城西北隅建成。

康熙五十九年（公元 1720 年）

·六月，陕西发生旱灾，引起严重饥荒，朝廷下令赈济。

·十月，河南协济谷 20 万石运至西安。朝廷免征陕西应征米豆、草料和翌年地丁银。朝廷部院大臣和司官携带库银 30 万两来陕赈济，西安府、延安府各半，由钦差监督发放。在河南截留翌年漕米中再拨 10 万石，运抵西安，存贮备用。

康熙六十年（公元 1721 年）

·二月，大旱持续，西安府出现饿殍遍野、民人逃亡的惨况。

·五月，拨河南、湖南漕米各 10 万石运西安，贮积备赈。光禄寺卿卢绚携带库银 15 万两来西安，劝谕富户粜卖粮食。

雍正元年（公元 1723 年）

·是年，位于西大街的都城隍庙在火灾中损毁严重，川陕总督年羹尧饬令地方官府重建。

雍正五年（公元 1727 年）

·二月，陕西官府奏准动用布政司库羡余银，疏浚郑、白渠，并由仲山开凿龙洞渠，引龙洞泉水东流，沿途接纳诸泉水，灌溉泾阳、三原、高陵等县数万亩农田。

雍正七年（公元 1729 年）

·八月，改西安府管粮通判为水利通判，专管高陵、临潼等五县堤岸建设、水道疏浚等事宜。

雍正十三年（公元 1735 年）

·是年，刘於义修，沈青崖、史贻直纂《陕西通志》100 卷、首 1 卷刊印。

乾隆二年（公元 1737 年）

·九月，陕西巡抚崔纪疏通龙首渠、通济渠，分别引浐河水和潏河水注入西安城壕。

乾隆五年（公元 1740 年）

·陕西官府维修鼓楼。

乾隆十年（公元 1745 年）

·七月，大雨，渭河涨溢，淹损兴平、盩厔、长安、渭南等多县滨河秋田。

乾隆十三年（公元 1748 年）

　　·三月，霜灾。

　　·夏，雨雹成灾，引起饥荒，陕西官府发库银赈济灾民。

乾隆十五年（公元 1750 年）

　　·夏，大旱，引起饥荒，陕西官府发库银赈济灾民。

乾隆二十一年（公元 1756 年）

　　·八月，渭河涨溢，沿岸秋禾被淹，房屋坍塌。陕西官府发库银赈济灾民。

乾隆二十七年（公元 1762 年）

　　·秋，大旱，庄稼歉收。陕西官府碾仓米分口散给。

乾隆二十八年（公元 1763 年）

　　·是年，陕西巡抚鄂弼奏修西安城墙，疏浚城壕。

乾隆三十年（公元 1765 年）

　　·七月初一（公历 8 月 16 日），长安县、咸宁县发生地震。十七日（公历 9 月 1 日），又震。

乾隆三十二年（公元 1767 年）

　　·五月二十二日（公历 6 月 18 日），长安县、咸宁县、临潼县发生地震。

乾隆三十七年（公元 1772 年）

　　·是年，陕西巡抚毕沅动议重修西安碑林。

乾隆三十九年（公元 1774 年）

　　·是年，陕西巡抚毕沅动议疏浚通济、龙首二渠。

乾隆四十一年（公元 1776 年）

　　·是年，陕西巡抚毕沅主导修纂的《关中胜迹图志》30 卷印行。

乾隆四十四年（公元 1779 年）

　　·是年，西安知府舒其绅修、江宁籍学者严长明纂《西安府志》80 卷印行。

乾隆四十五年（公元 1780 年）

　　·是年，朝廷令汉军八旗出旗，裁撤军事驻防区域南城，西安城东南城区仍划归咸宁县管辖。

乾隆四十六年（公元 1781 年）

·十一月，陕西巡抚毕沅奏请维修西安城墙。

乾隆四十八年（公元 1783 年）

·是年，陕西官府分长安县南境置宁陕厅，分咸宁县南境置孝义川抚民同知。

嘉庆三年（公元 1798 年）

·二月，湖北白莲教起义军进入关中。清军与之在焦家镇、圪子村、集贤镇等地激战，起义军退入南山。

·三月，白莲教起义军与清军在长安一带南山诸峪口激战，主力撤回陕南。

·四月，白莲教起义军转入蓝田，清军多次截击，起义军退入南山。

嘉庆七年（公元 1802 年）

·是年，清军同知叶世倬在西安城内卧龙寺巷建立养正书院。道光时改名崇化书院（今开通巷小学校址）。

嘉庆十八年（公元 1813 年）

·夏，陕西大旱，关中地区 30 多州县秋禾歉收，引起饥荒。秦岭山地林场纷纷停业，黑河上游林区厢工（伐木工人）揭竿而起，队伍迅速壮大，攻占厚畛子、佛坪等地。

嘉庆二十年（公元 1815 年）

·是年，长安知县张聪贤修、江苏籍举人董曾臣纂《长安县志》36 卷刊印。

嘉庆二十四年（公元 1819 年）

·八月，淫雨连绵，渭水涨溢，冲没民田。

·是年，咸宁知县高廷法、临潼知县沈琮修，江苏籍人士陆耀遹、董祐诚（即董曾臣）纂《咸宁县志》26 卷刊印。

道光三年（公元 1823 年）

·正月，咸宁县、长安县地震。

道光五年（公元 1825 年）

·是年，陕西巡抚卢坤动议疏浚龙首渠，引渠水入护城河。西安知府叶世倬主持疏浚通济渠。

道光十年（公元 1830 年）

·是年夏、秋，庄稼歉收，引发严重饥荒，朝廷缓征西安府旧欠仓粮。

道光十一年（公元 1831 年）

·十二月，全国查禁鸦片。

道光十四年（公元 1834 年）

·是年，在陕西巡抚杨名飏督工主持下，西安府、同州府士民捐银 12 万余两，重修灞桥。

道光十五年（公元 1835 年）

·秋，大旱。朝廷缓征西安六府县额赋。

道光二十四年（公元 1844 年）

·夏秋之交，长安、咸宁两县阴雨达 40 天。

道光二十六年（公元 1846 年）

·是年，关中大旱，粮价飞涨。陕西巡抚林则徐令西安等四府平粜仓粮，招募饥民兴修水利，以工代赈。

道光二十八年（公元 1848 年）

·是年，渭河水涨，冲毁咸宁、长安等县田舍。

道光三十年（公元 1850 年）

·春，大旱。

咸丰四年（公元 1854 年）

·是年，陕西巡抚王庆云奏准，由宝陕局开铸当十、当百、当千文大钱，在西安成立陕西官银钱局，推行大钱，发行官银票、官钱票，币值猛跌，民怨沸腾。

咸丰六年（公元 1856 年）

·夏，渭南县起蝗，飞行蔽日。继而由东向西，延及西安府多县。

咸丰七年（公元 1857 年）

·夏，关中大旱。

·秋，关中发生蝗灾，庄稼及林木受损。

咸丰八年（公元 1858 年）

·夏，关中多县蝗蝻遍野，农民捕灭，难以净尽，至冬方息。

·是年，陕西巡抚曾望颜仿照他省做法，在西安设立陕西厘金总局，在各州县相继设立局、卡，向行商坐贾征收厘金。同官县发生地震。

咸丰十年（公元 1860 年）

·是年，陕西巡抚谭廷襄经奏准，在长安、咸宁、蓝田等州县设立回民义学。陕西巡抚谭廷襄奉命督办团练。陕西官银钱局奉令撤销。

咸丰十一年（公元 1861 年）

·冬，关中奇寒，人畜多冻死。

·是年，官府准许巨商王承霖在西安开设"恒通"号，发行钱票。

同治元年（公元 1862 年）

·春，太平天国扶王陈得才部由商雒、孝义（今柞水）出子午谷，抵西安城南引驾回，在三兆村大败清军。陕西巡抚瑛棨下令关闭城门，太平军攻城不克，东进蓝田。

·十一月，陕西巡抚瑛棨奏准，在西安复设陕西官银钱局，发行钱票，与军饷搭放。

·是年，陕西官府拓筑西安城关城城墙及东路一带墩台。

同治二年（公元 1863 年）

·是年，清军与回民军在西安城郊三桥、韩森冢、白杨寨、浐河岸、灞桥等处激战。

同治四年（公元 1865 年）

·是年，督办西征粮台学士袁保恒主持补修西安城垣。

同治五年（公元 1866 年）

·六月十六日（公历 7 月 27 日），西安城东南隅火药局爆炸，震毁民房 100 余户，死伤无计。

·九月，西捻军张宗禹、张禹爵、邱远才等率 6 万余众由商雒入陕，直指西安。

·十月二十四日（公历 11 月 30 日），西安地震。

·十二月，西捻军在西安东郊灞桥至十里铺设伏，击溃留陕办理军务刘蓉所辖湘军和副都统西蒙克西克所辖骑兵。

同治六年（公元 1867 年）

· 是年，西安府大旱，陕西官府在东羊市设立恤嫠局办理赈务。

同治八年（公元 1869 年）

· 是年，钦差大臣督办陕甘军务左宗棠在西安创办西安机器局，生产洋枪铜帽、开花子弹和火药。这是西安最早的机器工业。十一年（公元 1872 年）停办，随军迁往兰州。

同治十三年（公元 1874 年）

· 是年，陕西布政使谭钟麟率僚属捐银 1 万余两，由咸宁知县易润芝主持，改建灞桥，添设石栏。

光绪元年（公元 1875 年）

· 二月，陕西巡抚谭钟麟发放桑种、蚕纸，西安府各县开始植桑养蚕。

光绪二年（公元 1876 年）

· 是年，陕西大旱，夏、秋歉收。翌年继续大旱，颗粒未收，树皮、草根被掘食殆尽。

光绪四年（公元 1878 年）

· 是年，西安府以工代赈，疏通浐、灞二水，以通渭河。

光绪十一年（公元 1885 年）

· 是年，署盐法道黄嗣东与咸宁知县樊增祥捐俸集资，在西安东关长乐坊重建鲁斋书院。二十九年（公元 1903 年）改为咸宁县立两等小学堂。

光绪十三年（公元 1887 年）

· 是年，郊区农民整修滈河碌碡堰水利工程，可灌田约 1.8 万亩。

光绪十六年（公元 1890 年）

· 八月，西安电报局在南院总督部院东侧成立，架设有东经潼关至太原、保定和西经长武、兰州至肃州两条电报线路。西安始有电报通信。

· 是年，在西关冯公祠修建少墟书院。三十二年（公元 1906 年）改为长安县立高等小学堂。

光绪十七年（公元 1891 年）

· 九月，陕西学政柯逢时奏准，捐俸筹款，创设刊书处。

光绪十九年（公元 1893 年）

· 十月，陕西舆图馆测绘的《陕西省城图》完成。这是西安首次实测的大比例尺平面地图。

光绪二十年（公元 1894 年）

· 八月，陕西巡抚鹿传霖奏准在西安重开陕西官银钱局——秦丰官银钱号，由藩库拨银 6 万两作为资本，发行钱票。宣统二年（公元 1910 年）改称秦丰官钱局。

· 是年，鹿传霖奏准，将原西安机器局迁往兰州的旧机器运回西安，成立陕西机器制造局，专造子弹，以济军用。

光绪二十二年（公元 1896 年）

· 四月，陕西布政使樊增祥购置陕西第一台铅字印刷机，开办秦中书局。派藩司文案吴廷锡创办陕西第一张报纸《秦中书局汇报》（月刊）。二十四年（公元 1898 年）停刊。

· 是年，在西安城修建军装局（今西安市第八中学校址）。清军统制王诹等人率军兵疏浚龙首渠，引水注入西安城壕。

光绪二十三年（公元 1897 年）

· 六月，阎培棠（甘园）、毛昌杰（俊臣）、王执中（立斋）等在西安创办《广通报》（半月刊，木刻印刷），转载外省报刊的时论文章和时闻报道，宣传维新。这是西安最早的民办报纸。戊戌变法失败后停刊。

· 十二月，陕西巡抚魏光焘在东厅门咸长考院（今西安高级中学校址）设立游艺学塾。除经、史之外，加授数、理、化和兵、农、工、商、舆地等学科，14—17 岁的学生还习英文。翌年并入陕西中学堂。

光绪二十四年（公元 1898 年）

· 六月，创设陕西武备学堂（故址在西安西关）。

· 九月，成立随营武备学堂。二十八年（公元 1902 年）两武备学堂合并。三十二年（公元 1906 年）改为陆军小学堂。利用咸长考院房舍设立陕西中学堂。二十六年（公元 1900 年）因校舍被占用停办。

·秋，霪雨成灾，长安县西南乡昆明池旧址一片汪洋。长安籍刑部尚书赵舒翘集资，委托乡绅柏震藩、王典章等督修、疏浚昆明池，重修古灵桥。陕西巡抚魏光焘动议疏浚通济渠。

光绪二十六年（公元 1900 年）

·闰八月二十四日（公历 10 月 17 日），为支应慈禧太后和光绪皇帝在八国联军攻陷北京后"西巡"西安，成立支应局，以西安知府胡延为提调。

·九月四日（公历 10 月 26 日），慈禧太后和光绪皇帝一行驾临西安，以陕西巡抚部院（北院，今莲湖区人民政府驻地）为行宫。

·十二月六日（公历 1901 年 1 月 25 日），慈禧太后在西安再论"纵匪肇乱首祸诸臣"之罪，刑部尚书赵舒翘被定为斩监候（死缓）。十日（公历 1901 年 1 月 29 日），清廷在西安颁布《新政上谕》。二十九日（公历 1901 年 2 月 17 日），西安绅民 300 多人向军机处为赵舒翘请命。

·是年，陕西大旱，小麦价格飞涨。年末，西安饥民结队赴行宫请愿。

光绪二十七年（公元 1901 年）

·正月初二（公历 2 月 20 日），西安绅民在行宫门前请愿，要求赦免赵舒翘。翌日，赵舒翘被赐死。

·八月二十四日（公历 10 月 6 日），慈禧太后偕光绪皇帝等离开西安，起驾返回北京。支应局结束，共耗银 60 余万两。

·十一月，护理陕西巡抚李绍棻在咸长考院及崇化书院旧址设立陕西大学堂，选调学生 200 名。三十一年（公元 1905 年）改为陕西省高等学堂。

光绪二十八年（公元 1902 年）

·九月，西安邮政局在马坊门成立，开办平挂信函等业务，开辟西安经凤翔至成都、西安经潼关至洛阳及西安至商州三条邮路。

·是年，陕西洋务总局在西安成立，主办外交事务，兼理邮政、路、矿等洋务事宜。《时务丛钞》在西安创刊。

光绪二十九年（公元 1903 年）

· 三月，陕西布政司和提学使在西安设立课吏馆，培养、提高中下级在职官员，兼明西学。于九月编印《秦报》（旬刊），年终停刊。

· 五月，改关中书院为陕西师范学堂，聘牛兆濂等为教习。

· 是年，建立西安水利新军，修筑浐、灞两河堤岸。陕西巡抚升允动议疏浚西安城西通济渠及府城内外渠道。英国基督教浸礼会在西安东关创办乐道学校和尊德（女子）学校。阎培棠等创办绅立蒙学堂，翌年改名甘园学堂。这是西安第一所私立学校。

光绪三十年（公元 1904 年）

· 正月，陕西布政使樊增祥主持，课吏馆姚才波等承办《秦中官报》。报馆订有英国路透通讯社电讯稿，是西安最早登载外国电讯的报纸。三十四年（公元 1908 年）改名《陕西官报》，一年后停刊。

· 九月，陕西武备学堂学生魏国钧、张益谦、白毓庚、张凤翙、席丰、炳炎等以官费派往日本振武学校学习军事。

· 是年，陕西中等农林学堂在西关创办，附设农业教员讲习所。成立西安府邮政副总局。在北教场创建陆军中学堂。甘园学堂附设雅阁女子学校，三十四年（公元 1908 年）停办。西安知府尹昌龄在北院门开办陕西工艺厂，是西安首家官办手工纺织工厂。商人邓永达集资银 2000 两筹设森荣火柴公司，是西安第一家火柴厂。

光绪三十一年（公元 1905 年）

· 春，西安知府尹昌龄在庙后街盐法道衙署旧址改设西安府官立中学堂。

· 五月，陕西省城西安警务总局成立。三十四年（公元 1908 年）改名省城西安警务总署，下设七个分署。

· 九月，陕西高等学堂和陕西师范学堂选派的官费生马凌甫、郗朝俊、白常洁、党松年等 30 人，官籍子弟自费生樊宝珩等 10 人，东渡日本学习农学、矿务、税务、法律等学科。

· 秋，井勿幕奉孙中山命由日本回国，在西安和渭北各地从事革命活动。常铭卿、焦子静、钱定三、郭希仁、王子端、李桐轩等三四十人参加中国同盟会。

·是年，陕西学务处派杨宜瀚、毛昌杰、狄楼海、方汝士、姚文蔚、秦善继等，赴日本考察学堂、工艺、巡警等要务。陕西官绅请准由本省自办修筑西（安）潼（关）铁路，以布政使樊增祥为总办。

光绪三十二年（公元 1906 年）

·八月，陕西巡警学堂在西安北院东侧抚标中营箭道及附近支应局旧址成立。宣统元年（公元 1909 年）改为高等巡警学堂。

·是年，中国同盟会员在西安建立据点，展开革命活动。郭希仁、刘霭如等在西大街泾阳会馆设立丽泽馆、声铎社，发表演说开通民气；张拜云、焦子静在南院门创办公益书局，师子敬任经理，秘密购运、印刷革命书报；焦子静、李桐轩、王子端等在西大街富平会馆设立健本学堂；邹良等在西岳庙开办女子小学堂。陕西巡抚曹鸿勋奏准官办西潼铁路，委派布政使樊增祥为总办，开征路捐筹集资金，引起关中各县大规模的反路捐斗争，迫使其于光绪三十三年（公元 1907 年）停收路捐。西安府邮政局开办国际信函业务，由上海经转出口。

光绪三十三年（公元 1907 年）

·七月，丹麦人何乐模用银 3000 多两重贿西郊金胜寺僧，用复制的大秦景教流行中国碑换取原碑，企图运往英国伦敦，引起各界反对。陕西当局派高等学堂教务长王猷君与何乐模交涉，将复制品运走，原碑移送碑林保存。

·十月，课吏馆改为陕西法政学堂。

光绪三十四年（公元 1908 年）

·二月，井勿幕再次由日本回陕，在西安东大街开元寺召开第一次同盟会会员大会，成立同盟会陕西分会，选举李仲特为会长。决议联合新军、哥老会等力量推动革命，共图大举。

·春，陕西绅、商、学界由赵元中、崔志道、郑当贞等发起，要求西潼铁路由借外资修建改为商办。在西安召开第一次筹修西潼铁路大会，通过《筹办西潼铁路处简章》，成立西潼铁路办事处，发表宣言，联名上书。翌年获准，成立西潼铁路公司。

·是年，井勿幕以陕西教育总会名义在西安创办《教育界》杂志，鼓吹革命。陕西商务总会成立，阎乃竹任商会总理。

宣统元年（公元 1909 年）

·七月，陕西图书馆在梁府街学务公所创立。这是西安第一所国立图书馆。

宣统二年（公元 1910 年）

·二月，张凤翙、张益谦等由日本士官学校毕业，张钫、钱鼎等 23 人由保定陆军速成班结业，先后返回西安，分别派为参军官、管带或初级军官。张钫、钱鼎等在南院门成立武学研究社，并在满城设立分社。

·四月，陕西省咨议局响应张謇《十六省议员诣阙上书序》倡议，联合省商会、教育总会约 100 名代表，成立国会请愿分会，推王锡侯为会长，郭希仁为进京请愿代表，携带《陕西省绅民请愿速开国会书》赴北京，要求即速召开国会。

·六月三日（公历 7 月 9 日），同盟会陕西分会井勿幕、钱鼎、张钫、胡景翼等与哥老会首领张云山、万炳南等 36 人在大雁塔秘密集会，共图大举。

·十二月，西安府地方审判厅、西安府地方检察厅同时成立，司法与行政开始分离。

·是年，在梁府街女子小学堂开办陕西省第一女子师范学校，女子小学改为附属小学。

宣统三年（公元 1911 年）

·春，陕西女子工业传习所在西安开办。

·八月，同盟会员康毅如、聂小泉在梁府街创办《国民新闻》（日刊）。

·九月一日（公历 10 月 22 日）上午，同盟会陕西分会张凤翙、钱鼎、张钫在西门外林家坟召集新军各营队和哥老会代表会议，响应武昌起义。公推张凤翙、钱鼎为正、副首领，决定当即发动起义。上午，革命军攻占军装局，下午攻占南院、鼓楼等处，占领除满城外的大半城区。二日（公历 10 月 23 日），革命军攻入满城，全城光复，以军装局为临时司令部，称秦陇复汉军，张凤翙以秦陇复汉军大统领名义布告安民。康毅如发起组织红十字战地医疗救护队，三日（公历 10 月 24 日），成立西京红十字会医院。这是西安最早的公立医院。六日（公历 10 月 27 日），秦陇复汉军司令部移驻东厅门高等学堂，成立秦陇复汉军政府，拥张凤翙为大统领，钱鼎、万炳南为副大统领。西安各商店恢复正常营业。

·十月，清军自河南、甘肃东西两路进逼西安。秦陇复汉军政府收到湖北中华民国军政府颁发的中华民国政府秦省都督印，移驻北院。

索引

后记

2021年4月初，时值仲春，地气回暖，古都西安也迎来了大好春光。《西安城市史·明清西安城卷》即将付梓印行，此时距离2010年首次动议撰写《西安城市史》已过去了10年之久。在本卷即将面世之际，就其撰述过程略述颠末。

屈指算来，笔者在古都西安城市史、历史地理研究领域的探索已约24年。1997年，笔者从西北大学历史系考入陕西师范大学历史地理研究所攻读硕士学位。此时正值史念海先生主编的《西安历史地图集》（西安地图出版社，1996年）出版未久，历史地理研究所的老师们在史念海、朱士光二位先生指引下，正在如火如荼地开展古都西安历史的长时段、多专题研究。受此浓郁学术氛围影响，经导师吴宏岐教授悉心指导，以及受李令福、王社教等老师的授课启发，笔者在系统研读马正林先生《丰镐—长安—西安》（陕西人民出版社，1978年）、武伯纶先生《西安历史述略》（陕西人民出版社，1979年）等有关西安城市史代表性论著的基础上，初步认识到当时"后都城时代"西安城市发展变迁的研究甚为薄弱，从历史地理角度开展研究尚有巨大拓展空间，因而选择明清时期的西安城作为研究对象，基于地方志、文集等史料对西安城市空间格局变迁等问题进行探讨，撰写完成硕士学位论文《明清时期西安城市历史地理若干问题研究》。现在回过头看，彼时受制于资料查找、研究视野等诸多局限，这篇论文从内容到方法皆稍显稚嫩，但为深化和丰富"后都城时代"西安城市史、历史地理研究奠定了基础，2000 年在学位论文答辩时也获得了周伟洲、李健超等先生的认可与鼓励。同年，我满怀着在历史城市地理领域登峰攀岩的憧憬，进入北京大学城市与环境学系（原地理系）历史地理研究中心攻读博士学位。北大历史地理研究中心在侯仁之先生的长期引领下，素以历史城市地理为优势研究领域，在北京城市史、历史城市地理研究方面硕果累累，积淀深厚，《北京历史地图集》第一集（北京出版社，1988 年）即为其代表性成果。在不断汲取城环系地理学研究理论、方法滋养的同时，笔者得到导师于希贤教授的大力支持，继续在硕士阶段的工作基础上扩充、深化明清西安城的研究，一方面发掘和利用大量散见碑刻、文集等第一手材料，另一方面扩大研究视野、丰富研究内容，由此撰成的博士学位论文《明清时期西安城市地理研究》在答辩时得到了尹钧科、王守春、唐晓峰、岳升阳、吕斌诸位先生的一致肯定，为此后近 20 年笔者继续在西安城市史、历史地理领域深耕与拓垦指明了努力的方向。

2003 年 7 月，笔者进入陕西师范大学西北历史环境与经济社会发展研究中心工作，以历史城市地理为研究方向。翌年即参加了朱士光先生主持的西安市历史文化名城研究会、西安市规划局课题"西安水环境的历史变迁"，执笔完成了项目文本，随后作为朱先生的助手开展了国家清史纂修工程《清史·生态环境志》的编纂工作。这些课题工作中的城乡实地考察、档案史料搜集经历对笔者的后续专题研究启发良多。2006 年，笔者与业师吴宏岐教授合作撰写了《西北重镇西安》，2007 年作为"古都西安"丛书之一，由西安出版社出版。2008 年，《明清时期西安城市地理研究》在由中国社会科学出版社印行后，受到学界高度好评，于 2009 年获得陕西高校人文社科优秀成果二等奖、西安市第六次社会科学优秀成果三等奖，又于 2011 年获得第四届谭其骧禹贡基金优秀青年历史地理论著二等奖，令笔者深受鼓舞、平添动力。同时笔者也清醒认识到，这一阶段的个人研究主要聚焦于明清时期西安城市空间格局的变迁方面，而对于城市民众生活与生计、城市社会运作与管理、区域民族交往与融合、中外文化交流等问题尚需深入探讨，由此才能从多角度认识和理解明清时期及"后都城时代"西安的城市面貌与社会生活。

2009 年，陕西省文史研究馆（现为陕西省人民政府参事室）在组织编写、出版了

"长安学丛书"（八卷）后，于 2010 年与陕西师范大学出版总社协商，计划邀请学者撰写一套完整的《西安城市史》，列入"长安学丛书"。2010 年 7 月 3 日，陕西省文史研究馆在陕西师范大学出版总社召开了第一次工作会议，确定"明清西安城卷"为《西安城市史》八卷本之一，笔者有幸承担该卷的撰写任务。2011 年 2 月 15 日，陕西师范大学出版总社召开了《西安城市史》第二次工作会议，与会作者及组织、出版单位人员围绕各卷提纲的若干问题进行了充分讨论，就整套书的基本框架、撰写方式等达成了诸多共识。经过一年多的撰写，各书稿均有不同程度的进展，也遇到了诸如相互衔接、重复内容等具体问题。2012 年 3 月 30 日，陕西省文史研究馆与各位作者在陕西师范大学出版总社召开《西安城市史》第三次编辑工作会议，讨论解决撰写中的问题，初步确定了各卷交稿的时间，其中"明清西安城卷"预期在当年 8 月交稿。现在看来，当时预期的这一交稿时间过于乐观了。虽然笔者前期在明清时期西安城市发展变迁方面已经开展了多个领域的专题研究，似乎执笔撰写起来，易于及时完工。但要从更为全面、系统、综合的视角撰述西安城市史，仍有力不从心之处，因而此后又在明清西安城乡工程建设、对外交流、城乡民众生活与生计等方面进行了大量史料搜集和专题探讨工作，以便进一步丰富《西安城市史·明清西安城卷》的内容。

自本卷启动撰写 10 年来，笔者进一步加强了在古都西安历史地理研究"后都城时代"的深耕，主要是通过对档案、文集、碑刻等原始文献的大规模挖掘、整理和利用，将历史地理与工程史、社会史等研究领域、视角结合起来，深入推进西安历史地理和区域历史地理的专题研究，在较大程度上改变了西安"后都城时代"研究相对薄弱的状况。例如，笔者从宏观、中观与微观结合的视角探察明清西安城垣修筑工程及其影响，不仅有益于推进城市史、历史地理、社会史、经济史、建筑史、科技史等多学科研究方法与视角的交叉融合，而且能为西安城墙的保护、修复与利用提供有力支撑。需要特别说明的是，笔者主持完成的 2014 年度中央高校基本科研业务费项目"明清民国西安城墙建修工程研究"（14SZYB21）、2015 年度西安城墙管理委员会委托项目"明清民国西安城墙保护史研究"推动了笔者对本书有关明清西安城墙修筑史实的深入探究；2016—2017 年，笔者获得"发现中国·中国古代军事工程科技奖学金"全额资助，在英国剑桥李约瑟研究所完成了"历史时期中英城墙建修工程比较研究"的课题，进一步开阔了研究视野、丰富了研究方法,在从工程史和技术史视角研究明清西安"城工"相关问题方面获得了若干崭新认识。此外,在 2018 年获准的陕西省社科基金项目"明清时期陕西城池修筑工程研究"、2020 年获准的国家社科基金后期资助项目"清代陕西城垣修筑工程研究"的支持下开展的文献搜集、田野考察等工作,均为本卷有关西安城墙修筑史实的研究提供了助力。

与此同时,笔者也努力尝试在古都西安历史地理、城市史研究的对象、区域、时段等方面加以拓垦,特别是从相关西文历史地理文献的译介入手,开展了近代西安对外交流史的探讨,这对于加强对明清时期西安对外交流历程的理解大有裨益。笔者先后翻译出版了四种英文史地文献,均与古都西安及其邻近地区紧密相关,分别为美国记者弗朗西斯·尼科尔斯著《穿越神秘的陕西》(三秦出版社,2009 年)、美国探险家克拉克与索尔比合著《穿越陕甘》(上海科学技术文献出版社,2010 年)、丹麦学者何乐模著《我为景教碑在中国的历险》(上海科学技术文献出版社,2011 年)、英国外交官台克满著《领事官在中国西北的旅行》(上海科学技术文献出版社,2013 年)。其中《穿越陕甘》《我为景教碑在中国的历险》两书内容先后由中央电视台《探索·发现》栏目拍摄为纪录片,笔者作为访谈嘉宾进行了讲解。相关西文史地文献的译介和研究,不仅促进了笔者对原始史料的细致利用,而且经中央电视台据以拍摄、播出相关纪录片,广泛宣传、普及了近代西安对外交流的史实,为挖掘古都西安历史文化的内涵起到了添砖加瓦的作用。在西文史料译介的基础上,笔者结合传统史志文献,对近千名域外人士在近代西安的相关活动及其影响进行了分类探讨和综合分析,涉及科学考察、宗教传播、文化教育、医疗卫生、慈善赈济、文物搜购等方面,进一步论述了西安海纳百川的城市特质,这一专题研究对于深入认识和理解明清西安的城市特征具有重要价值。2019 年,该专题研究成果《近代西方人在西安的活动及其影响研究(1840—1949)》(科学出版社,2017 年)获得了陕西高校人文社科优秀成果一等奖、陕西省哲学社会科学优秀成果二等奖等奖项,鼓舞了笔者在西安对外交流史领域继续探究的信心。笔者相信,对外交流史将会成为今后西安城市史研究中的热点领域之一,值得开展更为系统的研究与撰述。

自 2006 年以来,笔者先后利用赴美国、日本、德国、英国等访学、开会之便,一方面广泛搜集有关西安的西文史料，另一方面注重开展各国古城名镇的实地考察，以便基于世界视野审视和评价西安的历史路径与发展现状，其中既包括如西雅图、洛杉矶、旧金山、东京、汉堡、伦敦等通都大邑，也有如京都、奈良、约克等旧京名城，更有如爱伦斯堡、剑桥等一隅小镇。每每在异域的城址旧迹或繁华街区考察时，总会时时联想起古都西安的相应场景与状况，不由得在脑海中对比和思考西安城市发展中的特点、优长与不足，由此加深了笔者对不同国家城市发展普遍性与地域性的了解，提升了笔者对古都西安城市发展路径的认知。

在学术研究的同时，笔者也重视通过多种媒介渠道普及和宣传有关西安城市史、历史地理的知识。笔者在《中国国家地理》2005 年第 6 期刊发《西安：废都与重镇的名实之辩》一文后，又于 2008 —2012 年间在《西安晚报》的《西安地理》专栏先后刊发近 20 篇通版长文，向广大读者介绍西安城市史的重要内容。与此相应，2009 年以来，笔者除多次在中央电视台《探索·发现》栏目拍摄的纪录片中介绍西安中西交流史、城墙史的内容外，亦在中国国际广播电台、西安电视台等地名栏目中推广西安的地名文化。

核实而论，上述专题研究的开展耗费了大量时间，延宕了《西安城市史·明清西安城卷》的交稿，但相关工作显著提升了笔者对明清西安城发展变迁的综合认识与客观评价。2017 年 8 月 10 日，笔者向陕西师范大学出版总社提交了本卷样稿；19 日，《西安城市史》第五次撰稿会议在陕西师范大学出版总社首阳书院召开。2018 年 6 月，笔者提交了用于申报国家出版基金项目的样稿，次年 3 月，《西安城市史》顺利获批国家出版基金资助项目。

感谢原陕西省文史研究馆李炳武馆长、文史研究处任学启处长、罗小红博士的精心筹划，感谢陕西师范大学出版总社侯海英副编审、赵荣芳副编审的敬业和付出，感谢本套书各卷主撰师友的帮助与鼓励，感谢研究生郑瑞、魏欣宝、李添、张叶飞、肖钰天等同学在图件绘制、书稿校对等方面的积极协助。

古人以"十年磨一剑"来形容对作品的精雕细琢，本卷在撰写时间上已然过去了 10 年，但在研究视角、内容等方面，笔者深感未能尽如人意。主编侯甬坚教授曾在《"西安城市史"系列著作的构思和追求》中提出本套书的撰写目标，即"本书为研究性质的系列城市史（含都城史）。撰写目的是在目前条件下，完成一套堪与悠久古都长安城、著名城市西安的城市历史比肩对映的系列学术著作，即关于西安这座城市起源、延续和发展演变全过程的完整叙述"。如今对照来看，"明清西安城卷"的内容虽然初步达成了这一目标，但受制于史料搜集范围、解读深度、表现技术、篇幅限制等因素，仍多有需要提升、深化、细化之处，敬请学界前辈和同人多予批评指正。

史红帅

2021 年 4 月 4 日于陕西师范大学长安校区笃学斋